Bali & Lombok

- **Nordbali** S. 260
- **Zentrales Bergland** S. 242
- **Westbali** S. 282
- **Ostbali** S. 202
- **Ubud & Umgebung** S. 154
- **Gili-Inseln** S. 325
- **Lombok** S. 293
- **Kuta & Seminyak** S. 50
- **Südbali & die Inseln** S. 104

Ryan Ver Berkmoes

REISEPLANUNG

Willkommen auf Bali & Lombok 4

Übersichtskarte 6

Top 17 auf Bali & Lombok . 8

Gut zu wissen 16

Was gibt's Neues? 18

Wie wär's mit ...? 19

Monat für Monat 22

Reiserouten 25

Outdoor-Aktivitäten 30

Reisen mit Kindern 42

Bali & Lombok im Überblick 46

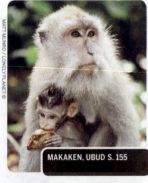

MAKAKEN, UBUD S. 155

REISFELD, UBUD S. 155

REISEZIELE AUF BALI & LOMBOK

KUTA & SEMINYAK .. 50
Kuta & Legian 52
Seminyak 79
Kerobokan 91
Canggu & Umgebung 97

SÜDBALI & DIE INSELN 104
Halbinsel Bukit 106
Jimbaran 106
Das Landesinnere von Bukit 109
Balangan Beach 110
Pecatu Indah 112
Bingin 112
Impossibles Beach 113
Padang Padang 113
Ulu Watu & Umgebung .. 114
Ungasan & Umgebung .. 116
Nusa Dua 117
Tanjung Benoa 120
Sanur **123**
Pulau Serangan 131
Benoa Harbour 132
Denpasar **132**
Nusa Lembongan 141
Nusa Ceningan 148
Nusa Penida 149

UBUD & UMGEBUNG 154
Ubud **155**
Bedulu 190
Pejeng 192
Mas 192
Tegallalang 195
Tampaksiring 172
Taro & Umgebung 195
Blahbatuh & Umgebung . 198
Kutri 198
Bona & Belega 199
Batuan 199
Sukawati & Puaya 199
Singapadu 200
Celuk 200
Batubulan 201

OSTBALI 202
Die Küstenstraße nach Kusamba 203
Gianyar 207
Sidan 208
Bangli 208
Semarapura (Klungkung) 209
Die Straße nach Sidemen 212
Pura Besakih 214
Gunung Agung 215
Von Rendang nach Amlapura 216
Von Kusamba nach Padangbai 217
Padangbai 217
Von Padangbai nach Candidasa 221
Candidasa 224
Von Candidasa nach Amlapura 227
Amlapura 228
Tirta Gangga & Umgebung 229
Von Tirta Gangga nach Amed 231
Amed & die Küste im fernen Osten 232
Region Kubu 238
Tulamben 238
Von Tulamben nach Yeh Sanih 239

Inhalt

ZENTRALES BERGLAND 242

Region Gunung Batur 243
Rund um den
Gunung Batur 243
Gunung Batur.........244
Rund um den Krater des
Gunung Batur.........246
Rund um den
Danau Batur 247
Region Danau Bratan.. 250
Rund um den
Danau Bratan 250
Bedugul 251
Candikuning 251
Pancasari............. 252
Danau Buyan & Danau
Tamblingan 253
Munduk & Umgebung ...254
**Region Gunung
Batukau 256**
Die Antosari-Strasse .. 258

NORDBALI........ 260

Yeh Sanih.............262
Singaraja 262
Lovina................265
Seririt & Umgebung.....272
Pulaki 273
Pemuteran............273
Banyuwedang..........278
Labuhan Lalang 279
Nationalpark Taman
Taman Nasional
Bali Barat..............279

WESTBALI........ 282

Pura Tanah Lot 284
Kapal 284
Pura Taman Ayun 284
Marga.................285
Tabanan 285
Antosari & Bajera.......287
Balian Beach..........287
Die Küste von
Jembrana..............288
Negara 289
Belimbingsari &
Palasari 290
Cekik.................290
Gilimanuk 291

LOMBOK 293

Der Westen 296
Mataram 296
Lembar...............299
Südwestliche
Halbinsel 299
Senggigi 301
Von Senggigi
nach Bangsal 306
**Der Norden &
das Zentrum 306**
Von Bangsal
nach Bayan 306
Senaru 308
Sembalun-Tal 309
Gunung Rinjani........ 310
Tetebatu.............. 313
Der Süden 314
Praya 315
Kuta 316
Der Osten............323
Labuhan Lombok.......323

GILI-INSELN 325

Gili Trawangan.........328
Gili Meno 340
Gili Air................344

BALI & LOMBOK VERSTEHEN

Bali & Lombok
aktuell 350
Geschichte........... 352
So lebt man auf
Bali & Lombok........ 363
Essen & Trinken 376
Kunst & Kultur 386
Architektur 400
Natur & Umwelt 409

PRAKTISCHE INFORMATIONEN

Allgemeine
Informationen........ 418
Verkehrsmittel &
-wege............... 430
Gesundheit 439
Sprache 445
Register 458
Kartenlegende 467

SPECIALS

**Balis & Lomboks
schönste
Strände 63**

**Top 5:
Unvergessliches.... 374**

**Top 5: Balinesische
Köstlichkeiten......384**

**Top 5: Kunst-
erfahrungen 398**

Willkommen auf Bali & Lombok

Schon der Name weckt Erinnerungen ans Paradies. Denn Bali ist mehr als ein Ort: Bali ist eine Stimmung, ein Ziel der Sehnsucht, ein tropischer Gemütszustand.

Insel der Götter

Balis reiche und vielschichtige Kultur ist in sämtlichen Bereichen des täglichen Lebens spürbar: von den exquisiten Blütenblättern, die überall für die Götter bereitgelegt werden, über farbenfroh gekleidete Einheimische, die in einer Prozession zu einem der Tempelfeste schreiten, bis hin zu traditionellen Musik- und Tanzdarbietungen.

Eine Insel, viele Orte

Auf Bali kann man sich im Chaos von Kuta verlieren, die Reize von Seminyak und Kerobokan genießen, an den Stränden im Süden surfen oder auf Nusa Lembongan relaxen. Ubud ist das Herz von Bali. Hier sind die Seele und Kultur der Insel besonders spürbar; es gibt ähnlich schöne Reisfelder und uralte Tempelanlagen wie in Ost- und Westbali. Die Mitte wird von Vulkanen und von Bergtempeln wie dem Pura Luhur Batukau (einem von rund 10 000 Tempeln) beherrscht. Nord- und Westbali sind dünn besiedelt, verfügen aber über ausgezeichnete Tauchgründe und Surfmöglichkeiten.

Balis Seele

Auf Bali gibt es schöne Strände, gute Surf- und Tauchmöglichkeiten und preiswerte, aber auch teure Unterkünfte. Was aber aus Bali – und den Menschen dieser Insel – mehr macht als nur ein sonniges Vergnügen, ist die Seele dieser Insel. Es fällt nicht schwer, das Klischee des lächelnden Balinesen zu bemühen, denn die Bewohner der Insel sind großzügig und warmherzig. Doch hinter ihrem Lächeln verbirgt sich der Schalk, und wenn sie einen kahlköpfigen Touristen sehen, rufen sie: *bung ujan* („Heute regnet es nicht"). Ein kahler Kopf ist für sie wie ein wolkenloser Himmel.

Lombok & die Gilis

Die noch weitgehend unentdeckte Insel Lombok ist fast ebenso groß wie Bali und liegt gleich nebenan. Lombok weist ein vulkanisches Zentrum auf und hat menschenleere, idyllische Strände, z. B. Mawun. Besucher, die diese Insel erkunden wollen, kommen voll auf ihre Kosten. Viele werden von dem gewaltigen Gunung Rinjani, Indonesiens zweitgrößtem Vulkan, angezogen. Flüsse und Wasserfälle schießen die zerklüfteten Hänge hinab. Auf dem Gipfel gibt es heiße Quellen und einen Kratersee – eine Belohnung für müde Wanderer. Einen Besuch wert sind auch die sagenumwobenen Gili-Inseln – drei schöne kleine Inseln mit weißem Sandstrand und Kokospalmen, umringt von einem Korallenriff. Gili Trawangan ist berühmt für sein Nachtleben.

Warum ich Bali & Lombok liebe

Ryan Ver Berkmoes, Autor

1993 kam ich zum ersten Mal nach Bali und Lombok. Bei der Kontrolle am Flughafen schaute der Beamte in meinen Pass und sagte mit sanfter Stimme: „Ich wünsche Ihnen einen wunderschönen Geburtstag auf Bali." Wer wäre da nicht begeistert? Bei dieser Reise habe ich vor allem gestaunt. Ich erinnere mich noch an Tänzer und Musiker, die in Ubud plötzlich aus den Reisfeldern auftauchten und ihre Künste vollführten; auf Gili Trawangan gab es damals nur eine Handvoll fester Hütten und erstaunliche Schnorchelgewässer. Seither hat sich das Land ebenso verändert wie ich mich selbst, doch seine Seele verzaubert mich noch immer.

Mehr Informationen über die Autoren gibt es auf Seite 468.

Oben: Eine Frau in den Reisterrassen von Ubud (S. 155)

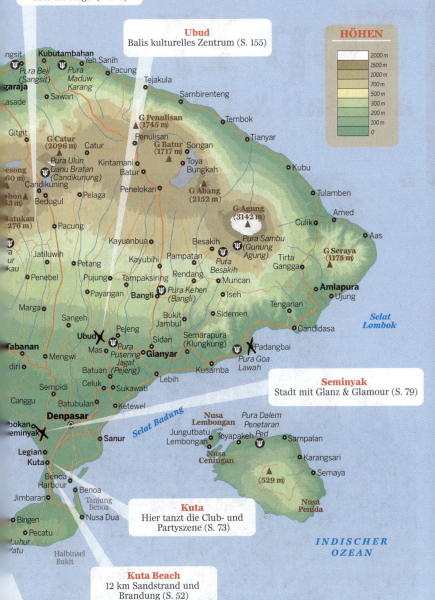

Top 17
auf Bali & Lombok

1

Festivals auf Bali & Lombok

1 Der Reisende gönnt sich eine kurze Pause in einem Café, sagen wir, in Seminyak oder Ubud, wenn plötzlich unüberhörbar das Gamelan ertönt. Der Verkehr kommt zum Stehen, eine Gruppe festlich gekleideter Leute rauscht vorbei. Sie tragen Obstpyramiden, Sonnenschirme mit Quasten und einen pelzigen, maskierten Barong, eine Mischung aus Löwe und Hund. Die Tempelprozession verschwindet dann so unvermittelt, wie sie auch gekommen ist, und hinterlässt ein flüchtiges Funkeln von Gold, weißer Seide und wohlriechendem Hibiskus. Ein solches Ereignis geschieht täglich Dutzende Male auf Bali.
Unten links: Pura Samuan Tiga (S. 191), Ubud

Strände der Halbinsel Bukit

2 Eine kleines Fleckchen aus weißem Sand ragt aus dem Wasser des Indischen Ozeans empor und füllt eine Bucht unter einem Felsen, der von grüner tropischer Schönheit umkleidet wird. Das klingt nicht nur idyllisch, sondern es ist auch idyllisch. An der Westküste der Halbinsel Bukit (S. 106) im Süden Balis liegen viele Strände, wie etwa Balangan Beach, Bingin und Padang Padang. Hier findet man Surfer-Bars, die auf Stelzen über dem Wasser schweben und von wo aus man auf nichts außer auf die Breaks schauen kann. Hier ist es einfach himmlisch, eine Liege zu ergattern und sich von den Wellen einlullen zu lassen. Unten rechts: Balangan Beach (S. 110)

Aaah, ein Spa!

3 Ob es nun um eine Komplettsanierung für Leib und Seele geht oder einfach um den Wunsch nach ein bisschen Gelassenheit: Bali-Besucher verbringen viele glückliche Stunden damit, sich massieren, schrubben, parfümieren, verwöhnen, baden zu lassen – am Strand oder in stilvoller, ja verschwenderischer Umgebung. Die balinesischen Massagetechniken, das Strecken, Dehnen, Walzen und der Druck mit Handballen und Daumen, erzeugen ein Gefühl umfassender Ruhe. Unten: Wellness, Ubud (S. 155)

Unterkünfte für Genießer

4 Auf einer Insel, die Kunst und Gelassenheit ehrt, ist es kein Wunder, einige der weltweit schönsten Hotels und Resorts vorzufinden. Da gibt es die herrlichen Rückzugsorte an den Stränden von Kerobokan (S. 91) oder Seminyak (S. 79) im Süden Balis oder die schicken Hotels auf den Klippen über den glitzernd weißen Sandstränden der Halbinsel Bukit (S. 106) Weitere Resorts von berühmten Architekten finden sich in den Flusstälern von Ubud (S. 173) und in entlegenen Küstenregionen. Unten: Resort, Jimbaran (S. 107)

REISEPLANUNG TOP 17 AUF BALI & LOMBOK

Tauchen

5 Die legendäre Pulau Menjangan (S. 274) begeistert: Hier braucht man eine Sauerstoffflasche nach der anderen. Und das ist nur einer der tollen Tauchgründe von Bali. Unter den Wellen von Nusa Penida (S. 149) fühlt man sich richtig klein, wenn die Mantarochen über einem dahingleiten und so die Sonnenstrahlen nehmen. Und gerade dann, wenn man meint, es könnte nicht noch atemberaubender werden, stößt man auf einen 2,5 m langen Gotteslachs, der bewegungslos über einem schwebt. *Oben: Ein Taucher erkundet das Schiffswrack der Liberty (S. 238) in Tulamben*

Ubud

6 Balis aus Büchern und Filmen bekanntes Herz hat eine unwiderstehliche spirituelle Ausstrahlung. Die Straßen sind voller Galerien, in denen Künstler wirken. Wunderschöne Darbietungen, die die reiche Kultur der Insel präsentieren, schmücken abends die Bühnen. Museen würdigen die Arbeiten derjenigen, die sich hier inspirieren ließen. Unterdessen wandern Leute durch die Reisfelder und suchen nach dem perfekten Platz, um die Lotusposition einzunehmen. Ubud (S. 155) ist eine Geisteshaltung und ein wunderbarer Seinszustand. *Oben rechts: Kecak-Aufführung, Ubud*

Die langen Nächte von Kuta

7 Cafés und Bars in Seminyak (S. 87) sind nur der Anfang, Sitzplätze unter freiem Himmel, wo die Häuser in den Rhythmen der Musik pulsieren. Später am Abend laden die Weltklasse-Clubs von Kuta (S. 73) die Gäste ein, in denen internationale DJs ihr Programm abziehen. Vor Sonnenaufgang saugen die härteren Clubs von Kuta die Menschen in sich auf wie ein schwarzes Loch, um sie dann einige Stunden später in das noch unbeständige Sonnenlicht wieder auszuspucken – etwas erschöpft, aber glücklich ... *Oben rechts: Eine Bar in Kuta (S. 73)*

Surfen auf Bali

8 In Monaten, die ein „R" in sich tragen, sollte man Richtung Osten zum Surfen gehen, in den anderen Monaten eher Richtung Westen. So einfach ist das. Auf Bali gibt es fast überall Dutzende tolle Breaks. Bali war das erste Land in Asien, in dem gesurft wurde, und es zeigt noch immer keine Ermüdungserscheinungen. Surfer brausen auf Motorrädern mit Surfbrettern im Gepäck auf der Suche nach der nächsten großen Welle rund um die Insel. Sind mal gerade keine Wellen da, fährt man einfach fünf Minuten weiter. Auf jeden Fall sollte man den klassischen Ort für Surfer am Balian Beach aufsuchen (S. 287).

Unterwasserwelt der Gilis

9 Einmal den Sprung wagen? Dafür gibt es kaum einen besseren Platz als die Gilis (S. 325). Sie sind von Korallenriffen umgeben, die vor Leben nur so strotzen. Gerätetauchen ist hier ziemlich angesagt; es gibt zahlreiche Schulen und alle Arten von Kursen. Weil das Riff vom Strand aus leicht zu erreichen ist, kann man hier aber auch herrlich schnorcheln. Sehr wahrscheinlich gibt es dabei Schildkröten zu beobachten. Wie wäre es mit Schnorcheln auf einem höheren Level? Dann heißt es Apnoetauchen ausprobieren.

Selong Blanak

10 Die Küste im Süden Lomboks strahlt eine wilde Schönheit aus, und die wenigen Besucher reden schon zu viel über das touristische Potenzial der Region. Wer zum ersten Mal den unberührten Strand von Selong Blanak (S. 322) erblickt, wird den ganzen Hype verstehen. Vom Dorf aus führt ein Pfad über eine klapprige Brücke zu einem perfekten Strand, an dem man in klarem türkisfarbenem Wasser wunderbar schwimmen kann. Am hinteren Ende der Bucht gibt es noch einen halbmondförmigen Streifen mit puderigem weißem Sand; ein Traum, aber leider ist es hier meistens nicht gerade leer.

Die Reisfelder von Jatiluwih

11 Grüne Bänder legen sich geschmeidig um die Hügel, die bis zum Gipfel mit Kokospalmen bedeckt sind: Die alten Reisterrassen von Jatiluwih (S. 256) sind so kunstvoll wie elegant und ein Zeichen des Respekts der balinesischen Reisbauern gegenüber ihrem Land. Es verschlägt einem fast die Sprache, wenn man die kleine Straße durch diese fruchtbare Kornkammer der Insel entlangläuft oder entlangfährt. Die ganze Gegend mit ihren alten Anbautraditionen steht heute auf der Liste des Unesco-Weltkulturerbes.

Kuta Beach

12 Der Tourismus auf Bali begann am Kuta Beach (S. 52), und die Gründe liegen klar auf der Hand. Ein Sandbogen zieht sich von Kuta bis zum dunstigen Horizont nordwestlich vom Echo Beach. Die Brandung schlägt in langen gleichförmigen Wellen ans Ufer. Beim Bummel über den 12 km langen Sandstrand kann man eine Fußmassage und ein kaltes Bier genießen. Alternativ kann man Richtung Norden einen Ort zum Relaxen finden oder sogar ein Fleckchen Sand, das so einsam ist, dass man es fast für sich allein hat.

Seminyak

13 Die Leute laufen in Seminyak (S. 79) herum und fragen sich, ob sie überhaupt auf Bali sind. Natürlich! Auf einer Insel, auf der Kreativität so sehr geschätzt wird, finden sich in der Glitzer-Kapitale originelle Boutiquen von lokalen Designern, die interessanteste Vielfalt an Restaurants sowie kleine Boutiquehotels, die mit den Inselklischees brechen. Auswanderer, Einheimische und Gäste verbummeln die Stunden in den Cafés, im Einklang mit der Welt und den Freuden des Lebens. Unten: La Plancha (S. 87)

Sonnenaufgang über Trawangan

14 Wer meint, Gili Trawangan (S. 328) sei schon bei Tageslicht eine Schau, sollte die Insel erst einmal bei Sonnenaufgang nach einer durchfeierten Nacht sehen. Hier findet man keine Türsteher und gepfefferten Eintrittspreise: Die Partys beginnen als offene Strandpartys und haben noch immer ein unorganisiertes Flair. DJs aus der Gegend legen ihre Rhythmen auf, und die Superstars unter den DJs sind dafür bekannt, dass sie einfach auftauchen und ihre Sets spielen.

Balinesischer Tanz

15 Balinesischer Tanz ist alles andere als sanft. Es ist höchst erstaunlich, wie Menschen, die eigentlich die Ruhe lieben, gleichzeitig eine Kunst beherrschen, die solche Präzision erfordert. Ein Tänzer des Legong, des schönsten Tanzes, braucht Jahre, um die Bewegungen zu erlernen. Jede Bewegung hat eine Bedeutung und fließt mit höchster Anmut. Die Tänzer sind in Seide und Ikatstoffe gehüllt und erzählen Geschichten, die in alten Überlieferungen wurzeln. In Ubud finden jeden Abend mehrere solcher Tanzaufführungen statt (S. 185).

Surfen auf Lombok

16 Zwischen Lombok und der Antarktis liegt praktisch der halbe Globus – das ist schon eine hübsche Strecke für die azurblauen Brecher des Indischen Ozeans, um Tempo und Wucht aufzunehmen. Kein Wunder also, dass die Küsten der Insel einige spektakuläre Wellen aufzuweisen haben. Tanjung Desert (Desert Point; S. 34) ist die berühmteste, ein unglaublich langer Ride, der über ein scharfes, flaches Riff läuft. Wem das zu heftig klingt, dem bieten sich im Fischerdorf Kuta (S. 316) Alternativen, darunter Mawi und Gerupuk.

Wanderung zum Rinjani

17 Ein Blick auf die Karte von Lombok macht deutlich, dass quasi die gesamte Nordhälfte der Insel vom Gunung Rinjani (3726 m), Indonesiens zweithöchstem Vulkan, beherrscht wird. Die Wanderung auf den Rinjani (S. 269) ist kein Sonntagsausflug, sondern erfordert einen Führer, Gepäckträger und reichlich Kondition. Die Strecke windet sich um den prächtigen Gipfel, bis man dann den Rand eines riesigen Kraters erreicht, von wo aus man den heiligen Kratersee und den rauchenden Mini-Kegel des Gunung Baru betrachtet.

Gut zu wissen

Weitere Hinweise im Kapitel „Praktische Informationen" (S. 418)

Währung
Rupiah (Rp)

Sprache
Indonesisch und Balinesisch

Geld
Geldautomaten gibt es außer in ländlichen Gegenden überall auf Bali und in den Touristenzentren auf Lombok. Kreditkarten werden in Hotels und Restaurants der Mittel- und Spitzenklasse genommen.

Visa
Gewöhnlich gibt es bei der Einreise ein verlängerbares 30-Tage-Visum.

Mobiltelefone
Preiswerte balinesische SIM-Karten funktionieren in jedem entsperrten GSM-Handy.

Zeit
Central Indonesia Time (CIT; MEZ (Winterzeit) plus sieben Stunden)

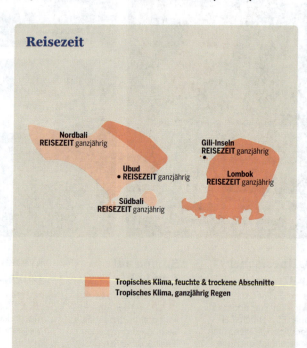

Reisezeit

- Nordbali — REISEZEIT ganzjährig
- Ubud — REISEZEIT ganzjährig
- Südbali — REISEZEIT ganzjährig
- Gili-Inseln — REISEZEIT ganzjährig
- Lombok — REISEZEIT ganzjährig

Tropisches Klima, feuchte & trockene Abschnitte
Tropisches Klima, ganzjährig Regen

Hochsaison
(Juli & Aug.)
- Die Preise schießen um 50 % oder sogar auch mehr in die Höhe.
- Viele Hotels sind jetzt ausgebucht; die besten Restaurants unbedingt lange im Voraus buchen.
- Zu Weihnachten und Neujahr ist es ebenfalls teuer und es ist überfüllt.

Zwischensaison
(Mai, Juni & Sept.)
- Jetzt herrscht das beste Wetter (trocken, weniger feucht).
- Bei den Unterkünften findet man durchaus Schnäppchen, und auch Last-Minute-Buchungen sind möglich.
- Die ideale Zeit zum Tauchen.

Nebensaison
(Jan.–April, Okt. & Nov.)
- Überall gibt es Sonderangebote, und die Flüge sind preiswert.
- Trotz der Regenzeit halten sich die Niederschläge in Grenzen.
- Mit Ausnahme von Vulkanwanderungen sind alle Freizeitaktivitäten möglich.

Websites

➡ **Bali Advertiser** (www.bali-advertiser.biz) Zeitschrift für Ausländer mit Insider-Tipps.

➡ **Bali Discovery** (www.balidiscovery.com) Nachrichten und Veranstaltungen; Hotelangebote.

➡ **Bali Paradise** (www.bali-paradise.com) Infos und Links.

➡ **Lombok Guide** (www.thelombokguide.com) Sehr umfassend; behandelt die wichtigsten Sachgebiete.

Travelfish (www.travelfish.org) Gute Beiträge und Kommentare über Bali, Lombok und die Gilis.

➡ **Lonely Planet** (www.lonelyplanet.com/indonesia) U. a. Infos zum Urlaubsziel, Hotelbuchungen und Reiseforum.

Wichtige Telefonnummern

Telefonnummern, die mit 08 beginnen, gehören zu Handys. Wer aus dem Ausland anruft, muss bei Telefonnummern die 0 weglassen.

Vorwahl für Indonesien	+62
Internationale Vermittlung	102
Telefonauskunft	108

Wechselkurse

Eurozone	1 €	14 146 Rp.
Schweiz	1 SFr.	13 518 Rp.
USA	1 U$.	13 038 Rp.

Aktuelle Wechselkurse unter www.xe.com

Tagesbudget

Preiswert: Unter 100 US$

➡ Zimmer im Guesthouse/in einer Familie: unter 50 US$

➡ Preiswertes Essen und Trinken, Mahlzeiten unter 5 US$

➡ Man kann mit 50 US$ pro Tag auskommen

Mittelteuer: 100–220 US$

➡ Zimmer im Mittelklassehotel: 50–150 US$

➡ Man kann fast überall essen und trinken

➡ Wellnessbehandlungen: 7–30 US$

Teuer: Über 220 US$

➡ Zimmer im Spitzenklassehotel/-resort: über 150 US$

➡ Die Hauptausgaben betreffen aufwendige Wellnessbehandlungen

➡ Auto mit Fahrer/Tag: 60 US$

Öffnungszeiten

Banken Montag bis Donnerstag 8–14 Uhr, Freitag 8–12 Uhr, Samstag 8–11 Uhr

Behörden Montag bis Donnerstag 8–15 Uhr, Freitag 8–12 Uhr (nicht überall einheitlich geregelt)

Geschäfte & Touristenbedarf Tgl. 9–20 Uhr

Mini-Markt 24 Stunden (keine Begrenzung beim Bierverkauf)

Postämter Montag bis Freitag 8–14 Uhr, in Touristenzentren länger

Restaurants und Cafés Tgl. 8–22 Uhr

Ankunft auf Bali & Lombok

Ngurah Rai International Airport (S. 431) Ein Taxi nach Kuta kostet 50 000, nach Seminyak 85 000 und nach Ubud 250 000 Rp.

Lombok International Airport (S. 431) Ein Taxi nach Kuta kostet 84.000, nach Mataram 150 000 Rp und nach Senggigi 190 000 Rp.

Unterwegs vor Ort

Auf Bali und Lombok kann man sich ganz einfach fortbewegen.

Boot Schnellboote verkehren zwischen den Inseln, aber es gibt unter den Betreibern auch Schurken, die sich kaum um die Sicherheitsvorschriften scheren.

Auto Man kann sich schon für weniger als 30 US$ pro Tag einen kleinen Geländewagen mieten, mit Fahrer kostet ein Auto 60 US$ am Tag.

Motorrad Ein Motorrad gibt es schon für nur 5 US$ am Tag.

Öffentliche Verkehrsmittel Bemos (kleine Lieferwagen) bieten preiswerte Beförderungsmöglichkeiten auf festen Routen; die Einheimischen sind eher auf Motorräder umgestiegen.

Taxi Recht preiswert, aber unbedingt auf Bali nur Bluebird Taxis und auf Lombok nur Lombok Taxis nutzen.

Wandern Der Strand von Tuban bis Seminyak und noch darüber hinaus ist eine tolle Möglichkeit, um einige der beliebtesten Gegenden Balis kennenzulernen.

Alles ist einfach

Wer etwas zu Hause vergessen hat, bekommt es auf Bali.

Wer die Sprache der Einheimischen nicht spricht, trifft wahrscheinlich auf Balinesen, die die Sprache der Besucher sprechen.

Wer Angst hat, krank zu werden, kann auf sauberes Trinkwasser und gesunde Nahrungsmittel setzen.

Wer nicht weiß, wie er im Lande herumkommen soll, kann sich auf freundliche Fahrer verlassen.

Weitere Infos zu **Unterwegs vor Ort** siehe S. 432

Was gibt's Neues?

Im Surf-Fieber

Auf Bali und Lombok gab es schon immer gute Wellen und viele surfbegeisterte Urlauber. In jüngster Zeit erlebt die Surfkultur einen noch größeren Boom. Von der Halbinsel Bukit und Ulu Watu, über das Gebiet Canggu (besonders Batu Bolong), bis nach Keramas im Osten und Tanjung (Desert Point) auf Lombok gibt es inzwischen noch mehr Surfer, Surf-Beobachter, Board-Verkäufer und Surfer-Resorts.

Resorts am Strand

Vom Stones-Hotel (S. 58) in Kuta bis zum super-luxuriösen Alila Seminyak säumen neuartige Luxus-Resorts die Strände von Nord-Kuta bis nach Kerobokan. Das Double-Six (S. 61) am gleichnamigen Strand ist im Moment das angesagteste von allen.

Bürgersteige

Man kann sie nennen wie man will (je nach Herkunftsgegend oder -land der Touristen), aber endlich bekommen einige der überfülltesten Straßen Balis, wie etwa die in Seminyak und Kerobokan, Bürgersteige, auf denen man gefahrlos und unbeschadet zwischen den Geschäften bummeln kann.

Canggu

Diese einst so ruhige Gegend (S. 97) wurde nun durch einige der kreativsten neuen Cafés von Bali belebt. Der Strand von Batu Bolong ist kein verschlafenes Fleckchen Erde mehr, sondern ein cooler Ort für Kids.

Bodong im Aufschwung

Dieses kleine Dorf (S. 141) hat mittlerweile einladende Cafés, einen Tauchausstatter und Übernachtungsmöglichkeiten für die ständig wachsende Zahl an Urlaubern auf Nusa Penida, der großen Insel, die zwar immer in Sichtweite lag, aber dennoch bisher wenig beachtet wurde.

Das Nachtleben von Ubud

Der einst sprichwörtliche Widerspruch zwischen „Ubud" und „Nachtleben" gilt nicht mehr. Nun gibt es eine Fülle neuer Restaurants, von denen Room 4 Dessert (S. 184) vom berühmten Chefkoch Will Goldfarb nur eins unter vielen ist.

Amed

Amed war schon lange durch den sich schlängelnden Straßenabschnitt mit den Guesthouses (S. 233) bekannt, in denen man einfach nur chillen konnten. Nun hat es neues Leben eingehaucht bekommen dank einer Menge neuer preiswerter Privatunterkünfte und eines Bio-Lokals namens Apneista Cafe (S. 237) mit der Kombination aus Yoga- und Freitauchschule.

Danau Tamblingan & Buyan

Wanderungen rund um diese beiden schönen, beieinanderliegenden Bergseen (S. 253) sind nun dank zweier neuer freundlicher Führerteams, die nur darauf warten, den Besuchern alte Tempel und Naturwunder zu zeigen, bedeutend einfacher geworden.

Mawun Beach

An einem der schönsten Strände im Süden Lomboks (S. 322) sind nun Parkplätze und Zufahrtswege befestigt worden, und am Strand selbst gibt es einige einfache, aber gute Cafés. Die Menschen entdecken langsam eines der Geheimnisse dieser Gegend.

Weitere Empfehlungen und Tipps unter lonelyplanet.com/indonesia/bali

Wie wär's mit ...?

Strände

Strände rund um die Insel, aber weniger mit weißem Sand, als man gemeinhin denkt – die meisten sind farblich eine Mischung aus Hellbraun oder Grau. Die Bedingungen für Surfer reichen von lasch bis hart.

Seminyak Beach Dieser lange Sandstrand bietet ideale Wellen sowohl zum Schwimmen als auch zum Surfen. Unbedingt den Sonnenuntergang erleben! (S. 79)

Balangan Beach Diese Bucht mit ihrem weißen Sandstrand ist auf eine liebenswürdige Weise verwahrlost und der perfekte Ort zum Dösen oder Bechern. (S. 110)

Padang Padang Beach Toller weißer Sand und damit unter anderen der beste Ort, um Surfer zu beobachten. (S. 113)

Strände von Nusa Lembonga Kleine verträumte Buchten, zwischen denen man hin- und herwandern kann, plus fabelhafte Schwimmbedingungen. (S. 141)

Strände auf den Gilis Herrliche Strände mit weißem Sand, tollen Schnorchelmöglichkeiten und einem immerwährenden touristischen Flair. (S. 325)

Selong Blanak Eine idyllische Bucht auf Lombok mit einem Strand, der viele Besucher, die zum ersten Mal hierher kommen, in grenzenloses Erstaunen versetzt. (S. 322)

Tempel

Mit den mehr als 10 000 Tempeln hat Bali eine solche Vielfalt aufzuweisen, dass die Tempel nicht einmal bestimmten Kategorien zuordnen lassen. Die schönsten lassen sich mit der einzigartigen Art des Buddhismus, den die Priester seit Jahrhunderten geformt haben, in Verbindung bringen.

Pura Luhur Batukau Einer der bedeutendsten Tempel Balis liegt an einem dunstigen, entlegenen Ort, der tief in alter Spiritualität verwurzelt ist. (S. 257)

Pura Taman Ayun Ein wunderschöner, mit einem Wassergraben umgebener Tempel mit königlicher Vergangenheit; ein Teil der Würdigung der balinesischen Reisanbautradition durch die Unesco. (S. 284)

Pura Pusering Jagat Einer der berühmten Tempel von Pejeng, der auf das Reich zurückgeht, das hier einst im 14. Jh. blühte. (S. 192)

Pura Luhur Ulu Watu Dieser Tempel ist gleichermaßen bedeutsam wie beliebt. Hier gibt es beeindruckende Ausblicke, Tanzaufführungen bei Sonnenuntergang und Affen. (S. 114)

Nachtleben

Die Nachtclubs auf Bali und den Gilis ziehen Nachtschwärmer aus ganz Südostasien an. Viele eher betuchte Touristen und die nichtexistenten Schankgesetze haben dazu geführt, dass ständig neue Clubs entstehen.

Seminyak Strandclubs, wo die Cocktails irgendwie besser schmecken, weil man dabei die Brandung hören kann. (S. 87)

Kuta Überall nur unerschöpflicher Elan und eine verrückte Mischung aus Partygängern, die jede Facette der balinesischen Vergnügungssucht auskosten. (S. 74)

Legian Strandbars und Beanbags im Sand, wo das Glitzern des Sonnenuntergangs ins Funkeln der Sterne übergeht. (S. 74)

Gili Trawangan Der Ort für dröhnende Rhythmen und pulsierende Partystimmung, und das jeden Abend (und Tag!) der Woche. (S. 337)

Kultur

Das schöpferische Erbe des Landes findet man überall,

und alles ist handgemacht. Tanz- und Musikaufführungen sind das Ergebnis einer sich immer weiter entwickelnden Kultur, deren Vermächtnis Jahrhunderte alt ist.

Tanz Eine strikte Choreografie und strenge Disziplin sind die typischen Merkmale des wunderschönen balinesischen Tanzes, den kein Besucher auslassen sollte. (S. 386)

Gamelan Das kleine Orchester mit Bambus- und Bronzeinstrumenten schafft einen unvergesslichen Hörgenuss, besonders bei Konzerten und Festlichkeiten. (S. 388)

Malerei Im 20. Jh. schmolzen balinesische und westliche Stilrichtungen zusammen, und das Resultat ist oft außergewöhnlich. Einige der schönsten Kunstwerke können in den Museen von Ubud bestaunt werden. (S. 390)

Opfergaben Sie sind kunstvoll und allgegenwärtig, und man findet sie an Hotelzimmertüren und stapelweise in Tempeln. (S. 372)

Tolles Essen

Balinesisches Essen ist scharf und peppig; es hat sich aus dem Kulturmix und dem jahrelangen Handel mit Seefahrern entwickelt. Man kann eine exzellente internationale Küche genießen.

Seminyak Hier findet sich das dichteste Angebot an Spitzenrestaurants; bei einem 10-minütigen Spaziergang kann man die kulinarischen Spezialitäten der ganzen Welt erkunden. (S. 83)

Kerobokan Hier muss man einfach hingehen, um die heißesten Restaurants auszuprobieren, dazu noch einige wunderbare balinesische Warungs (Straßenverkaufsstände). (S. 92)

Oben: Frauen tragen Opfergaben zu einem Tempel in Ubud (S. 159)
Unten: Pura Taman Ayun (S. 284)

Canggu In Balis neuestem Top-Hotspot gibt es wöchentlich neue interessante Cafés, die zum Besuch einladen. (S. 101)

Denpasar Die Cafés servieren eine außergewöhnliche Regionalküche mit balinesischen und indonesischen Speisen. Das alles in ganz einfachen Lokalitäten. (S. 137)

Ubud Hier gibt es viele innovative Restaurants und Cafés, viele davon servieren auch Bio-Speisen, und alle Angebote sind sehr lecker. (S. 179)

Shoppen

Für einige ist Bali ein tolles Shopping-Paradies. Es gibt Unmengen an Läden und Verkaufsständen auf der ganzen Insel, die preiswerte T-Shirts, Designerkleidung und Dinge in allen Preisklassen anbieten.

Seminyak Manchmal wirkt es so, als seien alle Leute in Seminyak Designer; die Wahrheit ist, dass viele es auch wirklich sind. (S. 88)

Kerobokan Eine Fortsetzung der Läden nördlich von Seminyak; hier wird alles angeboten, von Haushaltswaren bis zu schicker modischer Kleidung. (S. 95)

Ubud Ideal für Kunsthandwerk, Kunst, Bücher, Yogakleidung und vieles mehr. (S. 187)

Südlich von Ubud Läden für Kunsthandwerk gibt es in Hülle und Fülle in Städten wie Mas; besonders empfehlenswert ist der Markt in Sukawati. (S. 199)

Monat für Monat

> **TOP-EVENTS**
>
> **Nyepi** März oder April
>
> **Galungan & Kuningan** wechselnde Daten
>
> **Literaturfestival von Ubud** (Writers & Readers Festival) Oktober
>
> **Kunst- und Kulturfestival Bali** (Arts Festival) Juni bis Juli
>
> **Perang Topat** November oder Dezember

Februar

Die Regenzeit dauert weiter an, und die Inseln machen nach der Hochsaison um Weihnachten und Neujahr in Sachen Tourismus eine Verschnaufpause.

✪ Nyale-Fest

Am Seger-Strand in der Nähe von Kuta wird der aalähnliche Fisch *nyale* gefangen. Der Abend bietet Dichterlesungen, Gamelan und dauert bis zum Morgengrauen. Das Fest kann auch im März stattfinden.

März

Die Regenzeit geht zu Ende. Die Nebensaison beginnt.

✪ Nyepi (Tag der Stille)

An Balis Hindu-Fest Nyepi begeht man das Ende des alten und den Anfang des neuen Jahres. Es ist von Passivität gekennzeichnet, um die bösen Geister davon zu überzeugen, dass Bali unbewohnt ist. Am Abend vor dem Fest werden die *ogoh-ogoh*, riesige Ungetüme aus Pappmaché, verbrannt. Das Festival findet jährlich im März oder Anfang April statt.

April

Auch nach der Regenzeit bleibt die Insel weitgehend touristenleer.

✪ Bali Spirit Festival

Ein Yoga-, Tanz- und Musikfestival, das von den Betreibern des Yoga Barn in Ubud ausgerichtet wird. Es gibt über 100 Workshops, Konzerte und einen Markt. Termin ist Anfang April oder Ende März. (S. 173)

Malean Sampi

Mit einem Joch paarweise zusammengebundene Büffel rennen in Narmada in der Nähe von Mataram auf Lombok durch wasserdurchtränkte Erde; die Jockeys klammern sich fest an sie. Das Ganze ist so gefährlich, matschig und lustig wie es sich anhört. Findet Anfang April statt.

Mai

Ein idealer Monat für eine Reise nach Bali. Es ist keine Hochsaison, aber die Wanderwege trocknen langsam ab, und die Flüsse sind noch voll genug zum Raften. Die alljährlichen Regengüsse haben aufgehört, man kann aber noch immer pitschnass werden.

✪ Balis Kunst- und Kulturfestival (Arts Festival), Singaraja

Bei diesem großen einwöchigen Fest im Norden Balis treten Tänzer und Musiker aus den berühmtesten Dorftruppen der Region, wie zum Beispiel die aus Jagaraga auf. Das Festival kann jederzeit zwischen Mai und Juli stattfinden. (S. 263)

Juni

Nun wird es am Flughafen voller, aber dennoch ist der Juni noch ein genauso idealer Reisemonat wie der Mai.

> **GALUNGAN & KUNINGAN**
>
> Galungan, das an den Tod des Tyrannen Mayadenawa erinnert, ist eines der größten Feste auf Bali und dauert zehn Tage. Während dieser Zeit nehmen alle Götter leibhaftig an den Feiern teil. Der Barong, ein Löwenhund, zieht von Tempel zu Tempel und von Dorf zu Dorf. Die Einheimischen feiern mit einem Festessen und dem Besuch ihrer Familie. Die Feierlichkeiten finden ihren Höhepunkt im Kuningan-Fest, bei welchem die Menschen von Bali ihren Göttern Dank sagen und sich von ihnen verabschieden.
>
> Jedes Dorf auf Bali feiert Galungan und Kuningan in großem Stil. Auch Besucher sind herzlich willkommen.
>
> Im 210-tägigen Wuku- (oder Pawukon-)Kalender sind die Festtermine aufgeführt. Es gibt zehn verschiedene Wochentypen, die zwischen einem Tag und zehn Tagen lang sein können und parallel laufen. Nachstehend sind die Termine für die Galungan- und Kuningan-Feierlichkeiten aufgeführt:
>
> | JAHR | GALUNGAN | KUNINGAN |
> |---|---|---|
> | 2015 | 15. Juli | 25. Juli |
> | 2016 | 7. Sept. | 17. Sept. |
> | 2017 | 5. April & 1. Nov. | 15. April & 11. Nov. |

Kunst- und Kulturfestival Bali (Arts Festival), Denpasar

Dieses Festival ist das wichtigste Event im balinesischen Kulturkalender. Hauptveranstaltungsort ist das Kulturzentrum Taman Wedhi Budaya. Bei dem Festival hört man traditionelle balinesische Tanz- und Musikweisen von Gruppen aus den Dörfern des Landes, die hier um die heimische Ehre gegeneinander antreten. Findet von Mitte Juni bis Mitte Juli statt. (S. 135)

Drachenfest

In Südbali schweben das ganze Jahr über herrliche Drachen in der Luft. Sie sind oft riesengroß (teilweise sogar über 10 m) und jagen den Piloten eine Heidenangst ein. Eine Erklärung dafür ist, dass die Drachen bei den Göttern als Bittsteller um reiche Ernten dienen. Während der Festtage ist der Himmel voll von den unterschiedlichsten Gebilden, die die Dorfbewohner dann in den Himmel steigen lassen (S. 128).

Indonesischer Unabhängigkeitstag

Am 17. August feiert ganz Indonesien seine Unabhängigkeit von den Holländern. Legionen von Schulkindern marschieren mit großem Eifer die Hauptstraßen von Bali entlang. Der Verkehr wird gestaut (wie auch schon Tage vorher, wenn geprobt wird), und es gibt ein großes Feuerwerk.

Oktober

Im Oktober regnet es ab und zu, aber meistens ist das Wetter schön und die Leute auf der Insel gehen ihren Geschäften nach.

Literaturfestival von Ubud

Dieses Festival lädt unendlich viele Schriftsteller und Leser aus aller Welt ein und feiert alles Geschriebene – vor allem, wenn es sich auf Bali bezieht. (S. 173)

Juli

Nach dem August ist der Juli der Hauptreisemonat auf Bali und den Gilis. (Auf Lombok herrscht meist nicht so viel Betrieb.) Es ist um diese Zeit gar nicht so leicht, eine passende Unterkunft zu finden.

August

In der Hochsaison kommen jedes Jahr immer mehr Besucher nach Bali. Zimmer- und Tischreservierungen sollten bereits weit im Voraus getätigt werden und man muss mit Menschenmassen rechnen, sogar in den ruhigeren Straßen von Ubud.

⭐ Kuta Karnival

Große Strandparty in Kuta; sie findet normalerweise am ersten Wochenende im Oktober statt. An den Tagen davor gibt es Spiele, Kunst, Wettbewerbe, Surfen und vieles mehr.

November

Es regnet in diesem Monat öfter, aber nicht so viel, dass man die Insel nicht genießen könnte. Der November ist normalerweise ein ruhiger Monat.

⭐ Perang Topat

Dieser „Reiskrieg" auf Lombok macht einen Riesenspaß. Er findet in Pura Lingsar direkt bei Mataram statt. Dazu gehört ein Umzug mit kostümierten Leuten; Hindus und Wetu Telu bewerfen sich mit *ketupat* (klebrigem Reis). Kann auch im Dezember stattfinden.

Dezember

Kurz von den Weihnachts- und Neujahrsfeiertagen erstürmen Besuchermassen Bali und die Gilis. Hotels und Restaurants sind ausgebucht und alle haben unheimlich viel zu tun.

👁 Peresean

Kriegsführungskunst auf Lombok. Die Wettstreiter kämpfen bei nacktem Oberkörper mit Stöcken und rindsledernen Schilden. Der Sieger ist derjenige, der dem Gegner zuerst eine Wunde zufügt. Das Ereignis findet jedes Jahr gegen Ende des Monats in Mataram statt.

Oben: Beim Drachenfest von Bali (S. 128)
Unten: Zeremonie zur Vorbereitung auf Nyepi (Tag der Stille; S. 368)

Reiserouten

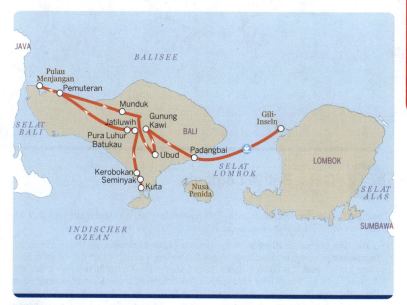

 Bali & die Gilis

Eine Tour quer durch Bali und die beliebtesten Regionen des Landes, darunter auch die Gili Islands, ist immer lohnenswert.

Die Reise beginnt in **Seminyak**, wo man ausgezeichnet essen und ausgehen oder sich neu einkleiden kann. Für die Reize von **Kerobokan** und die wilden Nächte in **Kuta** sollte man drei Tage einplanen. Wer davon genug hat, fährt Richtung Norden durch die Reisterrassen von **Jatiluwih** und weiter zum **Pura Luhur Batukau**, einem Tempel hoch in den Wolken. Von dort führt die Reise in nordwestlicher Richtung zu den Strandhotels in **Pemuteran**. In der Nähe befinden sich die besten Tauch- und Schnorchelreviere Balis bei **Palau Menjangan**. Die Strecke führt weiter nach Osten, mit einem Halt in **Munduk**, von wo aus man zu Wasserfällen wandern kann.

Über **Candikuning** geht es nach **Ubud**, dem kulturellen Zentrum Balis. Abends locken Tanz und Kultur, tagsüber Wanderungen. Unbedingt zu empfehlen ist eine Tagestour zu den antiken Stätten in **Gunung Kawi**. Weiter geht es zum netten kleinen Strand und der Hafenstadt **Padangbai**. Von hier fahren Schnellboote zu den Gili-Inseln ab. Die Inseln lassen sich gut zu Fuß erkunden. Wer Glück hat, entdeckt beim Schnorcheln eine Schildkröte, und **Gili T** bietet zusätzlich noch ein lebendiges Nachtleben.

 Ganz Bali & Lombok

Bei der Tour zu den interessantesten Sehenswürdigkeiten und Orten auf ganz Bali, Lombok und den Gilis besucht man sechs Inseln und zahllose Strände.

Die Tour beginnt in **Bingen**. Wenn der Jetlag überstanden ist, geht es weiter nach **Denpasar** zu einem echt balinesischen Mittagessen. Von dort führt die Route in die Berge nach **Ubud**, das einen Einblick in die balinesische Kultur bietet. Vom kulturellen Zentrum geht der Weg weiter zum spirituellen Zentrum der Insel, dem **Gunung Agung**. Der Aufstieg sollte früh erfolgen, damit der Gipfel erreicht ist, bevor die täglich aufziehenden Wolken die grandiose Aussicht verdecken. Nach der Besteigung des legendären Berges führt die Strecke Richtung Westen nach **Munduk**, das einen Blick zur Nordküste und dem Meer bietet. Hier sollte unbedingt eine Wanderung eingeplant werden, denn die Umgebung bietet Wasserfälle, hübsche kleine Dörfer, wilde Obstbäume und Reisfelder, die wie Bänder an den Bergen kleben. Weiter geht es nach Süden zum wunderbaren Tempel **Pura Luhur Batukau**. Von hier bietet sich die Besteigung von Balis zweithöchstem Berg, dem **Gunung Batukau** an. Anschließend sorgt der **Strand von Balian** für die nötige Ruhepause. Danach geht es von **Sanur** weiter über die Wellen nach **Nusa Lembongan**, der Insel im Schatten der großen Schwester **Nusa Penida**. Die fast unbewohnte Insel ist vom Süden und Osten Balis sichtbar und lässt sich gut als Tagesausflug besuchen. Von den Klippen bieten sich faszinierende Ausblicke und die Unterwasserwelt lädt zum Tauchen ein. Von Nusa Lembongan gibt es eine direkte Schiffsverbindung zu den **Gilis**. Auch hier locken Bootstouren durch das türkisblaue Wasser rund um die Inseln. Man kann auch mit dem Schiff nach **Senggigi** fahren, sollte aber dort die Hotels links liegen lassen und weiter nach Süden reisen. Die Südküste von Lombok bei **Kuta** bietet sensationelle Strände und Surfreviere für furchtlose Surfer. Die kaum befahrenen Nebenstraßen im Inneren der Insel locken neugierige Reisende mit Lust auf Abenteuer. Hier finden sich in kleinen Dörfern noch alte Handwerkskünste. Viele dieser Straßen führen die Flanken des Vulkans **Gunung Rinjani** hinauf, der das üppige und abgelegene **Sembalun Tal** beschützt. Eine einzigartige Wanderung führt entlang des Kraterrandes von einem Dorf zum nächsten; sie dauert allerdings mehrere Tage.

1 WOCHE — Bali von seiner schönsten Seite

Die sieben Tage an den schönsten Orten Balis vergehen wie im Fluge.

Die Tour beginnt in einem Strandhotel in **Seminyak** oder **Kerobokan**. Hier sollte man einen Einkaufsbummel und eine Auszeit am Strand einplanen. Zu einem Tagesausflug zum Tempel **Ulu Watu** gehört auch ein Essen in **Jimbaran**. Entlang der Ostküste führt die Straße zu wilden Stränden wie denen bei **Pura Masceti**, und zur Königsstadt **Semarapura** mit ihren Ruinen. Auf der atemberaubenden **Sidemen Road** mit ihren Reisterrassen, Flusstälern und wolkenverhangenen Bergen führt der Weg weiter Richtung Norden, dann nach Westen bis **Ubud**, dem Höhepunkt jeder Rundreise. Wer sich verwöhnen möchte, sollte in einem der Hotels mit Blick über die Reisfelder absteigen. Nach den Anwendungen in einem der Spas locken die Restaurants der Stadt. Balis kultureller Reichtum zeigt sich in Ubud am besten. Jeden Abend finden Tanzvorführungen statt; Kunsthandwerker präsentieren ihre Waren, darunter auch Holzschnitzer aus **Mas**. Eine Wanderung durch die Reisfelder und zu den Flusstälern bietet sich ebenso an wie ein Besuch in einer Galerie.

3 TAGE — Tagestouren auf Bali

Ausgangspunkt dieser Touren ist eines der Hotels am Strand von **Sanur**, z. B. das Hotel La Taverna oder Tandjung Sari.

Der erste Ausflug führt zu den Märkten und Museen von **Denpasar**; dann geht es zu den Geschäften in **Seminyak** und **Kerobokan**. Abschließend gibt es gegrillte Meeresfrüchte in **Jimbaran**.

Am zweiten Tag geht es nach **Ubud**, wo ein halber Tag Zeit zum Bummeln durch die Geschäfte, Galerien und Museen zur Verfügung steht. Hin- und Rückfahrt sollten über verschiedene Routen erfolgen, damit auch die Tempel von **Pejeng**, die Holzschnitzer in **Mas** und der Markt in **Sukawati** besucht werden können.

Ausflug Nummer drei führt die Ostküste mit ihren wellengepeitschten Vulkanstränden entlang. **Lebih** lohnt einen Stopp – hier gibt es einen Tempel. Im Landesinneren liegen die Ruinen der Tempel von **Semarapura**, das auch einen Markt bietet. Weiter geht es auf der **Sidemen Road** Richtung Norden. Um nach Gianyar zu gelangen, muss man nach einem Bogen in westlicher Richtung wieder zurückfahren. **Gianyar** bietet einen Nachtmarkt.

Oben: Wasserholen aus einem Fluss in Ubud (S. 154)

Rechts: Holzschnitzereien, Mas (S. 192)

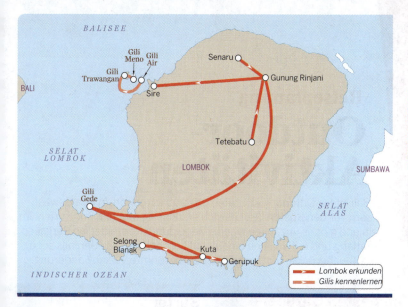

 ## Lombok erkunden
2 WOCHEN

 ## Die Gili-Inseln kennenlernen
1 WOCHE

Lombok ist der Inbegriff toller Outdoor-Aktivitäten.

Zunächst verbringt man ein bis zwei Tage an einem der Strände von **Kuta**. Östlich und westlich der Stadt warten mehrere Buchten: Die schöne **Selong Blanak** ist nur eine davon. Wenn man schon mal hier ist, sollte man die Brandung im Süden Lomboks zum Surfen auszuprobieren – **Gerupuk** ist ideal, um entweder Stunden zu nehmen oder eine Bootstour zu einer der herrlichen Breaks zu machen. Nicht weit entfernt lockt der Südwesten Lomboks mit wassersportlichen Aktivitäten: Schwimmen in sicheren Gewässern oder Bootstouren zu den rund einem Dutzend Inseln. **Gili Gede** ist ein idealer Ausgangspunkt. Als Nächstes steht der heilige **Gunung Rinjani** auf dem Programm. Seine Ausläufer kann man vom urigen **Tetebatu** erkunden, oder man erklimmt den ganzen Vulkan und wandert von **Senaru** bis zum Kraterrand, dem unvergleichlichen Kratersee oder zum Gipfel selbst. Auf keinen Fall sollte man das Sembalun Valley auslassen. Am Ende der beiden Wochen steigt man in einem der ruhigen Luxushotels an den weißen Sandstränden von **Sire** ab.

Diese drei kleinen Pünktchen aus weißem Sand vor Lombok können leicht Ziel der gesamten Reise sein.

Der ideale Ort, um sich mit dem Inselleben vertraut zu machen, ist **Gili Air**, wo der Hauptstrand ein perfektes Tropenparadies zum Faulenzen ist. Hier kann man ein oder zwei Tage nichts tun außer vor der Küste zwischen Korallen schnorcheln und sich an frischen Meeresfrüchten ergötzen. Anschließend steht **Gili Trawangan** auf dem Programm, wo ein aktiverer Aufenthalt wartet. Ein perfekter Tag beginnt hier mit einem morgendlichen Tauchgang zum Beispiel am Shark Point, es folgt ein gesundes Mittagessen mit anschließendem Nickerchen. Danach folgt ein Bummel über die sandigen Wege der Insel, dann ein Cocktail bei Sonnenuntergang an der Westküste. Nach dem Abendessen locken die Rhythmen der vielen Partys. Endstation ist **Gili Meno**, wo, nachdem man sich eine Übernachtungsmöglichkeit gesichert hat, es eigentlich wenig zu tun gibt, außer über die reine Wüstenlandschaft der Insel nachzugrübeln. Wer es schafft, sich vom Strand zu lösen, kann die Fischreiher auf dem Binnensee beobachten.

Reiseplanung
Outdoor-Aktivitäten

Bali ist für Outdoor-Aktivitäten unglaublich schön. In den Gewässern vor den Küsten lässt es sich erstklassig tauchen und surfen. Im Inland gibt es unzählige Wanderwege durch Reisfelder, an Bergseen entlang und auf Vulkane hinauf. Auf Lombok gibt es ebenfalls schöne Tauchgründe, Surfspots und eine berühmte Vulkanwanderung.

Die besten Outdoor-Abenteuer

Top-Surfregionen

Das weltberühmte Ulu Watu, wo jeder ernsthaft interessierte Surfer ein Mal im Leben gesurft haben muss; der legendäre und schwer erreichbare Tanjung Desert (Desert Point) auf Lombok; der tolle Batu Bolong.

Top-Tauch- & Schnorchelspots

Die spektakuläre Pulau Menjangan, wo man sich nur treiben lassen oder an einer Wand entlang tauchen kann; der gesunkene Frachter aus dem Zweiten Weltkrieg vor Tulamben und die Schnorchel- und Tauchgründe vor der Küste; alle Taucharten und Schnorcheln in den wunderschönen Gewässern der Gili Islands. Hier können auch Meeresschildkröten gesichtet werden.

Top-Wanderwege

Die üppige, mit würzigem Duft erfüllte und von Wasserfällen zerklüftete Landschaft von Munduk; wunderschöne, teilweise durch Reisfelder führende Wanderungen bei Ubud (Dauer: eine Stunde bis zu einem Tag); smaragdgrüne Reisterassen bei Tirta Gangg, herrliche Aussichten und Tempel.

Surfen

Das Surfen brachte den Bali-Tourismus in den 1960er-Jahren erst so richtig in Schwung. Auch viele Balinesen haben mit dem Surfen begonnen und man sagt, ihr Stil sei durch die Anmut des traditionellen Tanzes geprägt.

Surfen auf Bali

Da die Dünung vom Indischen Ozean herkommt, liegen die Surfreviere an der Südseite der Insel und erstaunlicherweise an der Nordwestküste von Nusa Lembongan; hier strömt das Wasser in die Meerenge zwischen der Insel und der balinesischen Küste.

Während der Trockenzeit (von April bis September) hat die Westküste die besten Breaks, da die Passatwinde aus Südost kommen; dann funktioniert das Surfen auch auf Nusa Lembongan am besten. Während der Regenzeit bietet sich die Ostküste von Nusa Dua bis Padangbai an. Bei Nordwind – oder Windstille – gibt es an der Südküste der Halbinsel Bukit immer noch einige Breaks.

Beachtenswert ist, dass bei den besten Breaks fast immer auch gute Strände liegen, die den gleichen Namen tragen.

Balangan

Auf der Jalan Pantai Balangan kommt man zu den neuen Surfer-Bungalows (*sur-*

Surfreviere auf Bali & Lombok

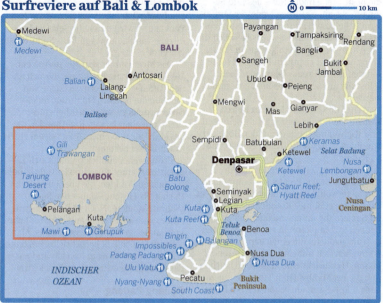

fer crash pads) und den Parkplätzen bei den Strandcafés von Balangan. Balangan ist ein schneller Lefthander über einem flachen Riff, wo bei Niedrigwasser kein Surfen möglich ist, aber bei Mittelwasser mit Wellen über 4 Fuß gute Surfbedingungen herrschen; bei Wellen von 8 Fuß ist es hier einfach zauberhaft.

Balian

Bei der Mündung des Sungai Balian (Balian River) im Westen Balis gibt es einige Peaks. Der beste Break ist ein angenehmer, gleichmäßiger Lefthander, der bei Mittel- bis Hochwasser gut funktioniert, es sei denn, es ist windig. Unterkunftsmöglichkeiten gibt es in der Form von einfachen bis luxuriösen Guesthouses.

Batu Bolong

Nördlich von Kerobokan am nördlichen Zipfel der Bucht hat Batu Bolong (oft auch Canggu genannt) einen hübschen Strand mit hellem Sand, wo man zahlreiche Surfer und eine ausgesprochen coole Party-Szene antrifft. Die optimale Welle ist in Batu Bolong 5 bis 6 Fuß hoch. Hier gibt es einen richtig guten Righthander, in den man gut einsteigen kann und der bei Hochwasser am besten ist.

Bingin

Dieser Spot ist über einen Klippenweg erreichbar und kann schon mal überlaufen sein. Am besten ist es hier bei einer 6-Fuß-Dünung; dann entstehen kurze, aber perfekte Lefthand-Barrels. Die Klippen an der Rückseite des Strands sind von verschiedensten Unterkünften gesäumt.

Impossibles

Dieser anspruchsvolle Riff Break direkt nördlich von Padang Padang hat drei sich verändernde Peaks mit schnellen Lefthander-Tubes, die sich bei perfekten Bedingungen zusammenschließen.

Keramas & Ketewel

Diese beiden Strände liegen nordöstlich von Sanur. An beiden finden sich Righthand-Breaks, die bei Ebbe knifflig sind und bei über 6 Fuß zumachen. Die Brandung ist das ganze Jahr über recht gleichmäßig; übernachten kann man in dem neuen Surfer-Resort Komune Bali.

Rund um Kuta

Für das erste Bad im warmen Indischen Ozean eignen sich die Breaks am Strand von Kuta hervorragend. Bei Full Tide ist die beste Stelle in der Nähe des Life-Saving-Clubs am südlichen Ende der Strandstraße. Bei Low Tide locken die Tubes bei **Halfway Kuta**; das ist wahrscheinlich die für Anfänger am besten geeignete Stelle. Wer noch nicht richtig in Form ist, sollte mit den Beach Breaks beginnen, aber selbst die müssen mit Respekt genommen werden.

Weiter nördlich am **Legian Beach** können die Breaks sehr mächtig sein, Left- und Righthander gibt es auf der Höhe der Sandbars in der Nähe der Jl. Melasti und Jl. Padma.

Schwieriger wird es an den Riffen südlich der Beach-Breaks, ungefähr einen Kilometer vom Strand entfernt. **Kuta Reef** ist ein ausgedehntes Korallenriff und bietet Surfern die unterschiedlichsten Möglichkeiten. Man kann in rund 20 Minuten dorthin paddeln, die einfachere Lösung ist es aber, sich mit einem Boot fahren zu lassen. Hier bricht eine klassische Lefthander, die bei Mid bis High Tide und einem 5 bis 6 Fuß-Swell am schönsten ist. Dann bekommt sie am Riff eine wunderbare Inside Tube.

Medewi

Ebenfalls an der Südküste von Westbali liegt Medewi mit einer sanften Lefthander. Mit etwas Glück bietet dieser Point Break einen langen Ritt bis weit in die Flussmündung hinein. Die Welle hat einen großen Drop, der wieder ansteigt und zu einer guten Inside-Section wird. In der Nähe gibt es einige Unterkünfte.

Nusa Dua

In der Regenzeit gibt es hier einige gute Riff-Breaks im Osten der Insel. Beim Riff vor Nusa Dua herrscht eine sehr gleichmäßige Dünung. Der Haupt-Break liegt rund 1 km vor dem Strand südlich von Nusa Dua – um dorthin zu gelangen, geht man am besten am Golfplatz entlang und hält nach dem noch verbliebenen Fitzelchen des Gegar Beach vor dem riesigen Resort Mulia Ausschau, wo es einige Boote gibt, die die Surfer aufs Meer hinausbringen. Hier gibt es sowohl Left- als auch Righthander, die auf einer kleinen Dünung bei Ebbe oder Mittelwasser gut gehen. Weiter nördlich, vor dem Club Med, wartet ein schnell rasender rechter Riff-Break namens **Sri Lanka**, der am besten bei Mittelwasser funktioniert.

Nusa Lembongan

Die Insel gehört zur Inselgruppe um Nusa Penida und wird durch die Selat Badung (Straße von Badung) von Balis Südostküste getrennt.

Das Meer ist hier sehr tief und so entsteht eine enorme Brandung, die sich an den Riffen vor der Nordwestküste von Lembongan bricht. Vom Strand aus ist **Shipwrecks** zu sehen, der beliebteste Break mit einer langen Righthander, die bei Mid Tide und einem 5 Fuß-Swell einen tollen Barrel bekommt.

Etwas weiter südlich befindet sich **Lacerations**, eine sehr schnelle Righthander mit hohlen Wänden, die über einem sehr flachen Riff bricht – daher der Name „Schnittwunden". Noch weiter im Süden gibt es eine kleinere, benutzerfreundliche Lefthander, genannt **Playgrounds**. Man sollte auf jeden Fall berücksichtigen, dass Surfen auf Lembongan bei Ostwind am besten ist, also während der Trockenzeit.

Padang Padang

Nur kurz etwas zu Padang: Dieser superflache, linke Riff-Break liegt vor einem sehr beliebten Strand und unterhalb einiger etwas einfacheren Unterkünften, wo man übernachten *und* dabei sogar die Breaks gut beobachten kann. Diesen Spot sollte man sorgfältig prüfen, bevor man ihn ausprobiert, denn der Break ist recht anspruchsvoll und funktioniert auch nur über 6 Fuß bei Mittel- bis Hochwasser.

Wer keine Tubes, Backhand oder Forehand surfen kann, sollte nicht herauspaddeln, denn Padang ist eine Tube. Nach dem Start rast man durch das Wasser bis ins Barrel. Keine Welle für Ängstliche und ganz bestimmt kein Platz zum Surfen, wenn es zu voll ist.

Sanur

Sanur Reef bietet hohe Wände und tolle Barrels. Es ist ein unbeständiger Surf und beginnt erst bei einem 6 Fuß-Swell, aber wenn die Brandung über 8 Fuß ist, ist es ein tolles Ding und bei über 10 Fuß Weltklasse. Vor der Küste gibt es noch andere Riffe, die meisten davon sind gut zum Surfen geeignet.

Hyatt Reef, etwa 2 km vor der Küste, bietet eine unbeständige Righthander, die bei High Tide einen super Ritt bietet. Eine klassische Righthander bricht vor dem Grand Bali Beach Hotel.

Südküste

Die äußerste Südküste am Ende der Halbinsel Bukit eignet sich zu jeder Jahreszeit zum Surfen – der Wind muss allerdings von Norden kommen, oder es muss windstill sein. Man sollte früh hier sein, um auflandigen Wind zu vermeiden. Die Halbinsel ist von Riffs umgeben, und es gibt jede Menge große Swells. Der Zugang ist allerdings ein Problem, denn die Küste besteht nur aus Klippen. Wer nach **Nyang-Nyang** möchte, muss über 500 Stufen bewältigen.

Ulu Watu

Wenn die Brandung am Kuta Riff eine Stärke von 5 bis 6 Fuß erreicht, bietet Ulu Watu, der berühmteste Break Balis, mindestens 6 bis 8 Fuß Swell. Er liegt weit vor der südlichen Küste der Bucht, dadurch ist auch die Brandung größer als vor Kuta.

Teluk Ulu Watu (Ulu-Watu-Bucht) ist ein Paradies für Surfer – einheimische Kids wachsen die Boards, besorgen Getränke und tragen die Boards runter in die Höhle, in der der Zugang zu den Wellen liegt. Warungs (Imbissstände) sorgen für Verpflegung, und es gibt Unterkünfte für jeden Geldbeutel.

Ulu Watu bietet ungefähr sieben verschiedene Breaks. **Corner** liegt direkt rechts vor der Küste. Das ist eine schnell brechende, hohle Lefthander mit etwa 6 Fuß. Das Riff unter diesem Break liegt extrem dicht unter dem Wasser, also besser nicht mit dem Kopf zuerst aufkommen. Bei High Tide beginnt der **Peak**, eine gute Welle bei 5 bis 8 Fuß. Gelegentlich bilden sich noch größere Wellen direkt rechts davon. Starten kann man direkt hier oder etwas weiter außerhalb. Eine wirklich erstklassige Welle.

Eine weitere Lefthander startet an den Klippen an der südlichen Seite der Bucht. Sie bricht dort in großen Swells und bei 7 Fuß verläuft die Lefthander bis zu einem Tempel am Südende der Bucht. Weit hinter dem Peak liegt ein verborgenes Riff („bombora"), das **Bommie** genannt wird. Hier ist eine weitere große Lefthander, die erst bei einem Swell von mindestens 10 Fuß richtig gut wird. An einem normalen Tag mit 5 bis 8 Fuß gibt es auch südlich vom Peak Breaks.

Am besten ist es, zu schauen, wohin andere Surfer paddeln, und ihnen zu folgen. Und bei Unsicherheit ruhig immer fragen. Es ist allemal besser, ein bisschen zu wissen als gar nichts. Man klettert zuerst runter in die Höhle und paddelt von dort hinaus. Wenn der Swell groß ist, zieht es den Surfer zuerst nach rechts. Doch keine Angst – man kann problemlos um das Whitewater am Kliff entlangpaddeln. Wer wieder zurück an Land will, muss versuchen, die Höhle zu treffen. Wenn der Swell groß ist, orientiert man sich an der Südseite der Höhle, da die Strömung hier Richtung Norden verläuft.

Surfen auf Lombok

Auf Lombok kann man gut surfen, denn hierher kommen nur wenige Touristen; deshalb hat man die Breaks in der Regel fast für sich alleine.

Gerupuk

Diese riesige Bucht 6 km östlich von Kuta bietet gleich vier Breaks, man findet also immer eine Welle, egal, wie das Wetter oder die Gezeiten sind. **Bumbang** ist außerordentlich zuverlässig: Am besten ist diese Righthander über einem flachen Riff bei auflaufender Flut. Sie ist für jedes Können geeignet und kann das ganze Jahr gesurft werden. **Gili Golong** ist am besten bei Mid bis High Tide zwischen Oktober und April. **Don-Don** braucht zum Brechen einen größeren Swell, kann aber während des ganzen Jahres toll sein. Außerdem gibt es noch **Kid's Point** (oder Pelawangan), die nur bei großen Swells bricht, aber dann mit einem super Barrel. Alle Wellen erreicht man nur mit dem Boot.

Gili Trawangan

Trawangan ist besser bekannt als das Mekka der Taucher, hat aber auch vor der Südwestspitze der Insel, abseits der Surf Bar, einen Surfspot. Es handelt sich um einen schnellen Righthander, der in zwei Teilen bricht, einer etwas steiler über abgerundeten Korallen. Hier kann man das ganze Jahr über surfen, am besten bei Flut.

Mawi

Die fantastische Bucht von Mawi, 18 km westlich von Kuta, bietet eine tolle Lefthander mit Barrels, die zum Schluss zu einer Tube wird. Die beste Zeit ist während der Trockenzeit von Mai bis Oktober bei ablandigem Ostwind und einem Südwest-Swell. Leider gibt es unter Wasser spitze Felsen und Korallen und die See ist

Ein Sporttaucher mit lila Fahnenbarschen (*Mirolabrichthys tu*

kabbelig, man muss deswegen sehr vorsichtig sein.

Tanjung Desert

Tanjung Desert (Desert Point) liegt an einem extrem entlegenen Ort auf Lombok und hat eine legendäre, wenn nicht gar unglaubliche Welle, die vom Magazin *Tracks* zur „besten Welle der Welt" gewählt wurde. Sie ist nur für sehr erfahrene Surfer geeignet und ist wie ein launisches Ungeheuer, und das in einer Gegend, die für lange, flache Spells bekannt ist.

An einem guten Tag kann diese Lefthander-Tube einen 300 m langen Ritt ermöglichen, der an Größe vom Take-off bis zum Close-out (und über rasierklingenscharfen Korallen liegt) anschwellen kann. Tanjung Desert funktioniert nur wirklich gut, wenn es einen ernst zu nehmenden Groundswell gibt – der Zeitraum von Mai bis September ist ideal. Bei Ebbe sind Helm und Schuhe zu empfehlen.

Ausrüstung mitbringen oder ausleihen?

Normalerweise reicht ein kleines Board für die kleineren Breaks, aber ein paar Zentimeter mehr bei der Boardlänge schaden bestimmt auch nicht. Für die größeren Wellen – 8 Fuß und mehr – braucht man eine ordentliche Boardlänge. Für einen Surfer mit einer durchschnittlichen Größe und Figur ist ein Board um die 7 Fuß (2,1 m) perfekt.

Wer mehr als zwei oder drei Boards ins Land bringen will, wird sicherlich Probleme mit dem Zoll bekommen, da die Beamten glauben, dass die Boards verkauft werden sollen.

In Kuta und im übrigen Süden von Bali gibt es Surfshops. An den meisten beliebten Surf Breaks werden die unterschiedlichsten Boards (50 000 bis 100 000 Rp pro Tag) und Ausrüstungen verliehen. Und wessen Board eine Reparatur benötigt, der muss sich nur umhören: Es gibt jede Menge hilfsbereite Leute.

Sonstige empfehlenswerte Ausrüstung, die man mitbringen sollte:

- Solides Gepäck für den Flug
- Trageband fürs Board
- Feste Schuhe für die steinigen Klippen
- Das Lieblingswachs – für Pingelige
- Neoprenanzug oder Riff-Booties

→ Neopren-Oberteil, Rash Vest oder einen anderen Schutz gegen Sonne, Riffe und Felsen
→ Helm für schwierige Bedingungen (und zum Motorradfahren)

Surfschulen

Mehrere Surfschulen gibt es direkt beim Kuta Beach in Kuta und Legian sowie nördlich von Batu Bolong Beach. Kuta und die Halbinsel Bukit waren lange Zeit die Surfparadiese Nummer eins; heute ist Canggu sehr beliebt.

Im Süden Balis gibt es einige renommierte Surfbrettbauer, darunter Luke Studer (S. 75) in Kuta und Dylan Longbottom in Canggu, der den Dylan Board Store (S. 101) betreibt.

Rip Curl School of Surf (S. 125) liegt vor den Toren des Ortes Sanur, erteilt Unterricht im Windsurfen und hat auch Stehpaddel-Boards.

Surf Goddess (✆0858 997 0808; www.surfgoddessretreats.com) bietet Surf-Urlaube für Frauen inklusive Unterricht und Unterkunft in einem vornehmen Gästehaus in Seminyak.

Tauchen & Schnorcheln

Mit seinem warmen Wasser, den ausgedehnten Korallenriffen und der üppigen Meeresfauna bietet Bali seinen Gästen wirklich exzellente Tauch- und Schnorchelabenteuer.

Verlässliche Anbieter von Tauchkursen und -exkursionen bilden überall an Balis Küste Anfänger aus oder arrangieren anspruchsvolle Ausflüge, die auch die erfahrensten Taucher begeistern.

Die Gili-Inseln bieten ebenso tolle Möglichkeiten und auch auf Lombok findet man einige schöne Stellen, vor allem an der Nordwestküste.

Eine Schnorchelausrüstung kann man an allen halbwegs zugänglichen Orten erhalten, aber es lohnt sich auf jeden Fall, seine eigene mitzubringen und damit auch die weniger besuchten Küstenabschnitte auszuprobieren.

Auf den Gilis gibt es eine professionelle Freediving-Schule für alle, denen das Schnorcheln noch nicht genug Abenteuer bietet. Außerdem befindet sich dort die Gili Islands Dive Association (GIDA), die fachliche und ökologische Maßstäbe setzt.

Ausrüstung mitbringen oder ausleihen?

Wer nicht pingelig ist, findet alles, was er braucht auf Bali, den Gilis und Lombok (Qualität, Größe und Alter der Ausrüstung können allerdings unterschiedlich sein). Wer seine eigenen Sachen mitbringt, bekommt normalerweise eine Ermäßigung. Zu den kleinen, einfach mitzubringenden Gegenständen gehören Schutzhandschuhe,

DIE BESTEN TAUCH- & SCHNORCHEL-SPOTS

Im Folgenden sind die spektakulärsten Tauch- und Schnorchelspots Balis und Lomboks aufgeführt. Sie ziehen Menschen von nah und fern in ihren Bann.

ORT	DETAILS	FÜR WEN?
Nusa Penida	Ernsthaftes Tauchen, auch durch Schwärme von Mantarochen und 2,5 m große Gotteslachse	Erfahrene Taucher werden die Herausforderungen hier mögen; Tauchanfänger und Schnorchler sind überfordert
Pulau Menjangan	Spektakuläre 30 m Wand vor einer kleinen Insel; gut zum Tauchen und Schnorcheln	Taucher und Schnorchler unabhängig von Können und Alter
Tulamben	Gesunkener Frachter aus dem Zweiten Weltkrieg; Schnorcheln und Tauchen vom Ufer aus	Taucher und Schnorchler sollten gute Schwimmer sein
Gili-Inseln	Alle Arten von Tauchen und Schnorcheln in wunderschönen Gewässern	Taucher und Schnorchler unabhängig von Können und Alter; an manchen Spots sollte man aber doch eher fortgeschritten sein
Südwest-Lombok	Gute Riffe	Taucher und Schnorchler sollten gute Schwimmer sein

zusätzliche Gurte, Silikonschmiermittel und Ersatzbirnen für Tauch- oder Blitzlampen. Sonstige empfehlenswerte Ausrüstung:

Maske, Schnorchel & Flossen Diese Sachen nehmen nicht zu viel Platz weg und sie passen dann mit Sicherheit. Schnorchelausrüstungen kosten ab etwa 30 000 Rp pro Tag und sind oft ziemlich abgenutzt.

Tauchflaschen & Bleigürtel Sind normalerweise im Preis für den Tauchgang eingeschlossen.

Dünner, langer Neoprenanzug Zum Schutz vor stechenden Tieren und Verletzungen durch Korallen. Wer eine spezielle Größe benötigt, sollte seinen eigenen Anzug mitbringen. Für das Tauchen vor Nusa Penida sollte dieser Wetsuit mindestens 3 mm dick sein, da durch die Brandung kaltes Wasser (18 °C) nach oben gebracht wird.

Atemregler & Druckmesser In den meisten Tauchshops bekommt man ganz ordentliche Geräte.

Tauchschulen

Die großen Tauchschulen in den Touristenzentren können Ausflüge zu den schönsten Tauchrevieren auf den Inseln arrangieren. Die Entfernungen sind zuweilen sehr groß, daher ist es in der Regel besser, relativ nah am Urlaubsort zu bleiben.

Ein Ausflug kostet ungefähr 60 bis 90 US$ pro Person für zwei Tauchgänge, die Ausrüstung ist im Preis inbegriffen. Inzwischen werden die Preise auch häufig in Euro angegeben.

Überall dort, wo man auf Bali oder Lombok gut tauchen kann, gibt es auch Tauchshops. Meistens liegen dort einige Riffe in einer leicht mit dem Boot erreichbaren Entfernung. Zu den empfehlenswerten Orten mit Shops gehören u. a.:

➡ Amed
➡ Candidasa
➡ Lovina
➡ Nusa Lembongan
➡ Padangbai
➡ Pemuteran
➡ Tulamben
➡ Sanur
➡ Gili Air
➡ Gili Meno
➡ Gili Trawangan
➡ Kuta (Lombok)
➡ Senggigi

➡ Im Allgemeinen ist das Tauchen vor Bali und Lombok recht sicher mit gut ausgebildetem Personal und gut in Stand gehaltener Ausrüstung. Es gibt eine Dekompressionskammer auf der Insel, und zwar in Sanur. Nachfolgend einige Anregungen für den Besuch bei einer guten und auf Sicherheit bedachten Tauchschule.

➡ Sind die Mitarbeiter gut ausgebildet und qualifiziert? Unbedingt nach Zertifikaten fragen. Ein Tauchlehrer muss den Level „Full Instructor" erreicht haben. Wer zertifizierte Taucher auf einem Tauchgang zum Riff begleitet, muss mindestens den Level „Rescue Diver" oder noch besser „Dive Master" besitzen.

➡ Ist eine Notfallausrüstung an Bord? Ein Tauchboot sollte mindestens Sauerstoff und eine Erste-Hilfe-Ausrüstung dabei haben. Auch ein Radio oder ein Handy sind wichtig.

➡ Ist die Ausrüstung des Bootes okay und ist der Sauerstoff in den Flaschen auch wirklich in Ordnung? Das ist für einen Tauchneuling natürlich besonders schwierig zu beurteilen. Am besten auch selbst schauen: Wie riecht die Luft? Man sollte die Flasche ein wenig öffnen und einatmen. Riecht die Luft trocken oder leicht nach Gummi, ist alles okay. Wenn sie nach Öl oder Autoabgasen riecht, zeigt das, dass der Veranstalter die Luft nicht ordnungsgemäß filtert.

➡ Treten größere Lecks auf, wenn die Ausrüstung zusammengestellt wird? Alle Tauchzentren haben immer wieder mal das Problem kleinerer Lecks, aber wenn die Luft irgendwo in großen Mengen entweicht, sollte man um Austausch bitten.

➡ Geht es der Schule auch um den Erhalt der Umwelt? Gute Tauchschulen erklären ihren Gästen, dass sie die Korallen nicht berühren und keine Muscheln von den Riffen sammeln dürfen; zudem arbeiten sie mit den Fischern vor Ort zusammen, um sicher zu gehen, dass bestimmte Gebiete geschützt werden. Manche säubern sogar die Strände.

Tauchen lernen

Wer noch nicht oder nicht so gut tauchen kann, das Scuba-Tauchen aber erlernen möchte, hat auf Bali verschiedene Möglichkeiten, darunter auch Pakete, die den Unterricht und eine preiswerte Unterkunft an einem hübschen Ort beinhalten.

KURS	DETAILS	KOSTEN
Einführung/Orientierung	Perfekt für Anfänger, die erst einmal sehen wollen, ob Tauchen etwas für sie ist	60 bis 100 US$
Basic Certification	Drei- oder viertägige Grundkurse; besonders in den typischen Resorts beliebt	300 US$
Open-Water Certification	International anerkannter PADI-Standard	350 bis 400 US$

Verantwortungsvolles Tauchen

Beim Tauchen sollte man auf folgende Hinweise achten und einen eigenen Beitrag dazu leisten, die Schönheit und ökologische Stabilität der Riffe zu bewahren:

➡ Über Riffen nie den Anker auswerfen und mit dem Boot nicht auf ein Riff aufsetzen.

➡ Keine Meereslebewesen berühren und niemals die Ausrüstung über Riffe schleppen.

➡ Vorsicht beim Umgang mit den Flossen! Selbst wenn man nichts berührt, können die Bewegungen des Wassers empfindliche Lebewesen verletzen. Aus dem gleichen Grund sollte man auch keinen Sand aufwirbeln.

➡ Umsichtig tauchen, damit man nicht gegen das Riff stößt.

➡ Keine Muscheln oder Korallen aufsammeln oder kaufen und keine archäologischen Stätten unter Wasser plündern (damit sind vor allem Wracks gemeint).

➡ Immer den gesamten eigenen Abfall wieder mitnehmen – und möglichst auch fremden

WANDER-HIGHLIGHTS

Eins der großen Vergnügen auf Bali ist das Wandern. Überall auf der Insel gibt es viel zu erleben; der Startpunkt einer Wanderung liegt oft direkt beim Hotel. Die Wanderungen können von einer Stunde bis zu einem Tag dauern.

Bali

ORT	DETAILS
Danau Buyan & Danau Tamblingan	Natürliche Bergseen, wenig Leute, gute Führer
Gunung Agung	Sonnenaufgänge und einsam gelegene Tempel
Gunung Batukau	Aufstiege inmitten der Wolken; wenig Leute
Gunung Batur	Anstrengend, aber eine außerirdische Landschaft
Munduk	Üppige Vegetation, würzige Luft, von Wasserfällen zerklüftete Landschaft
Sidemen Road	Reisterrassen, üppig bewachsene Hügel und einsam gelegene Tempel; gemütliche Unterkünfte für Wanderer
Taman Nasional Bali Barat	Entlegen, wilde Landschaft, Wildtiere
Tirta Gangga	Reisterrassen, herrliche Aussichten, entlegene Bergtempel
Ubud	Wunderschöne Wanderungen von einer Stunde bis zu einem Tag; Reisfelder und -terrassen, urwaldartige Flusstalwälder und alte Monumente

Lombok

Ebenso wie auf Bali führen die Wanderungen auf Lombok oft in entlegene Gebiete oder sind recht anspruchsvoll oder beides.

ORT	DETAILS
Air Terjun Sindang Gila	Einer von vielen Wasserfällen
Gilis	Umrundung von Strandfaulenzern
Gunung Rinjani	Super für Trekkingtouren; man steigt zum 3726 m hohen Gipfel auf und steigt dann in den Krater mit einem heiligen See und heißen Quellen ab
Sembalun Valley	Wanderungen durch die nach Knoblauch duftenden Hänge vom Rinjani

Abfall, falls man etwas findet. Plastikmüll ist für die Meeresbewohner sehr gefährlich.

➡ Keine Fische füttern.

➡ Den Einfluss auf Meerestiere so gering wie möglich halten. *Auf gar keinen Fall* sollte man versuchen, auf dem Panzer einer Schildkröte zu reiten.

Wandern & Trekken

Natürlich kann man ein ganzes Jahr lang auf Bali und Lombok umherwandern und hat immer noch nicht alles gesehen, was die Inseln zu bieten haben. Da die Inseln aber nun einmal klein sind, kann man an vielen Stellen einfach einmal die Landschaft kennenlernen, beispielsweise im Rahmen leicht zu arrangierender Tageswanderungen. Guides führen Besucher auf Vulkane herauf, und größere Touranbieter befördern Gruppen in abgelegene Regionen oder zu smaragdgrünen Tälern voller Reisterrassen.

Für das Wandern in den Bergen benötigt man unbedingt feste, hohe Wanderschuhe, für Spaziergänge im Flachland genügen in der Regel auch solide Wandersandalen.

Wohin zum Wandern: Bali

Bali ist für Wanderer gut geeignet. Egal, wo man untergekommen ist, kann man dort an Ort und Stelle Tipps einholen und zu Entdeckungsreisen und Abenteuern aufbrechen.

Ubud, die Gegend um Sidemen und Munduk liegen auf der Hand. Die angrenzenden Seen Danau Tamblingan und Danau Buyan sind auch ideal für Erkundungstouren, besonders seit zwei verschiedene Gruppen hervorragender einheimischer Wanderführer ein Unternehmen gegründet haben. Selbst vom überfüllten Kuta oder Seminyak aus kann man einfach zum Strand gehen, sich dort dann rechts halten und dann in nördlicher Richtung so weit an der beeindruckenden Brandung entlanglaufen wie man möchte und dabei die Zeichen von zivilisiertem Leben langsam schwinden sehen.

Anstrengendere Touren, die schon fast ans Bergsteigen erinnern, sind auf dem Gunung Agung oder Gunung Batur möglich. Hier gibt es ganz verschiedene Routen, die aber alle nicht länger als einen Tag dauern.

Auf Bali gibt es keine Trekkingtouren durch entlegene Wildnis, außer jedoch die Vulkanaufstiege und Tagesausflüge im Taman Nasional Bali Barat. Meistens macht man jedoch nur Tagesausflüge vom nächstgelegenen Dorf aus. Man bricht dazu oft schon vor Sonnenaufgang auf, um den Wolken und Nebelschwaden zu entgehen, die die Gipfel in der Regel bis Mittags eingehüllt haben. Auf keiner der Touren ist eine Campingausstattung nötig.

Wandern auf Lombok

Der Gunung Rinjani lockt Wanderer aus der ganzen Welt an. Er ist nicht nur der zweitgrößte Vulkan Indonesiens, sondern hat auch eine kulturelle und spirituelle Bedeutung für die verschiedenen Bewohner der Region. Und dann ist da noch seine umwerfende Schönheit: ein 6 km breiter kobaltblauer See etwa 600 m unter dem Rand der gewaltigen Caldera.

Ein orts- und sachkundiger Führer ist auf den Bergwegen unabdingbar, denn jedes Jahr verunglücken hier Menschen. Geführte Touren auf den Gunung Rinjani können in Sembalun-Tal, Senaru und Senggigi organisiert werden.

Die Ausrüstung: Mitbringen oder Leihen?

Alles, was man so an Ausrüstung zum Wandern braucht, muss man selbst mitbringen. Die Wanderführer haben vielleicht dies und das parat, aber auch nur vielleicht. Je nach Art der Wanderung, sollte man folgende Dinge im Gepäck haben:

➡ Taschenlampe

➡ Warme Kleidung, wenn es in höhere Regionen geht (es kann dort oben ganz schön kühl werden)

➡ Wasserdichte Kleidung, weil es immer und überall anfangen kann zu regnen: In den Bergen ist es zumindest fast immer neblig

➡ Gute Wandersandalen, -schuhe oder -stiefel; diese Sachen kann man auf keinen Fall vor Ort kaufen

Anbieter von Wandertouren

Führer und entsprechende Agenturen findet man in diversen Regionen, wie z. B. in Ubud, Gunung Agung und Tirta Gangga auf Bali und im Sembalun-Tal auf Lombok. Zu den Agenturen, die auf ganz Bali verbreitet sind, zählen außerdem:

Bali Nature Walk (📞0817 973 5914; dadeputra@hotmail.com) Wanderungen in abgelegenen Gebieten der Ubud Region. Die Routen können nach eigenen Wünschen angepasst werden.

Bali Sunrise Trekking & Tours (📞0818 552 669; www.balisunrisetours.com) Geführte Wanderungen durchs Zentrale Bergland.

Sicherheit beim Trekking

Wer zu einer Trekkingtour aufbricht, sollte die folgenden Punkte unbedingt beherzigen, damit er die Tour voll und ganz genießen kann und von diesem Erlebnis auch gesund zurückkehrt:

➡ Die von den Behörden erhobenen Gebühren zahlen und die erforderlichen Genehmigungen unbedingt mitführen. Meistens sind die Gebühren bereits im Honorar des Führers enthalten; diese Angelegenheit ist manchmal verhandelbar.

➡ Nur wer wirklich gesund und absolut fit ist, sollte zu einer längeren und anstrengenden Wanderung aufbrechen.

➡ Verlässliche und aktuelle Informationen über die Bedingungen auf der Strecke sind unbedingt notwendig; so kann z. B. das Wetter sehr schnell umschlagen, es kann unten noch recht sonnig, aber oben auf den Bergen kalt und regnerisch sein.

➡ Der Guide muss wissen, dass man nur Strecken geht, die man auch vom Können her bewältigen kann.

➡ Eine wichtige Voraussetzung ist eine ordentliche Ausrüstung. Je nach Strecke und Jahreszeit gehört dazu auch eine Regenausrüstung sowie zusätzliches Wasser. Auch eine Taschenlampe kann nützlich sein; der Guide hat häufig keine.

Radfahren

Radfahrer gehören auf Balis viel befahrenen Straßen immer häufiger zum norma-

EMPFOHLENE RADTOUREN

Auf einer Insel, die nur so klein ist wie Bali, kann man sich nicht richtig verirren. Die folgenden Gegenden sind ideal zur Erkundung auf zwei Rädern:

ORT	DETAILS
Halbinsel Bukit	Hier an der West- und Südküste kann man Klippen, Buchten und Strände erkunden; die Strandpromenade in Nusa Dua; unbedingt die staureiche Gegend rund um den Flughafen meiden
Zentrales Bergland	Anspruchsvolle Strecken; hier lohnen Danau Bratan, Danau Buyan und Danau Tamblingan; es geht über Munduk bergab zur Nordküste und von Candikuning aus über kleine Straßen Richtung Süden
Ostbali	Küstenstraße mit einem Strand nach dem nächsten; nördlich der Küste warten ziemlich menschenleere, ruhige Reisterrassen; an der Sidemen Road gibt es Lodges, die sich gut für Radler eigenen
Nordbali	Lovina ist ein guter Ausgangspunkt für Tagestouren zu entlegenen Wasserfällen und Tempeln; die Nordostküste bietet Resorts, die bei Radfahrern, die ganz Bali umrunden wollen, sehr beliebt sind.
Nusa Lembongan	Klein, aber mit Stränden, die für jede Radtour lohnende Ziele sind; die coole schmale Hängebrücke überqueren und dann Nusa Ceningan erkunden!
Nusa Penida	Für ernsthafte Radler, die eigene Räder dabei haben; fast ohne nennenswertes Verkehrsaufkommen, mit entlegenen Ausblicken aufs Meer, blanken Klippen, weißen Sandstränden und üppigen Wäldern
Ubud	Hier sind viele Tourenveranstalter ansässig; schmale Bergstraßen führen zu alten Monumenten und atemberaubenden Ausblicken auf Reisterrassen
Westbali	Touren in und rund um Tabanan, Kerambitan und Bajera mit Reisfeldern und dichtem Dschungel; weiter westlich führen kleine Nebenstraßen zu Gebirgsbächen, menschenleeren Stränden und verborgenen Tempeln

len Anblick. Der Hauptvorteil beim Radeln durch Bali ist das besondere Erlebnis, denn man wird förmlich komplett in die Landschaft aufgesogen: Man lauscht dem Wind, der in den Reisfelder säuselt, oder den Klängen eines traditionellen Orchesters (Gamelan) und nimmt dem Duft der Blumen in sich auf. Die Ruhe auf den Nebenstraßen macht den Lärm der verstopften Straßen des Südens mehr als wett.

Lombok ist auch ideal zum Radeln. In den bewohnten Gegenden sind die Straßen flach, und auf der gesamten Insel ist die Verkehrslage deutlich weniger chaotisch als auf Bali.

Einige Leute halten das Radfahren in tropischen Regionen für nicht machbar, aber wenn die Tour durch ebenes Gelände oder bergab geht, sorgt eine leichte Brise für gute Abkühlung.

Wohin zum Radfahren: Bali

Auf Bali ist es viel einfacher zu sagen, wo man *nicht* Fahrradfahren sollte: südlich von Denpasar bis Sanur im Osten, und im Westen von Kerobokan nach Kuta; hier sind die Straßen sehr voll und eng. Auf der restlichen Insel gibt es viele Touren, die durch die reichhaltige tropische Schönheit des Landes führen. Wer etwas ganz anderes sucht, für den sind die immer noch einsamen Wege auf Nusa Penida zu empfehlen.

Wohin zum Radfahren: Lombok & die Gilis

Östlich von Mataram befinden sich einige Sehenswürdigkeiten, die gut auf einer Tagestour erkundet werden können: z. B. zuerst südlich über Gunung Pengsong nach Banyumulek und dann zurück nach Mataram. Einige Küstenstraßen ähneln einer Achterbahn. Eine schöne Strecke führt von Senggigi Richtung Norden nach Pemenang über eine spektakuläre Asphaltstraße. Wer dann noch Kraft hat, kann zurück den steilen Anstieg über den Pusuk Pass wagen.

Die Gilis eignen sich ebenfalls recht gut zum Radfahren, wer aber viele Kilometer schaffen will, muss dafür etliche Runden drehen.

Ausrüstung: Mitbringen oder leihen?

Ernsthafte Radler werden gewiss ihre eigene Ausstattung mitbringen wollen, zumindest das, was sie für wichtig erachten.

Eine gute Ausrüstung bekommt man bei **Planet Bike Bali** (📞0361-746 2858; Jl.Gunung Agung 148, Denpasar; ⏰Mo-Sa 9-18.30 Uhr, Sa 9-15 Uhr), die bekannte Marken wie Giant, Trek, Shimano und andere namhafte Anbieter auf Lager haben. Freizeitradler können Räder und Helme an vielen Orten ausleihen.

Tourenveranstalter

Beliebte Touren beginnen in den zentralen Bergen in Ortschaften wie Kintamani oder Bedugul. Der Tourenveranstalter bringt die Teilnehmer auf den Gipfel und diese fahren dann auf ruhigen Bergstraßen wieder herunter und saugen unterwegs die üppig bewachsene Landschaft, die dörfliche Kultur und die tropischen Düfte ein. Die Kosten belaufen sich inklusive Leihrad und -ausrüstung sowie einem Mittagsimbiss auf 40 bis 70 US$. Der Transport nach/von den Hotels in Südbali und Ubud ist in der Regel enthalten. Hier einige Hinweise dazu:

➡ Die Touren beinhalten normalerweise die Abholung vom Hotel; das kann in Kuta auch schon um 6.30 Uhr morgens sein.

➡ Die Touren dauern in der Regel von 8.30 bis 16 Uhr; unterwegs werden viele Zwischenstopps eingelegt, und man kann das Rad oft auch im Leerlauf laufen lassen.

➡ Nicht alle Veranstalter stellen Helme zur Verfügung. Das ist echt verantwortungslos. Also sollte man den Veranstalter danach aussuchen, ob es Helme gibt. Die folgenden Veranstalter sind zu empfehlen:

Archipelago Adventure (📞0361-808 1769; www.archipelago-adventure.com; Erw./Kind ab 55/45 US$) Bietet eine riesige und interessante Bandbreite an Touren an, darunter auch welche auf Java. Auf Bali gibt es Radtouren bei Jatiluwih und Danau Buyan, Trails für Mountainbikes beginnen in Kintamani.

Bali Bike-Baik Tours (📞0361-978 052; www.balibike.com; Touren ab 450 000 Rp) Die Touren gehen von Kintamani immer bergab. Der Schwerpunkt liegt auf kulturellen Einblicken, sodass viele Zwischenstopps in winzigen Dörfern und auf Reisfarmen eingestreut werden.

Bali Eco Cycling (☎0361-975 557; www.balie cocycling.com; Touren ab 420 000 Rp) Die Touren beginnen in Kintamani und führen über kleine Straßen durch dicht bewachsene Landschaften Richtung Süden nach Ubud; andere Touren stellen die ländliche Kultur in den Vordergrund.

Banyan Tree Cycling Tours (☎0361-805 1620, 0813 3879 8516; www.banyantreebiketours.com; Touren ab 450 000 Rp) genießen.Das Unternehmen wird von Einheimischen geführt und ist sehr beliebt. Die Touren konzentrieren sich auf die Begegnungen mit der Dorfbevölkerung; außerdem gibt es noch eine extrem anspruchsvolle Route im Angebot.

C.Bali (☎0813 5342 0541; www.c-bali.com; Touren ab 430 000 Rp) Bietet hervorragende Touren am und um den Gunung Batur herum sowie am Kratersee an. Das krasse Gegenteil zu einer stinknormalen Radtour.

Rafting

Rafting ist sehr beliebt, besonders als Tagesausflug entweder von Südbali oder Ubud aus. Die Veranstalter holen ihre Teilnehmer ab, bringen sie zum Einstiegspunkt, stellen die gesamte Ausrüstung sowie einen Leiter der Tour zur Verfügung und bringen dann abends alle wieder zurück in ihre Hotels. Die ideale Zeit ist die Regenzeit (November bis März) oder direkt danach. Zu anderen Zeiten, kann es sein, dass der Wasserstand in den Gewässern zu niedrig ist.

Einige Veranstalter nutzen den Sungai Ayung (Ayung River) bei Ubud; hier gibt es zwischen 25 und 33 Stromschnellen der Klasse II bis III (d. h. durchaus spannend, aber nicht wirklich gefährlich). Der Sungai Telagawaja (Telagawaja River) bei Muncan im Osten Balis ist auch sehr beliebt. Er ist rauer als der Ayung und die Landschaft ist hier wilder.

Auf die angegebenen Preise gibt es meist noch Rabatte; deshalb unbedingt danach fragen. Empfehlenswert sind die folgenden Veranstalter:

Bio (☎0361-270 949; www.bioadventurer.com; Erw./Kind ab 79/65 US$) Wer näher am Wasser sein möchte, nimmt ein eigenes Riverboard oder einen Tube (Reifen). Die Touren führen in den Westen Balis.

Bali Adventure Tours (☎0361-721 480; www.baliadventuretours.com; Rafting-Ausflüge Erw./Kind ab 79/52 US$) Auf dem Sungai Ayung; es werden auch Kajak-Touren angeboten.

Mega Rafting (☎0361-246 724; www.megaraftingbali.com; Erw./Kind ab 66/50 US$) Sungai Ayung.

Sobek (☎0361-729 016; www.balisobek.com; Erw./Kind 79/52 US$) Touren auf dem Sungai Ayung und Sungai Telagawaja.

Reiseplanung
Reisen mit Kindern

Mit *anak-anak* (Kindern) auf Bali herumzureisen ist eine bereichernde Erfahrung. Die Einheimischen betrachten Kinder als Teil der Gemeinschaft, sodass jeder Verantwortung für sie trägt. Kinder aller Altersstufen genießen sowohl die Aufmerksamkeit als auch die vielen Abwechslungen, die den Urlaub für sie wie auch für die Erwachsenen unvergesslich machen.

Highlights

Die schönsten Strände
Von den Surfschulen am Kuta Beach bis zu den fliegenden Drachen am Sanur Beach – Kinder aller Altersstufen kommen voll auf ihre Kosten.

Toller Wasserspaß
Vor Nusa Lembongan kann man im Ozean umhertollen; auf Pulau Menjangan kann man gut schnorcheln. Wer noch etwas anderes sucht, für den bietet sich ein Gang durch die Reisfelder an – wer kann schon dem matschigen Wasser mit all den Enten und Fröschen widerstehen?

Spaß ohne Ende
Im Bali Treetop Adventure Park in Candikuning können Kinder wie die Affen in den Bäumen klettern oder sich auf dem Wasserspielplatz im Waterbom Park in Tuban vergnügen.

Tiere beoachten
Das Sacred Monkey Forest Sanctuary von Ubud; der Bali Bird Park südlich von Ubud; der Elephant Safari Park nördlich von Ubud und der Bali Safari & Marine Park im Osten des Landes.

Die coolsten alten Monumente
Kinder mögen die Pools in Tirta Empul, den alten Wasserpalast Tirta Gangga mit den wundervollen Parkanlagen nordöstlich von Ubud und Pura Luhur Ulu Watu, einen wunderschönen Tempel mit Affen.

Bali & Lombok für Kinder

Kinder sind bei Bali-Reisen ein echter Pluspunkt und die Balinesen zeigen großes Interesse für jedes westliche Kind, dem sie begegnen. Eltern sollten lernen, das Alter und Geschlecht ihres Kindes auf Bahasa Indonesia zu sagen – *bulau* (Monat), *tahun* (Jahr), *laki-laki* (Junge) und *perempuan* (Mädchen).

Höfliche Fragen nach den Kindern des Gegenübers, egal, ob anwesend oder nicht, sind ebenfalls angebracht.

Lombok ist ruhiger als Bali und auch der Verkehr ist weniger gefährlich. Die Bewohner von Lombok mögen Kinder, zeigen das aber weniger als die Balinesen. Der Hauptunterschied zwischen den Inseln ist, dass es auf Lombok weniger Angebote für Kinder gibt.

Was für die Kids besonders toll ist, sind die vielen möglichen Outdoor-Abenteuer. Aber auch kulturelle Vergnügungen sind für Kinder interessant, etwa die folgenden:

Tanz – Bestimmt etwas zum Einschlafen, richtig? Falsch! Etwas ganz Besonderes ist ein abendlicher Barong-Tanz im Palast von Ubud oder im Pura Dalem Ubud, die beiden Orte scheinen bis hin zu den Fackeln direkt aus dem Film *Tomb Raider* zu stammen. Ein balinesischer Legong ist für Zappelphilippe wahrscheinlich nicht das Richtige, aber im Barong gibt es Affen, Monster, eine Hexe und Ähnliches.

Märkte – Wenn die jungen Entdecker einen Tempel besuchen, brauchen sie einen Sarong. Kluge Eltern geben ihnen auf dem Markt 100 000 Rp und lassen sie laufen. Die Händler werden entzückt sein, wenn die kleinen Kunden mit dem Feilschen beginnen und ein ganz buntes Outfit zusammenstellen (und für einen balinesischen Tempel ist nichts zu bunt).

Tempel – Da gibt es sehr spannende Tempel mit einem großen Erlebnispotenzial für Kinder: Goa Gajah (Elefantenhöhle) in Bedulu besitzt zum Beispiel eine tiefe Höhle, in der Eremiten gelebt haben; man betritt sie durch das riesige Maul eines Monsters. Pura Luhur Batukau liegt in einem recht unzugänglichen Urwald in der Gegend von Gunung Batukau. Es gibt hier einen kühlen Teich und dieser wird von einem wilden Fluss durchströmt.

DIE BESTEN REGIONEN FÜR KINDER

Obwohl eigentlich ganz Bali und Lombok recht kinderfreundlich sind, gibt es einige Gegenden, die einladender sind als andere.

ORT	PRO	KONTRA
Sanur	Strandhotels, vom Riff geschützter Strand mit sanften Wellen, wenig Verkehr	Kann besonders für Teenager langweilig werden
Nusa Dua	Riesige Strandhotels, vom Riff geschützter Strand mit sanften Wellen, wenig Verkehr, ruhig	Kann für Teenager langweilig werden; etwas abseits vom Rest des Landes
Tanjung Benoa	Strandhotels, vom Riff geschützter Strand mit sanften Wellen, viele kinderfreundliche Aktivitäten in der Nähe	Weitab vom restlichen Bali; für Teenager langweilig
Lovina	Bescheidene, ruhige Hotels in Strandnähe, wenig Verkehr, vom Riff geschützter Strand mit sanften Wellen	Weitab vom restlichen Bali; für Teenager langweilig; nur begrenzte Möglichkeiten zur Freizeitgestaltung
Kuta	Teenager werden es dort mögen; Kinder können hier alle möglichen billigen Souvenirs kaufen, sich Pseudo-Tattoos machen und ihr Haar flechten lassen; Surfunterricht	Teenager finden es hier toll; viel befahrene Straße zwischen Strand und Hotels; voll, verrückt, starke Brandung
Legian	Ähnlich wie Kuta mit Strandhotels direkt im Sand	Ähnlich wie Kuta, aber ohne befahrene Strandstraße (aber andernorts viel Verkehr); starke Brandung
Seminyak	Eine ansprechende Mischung für jedes Alter; große Strandhotels	Verkehr, starke Brandung
Kerobokan	Viele familienfreundliche Villen zum Übernachten	Erwachsene lieben die Einkaufsmöglichkeiten und das Nachtleben; der Strand ist für Kinder etwas weit weg
Canggu	Familienfreundliche Villen; Teenager mögen den Strand Batu Bolong, ein Hotspot für einheimische Jugendliche	Hier gibt es nicht viel für kleinere Kinder
Ubud	Teils recht ruhig; viel zu sehen und zu unternehmen: Wanderungen, Märkte, Geschäfte	Kein Strand; die Abende erfordern unter Umständen etwas mehr Kreativität, um die Kinder bei Laune zu halten; Erwachsene mögen es hier
Gili Air	Kleine Insel, sodass Kinder sich nicht verirren können: sanfte Brandung, viele touristische Einrichtungen und Attraktionen, wie z. B. Schnorcheln	Kann beengt wirken und liegt vielleicht zu nah am ausschweifenden Leben von Gili T
Senggigi	Bescheidene, ruhige Hotels am Strand; wenig Verkehr; vom Riff geschützter Strand mit sanften Wellen	Irgendwie abgelegen; für Teenager langweilig; Lombok bietet für Kinder nur wenig Abwechslung

Reiseplanung

Die wichtigste Entscheidung ist die, welchen Ort man als Standort wählt.

Übernachten

Es gibt viele Übernachtungsmöglichkeiten, die besonders für Familien geeignet sind.

➡ Ein Hotel mit Pool, Klimaanlage und Strandnähe bringt Kindern viel Spaß, ist sehr bequem und ideal, um auch den Erwachsenen Ruhepausen zu ermöglichen. Glücklicherweise gibt es in diesem Bereich viele viele Möglichkeiten.

➡ Viele größere Resorts nördlich von Tuban bis Legian und auch in Nusa Dua bieten tagsüber und abends ein extra Kinderprogramm mit vielen Aktivitäten. Die besseren Resorts haben spezielle, bewachte Poolbereiche und andere Spielmöglichkeiten für Kinder.

➡ Viele Hotels und Gästehäuser bieten, unabhängig von ihrer Preiskategorie, einen sogenannten „Familienplan", ein gemeinsames Zimmer für Eltern mit Kindern bis zu zwölf Jahren, in dem diese umsonst übernachten können. Das Besondere ist dabei, dass Hotels dagegen oft Geld für ein Zustellbett verlangen; allerdings bieten viele auch Familienzimmer für bis zu vier Personen.

➡ Familien können auch in villenähnlichen Einheiten in Seminyak, Kerobokan oder der Gegend von Canggu übernachten. Innerhalb der eigenen kleinen individuellen Wohneinheit hat man einen eigenen Pool und oft mehr als einen Fernseher. Kochnischen machen eigenes Kochen von vertrauten Speisen möglich; die relative Abgeschiedenheit verführt zum ungestörten Nickerchen.

➡ Viele Hotels arrangieren gerne einen Babysitter für tagsüber oder abends. In Kuta kann man seine Kinder tagsüber bei Cheeky Monkeys (S. 53) abgeben und abends wieder abholen.

➡ Das Hotelpersonal ist in der Regel sehr hilfsbereit und improvisierfreudig; man sollte also immer nachfragen, wenn man etwas für die Kinder braucht.

➡ Die kleinen Reisenden fühlen sich vielleicht in Privatunterkünften bei einheimischen Familien oder in Gästehäusern, besonders in Ubud, sehr wohl, weil sie dort fast zur Familie gehören und miterleben können, wie diese ihre Opfergaben darbringt oder was Kinder ihres Alters tagsüber so machen.

> ### SICHERHEIT
>
> Die Hauptgefahr für Kinder – und damit auch für Erwachsene – ist der Verkehr und der schlechte Belag auf den Fußwegen in den viel besuchten Gegenden.
>
> Das, was westliche Eltern an Sicherheitsvorkehrungen für unverzichtbar halten, wie etwa Aufsichten am Strand und andere Einrichtungen, fehlt hier unter Umständen völlig. Nur wenige Restaurants stellen Hochstühle zur Verfügung, an Aussichtspunkten fehlen oft Sicherungen, die die Kinder vorm Hinabstürzen in die Tiefe schützen, und in Geschäften stehen zerbrechliche Gegenstände oft in für Kinder erreichbarer Höhe. Mit Blick auf die anhaltende Tollwut auf Bali sollte man Kinder von streunenden Hunden fernhalten.
>
> Auch sollten Eltern, bevor sie ihre Kinder an irgendwelchen Aktivitäten teilnehmen lassen, die Sicherheitslage prüfen. Nur weil ein Veranstalter von Rafting-Touren Familienkarten verkauft, heißt das nicht, dass er besonders um die Sicherheit der Kinder bemüht ist.

Was gehört ins Gepäck?

Große Supermärkte und Geschäfte in Südbali wie z. B. Carrefour führen fast alles, was man auch zu Hause finden kann, auch westliche Lebensmittel. Windeln, vertraute Babynahrung, verpackte H-Milch, Milchpulver und Ähnliches sind leicht zu bekommen. Vorschläge für den Inhalt von Packtaschen und Koffern je nach Alter:

Babys & Kleinkinder

➡ Tragetuch oder etwas Ähnliches: Balis Straßen eignen sich nicht für Kinder- und Sportwagen.

➡ Tragbare Wickelunterlage, Waschlotion u. a. (es gibt kaum Wickelmöglichkeiten).

➡ Kindersitze fürs Auto: Weder Leihwagen noch Mietwagen mit Fahrer sind damit ausgestattet.

Sechs bis zwölf Jahre

➡ Ferngläser für junge Entdecker, um wilde Tiere, Reisterrassen, Tempel, Tänzer und andere interessante Dinge besser sehen zu können.

➡ Eine tolle Kamera bzw. ein Handy mit der Möglichkeit zur Videoaufnahme, um neuen Spaß in „langweilige" Besichtigungen der Erwachsenen zu bringen.

Essen mit Kindern

Außer Haus mit der ganzen Familie essen zu gehen, macht auf Bali und Lombok besonders viel Spaß. Kinder werden von kinderfreundlichen Angestellten wie Götter behandelt. Sie bestehen oft darauf, das Kind zu nehmen (besonders kleine Babys) und damit den Eltern ein wenig Ruhe zu zweit zu verschaffen.

Besonders auf Bali sind alle Einheimischen und Besucher sehr entspannt, weil Kinder hier noch Kinder sein dürfen. Es gibt viele Spitzenlokale in Seminyak und auch anderswo, wo Kinder in der Nähe herumtoben, während die Eltern gepflegt essen können.

Wenn die Kinder kein scharfes Essen mögen, sollte man mit der regionalen Küche besser vorsichtig sein. Für ältere Babys gibt es fast überall Bananen, Eier, Obst und *bubur* (Reis, der in Hühnerbrühe zu Mus gekocht wird). Viele Warungs servieren auf Wunsch ihre Speisen ohne Soßen, wie etwa Reis ohne Beilagen, gebratenes Tempeh oder Tofu, Hähnchen, gekochtes Gemüse und gekochtes Ei. Auf der anderen Seite sind auch die Lieblingsspeisen von Kindern, wie Burger, Hähnchen-Sticks, Pizza und Nudeln weit verbreitet. Ebenso ist es mit den bekannten Fastfood-Ketten im Süden Balis.

Bali & Lombok im Überblick

Kuta und Seminyak sind die Hauptorte in jenem Teil Balis, der am stärksten touristisch geprägt ist. Er erstreckt sich im Süden entlang des fantastischen sandigen Küstensaums, der vom Flughafen nordwestlich bis zum Echo Beach reicht. Die Halbinsel Bukit im Süden vereint Surfbreaks und riesige Ferienanlagen.

Ubud ist in vielerlei Hinsicht Balis Herz. Mit dem Osten der Insel hat es einige der schönsten Reisterrassen gemein. Der Ostteil Balis besitzt kein größeres Zentrum, dafür aber beliebte Regionen wie Padangbai und die Küste von Amed.

Die Mitte der Insel wird von imposanten Vulkanen beherrscht. Nord- und Westbali sind dünn besiedelt, bieten aber schöne Möglichkeiten zum Tauchen.

Lombok ist überwiegend gebirgig, vulkanisch und ländlich geprägt; die Gilis sind kleine, von weißem Sand gesäumte Koralleninseln.

Kuta & Seminyak

Strände
Nachtleben
Shoppen

Kuta Beach
Kutas berühmter Strandabschnitt erstreckt sich 12 km weiter, vorbei an Legian, Seminyak, Kerobokan und Canggu und endet an den Felsen unweit des Echo Beach. In Kuta gibt es Strandbars.

Party bis zum Morgengrauen
Die Restaurants und Cafés in Seminyak und Kerobokan zählen zu den besten auf Bali. Einige bieten einen tollen Blick auf den Sonnenuntergang. In Kuta nimmt das Nachtleben großen Raum ein. Dort wird in den Bars und Clubs die ganze Nacht gefeiert.

Seminyak und seine Shops
Ein Besuch auf Bali ist schon allein wegen der Shopping-Möglichkeiten in Seminyak lohnend; das Angebot ist überwältigend.

S. 50

Südbali & die Inseln

Strände
Surfen
Tauchen

Balangan Beach
Strände finden sich überall im Süden Balis: Buchten mit weißem Sand, wie Balangan, laden dazu ein, sich auf einer Liege niederzulassen und die Brandung zu beobachten.

Die Ulu-Watu-Breaks
Man kann gar nicht genug über die Breaks an der Westküste der Halbinsel Bukit sagen; Ulu Watu ist weltberühmt, und die Vielzahl der Breaks sind Weltklasse. Es gibt Guesthouses extra für Surfer.

Unter Wasser bei Nusa Penida
Die besten Tauchgründe liegen vor den Inseln. Nusa Penida bietet anspruchsvolle Bedingungen und Klippen unter Wasser, wo man auch große Meerestiere wie etwa Mantarochen erspähen kann.

S. 104

Ubud & Umgebung

Kultur
Wellness
Wanderungen

Tänzer & Künstler
Ubud ist der Nabel der balinesischen Kultur. Abends finden Tanz- und Musikaufführungen sowie Marionettentheater und vieles mehr statt. Dies ist auch die Heimat talentierter Künstler, darunter die Holzschnitzer, die die Masken anfertigen.

Spas
Spas jeglicher Art, oft mit Sitzungen in traditioneller Medizin oder Yogastunden, sind ein Inbegriff des gesunden Genießens. Es gibt Angebote für Geist und Körper, darunter preiswerte Massagen oder längere Anwendungen.

Natur
Die Reisfelder rund um Ubud gehören zu den malerischen Seiten Balis. Man kann einstündige Spaziergänge oder Tageswanderungen machen.

S. 154

Ostbali

Strände
Wanderungen
Geschichte

Pasir Putih
An der Ostküste Balis gibt es viele Strände. Man findet an der Küstenstraße manchen Strand mit dunklem Vulkanstaub. Der Star ist Pasir Putih mit schönem Sand und einer tollen Brandung.

Wandern in Sidemen
Einige der schönsten Reisfelder und Landschaften finden sich im Osten Balis. Entlang der Sidemen Road wird man verwöhnt; hier warten Wanderwege durch die grünen Hügel und Täler. Oder man besteigt den Gunung Agung.

Eine tragische Vergangenheit
In Taman Kertha Gosa finden sich die Überreste eines Palastes, der verloren ging, als die königliche Familie 1908 einen ritualisierten Selbstmord beging, statt sich den Holländern zu ergeben.

S. 202

Zentrales Bergland

Wanderungen
Kultur
Einsamkeit

Trekking bei Munduk
Im Zentrum der Insel gibt es Wandermöglichkeiten rund um Vulkane und Seen. Die von Munduk ausgehenden Wege führen durch Gewürzplantagen und Wälder.

Ein toller Tempel
Pura Luhur Batukau trifft die Seele derer, die diesen wichtigen Tempel an den Hängen des Gunung Batukau finden. Dies ist ein mystischer Ort, um über den Glauben der Balinesen nachzusinnen.

Wanderungen
In den Bergen ist es kühler als im restlichen Land. Nach einem Besuch am Pura Luhur Batukau kann man sich in einer Lodge zurückziehen, durch die Berge oder durch die Reisfelder von Jatiluwih wandern.

S. 242

Nordbali

Resorts
Entspannung
Tauchen

Resorts in Pemuteran
Die halbmondförmige Anordnung der Strandhotels in Pemuteran ist das Juwel Nordbalis. Die Hotels bilden ein kleines Hotelviertel ganz nah am Pulau Menjangan.

Ruhiges Lovina
Am hellbraunen und grauen Strand von Lovina lässt man sich auf einer Matte nieder und lässt den Tag vorbeiziehen; welche Ruhe! Selbst die Brandung ist ganz sanft: Ein Großteil der Nordküste ist von vorgelagerten Riffen geschützt.

Pulau Menjangan
Pulau Menjangan macht seinen vielen Superlativen alle Ehre. Eine 30 m hohe Korallenwand unweit der Küste erfreut Taucher und Schnorchler mit einer großen Vielfalt von Fischen und Lebewesen.

S. 260

Westbali

**Surfen
Strände
Reisfelder**

Medewi

Die Brandung von Medewi zieht Surfer an, sodass sich eine kleine Surfergemeinde mit einfachen Gästehäusern und vornehmeren Unterkünften gebildet hat. Am besten wendet man sich an die Einheimischen, die die Gewässer gut kennen und Gästen Surfunterricht geben.

Balian Beach

Balian Beach ist der Hauptstrand in Westbali und ist ein ideales Ziel, auch wenn man nicht surfen will. Hier gibt es Unterkünfte von hip bis schlicht.

Tabanan

Die Unesco hat der balinesischen Reisanbaumethode den Status des Weltkulturerbes verliehen. In der Gegend rund um Tabanan gibt es einige der schönsten Reisfelder und ein kleines Museum sowie den Tempel Pura Taman Ayun.

S. 282

Lombok

**Wandern
Küste
Tropischer Schick**

Gunung Rinjani

Der Vulkan Gunung Rinjani beherrscht das nördliche Lombok. Wanderwege führen hinauf zur Caldera. Dort gibt es einen Kratersee, heiße Quellen und einen rauchenden Minikegel.

Die Südküste

Lomboks Südküste ist Natur im Urzustand. Der grandiose, aber keineswegs beschauliche Küstenstreifen spricht für sich, und die Wellen machen ihn zu einem Paradies für Surfer. Menschenleere Strände bieten Bademöglichkeiten in azurblauem Wasser.

Sire

In der Gegend von Sire kann man komplett in tropischen Schick eintauchen, und zwar in einigen herrlichen Resort-Hotels, die Bambus und Reet mit einer angenehmen Verwöhnatmosphäre verbinden.

S. 293

Gili-Inseln

**Tauchen
Strände
Entspannen**

Korallenriffe

Die Korallenriffe der Gilis zählen zu den artenreichsten Gebieten Indonesiens und sind randvoll mit faszinierenden Meereslebewesen. Die Inseln sind perfekt zum Tauchen und Schnorcheln geeignet. Eine Begegnung mit Meeresschildkröten ist fast sicher.

Strände auf Gili Air

Mit Sonnencreme, Matte und Wasser geht es schon morgens los, um Gili Air zu umrunden. Unterwegs kann man an jedem Strand, der sich einem bietet, anhalten.

Gili Meno

Von so einem Strand hat schon jeder geträumt: Palmen, weißer Sand, türkisfarbenes Wasser und dazu eine Bambushütte, in der es Getränke und frischen Fisch gibt. Dieser Traum wird auf Meno wahr.

S. 325

Reiseziele auf Bali & Lombok

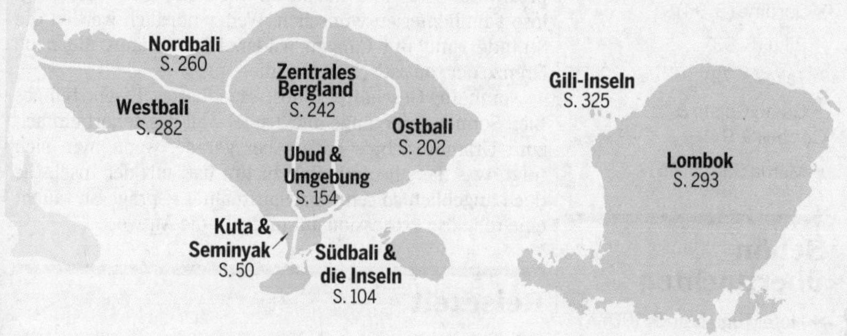

Nordbali
S. 260

Zentrales Bergland
S. 242

Westbali
S. 282

Ostbali
S. 202

Ubud & Umgebung
S. 154

Kuta & Seminyak
S. 50

Südbali & die Inseln
S. 104

Gili-Inseln
S. 325

Lombok
S. 293

Kuta & Seminyak

➜ Inhalt
Kuta & Legian 52
Seminyak 79
Kerobokan 91
Canggu & Umgebung . 97

Gut essen
➜ Sardine (S. 94)
➜ Biku (S. 93)
➜ Take (S. 72)
➜ Gusto Gelato & Coffee (S. 94)
➜ Mama San (S. 85)

Schön übernachten
➜ Hotel Tugu Bali (S. 100)
➜ Oberoi (S. 83)
➜ Double-Six (S. 61)
➜ Un's Hotel (S. 59)
➜ Samaya (S. 83)

Auf nach Kuta & Seminyak!

Lebhaft und geschäftig geht es in der Küstenregion zu, die sich an den fantastischen breiten Sandstrand im Süden von Bali schmiegt. An diesem Strand, der im Süden fast bis zum Flughafen reicht, beginnt und endet für viele Reisende ihr Besuch auf der Insel.

In Seminyak und Kerobokan gibt es jede Menge Cafés, Restaurants, Designerboutiquen und Spas, die weltweit konkurrenzfähig sind. Kuta und Legian sind dagegen erste Wahl für alle, die sich ausgelassen durchfeierte Nächte, preiswerte Tops und kunstvolle Flechtfrisuren oder sorglose Familienferien wünschen. Weiter nördlich werden die Strände rund um Canggu wilder. Hier verläuft die neue Grenze der touristischen Erschließung.

Namhafte Geschäfte, Clubs, sagenhaftes Essen, billiges Bier, Sonnenuntergänge und Trubel – all das gehört einfach zum Urlaubserlebnis dazu. Aber gerade, wenn man sich fragt, was das alles mit Bali zu tun hat, mit der Insel, die doch angeblich so sehr von Spiritualität geprägt ist, taucht eine religiöse Prozession auf und gibt die Antwort.

Reisezeit

➜ Balis Beliebtheit wächst stetig. Deshalb liegt die beste Zeit für einen Besuch in Kuta, Seminyak und den Nachbarorten außerhalb der Hochsaison: Die ist im Juli, August und in den Wochen rund um Weihnachten und Neujahr. Während der Ferien und Feiertage in der Hochsaison erreichen die Besucherzahlen ihren Höchststand. Dann kann es recht mühsam sein, einen Tisch in den besten Restaurants zu reservieren, in den trendigen Shops gemütlich zu shoppen oder ein Hotelzimmer mit Aussicht aufs Meer zu ergattern.

➜ Viele Urlauber bevorzugen deshalb die Monate April bis Juni sowie den September. Dann ist es insgesamt trockener und etwas kühler, und die Menschenmassen halten sich in vertretbaren Grenzen.

Highlights

① Ein vertrödelter Tag am **Kuta Beach** (S. 52), dort wo Balis Tourismus einst seinen Anfang nahm

② Eine durchtanzte Nacht in den durchgeknallten Clubs und dem legendären Nachtleben von **Kuta** (S. 74)

③ Eine ausgedehnte Shoppingtour durch die Boutiquen und Designer-Outlets von **Seminyak** (S. 88)

④ Ein malerischer Sonnenuntergang in **Seminyak** (S. 87), vom Strand oder einer der Bars aus beobachtet

⑤ Ein gutes Essen in einem der vielen fabelhaft kochenden Restaurants von **Kerobokan** (S. 92)

⑥ Die hippe Strand- und Surferszene am **Batu Bolong Beach** (S. 98)

⑦ Ein Spaziergang zwischen Reisfeldern und Villen entlang der gewundenen Gassen von **Canggu** (S. 97): Dort verbirgt sich in den Seitenstraßen die eine oder andere Überraschung

Kuta & Legian

♪ 0361

Laut, hektisch und aufdringlich sind nur einige Adjektive, mit denen Kuta und Legian, die Zentren des Massentourismus auf Bali, üblicherweise beschrieben werden. Künstlich aufgeblasene Medienberichte und die australische Fernsehshow *What Really Happens in Bali* (die schwerpunktmäßig unangenehme Touristen im Blick hatte), verhalfen der Gegend mit ihrem lauten Getümmel weltweit zu zweifelhaftem Ruhm.

Auch wenn viele Bali-Besucher hier als erstes Station machen, sind die Orte nicht jedermanns Sache. In Kuta gibt es viele hässliche, enge Gassen voll billiger Cafés und Surfläden, ein unaufhörlicher Strom von Mopeds knattert vorbei, dazu kommen unzählige T-Shirt-Verkäufer und Leute, die nervtötend immer wieder ihre „Massagen" anbieten. Die glitzernden neuen Shopping-Malls und Hotels großer Ketten sind aber untrügliche Zeichen, dass Kutas Anziehungskraft auch heute noch weiter wächst.

In Kuta findet man die härtesten Clubs der Insel, und Dutzende von Hotels bieten immer noch einfache Zimmer für unter 15 US$ an. Legian zieht etwas ältere Semester an (Spaßvögel behaupten, dorthin reisten die Kuta-Fans, nachdem sie geheiratet haben). Der Ort ist nicht weniger kommerziell, bietet aber einige familienfreundliche Hotels unweit des Strands. Tuban unterscheidet sich atmosphärisch kaum von Kuta und Legian, dort ist aber der Anteil an Pauschalreisenden höher.

🏖 Strände

Die Hauptattraktion von Kuta ist natürlich der Strand. An dem Sandstreifen, der sich über 12 km weit von Tuban Richtung Norden nach Kuta, Legian und weiter bis Seminyak und Echo Beach erstreckt, ist immer was los: Die Leute surfen, lassen sich massieren, treiben Sport, chillen, feiern oder vergnügen sich sonst wie.

Der Sonnenuntergang ist im Süden Balis die Zeit, zu der dann alle am Strand zusammenkommen. Wenn die Bedingungen stimmen, können sie ein Schauspiel in schillerndem Magenta bewundern, das jedes Feuerwerk in den Schatten stellt.

★ Kuta Beach STRAND
(Karte S. 54) Hier nahm der Tourismus auf Bali seinen Anfang – wen wundert's? Schon weit draußen im Indischen Ozean entstehen die Brecher, die dann in langen symmetrischen Wellen an den Strand rollen. Dezent agierende Straßenhändler verkaufen Softdrinks und Bier, Snacks und andere Gaumenfreuden, man kann Surfboards, Strandliegen und Sonnenschirme ausleihen (der verhandelbare Preis liegt bei 10 000 bis 20 000 Rp) oder sich einfach nur in den Sand fallen lassen.

Und es gibt viel zu sehen, von sich brüstenden, braun gebrannten Jugendlichen aus aller Welt bis hin zu einheimischen Familien, die in aller Sittsamkeit baden gehen. Bei Ebbe scheint sich der Strand bis ins Unendliche zu erstrecken und lädt zu einem ausgedehnten Strandspaziergang ein.

Der schönste Strandabschnitt liegt südlich der Stelle, an der die Jalan Pantai Kuta auf den Strand trifft.

★ Legian Beach STRAND
(Karte S. 54) Die Verlängerung von Kuta Beach nach Süden präsentiert sich deutlich ruhiger, denn hier verläuft keine laute Straße gleich parallel zum Strand, und es sind auch deutlich weniger Leute da. Der Abschnitt vor dem Sari Beach Hotel liegt fernab jeder Straße und wird von Bäumen beschattet. Er ist nie überfüllt, die fliegenden Händler gehören zur eher schläfrigen Sorte und es gibt auch keinen Wasserlauf am Strand, von dem man nicht weiß, wo er herkommt. Hier hört man sogar etwas, was in Kuta sonst eher selten zu genießen ist: die Brandung.

Kuta Reef Beach STRAND
(Karte S. 61) Das versteckte Juwel erreicht man über eine winzige Straße, die entlang von einem Zaun an der Nordseite des Flughafens verläuft. Hier gibt es Schattenplätze, ein paar kleine Warungs, Aussicht auf landende Flugzeuge und nur selten viele Strandbesucher. Richtung Norden führt ein hübscher **Strandspaziergang** nach Kuta Beach. Manche nennen den Strand immer noch „Pantai Jerman" – er erinnert an einen längst vergessenen deutschen Touristen, der hier einst urlaubte.

Double Six Beach STRAND
(Karte S. 54) Die Verlängerung von Legian Beach nach Norden ist sehr beliebt. Den ganzen Tag über ist der Strand Schauplatz spontaner Fußball- und Volleyballspiele und überhaupt ein Tummelplatz der Aktiven. Außerdem wimmelt es hier nur so von be-

liebten Strandbars. Ein Minuspunkt ist der suspekte Wasserlauf quer über den Strand, der unangenehm riecht.

Tuban Beach STRAND
(Karte S. 61) Der Strand von Tuban hat seine Vor- und Nachteile. Im Süden gibt es breite, sandige Abschnitte, dafür verschwindet er in der Nähe der Discovery Mall gänzlich. Ein Plus wiederum ist der sehr angenehme **Strandweg**, der von Kuta Beach Richtung Süden fast bis zum Flughafen führt. **Segara Beach** (Karte S. 61) ist ein Sandstreifen am Südende dieses Strandabschnitts.

⊙ Sehenswertes

Die Hauptattraktionen sind hier natürlich die Strände. Ansonsten können Besucher aber auch ohne nass zu werden ins örtliche Leben eintauchen. Beim Bummeln, Umherstreifen und Schauen gibt es viel Faszinierendes, Erfreuliches und Irritierendes in den Straßen, Gassen und dem unablässigen Gewühl zu entdecken.

Memorial Wall MONUMENT
(Karte S. 54; Jl. Legian; ⊙24 Std.) An die internationalen Dimensionen der verheerenden Bombenanschläge von 2002 erinnert die Gedenkwand, an der Menschen aus vielen Ländern den Opfern die Ehre erweisen. Hier stehen die Namen der 202 identifizierten Opfer, darunter 88 Australier und 35 Indonesier. Die Gedenkstätte wirkt allmählich ein bisschen verblichen.

Auf der anderen Straßenseite befindet sich am ehemaligen **Standort des Sari Club** (Karte S. 54) nur noch ein Parkplatz (genannt „Ground Zero Legian", keine besonders gelungene Namensschöpfung).

Vihara Dharmayana Temple BUDDHISTISCHER TEMPEL
(Chinesischer Tempel; Karte S. 54; Jl. Blambangan; ⊙9–20 Uhr) Der fast 200 Jahre alte buddhistische Tempel ist ein farbenfroher Ort der Ruhe, der etwas abseits des Rummels liegt. Im ruhigen Innenhof wabern die Weihrauchschwaden.

⚹ Aktivitäten

Von Kuta aus ist es kein Problem, irgendwo im Süden Balis Surfen, Segeln, Tauchen, Angeln oder Raften zu gehen und trotzdem rechtzeitig zum Beginn der „blauen Stunde" bei Sonnenuntergang zurück zu sein.

Surfen

Der Beach-Break vor der Küste unweit des Hotels Istana Rama wird **Halfway Kuta** genannt und ist bei Anfängern beliebt. Anspruchsvollere Breaks finden sich an den Sandbänken vor Legian, rund um das Ende der Jalan Padma und am Kuta-Riff, das sich 1 km vor Tuban Beach im Meer befindet.

Die Bedeutung des Surfsports in Kuta ist nicht zu übersehen. Große und kleine Geschäfte verkaufen Surfausrüstung und -boards aller bekannten Marken. Viele Stände an den Seitenstraßen verleihen Surfbret-

---

KUTA MIT KINDERN

Einmal abgesehen von einem langen Tag am Strand gibt es in Kuta, Legian und Tuban weitere Aktivitäten, an denen Kinder Spaß haben, darunter besonders auf Jugendliche zugeschnittene Surfkurse, die in allen größeren Surfshops gebucht werden können.

Weitere Ideen werden im Kapitel „Reisen mit Kindern" (S. 42) genannt.

Waterbom Park (Karte S. 61; ☏0361-755676; www.waterbom-bali.com; Jl. Kartika Plaza; Erw./Kind 33/21 US$; ⊙9–18 Uhr) Der nasse Vergnügungspark ist 3,5 ha groß und als tropischer Garten gestaltet. Zur Auswahl stehen diverse Wasserrutschen, Schwimmbecken und Spielbereiche, ein beaufsichtigtes Areal für Kinder unter fünf Jahren sowie eine „gemütliche Flussfahrt". Zu den weiteren Attraktionen zählen das „Spaßbecken", ein Food Court mit Bar sowie ein Spa-Bereich für die Großen.

Amazone (Karte S. 61; Jl. Kartika Plaza, Discovery Shopping Mall; ⊙10–22 Uhr) bietet Hunderte lärmende Arcade-Spielautomaten in der obersten Etage des Einkaufszentrums.

Cheeky Monkeys (Karte S. 54; ☏0361-846 5610; www.cheekymonkeysbali.com; Jl. Pantai Kuta, Beachwalk, Ebene 3; halber Tag ab 175 000 Rp) bietet eine Betreuung speziell für kleinere Kinder (ohne Anmeldung), auf die hier vielfältige Aktivitäten warten. Die Einrichtung liegt auf der Rückseite der Einkaufspassage.

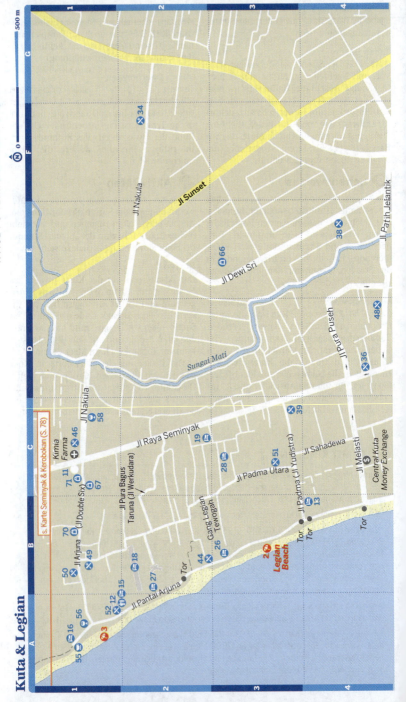

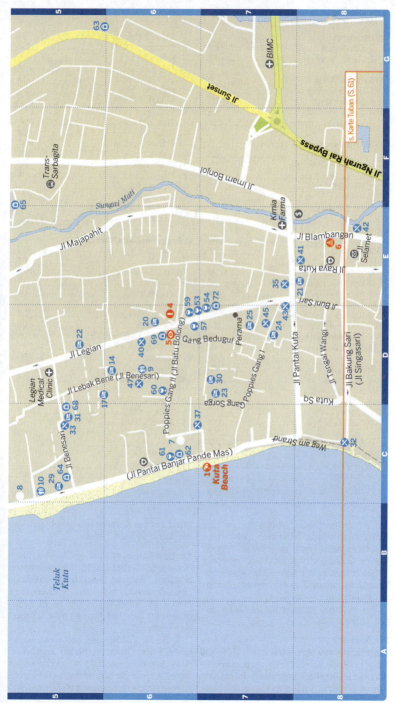

Kuta & Legian

Highlights
1. Kuta Beach C7
2. Legian Beach B3

Sehenswertes
3. Double Six Beach A1
4. Memorial Wall D6
5. Site of Sari Club D6
6. Vihara Dharmayana Temple E8

Aktivitäten, Kurse & Touren
7. Cheeky Monkeys C6
8. Jamu Traditional Spa C5
9. Naruki Surf Shop D6
10. Pro Surf School C5
11. Putri Bali C1
12. Rip Curl School of Surf A1

Schlafen
13. Bali Mandira Beach Resort B4
14. Bendesa D6
15. Blue Ocean B1
16. Double-Six A1
17. Hotel Ayu Lili Garden D5
18. Hotel Kumala Pantai B2
19. Island C2
20. Kayun Hostel Downtown D6
21. Kuta Bed & Breakfast E8
22. Love Fashion Hotel D5
23. Mimpi Bungalows D7
24. Poppies Bali D7
25. Puri Agung Homestay D7
26. Sari Beach Hotel B3
27. Seaside Villas B2
28. Sri Beach Inn C3
29. Stones C5
30. Suji Bungalow D7
31. Un's Hotel C5

Essen
32. Ajeg Warung C8
33. Balcony C5
34. Balé Udang F2
35. Bemo Corner Coffee Shop E7
36. Boardriders Café D4
37. Fat Chow C6
38. Gourmet Sate House E4
39. Indo-National C3
40. Kopi Pot D6
41. Kuta Market E8
42. Kuta Night Market E8
43. Made's Warung D7
44. Mozarella B2
45. Poppies Restaurant D7
46. Saleko C1
47. Stakz Bar & Grill D6
48. Take D4
49. Warung Asia B1
50. Warung Murah B1
51. Warung Yogya C3
52. Zanzibar A1

Ausgehen & Nachtleben
53. Apache Reggae Bar D6
54. Bounty D7
55. Capil Beach Bar A1
56. Cocoon A1
57. Engine Room D6
58. Jenja C1
59. Sky Garden Lounge D6
60. Twice Bar D6
61. Velvet C6

Shoppen
62. Beachwalk C6
63. Carrefour G5
64. Freedom Surfshop C5
65. Istana Kuta Galleria F5
66. Luke Studer E3
67. Mega Shop C1
68. Next Generation Board Bags C5
69. Rip Curl D6
70. Sriwijaya B1
71. Summervan C1
72. Surfer Girl D7

---

ter (für verhandelbare 30 000 Rp pro Tag) und Boogie-Boards, reparieren Dellen und verkaufen neue und gebrauchte Bretter. Einige organisieren auch den Transport zu Surf-Spots in der Nähe. Für gebrauchte Boards in gutem Zustand werden durchschnittlich 200 US$ verlangt.

Die Adressen weiterer Surfer-Läden findet man auf S. 75.

Pro Surf School SURFEN
(Karte S.54; www.prosurfschool.com; Jl. Pantai Kuta; Unterricht ab 45 €) Die renommierte Surfschule direkt am Kuta Beach bringt seit Jahren blutigen Anfängern den aufrechten Stand auf den Brettern bei. Angeboten werden Kurse für jedes Niveau.

Rip Curl School of Surf SURFEN
(Karte S.54; ☏0361-735858; www.ripcurlschoolofsurf.com; Jl. Arjuna; Unterricht ab 650 000 Rp) Normalerweise verkaufen Universitäten Shirts mit ihrem Logo; hier ist es genau umgekehrt: Die Beachwear-Firma sponsert eine Surfschule.

Kurse für alle Niveaus werden an unterschiedlichen Orten im Süden angeboten; dazu kommen spezielle Kinderkurse. In Sanur betreibt die Schule sogar eine eigene Anlage zum Wakeboarden und Kitesurfen.

Naruki Surf Shop SURFEN
(Karte S. 54; ☎ 0361-765772; Jl. Lebak Bene; ⊕ 10–20 Uhr) Einer von einem Dutzend Surfshops in den Gassen von Kuta: Die Inhaber verleihen Boards, bessern Beulen aus, geben Tipps und auch Unterricht.

Massagen & Spas
Besonders in den Hotels ist die Zahl der Spas stark gestiegen. Am besten schaut man einige an, bevor man sich entscheidet.

Jamu Traditional Spa SPA
(Karte S. 54; ☎ 0361-752520 ext 165; www.jamutraditionalspa.com; Jl. Pantai Kuta, Alam Kul Kul; Massage ab 600 000 Rp; ⊕ 9–19 Uhr) Die Massageräume des Resort-Hotels öffnen sich zu einem hübschen Innenhof mit Garten. Wer schon immer Teil eines Fruchtcocktails sein wollte, hat hier Gelegenheit dazu – es gibt Behandlungen mit tropischen Nüssen, Kokosnuss, Papaya und anderem – oft in duftenden Bädern verarbeitet. Die Behandlungen (meist eine Massage, ein Wickel, ein Bad und eine Abreibung) tragen so tropisch-duftende Namen wie „Jasmine Lulur Body Scrub", „Coconut Mangir Body Scrub" oder „Kemiri Nuts Body Scrub".

Putri Bali SPA
(Karte S. 54; ☎ 0361-736852; Jl. Raya Seminyak 13; Massagen ab 60 000 Rp; ⊕ 9–21 Uhr) Das Cremebad hat schon die Herzen vieler Spaliebhaber vor Entzücken höher schlagen lassen. Das angenehme Spa hat ausgesprochen gute Preise und bietet einen sehr viel professionelleren Service als die unzähligen Anbieter am Straßenrand.

Geführte Touren

Über die eigene Unterkunft oder an einem der unzähligen, mit Broschüren gepflasterten Stände lässt sich eine riesige Auswahl an geführten Touren zu Zielen in ganz Bali buchen – von Halbtagesausflügen bis zu mehrtägigen Exkursionen.

Ausführlichere Informationen zu geführten Touren finden sich auf S. 437.

Feste & Events

Das ganze Jahr über finden an den Stränden **Surfwettbewerbe** statt.

Kuta Karnival FESTIVAL
(www.kutakarnival.com; ⊕ Okt.) Der erste Kuta Karnival wurde im Jahr 2003 veranstaltet, um nach der Tragödie von 2002 das Leben zu feiern. Bei dieser Party am großen Strand in Kuta gibt es fünf Tage lang Spiele, Kunst, Wettbewerbe, Surfen und vieles mehr. Normalerweise gehört auch ein Food-Festival dazu.

Schlafen

Kuta, Legian und Tuban verfügen über Hunderte von Unterkünften. In Tuban und Legian sind es überwiegend Hotels der Mittel- und Spitzenklasse; günstige Zimmer findet man am besten in Kuta und dem südlichen Legian. Die meisten Hotels (sämtlicher Preiskategorien) verfügen über Zimmer mit Klimaanlage und Pool. Dutzende neue Mittelklassehäuser (meist von Hotelketten gebaut) werden überall hochgezogen. Viele von ihnen liegen aber sehr ungünstig (s. Kasten S. 427). Sämtliche Unterkünfte westlich der Jalan Legian befinden sich nicht mehr als zehn Gehminuten vom Strand entfernt.

Tuban

Am mitunter gar nicht vorhandenen Tuban Beach reiht sich ein großes Hotel ans andere. Die Häuser sind bei Gruppen sehr beliebt; viele bieten spezielle Aktivitäten für Kinder.

Patra Jasa Bali Resort & Villas RESORT $$
(Karte S. 61; ☎ 0361-935 1161; www.thepatrabali.com; Jl. Ir. H. Juanda; Zi. 80–200 US$; ✴ ⊛ ☇) Die unaufdringliche Ferienanlage am südlichsten Ende von Tuban unweit des Kuta Reef Beach ist sehr ruhig, liegt aber dank des Strandwegs dicht am Geschehen. Das weitläufige Grundstück bietet zwei Pools und üppig grüne, gepflegte Gartenanlagen. Die 228 Zimmer besitzen Standard-Charme; von den Terrassen genießt man einen hübschen Blick auf den Ozean. Das angeschlossene Spa bietet eine Vielzahl an Behandlungen im traditionellen Stil (Fußmassagen, Aroma-Therapien, Kräuterbäder etc.).

Sehr schön ist auch die „Heritage Floyting Lounge", ein im traditionellen Stil gebauter Pavillon in einem Lotussee.

Kuta

Für viele ist es das Ankunftsritual auf Bali: die Suche nach einer preiswerten Unterkunft in den Gassen des Ortes. Auch heute noch gibt es viele kleine Familienbetriebe, auch wenn die Hotelketten sich allmählich immer breiter machen.

Einige Hotels an der Jalan Legian gehören zu der Sorte, in der vorausgesetzt

KUTA: WO DER BALI-TOURISMUS EINST BEGANN

Mads Lange, ein dänischer Kopra-Händler und Abenteurer des 19. Jhs., etablierte 1839 eine erfolgreiche Handelsfirma in der Nähe des heutigen Kuta. Er vermittelte gewinnbringend zwischen lokalen Rajahs (Fürsten oder Prinzen) und den Niederländern, die von Norden her einwanderten. Mit seinem Geschäft ging es in den 1850er-Jahren bergab, und er starb überraschend, als er gerade im Begriff stand, nach Dänemark zurückzukehren. Möglicherweise, so ein Gerücht, wurde er von Einheimischen vergiftet, die ihm seinen Wohlstand neideten. Sein restauriertes **Grab** (Karte S. 61; Jl. Tuan Langa) befindet sich auf dem Gelände, auf dem er lebte, in einer ruhigen, von Bäumen beschatteten Gegend am Fluss. Lange züchtete Dalmatiner, und die Einheimischen sind heute noch überzeugt davon, dass jeder Hund mit einem Anflug von Schwarz und Weiß Blut aus dieser Zucht in sich trägt.

Der Strandtourismus auf Bali setzte ein, als Bob und Louise Koke, ein Weltenbummlerpaar aus den USA, in den 1930er-Jahren ein kleines Guesthouse am praktisch menschenleeren Kuta Beach eröffneten. Die Gäste, vorwiegend Urlauber aus Europa und den USA, wurden in strohgedeckten Bungalows in einem idealisierten balinesischen Stil untergebracht. In weiser Voraussicht brachte Bob den Einheimischen das Surfen bei: Das hatte er auf Hawaii gelernt.

Ende der 1960er-Jahre begann sich Kuta rasant zu verändern, als es sich zu einer Station auf der Hippie-Route zwischen Australien und Europa entwickelte. Anfang der 1970er-Jahre entstanden *losmen* (kleine balinesische Hotels) in hübschen Gärten, außerdem zahlreiche Lokale. Händler verkauften *magic mushrooms*, es herrschte eine angenehm entspannte Atmosphäre. Geschäftstüchtige Balinesen nutzten die Gelegenheit, mit Touristen und Surfern ins Geschäft zu kommen. Oft gingen sie Partnerschaften mit Ausländern ein, denen jeder Vorwand recht war, länger auf der Insel zu bleiben.

Das Dorf Legian weiter im Norden entstand Mitte der 1970er-Jahre als Alternative zu Kuta. Zunächst war es eine eigenständige Ortschaft, heute lässt sich kaum noch feststellen, wo Kuta endet und Legian beginnt.

---

wird, dass ein Mann, der ein Einzelzimmer bucht, hier eigentlich ein Doppelzimmer möchte ...

AM STRAND

Achtung: Die Hotels an der Jalan Pantai Kuta sind vom Strand durch eine vielbefahrene Hauptstraße südlich der Jalan Melasti getrennt!

Stones
RESORT $$$

(Karte S. 54; 0361-300 5888; www.stoneshotel-bali.com; Jl. Pantai Kuta; Zi. ab 160 US$; ❄🛜🏊) Die riesige neu gebaute Ferienanlage, die direkt gegenüber des Kuta Beach auf der anderen Straßenseite hoch aufragt, protzt förmlich mit einem riesigen Pool und fast 300 Zimmern in mehreren fünfgeschossigen Gebäuden.

Das Design ist hip und modern, Hightech, z. B. riesige HD-Fernseher, gibt es in Hülle und Fülle. Das Stones ist eines unter einer wachsenden Zahl von neuen Megahotels in dieser Gegend und ist an das Marriott angegliedert.

IM ZENTRUM VON KUTA

Günstige Unterkünfte sind u. a. in den folgenden Straßen zu finden: Gang Sorga, Gang Bedugul und Jalan Lebak Bene.

★ Hotel Ayu Lili Garden
HOTEL $

(Karte S. 54; 0361-750557; ayuliligardenhotel@yahoo.com; nahe Jl. Lebak Bene; Zi. mit Ventilator/Klimaanlage ab 150 000/250 000 Rp; ❄🏊) In einer relativ ruhigen Gegend in Strandnähe bietet dieses altmodische, von einer einheimischen Familie geführte Hotel 22 Zimmer im Bungalowstil. Die Standards sind hoch, und wer noch etwas drauflegt, bekommt weitere Annehmlichkeiten, wie z. B. einen eigenen Kühlschrank.

Mimpi Bungalows
HOTEL $

(Karte S. 54; 0361-751848; kumimpi@yahoo.com.sg; Gang Sorga; Zi. 250 000–500 000 Rp; ❄🛜🏊) Die billigsten unter den zwölf Zimmern im Bungalowstil bieten das beste Preis-Leistungs-Verhältnis (und haben nur Ventilatoren). Der schattige Garten begeistert mit seinen Orchideen, der Pool hat eine schöne Größe.

Kuta Bed & Breakfast
GUESTHOUSE $

(Karte S. 54; ☎ 0821 4538 9646; www.hanafi.net; Jl. Pantai Kuta 77; Zi. ab 250 000 Rp; ❄️ 🛜) In diesem prächtigen neuen Guesthouse direkt gegenüber vom Bemo Corner werden neun komfortable Zimmer vermietet. Alle Basics sind hier gut vorhanden, das Haus liegt lediglich zehn Gehminuten vom Strand und auch nur zehn Fahrminuten vom Flughafen entfernt.

Suji Bungalow
HOTEL $

(Karte S. 54; ☎ 0361-765804; www.sujibglw.com; nahe Poppies Gang I; Zi. mit Ventilator/Klimaanlage ab 250 000/380 000 Rp; ❄️ @ 🛜 🏊) Die ansprechende Unterkunft bietet eine Auswahl an 47 Bungalows und Zimmern in zweigeschossigen Gebäuden, die in einem weitläufigen, ruhigen Garten rund um einen Pool (mit Rutsche ins Kinderbecken) stehen. Die Veranden und Terrassen eignen sich gut zum Entspannen. Leider haben nicht alle Zimmer WLAN.

Bendesa
HOTEL $

(Karte S. 54; ☎ 0361-754366; www.bendesaaccommodation.com; nahe Poppies Gang II; Zi. 15–40 US$; ❄️ 🛜 🏊) Die 42 Zimmer in einem dreistöckigen Gebäude bieten Blick auf einen angenehmen Poolbereich. Erstaunlicherweise bleibt es hier trotz des erheblichen Getümmels rundum ruhig. Die billigsten Zimmer – sauber sind sie alle – haben nur Kaltwasser (einige mit Badewanne) und Ventilatoren. WLAN steht nur in einzelnen Zimmern zur Verfügung.

Puri Agung Homestay
GUESTHOUSE $

(Karte S. 54; ☎ 0361-750054; nahe Gang Bedugul; Zi. mit Ventilator/Klimaanlage ab 120 000/200 000 Rp; ❄️) Verkaterte Partygäste werden die zwölf dunklen Zimmer (wo nur Kaltwasser bereitsteht) in diesem attraktiven kleinen Haus mit einem winzigen grottenartigen Garten zu schätzen wissen ... Wer nicht zu den Vampiren zählt, kann sich für die helleren Zimmern im Obergeschoss entscheiden.

Kayun Hostel Downtown
HOSTEL $

(Karte S. 54; ☎ 0361-758442; www.kayun-downtown.com; Jl. Legian; B ab 190 000 Rp; ❄️ 🛜) Das neue Hostel hat Sinn für Stil, auch wenn der wegen der Nachbarschaft zu den besonders beliebtesten Clubs von Kuta vielleicht unbemerkt bleibt. In den Schlafsälen stehen vier bis 20 Betten. Es gibt ein kleines Tauchbecken, das Frühstück ist im Preis inbegriffen.

★ Un's Hotel
HOTEL $$

(Karte S. 54; ☎ 0361-757409; www.unshotel.com; Jl. Benesari; Zi. 33–80 US$; ❄️ 🛜 🏊) Der versteckt liegende Eingang passt perfekt zur Grundstimmung dieser abgeschiedenen Unterkunft. Die Zweige der Bougainvillea quellen bis auf die Balkone mit Blick auf den Pool. Die insgesamt 30 geräumigen Zimmer in den beiden zweistöckigen Gebäuden (das südliche ist ruhiger) sind alle mit Antiquitäten, bequemen Korbliegen und Freiluftbädern ausgestattet. Die billigeren Zimmer haben nur Ventilatoren.

★ Poppies Bali
HOTEL $$

(Karte S. 54; ☎ 0361-751059; www.poppiesbali.com; Poppies Gang I; Zi. 85–120 US$; ❄️ @ 🛜 🏊) Das üppig-grüne Boutiquehotel verfügt über 20 strohgedeckte Hütten im Balistil und Outdoor-Bädern gilt in Kuta als Institution. Hervorgegangen ist es aus einem kleinen Restaurant, die ersten Hütten wurden Mitte der 1980er-Jahre gebaut. Bei den Betten besteht u. a. die Wahl zwischen Kingsize und Twins (zwei Betten). Um den Pool stehen Steinskulpturen und Springbrunnen, und der Garten macht fast vergessen, dass er mitten im trubeligen Kuta liegt.

Love Fashion Hotel
HOTEL $$

(Karte S. 54; ☎ 0361-849 6688; www.lovefhotels.com; Jl. Legian 121; Zi. ab 100 US$; ❄️ 🛜 🏊) Das knallige neu gebaute Hotel mit 202 Zimmern im Herzen der Kuta-Meile (angeblich steht das Haus in Legian, aber was soll's!) ist ein Ableger des Kabelkanals Fashiontv, der oft in Clubs gezeigt wird. Die Einrichtung ist – wie ist es anders zu erwarten? – mit Spiegeln, Lichteffekten, bei denen sich die Gäste wie Models fühlen sollen, und schrillen Skulpturen ziemlich überdreht. Auf dem Dach gibt es ein Spa-Bad und eine Bar.

🛏 Legian

AM STRAND

Nördlich der Jalan Melasti ist ein Teil der Strandstraße durch Tore geschützt, die den Fahrzeugverkehr weitestgehend fernhalten. Das verschafft den Hotels in dieser Gegend quasi eine ruhige, asphaltierte Strandpromenade.

Sari Beach Hotel
HOTEL $$

(Karte S. 54; %0361-751635; www.saribeachinn.com; nahe Jl. Padma Utara; Zi. ab 60 US$; ❄️ 🛜 🏊) Zu diesem Strandhotel mit gutem Preis-Leistungs-Verhältnis geht es immer den Ohren nach eine lange Gasse hinunter in Richtung Brandungsrauschen. Die insgesamt 21 Zimmer haben Patios, die besten verfügen außerdem noch über große Badewannen. Auf dem grasbewachsenen Gelände finden sich jede Menge kleine Statuen und schöne Wasserspiele. Zu bestimmten Zeiten wird von den Gästen ein Mindestaufenthalt von drei Tagen verlangt.

Bali Mandira Beach Resort — HOTEL $$$
(Karte S. 54; 0361-751381; www.balimandira.com; Jl. Padma 2; Zi. ab 150 US$; ❄ 🛜 🏊) Gärten voller Strelitzien geben in diesem Resort mit seinen 191 Zimmern und einem umfassendem Service den (Farb-)Ton vor.

Die Cottages sind nach modernem Geschmack eingerichtet, die Badezimmer teilweise *open air*. Ein ungewöhnlicher Pool auf dem Gipfel eines Stein-Zikkurats (in dem auch ein Spa untergebracht ist) bietet ebenso wie das Café schöne weite Blicke auf den Ozean.

Seaside Villas — VILLA $$$
(Karte S. 54; 0361-737138; www.seasidebali.com; 18 Jl. Pantai Arjuna; 150–400 US$; ❄ 🛜 🏊) An einem beliebten Strandabschnitt gleich südlich des beliebten Double Six Beach stehen drei Villen in einem üppig bewachsenen Garten. Die einzelnen Einheiten mit ein bis drei Schlafzimmern erinnern ein bisschen an Santa Fé, die Atmosphäre ist angesichts der Lage überraschend intim. Die Gäste müssen nur durch ein doppelflügeliges Tor schreiten, vorbei an einem Brunnen und geparkten Autos und schon sind sie am Strand.

IM ZENTRUM VON LEGIAN

Island — HOTEL $
(Karte S. 54; 0361-762722; www.theislandhotelbali.com; Gang Abdi; B ab 20 US$, Zi. ab 50 US$; ❄ @ 🛜 🏊) Auch so was kann man hier finden: Versteckt im attraktiven Labyrinth winziger Gassen westlich der Jalan Legian steht dieses schicke Hotel an der Kreuzung der Gangs 19, 21 und Abdi. Hier schlafen die Gäste in einem Luxusschlafsaal mit lediglich acht Betten.

Sri Beach Inn — GUESTHOUSE $
(Karte S. 54; 0361-755897; Gang Legian Tewngah; Zi. mit Ventilator/Klimaanlage ab 200 000/350 000 Rp; ❄) Auf verschiedenen Pfaden geht es ins Herz des alten Legian; wenn oben die Palmen rauschen, ist es nicht mehr weit bis zu diesem Guesthouse mit fünf Zimmern in einem Garten. Der höhere Preis erklärt sich durch das Warmwasser, die Klimaanlage und den Kühlschrank im Zimmer. Das Haus bietet Langzeitgästen auch günstige Monatsmieten.

DOUBLE SIX BEACH

Blue Ocean — HOTEL $
(Karte S. 54; 0361-730289; nahe der Jl. Pantai Arjuna; Zi. mit Ventilator/Klimaanlage ab 250 000/400 000 Rp; ❄ 🏊) Das Blue Ocean liegt optimal fast unmittelbar am Strand. Die schlichte Unterkunft bietet warmes Wasser und angenehme Freiluft-Bäder. Viele der 25 Zimmer haben eine Küche, und in der Nähe ist rund um die Uhr etwas los.

Hotel Kumala Pantai — HOTEL $$
(Karte S. 54; 0361-755500; www.kumalapantai.com; Jl. Werkudara; Zi. 80–160 US$; ❄ @ 🛜 🏊)

ABSEITS DES TRUBELS

Weil man ständig Autos, Motorrädern, Schleppern und Hunden ausweichen muss und die Fußwege kaum als solche zu bezeichnen sind, ist ein Spaziergang durch Tuban, Kuta und Legian nicht unbedingt erholsam. Hier herrscht immer Hochbetrieb, der wirklich stressen kann. Schnell wünscht man sich als Spaziergänger in weniger belebte Orte, in denen nicht viel mehr zu hören ist als das Rauschen der Palmen und der Gesang der Vögel. Muss man deshalb einen Ausflug raus aus der Stadt buchen? Weit gefehlt! Man kann auch aufs Land flüchten, ohne die Gegend verlassen zu müssen. An die vom Kommerz geprägten Straßenzüge schließen sich (noch) unbebautes Land und einfache Wohngebiete an, in denen die Einheimischen leben.

Wer sich auf Entdeckungsreise begeben will, nimmt in Legian einfach eine der schmalen Gassen in das Areal, das von Jl. Legian, Jl. Padma, Jl. Padma Utara und Jl. Pura Bagus Taruna begrenzt wird. Sie münden in schmale Pfade, die an Wohnhäusern, dem einen oder anderen einfachen Warung und an Läden vorbeiführen. Einfach aufs Geratewohl umherschlendern, sich treiben lassen und die Stille genießen, die tatsächlich ausschließlich von den Geräuschen der Palmwedel und der Vögel durchbrochen wird.

Tuban

Tuban

◎ Sehenswertes
1 Amazone B1
2 Kuta Reef Beach A3
3 Grab von Mads Lange D1
4 Segara Beach A2
5 Tuban Beach B2
6 Waterbom Park C1

⊜ Schlafen
7 Patra Jasa Bali Resort & Villas A3

⊗ Essen
8 B Couple Bar n' Grill B1

9 Kafe Batan Waru B2
10 Pantai B2
11 Pisgor B3
12 Warung Nikmat C1

⊜ Ausgehen & Nachtleben
13 DeeJay Cafe C1

⊜ Shoppen
14 Discovery Mall B1
15 Joger C1
16 Lippo Mall Kuta B2
17 Periplus Bookshop B1

Die 173 Zimmer sind groß und haben elegante Marmorbäder mit separater Dusche und Badewanne. Die dreistöckigen Gebäude stehen auf einem üppig begrünten Gelände gegenüber vom beliebten Double Six Beach. Nicht in allen Zimmern gibt es WLAN. Regelmäßig finden hier Aufführungen mit traditioneller Gamelanmusik statt.

Double-Six RESORT $$$
(Karte S. 54; ☎ 0361-730466; www.double-six.com; 66 Double Six Beach; Zi. ab 400 US$; ❄ ☏ ≋) Das luxuriöse neue Hightech-Resort steht auf dem Gelände des legendären Clubs gleichen Namens. Die weitläufige Anlage überzeugt durch große Zimmer und Suiten, die meisten von ihnen mit Blick auf den namengebenden Strand. Annehmlichkeiten gibt es zuhauf, darunter einen 24-stündigen Butlerservice. Der gigantische 120-m-Pool zählt zu den größten seiner Art auf Bali.
Weitere luxuriöse Annehmlichkeiten für die Gäste sind geplant, darunter eine riesige Bar auf der Dachterrasse, mit grandiosem Blick auf den Indischen Ozean.

Essen

Lokale gibt es in und um Kuta und Legian in Hülle und Fülle. Touristencafés mit ihren günstigen Angeboten für ein Menü mit indonesischen Standardgerichten, Sandwiches und Pizza sind allgegenwärtig. Beim genauen Hinsehen finden sich mittendrin aber auch noch ein paar ursprüngliche balinesische Warungs. Wer die entspannte Atmosphäre eines klassischen Traveller-Cafés sucht, sollte durch die Gassen schlendern und nach den Massen Ausschau halten. Für einen Snack und ein Bier auch um 4 Uhr morgens gibt es überall die Circle-K-Läden, die rund um die Uhr geöffnet haben.

Die Großrestaurants an der Jalan Sunset sollte man dagegen meiden. Sie rühren eifrig die Werbetrommel, leiden aber unter Verkehrslärm und bewirten vor allem vorbeifahrende Busreisegruppen.

Tuban

In Tuban gibt es Kettenrestaurants und Fastfood-Läden in Hülle und Fülle. Die Hotels am Strand betreiben alle ihre eigenen Restaurants oder Cafés. In den meisten können auch jene Gäste, die nicht im Hotel wohnen, einen Snack oder den obligatorischen Sundowner genießen.

Am Südende der Jalan Raya Kuta unweit der Flughafenstraße stehen gute lokale Warungs und Cafés. Am Besten schaut man sich erst einmal um und entscheidet sich dann.

★ Pisgor   SNACKS $
(Karte S. 61; Jl. Dewi Sartika; Snacks ab 1000 Rp; ⊙10–22 Uhr) Alle möglichen Köstlichkeiten tauchen aus den ununterbrochen brutzelnden Fritteusen des schmalen Ladenlokals in Flughafennähe auf. *Piseng goreng* (gebratene Bananen) sollte man keinesfalls verpassen; probierenswert sind auch andere esoterische Gerichte wie der Gemüsekuchen (*ote-ote*). Empfehlenswert ist eine bunte Mischung, wem es nicht scharf genug ist, der bekommt rohe Chilischoten dazu serviert.

Warung Nikmat   INDONESISCH $
(Karte S. 61; 0361-764678; Jl. Banjar Sari; Mahlzeiten 15 000–30 000 Rp; ⊙8–21 Uhr) Das javanische Lokal ist für seine authentischen indonesischen Gerichte bekannt, darunter Rinder-*rendang*, *perkedel* (gebackene Maiskuchen), Garnelenkuchen, *sop buntut* (Ochsenschwanzsuppe) sowie diverse Currys und Gemüsegerichte. Vor 14 Uhr hat man die beste Auswahl.

Pantai   FISCH & MEERESFRÜCHTE $$
(Karte S. 61; 0361-753196; Jl. Wana Segara; Mahlzeiten 50 000–150 000 Rp; ⊙8–22 Uhr) Die Lage gibt bei dieser Strandbar mit Grill den Ausschlag. Das kulinarische Angebot ist durch und durch touristisch (Fisch & Meeresfrüchte, indonesische Klassiker, Pasta), aber die Lage mit Blick auf den Ozean einfach traumhaft. Jedes Jahr wird der Laden ein bisschen schicker und teurer, wirkt aber dennoch nicht abgehoben. Der Weg dorthin führt über den Strandweg nach Süden vorbei am Resort Ramada Bintang Bali.

Kafe Batan Waru   INDONESISCH $$
(Karte S. 61; 0361-897 8074; Jl. Kartika Plaza, Lippo Mall; Mahlzeiten 50 000–150 000 Rp; ⊙9 bis 23 Uhr) Der Ableger eines der renommiertesten Lokale in Ubud ist die aufgepeppte Version eines Warung mit ausgezeichneter asiatischer und balinesischer Küche. Hier bekommt man einen guten Kaffee, leckere Backwaren sowie kinderfreundliche Gerichte. Das Lokal hat einen neuen exponierten Standort vor der glamourösen Lippo Mall.

B Couple Bar n' Grill   FISCH & MEERESFRÜCHTE $$
(Karte S. 61; 0361-761414; Jl. Kartika Plaza; Mahlzeiten 60 000–200 000 Rp; ⊙24 Std.) Eine Mischung aus wohlhabenden einheimischen Familien und internationalen Touristen lässt sich in diesem schicken Laden gegrillte Meeresfrüchte im Jimbaran-Stil schmecken. Billardtische, Sportübertragungen und Livemusik runden das Angebot ab, während in den offenen Küchen die Feuer flackern.

Kuta

Die fliegenden Händler am Strand beschränken sich weitgehend auf den Verkauf von Getränken. Ansonsten findet man vornehmlich Surferkost (Pizza, Burger, indonesische Klassiker) in den unzähligen Lokalen der engen Gassen.

IM ZENTRUM VON KUTA

★ Ajeg Warung   BALINESISCH $
(Karte S. 54; 0822 3777 6766; Kuta Beach; Mahlzeiten ab 15 000 Rp; ⊙8–20 Uhr) Der einfache Imbissstand mit Tischen im Schatten steht direkt am Kuta Beach. Was hier an lokalen Gerichten serviert wird, ist besonders frisch zubereitet. Die Krönung ist eine Schüssel mit pikantem *garang asem*, einer balinesischen Suppe auf Tamarindenbasis mit Hühner- oder Schweinefleisch und vielen traditionellen Gewürzen.

Balis & Lomboks schönste Strände

Auf Bali und Lombok gibt es Strände, deren Farbschattierungen von Weiß bis Schwarz reichen; die Brandung ist mal wild, mal zahm. Die Strände ziehen massenhaft Besucher an, die hier in der Sonne liegen, Yoga machen, laufen, surfen, schnorcheln, tauchen und einfach eine schöne Zeit verleben. Bei der großen Auswahl findet sich für jeden das Passende.

➔ Strände
➔ Surfen
➔ Tauchen
➔ Unterwasserwelt

Oben: Sonnenuntergang am Kuta Beach (S. 52), Bali

1. Kuta Beach (S. 316), Lombok 2. Padang Padang Beach (S. 113)
3. Echo Beach (S. 102) 4. Gili Trawangan (S. 328)

Strände

Auf Bali und Lombok gibt es viele tolle Strände. Der Übersicht halber sind sie hier nach Regionen aufgelistet. Jedes der fünf Gebiete bietet viele verschiedene Sandstrände.

Von Tuban bis Echo Beach

Dieser Strand hat Bali berühmt gemacht. Er beginnt gleich nördlich des Flughafens und erstreckt sich etwa 12 km nach Nordwesten bis zum Pererenan Beach (S. 102). Die „Spielwiese" hat zahlreiche Facetten und spricht ganz unterschiedliche Besuchergruppen an – Surfer und Familien, Eigenbrötler, Partygänger und und und …

Auf der Halbinsel Bukit

Am Fuß der Klippen an der Westküste der Halbinsel Bukit (S. 106) liegen viele kleine Buchten mit wunderbar weißem Sand, z. B. in Balangan, Bingin und Padang Padang. Mancher dieser Strände ist schwer zu erreichen. Belohnt wird der Aufwand aber durch einen wunderbaren Blick auf die Brandung, namenlose kleine Bambus-Warungs mit Bintang und fantastisch schönes Wasser.

An der Ostküste

Ein riesiger Halbmond aus schwarzem Sand, der von den Vulkanhängen des Gunung Agung stammt, nimmt nördlich von Sanur seinen Anfang und zieht sich bis auf die Ostseite der Insel (S. 203). Manche Strandabschnitte sind menschenleer, an anderen tummeln sich Surfer, noch häufiger stößt man hier auf Tempel und erlebt den ganz normalen balinesischen Alltag.

Im Süden von Lombok

An der Südküste von Lombok (S. 314) wartet ein Dutzend traumhafter Buchten auf Besucher. Außer weißem Sand gibt es dort oft nicht viel anderes zu sehen.

Auf den drei Gilis

Die Gili-Inseln (S. 325) werden jeweils von schönen Sandstränden umschlossen. Unser Vorschlag: die große Runde drehen, die Strandbüfetts ausprobieren, vor der Küste schnorcheln und einfach genießen.

Surfen

Viele Leute kommen hauptsächlich zum Surfen nach Bali; die Surfkultur ist inzwischen Teil des Inselcharakters. Auf Lombok ist der Lebensstil maßvoller, die Breaks sind es nicht.

Kuta Beach

Kuta Beach (S. 52), Balis ursprünglicher Surfstrand, ist immer noch sehr beliebt. Der Sogwirkung dieses endlos langen Sandstrands, der mit seinen unaufhörlichen Breaks direkt vor der Küste Surfer jeder Couleur anlockt, kann man kaum widerstehen. Und man kann hier ohne großen Aufwand Surfen lernen. Surfschulen gibt es reichlich, Kurse laufen zu jeder Tageszeit.

Echo Beach

Echo Beach (S. 102) bietet wilde Wellen und reichlich Zuschauer. Eigentlich ist der Strand die Verlängerung des ebenso beliebten Batu Bolong. An beiden Stränden finden sich gut besuchte Cafés mit einem angenehmen Mix aus Einheimischen und ausländischen Gästen.

Ulu Watu

Ulu Watu (S. 115) bietet die legendärsten Surf-Möglichkeiten auf Bali. Hier erreicht die Kette von Breaks entlang der Küste der Halbinsel Bukit ihren Höhepunkt. Die Bedingungen sind eine Herausforderung.

Nusa Lembongan

Die Insel (S. 141) eignet sich ausgezeichnet für tagelanges Surfen. Breaks – per Boot zugänglich – liegen vor der Küste jenseits der Riffe. Außerdem gibt es günstige Unterkünfte und eine gute Sicht auf das Geschehen am Wasser, was die Wahl des richtigen Augenblicks erleichtert.

Tanjung Desert

Tanjung Desert (Desert Point; S. 300) auf Lombok findet großen Zuspruch – und das nicht nur bei Surfern, die sich selbst auf die Schulter klopfen, weil sie bis zu diesem abgelegenen Ort vorgedrungen sind. Die unbeständige Break (ihre Saison reicht nur von Mai bis September) ist selbst für sehr erfahrene Surfer schwer zu meistern, lohnt sich aber auf alle Fälle.

1. Surfer, Ulu Watu (S. 115) **2.** Surfer, Halbinsel Bukit (S. 106) **3.** Mit Surfboards am Kuta Beach, Bali

Tauchen

Die Inseln besitzen nicht nur tolle Tauchreviere; es gibt auch viele gute Tauchshops, die die Taucher unterstützen. Vom einfachen Steilwandtauchen bis zu anspruchsvollen Freiwassertauchgängen findet hier jeder etwas, das seinen Fähigkeiten und Wünschen entspricht.

Tulamben

Tulamben (S. 238) erscheint zunächst wie ein schlichtes Dorf an der Küstenstraße von Ostbali, bis man all die Tauchshops entdeckt. Die große Attraktion hier liegt direkt vor der Küste: Ein altes Schiff, die *Liberty,* sank während des Zweiten Weltkriegs. Vom Ufer aus kann man direkt zum Wrack tauchen und dort schnorcheln.

Gili Trawangan

Gili Trawangan ist ein erstklassiges Zentrum für Taucher und Schnorchler (S. 328). Rund um alle drei Gilis gibt es jede Menge toller Stellen zum Erkunden der Gewässer. Man kann direkt von den Stränden losschnorcheln, Riffe finden sich in alle Richtungen.

Nusa Penida

Das wenig besuchte Nusa Penida (S. 149) ist von einer Art Unterwasser-Themenpark umgeben. Die Bedingungen sind oft schwierig, aber dafür besteht die Chance, riesige Mondfische und Mantarochen zu sehen.

Nusa Lembongan

Von Nusa Lembongan (S. 141) aus lassen sich in den Mangroven rundum und auf den beiden Nachbarinseln Dutzende Tauchreviere besuchen. Unter Führung eines guten Anbieters ist auch Strömungstauchen möglich.

Pulau Menjangan

Pulau Menjangan (S. 274) ist Balis bekanntestes Tauch- und Schnorchelgebiet und besitzt ein Dutzend hervorragender Tauchreviere. Das Tauchen hier ist ein Erlebnis: tropische Fische, Weichkorallen, (normalerweise) tolle Sichtverhältnisse, Höhlen und ein spektakulärer Riffhang. Am besten verbindet man den Inselbesuch mit einem mehrtägigen Ausflug nach Pemuteran.

Gerätetaucher, Nusa Penida (S. 149) **2.** Korallen vor Pulau Menjangan (S. 274) **3.** Taucher am Wrack der *Liberty* bei Tulamben (S. 238)

Grüne Meeresschildkröte

Balis Unterwasserwelt

In den Küstengewässern vor den Inseln leben Korallen, Seetang, Fische und andere Meeresbewohner; das gesamte indonesische Seegebiet wurde 2014 zur Schutzzone für Mantarochen erklärt. Auch beim Schnorcheln bekommt man viel von der Unterwasserwelt zu sehen, die größeren Meerestiere sind aber meist Tauchern vorbehalten.

Delfine

Delfine leben rund um die Inseln, vor Lovina (S. 269) sind sie die Attraktion. Aber auch auf der Fahrt mit dem Schnellboot zwischen Bali und den Gilis lassen sich Delfinschulen sehen.

Haie

Nur sehr selten wird in dieser Region von sehr großen Tieren wie dem Weißen Hai berichtet. Haie werden hier aber nicht als große Bedrohung eingeschätzt. In den Gilis kann man am Shark Point (S. 331) häufig Riffhaie beobachten.

Meeresschildkröten

Meeresschildkröten (S. 412) kommen hier ebenfalls vor, sind aber hochgradig gefährdet. Lange galten sie den Balinesen als Delikatesse; deshalb müssen sie vor Wilderern geschützt werden. Besonders rund um die Gilis kann man sie noch beobachten.

Weitere Meeresbewohner

Kleine Fische und Korallen finden sich an unzähligen Stellen rund um die Inseln. Der bevorzugte erste Anlaufpunkt ist Menjangan (S. 274). Berichte sprechen von Fischen so groß wie Walhaie. Doch die alltägliche Faszination geht eher von der farbenfrohen Schönheit all der Korallen, Schwämme, spitzenartigen Gorgonen und vielen anderen Meereslebewesen aus. Seesterne gibt es im Überfluss und auch Clownfische und andere farbenfrohen Arten lassen sich oft sehen.

Der Weg dorthin: Dort, wo die Jalan Pantai Kuta nach Norden abdreht, betritt man den Strand und geht dann 100 m auf dem Strandweg nach Süden.

Bemo Corner Coffee Shop — CAFÉ $

(Karte S. 54; ☎ 0361-755305; Jl. Pantai Kuta 10A; Hauptgerichte ab 40 000 Rp; ⏲ 8–22 Uhr) Das entzückende kleine Café mit offener Frontseite ist eine Oase in unmittelbarer Nachbarschaft des Wahnsinns der Jalan Legian. Es gibt ausgezeichnete Kaffeegetränke, Smoothies und Kleinigkeiten wie Sandwiches und köstliche Backwaren.

Kuta-Nachtmarkt — INDONESIAN $

(Karte S. 54; Jl. Blambangan; Mahlzeiten 15 000–25 000 Rp; ⏲ 18–24 Uhr) Die Enklave mit vielen Buden wimmelt von Einheimischen und Leuten aus der Tourismusbranche, die heiße Leckereien direkt aus dem Wok, Gegrilltes und andere frische Speisen genießen.

Kuta-Markt — MARKET $

(Karte S. 54; Jl. Raya Kuta; ⏲ 6–16 Uhr) Der Markt ist nicht groß, aber seine Popularität garantiert konstante Umsätze. Hier findet man einige der ungewöhnlichen Früchte von Bali, z. B. die Früchte des Mangostanbaums. Die tomatengroßen Früchte sind meist zwischen November und Dezember reif, im Inneren der roten, harten Schale verbirgt sich weißes Fruchtfleisch.

Poppies Restaurant — INTERNATIONAL $$

(Karte S. 54; ☎ 0361-751059; www.poppiesbali.com; Poppies Gang I; Hauptgerichte 65000–120 000 Rp; ⏲ 8–23 Uhr) Das Poppies war eines der ersten Restaurants in Kuta (die Poppies Gang I ist sogar nach ihm benannt). Beliebt ist es wegen seiner üppig-grünen Gartenanlage, die auf romantische Art ein bisschen verwunschen wirkt. Die Speisekarte vereint gehobene westliche, thailändische und balinesische Küche. Die berühmte *rijsttafel* (eine Auswahl indonesischer Gerichte, serviert mit Reis) sowie Gerichte mit Fisch und Meeresfrüchten zählt zu den Favoriten der Gäste.

Made's Warung — INDONESISCH $$

(Karte S. 54; ☎ 0361-755297; www.madeswarung.com; Jl. Pantai Kuta; Mahlzeiten ab 40 000 Rp; ⏲ 8–23 Uhr) Made's Warung war der ursprüngliche Touristen-Warung in Kuta. Über die Jahre ist die verwestlichte indonesische Speisekarte oft von der wachsenden Zahl an Konkurrenten kopiert worden. Klassische Gerichte wie *nasi campur* (Reis mit diversen Beilagen) werden in offenen Räumlichkeiten serviert, die an die Zeit erinnern, als die touristischen Hot Spots in Kuta noch mit Gaslaternen beleuchtet wurden.

AN DER JALAN LEGIAN

Die Essensmöglichkeiten an der Jalan Legian erscheinen unendlich; die Zahl der empfehlenswerten Lokale ist aber begrenzt.

Kopi Pot — CAFÉ $$

(Karte S. 54; ☎ 0361-752614; Jl. Legian; Mahlzeiten 60 000–150 000 Rp; ⏲ 8–24 Uhr; 🛜) Das von Bäumen beschattete Kopi Pot ist sehr beliebt, besonders wegen des Kaffees, der Milchshakes und der Desserts. Der Essbereich im Freien erstreckt sich über mehrere Ebenen und liegt abseits der gesundheitsschädlichen Jalan Legian.

Boardriders Café — CAFÉ $$

(Karte S. 54; ☎ 0361-761838; Jl. Legian 362; Hauptgerichte ab 55000 Rp; ⏲ 8–22 Uhr; 🛜) Zerlesene Surfermagazine liegen in diesem angesagten Café aus, das zum riesigen Rip-Curl-Surfladen gehört. Wohlfühlessen wird hier gewünscht, also Shakes, Burger, Fish & Chips, Backwaren sowie viele Säfte und Smoothies.

POPPIES GANG II & UMGEBUNG

★ Fat Chow — ASIATISCH $$

(Karte S. 54; ☎ 0361-753516; www.fatchowbali.com; Poppies Gang II; Hauptgerichte ab 45 000 Rp; ⏲ 10–22 Uhr) Das Fat Chow ist eine schicke, moderne Variante des traditionellen Cafés mit offener Front. An langen Picknicktischen, kleinen Tischen und Liegen werden Gerichte mit chinesischem und asiatischem Akzent serviert. Die kreativen Gerichte laden geradezu zum Teilen ein. Empfehlenswert sind der knackig frische asiatische Salat, die Schweinefleischbrötchen, die Tokio-Garnelen und der „Oriental Burger".

Stakz Bar & Grill — INTERNATIONAL $$

(Karte S. 54; ☎ 0361-762129; www.stakzbarandgrill.com; Jl. Benesari; Hauptgerichte 40 000 bis 80 000 Rp; ⏲ 8–23 Uhr) Wegen einiger Gäste hat das beliebte Café in Kuta nicht nur einen guten Ruf, dabei ist die Küche hervorragend. So gibt es z. B. ausgezeichnete Burger, Salate, Sandwiches, die mit Biolebensmitteln zubereitet werden. Die Loungemöbel laden geradezu zu einem Drink ein.

Balcony — INTERNATIONAL $$

(Karte S. 54; ☎ 0361-757409; Jl. Benesari 16; Mahlzeiten 50 000–150 000 Rp; ⏲ 6–23 Uhr) Das Balcony mit seinem tropischen Design liegt an-

KUTA-COWBOYS ABGESATTELT

An den Stränden im Süden von Bali sind sie überall zu sehen: muskulöse junge Männer mit Tattoos, langen Haaren und guten Manieren. Die „Kuta-Cowboys", wie sie genannt werden, bringen frischen Wind in das Klischee von der jungen Asiatin und dem älteren Mann aus dem Westen. Jahrzehntelang haben Frauen aus Japan, Australien und anderen Ländern an Balis Stränden eine Begleitung gefunden, die ihr Bedürfnis nach Romantik, Abenteuer oder was auch immer gestillt hat.

Die Dynamik zwischen diesen Ausländerinnen und balinesischen Männern ist komplexer als der simple Austausch von Geld und sexuellen Diensten (was auf Bali verboten ist): Die Kuta-Cowboys werden zwar nicht direkt für Sex entlohnt, aber ihre Begleiterinnen bezahlen in der Regel ihr Essen, kaufen Geschenke und kommen eventuell für weitere Ausgaben wie die Miete auf.

Das bekannte Bali-Phänomen geriet 2010 mit der Veröffentlichung der detaillierten und sehenswerten Dokumentation *Cowboys in Paradise* (www.cowboysinparadise.com) in die Schlagzeilen. Regisseur Amit Virmani erzählt, die Idee zu dem Film sei ihm nach einem Gespräch mit einem jungen Balinesen gekommen. Dieser erklärte, er wolle „Sex-Diener japanischer Mädchen" werden, wenn er groß sei. Der Streifen beleuchtet das Leben der Kuta-Cowboys und untersucht den ökonomischen und emotionalen Preis für die flüchtigen Affären mit ausländischen Touristinnen.

---

genehm über dem Getümmel der Jalan Benesari. Eine Frühstückskarte sorgt für einen guten Start in den Tag. Abends gibt es Pasta, grilliertes Fleisch und ein paar indonesische Klassiker, die hübsch angerichtet serviert werden. Das Lokal ist der perfekte Ort für eine Verabredung am Abend.

ÖSTLICH DER JALAN LEGIAN

★ Take JAPANISCH $$

(Karte S. 54; ☎ 0361-759745; Jl. Patih Jelantik; Mahlzeiten 70 000–300 000 Rp; ⏱ 11–23 Uhr) Wer unter der traditionellen Stoffabschirmung vor dem Eingang dieses immer weiter expandierenden Restaurants hindurchtaucht, entflieht Bali und landet in einer entspannten Version von Tokio. Hyperfrische Sushi, Sashimi u. Ä. werden hier unter den aufmerksamen Augen eines Chefkochteams hinter einer langen Theke zubereitet. Der Koch ist regelmäßig frühmorgens auf dem Jimbaran-Fischmarkt zu finden.

🍴 Legian

Die Zahl der Durchschnittslokale übersteigt bei Weitem die der guten Restaurants. Daher sollte man sich erst umschauen, bevor man sich für eine Lokalität entscheidet.

Warung Murah INDONESISCH $

(Karte S. 54; Jl. Arjuna; Mahlzeiten ab 30 000 Rp; ⏱ 9–17 Uhr) Das Mittagessen flutscht nur so in diesem authentischen Warung, der auf Fisch und Meeresfrüchte spezialisiert ist. Eine gute Auswahl an gegrilltem Fisch erwartet die Gäste. Wer lieber Geflügel isst, findet im *sate ayam* (Hähnchen-Satay) eine saftige Alternative zum Schnäppchenpreis. Da es ein beliebtes Lokal für die Mittagspause ist, sollte man schon vor 12 Uhr da sein.

Warung Asia ASIATISCH $

(Karte S. 54; ☎ 0361-742 0202; Jl. Werkudara; Mahlzeiten ab 35 000 Rp; ⏱ 8–22 Uhr; 🛜) Das beliebte Café mit asiatischer Küche hat eine tolle Lage in einem großen, baumbestandenen Innenhof. Das Essen und die Kaffeegetränke sind so gut wie schon am alten Standort, jetzt gibt es außerdem noch frische Eiscreme und mehr.

Warung Yogya INDONESISCH $

(Karte S. 54; ☎ 0361-750835; Jl. Padma Utara; Hauptgerichte ab 20 000 Rp; ⏱ 8–22 Uhr) Der einfache, blitzsaubere Warung liegt versteckt im Zentrum von Legian. Auf den Tisch kommen herzhafte Portionen lokaler Gerichte zu fast schon Einheimischenpreisen. *Gado gado* (gemischtes Gemüse mit Erdnusssauce) sollte man probieren.

Saleko INDONESISCH $

(Karte S. 54; Jl. Nakula 4; Mahlzeiten ab 15 000 Rp; ⏱ 8–22 Uhr) Gleich neben dem Wahnsinn der Jalan Legian zieht dieses Ladenlokal mit offener Fassade die Gäste durch seine schlichte Sumatra-Küche an. Wer sich traut, kann sich vulkanisch scharfen Sambal auf die pikanten Grillhähnchen und den Fisch klecksen. Das Saleko ist der perfekte Ort, um indonesische Gerichte zu probieren, die nicht für Touristengaumen „entschärft" wurden.

Gourmet Sate House INDONESISCH $$
(Karte S. 54; ☎ 0361-553 1380; Jl. Dewi Sri 101; Hauptgerichte ab 40 000 Rp; ⊙ 11–23 Uhr) Ein Paradies für Sate-Fans und alle, die Fleisch, Fisch und Meeresfrüchte vom Grill mögen. Das riesige, beliebte Lokal östlich des Zentrums grillt alle Arten von Spießchen. Auf der Karte finden sich zudem weitere indonesische Klassiker und köstliche Desserts.

Balé Udang INDONESISCH $$
(Mang Engking; Karte S. 54; ☎ 0361-882 2000; www.baleudang.com; Jl. Nakula 88; Hauptgerichte 35 000–150 000 Rp; ⊙ 11–22 Uhr) Das große Restaurant serviert Gerichte aus ganz Indonesien und ist eine Art Metapher für den Inselstaat: Strohgedeckte Pavillons stehen zwischen Teichen und Wasserspielen. Die Karte konzentriert sich auf Fisch und Meeresfrüchte. Der Service ist freundlich und flott.

Indo-National FISCH & MEERESFRÜCHTE, INTERNATIONAL $$
(Karte S. 54; ☎ 0361-759883; Jl. Padma 17; Hauptgerichte 50 000–100 000 Rp; ⊙ 8–23 Uhr) Das beliebte Restaurant bietet ganzen Heerscharen glücklicher Fans ein Zuhause fern ab der Heimat. Das Motto lautet: Vorn an der Bar erst einmal ein kaltes Bier genießen; anschließend einen hoch aufgehäuften Teller mit gegrillten Meeresfrüchten bestellen.

AM STRAND
Verschiedene Restaurants und Cafés an der Jalan Pantai Arjuna sind zum Wasser hin ausgerichtet, weitere stehen an der Jalan Padma Utara. Bei Sonnenuntergang sind alle zu empfehlen.

Mozarella ITALIENISCH, FISCH & MEERESFRÜCHTE $$
(Karte S. 54; www.mozzarella-resto.com; Maharta Bali Hotel, Jl. Padma Utara; Mahlzeiten ab 90 000 Rp) Unter den Strandrestaurants an der autofreien Zone in Legian ist das Mozarella das Beste. Die italienische Küche ist authentischer als bei den meisten Mitbewerbern. Auch frischer Fisch steht auf der Karte; der Service ist gut, und die Gäste haben die Wahl, ob sie ihr Abendessen im Freien unter Sternen oder im abgeschirmten Speisesaal zu sich nehmen möchten.

Zanzibar INTERNATIONAL $$
(Karte S. 54; ☎ 0361-733529; Jl. Arjuna; Mahlzeiten ab 50 000 Rp; ⊙ 8–23 Uhr) Der beliebte

> **NICHT VERSÄUMEN**
>
> **SUNDOWNER IN KUTA & LEGIAN**
>
> Auf Bali entfalten Sonnenuntergänge regelmäßig ein faszinierendes Spektakel in Rot-, Orange- und Purpurtönen. An einem kalten Getränk zu nippen und dabei dem Rauschen der Brandung dieses kostenlose Schauspiel zu betrachten, ist die Hauptaktivität um 18 Uhr. Geschäftstüchtige Einheimische bieten dafür Plastikstühle im Sand und billiges, kaltes Bintang (20 000 Rp) an.
>
> In Kuta steuert man am besten das autofreie südliche Ende des Strandes an; in Legian ist der beste Platz der Strandabschnitt, der nördlich der Jalan Padma beginnt und zum Südende der Jalan Pantai Arjuna verläuft.

Patio steht an einem belebten Abschnitt des Double Six Beach. Zur Zeit des Sonnenuntergangs wird es hier richtig voll; den schönsten Blick auf das Farbenspiel in Pink und Orange hat man von der Terrasse im zweiten Stock. Wenn es hier zu voll ist, sind viele der benachbarten Mitbewerber eine gute Alternative.

 Ausgehen & Nachtleben

Gegen 18 Uhr ist der Sonnenuntergang am Strand *die* große Attraktion. Die Leute genießen ihn bei einem Drink in einem Café mit Meerblick oder vielleicht bei einem Bierverkäufer am Strand. Später kommt das legendäre Nachtleben auf Betriebstemperatur. Viele Partygänger verbringen den frühen Abend in einer der angesagten Kneipen in Seminyak, bevor sie sich nach Süden vorarbeiten und irgendwo versacken.

Welche Locations gerade angesagt sind, ist schnell herausgefunden. Die schicken Clubs in Seminyak sind bei Schwulen und Heteros gleichermaßen populär, in Kuta und Legian ist im Allgemeinen überall ein gemischtes Publikum zu finden.

Das kostenlose Magazin *The Beat* (www.beatmag.com) hat gute Club-Listen und gibt „Was geht wo ab?"-Tipps.

Tuban

DeeJay Cafe CLUB
(Karte S. 61; ☎ 0361-758880; Jl. Kartika Plaza 8X, Kuta Station Hotel; ⊙ 24–9 Uhr) Der richtige Ort, um die Nacht ausklingen zu lassen

> **ⓘ DER PARTY FOLGEN**
>
> Balis trendigste Clubs knubbeln sich in einem Radius von etwa 300 m um die topbewertete Sky Garden Lounge. Der Unterschied zwischen Ausgehen und Clubben ist bestenfalls verschwommen, eines geht ins andere über, während die Nacht voranschreitet (oder der Morgen dämmert). Die meisten Bars verlangen keinen Eintritt und haben oft spezielle Getränkeangebote und „Happy Hours", die über verschiedene Zeitspannen bis nach Mitternacht laufen. Schlaue Partygänger folgen den Specials von Lokal zu Lokal und freuen sich über einen Abend außer Haus mit erheblichen Rabatten (die Clubbesitzer locken mit Getränkeangeboten Kunden an, die dann meist keine Lust haben, weiterzuziehen). Es lohnt sich auch, auf Flyer mit Coupons für Preisnachlässe auf Getränke zu achten.
>
> Die Atmosphäre in den balinesischen Clubs reicht vom entspannten Flair der Surfer-Spelunken bis zu durchorganisierten Nachtclubs mit langen Getränkekarten und Horden beflissener Kellner. In einigen Clubs in Kuta ist die Zahl der Prostituierten stark gestiegen.

(oder den Tag zu beginnen). Haus-DJs legen Tribal, Underground, Progressive, Trance, Electro und anderes auf. Manche Angeber stellen sich den Wecker auf 5 Uhr morgens und laufen dann ausgeruht ein.

Kuta

Austauschbare Bars mit Barhockern, die den Hintern trinkfreudiger Stammgäste angepasst sind, säumen die Jalan Legian. Hier muss man sich auf aufdringliche Zuhälter und Viagraverkäufer und den beharrlichen Ruf „Wir haben verdammt kaltes Bier, Kumpel!" gefasst machen.

Sky Garden Lounge   BAR, CLUB
(Karte S. 54; www.skygardenbali.com; Jl. Legian 61; ⊙ 24 Std.) Der Luxuspalast, der sich über mehrere Ebenen erstreckt, kokettiert mit Höhenbeschränkungen in seiner Dachterrassen-Bar, von der aus man einen schönen Blick über das nächtlich glitzernde Kuta hat. Weitere Merkmale sind die Spitzen-DJs, ein Café im Erdgeschoss und zahlreiche Möchtegern-Paparazzi.

Hungrige finden lange Karte mit Bar-Snacks und -gerichten, die die meisten Gäste mit Schnäpsen kombinieren. Am besten durchstreift man diesen vertikalen Laufstall von Ebene zu Ebene.

Apache Reggae Bar   BAR
(Karte S. 54; Jl. Legian 146; ⊙ 23–4 Uhr) Das Apache, einer der ruppigeren Läden, ist gesteckt voll mit Einheimischen und Gästen, von denen viele auf ein Abenteuer aus sind. Die Musik ist laut, das Hämmern im Kopf am nächsten Tag stammt jedoch vom frei fließenden *arak* (destillierter Palmen- und Zuckerrohrschnaps), der in riesigen Plastikkrügen serviert wird.

Twice Bar   BAR
(Karte S. 54; Poppies Gang II; ⊙ 19–2 Uhr) Kutas bester Versuch eines Indie-Rockclubs. Er ist so schäbig – und verschwitzt –, wie man es erwartet.

Bounty   CLUB
(Karte S. 54; www.bountydiscotheque.com; Jl. Legian; ⊙ 20–4 Uhr) Das Bounty findet man in einem nachgemachten Segelschiff in einer Mini-Einkaufspassage für Lebensmittel und Getränke. Die riesige Open-Air-Disko stampft, klopft und pumpt die ganze Nacht. Auf dem Poopdeck wird Hip-Hop, Techno und House gespielt – und alles andere, was die DJs so auflegen. Schaumpartys, Go-go-Tänzerinnen, Travestie-Shows und billiger Schnaps sorgen schnell für eine ziemlich rauflustige Atmosphäre.

Velvet   BAR
(Karte S. 54; ☏ 0361-2658 1405; www.vhbali.com; Jl. Pantai Kuta, Beachwalk, Level 3; ⊙ ab 23 Uhr) Der Blick auf den Sonnenuntergang ist in dieser großen Terrassenbar mit Café an der Strandseite der Beachwalk-Einkaufspassage unschlagbar. An vielen Abenden verwandelt sich das Velvet nach 22 Uhr in einen Club.

Engine Room   CLUB
(Karte S. 54; Jl. Legian; ⊙ ab 20 Uhr) Der grelle Club, zur Straße hin offen, präsentiert als Anmache Go-go-Girls in Käfigen. Wenn der Abend voranschreitet, tanzen fast alle Gäste und lassen allmählich die Hüllen fallen. Die wilde Party ist ein Lieblingsthema der australischen Journalisten, die den Niedergang ihrer Jugend beklagen.

Legian & Double Six Beach

In Legian sind die meisten Bars kleiner als in Kuta und sprechen ein ruhigeres Publikum an. Beachtenswerte Ausnahme ist die Gegend am Ende der Jalan Arjuna/Jalan Double Six mit Cafés und Clubs. Strandbars ziehen sich wie an einer Perlenkette nach Norden die Seminyak-Promenade entlang.

Cocoon   CLUB
(Karte S. 54; www.cocoon-beach.com; Jl. Arjuna; ab 10 Uhr) Ein riesiger Pool mit Blick auf den Double Six Beach ist der Drehpunkt des ambitionierten Clubs (Hemden mit Alkohol-Werbung sind nicht erlaubt!), der rund um die Uhr Partys und Events bietet. Liegestühle finden sich rund um den Pool. Abends legen DJs zu Themenabenden auf.

Capil Beach Bar   CAFÉ
(Karte S. 54; Double Six Beach; 9–21 Uhr) Die leicht zu übersehende Strandbar, eine unglamouröse Alternative zum neuen Double-Six Resort, besteht aus Sitzsäcken und Liegen im Sand und verkauft einfache Snacks und Mahlzeiten sowie billiges Bintang (25 000 Rp.).

Jenja   CLUB
(Karte S. 54; 0361-882 7711; www.jenjabali.com; TS Suites, Jl. Nakula 18; 18–2 Uhr) Der schicke, durchgestylte Nachtclub befindet sich im neuen TS Suites Hotel. Über mehrere Ebenen verteilt, bringen DJs mit Disco, R&B, Funk, Soul und anderen Stilrichtungen die Gäste auf Touren. Das Publikum ist eine Mischung aus wohlhabenden Einheimischen und auf Bali lebenden Ausländern. Das Restaurant serviert hochpreisige Ware, die sich gut zum Teilen eignet.

Shoppen

Kuta besitzt eine hohe Konzentration an billigen Kitschläden, aber auch riesige, glitzernde Warenhäuser vor allem für den Bedarf von Surfern. An der Jalan Legian verbessert sich die Qualität der Geschäfte in Richtung Norden. Nach und nach finden sich immer mehr nette kleine Boutiquen, besonders an der Jalan Arjuna, wo sich auch Großmärkte für Stoffe, Kleidung und Kunsthandwerk befinden – Basar-Atmosphäre kommt auf. Weiter nach Seminyak hinein gibt es wirklich fabelhafte Einkaufsmöglichkeiten.

Auch große Einkaufspassagen sind auf dem Vormarsch. In Tuban hat die Discovery Mall mit der grellen Lippo Mall einen neuen Konkurrenten bekommen. Der Beachwalk-Komplex ist ein riesiger Glitzerpunkt an der Jalan Pantai Kuta. Kuta Square dagegen braucht dringend neue Energie.

> **KUTAS BELIEBTESTER LADEN**
>
> Die Menschenmassen vor der Tür sehen aus, als wollten sie eine Bank stürmen. Drinnen herrscht das reine Chaos. Willkommen in der Bali-Legende **Joger** (Karte S. 61; Jl. Raya Kuta; 11–18 Uhr), dem beliebtesten Geschäft im Süden Balis. Kein Besucher aus einem anderen Teil Indonesiens dächte auch nur daran, die Insel ohne einen rehäugigen Plastikwelpen (4 000 Rp) oder eines von Tausenden T-Shirts mit einem ironischen, komischen oder einfach unverständlichen Spruch (die allermeisten in begrenzter Auflage) zu verlassen.

Stände mit T-Shirts, Souvenirs, Strandkleidung und farbenprächtigem Plunder sind praktisch omnipräsent. Das bestverkaufte Mitbringsel für die Lieben daheim sind Flaschenöffner in Form eines Penis in vielen Farben und Größen.

Beachwear & Surfshops
Eine riesige Auswahl an Surfshops verkauft Ausrüstung bekannter Marken – darunter Mambo, Rip Curl, Billabong und Quiksilver. Zu den einheimischen Labels zählen Surfer Girl und Drifter. Die meisten betreiben gleich mehrere Läden in Südbali.

Außerdem gibt es einheimische Surfshops mit renommierten Boardbauern, die individuelle Bretter herstellen.

★ Luke Studer   SURFBOARDS
(Karte S. 54; 0361-894 7425; www.studersurfboards.com; Jl. Dewi Sri 7A; 9–19 Uhr) In diesem großen Hochglanzladen der legendäre Boardbauer höchstpersönlich. Er hat Shortboards, Retro Fishes, Single Fins und klassische Longboards im Angebot, die man fertig kaufen oder nach eigenen Wünschen anfertigen lassen kann.

Surfer Girl   SURFAUSRÜSTUNG
(Karte S. 54; www.surfer-girl.com; Jl. Legian 138; 9–22 Uhr) Das zuckersüße Logo dieser lokalen Legende sagt schon alles über den riesigen Laden für Mädchen jeden Alters: Hier gibt es Kleidung, Surfausrüstung, Bikinis und jede Menge anderer Sachen in jeder nur denkbaren Bonbonfarbe.

Rip Curl   SURFAUSRÜSTUNG
(Karte S. 54; 0361-754238; www.ripcurl.com; Jl. Legian 62; 9–22 Uhr) Weg mit dem trübseli-

gen Schwarz und her mit den Farbtupfern! Die größte Niederlassung des Surfwear-Giganten auf Bali hat eine riesige Auswahl an Strand- und Badebekleidung sowie Surfboards.

Freedom Surfshop — SURFBOARDS
(Karte S. 54; ☎ 0361-767736; Jl. Benesari 4A; ⊙ 10–19 Uhr) Jerry Jejor surft seit 25 Jahren am Kuta Beach. Sein Laden steht voller Boards, die dem kreativen Surfbrettmaler als Leinwände dienen. Seine Designs sind sehr persönlich und hängen von seiner aktuellen künstlerischen Stimmung ab.

Next Generation Board Bags — SURFAUSRÜSTUNG
(Karte S. 54; ☎ 0813 3700 0523; Jl. Benesari; ⊙ 10–19 Uhr) Hier können die Kunden sich zwischen unzähligen Mustern und Farben entscheiden und dann zuschauen, wie ihre Tasche (ab 400 000 Rp.) in längstens zwei Tagen gefertigt wird.

Buchhandlungen

Kleine Buchläden, die gebrauchte Bücher zum Tausch anbieten, finden sich überall in den Gassen und Straßen, vor allem in den Poppies.

Periplus Bookshop — BÜCHER
(Karte S. 61; ☎ 0361-769757; Jl. Kartika Plaza, Discovery Mall) Periplus bietet eine große Auswahl an neuen Titeln.

Kleidung & Stoffe

Wer nach weichen Stoffen mit Batikdruck oder aus Seide sucht, findet in der Jalan Arjuna interessante Angebote.

Summervan — BEKLEIDUNG
(Karte S. 54; ☎ 0361-738226; Jl. Arjuna 26; ⊙ 10–18 Uhr) Tolle Strandklamotten und Accessoires mit Hippie-Anklängen.

Sriwijaya — TEXTILIEN
(Karte S. 54; ☎ 0361-733581; Jl. Arjuna; ⊙ 10 bis 18 Uhr) Stellt auf Bestellung Batikstoffe und andere Stoffe in vielen Farben her.

Mega Shop — BEKLEIDUNG
(Karte S. 54; ☎ 0361-857 1456; Jl. Arjuna; ⊙ 9–19 Uhr) Der schmucklose, altmodische Laden quillt über von farbigen Saris. Die Kundinnen können ein Teil von der Stange kaufen oder einen eigenen in Auftrag geben.

Einkaufszentren & Warenhäuser

Beachwalk — EINKAUFSZENTRUM
(Karte S. 54; www.beachwalkbali.com; Jl. Pantai Kuta; ⊙ 10–24 Uhr) Der riesige Gebäudekomplex mit Freiluft-Mall, Hotel und Eigentumswohnungen gegenüber Kuta Beach ist fest in der Hand internationaler Ladenketten von Gap bis Starbucks. Wasserspiele bringen Bewegung in den allgemeinen Einkaufsglitzer.

Discovery Mall — EINKAUFSZENTRUM
(Karte S. 61; ☎ 0361-755 522; www.discoveryshoppingmall.com; Jl. Kartika Plaza; ⊙ 9–21 Uhr) Die ebenso wuchtige wie beliebte geschlossene Einkaufsmeile in Tuban besetzt einen erheblichen Teil des Uferstreifens. Das Gebäude mit unzähligen Läden ragt aufs Wasser hinaus. Hier findet man das große Warenhaus Centro und das trendige Sogo.

Istana Kuta Galleria — EINKAUFSZENTRUM
(Karte S. 54; Jl. Patih Jelantik) Eine gewaltige Open-Air-Einkaufspassage, die zunächst ratlos lässt, bis man mitten in der Glasschlucht einen interessanten Laden entdeckt hat. Hinten befindet sich ein Baumarkt für alle, die auch im Urlaub dringend Seile und Isolierband brauchen.

Carrefour — EINKAUFSZENTRUM
(Karte S. 54; ☎ 0361-847 7222; Jl. Sunset; ⊙ 9 bis 22 Uhr) Die große Filiale der französischen Discount-Kette vereint viele kleine Läden (Bücher, Computer, Bikinis usw.) in einem riesigen Hypermarkt. Neben Grundnahrungsmitteln gibt es eine große Abteilung mit Fertiggerichten und einen Food Court.

Lippo Mall Kuta — EINKAUFSZENTRUM
(Karte S. 61; ☎ 0361-897 8000; www.lippomalls.com; Jl. Kartika Plaza; ⊙ 10–22 Uhr) Die neueste große Einkaufspassage im Süden von Bali verschärft noch das Verkehrschaos auf den miserablen Straßen von Tuban. Zu einem riesigen Matahari-Warenhaus gesellen sich massenhaft internationale Kettenläden, Restaurants und ein Supermarkt.

ⓘ Praktische Informationen

GEFAHREN & ÄRGERNISSE

Die Straßen und Gassen sind normalerweise sicher, aber es gibt viele kleine Probleme, etwa Schlepper, Prostituierte und Viagra-Anbieter. Außerdem klingen bald die Ohren von den unablässigen Rufen „Massage?" und anderen dubiosen Angeboten. Das größte Ärgernis ist aber wohl der ständige Verkehrsstau. Auf S. 423 finden sich weitere Hinweise zur Sicherheit.

GELD

Geldautomaten sind praktisch überall zu finden. **Central Kuta Money Exchange** (Karte S. 54; ☎ 0361-762970; Jl. Raya Kuta; ⊙ 8–18 Uhr)

Vertrauenswürdige Wechselstube. Eine Filiale befindet sich in Legian (Karte S. 54; Jl. Melasti; ⊗8–22 Uhr), außerdem gibt es Schalter in einigen Circle-K-Lebensmittelläden.

INTERNETZUGANG

In den kleinen Gassen von Kuta und Legian gibt es zahlreiche Internetcafés; allerdings sind die Verbindungen und die Hardware oft ziemlich lahm. Die meisten Hotels und viele Cafés haben WLAN.

MEDIZINISCHE VERSORGUNG

Kimia Farma (Karte S. 54; ☎ 0361-755622; Jl. Pantai Kuta; ⊗ 24 Std.) Die Filiale der lokalen Apothekenkette ist gut sortiert und führt auch Dinge, die schwer zu bekommen sind, wie das Mittel gegen lästige Partygänger am Morgen: Ohrstöpsel. Weitere Zweigstellen gibt es in Tuban (Karte S. 61; ☎ 0361-757483; Jl. Raya Kuta 15; ⊗ 24 Std.) und Legian (Karte S. 54; Jl. Legian; ⊗ 24 Std.).

Legian Medical Clinic (Karte S. 54; ☎ 0361-758503; Jl. Benesari; ⊗ Rufbereitschaft 24 Std.) Hat eine Ambulanz und einen zahnärztlichen Dienst. Eine Konsultation bei einem Englisch sprechenden balinesischen Arzt kostet 500 000 Rp. Arztbesuche im Hotel können vereinbart werden.

NOTFALL

Polizeiwache (Karte S. 54; ☎ 0361-751598; Jl. Raya Kuta; ⊗ 24 Std.) Nach der Touristenpolizei fragen.

Touristenpolizeiwache (Karte S. 54; ☎ 0361-784 5988; Jl. Pantai Kuta; ⊗ 24 Std.) Dies ist eine Außenstelle der Hauptwache in Denpasar. Sie liegt direkt gegenüber dem Strand; mit ihrem Auftreten wirken die Beamten wie eine Art balinesisches *Baywatch*.

POST

Agenturen, die Post verschicken, sind weit verbreitet.

Hauptpost (Karte S. 54; Jl. Selamet; ⊗ Mo–Do 7–14, Fr 7–11, Sa 7–13 Uhr) Das kleine effiziente Postamt an einem Sträßchen östlich der Jalan Raya Kuta hat Erfahrung mit dem Verschicken großer Pakete ins Ausland.

TOURISTENINFORMATION

Es gibt keine offizielle Touristeninformation, die irgendwie von Nutzen wäre. Läden, die sich als „Touristinformationszentrum" anpreisen, sind normalerweise kommerzielle Reisebüros oder, schlimmer noch, Agenturen zur Vermittlung von „Ferienwohnungen mit Teilnutzungsrecht".

ⓘ An- & Weiterreise

BEMO

Bemos (Minibusse als Sammeltaxis) verkehren regelmäßig zwischen Kuta und dem Tegal-Terminal in Denpasar – der Fahrpreis beträgt etwa 8000 Rp. Die Route beginnt an der Jl. Raya Kuta kurz vor der Kreuzung mit Jl. Pantai Kuta, macht eine Schleife am Strand vorbei, verläuft dann auf der Jl. Melasti und zurück vorbei an Bemo Corner zur Rückfahrt nach Denpasar.

BUS

Für die öffentlichen Busse zu allen Zielen auf Bali müssen Reisende zuerst zum entsprechenden Terminal in Denpasar fahren. Für Touristen-Shuttles wird an den Straßen im großen Stil geworben.

Perama (Karte S. 54; ☎ 0361-751551; www.peramatour.com; Jl. Legian 39; ⊗ 7–22 Uhr) ist der wichtigste Shuttlebus-Betreiber vor Ort; für einen Aufschlag von 10 000 Rp werden die Fahrgäste vom Hotel abgeholt bzw. auch wieder dorthin hingebracht (das sollte bei der Buchung mit den Mitarbeitern vorab vereinbart werden).

Normalerweise gibt es täglich mindestens eine Busverbindung zu den angefahrenen Zielen, darunter touristische Hotspots wie Lovina (100 000 Rp, 4½ Std.), Padangbai (60 000 Rp, 3 Std.) und Ubud (50 000 Rp, 1½ Std.).

Trans-Sarbagita (Karte S. 54; Jl. Imam Bonjol; Gebühr 3500 Rp.; ⊗ 5–21 Uhr) Balis im Entstehen begriffener öffentlicher Busverkehr bedient derzeit zwei Routen, die auf dem zentralen Parkplatz direkt südlich der Istana Kuta Galleria aufeinandertreffen. Zu den angefahrenen Zielen gehören u. a. Denpasar, Sanur, Jimbaran und Nusa Dua.

ⓘ Unterwegs vor Ort

Das Anstrengendste am Unterwegssein in Südbali ist der Verkehr. Ansonsten ist die Bandbreite an Fortbewegungsmitteln groß: Man kann mit dem Taxi fahren, sich hinten aufs Motorrad setzen (das oft sogar mit einem Gestell fürs Surfbrett ausgestattet ist) oder ein Fahrrad mieten. In den Unterkunft bekommt man die nötigen Telefonnummern bzw. Adressen.

Eine der schönsten Arten, im Gebiet vorwärtszukommen, ist am Strand entlangzulaufen.

TAXI

Angesichts des Verkehrs kann eine Fahrt nach Seminyak mehr als 50 000 Rp kosten und länger als 30 Min. dauern; zu Fuß über den Strand geht es schneller.

Bluebird Taxi (☎ 0361-701111; www.bluebirdgroup.com) ist die beste Option.

ZUM/VOM FLUGHAFEN

Ein offizielles Taxi vom Airport kostet bis Tuban 35 000 Rp, nach Kuta 50 000 Rp und nach Legian 60 000 Rp. Für die Fahrt zum Flughafen empfiehlt sich aus Kostengründen ein Taxi mit Uhr.

Seminyak & Kerobokan

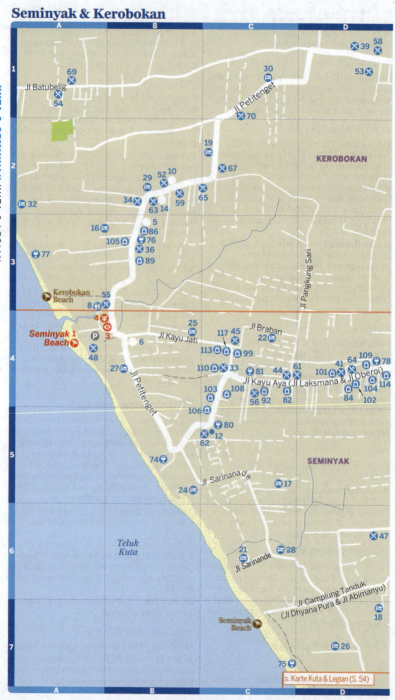

Seminyak

☏ 0361

Seminyak ist luxuriös, aufdringlich und wirkt ein wenig künstlich. Es ist außerdem der Lebensmittelpunkt großer Trupps von Ausländern, von denen viele Boutiquen besitzen oder Kleider entwerfen, surfen oder scheinbar gar keiner Arbeit nachgehen. Obwohl Seminyak direkt nördlich an Kuta und Legian angrenzt, wirkt es in vielerlei Hinsicht wie ein Ort auf einer völlig anderen Insel.

Seminyak ist aber auch sehr dynamisch, mit Dutzenden Restaurants und Clubs und einer Unmenge an Kreativläden und Galerien. Weltklasse-Hotels säumen den Strand – und was für einen Strand! Breit und sandig wie der in Kuta, aber deutlich weniger bevölkert.

Seminyak geht dann nahtlos in das weiter nördlich gelegene Kerobokan über – tatsächlich ist die genaue Grenzlinie zwischen beiden Orten genauso unklar wie die meisten anderen geografischen Details auf Bali. Die vielen Restaurants bieten hinsichtlich Stil und Preisklasse den Reisenden die größte Auswahl auf Bali. Natürlich gibt es exklusive Boutiquen, aber auch Werkstätten, die ihre Waren zu Großhandelspreisen verkaufen.

🏖 Strände

Kuta Beach geht übergangslos in den Strand von Legian und dann von Seminyak über. Weil er nur begrenzt über Straßen zugänglich ist, ist am Strand in Seminyak meist weniger los als in Kuta. Das bedeutet aber auch, dass die Strände weniger gut überwacht werden und die Wasserqualität seltener geprüft wird. Die Gefahr riskanter Brandungsrückströmungen ist immer gegeben, besonders in Richtung Norden.

★ **Seminyak Beach** STRAND

(Karte S. 78) Ein schöner Strandabschnitt findet sich unweit Pura Petitenget. Er ist normalerweise wenig bevölkert und hat reichlich Parkplätze. Der Strand ist oft Schauplatz religiöser Zeremonien, und er wird zum Surfen genutzt. Achtung! Der Wasserlauf nach Norden am Mano Café ist nach Regenfällen oft sehr unangenehm.

Insider bevorzugen den Strandabschnitt direkt südlich des Ku De Ta. Die Straßenhändler verkaufen hier kaltes Bier für weniger als die Hälfte dessen, was der Club

Seminyak & Kerobokan

Highlights
1. Seminyak Beach A4

Sehenswertes
2. Kerobokan Jail F1
3. Pura Masceti B4
4. Pura Petitenget A4

Aktivitäten, Kurse & Touren
5. Amo Beauty Spa B3
6. Bodyworks B4
7. Chill F6
8. Deluta Surf A3
9. Jari Menari E5
10. Jiwa Bikram Yoga B2
11. Prana F6
12. Sate Bali C5
13. Seminyak Language School F7
14. Spa Bonita B2
15. Sundari Day Spa E1

Schlafen
16. Buah Bali Villas A3
17. Casa Artista C5
18. Green Room D7
19. Guess House Hostel C2
20. Inada Losmen E6
21. Luna2 Studiotel C6
22. Mutiara Bali C4
23. Ned's Hide-Away E6
24. Oberoi B5
25. Pradha Villas B4
26. Raja Gardens D7
27. Samaya B4
28. Sarinande Beach Inn C6
29. Taman Ayu Cottage B2
30. Villa Bunga C1
31. Villa Karisa E6
32. W Retreat & Spa Bali – Seminyak A2

Essen
33. Bali Bakery C4
34. Bali Catering Co B2
35. Bali Deli F5
36. Biku B3
37. Bintang Supermarket F7
38. Buzz Cafe E5
39. Cafe Degan D1
40. Café Moka F5
   Café Seminyak ..... (s. 37)
41. Earth Cafe & Market D4
42. Fat Gajah E4
43. Fruit Market E1
44. Ginger Moon C4
45. Grocer & Grind C4
46. Gusto Gelato & Coffee F3
47. Kreol Kitchen D6
48. La Lucciola A4
49. L'Assiette F4
50. Mama San E4
51. Mannekepis F6
52. Merah Putih B2
53. Métis D1
54. Naughty Nuri's A1
55. Petitenget B3
56. Revolver C4
57. Rolling Fork F5
58. Sardine D1
59. Sarong B2
   Sate Bali ..... (s.12)

---

berechnet, aber der wummernde Soundtrack ist hier noch gut zu hören.

Um einen Dämmerschoppen zu genießen, bietet sich ein Strandabschnitt an, der sich vom Ende der Jalan Abimanyu nach Süden zur Jalan Arjuna in Legian erstreckt. Die Straßenhändler sind hier besonders freundlich, zum Sonnenuntergang kosten ein Liegestuhl und ein eiskaltes Bintang etwa 15 000 Rp. Ein **Strandweg** macht einen Spaziergang an diesem Abschnitt zum Kinderspiel, unterwegs stehen verschiedene Strandbars zur Auswahl.

Sehenswertes

Pura Petitenget   HINDUTEMPEL
(Karte S. 78; Jl. Pantai Kaya Aya) Nördlich der Hotels an der Jalan Pantai Kaya Aya und gegenüber vom Strand steht Pura Petitenget, ein bedeutender Tempel, an dem viele religiöse Zeremonien abgehalten werden. Er gehört zu einer Kette von Meerestempeln, die sich vom Pura Luhur Ulu Watu auf der Halbinsel Bukit nach Norden bis Pura Tanah Lot in Westbali zieht. Petitenget heißt „magischer Kasten"; es ist der liebevoll gehütete Besitz des legendären Priesters Nirartha aus dem 16. Jh., der die balinesische Religion weiterentwickelt hat und diesen Ort häufig aufsuchte.

Der Tempel ist berühmt für seine Jahresfeiern im balinesischen 210-Tage-Kalender. Die nächsten anstehenden Daten sind u. a. der 2. September 2015 sowie der 30. März und der 26. Oktober 2016.

Auf demselben Gelände befindet sich **Pura Masceti** (Karte S. 78), ein den Sorgen der Landwirte geweihter Tempel, in dem Bauern um das Ende einer Rattenplage beten, während umsichtige Bauunternehmer mit Opfergaben um Vergebung bitten, bevor sie eine weitere Villa in die Reisfelder setzen.

60	Taco Beach		F5
61	Ultimo		D4
62	Wacko Burger		C5
63	Waroeng Bonita		B2
64	Warung Aneka Rasa		D4
65	Warung Eny		C2
66	Warung Ibu Made		E4
67	Warung Kolega		C2
68	Warung Mimpi		E6
69	Warung Sobat		A1
70	Warung Sulawesi		C1
71	Warung Taman Bambu		F6

Ausgehen & Nachtleben

72	Bali Jo	E6
73	Dix Club	E6
74	Ku De Ta	B5
75	La Plancha	C7
76	Mantra	B3
77	Potato Head	A3
78	Red Carpet Champagne Bar	D4
79	Ryoshi Seminyak House of Jazz	F7
80	Townhouse	C5
81	Zappaz	C4

Shoppen

82	Animale		C4
83	Animale Outlet		F7
	Ashitaba	(s. 116)	
84	Bamboo Blonde		D4
85	Bambooku		E2
86	Bathe		B3
87	Biasa		F6
	Biasa Art Space	(s. 87)	
88	Blue Glue		F7
	Blue Glue Outlet	(s. 116)	
89	Carga		B3
90	Dinda Rella		F6
91	Divine Diva		E4
92	Drifter		C4
	Ganesha Bookshop	(s. 36)	
93	Hobo		E3
94	Indivie		F6
95	JJ Bali Button		E1
96	Karma Koma		E4
97	Kemarin Hari Ini		E4
98	Kendra Gallery		E5
99	Kody & Ko		C4
100	Le Toko		F5
101	Lily Jean		D4
102	Lulu Yasmine		D4
103	Milo's		C4
104	Mist		D4
105	Namu		B3
106	Niconico		C5
107	Nôblis		F3
108	O'Neill		C4
109	Paul Ropp		D4
110	Periplus Bookshop		C4
111	Pourquoi Pas		F4
112	Sabbatha		E5
113	Samantha Robinson		C4
114	St Isador		D4
115	Theater Art Gallery		E6
116	Vivacqua		F5
117	White Peacock		C4
118	You Like Lamp		F3

Aktivitäten

Massagen & Spas

Die Spas in Seminyak (und die in Kerobokan) zählen zu den besten auf Bali und bieten eine riesige Palette an Behandlungen, Therapien und sonstigen Annehmlichkeiten.

★ Jari Menari SPA

(Karte S. 78; ☎ 0361-736740; www.jarimenari.com; Jl. Raya Basangkasa 47; Behandlungen ab 350 000 Rp; ⊙ 9–21 Uhr) Jari Menari wird seinem Namen gerecht – er bedeutet „tanzende Finger": Der Körper wird zu einer einzigen glücklichen Tanzfläche. Das durchweg männliche Personal setzt ausgeprägt rhythmische Massagetechniken ein.

Prana SPA

(Karte S. 78; ☎ 0361-730840; www.pranaspabali.com; Jl. Kunti 118X; Massagen ab 450 000 Rp; ⊙ 10–22 Uhr) Als palastartige maurisch-indische Fantasie kommt das wohl am prächtigsten eingerichtete und nach eigenen Aussagen größte Spa auf Bali daher.

Prana bietet alles von einstündigen einfachen Massagen bis hin zu Gesichtspflege und diversen Schönheitsbehandlungen. Nach einigen Ayurveda-Anwendungen fühlt man sich innerlich wie geläutert.

Bodyworks SPA

(Karte S. 78; ☎ 0361-733317; www.bodyworksbali.com; Jl. Kayu Jati 2; Massagen ab 260 000 Rp; ⊙ 9–22 Uhr) Wachsbehandlung, die Haare frisieren, die Wehwehchen aus den Gelenken reiben – all das und mehr steht auf der Karte dieses äußerst populären Spa im Herzen von Seminyak.

Chill SPA

(Karte S. 78; ☎ 0361-734701; www.chillreflexology.com; Jl. Kunti; Behandlungen ab 225 000 Rp; ⊙ 10–22 Uhr) Der Name sagt alles: Dieser

> ### ℹ SEMINYAKS GEWUNDENES RÜCKGRAT
>
> Das Herz von Seminyak schlägt entlang der gewundenen Jalan Kayu Aya (alias Jl. Oberoi/Jl. Laksmana). Sie führt von der belebten Jalan Basangkasa in Richtung Strand und biegt dann nach Norden ab, um als Jalan Petitenget einen Teil von Seminyak zu durchqueren. Unzählige Restaurants, hochpreisige Boutiquen und zahlreiche Hotels säumen die Straße, während sie sich durch Seminyak und weiter nach Kerobokan hinein schlängelt.
>
> Die Straße galt lange als Alptraum für Fußgänger; inzwischen sind Gehwege angelegt worden, sodass Schaufensterbummel und ein Spaziergang von Café zu Café nun entspannter möglich sind. Jetzt sind es die im Verkehr feststeckenden Autofahrer, die vor Zorn rauchen …

Zen-Ort hat sich der Reflexzonenmassage verschrieben; zu den besonderen Angeboten zählt eine Ganzkörperdruckpunktmassage.

Andere Aktivitäten

★ Sate Bali KOCHKURS
(Karte S. 78; ☎ 0361-736734; Jl. Kayu Aya 22; Kurse ab 375 000 Rp; ⊗ 9.30–13.30 Uhr) Sate Bali veranstaltet einen ausgezeichneten balinesischen Kochkurs unter Leitung des renommierten Küchenchefs Nyoman Sudiyasa. Die Schüler lernen, balinesische Gewürzmischungen und Sambals herzustellen, die dann in Enten-, Fisch- und Schweinefleischgerichte zum Einsatz kommen. Die gekochten Gerichte werden anschließend gemeinsam verzehrt.

Deluta Surf SURFEN
(Karte S. 78; Jl. Petitenget 40x; Surfboardmiete ab 100 000 Rp pro Tag; ⊗ 9–19 Uhr) Der Laden unweit von Seminyak Beach verleiht Boards und Surfausrüstung.

🛌 Schlafen

Seminyak hat ein breites Angebot an Unterkünften, von Weltklasse-Resorts bis hin zu bescheidenen Hotels. Hier beginnt auch das sogenannte Villenland, das sich nordwärts durch immer weniger werdende Reisfelder zieht. Für viele ist die eigene Privatvilla mit Pool der wahr gewordene Urlaubstraum.

Achtung! Überall im Süden sind Kettenhotels der Mittelklasse wie Pilze aus dem Boden geschossen. Viele versuchen ihre Attraktivität dadurch zu erhöhen, dass sie ihrem Namen den Zusatz Seminyak verpassen, selbst wenn sie im weit entfernten Denpasar stehen (s. Kasten S. 427)!

🛌 Jalan Camplung Tanduk & Umgebung

★ Ned's Hide-Away GUESTHOUSE $
(Karte S. 78; ☎ 0361-731270; nedshide@dps.centrin.net.id; Gang Bima 3; Zi. mit Ventilator/Klimaanlage ab 150 000/200 000 Rp; ❄🛜) Die Familie Ned ist einfach bezaubernd. Hinter dem Bintang-Supermarkt findet man 16 einfache Zimmer mit gutem Preis-Leistungs-Verhältnis. Ein neuerer Anbau bietet einige extragünstige, aber auch gehobene Zimmer.

Green Room GUESTHOUSE $
(Karte S. 78; ☎ 0361-738894; www.thegreenroombali.com; Gang Puri Kubu 63B; Zi. 40–80 US$; ❄🛜🏊) Von den Hängematten bis zum Bananenstaudenmotiv lässt das Green Room an *Robinson Crusoe* denken. Die Gäste können auf Liegen rund um den kleinen Pool entspannen oder im offenen *bale* (Pavillon) chillen. Einige Zimmer (die günstigsten haben nur einen Ventilator) in einem zweistöckigen Gebäude sind mit Dschungelmotiven ausgeschmückt. Zum Strand sind es 400 m.

Inada Losmen GUESTHOUSE $
(Karte S. 78; ☎ 0361-732269; putuinada@hotmail.com; Gang Bima 9; EZ/DZ ab 130 000/150 000 Rp) Das günstige Guesthouse liegt versteckt in einer Gasse hinter dem Bintang-Supermarkt nur wenige Schritte von Clubs, Strand und anderen Vergnügen entfernt. Die zwölf Zimmer sind klein und recht dunkel.

Raja Gardens GUESTHOUSE $$
(Karte S. 78; ☎ 0361-730494; jdw@eksadata.com; nahe Jl. Camplung Tanduk; Zi. mit Ventilator/Klimaanlage ab 400 000/600 000 Rp; ❄🛜🏊) Die Gäste des ruhigen Hauses in Strandnähe können das weitläufige, grasbewachsene Gelände genießen. Die neun Zimmer sind recht spartanisch eingerichtet, aber es gibt Open-Air-Bäder und reichlich Topfpflanzen.

Villa Karisa HOTEL $$
(Karte S. 78; ☎ 0361-739395; www.villakarisabali.com; Jl. Drupadi 100X; Zi. 85–140 US$; ❄🛜🏊) Der Aufenthalt erinnert an einen Besuch bei netten Freunden, wie man sie gern auf Bali hätte. Das große Hotel im Villenstil

liegt ideal in einer kleinen Gasse unweit der belebten Jalan Drupadi. Die Zimmer sind mit Antiquitäten möbliert und bieten viele Annehmlichkeiten. Die Gäste treffen sich im Gemeinschaftsraum oder am 12-m-Pool. Das Shiva-Zimmer ist im alten javanischen Stil eingerichtet.

Sarinande Beach Inn HOTEL $$
(Karte S. 78; 0361-730383; www.sarinandehotel. com; Jl. Sarinande 15; Zi. 450 000–650 000 Rp; ✱@ᾱ≋) Ausgezeichnetes Preis-Leistungs-Verhältnis: Die 26 Zimmer liegen in älteren, zweigeschossigen Gebäuden rund um einen kleinen Pool. Die Ausstattung ist zwar ein bisschen altmodisch, aber in gutem Zustand. Zu den Annehmlichkeiten zählen Kühlschrank, Satelliten-TV, DVD-Spieler und ein Café. Der Strand liegt nur drei Gehminuten entfernt.

Luna2 Studiotel BOUTIQUEHOTEL $$$
(Karte S. 78; 0361-730402; www.luna2.com; Jl. Sarinande 20; Zi. 220–450 US$; ✱ᾱ≋) Ist es Mondrian? Ist es Roy Lichtenstein? Es ist schwer zu sagen, welche modernen Künstler die Inspiration für dieses spektakuläre Hotel lieferten, das erst 2013 eröffnet wurde. Das Ergebnis ist auf jeden Fall verblüffend. Die 14 spektakulär gestalteten Studio-Apartments verfügen über Küchen, technische Spielereien, Balkone und Zugang zur Dachterrassenbar namens Space. Passend dazu gibt es den 25 m langen *Mondrian-ic*-Pool und die Pop! Lounge.

Ein Lunaplex-Kino mit 16 Plätzen zeigt Filme, darunter Kubrick-Klassiker mit Sets, die wie das Hotel aussehen.

Jalan Kayu Aya & Umgebung

Neue Resorts tauchen am Strand in Seminyak und Kerobokan auf. Eines der am meisten beachteten ist das Alila Seminyak in der Nähe von Pura Petitenget, das 2015 eröffnet werden soll.

Mutiara Bali HOTEL $$
(Karte S. 78; 0361-734966; www.mutiarabali. com; Jl. Braban 77; Zi. 70–140 US$, Villa ab 250 US$; ✱@ᾱ≋) Obwohl das Haus versteckt an einer kleinen Straße hinter der Jalan Kayu Aya steht, wohnt man im Mutiara in der Nähe guter Restaurants (200 m) und des Strands (800 m). Das Hotel hat 29 gut geschnittene und hübsch eingerichtete Zimmer in einem zweistöckigen Gebäude rund um einen mit Frangipani geschmückten Poolbereich. Dazu kommen 17 separate Villen.

★ Oberoi HOTEL $$$
(Karte S. 78; 0361-730361; www.oberoihotels. com; Jl. Kayu Aya; Zi. ab 300 US$, Villa ab 550 US$; ✱@ᾱ≋) Das wunderbar unaufdringliche Oberoi bietet seit 1971 in Strandnähe einen Rückzugsort in raffiniertem balinesischen Stil. Sämtliche Unterkünfte haben eigene Veranden, und wer es sich leisten kann, genießt Extras wie eine ummauerte Villa, Meerblick und eigenen Pool. Alles vom Café mit Blick über den quasi hauseigenen Strandabschnitt bis zu den zahlreichen Luxusdetails lädt zum Verweilen ein.

★ Samaya VILLA $$$
(Karte S. 78; 0361-731149; www.thesamayabali. com; Jl. Kayu Aya; Villa ab 450 US$; ✱@ᾱ≋) Zurückhaltend, aber kultiviert: Das Samaya ist in Südbali eine der besten Unterkünfte direkt am Strand. Es vermietet 30 Villen in einem luxuriös-modernen Stil, jede mit eigenem Pool.

Das „Royal Compound" auf der anderen Straßenseite bietet Platz für noch größere Wohneinheiten. Das Essen ist, vom Frühstück bis zum Abendessen, hervorragend.

Pradha Villas VILLA $$$
(Karte S. 78; 0361-735446; www.pradhavillas. com; Jl. Kayu Jati 5; Villa 250–500 US$; ✱ᾱ≋) Die elf Villen liegen nur wenige Gehminuten von einigen der besten Restaurants und vom Strand entfernt. Die Einheiten variieren in der Größe, jede hat aber einen eigenen ummauerten Bereich mit einem Pool. Whirlpools sorgen für romantische Stimmung, nach dem Aufwachen wartet ein Frühstück, das die liebenswürdigen Mitarbeiter genau nach Wunsch zubereiten.

Casa Artista GUESTHOUSE $$$
(Karte S. 78; 0361-736749; www.casaartistabali. com; Jl. Sari Dewi; Zi. 135–200 US$; ✱ᾱ≋) In diesem kultivierten Guesthouse kann man buchstäblich vor Freude tanzen, denn der Besitzer, ein professioneller Tangotänzer, gibt selbst Unterricht. Die zehn kompakten Zimmer mit Namen wie „Leidenschaft" und „Inspiration" sind in einem eleganten zweistöckigen Haus an einem Pool untergebracht. In einigen hängen Kristallkronleuchter.

Essen

Die Restaurantszene in Seminyak konzentriert sich auf die Jalan Kayu Aya, darüber hinaus gibt es praktisch überall Lokale für jeden Geldbeutel. Manche Restaurants verwandeln sich im Verlauf des Abends in Clubs. Umgekehrt bieten einige Bars und Clubs auch sehr gutes Essen.

Abgesehen davon ist man in Seminyak nie weit von einem erstklassigen Kaffee entfernt, denn der Ort besitzt eine blühende Café-Kultur.

🍴 Jalan Camplung Tanduk & Umgebung

Warung Mimpi INDONESISCH $
(Karte S. 78; ☎ 0361-732738; Jl. Camplung Tanduk; Mahlzeiten ab 40 000 Rp; ⊙ 8–22 Uhr) Ein entzückender kleiner Warung mit offener Front inmitten des turbulenten Nachtlebens. Ein reizendes Ehepaar kocht die indonesischen Klassiker einfach, aber gut. Alles wird frisch und lecker zubereitet.

Kreol Kitchen MODERNE AUSTRALISCHE KÜCHE $$
(Karte S. 78; ☎ 0361-738514; www.kreolkitchen.com; Jl. Drupadi 56; Hauptgerichte ab 50 000 Rp; ⊙ Mo–Sa 8–22 Uhr) Die modernen australischen Gerichte werden hier mit balinesischen Zutaten gekocht. Es handelt sich um eine Mischung aus asiatischen und westlichen Geschmacksrichtungen mit Tages- und Saisonspezialitäten. Die Dim Sum im Melbourne-Stil sind ebenso wie die herzhaften Pasteten und die südasiatischen Hauptgerichte ein Hit. Das Lokal ist liebevoll im Retro-Stil eingerichtet.

🍴 Jalan Raya Seminyak & Jalan Basangkasa

★ Buzz Cafe CAFÉ $
(Karte S. 78; ☎ 0818 350 444; Jl. Raya Seminyak 99; Hauptgerichte ab 30 000 Rp; ⊙ 7–22 Uhr; 🛜) Bei diesem gut besuchten Café ist der Name Programm. Es steht hinter Bäumen (in Seminyak sonst nur selten zu finden) dort, wo die Jalan Kunti in die Jalan Raya Seminyak mündet. Dank der offenen Front kann man vorbeiflanierende Bekannte bequem hereinwinken. Das Erfrischungsgetränk der Wahl ist Green Hornet: ein erfrischender Mix aus Zitrone, Limette und Minze.

Warung Taman Bambu BALINESISCH $
(Karte S. 78; ☎ 0361-888 1567; Jl. Plawa 10; Hauptgerichte ab 20 000 Rp; ⊙ 9–22 Uhr; 🛜) Auf dem Weg zum hübschen Garten hinterm Haus lenkt das Arrangement an leckerem Essen (im vorderen Teil) schon ziemlich ab. Der klassische Warung erscheint von der Straße aus schlicht, aber die gemütlichen Tische

---

VERWIRRENDE STRASSENNAMEN

Eine kleine Gasse wird hier *gang* genannt, und die meisten dieser Gassen auf Bali besitzen kein Straßenschild und oft nicht einmal einen Namen. Andere werden mit dem Namen einer angrenzenden Straße bezeichnet, Jalan Padma Utara ist z. B. die Gasse, die von der Jalan Padma nach Norden führt. Gleichzeitig haben einige Straßen in Kuta, Legian und Seminyak mehr als einen Namen. Viele Straßen sind inoffiziell nach einen bekannten Tempel und/oder Firmensitz benannt. In den letzten Jahren wurde versucht, den Straßen offizielle – und meist typisch balinesische – Namen zu geben. Aber die alten inoffiziellen Namen, von denen einige Straßen sogar mehrere haben, sind noch allgemein verbreitet.

Im Folgenden sind die alten (inoffiziellen) und neuen (offiziellen) Namen von Norden nach Süden aufgelistet:

ALT (INOFFIZIELL)	AKTUELL (OFFIZIELL)
Jl. Oberoi/Jl. Laksmana	Jl. Kayu Aya
Jl. Raya Seminyak	Nördlicher Abschnitt: Jl. Basangkasa
Jl. Dhyana Pura/Jl. Abimanyu	Jl. Camplung Tanduk
Jl. Double Six	Jl. Arjuna
Jl. Pura Bagus Taruna	Jl. Werkudara
Jl. Padma	Jl. Yudistra
Poppies Gang II	Jl. Batu Bolong
Jl. Pantai Kuta	Jl. Pantai Banjar Pande Mas
Jl. Kartika Plaza	Jl. Dewi Sartika
Jl. Segara	Jl. Jenggala
Jl. Satria	Jl. Kediri

und die frischen, würzigen Gerichte sorgen dafür, dass er besser als der Durchschnitt ist. Gleich nebenan gibt es einen kleinen Stand mit *babi guling* (Spanferkel).

Warung Ibu Made INDONESISCH $
(Karte S. 78; Jl. Basangkasa; Mahlzeiten ab 12 000 Rp; ⏲7-19 Uhr) An dieser belebten Ecke der Jalan Raya Seminyak sind die Woks mitten im Getümmel fast pausenlos im Einsatz. Im Schatten eines riesigen Banyanbaums wird an mehreren Ständen frisches Essen zubereitet.

Café Moka CAFÉ $
(Karte S. 78; ☎0361-731424; www.cafemoka bali.com; Jl. Basangkasa; Backwaren 15 000 bis 30 000 Rp; ⏲7-22 Uhr; ✲) In der beliebten Bäckerei mit angeschlossenem Café können die Gäste Backwaren im französischen Stil (sogar frisches Baguette!) genießen. Viele Gäste entfliehen der Hitze und vertreiben sich hier stundenlang bei kleinen französischen Leckereien die Zeit. Auf dem Schwarzen Brett finden sich Mietangebote für Villen.

Café Seminyak CAFÉ $
(Karte S. 78; ☎0361-736967; Jl. Raya Seminyak 17; Mahlzeiten ab 40 000 Rp; ⏲7-22 Uhr) Direkt vor dem Bintang-Supermarkt bietet der lässige Laden ausgezeichnete Smoothies und Sandwiches aus frisch gebackenem Brot.

Bintang Supermarkt SUPERMARKT $
(Karte S. 78; ☎0361-730552; Jl. Raya Seminyak 17; ⏲8-22 Uhr) Im großen Supermarkt ist immer viel los. Besonders beliebt ist der Lebensmittelladen bei den ortsansässigen Ausländern, die die breite Auswahl an Lebensmitteln, darunter gutes Obst und Gemüse, zu schätzen wissen. Sonnencreme, Insektensprays und diverses andere wichtige Utensilien können hier günstig erstanden werden.

Mama San FUSION-KÜCHE $$
(Karte S. 78; ☎0361-730436; www.mamasan bali.com; Jl. Raya Kerobokan 135; Hauptgerichte 80 000-200 000 Rp; ⏲12-23 Uhr) In der zweiten Etage des lebhaften Restaurants im Lagerhaus-Design ist richtig was los. Eine lange Cocktail-Karte liefert flüssigen Balsam für die Seele und listet viele tropische Aromen auf. Die Speisekarte legt ihren Schwerpunkt auf kleine Gerichte aus ganz Südostasien.

Rolling Fork ITALIENISCH $$
(Karte S. 78; ☎0361-733 9633; Jl. Kunti; Hauptgerichte ab 60 000 Rp; ⏲8-22 Uhr) Die winzige Trattoria im Gnocchi-Format serviert ausgezeichnete italienische Küche. Zum Frühstück gibt es fantastische Backwaren und einen ausgezeichneten Kaffee. Mittags und abends kommen authentische Pastagerichte, Salate, Fisch und Meeresfrüchte auf den Tisch. Der Speisesaal im Freien besitzt einen entzückenden Retro-Charme.

Fat Gajah ASIATISCH $$
(Karte S. 78; ☎0361-868 8212; www.fatgajah. com; Jl. Basangkasa 21; Hauptgerichte 50 000 bis 80 000 Rp; ⏲8.30-23 Uhr) Nudeln und Teigtaschen sehen selten so gut aus wie hier. Das nach vorne offene Restaurant hat eine schattige Terrasse, drinnen sorgen Spiegel und dunkles Holz für eine altmodische Kolonialatmosphäre. Die Gerichte werden aus biologischen Zutaten zubereitet; die Teigtaschen gibt es gebraten oder gedämpft.

Mannekepis BELGISCH $$
(Karte S. 78; ☎0361-847 5784; www.manne kepis-bistro.com; Jl. Raya Seminyak 2; Hauptgerichte 50 000-150 000 Rp; ⏲12-23 Uhr; 🛜) Das Brüsseler Wahrzeichen im Kleinformat geht vor diesem belgischen Bistro pausenlos seiner Lieblingsbeschäftigung nach. Irgendwann muss jeder mal den Blick von den Fischen, die im Aquarium herumschwimmen, abwenden und die Auswahl an ausgezeichneten Steaks begutachten, die alle mit spitzenmäßigen Pommes frites serviert werden. Auf der Terrasse im Obergeschoss sitzt man weitab vom Tollhaus Straße. An vielen Abenden werden Jazz und Blues gespielt.

Taco Beach MEXIKANISCH $$
(Karte S. 78; ☎0361-854 6262; www.tacobeachgrill. com; Jl. Kunti 6; Hauptgerichte 40 000-60 000 Rp; ⏲9-23 Uhr; 🛜) Das entspannte Café mit offener Front ist so munter wie eine mit Chili gewürzte Salsa und berühmt für seine *Babi-guling*-Tacos. Offensichtlich ist es eine gute Idee, das Spanferkel mit mexikanischen Aromen zu würzen. Auf der Karte finden sich mexikanische Standardgerichte sowie gute Säfte, Smoothies und Margaritas. Die Gerichte werden auch geliefert.

Bali Deli SELBSTVERSORGER $$
(Karte S. 78; ☎0361-738686; Jl. Kunti 117X; ⏲7 bis 22 Uhr) Die Feinkosttheke des Markts unweit der Jalan Sunset quillt über von importiertem Käse, Fleisch- und Backwaren. Hier kann man überdurchschnittlich gute Weine erwerben, um sie entweder auf der Terrasse der eigenen Villa zu genießen oder sie zu einem Picknick mitzunehmen.

Jalan Kayu Aya

Manche bezeichnen diesen Straßenabschnitt mit seinen zahllosen Restaurants fantasielos als „Fressgasse". Wer noch unentschieden ist, wonach ihm der Sinn steht, wird hier sicher fündig.

★ Revolver   CAFÉ $
(Karte S. 78; nahe Jl. Kayu Aya; Snacks ab 20 000 Rp; 7–18 Uhr;) Man geht eine enge Gasse hinunter, schiebt sich durch schmale Holztüren und hat die Kaffeebar im Streichholzschachtelformat gefunden, von der viele sagen, sie koche den besten Java-Kaffee östlich von Java. In dem kreativ im Retrostil eingerichteten Raum gibt es nur wenige Tische – am besten schnappt man sich einen und genießt leckere, frisch zubereitete Happen zum Frühstück oder Mittagessen.

Warung Aneka Rasa   INDONESISCH $
(Karte S. 78; Jl. Kayu Aya; Mahlzeiten ab 20 000 Rp; 8–22 Uhr) Zeit der Entscheidung: einen langweiligen salzigen Snack aus dem allgegenwärtigen Cirkle K holen oder in diesen lokalen Warung gehen und ein paar indonesische Snacks probieren? Letzteres empfiehlt sich: Nussige, pikante und feurig-scharfe Gaumenfreuden werden in dem einladenden Café ebenso verkauft wie alle Arten lokaler Klassiker.

★ Petitenget   FRANZÖSISCH, ASIATISCH $$
(Karte S. 78; 0361-473 3054; www.petitenget.net; Jl. Petitenget 40; Frühstück Hauptgerichte 30 000–70 000 Rp, mittags & abends Hauptgerichte 50 000–200 000 Rp; 7–22.30 Uhr;) Wenn es nicht so heiß wäre, könnte man sich glatt in Paris wähnen. Sanfte Jazzklassiker erklingen in diesem ansprechenden Bistro, das eine entspannte Terrasse und Bar mit einem formelleren Speisesaal kombiniert. Die Karte bietet saisonale Spezialitäten sowie europäische und asiatische Gerichte. Alles ist kunstvoll zubereitet; es gibt außerdem eine lustige kleine Kinderkarte.

★ Earth Cafe & Market   CAFÉ $$
(Karte S. 78; 0361-732805; www.earthcafebali.com; Jl. Kayu Aya; Hauptgerichte ab 40 000 Rp; 7–23 Uhr;) Die guten Vibes in diesem vegetarischen Café und Laden mitten im gehobenen Einkaufsviertel von Seminyak entspringen der biologisch-dynamischen Grundhaltung seiner Besitzer.

Kreative Salate, Sandwiches oder vegane Vollkornleckereien stehen zur Auswahl. Die Getränkekarte bietet frische Säfte mit sehr wohl ernst gemeinten Namen wie „Knochenkraft", „Magenstärker" und „Party-Entgifter".

Sate Bali   INDONESISCH $$
(Karte S. 78; 0361-736734; Jl. Kayu Aya; Mahlzeiten ab 100 000 Rp; 11–22 Uhr) Hier hilft nur, die Lage an der Einkaufsmeile zu ignorieren und die traditionellen balinesischen Gerichte zu genießen. Geführt wird das kleine Café von Küchenchef Nyoman Sudiyasa, der auch eine Kochschule betreibt. Die mehrgängige *rijsttafel* ist eine Symphonie an Geschmacksrichtungen.

Ginger Moon   ASIATISCH $$
(Karte S. 78; 0361-734533; www.gingermoonbali.com; Jl. Kayu Aya 7; Hauptgerichte 70 000 bis 160 000 Rp; 11–24 Uhr;) Der Australier Dean Keddell gehörte zu einer ganzen Zahl junger Köche, die nach Bali engagiert wurden, um hier Restaurants aufzubauen.

Seine Schöpfung ist ein sehr ansprechendes, luftiges Lokal mit Klimaanlage, Holzschnitzereien und Palmen. Auf der Speisekarte steht eine Art „Best of"-Liste indonesischer und balinesischer Klassiker. Sie werden in Portionen serviert, die zum Teilen und Probieren einladen.

Wacko Burger   BURGER $$
(Karte S. 78; 0361-739178; www.wackoburger.com; Jl. Kayu Aya; Hauptgerichte ab 50 000 Rp; 12–21.30 Uhr) Es ist, als sei man gestorben und in einem kulinarischen Paradies gelandet. Die Burger in diesem Laden werden von den Gästen heiß geliebt, ebenso die Zwiebelringe, Pommes frites, Shakes und anderen Köstlichkeiten. Dazu stehen verschiedenste Saucen und würzige Zutaten zur Auswahl.

Das Lokal liegt zurückgesetzt von der Straße in einer mit kitschiger Kunst gefüllten Einkaufsmeile.

Grocer & Grind   CAFÉ $$
(Karte S. 78; 0361-730418; www.grocerandgrind.com; Jl. Kayu Jati 3X; Hauptgerichte ab 40 000 Rp; 7–22 Uhr;) Auf den ersten Blick könnte man meinen, man säße in einem schicken Café in Sydney, aber wer sich umsieht, entdeckt unmissverständlich Bali, allerdings von einer seiner trendigsten Seiten. Klassische Sandwiches, Salate und Frühstücksvarianten sind in dieser schnell expandierenden lokalen Restaurantkette sehr beliebt. Die Gäste können im Freien oder an einem Tisch in der klimatisierten Feinkostabteilung essen.

Bali Bakery CAFÉ $$
(Karte S. 78; ☎ 0361-738033; www.balibakery.com; Jl. Kayu Aya; Hauptgerichte ab 40 000 Rp; ⊙ 7.30 bis 22.30 Uhr; ⊛) Das Beste in der modischen Open-Air-Mall am Seminyak Square sind die schattigen Tische der Bäckerei und die lange, umfangreiche Karte mit verlockenden Backwaren, Salaten, Sandwiches und anderen Köstlichkeiten.

Ultimo ITALIENISCH $$
(Karte S. 78; ☎ 0361-738720; www.balinesia.co.id; Jl. Kayu Aya 104; Mahlzeiten 60 000–220 000 Rp; ⊙ 11–23 Uhr) Das riesige, immer gut gefüllte Restaurant liegt in einem Viertel von Seminyak, in dem es von Lokalen nur so wimmelt. Tische stehen mit Blick auf den Straßentrubel, hinten in einem der Gärten oder drinnen. Nach dieser Entscheidung können die Gäste die überraschend authentische Speisekarte studieren und dann dem Heer von Kellnern das Servieren überlassen.

La Lucciola FUSION $$$
(Karte S. 78; ☎ 0361-730838; Jl. Petitenget; Hauptgerichte 120 000–400 000 Rp; ⊙ 9–22 Uhr) Von den Tischen im ersten Stock des schicken Strandrestaurants hat man einen schönen Blick auf die Rasenfläche, den Sand und die Brandung. Die Bar lockt viele Sonnenuntergangsliebhaber an, die meisten bleiben anschließend zum Abendessen. Die Speisekarte präsentiert einen kreativen Mix internationaler Gerichte mit Tendenz zum Italienischen.

🍷 Ausgehen & Nachtleben

So wie der Blick gegen 2 Uhr morgens allmählich verschwimmt, verwischt sich in Seminyak auch der Unterschied zwischen Restaurant, Bar und Club. Zwar fehlen echte Hardcore-Clubs, in denen man den Morgen begrüßen kann (oder umgekehrt), doch die Unentwegten können zu fortgeschrittener Stunde weiter Richtung Süden in die Ausläufer von Kuta und Legian ziehen. Im Mannekepis (S. 85) ist manchmal Live-Jazz zu hören. Zahlreiche Bars, die bei Schwulen wie Heteros beliebt sind, säumen die Jalan Camplung Tanduk. Allerdings beschweren sich die Anwohner, wenn es zu laut wird.

🍸 Jalan Camplung Tanduk & Umgebung

★ La Plancha BAR
(Karte S. 78; ☎ 0361-730603; nahe Jl. Camplung Tanduk; ⊙ 8–24 Uhr) Die ansehnlichste unter

> **SONNENUNTERGÄNGE IN SEMINYAK**
>
> Dort, wo die Jalan Camplung Tanduk am Strand endet, haben Gäste die Wahl: Links, wo sich schlichte bis schicke Strandbars aneinanderreihen, trifft man auf sandige Ausgelassenheit. Rechts geht es zu den angesagten Beachclubs wie dem Ku De Ta oder zu fröhlichen fliegenden Händlern, die billiges Bintang, einen Plastikstuhl und oft auch schlechte Gitarrenmusik anzubieten haben.

den Strandbars am Strandweg südlich der Jalan Camplung Tanduk besitzt ihren Anteil an den allgegenwärtigen leuchtend bunten Sonnenschirmen und Sitzsäcken im Sand plus eine Karte mit spanisch angehauchten Häppchen.

Nach Sonnenuntergang legen hier die DJs auf, außerdem werden besondere Veranstaltungen wie Strandpartys, Surferfilme u. v. m. organisiert.

★ Bali Jo BAR
(Karte S. 78; ☎ 0361-847 5771; www.balijoebar.com; Jl. Camplung Tanduk; ⊙ 15–3 Uhr; ⊛) Einfach Spaß haben – allerdings mit falschen Brüsten … Drag Queens rocken das Haus, die Massen überschwemmen die Straße und die ganze Nachbarschaft mit Songs, die bis 23 Uhr laut aufgedreht werden. Im überraschend intimen Laden kann man gut abhängen und die lange Cocktailkarte durchprobieren.

Ryoshi Seminyak House of Jazz BAR
(Karte S. 78; ☎ 0361-731152; Jl. Raya Seminyak 17; ⊙ Musik Mo, Mi & Fr ab 20 Uhr) Der Seminyak-Ableger der lokalen japanischen Restaurantkette bietet an drei Abenden pro Woche Livejazz auf einer kleinen Bühne unter einem traditionellen Strohdach. Hier treten echte Talente auf, aus Bali und anderen Teilen der Welt.

Dix Club SCHWULENCLUB
(Karte S. 78; ☎ 0878 6568 6615; Jl. Camplung Tanduk; ⊙ 15–3 Uhr) Die eher kleine Bar mit einem treuen, gemischten Stammpublikum ist der Inbegriff an Geselligkeit. Das kulturelle Rahmenprogramm kann sich sehen lassen: Regelmäßig gibt es Livevarieté und Kleinkunstdarbietungen. Die größte Gefahr sind hier die Kitzelattacken durch herumfliegende Federboas.

Jalan Kayu Aya

Red Carpet Champagne Bar BAR
(Karte S. 78; ☎ 0361-737889; www.redcarpet champagnebar.com; Jl. Kayu Aya 42; ☺ ab 11 Uhr) Mehr als 200 Sorten Champagner stehen in dieser übertrieben glamourösen Bar an der Modemeile von Seminyak zur Auswahl. Hier kann man über den roten Teppich tänzeln und ein paar Flöten des namengebenden Getränks hinunterstürzen, dazu eine rohe Auster schlürfen und ein paar aufgeputzte Fräcke in Augenschein nehmen. Zur Straße hin ist die Bar offen, sodass die Gäste auf die vorbeiflanierenden Massen hinabschauen können.

Ku De Ta CLUB
(Karte S. 78; ☎ 0361-736969; www.kudeta.net; Jl. Kayu Aya 9; ☺ ab 8 Uhr) Im Ku De Ta wimmelt es nur so von Balis schönen Menschen (einschließlich derer im Wartestand auf ein solches Aussehen). Szenegänger perfektionieren tagsüber ihren „gelangweilten" Blick, indem sie auf den hübschen Strandabschnitt starren und dabei an ihrem Getränk nippen.

Der Sonnenuntergang lockt die Massen herbei, die sich an der Bar eine Zigarre besorgen oder an den Tischen eines der vielen Gerichte verspeisen. Die Musik dröhnt mit wachsender Intensität durch den Abend.

Townhouse BAR
(Karte S. 78; ☎ 0361-885 0577; www.thetown housebali.com; Jl. Kayu Aya; ☺ So & Mo 8-24, Di-Sa bis 3 Uhr) Dieser Hotspot vereint alle Genüsse an einem Fleck, denn er kombiniert eine einladende Saftbar, ein schickes Restaurant, eine mondäne Cocktail-Lounge mit einer Dachterrassenbar in einem fünfstöckigen Gebäude. Also erst zur Musik der DJs flott abtanzen, dann geht es hinauf aus Dach, um von oben den weiten Blick über die „Innenstadt" von Seminyak und die Weite des Indischen Ozeans zu genießen.

Zappaz BAR
(Karte S. 78; ☎ 0361-742 5534; Jl. Kayu Aya; ☺ 11 bis 24 Uhr) Allabendlich bearbeitet der Brite Norman Findlay die Tasten in dieser netten Pianobar, in der er sein leidenschaftliches Spiel in vielen Jahren noch immer nicht ganz perfektioniert hat.

Eine engagierte Coverband lockt fröhliche Zuschauermengen an. Ein Hinweis: Auf das Essen sollte man im Zappaz allerdings lieber verzichten.

Shoppen

Der Besuch der Läden in Seminyak kann ganze Urlaubstage in Anspruch nehmen. Designerboutiquen (Bali hat eine blühende Modeindustrie), angesagte Retro-Läden, schicke Galerien, Kaufhäuser und kleine Werkstätten sind nur einige der zahllosen Angebote für Einkaufswütige.

Die Gegend mit den besten Einkaufsmöglichkeiten beginnt an der Jalan Raya Seminyak ungefähr auf der Höhe des Bintang-Supermarkts und führt über die Jalan Basangkasa nach Norden. Dann verzweigt sich die Shoppingmeile in die Jalan Kayu Aya und Jalan Kayu Jati, die von Nobelimmobilien gesäumt werden, während die Jalan Raya Kerobokan nach Norden führt, hinein ins eigentliche Kerobokan. Aber nicht vergessen: Wir sind auf Bali. Deshalb sollte man sich vom Glanz nicht so sehr blenden lassen, dass man in eines der weit klaffenden Löcher stolpert, die sich mitten auf den neu angelegten Gehwegen auftun.

Wer in diesem Einkaufsparadies Orientierungshilfe braucht, kann die „Retail Therapy" testen, die im *Bali Advertiser* (www.baliadvertiser.biz) erscheint. Geschrieben wird die Kolumne von **Marilyn** (ohne Nachnamen; www.retailtherapybali.com), die mit dem geübten Auge einer Shopping-Veteranin die lokale Einkaufsszene immer im Blick behält und auf Wunsch auch individuelle Shopping-Touren anbietet.

Accessoires

★Vivacqua ACCESSOIRES
(Karte S. 78; ☎ 0361-736212; Jl. Basangkasa 8; ☺ 10-18 Uhr) Hier gibt es Taschen in allen Formen und Größen, von eleganten, mit denen es nicht schwer fällt, beim Besuch eines Top-Restaurants in Kerobokan ein paar Grissini zu mopsen, bis hin zu richtig großen für alles, was *frau* am Strand so braucht.

Sabbatha ACCESSOIRES
(Karte S. 78; ☎ 0361-731756; Jl. Raya Seminyak 97; ☺ 10-18 Uhr) Mega-Bling! Glitzer, Glamour und Gold in diesem Laden lassen die Kunden fast erblinden, aber genau so soll es wohl auch sein ... Opulente Handtaschen und andere Accessoires, die in der Sonne funkeln und glitzern, werden präsentiert, als seien sie ein Vermögen wert.

Strandkleidung & Surfshops

Die Surfshops in Seminyak können durchaus mit denen in Kuta konkurrieren; außerdem findet man hier Filialen der großen bekannten Marken.

★ Drifter SURFERAUSRÜSTUNG
(Karte S. 78; ☎ 0361-733274; www.driftersurf.com; Jl. Kayu Aya 50; ⊙9–21 Uhr) Hier findet man hochwertige Surfmode, Surfboards und sonstige Ausrüstung, Bücher und Labels wie Obey und Wegener. Die Waren in diesem Laden, den zwei schlaue Surfertypen eröffnet haben, sind für ihre Individualität und die hohe Qualität bekannt. Zur Erholung gibt es ein kleines Café und einen Patio.

Blue Glue DAMENBEKLEIDUNG
(Karte S. 78; ☎ 0361-731130; www.blue-glue.com; Jl. Raya Seminyak 16E; ⊙9–21 Uhr) „Der Traumbikini für jede Frau" lautet das Motto des Labels, das mit seinen kleinen Produkten groß rauskommt. Die Badebekleidung wird in Frankreich entworfen und auf Bali hergestellt. Gut zu wissen: Es gibt ein Outlet (Karte S. 78; Jl. Basangkasa; ⊙9–20 Uhr) mit Preisen so klein wie die Bikinis.

O'Neill SURFERAUSRÜSTUNG
(Karte S. 78; ☎ 0361-733401; www.oneill.com; Jl. Kayu Aya; ⊙9–21 Uhr) Von einem legendären Surfzentrum – Santa Cruz in Kalifornien – zum anderen, nämlich Bali. Hier findet man die berühmte Kollektion von O'Neill mit Freizeitkleidung, Neoprenanzügen und Surfausrüstung.

Buchhandlungen

Periplus Bookshop BÜCHER
(Karte S. 78; ☎ 0361-736851; Jl. Kayu Aya, Seminyak Sq.; ⊙8–22 Uhr) Eine Filiale der inselweiten Kette großzügig ausgestatteter Buchhandlungen. Die Zahl der Einrichtungs- und Designbücher ist so groß, dass man sogar noch die Garage im „Balistil" einrichten kann, dazu Bestseller, Magazine und Zeitungen.

Bekleidung
Bali scheint ebenso viele talentierte Designer zu besitzen wie fantastische Sonnenuntergänge. Viele produzieren ihre Kollektionen direkt auf der Insel.

★ Lulu Yasmine DAMENBEKLEIDUNG
(Karte S. 78; ☎ 0361-736763; www.luluyasmine.com; Jl. Kayu Aya; ⊙9–21 Uhr) Designerin Luiza Chang lässt sich auf ihren Reisen um die Welt zu ihrer eleganten Kleiderkollektion inspirieren.

★ Paul Ropp BEKLEIDUNG
(Karte S. 78; ☎ 0361-735613; www.paulropp.com; Jl. Kayu Aya; ⊙9–21 Uhr) Dieser Laden ist das elegante Hauptgeschäft eines der besten balinesischen Modedesigner im Top-Segment für Damen und Herren. Die meisten Stücke werden nur wenige Kilometer entfernt in den Hügeln um Denpasar hergestellt. Und was für Stücke! Schwere Seide und Baumwolle, lebhaft bis knallig, voller Anklänge an Ropps Wurzeln im Knüpfbatik der 1960er-Jahre.

Biasa BEKLEIDUNG
(Karte S. 78; ☎ 0361-730308; www.biasabali.com; Jl. Raya Seminyak 36; ⊙9–21 Uhr) Das hier ist das Hauptgeschäft der auf Bali ansässigen Designerin Susanna Perini. Ihre Kollektion an Tropenkleidung für Herren und Damen kombiniert Baumwolle, Seide und Stickerei. Ihr Outlet befindet sich in der Jalan Basangkasa 47.

Niconico BEKLEIDUNG
(Karte S. 78; ☎ 0361-738875; Jl. Kayu Aya; ⊙9 bis 21 Uhr) Der deutsche Designer Nico Genge hat eine Modelinie für Dessous, Resort- und Badebekleidung entworfen (die allerdings in Europa gefertigt wird). Glitzer findet man hier nicht, stattdessen einen etwas subtileren Look.

In Seminyak (und anderen Orten auf der Insel) gibt es mehrere Filialen; diese hier präsentiert die gesamte Kollektion und dazu noch eine Kunstgalerie im Obergeschoss.

Milo's BEKLEIDUNG
(Karte S. 78; ☎ 0361-822 2008; www.milos-bali.com; Jl. Kayu Aya 992; ⊙10–20 Uhr) Der legendäre einheimische Designer von eleganter Seidenkleidung besitzt einen prächtigen Laden mitten auf der Designermeile. An den auffälligen Batik-Orchideenmustern kann man sich gar nicht sattsehen.

Divine Diva DAMENBEKLEIDUNG
(Karte S. 78; ☎ 0361-732393; www.divinedivabali.com; Jl. Kayu Aya 1A; ⊙9–19 Uhr) Ein schlichter Laden voller in Bali hergestellter flotter Sachen für vollere weibliche Figuren. Eine Kundin formulierte es so: „Das ist die Essenz der Alterslosigkeit." Die Schneider, die im Geschäft arbeiten, stellen auf Bestellung auch maßgefertigte Kleider her.

Mist DAMENBEKLEIDUNG
(Karte S. 78; ☎ 0361-737959; www.mistasiapacific.com.au; Jl. Kayu Aya 42; ⊙9–21 Uhr) Die australische Designerin Penny Pinkster ist eine Meisterin des bequemen Understatement. Einfache, aber stilvolle Kaftans sind ihr Markenzeichen.

Dinda Rella — DAMENBEKLEIDUNG
(Karte S. 78; 0361-734228; www.dindarella.com; Jl. Raya Seminyak; 10–19 Uhr) Die hochwertigen, glitzernden Damenkleider des renommierten Labels werden auf Bali entworfen und hergestellt. Dinda Rella ist der passende Laden, um das kleine, sexy Cocktailkleid zu erstehen. An der Jalan Kayu Aya befindet sich eine Zweigniederlassung.

Le Toko — BEKLEIDUNG
(Karte S. 78; Jl. Kunti; 9–19 Uhr) Schicke Tropenbekleidung, entworfen von einem französischen, aber auf Bali lebenden Designer, ersetzt all die Sachen, die man vor der Abreise zu Hause gesucht, aber dann doch nicht gefunden hat.

Animale — BEKLEIDUNG
(Karte S. 78; 0361-734223; www.animale.com; Jl. Kayu Aya; 9–21 Uhr) Animale ist eine von Balis Top-Modemarken und fertigt Damen- und Herrenbekleidung im klassischen Stil, die durch Farbe und Schwung ihren besonderen Akzent erhalten.

Tolle Angebote an Freizeitkleidung sind im **Outlet** (Karte S. 78; 0361-737 1544; Jl. Raya Seminyak 31; 9–20 Uhr) zu finden.

Karma Koma — DAMENBEKLEIDUNG
(Karte S. 78; 0361-741 7820; www.karmakoma.fr; Jl. Basangkasa; 9–20 Uhr) Die Baumwollkleidung mit französischem Schwung ist elegant und bequem.

Bamboo Blonde — DAMENBEKLEIDUNG
(Karte S. 78; 0361-731864; www.bambooblonde.com; Jl. Kayu Aya 61; 9–21 Uhr) Aufgeputzte sportliche oder sexy Kleider und eher formelle Bekleidung locken Kundinnen in diese nette Designerboutique.

Lily Jean — DAMENBEKLEIDUNG
(Karte S. 78; 0811 398 272; www.lily-jean.com; Jl. Kayu Aya; 10–20 Uhr) Die meisten Stücke der Designerin werden auf Bali produziert. Der beliebte Laden hat schicke Filialen und außerdem in der Nähe ein Outlet für schlichte Baumwollkleider.

Galerien

★ Theater Art Gallery — PUPPEN
(Karte S. 78; Jl. Raya Seminyak; 9–20 Uhr) Der gerade erst erweiterte Laden ist auf alte und nachgebaute Puppen spezialisiert, wie sie im traditionellen balinesischen Theater verwendet werden. Einfach nur die lebendigen Gesichter anzusehen, die den Blick zu erwidern scheinen, ist schon ein Genuss.

Kendra Gallery — KUNST
(Karte S. 78; 0361-736628; www.kendragallery.com; Jl. Drupadi 88B; 10–19 Uhr) Diese Luxusgalerie zeigt regelmäßig Ausstellungen, die durchdacht und kreativ kuratiert sind. Dazu kommen häufig Sonderveranstaltungen.

Biasa Art Space — KUNST
(Karte S. 78; 0361-847 5766; www.biasaart.com; Jl. Raya Seminyak 34; 9–20 Uhr) Die große und kühle Galerie gehört der Biasa-Designerin Susanna Perini. Wechselausstellungen präsentieren spannende Arbeiten örtlicher und internationaler Künstler.

Kody & Ko — KUNST
(Karte S. 78; 0361-737359; Jl. Kayu Cendana; 9–21 Uhr) Die vielfarbigen Buddhas im Schaufenster geben in diesem Laden für Kunst und Wohnaccessoires den Ton an. Angeschlossen ist eine große Galerie, in der regelmäßig Ausstellungen stattfinden.

Kemarin Hari Ini — KUNST
(Karte S. 78; 0361-735262; www.kemarinhariini.com; Jl. Basangkasa; 9–20 Uhr) Glasobjekte mit laminiertem Japanpapier funkeln im Licht dieser luftigen Galerie. Einfache Objekte mischen sich hier mit sehr modernen Arbeiten. Eindrucksvoll sind die mit Silber verschönerten großen tropischen Muscheln.

Haushaltswaren

★ Ashitaba — KUNSTHANDWERK
(Karte S. 78; Jl. Raya Seminyak 6; 9–20 Uhr) In Tenganan, dem Aga-Dorf in Ostbali, entstehen die kunstvollen, wunderschönen Rattangegenstände, die hier verkauft werden. Behälter, Schalen, Börsen und mehr (ab 50 000 Rp) in feinster Webkunst.

White Peacock — HAUSHALTSWAREN
(Karte S. 78; 0361-733238; Jl. Kayu Jati 1; 9–20 Uhr) Gestaltet wie eine ländlichen Hütte gibt es in diesem Laden hübsche Kissen, Tagesdecken, Tischdecken und mehr.

St. Isador — TEXTILIEN
(Karte S. 78; 0361-738836; Jl. Kaya Aya 44; 9–20 Uhr) Die Werkstätten fabrizieren hübsche Bettwäsche, Kissen und andere Dinge aus Stoffen, die aus ganz Asien zusammengetragen wurden.

Indivie — KUNSTHANDWERK
(Karte S. 78; 0361-730927; www.indivie.com; Jl. Raya Seminyak, Made's Warung; 9–21 Uhr) Arbeiten von jungen, auf Bali lebenden Designern werden in dieser faszinierenden Hochglanzboutique ausgestellt. Hier findet man

auch schön verarbeiteten Perlenschmuck sowie Mitbringsel für die Lieben daheim.

Samantha Robinson HAUSHALTSWAREN
(Karte S. 78; 0361-737295; www.samantharobinson.com.au/; Jl. Kayu Jati 2; 9–20 Uhr) Die namengebende Porzellandesignerin aus Sydney bietet in dieser kleinen Boutique ihre ganze Palette an farbenfrohen, kunstvollen Haushaltswaren an.

Praktische Informationen

Seminyak betreibt viele Einrichtungen gemeinsam mit Kuta und Legian.

GEFAHREN & ÄRGERNISSE

In Seminyak gibt es allgemein sehr viel weniger Grund sich zu ärgern als in Kuta und Legian. Dennoch sollte man sich über Warnhinweise informieren (s. S. 424), insbesondere hinsichtlich Brandung und Wasserverschmutzung.

GELD

Central Kuta Money Exchange (Karte S. 78; www.centralkutabali.com; Jl. Kunti 117X, Bali Deli; 7–22 Uhr) Zuverlässige Wechselstube.

MEDIZINISCHE VERSORGUNG

Kimia Farma (Karte S. 78; 0361-916 6509; Jl. Raya Kerobokan 140; 24 Std.) Die Apotheke gehört zur besten Apothekenkette auf Bali und führt die ganze Palette verschreibungspflichtiger Medikamente.

POST

Postagentur (Karte S. 78; 0361-761592; Jl. Raya Seminyak 17, Bintang-Supermarkt; 8–20 Uhr) Günstig gelegen und freundlich.

Anreise & unterwegs vor Ort

Taxis mit Taxameter kann man problemlos heranwinken. Eine Fahrt vom Flughafen in einem offiziellen Airport-Taxi kostet etwa 85 000 Rp, in Gegenrichtung etwa 50 000 Rp. Man kann aber auch dem Verkehr ein Schnippchen schlagen und einen schönen Spaziergang machen: Ganz einfach am Strand Richtung Süden laufen; Legian liegt nur etwa 15 Min. entfernt.

Kerobokan

 0361

Nahtlos schließt sich Kerobokan im Norden an Seminyak an. Der Ort vereint einige der besten Restaurants, die es auf Bali gibt, einen üppigen Lebensstil und noch mehr schöne Strände. Glänzende neue Ferienanlagen und einige Villen-Projekte wechseln sich ab. Mitunter knirscht es allerdings in diesem bunten Mix aus Kommerz und Reisterrassen.

Strände

Kerobokan Beach STRAND
(Karte S. 99) Am Strand von Kerobokan, der von luxuriösen Ferienanlagen und trendigen Clubs gesäumt wird, geht es überraschend ruhig zu. Weil er nicht so gut zugänglich ist, bleiben die Massen fern. Sämtliche Straßen, die von der Jalan Petitenget nach Westen führen, enden als Sackgassen an Bauprojekten. Zu erreichen ist der Strand von Süden her oder zu Fuß vom Batubelig Beach aus. Der direkteste Zugang ist jedoch, einfach durch Potato Head (S. 95) oder das W Hotel (S. 92) zu spazieren. Die Brandung ist hier tosender als weiter im Süden; beim Baden ist also besondere Vorsicht geboten.

Batubelig Beach STRAND
(Karte S. 99) Der Strand wird hier schmaler, aber es gibt ein paar schöne – prächtige wie schlichte – Plätze, um etwas zu trinken. Zu erreichen ist er leicht über die Jalan Batubelig. Er ist zudem ein guter Ausgangspunkt für einen Strandspaziergang entlang des geschwungenen Sandstreifens Richtung Nordwesten hin zum Echo Beach, unterwegs kommt man an einige beliebten Stränden vorbei.

Wichtig zu wissen: Etwa 500 m weiter nördlich fließt ein Fluss ins Meer, außerdem gibt es eine Lagune. Manchmal sind sie kaum zu erkennen, manchmal aber bis zu 1 m tief, besonders nach Regenfällen. In diesem Fall überquert man die Lagune über eine lustige kleine Fußgängerbrücke und kommt zu einem einfachen Café, in dem man ein Taxi rufen kann.

Sehenswertes

Kerobokan bedeutet in erster Linie Essen, Ausgehen, Shoppen, Übernachten und an den Strand gehen. Markantestes Wahrzeichen ist das berüchtigte **Gefängnis** (Karte S. 78; Jl. Gunung Tangkuban Perahu), in dem bekannte und unbekannte Häftlinge einsitzen.

Aktivitäten

Sundari Day Spa SPA
(Karte S. 78; 0361-735073; www.sundari-dayspa.com; Jl. Petitenget 7; Massagen ab 230 000 Rp; 9–20 Uhr) Das hübsche Spa bemüht sich, die Dienstleistungen eines 5-Sterne-Resorts anzubieten, ohne dessen hohe Preise zu verlangen. Die Massageöle und andere Zau-

bertränke sind aus biologischem Anbau. Die Palette an Therapien und Behandlungen ist umfangreich.

Amo Beauty Spa
SPA

(Karte S. 78; ☏ 0361-275 3337; www.amospa.com; 100 Jl. Petitenget; Massagen ab 180 000 Rp; ⊗ 9 bis 21 Uhr) Da hier einige der Topmodels Asiens entspannen, kommt man sich vor wie in den Studios der *Vogue*. Neben Massagen werden weitere Dienstleistungen von Haarpflege über Pediküre angeboten.

Jiwa Bikram Yoga
YOGA

(Karte S. 78; ☏ 0361-841 3689; www.jiwabikramyogabali.com; Jl. Petitenget 78; Unterricht ab 175 000 Rp; ⊗ 9–20 Uhr) Der schnörkellose Laden bietet verschiedene Arten von Yoga an, darunter Bikram, Hot flow und Yin.

Spa Bonita
SPA

(Karte S. 78; ☏ 0361-731918; www.bonitabali.com; Jl. Petitenget 2000X; Massagen ab 110 000 Rp; ⊗ 9–21 Uhr) Als Teil des Waroeng-Bonita-Imperiums bietet das männerorientierte Spa eine Auswahl an Serviceleistungen in schlichter, aber eleganter Umgebung.

🛏 Schlafen

Balis Krankheit in Form von Mittelklasse-Kettenhotels in schlechter Lage hat leider auch auf Kerobokan übergegriffen (s. S. 427). Andererseits gibt es zwischen den Villenhotels und Strandresorts auch einige Unterkünfte mit gutem Preis-Leistungs-Verhältnis.

Guess House Hostel
HOSTEL $

(Karte S. 78; ☏ 0361-473 0185; www.guesshousehostel.com; Jl. Petitenget; B ab 170 000 Rp; ❄@☏) Das relativ neue Hostel bietet Schlafräume mit vier, sechs und zehn Betten. Es gibt eine Küche, Gemeinschaftsbäder, Gepäckaufbewahrung und mehr. Das Frühstück ist im Preis inbegriffen.

Grand Balisani Suites
HOTEL $$

(Karte S. 99; ☏ 0361-473 0550; www.balisanisuites.com; Jl. Batubelig; Zi. 80–200 US$; ❄@☏≋) Die Anlage mit kunstvollen Schnitzereien steht direkt am Batubelig Beach. Die 96 großen Zimmer sind standardmäßig mit Teakmöbeln eingerichtet und besitzen Terrassen (einige davon mit toller Aussicht). WLAN beschränkt sich auf die öffentlichen Bereiche.

Villa Bunga
HOTEL $$

(Karte S. 78; ☏ 0361-473 1666; www.villabunga.com; Jl. Petitenget 18X; Zi. 40–80 US$; ❄☏≋). Das kleine Hotel ist ein ausgezeichnetes Angebot im Herzen von Kerobokan. Die 13 Zimmer liegen in zweistöckigen Gebäuden rund um einen kleinen Pool. Die Zimmer sind ebenfalls klein, aber modern, sauber und mit Kühlschränken ausgestattet.

Taman Ayu Cottage
HOTEL $$

(Karte S. 78; ☏ 0361-473 0111; www.tamanayucottage.com; Jl. Petitenget; Zi. 40–100 US$; ❄@☏≋) Das Hotel bietet nicht nur ein tolles Preis-Leistungs-Verhältnis, sondern auch eine fantastische Lage. Die meisten der 52 Zimmer befinden sich in zweigeschossigen Gebäuden rund um einen Pool, der von alten Bäumen beschattet wird.

★ Buah Bali Villas
VILLA $$$

(Karte S. 78; ☏ 0361-854 9797; www.thebuahbali.com; Jl. Petitenget, Gang Cempaka; Villa ab 200 US$; ❄☏≋) Die kleine Anlage umfasst nur sieben Villen, jeweils mit ein oder zwei Schlafzimmern. Wie bei vielen anderen Villenhotels in der Nähe hat jede Einheit ihren eigenen Pool in einem ummauerten Gelände und einen hübschen Wohnbereich im Freien. Die Lage ist fantastisch: Hotspots wie Biku und Potato Head sind zu Fuß in 5 Min. erreicht.

W Retreat & Spa Bali – Seminyak
RESORT $$$

(Karte S. 78; ☏ 0361-473 8106; www.starwoodhotels.com; Jl. Petitenget; Zi. ab 400 US$; ❄@☏≋) An der Lage an einem wellenumtosten Strandabschnitt und an der Aussicht gibt es nichts zu meckern. Bars und Restaurants von schick bis hip finden sich in Hülle und Fülle. Die Zimmer haben alle Balkone, allerdings nicht immer mit Meerblick.

🍴 Essen

Urlauber finden in Kerobokan einige der besten Restaurants der Insel – im Spitzenwie im unteren Preissegment.

Jalan Petitenget

★ Warung Eny
INDONESISCH $

(Karte S. 78; ☏ 0361-473 6892; Jl. Petitenget; Hauptgerichte ab 35 000 Rp; ⊗ 8–22 Uhr) Die namengebende Eny kocht alles selbst in diesem winzigen, nach vorne hin offenen Warung, der hinter diversen Topfpflanzen fast komplett verschwindet. Man beachte das Schild an der Straße, das die Atmosphäre einfängt: „Die Kochkunst der Liebe". Die Meeresfrüchte – z. B. in Knoblauch geschmorte große Garnelen – sind köstlich,

> **NICHT VERSÄUMEN**
>
> ### WARUNGS IN KEROBOKAN
>
> Kerobokan erscheint ja eher hochpreisig, aber es bietet auch viele gute Restaurants, die authentisch kochen. Zu den besten Lokalen zählen die folgenden:
>
> **Warung Sulawesi** (Karte S. 78; Jl. Petitenget; Mahlzeiten ab 30 000 Rp; ⊙ 10–18 Uhr) Hier sitzt man in einem ruhigen Familienanwesen am Tisch und genießt das frische balinesische und indonesische Essen, das im klassischen Warung-Stil serviert wird. Das heißt: Einen Reis auswählen und dann aus dem faszinierenden Angebot an Gerichten (das um 12 Uhr am vielfältigsten ist) etwas aussuchen. Die grünen Bohnen sind ein Gedicht!
>
> **Warung Kolega** (Karte S. 78; Jl. Petitenget; Mahlzeiten 25 000 Rp; ⊙ 11–15 Uhr) Ein javanischer Halal-Klassiker. Reis aussuchen (z. B. den duftenden gelben), dann aus dem köstlichen Angebot das eine oder andere Gericht auswählen, z. B. Tempeh in süßer Chilisoße, *sambal terung* (pikante Auberginen), *ikan sambal* (pikanter gegrillter Fisch) oder eines der Tagesgerichte. Das meiste ist auf Englisch beschrieben.
>
> **Sari Kembar** (☎ 0361-847 6021; Jl. Teuku Umar Barat (Jl. Marlboro 99); Hauptgerichte ab 15 000 Rp; ⊙ 8–22 Uhr) Eines der besten Lokale auf Bali für *babi guling* (Spanferkel) liegt etwas zurückgesetzt an der verkehrsreichen Straße etwa 1,5 km östlich der Kreuzung mit der Jalan Raya Kerobokan. Außer dem saftigen, marinierten Schweinefleisch gibt es u. a. butterzarte, mit Maniokblättern gefüllte Ente und Würstchen. Die Gerichte werden ganz schlicht zubereitet und sind umwerfend gut.
>
> **Blambangan Warung Syariah** (Jl. Gunung Salak; Hauptgerichte ab 15 000 Rp; ⊙ 24 Std.) Die pikante Küche von Ostjava wird rund um die Uhr in diesem schlichten Warung am Straßenrand in der Nähe einiger interessanter Geschäfte serviert. Die Hühner stammen alle aus Freilandhaltung und sind die Stars im *ayam gulai*, einer Art Hühnchencurry. Im Zweifelsfall kann man das *nasi campur* bestellen und von allem ein bisschen probieren.

die meisten Zutaten stammen aus biologischem Anbau. Eny bietet außerdem sehr unterhaltsame Kochkurse an.

Bali Catering Co   BÄCKEREI $
(Karte S. 78; ☎ 0361-473 2115; www.balicateringcompany.com; Jl. Petitenget 45; Snacks ab 30 000 Rp; ⊙ 8–21 Uhr; ❄) Wie ein Schmuckkästchen voller Leckereien serviert diese hochpreisige Delikatess-Bäckerei eine Auswahl an fantastischen kleinen Köstlichkeiten. Viele Leute kämpfen den ganzen Tag lang gegen die Versuchung an, sich mehr als ein Mango-Eis zu bestellen; andere erliegen den duftenden Croissants.

★ Biku   FUSION-KÜCHE $$
(Karte S. 78; ☎ 0361-857 0888; www.bikubali.com; Jl. Petitenget; Mahlzeiten 40 000–120 000 Rp; ⊙ 8–23 Uhr; ☎) Das äußerst beliebte Biku ist in einem ehemaligen Antiquitätengeschäft untergebracht und bewahrt die zeitlose Atmosphäre seines Vorgängers.

Die Karte kombiniert indonesische und andere asiatische Küchen mit westlichen Einflüssen. Die Gerichte – von den ausgezeichneten Frühstücksvarianten bis hin zu leckeren lokalen Gerichten und Balis besten Burgern – sind raffiniert und lecker zubereitet. Mittags und abends ist eine Reservierung empfehlenswert.

Die Liste an Tees ist lang, dazu werden noch unzählige erfrischende Cocktails gemixt. Und der Anblick der Kuchentheke macht viele Leute schwindelig.

★ Merah Putih   INDONESISCH $$
(Karte S. 78; ☎ 0361-846 5950; www.merahputihbali.com; Jl. Petitenget 100X; Hauptgerichte 60 000–150 000 Rp; ⊙ 12–15 & 18–23 Uhr) Merah Putih bedeutet „Rot und Weiß", die Farben der indonesischen Flagge. Der Name passt perfekt zu diesem ausgezeichneten Restaurant, das Spezialitäten aus dem ganzen Archipel serviert. Die kleine Karte ist in traditionelle und moderne Gerichte unterteilt – Letztere kombinieren indonesische Aromen mit verschiedenen Zutaten. Der gewölbte Speiseraum wirkt ultramodern. Und der Service ist ausgezeichnet.

Cafe Degan   ASIATISCH $$
(Karte S. 78; ☎ 0361-744 8622; Jl. Petitenget 9; Mahlzeiten 90 000–160 000 Rp; ⊙ 12–23 Uhr) Die Karte des hochpreisigen Warung tendiert zur indonesischen Küche, präsentiert aber

im Ganzen Gerichte aus der Region, die nicht oft zu finden sind, z. B. *daging sambal hijau* (pikantes Rindfleisch mit grünen Chilischoten). Und zum Nachtisch bietet eine klimatisierte kleine Bäckerei eine tolle Auswahl an süßen Köstlichkeiten.

Waroeng Bonita INDONESISCH $$
(Karte S. 78; 0361-473 1918; www.bonitabali.com; Jl. Petitenget 2000X; Hauptgerichte 40 000 bis 100 000 Rp; 11–23 Uhr) Balinesische Gerichte wie *ikan rica-rica* (frischer Fisch in einer pikanten grünen Chilisoße) und *rendang* vom Rind (Rindfleisch in einer cremigen, pikanten Soße) sind die Spezialitäten dieses netten kleinen Lokals, dessen Tische draußen unter schattigen Bäumen stehen. An bestimmten Abenden quillt das Bonita buchstäblich über – wegen der Drag-Shows, an denen sich jeder von der durchreisenden Queen bis zum Küchenhelfer beteiligen kann.

★ Sardine FISCH & MEERESFRÜCHTE $$$
(Karte S. 78; 0361-843 6111; www.sardinebali.com; Jl. Petitenget 21; Mahlzeiten 20–50 US$; 11.30–23 Uhr) Fisch und Meeresfrüchte frisch vom berühmten Jimbaran-Markt sind in diesem Restaurant unter der bewährten Leitung von Pascal und Pika Chevillot der Renner. Die Räumlichkeiten in einem wunderschönen Bambuspavillon sind elegant, aber intim, lässig und dennoch stilvoll. Tische im Freien bieten Blick auf ein privates Reisfeld, in dem die eigenen Enten für Ordnung sorgen. Die Karte richtet sich nach den frisch erhältlichen Zutaten.

Eine Tischreservierung ist unerlässlich. Und der Besuch der originellen Bar ist fast schon ein Muss – sie hat bis 1 Uhr geöffnet.

Sarong FUSION-KÜCHE $$$
(Karte S. 78; 0361-473 7809; www.sarongbali.com; Jl. Petitenget 19X; Hauptgerichte 150 000 bis 350 000 Rp; 17–23 Uhr) Der Speisesaal ist mit plüschigen Möbeln und glänzenden Platzdecken ausgestattet, die im Kerzenschein funkeln. Am besten sind die Tische hinterm Haus, denn dort übernehmen die Sterne das Funkeln. Die Auswahl an Gerichten umspannt den Globus; die kleinen Portionen sind beliebt bei Leuten, die einen gemütlichen Abend an der Bar genießen möchten. Kinder sind nicht willkommen.

Métis FUSION-KÜCHE $$$
(Karte S. 78; 0361-473 7888; www.metisbali.com; Jl. Petitenget 6; Hauptgerichte 15–35 US$) Das Métis ist bestrebt, zu den allerbesten Restaurants auf Bali zu zählen. Zweifellos hat es das Zeug dazu, denn es geht auf das berühmte alte Café Warisan zurück (Das Lokal gleichen Namens wird nicht im Entferntesten dem Ruf des alten Café Warisan gerecht).

Das Restaurant steht deutlich sichtbar in einem noch bewirtschafteten Reisfeld und funktioniert am besten, wenn der Laden so richtig voll ist – also in der Hochsaison. Der Mittagstisch an Wochentagen (ab 90 000 Rp) bietet ein gutes Preis-Leistungs-Verhältnis.

Anderswo in Kerobokan

★ Gusto Gelato & Coffee EIS $
(Karte S. 78; 0361-552 2190; www.gusto-gelateria.com; Jl. Raya Mertanadi 46; Behandlungen ab 15 000 Rp; Mo–Sa 10–21 Uhr;) Balis bestes Eis wird den ganzen Tag über frisch zubereitet und an alle Naschkatzen verkauft, die Lust auf eine Abkühlung haben. Die Geschmacksrichtungen sind teilweise für europäische Geschmäcker ungewohnt. Im hinteren Garten kann man auch verschiedene Kaffees genießen.

Warung Sobat FISCH & MEERESFRÜCHTE $$
(Karte S. 78; 0361-473 8922; Jl. Batubelig 11; Hauptgerichte 30 000–150 000 Rp; 12–23 Uhr;) In einer Art gemauerten Innenhof im Bungalowstil besticht das recht altmodische Restaurant mit frischem balinesischem, aber italienisch angehauchtem Seafood und der Verwendung von reichlich Knoblauch. Erstbesucher sind überzeugt, dass sie eine Entdeckung gemacht haben, und wer die sensationelle Hummerplatte (mit 350 000 Rp für zwei Personen ein Schnäppchen; nur auf Vorbestellung) probiert, wird sich dem anschließen. Unbedingt reservieren!

L'Assiette FRANZÖSISCH $$
(Karte S. 78; 0361-735840; Jl. Raya Mertanadi 29; Mahlzeiten 50 000–100 000 Rp; 10–23 Uhr;) Der riesige ruhige Garten hinter dem luftigen Café ist der perfekte Ort, um ein *salade niçoise* oder jeden anderen der vielen frischen und leckeren französischen Café-Klassiker zu genießen. Wer mit *steak frites* oder einer *terrine* nicht glücklich wird, für den gibt es asiatisch angehauchte Gerichte.

Naughty Nuri's INDONESISCH $$
(Karte S. 78; 0361-847 6722; Jl. Batubelig 41; Mahlzeiten ab 50 000 Rp; 11–22.30 Uhr) Dieses Nuri orientiert sich am Original in Ubud und ist immer überfüllt. Für Touristen aus

ganz Indonesien ist der Besuch ein Muss; sie bestellen hier Gerichte im amerikanischen Stil (z. B. Spareribs) und verspeisen sie mit großen Augen. Das ursprüngliche Markenzeichen – der Wahnsinns-Martini – steht weiterhin auf der Karte. Oft stehen die Menschen Schlange für einen Tisch.

Ausgehen & Nachtleben

Einige der trendigeren Restaurants in Kerobokan wie Sardine und Tulip haben schicke Bars, die abends lange geöffnet bleiben.

★Potato Head   CLUB
(Karte S. 78; ☎0361-473 7979; www.ptthead.com; Jl. Petitenget; ⏲11–2 Uhr; 🛜) Balis coolster Strandclub. Das clevere Design verfehlt seine Wirkung nicht, die Gäste können sich, je nach Laune, auf vielerlei Art und Weise vergnügen – vom lockenden Pool bis zum todschicken Restaurant und den vielen Loungemöbeln, die geradezu dazu einladen, hier am Abend entspannt unter dem funkelnden Sternenhimmel zu chillen.

★Mantra   LOUNGE
(Karte S. 78; ☎0361-473 7681; www.mantrabali.com; Jl. Petitenget 77X; ⏲ab 15 Uhr) In dieser zurecht beliebten Bar trifft Retro-Stil auf tropische Mattigkeit. Die vordere Terrasse wird von Bäumen beschattet und ist besonders am späten Abend ein guter Aufenthaltsort, denn es wird oft spontan getanzt. Drinnen sind die Wände mit Fotos und Kunst geschmückt; regelmäßig finden Ausstellungen statt. Vorbeireisende DJs legen auf, und die Gäste finden auf der Karte kreative Drinks und Snacks.

Pantai   BAR
(Karte S. 99; Batubelig Beach; ⏲9–21 Uhr) Die Behörden lassen die improvisierten Trinkbuden, die an diesem einladenden Strandabschnitt gleich nördlich des W-Hotels auftauchen, regelmäßig einreißen. Aber das Pantai hatte bisher mehr Leben als eine Katze und bietet weiterhin hartnäckig billige Drinks, bunt zusammengewürfelte Tische und eine prächtige Aussicht auf die Brandung und den Sonnenuntergang.

Mozaic Beach Club   CLUB
(Karte S. 99; ☎0361-473 5796; www.mozaicbeachclub.com; Jl. Pantai Batubelig; Mahlzeiten ab 150 000 Rp; ⏲10–1 Uhr) Das originale Restaurant Mozaic in Ubud ist berühmt für seine Detailversessenheit; diese Tradition setzt sich in diesem wunderschönen Club am Strand fort. Die Gäste können rund um den eleganten Pool entspannen oder das sorgfältig durchgeplante vielstöckige Restaurant und die Bar durchstreifen. Hier ist es nie so voll, wie man es erwarten würde. Zu den täglich wechselnden Getränkespecials werden kostenlos Tapas serviert.

Shoppen

Rund um die trendigen Restaurants an der Jalan Petitenget haben sich Boutiquen angesiedelt. Die Jalan Raya Kerobokan, die von der Jalan Sunset nach Norden führt, lockt mit interessanten Geschäften, die vornehmlich Dekorations- und Haushaltsartikel verkaufen. An der Jalan Raya Mertanadi reihen sich ständig wechselnde Läden mit Haushaltswaren aneinander. Viele erinnern eher an eine Fabrik als an einen Verkaufsraum.

★JJ Bali Button   KUNSTHANDWERK
(Karte S. 78; Jl. Gunung Tangkuban Perahu; ⏲9 bis 19 Uhr) Unzählige Perlen und Knöpfe aus Muscheln, Plastik, Metall und anderem Material gibt es in diesem Geschäft, das auf den ersten Blick wie ein Bonbonladen erscheint. Kunstvoll geschnitzte Holzknöpfe kosten 700 Rp. Manches Kind musste hier schon bestochen werden, damit es weiterging.

★Bathe   SCHÖNHEIT, HAUSHALTSWAREN
(Karte S. 78; ☎0361-473 7580; www.bathestore.com; Jl. Petitenget 100X; ⏲9–20 Uhr) Die romantische Atmosphäre einer Villa lässt sich mit diesen handgezogenen Kerzen und Badesalzen noch intensivieren. Der Laden erinnert an eine französische Apotheke aus dem 19. Jahrhundert. Angesichts der Wanne voller Gummienten kann man sich allerdings das Lächeln nicht verkneifen.

Namu   BEKLEIDUNG
(Karte S. 78; ☎0361-279 7524; www.namustore.com; Jl. Petitenget 23X; ⏲9–20 Uhr) Designerin Paola Zancanaro entwirft bequeme und lässige Resortkleidung für Damen und Herren, die auch im Urlaub Wert auf Stil legen. Die Stoffe sind wunderbar griffig, oft handelt es sich um handbemalte Seide.

Ganesha Bookshop   BÜCHER
(Karte S. 78; Jl. Petitenget; ⏲8–23 Uhr) In einer Ecke des fabelhaften Biku-Restaurants hält die Mini-Filiale von Balis bester Buchhandlung in Ubud lokale und literarische Leckerli aller Art bereit.

Hobo   HAUSHALTSWAREN
(Karte S. 78; ☎0361-733369; www.thehobostore.com; Jl. Raya Kerobokan 105; ⏲9–20 Uhr) Im ver-

SHOPPING-SAFARI

Östlich von Seminyak und Kerobokan finden sich an mehreren Straßen viele interessante Geschäfte, die Haushaltswaren, Glaskugeln, Stoffe und andere faszinierende Artikel herstellen und verkaufen. Vom Gefängnis in Kerobokan geht es auf der Jalan Gunung Tangkuban Perahu etwa 2 km nach Osten und dann weiter Richtung Süden auf der – Achtung! – Straße mit demselben Namen (schließlich sind wir auf Bali).

Eine kaufwütige Freundin nennt die Jalan Gunung Tangkuban Perahu auch „die Straße des Staunens". Die beidseitig von Geschäften gesäumte Straße zieht sich bis zur Jalan Gunung Soputan. Weiter südlich wird sie zur Jalan Gunung Athena, führt dann als Jalan Kunti II nach Osten und endet schließlich an der belebten Kreuzung mit Jalan Sunset und Jalan Kunti.

IQI (0361-733181; Jl. Gunung Tangkuban Perahu 274; 9–18 Uhr) Platzdeckchen, Läufer und andere Webarbeiten werden hier gefertigt; seinen Esstisch komplett damit zu dekorieren kostet nicht viel mehr als 5 US$.

Wijaya Kusuma Brass (0813 3870 4597; Jl. Gunung Soputan; 9–18 Uhr) Hier findet man Messingaccessoires für Möbel und Haus. Wer möchte nicht an an einem Froschgriff ziehen, um die Schublade mit der Unterwäsche zu öffnen?

Yoga Batik (Jl. Gunung Athena; 9–18 Uhr) Alle Arten von ikonografischen indonesischen Stoffen.

Rainbow Tulungagung (Jl. Gunung Athena; 9–18 Uhr) Handwerkskunst aus Marmor und Stein. Die Seifenspender kann man leicht mit nach Hause nehmen.

führerischen Laden voller Geschenke und Haushaltsartikel mischt sich Elegantes mit Schrulligem. Die meisten Sachen möchte man gleich in den Einkaufskorb packen.

Carga HAUSHALTSWAREN
(Karte S. 78; 0361-847 8180; Jl. Petitenget 886; 9–21 Uhr) Der wunderschöne Laden liegt etwas zurückversetzt von der Kakophonie der Jalan Petitenget in einem alten, von Palmen beschatteten Haus. Die Haushaltswaren – hier findet man alles von schick bis skurril – stammen vom gesamten indonesischen Archipel.

Pourquoi Pas ANTIQUITÄTEN
(Karte S. 78; Jl. Raya Mertanadi; 9–19 Uhr) Der französischen Familie, die hinter L'Assiette steht, gehört auch dieser angrenzende Antiquitätenladen. Er steckt voller Schätze aus allen Teilen des Inselreichs und Südostasiens.

Nôblis HAUSHALTSWAREN
(Karte S. 78; 0815 5800 2815; Jl. Raya Mertanadi 54; 9–19 Uhr) Inmitten der königlichen Deko-Artikel aus aller Welt können sich die Kunden als Hoheiten fühlen.

You Like Lamp HAUSHALTSWAREN
(Karte S. 78; 0361-733755; Jl. Raya Mertanadi; 9–19 Uhr) Aber ja, tun wir. Alle Arten von reizenden kleinen Papierlampen – viele eignen sich für Teelichter – werden hier billig gleich tütenweise verkauft. Das Gewünschte ist nicht zu finden? Die Mitarbeiter, die auf dem Boden sitzen und am Nachschub arbeiten, werden es umgehend nach den Vorstellungen des Kunden anfertigen.

Bambooku HAUSHALTSWAREN
(Karte S. 78; 0361-780 7836; www.bambooku.com; Jl. Raya Mertanadi; 9–19 Uhr) Aus Bambus hergestellte Hauswäsche ist die Spezialität dieses aufgeräumten Ladens. Der Stoff ist erstaunlich weich und bei Allergikern sehr gefragt. Ein Set aus Laken und Kopfkissenbezügen für ein Doppelbett kostet 1 800 000 Rp.

Praktische Informationen

Central Kuta Money Exchange (Karte S. 78; www.centralkutabali.com; Jl. Raya Kerobokan 51; 8–20 Uhr) Zuverlässige Wechselstube.

Anreise & Unterwegs vor Ort

Taxis vom Flughafen kosten mindestens 100 000 Rp. In der Rushhour kann die Fahrt in beide Richtungen bis zu 1 Std. dauern. Außerdem kann es passieren, dass die Jl. Raya Kerobokan für längere Zeit in einem abgasgeschwängerten Stau eingeht. Die vielen Privatvillen können sogar den ortskundigsten Taxifahrer schachmatt setzen. Deshalb ist es hilfreich, bei der Anreise und bei Ausflügen in die Umgebung eine Karte oder Wegbeschreibung dabei zu haben. Taxis können an den Hauptstraßen herangewinkt werden.

Auch wenn der Strand verlockend nah zu sein scheint, führen von Osten nur wenige Straßen oder Gassen tatsächlich dorthin.

Canggu & Umgebung

0361

Die Region Canggu, die sich nördlich und westlich an Kerobokan anschließt, ist die am schnellsten wachsende Region der Insel. Ein Großteil der baulichen Erschließung konzentriert sich auf den Bereich entlang der Küste. Grund ist der scheinbar endlose Strand, der trotz der ungezügelten Bautätigkeit überraschenderweise noch weitgehend menschenleer zu sein scheint. Kerobokan geht landeinwärts in Umalas und nach Westen zu in Canggu über, während das benachbarte Echo Beach eine einzige große Baustelle ist.

Abgeschottete Privatvillen locken auf Bali lebende Ausländer an, die in klimatisierten Autos an den mit gekrümmten Rücken arbeitenden Reisbauern vorbeibrausen. Der Verkehr könnte allerdings die ultimative Rache des gemeinen Bürgers werden: Der Straßenbau hinkt mindestens ein Jahrzehnt hinter dem Siedlungsbau hinterher.

Inmitten dieses Labyrinths aus viel zu engen Gassen finden sich unkonventionelle Cafés, gute Restaurants und ungewöhnliche Läden. Immer dem Rauschen der Brandung nach geht es zu tollen Stränden, darunter demjenigen in Batu Bolong.

Umalas

Nördlich von Kerobokan wechseln sich die Villen der hier lebenden Ausländer mit malerischen Reisfeldern ab. Unterwegs warten Überraschungen wie ein hübscher Warung oder ein angenehm exzentrischer Laden in den Seitenstraßen.

Aktivitäten

Bali Bike Hire FAHRRADVERLEIH
(Karte S. 99; 0361-202 0054; www.balibikehire.com; Jl. Raya Semer 61; Miete Tag ab 60 000 Rp) In diesem Fahrradladen, der von leidenschaftlichen Fahrradfreaks betrieben wird, hat man die Wahl zwischen diversen Bikes in Topqualität.

Die Inhaber können jede Menge Tipps geben, wie man am besten über Balis oft kehrenreiche Straßen navigiert, und bieten auf Wunsch auch diverse begleitete Touren an.

Essen

In den kleinen Straßen östlich der Jalan Raya Kerobokan findet man interessante Warungs, die abwechslungsreich kochen.

Nook ASIATISCH $$
(Karte S. 99; 0813 3806 0060; Jl. Umalas I; Hauptgerichte ab 40 000 Rp; 8-22 Uhr;) Das entspannte Open-Air-Lokal besticht nicht nur mit einem hübschen Blick auf die Reisfelder durch das hintere Fenster, sondern ist vor allem wegen seiner kreativen Herangehensweise an die asiatische Küche beliebt. Hier mischen die Köche moderne kulinarische Ansätze mit tropischen Aromen. Außerdem gibt es ein gutes Frühstück und mittags leckere Sandwiches.

Bali Buda CAFÉ $$
(Karte S. 99; 0361-844 5936; www.balibuda.com; Jl. Banjar Anyar 24; Hauptgerichte ab 35 000 Rp; 8-22 Uhr;) Die ansprechende Filiale des Originals in Ubud verkauft all die ausgezeichneten Backwaren und Bio-Lebensmittel, für die das Original in Ubud bekannt ist. Das kleine Café serviert gesunde Säfte und Smoothies plus eine Auswahl an überwiegend vegetarischen Gerichten. Und ist eine nette Adresse für einen vormittäglichen Frühstücksstopp auf dem Weg zum Tanah Lot.

Shoppen

Reza Art 2 ANTIQUITÄTEN
(0821 9797 4309; Jl. Mertasari 99; 10-18 Uhr) Hier findet man nicht nur Lampen in allen nur vorstellbaren Größen, sondern auch maritime Antiquitäten und Krimskrams (wie etwa alte Schiffstelegrafen und Steuerruder). Der Besuch des Ladens grenzt daher fast schon an eine Schatzsuche.

Canggu

Canggu ist eher ein Geisteszustand als ein Ort. Es ist der Allerweltsname für einen Landstreifen voller Ferienvillen zwischen Kerobokan und Echo Beach. Als Ziel für einen längeren Aufenthalt oder für Tagesausflüge aus anderen Teilen von Bali ist das Gebiet sehr beliebt. Ein etwa 1 km langer Abschnitt der Jalan Pantai Berawa, die in der Nähe des Canggu Club verläuft, ist sozusagen das „Zentrum" von Canggu.

STRANDSPAZIERGANG

Normalerweise kann man die 4 km zwischen Batubelig Beach und Echo Beach in etwa ein bis zwei Stunden zurücklegen. Es ist ein faszinierender Spaziergang: Unterwegs gibt es Tempel, winzige Fischereilager, eine tosende Brandung und jede Menge Surfer zu sehen. Der einzige Haken besteht darin, dass nach heftigen Regenfällen manche Wasserläufe so stark anschwellen, dass man sie nicht mehr durchqueren kann, besonders derjenige gleich nordwestlich von Batubelig ist kritisch. In jedem Fall empfiehlt es sich, seine Sachen in einem wasserdichten Beutel zu verstauen, falls man irgendwo hindurchwaten muss.

An jedem der größeren Strände findet man leicht Taxis, die einen zum Startpunkt zurückbringen.

Strände

Die Strände rund um Canggu sind die Fortsetzung des Sandstreifens, der in Kuta beginnt. Die Bandbreite reicht vom angesagten Ort zum Abhängen bis hin zu nahezu menschenleeren Strandabschnitten.

★ Batu Bolong Beach STRAND
(Karte S. 99) Der weiße Sandstrand in Batu Bolong ist der beliebteste in der Region Canggu. Dort findet sich sehr oft eine gute Mischung aus Einheimischen, auf Bali lebenden Ausländern und Besuchern ein, die in den Cafés abhängen, surfen oder den Surfern vom Strand aus zuschauen.

Wie im klassischen Strandbad kann man Sonnenschirme und Liegen ausleihen, Surfboards mieten (Tag 100 000 Rp) oder Unterricht nehmen.

Über allem thront die jahrhundertealte Tempelanlage **Pura Batumejan** (Karte S. 99) mit einem faszinierenden pagodenähnlichen Tempel.

Die lokalen Taxifahrer fahren ihre Kunden durch die Region Canggu (50 000 Rp), aber auch zu weiter entfernten Zielen wie Seminyak (100 000 Rp).

Berawa Beach STRAND
(Karte S. 99) Berawa Beach besitzt ein paar Surfercafés an der aufgewühlten See; der graue vulkanische Sand fällt hier steil ins schäumende Wasser ab. Darüber thront der riesige Besitz des Modemachers Paul Ropp.

Prancak Beach STRAND
(Karte S. 99) Ein paar Getränkeverkäufer und ein Parkplatz sind die wesentlichen Versorgungseinrichtungen an diesem meist leeren Strand. Der große Tempel, **Pura Dalem Prancak** (Karte S. 99), ist häufig Schauplatz größerer Zeremonien. Am Berawa Beach bietet sich ein netter, 1 km langer Spaziergang über den von Wellen umtosten Strand an.

Nelayan Beach STRAND
(Karte S. 99) Eine Ansammlung von Fischerbooten und Hütten markiert den sanften Strandabschnitt in Nelayan Beach, der sich vor den Villen erstreckt. Abhängig vom Wasserstand des Flusses ist ein angenehmer Spaziergang von hier zu den Stränden in Prancak und Batu Bolong möglich.

Aktivitäten

Als beliebter Surf-Spot ziehen die Strände in der Canggu-Gegend am Wochenende viele Einheimische und auf Bali lebende Ausländer an. Die Zufahrt zu den Parkplätzen kostet meist 2000 Rp. Cafés und Warungs sorgen für das leibliche Wohl der Wassersportler und Zuschauer.

Desa Seni YOGA
(Karte S. 99; 0361-044 6392; www.desaseni.com; Jl. Kayu Putih 13; Unterricht ab 140 000 Rp; variabel) Das Hotel ist berühmt für sein breites Angebot an Yoga-Unterricht, der täglich angeboten wird und eine große Anhängerschaft auch unter hier lebenden Ausländern und Nichtgästen hat. Die luxuriöse Hotelanlage besteht aus klassischen Holzhäusern inmitten einer schönen Gartenanlage.

Canggu Club GESUNDHEIT & FITNESS
(Karte S. 99; 0361-844 6385; www.cangguclub.com; Jl. Pantai Berawa; Tagespass Erw./Kind 240 000/120 000 Rp;) Balis Expats treffen sich im Canggu Club zum Spielen und trainieren. Die riesige, perfekt begrünte Rasenfläche wird für das beliebte Krocketspiel sorgfältig gepflegt. Auch Gäste können bei Tennis, Squash, Polo oder Kricket, im Spa oder im 25-m-Becken etwas für ihre Gesundheit tun. Bei der Anmietung vieler Villen ist der Gästepass in der Miete enthalten. Besonders bei Kindern beliebt ist der grellbunte **Splash Waterpark**.

Schlafen

★ Widi Homestay PRIVATUNTERKUNFT $
(Karte S. 99; 0819 3303 2322; widihomestay@yahoo.co.id; Jl. Pantai Berawa; Zi. ab 250 000 Rp;

Canggu & Echo Beach

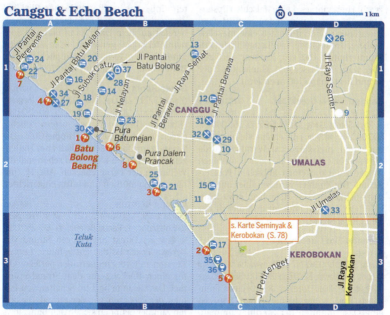

Canggu & Echo Beach

◎ Highlights
1 Batu Bolong Beach A2

◎ Sehenswertes
2 Batubelig Beach C3
3 Berawa Beach B2
4 Echo Beach A1
5 Kerobokan Beach C3
6 Nelayan Beach B2
7 Pererenan Beach A1
8 Prancak Beach B2

⊕ Aktivitäten, Kurse & Touren
9 Bali Bike Hire D1
10 Canggu Club C2
11 Desa Seni C2

⊟ Schlafen
12 Big Brother Surf Inn C1
13 Canggu Bed & Breakfast C1
14 Coconuts Guesthouse
    Canggu B1
15 Desa Seni C2
16 Echoland A1
17 Grand Balisani Suites C3
18 Green Room A1
19 Hotel Tugu Bali A1
20 Jepun Bali A1
21 Legong Keraton B2
22 Pondok Nyoman Bagus A1
23 Serenity Eco Guesthouse &
    Yoga B2
24 Surfers Paradise A1
25 Widi Homestay B2

⊗ Essen
26 Bali Buda D1
27 Beach House A1
28 Betelnut Cafe B1
29 Bungalow C2
30 Dian Cafe A2
31 Green Ginger C2
32 Indotopia C2
   Monsieur Spoon .... (s. 37)
33 Nook D2
   Old Man's .... (s. 30)
34 Sate Bali A1

⊕ Ausgehen & Nachtleben
35 Mozaic Beach Club C3
36 Pantai C3

⊟ Shoppen
37 Dylan Board Store B1

❄🛜) Hier gibt es keine falsche Hipster-Atmosphäre mit aufgesetzten nihilistischen Plattitüden, sondern einfach eine makellos saubere, freundliche familiengeführte Privatunterkunft. Die vier Zimmer verfügen über warmes Wasser und Klimaanlage; der Strand liegt knapp 100 m entfernt.

Canggu Bed & Breakfast
GUESTHOUSE $

(Karte S. 99; ☎ 0818 568 364; www.hanafi.net; Jl. Raya Semat, Gang Jalat X 1265; Zi. 350 000 bis 500 000 Rp; ❄🛜🏊) In einem kleinen Dorf mit guten, preisgünstigen Warungs wurde dieses neue Gästehaus in einer U-förmigen Anlage rund um einen hübschen Pool errichtet. Die Zimmer verfügen über alle Annehmlichkeiten. Das Haus liegt etwa 2 km von den Stränden entfernt und unweit der Jalan Raya Semat.

Serenity Eco Guesthouse & Yoga
GUESTHOUSE $

(Karte S. 99; ☎ 0361-747 4625; www.balivillasserenity.com; Jl. Nelayan; EZ/DZ ab 180 000/350 000 Rp; ❄🛜🏊) ✿ Das Hotel im Besitz eines Franzosen und seiner balinesischen Frau ist eine Oase inmitten der Sterilität ummauerter Privatvillen. Die Zimmer reichen von Einzelzimmern mit Gemeinschaftsbad bis zu recht netten Doppelzimmern mit eigenem Bad.

Das „Eco" im Namen wird ernst genommen, angefangen von der Mülltrennung bis zur Verwendung nachhaltiger Materialien. Das Hotel bietet in seinen zwei Yogahallen Yoga-Unterricht sowohl für Anfänger als auch Fortgeschrittene an (ab 75 000 Rp) und verleiht Surfboards, Fahrräder, Mietautos u. v. m. Zum Nelayan-Strand laufen die Gäste nur fünf Minuten.

Big Brother Surf Inn
GUESTHOUSE $

(Karte S. 99; ☎ 0819 9937 3914; www.bigbrotherbali.com; Jl. Pantai Berawa 20; Zi. ab 33 US$; ❄🛜) Diese Version eines traditionellen balinesischen Guesthouse gibt sich gradlinig modern, die vorherrschende Farbe ist Weiß. Die sechs Zimmer sind luftig gebaut und bieten Sitzbereiche im Freien mit Blick auf einen kleinen Garten. Das Haus liegt ruhig von der Straße zurückgesetzt.

★ Coconuts Guesthouse Canggu
GUESTHOUSE $$

(Karte S. 99; ☎ 0361-800 0608; www.coconutsguesthouse.com; Jl. Pantai Batu Bolong; Zi. ab 70 US$; ❄🛜🏊) Die fünf flotten Zimmer des modernen Guesthouse (alle mit Kühlschrank) sind sehr komfortabel eingerichtet. Einige haben einen hübschen Blick auf die (verbliebenen) Reisfelder. Im Loungebereich auf dem Dach kann man die Sonnenuntergänge genießen oder alternativ unten in den 10-m-Pool eintauchen. Zum Batu Bolong-Strand läuft man 700 m.

Green Room
HOTEL $$

(Karte S. 99; ☎ 0361-846 9186; www.thegreenroombali.com; Jl. Subak Catur; Zi. 60–150 US$; 🛜🏊) Das besonders bei Surfern beliebte Green Room verströmt Hippie-Chic. Die Veranda im Obergeschoss lädt zum Faulenzen ein, von oben kann man schon mal die Wellen in der Ferne checken. Alle 14 Zimmer sind gemütlich und luftig eingerichtet.

Legong Keraton
HOTEL $$

(Karte S. 99; ☎ 0361-473 0280; www.legongkeratonhotel.com; Jl. Pantai Berawa; Zi. 80–250 US$; ❄@🛜🏊) Direkt am ruhigen Strand von Berewa Beach ist das gut geführte Legong Keraton mit 40 Zimmern der perfekte Ort für einen Rückzug aus dem Strandgetümmel. Das Gelände liegt im Schatten von Palmen, der Pool grenzt an den Strand. Die besten Zimmer befinden sich in den Bungalows mit Blick auf die Brandung.

★ Hotel Tugu Bali
HOTEL $$$

(Karte S. 99; ☎ 0361-473 1701; www.tuguhotels.com; Jl. Pantai Batu Bolong; Zi. ab 250 US$; ❄@🏊) Direkt am Batu Bolong Beach liegt diese ausgezeichnete Hotel, in dem die Grenze zu Museum und Galerie verschwimmt. Das gilt insbesondere für die Pavillons Walter Spies und Le Mayeur, in denen Erinnerungsstücke aus dem Leben der Künstler die Zimmer schmücken. Es gibt einen Wellnessbereich und die Möglichkeit, sich ein Essen nach individuellen Wünschen kochen zu lassen.

Die fantastische Sammlung von Antiquitäten und Kunstwerken beginnt in der Lobby und zieht sich durch das gesamte Hotel. Angeboten werden auch ziemlich luxuriöse Kochkurse (ab 100 US$).

Desa Seni
HOTEL $$$

(Karte S. 99; ☎ 0361-844 6392; www.desaseni.com; Jl. Kayu Putih 13; Zi. 135–400 US$; ❄@🛜🏊) ✿ Jemand hat diese Unterkunft mal als das „Vier Jahreszeiten für Hippies" beschrieben, und das kommt der Wahrheit schon ziemlich nah. Die zehn klassischen, bis zu 200 Jahre alten Holzhäuser sind aus ganz Indonesien auf das Gelände versetzt und zu Luxusunterkünften umgebaut worden. Jedes Haus hat daher seine eigene Geschichte, was auch für die sorgsam ausgesuchten Antiquitäten und Möbel sowie die Kunstwerke gilt. Die Köche kochen mit Biozutaten, bekannt ist das Hotel auch für seine Yoga-Kurse.

Essen

Green Ginger
ASIATISCH $

(Karte S. 99; 0878 6211 2729; Jl. Pantai Berawa; Mahlzeiten ab 30 000 Rp; 8–21.30 Uhr;) Reichlich Kunst sowie ein Übermaß an blühenden Pflanzen und exzentrischem Einrichtungs-Schnickschnack kennzeichnen dieses coole kleine Bohemien-Café am sich rasch wandelnden Strip in Canggu. Die Speisekarte umfasst frische, leckere vegetarische Gerichte und Nudelgerichte aus ganz Asien.

Monsieur Spoon
CAFÉ $

(Karte S. 99; Jl. Pantai Batu Bolong; Snacks ab 20 000 Rp; 6–21 Uhr;) Wunderbare Backwaren im französischen Stil (das Mandelcroissant ist ein Traum!) sind die Spezialität der kleinen balinesischen Cafékette. Hier kann man Gebäck, Sandwiches aus perfekt gebackenem Brot und feine Kaffeegetränke im Garten oder drinnen genießen.

Bungalow
CAFÉ $

(Karte S. 99; 0361-844 4567; Jl. Pantai Berawa; Hauptgerichte ab 30 000 Rp; 8–18 Uhr;) Das Café steht gerade weit genug von der Straße zurückgesetzt, dass die Gäste nicht in der Abgaswolke sitzen. Dass es zum gleichnamigen Inneneinrichter-Imperium gehört, ist leicht am stilvollen Retro-Chic zu erkennen. Die Gäste können auf der Veranda mit ihrer wackeligen Holzumrandung entspannen und sich durch die riesige Auswahl an verlockenden Kaffeegetränken, Säften, Smoothies, Sandwiches, Salaten und Desserts quälen.

Indotopia
ASIATISCH $

(Karte S. 99; 0822 3773 7760; Jl. Pantai Berawa 34; Hauptgerichte ab 30 000 Rp; 8–22 Uhr;) Die Reisnudelsuppe (*pho*), die in dem auch als „Warung Vietnam" bekannten Laden in Schalen serviert wird, ist einfach köstlich. Reichlich gutes Rindfleisch verbindet sich mit perfekt zubereiteten Nudeln und duftendem Gemüse. Darf es etwas Süßes sein? Dann sind die Saigon-Bananen-Crêpes zu empfehlen.

Dian Cafe
INDONESISCH $

(Karte S. 99; 0813 3875 4305; Jl. Pantai Bolong; Hauptgerichte ab 30 000 Rp; 8–22 Uhr) In dem offenen Pavillon, der nur ein paar Meter vom Strand entfernt steht, werden traditionelle indonesische und westliche Standardgerichte serviert. Interessant für Surfer ist, dass sie hier duschen können.

Betelnut Cafe
CAFÉ $$

(Karte S. 99; 0821 4680 7233; Jl. Pantai Batu Bolong; Hauptgerichte ab 45 000 Rp; 7–22 Uhr;) Das strohgedeckte Café mit einem freundlichen Freiluftspeisesaal im Obergeschoss hat ein angenehmes Flair. Die Karte tendiert zu gesundem Essen, aber auch wieder nicht zu sehr – wer mag, bekommt auch seine Pommes frites. Es gibt viele gemüselastige Hauptgerichte, aber auch leckere Backwaren und fruchtige Shakes.

Old Man's
BURGER, INTERNATIONALE KÜCHE $$

(Karte S. 99; 0361-846 9158; Jl. Pantai Batu Bolong; Hauptgerichte ab 50 000 Rp; 8–24 Uhr) In diesem riesigen Open-Air-Lokal, das etwas zurückgesetzt vom Batu Bolong Beach steht, fällt die Entscheidung nicht leicht, wo man sich hinsetzen soll, um sein Bier zu genießen. Die Karte zielt auf Surfer und Möchtegern-Surfer ab: Burger, Pizza, Fish & Chips und für die New-Age-Surfer: Salate. An vielen Abenden wird Livemusik gespielt (vornehmlich Classic Rock).

Shoppen

Dylan Board Store
SURFBOARDS

(Karte S. 99; 0857 3853 7402; Jl. Pantai Batu Bolong; 12–18 Uhr) Der berühmte Big-Wave-Surfer Dylan Longbottom betreibt diesen Surfboardladen für maßgefertigte Boards. Als talentierter Boardbauer entwirft er Bretter sowohl für Anfänger als auch Profis. Viele Bretter hat er auf Lager, sodass die Kunden sie gleich mitnehmen können.

Praktische Informationen

Geldautomaten, einfache Geschäfte und Märkte findet man an der Hauptstraße von Canggu, der Jalan Pantai Berawa.

Anreise & Unterwegs vor Ort

Auf dem Landweg ist Canggu von Süden her über die Jalan Batubelig erreichbar: von Kerobokan fährt man Richtung Westen fast bis zum Strand und dann nach Norden über eine kurvenreiche Straße vorbei an Geschäften und den riesigen Villen der hier lebenden Ausländer. Über die vom Verkehr verstopfte Jalan Raya Kerobokan dauert es sehr viel länger.

Eine Taxifahrt von Kuta oder Seminyak in die Gegend von Canggu kann 80 000 Rp und mehr kosten. Ein Taxi auf der Straße herbeizuwinken, ist eher schwierig, sie lassen sich aber von jedem Geschäft aus bequem telefonisch rufen.

Mit dem Motorrad kommt man hier besser voran – viele der improvisierten Straßen sind kaum breit genug für ein Auto, geschweige denn für zwei.

Echo Beach

Zu den beliebtesten Surf-Breaks auf Bali zählend, hat Echo Beach hinsichtlich Popularität inzwischen die kritische Marke erreicht. Das spiegelt sich z. B. in den Surfshops, die es hier in Hülle und Fülle gibt. Die Bautätigkeit hat der Gegend nicht gerade gut getan, direkt im Osten steht eine hässliche, nicht fertig gebaute Ferienanlage. Wem es hier zu voll wird, der braucht aber nur 200 m in die eine oder die andere Richtung den Strand entlang zu gehen, um für sich allein zu sein. Die Sonnenuntergänge locken die Massen an, die hier ihre vom rosigen Schimmer gefärbten Drinks mit Blick aufs Meer genießen.

Eine örtliche Taxikooperative bringt Gäste für ab 100 000 Rp nach Seminyak und zu anderen Zielen im Süden.

Echo Beach STRAND

(Pantai Batu Mejan; Karte S. 99) Surfer und diejenigen, die ihnen zusehen, strömen in Scharen an diesen Strand. Grund ist der High Tide Lefthander, der regelmäßig eine Höhe von über 2 m erreicht. Der graue Sand direkt vor den Bauprojekten kann bei Flut komplett verschwinden, aber sowohl östlich als auch westlich davon liegen breitere Strände. Batu Bolong Beach liegt 500 m weiter östlich.

Schlafen & Essen

Cafés von schlicht bis berühmt bieten Aussicht aufs Meer. Hier kann man mit kritischem Blick auf die Wellenreiter ein Getränk genießen, oder man taucht selbst in die Fluten ein.

Echoland GUESTHOUSE $

(Karte S. 99; 0361-887 0628; www.echolandbali.com; Jl. Pantai Batu Mejan; B ab 160 000 Rp, Zi. Ventilator/Klimaanlage ab 420 000/600 000 Rp;) Das ziemlich neue „Bed & Breakfast Hotel" bietet 18 Zimmer und Schlafsäle. Das B&B befindet sich in einer zweistöckigen Anlage, die etwa 300 m vom Strand entfernt liegt. Von der beschatteten Lounge auf dem Dach genießen die Gäste einen schönen Blick. Yogakurse werden ab 80 000 Rp pro Stunde angeboten, außerdem helfen die Angestellten bei der Organisation von Tauchgängen, Vulkanbesteigungen und Ausflügen über die Insel.

Jepun Bali GUESTHOUSE $

(Karte S. 99; 0361-361 0613; www.jepunbalihomestay.com; Jl. Pantai Batu Mejan; Zi. ab 250 000 Rp;) Die zweigeschossige neue und relativ spartanisch eingerichtete Unterkunft liegt etwa 600 m vom Echo Beach entfernt und vermietet neun moderne, saubere Zimmer. Die Gäste können vom weitläufigen Gelände aus das Freiluftkino genießen. Das Hotel bietet auch Kochkurse und Surfunterricht an.

Sate Bali INDONESISCH $

(Karte S. 99; 0361-853 3626; Echo Beach; Hauptgerichte 25 000–75 000 Rp; 8–19 Uhr) Etwas Besseres als die übliche Surferkost wird in dieser Filiale des ausgezeichneten Restaurants in Seminyak serviert. Dank seiner gute Lage direkt am Wasser können die Gäste die Brandung immer im Auge behalten, während sie hier die überdurchschnittlich guten indonesischen Standardgerichte genießen.

★ Beach House CAFÉ $$

(Karte S. 99; 0361-747 4604; www.echobeachhouse.com; Jl. Pura Batu Mejan; Hauptgerichte 40 000–110 000 Rp; 8–22 Uhr;) In diesem Café kann man von schicken Liegen aus auf die Wogen schauen oder auf verschiedenen Sofas an Picknicktischen abhängen. Die Speisekarte bietet Frühstücksvariationen, Salate, Gegrilltes und leckere Gerichte wie Calamari mit Knoblauch. Die abendlichen Barbecues mit frischem Fisch und Meeresfrüchten, Steaks und Livemusik sind sehr beliebt – besonders am Sonntag.

Pererenan Beach

Pererenan Beach (Karte S. 99) wartet noch auf seine Entdeckung durch den richtigen Bauunternehmer und ist deshalb genau passend für alle, denen der Sinn nach vom Wind gepeitschtem Sand und Wellen ohne Reiter steht. Von Echo Beach geht man einfach 300 m über Sand und Felsformationen dorthin (auf der Straße sind es über 1 km). Hier endet auch der breite Sandstreifen, der in der Nähe des Flughafens beginnt.

Schlafen & Essen

Es gibt ein paar einfache Cafés, in denen nicht der Massenbetrieb wie in Echo Beach herrscht, die aber trotzdem einen weiten Blick auf die Brandung bieten.

Pondok Nyoman Bagus GUESTHOUSE $
(Karte S. 99; ☎ 0361-848 2925; www.pondok nyoman.com; Jl. Pantai Pererenan; Zi. 300 000 bis 600 000 Rp; ❄ 🛜 🏊) Gleich hinter dem Strand werden 14 Zimmer mit Terrassen und Balkonen in einem recht neuen zweistöckigen Gebäude vermietet. Das i-Tüpfelchen ist ein Infinity-Pool auf dem Dach mit einem der tollsten Ausblicke auf Bali. Das Café im Obergeschoss serviert Durchschnittsessen mit schöner Aussicht.

Surfers Paradise BUNGALOW $$
(Karte S. 99; ☎ 0818 567 538; www.andysurfvilla. com; Jl. Pantai Pererenan; Zi. 500 000–700 000 Rp; ❄ 🛜 🏊) Fünf kleine Bungalows gruppieren sich rund um einen kompakten Innenhof und werden von einer zauberhaften balinesischen Familie betreut; zwölf Leute können die gesamte Anlage mieten und hier dann nonstop Party feiern. Die Vermieter organisieren auf Wunsch auch Surfkurse, die extra berechnet werden, und verleihen gratis Fahrräder an die Hausgäste.

Südbali & die Inseln

➜ Inhalt

Halbinsel Bukit	106
Jimbaran	106
Balangan Beach	110
Bingin	112
Ulu Watu & Umgebung	114
Nusa Dua	117
Tanjung Benoa	120
Sanur	123
Benoa Harbour	132
Denpasar	132
Nusa Lembongan	141
Nusa Penida	149

Gut essen

- ➜ Bumbu Bali (S. 122)
- ➜ Char Ming (S. 129)
- ➜ Warung Satria (S. 137)
- ➜ Café Teduh (S. 138)
- ➜ Minami (S. 128)

Schön übernachten

- ➜ Indiana Kenanga (S. 146)
- ➜ Temple Lodge (S. 129)
- ➜ Alila Villas Uluwatu (S. 117)
- ➜ Belmond Jimbaran Puri (S. 107)
- ➜ Tandjung Sari (S. 126)

Auf nach Südbali!

Wer den Süden nicht vollständig erkundet, hat Bali nicht wirklich gesehen. Die Inselhauptstadt Denpasar, die vom Zentrum aus in alle Richtungen wächst, ist eine pulsierende Stadt, auch wenn sie von den Touristenmagneten Seminyak, Kuta und Sanur überstrahlt zu werden droht. Sie bietet traditionelle Märkte, prächtige Einkaufspassagen und jede Menge balinesische Geschichte und Kultur.

Die Halbinsel Bukit (der südliche Teil von Südbali) zeigt sehr unterschiedliche Gesichter. Im Osten präsentiert sich Tanjung Benoa als Strandspielplatz mit bescheideneren Ferienanlagen, während Nusa Dua mit abgeschotteten 5-Sterne-Hotels zu punkten versucht. Die wirkliche Action spielt sich allerdings auf der Westseite ab. Hier gibt es supermoderne kleine Gästehäuser und luxuriöse Öko-Resorts, die an kleinen Buchten und Stränden errichtet wurden. Vom grandiosen Surferparadies Ulu Watu geht eine coole und unbeschwerte Atmosphäre aus. Im Osten beherrscht die Insel Nusa Penida den Horizont, in ihrem Windschatten liegt die Insel Nusa Lembongan. Sie ist der ultimative Rückzugsort für alle, denen der Trubel auf der Hauptinsel zu viel wird.

Reisezeit

➜ Die beste Zeit für einen Besuch Südbalis sind die Monate außerhalb der Hochsaison. Dazu zählen die Monate Juli und August und die Wochen um Weihnachten und Neujahr. In der Hochsaison erreichen die Besucherzahlen ihren Höchststand, dann sind die Zimmer von Bingin bis Tanjung Benoa und von Sanur bis Nusa Lembongan oft ausgebucht. Viele Baliurlauber ziehen daher die Monate April bis Juni und September vor, wenn der der Andrang überschaubar ist.

➜ Surfer genießen die Weltklasse-Breaks entlang der Westküste der Halbinsel Bukit am besten zwischen Februar und November, besonders gut surft man von Mai bis August.

Highlights

① Ein köstliches Hummermahl in einem der zahlreichen Meeresfrüchtelokale in **Jimbaran** (S.107)

② Die perfekte nostalgische Unterkunft in den Seitengassen von **Bingin finden** (S.112)

③ Ein Surftag im Surfparadies **Ulu Watu** (S.114)

④ Eine Vollmondnacht in **Sanur** (S.123); Dann überzieht der Mond Land und Meer mit einem magischen Glitzern

⑤ Die beste Mahlzeit des Urlaubs in **Denpasar** (S.137) genießen – für nur 2 US$!

⑥ Ein Besuch auf **Nusa Lembongan** (S.141), der kleinen und beschaulichen Insel östlich von Bali

⑦ Ein spannender Tauchgang vor **Nusa Penida** (S.149), wo man mit Mantarochen und anderen großen Fischen wie dem Mondfisch auf Tuchfühlung gehen kann

HALBINSEL BUKIT

☏ 0361

Die südliche Halbinsel Bukit (der Name bedeutet auf Bahasa-Indonesisch „Hügel") mit ihrem heißen, trockenen Klima ist bei Urlaubern sehr beliebt – von den abgeschotteten Resorts auf Nusa Dua bis hin zu den Ferienanlagen entlang der Südküste.

Einer der Hotspots von Bali ist die boomende Westküste (die oft verallgemeinernd Pecatu genannt wird) mit ihren Stränden, die sich wie eine Perlenkette aneinanderreihen. Am Balangan Beach stehen die Unterkünfte etwas wackelig auf Sand, während die Klippen in Bingin und anderswo mit Lodges gesprenkelt sind. Jeden Tag erscheinen neue Unterkünfte auf der Bildfläche. Die meisten bieten Aussicht auf das aufgewühlte Meer mit den weltberühmten Surfbreaks, die man auf der gesamten Strecke südwärts bis zum bedeutenden Tempel Ulu Watu findet.

Jimbaran

Gleich südlich von Kuta und dem Flughafen lockt die Teluk Jimbaran (Jimbaran-Bucht) mit ihrem sichelförmigen weißen Sandstrand und dem blauen Meer, an dessen Ufer sich unzählige Meeresfrüchte-Warungs entlangziehen. Im Süden endet die Bucht an einer mit Büschen bestandenen Landspitze, auf der das Four Seasons Jimbaran Bay errichtet wurde.

Jimbaran gilt immer noch als entspannte Alternative zu Kuta und Seminyak weiter nördlich und punktet mit der unschlagbar kurzen Entfernung zum Flughafen. Zu den unterhaltsamen Aktivitäten gehört der Besuch eines der Märkte. Trotz seiner zunehmenden Beliebtheit ist der Ort noch recht beschaulich.

◉ Sehenswertes & Aktivitäten

★ Fischmarkt in Jimbaran   MARKT
(Jimbaran Beach; ⊙ 6–15 Uhr) Ein beliebter Zwischenstopp beim Morgenspaziergang über die Halbinsel Bukit ist der hektische Fischmarkt (man riecht ihn gleich!), bei dem man allerdings aufpassen muss, wo man hintritt. Bunt gestrichene Boote dümpeln im Wasser, während gigantische Kisten mit allem möglichen Meeresgetier – von kleinen Sardinen bis hin zu furchterregend aussehenden Langusten – verhökert werden.

★ Jimbaran Beach   STRAND
Der 4 km lange, geschwungene Sandstrand von Jimbaran, einer der tollsten Strände Balis, ist meist sauber. Ein Mangel an Lokalen, in denen man einen Snack, etwas zu trinken oder Meeresfrüchte zum Abendessen bestellen kann, besteht hier mit Sicherheit auch nicht. Wer irgendwo länger bleiben will, kann sich fast überall Sonnenliegen mieten. Die Bucht wird durch ein durchgängiges Korallenriff geschützt: Die Brandung ist hier deshalb weniger stark als in Kuta, wobei es aber dennoch ausreichend Wellen für Bodysurfer gibt.

Morgenmarkt   MARKT
(Jl. Ulu Watu; ⊙ 6–12 Uhr) Der Morgenmarkt ist einer der schönsten der Insel und das gleich aus mehreren Gründen: Dank seiner Kompaktheit bekommt man viel zu sehen, ohne endlos herummarschieren zu müssen. Die lokalen Köche schwören auf die Qualität von Obst und Gemüse (Wer hat je schon mal einen derart großen Kohlkopf gesehen?). Auch die Einheimischen haben sich inzwischen an die herumbummelnden Touristen gewöhnt und gehen ihrem Alltag nach.

Pura Ulun Siwi   HINDUTEMPEL
(Jl. Ulu Watu) Gegenüber vom Morgenmarkt steht dieser ebenholzfarbene Tempel aus dem 18. Jh. – ein verschlafener Fleck, in dem es jedoch an Feiertagen hoch hergeht: Dann kommen Scharen von Gläubigen, um ihre Opfergaben darzubringen und Räucherstäbchen zu entzünden.

🛏 Schlafen

Einige der größten und luxuriösesten Ferienanlagen Balis liegen in und um Jimbaran, dazu kommen einige Anlagen mittlerer Preiskategorie, die allerdings ein Stück vom Strand entfernt liegen. Die meisten bieten tagsüber einen Shuttledienst nach Kuta und zu anderen Zielen an. Geplant wird derzeit ein neues Resort der Meridien-Gruppe in der Nähe der südlichen Meeresfrüchtelokale. Da Jimbaran eigentlich ein „richtiger" Ort ist – also kein auf dem Reißbrett geplantes Resort –, ist es eine gute Alternative zu den Steinklötzen von Nusa Dua.

Hotel Puri Bambu   HOTEL $$
(☏ 0361-701468; www.hotelpuribambu.com; Jl. Pengeracikan; Zi. 50–120 US$; ✳ @ ⛢ ☇) Das nur 200 m vom Strand entfernt gelegene gediegene Puri Bambu ist ein älteres, aber gut geführtes Hotel – und bietet das beste

Jimbaran

Jimbaran

◉ Highlights
1. Jimbaran Beach A2
2. Jimbaran Fischmarkt A1

◉ Sehenswertes
3. Morning Market B2
4. Pura Ulun Siwi B2

🛏 Schlafen
5. Belmond Jimbaran Puri A3
6. Four Seasons Jimbaran Bay A3
7. Hotel Puri Bambu B1
8. Keraton Jimbaran Resort A2

🍴 Essen
9. Lei Lei Seaside Barbeque A3
10. Made Bagus Cafe A3
11. Warung Bamboo A2

🛍 Shoppen
12. Jenggala Keramik Bali Ceramics B3

Preis-Leistungs-Verhältnis in Jimbaran. Die 48 Standardzimmer (einige mit Badewanne) befinden sich in dreistöckigen Gebäuden, die sich um einen großen Pool gruppieren.

Keraton Jimbaran Resort HOTEL $$
(☎ 0361-701961; www.keratonjimbaranresort.com; Jl. Mrajapati; Zi. 110–200 US$; ❄@☎≋) Das bescheidene Keraton liegt am gleichen idyllischen Strand wie Jimbaran wie die teureren Ferienanlagen in der Nachbarschaft und bietet für ein Stranddomizil wirklich viel fürs Geld. Die 102 Zimmer verteilen sich auf ein- und zweistöckige Wohneinheiten im Bungalowstil. Das weitläufige Hotelareal ist mit der für Bali typischen Vegetation bestanden.

Udayana Kingfisher Ecolodge LODGE $$
(☎ 0361-747 4204; www.udayanaecolodge.com; Jl. Kampus Bukit; Zi. ab 80 US$; ❄@☎≋) 🍃 In den Gemeinschaftsbereichen im zweiten Stock der Lodge fühlen sich die Gäste wie ein Schmetterling, der sich auf einem grünen Blätterdach niedergelassen hat – die reinste Oase mitten im Tumult von Bukit. Von den 15 komfortablen Zimmern genießt man tolle Ausblicke über Südbali. Der Gemeinschaftsbereich hat etwas Einladendes. In einer Bibliothek finden sich auch einige Exemplare eines Buchs über Schmetterlinge, das die Manager selbst geschrieben haben.

★ **Belmond Jimbaran Puri** RESORT $$$
(☎ 0361-701605; www.belmond.com; ab Jl. Ulu Watu; Cottages ab 350 US$; ❄@☎≋) Das luxuriöse Resort am Strand liegt in einem schönen Grundstück, zu dem ein labyrinthartiger Pool mit Blick auf das offene Meer gehört. Die 64 Cottages und Villen verfügen jeweils über einen eigenen Garten und eine große Terrasse. Das Design der Zimmer ist schick – was auch für die in den Boden eingelassenen Badewannen gilt. Das Belmond Jimbaran Puri ist ein nobles, aber dennoch dezentes Resort.

Four Seasons Jimbaran Bay RESORT $$$
(☎ 0361-701010; www.fourseasons.com; Jl. Bukit Permai; Villen ab 800 US$; ❄@☎≋) Jede der 147 Villen hier ist in typisch balinesischem Design konzipiert – mit einem geschnitzten Eingang, der sich zu einem Wohnpavillon unter freiem Himmel mit Blick auf ein Tauchbecken öffnet. Das Resort liegt an einem Hügel mit Aussicht auf den Jimbaran Beach, der nur ein kurzes Stück zu Fuß entfernt liegt. Von den meisten Villen bietet sich ein sagenhafter Blick über die Bucht.

🍴 Essen & Ausgehen

Jimbarans Fisch- und Meeresfrüchtelokale – sie lassen sich zu drei Gruppen zusammenfassen – bereiten allabendlich (manche auch mittags) frische Meeresfrüchte auf dem Grill zu und locken damit Touristen aus ganz Südbali an. Die seitlich offenen Lokale liegen direkt am Strand

NICHT VERSÄUMEN

PASCAL CHEVILLOT: MEERESFRÜCHTE-KOCH

Der Eigentümer des sehr beliebten Restaurants Sardine (S. 94) in Kerobokan, Pascal Chevillot, gehört auf dem Fischmarkt von Jimbaran (S. 106) praktisch schon zum Inventar – an sechs Vormittagen pro Woche ist er da, und somit weiß er immer ganz genau, was gerade frisch angelandet wurde.

Der beste Grund für einen Besuch?

Neue Meeresfrüchte kommen ununterbrochen herein, wenn die Boote am Strand anlegen. Man weiß, dass man hier immer bestimmte Sorten wie hervorragende Schalentiere findet, aber ein Abenteuer ist es dennoch, und überrascht wird man auch immer wieder.

Der beste Fisch, der hier verkauft wird?

Opaka-Paka, Königsfisch, Zackenbarsch und Barramundi.

Die beste Zeit für einen Besuch?

Man sollte so früh wie möglich kommen, aber den Leuten nicht im Wege herumstehen. Am besten dreht man eine Runde durch die düstere Markthalle – sie hat etwas von einem Labyrinth. Es ist immer wieder erstaunlich, was sich alles in den Gewässer von Bali verbirgt. Die Verkäufer freuen sich über die Gäste, denn sie gehen davon aus, dass man nach dem Besuch noch mehr Appetit auf leckere Meeresfrüchte hat als sowieso schon.

---

und eignen sich perfekt, um die Brise vom Meer oder den Sonnenuntergang zu genießen. Die Tische und Stühle stehen im Sand am Wasserrand. Am besten kommt man schon vor Sonnenuntergang, denn dann kann man sich einen passenden Tisch aussuchen und das Sonnenspektakel bei einem Bier auf sich wirken lassen, bevor man sich das Abendessen bestellt.

Die Teller mit Meeresfrüchten und Fisch in etlichen Varianten werden mittlerweile zu Festpreisen verkauft, was dem Gast den Aufwand erspart, sich einen Fisch auszusuchen, ihn abwiegen zu lassen und dann nach Gewicht bezahlen zu müssen (was bei Einheimischen bisher immer große Heiterkeit ausgelöst hat). Wer dennoch auf dieser Verfahrensweise besteht, sollte vor der Zubereitung den Preis aushandeln.

Im Allgemeinen kann man eine Meeresfrüchteplatte mit Beilagen und ein paar Bierchen für unter 20 US$ pro Person genießen. Hummer (ab 30 US$) schlägt natürlich erheblich teurer zu Buche.

Die besten Köche marinieren den Fisch in Knoblauch und Limettensaft und besprenkeln ihn mit Chili und Öl. Anschließend wird er auf Kokosnussschalen gegrillt. Die dicken Rauchwolken, die über der Kohle aufsteigen, gehören mit zum Flair – was auch für die herumziehenden Musiker gilt, die fröhliche Gassenhauer im Stil von „Macarena" nachspielen. In fast allen Restaurants kann man mit der Kreditkarte bezahlen.

Meeresfrüchtelokale am nördlichen Strandabschnitt

Die nördlichen Meeresfrüchtelokale liegen südlich vom Fischmarkt in der Jalan Kedonganan und in der Jalan Pantai Jimbaran. Dorthin chauffieren Taxifahrer in der Regel auch alle Fahrgäste, die keine anderen Wünsche äußern. Die meisten der Lokale ähneln Restaurants, mit Tischen innen und draußen im geharkten Sand. Das Flair ist allerdings nicht so amüsant wie an den beiden anderen Abschnitten weiter im Süden.

Meeresfrüchtelokale am mittleren Strandabschnitt

Die Lokale liegen als kompakte, aber stimmungsvolle Gruppe direkt südlich der Jalan Pantai Jimbaran und Jalan Pemelisan Agung. Es sind einfache Läden mit altmodischen Strohdächern und offenen Seiten. Der Strand ist hier ein bisschen weniger gepflegt, Fischerboote liegen auf dem Sand. Und riesige Stapel Kokosnussschalen warten neben den Feuerstellen auf ihren Einsatz.

Warung Bamboo MEERESFRÜCHTE $$
(ab Jl. Pantai Jimbaran; Mahlzeiten 80 000 bis 200 000 Rp; ⊙12–22 Uhr) Der Warung präsentiert sich einen Tick ansprechender als die

umliegenden Lokale, die alle einen etwas rauen Charme versprühen. Die Speisekarte könnte einfacher nicht sein: Die Gäste suchen sich ihre Meeresfrüchte aus, Beilagen und Soßen sind im Preis inbegriffen.

Meeresfrüchtelokale im südlichen Strandabschnitt

Die Lokale (auch Muaya-Gruppe genannt) bestehen aus rund einem Dutzend Lokalen am Südende des Strands. Ein Parkplatz befindet sich an der Jalan Bukit Permai. Der Strand ist hier sehr gepflegt und mit schönen Bäumen bestanden.

★ Lei Lei Seaside Barbeque   MEERESFRÜCHTE $$
(0361-703296; ab Jl. Bukit Permai; Mahlzeiten 80 000–200 000 Rp; 12–22 Uhr) Ein besonders fröhliches Lokal mit schimmernden Aquarien, in denen sich das Abendessen tummelt. Das Mobiliar ist hier etwas hübscher als in den anderen Lokalen.

Made Bagus Cafe   MEERESFRÜCHTE $$
(0361-701858; ab Jl. Bukit Permai; Mahlzeiten 80 000–200 000 Rp; 12–22 Uhr) Das Lokal liegt etwas versteckt am nördlichen Ende der südlichen Lokalgruppe. Die Mitarbeiter, die an dem schmalen Streifen mit Tischen am Strand bedienen, sind stets gut gelaunt. Besonders empfehlenswert ist die gemischte Meeresfrüchteplatte. Am besten bittet man gleich um einen Nachschlag Soße, denn die ist hier besonders lecker.

Rock Bar   BAR
(0361-702222; Jl. Karang Mas Sejahtera, Ayana Resort; 16–1 Uhr;) Die Bar ist der Star Tausender Hochglanzartikel über Bali. Sie befindet sich 14 m über den tosenden Wellen des Indischen Ozeans und ist entsprechend gut besucht. Bei Sonnenuntergang kann die Wartezeit für die Fahrt mit dem Lift zur Bar hinunter schnell mal eine Stunde dauern.

Unbestritten ist die Lage auf den Klippen dramatisch. Spätabends können die Gäste hier den Sternenhimmel auf sich wirken lassen – und zwar ganz ohne Menschenmassen, die sich dann wieder verzogen haben.

Shoppen

Jenggala Bali Ceramics   KERAMIK
(0361-703311; www.jenggala.com; Jl. Ulu Watu II; 8–20 Uhr) In diesem modernen Lagerhaus wird wunderschöne Keramik verkauft – das Andenken Nummer eins auf Bali. Zur Auswahl stehen verschiedene farbenfrohe Kollektionen, die Firma fertigt aber auch nach individuellen Kundenwünschen.

In einer Werkstatt können potenzielle Kunden bei einer Tasse Kaffee bei der Produktion zuschauen. Wer nun Feuer gefangen hat, kann auch einen Keramikkurs belegen, die werden sowohl für Erwachsene als auch speziell für Kinder angeboten.

❶ An- & Weiterreise

Jede Menge Taxis warten bei den Warungs am Strand, um abends die Gäste nach Hause zu fahren (für eine Fahrt nach Seminyak werden etwa 100 000 Rp verlangt). Einige der Meeresfrüchtelokale bieten nach vorheriger telefonischer Vereinbarung einen kostenlosen Transport vom und zurück zum Hotel an.

Wer mit dem eigenen Fahrzeug kommt, sollte pro Fahrzeug mit einer „Straßennutzungsgebühr" in Höhe von 5000 Rp und mehr rechnen.

Rund um Jimbaran

Der schöne **Tegalwangi Beach** liegt 4,5 km südwestlich von Jimbaran am Fuß eines Steilhangs aus Kalkstein. Es ist die erste einer ganzen Kette verlockender Sandbuchten entlang der Westküste der Halbinsel. Ein kleiner Parkplatz befindet sich vor dem Tempel **Pura Segara Tegalwangi**. Dorthin strömen die Balinesen, die ein besonderes Anliegen an die Meeresgötter haben. Normalerweise steht hier ein einzelner Händler, bei dem man Erfrischungen kaufen kann, bevor man den kurzen, aber anspruchsvollen Weg über die schlechten Pfade hinunter zum Strand läuft. Direkt südlich zieht sich das riesige Resort Ayana über die Klippen.

Von Jimbaran nimmt man die Jalan Bukit Permai und fährt 3 km bis zu den Toren des Ayana Resorts, wo die Straße dann 1,5 km in Richtung Westen zum Tempel führt.

Das Landesinnere von Bukit

Die Jalan Ulu Watu, die südlich von Jimbaran verläuft, führt auf den 200 m hohen Hügel hinauf, der den gleichen Namen wie die Halbinsel trägt. Von dort oben bietet sich ein schöner Blick über Südbali. Da die Region immer mehr an Popularität gewinnt, ist der Verkehr inzwischen zu einem ernst zu nehmenden Problem geworden.

Balangan Beach & Ulu Watu

Der **Garuda Wisnu Kencana Cultural Park** (GWK; 0361-703603; www.gwk-cultural-park.com; Jl. Raya Ulu Watu; Eintritt 100 000 Rp; 9–22 Uhr;) ist noch nicht fertiggestellt, soll jedoch als riesiger Kulturpark einmal die 66 m hohe Statue von Garuda beherbergen. Der Garuda soll auf einem Einkaufs- und Galeriekomplex errichtet und insgesamt 146 m hoch werden. Der einzige bislang vollendete Teil der Statue ist der große Bronzekopf. Allem Medienrummel zum Trotz ist der Eintrittspreis dann aber eigentlich doch nicht gerechtfertigt.

Etwa 2 km südlich des Kulturparks liegt eine wichtige Kreuzung mit einem nützlichen Wahrzeichen, dem **Nirmala Supermarket** (Jl. Ulu Watu; 8–22 Uhr). Hier gibt es Geldautomaten und Cafés, darunter eine kleine Filiale der Bäckerei **Bali Buda** (0361-701980; Jl. Ulu Watu; Snacks ab 20 000 Rp; 8–20 Uhr) aus Ubud. Für die Gäste stehen ein paar schattige Tische bereit, an denen man sich das gesunde Essen und die Säfte schmecken lassen kann.

Balangan Beach

Balangan Beach ist ein langer, flacher Streifen fast weißen Sands am Fuß felsiger Klippen. Unzählige Palmen und ein Band von Sonnenschirmen säumen ihn. Surfer-Bars, Cafés in Bretterbuden und sogar etwas dauerhafter gebaute Guesthouses reihen sich am Ufer auf. Dort genießen einige nicht mehr ganz so schlanke Besucher aus der Ersten Welt die Sonnenstrahlen – nicht weit von den Abwässern der Dritten Welt. Das Ganze wirkt hier ein wenig wie der Wilde Westen.

Am nördlichen Strandende steht der kleine Tempel **Pura Dalem Balangan**. Strandhütten aus Bambus ziehen sich am Südende entlang. Hier hängen die Urlauber faul herum, wobei sie mit einem Auge das Treiben am linken Surfbreak beobachten.

Der Strand lässt sich über Trampelpfade von den beiden Parkplätzen aus erreichen: Das nördliche Ende befindet sich in der Nähe des wenig besuchten Tempels, das südliche Ende in der Nähe der Strandbars.

Schlafen & Essen

Am Balangan Beach stehen oben auf den Steilklippen einige etablierte Guesthouses, nur fünf Gehminuten von der Brandung entfernt. Unten im Sand gestaltet sich die Szenerie erheblich spontaner – alles scheint jeden Moment von den Planierraupen dem Vergessen überantwortet zu

Balangan Beach & Ulu Watu

◉ Highlights
1 Pura Luhur Ulu Watu A3

◉ Sehenswertes
2 Balangan Beach C1
3 Bingin Beach... B2
4 Garuda Wisnu Kencana Cultural
   Park... D1
5 Impossibles Beach B2
6 Padang Padang Beach B2
7 Pura Dalem Balangan........................... C1
   Pura Mas Suka .... (s. 20)

⊕ Aktivitäten, Kurse & Touren
8 Balangan C1
9 Bingin... B1
10 Finns Beach Club D3
11 Impossibles B2
12 Padang Padang B2
13 Ulu Watu... A2

⊜ Schlafen
14 Adi's Home Stay..................................... B2
15 Alila Villas Uluwatu C3
16 Balangan Sea View Bungalows C1
17 Bali Rocks B2
18 Bingin Garden.. B2
    Flower Bud Bungalows .... (s. 16)
19 Gong...A2
20 Karma Kandara......................................D3
    Le Sabot... (s. 17)
21 Mamo Hotel..A2
    Mick's Place .... (s. 14)
    Mu.. (s. 24)
22 Nerni Warung.. C1
23 Pink Coco Bali..B2
24 Temple Lodge.. B2
25 Thomas Homestay................................ B2
26 Uluwatu Cottages..................................A2

⊗ Essen
27 Bali Buda..D2
28 Delpi Rock Lounge A2
29 Nasa Café C1
30 Nirmala Supermarket D2
31 Om Burger... B2
32 Single Fin A2
33 Yeye's Warung....................................... B2

⊘ Ausgehen & Nachtleben
34 Rock Bar C1

⊛ Unterhaltung
35 Kecak Dance..A3

---

werden. So besteht meist die Möglichkeit, in den Bars neben den Bintang-Bierkästen ein fensterloses, kleines Reetzimmer zu mieten; mehr als 150 000 Rp sollte der Spaß nach dem obligatorischen Gefeilsche allerdings nicht kosten. Zahlreiche Guesthouses liegen an der Zufahrtstraße, die von der Jalan Ulu Watu abgeht, viele allerdings weit vom Strand entfernt.

Balangan Sea View Bungalows   GUESTHOUSE $
(☏ 0812 376 1954; www.balanganseaviewbungalow.com; ab Jl. Pantai Balangan; Zi. mit Ventilator/Klimaanlage ab 375 000/450 000 Rp; ❄ ⓦ ☀) Ein Schwung Reetbungalows mit 25 Zimmern gruppiert sich um einen kleinen Pool auf einem attraktiven Grundstück. Das kleine Café bietet sogar WLAN. Man findet die Anlage direkt gegenüber der Flower Bud Bungalows auf der Anhöhe.

Nerni Warung   GUESTHOUSE $
(☏ 0813 5381 4090; Zi. ab 200 000 Rp; Hauptgerichte ab 30 000 Rp) Das einfache Guesthouse am Südende des Sandstrands betreibt ein eigenes Café mit toller Aussicht. Nerni hat ein wachsames Auge auf alles, und deshalb sind die einfachen Zimmer sauberer als bei der Konkurrenz. Die Dame des Hauses wirkt manchmal vielleicht ein bisschen mürrisch, vermutlich lächelt sie aber nur in sich hinein.

Flower Bud Bungalows   GUESTHOUSE $$
(☏ 0828 367 2772; www.flowerbudbalangan.com; ab Jl. Pantai Balangan; Zi. 500 000–1 200 000 Rp; ⓦ ☀) Das Guesthouse befindet sich auf einer Anhöhe: Acht Bambusbungalows liegen auf einem weitläufigen Grundstück in der Nähe eines klassischen nierenförmigen Pools. Das Ambiente wird etwas von Robinson Crusoe inspiriert. Für alle, die sich verwöhnen lassen wollen, gibt es ein kleines Spa.

Nasa Café   CAFÉ $
(Mahlzeiten ab 30 000 Rp; ⊙ 8–23 Uhr) In der schattigen Bambus-Bar, die auf Stelzen über dem Sand thront, können die Gäste durch das herunterhängende Reetdach einen Rundumblick auf das blaue Band aus tosenden Wellen werfen.

Einfache indonesische Mahlzeiten stimmen die Gäste auf die vier spartanisch eingerichteten Zimmer (etwa 150 000 Rp) hinter der Bar ein, die aus kaum mehr als einer Matratze auf dem Boden bestehen. In dieser Art gibt es noch zahlreiche weitere Quartiere in der Umgebung.

An- & Weiterreise

Der Balangan Beach liegt 6,2 km von der Jalan Ulu Watu entfernt an der Jalan Pantai Balangan. An der Kreuzung beim Nirmala Supermarket biegt man gen Westen ab.

Taxifahrer aus Kuta und Umgebung verlangen mindestens 60 000 Rp pro Stunde für die Hin- und Rückfahrt inklusive Wartezeit.

Pecatu Indah

Der 400 ha große **Urlaubskomplex** erstreckt sich zwischen dem Zentrum der Halbinsel Bukit und der Küste. Das Land ist trocken, aber das hat die Bauunternehmer nicht daran gehindert, ein riesiges Hotel, Eigentumswohnungen, Häuser und einen wasserhungrigen 18-Loch-Golfplatz anzulegen. Auf den großen Boulevards sind immer jede Menge Tanklaster zu sehen, die das Wasser aus Balis Zentralgebirge hierher befördern. Den Mittelpunkt des Neubaugebietes bildet ein Privatstrand, ein ehemaliger Surfertreff mit dem Namen Dreamland. Er firmiert nun unter dem Spitznamen „New Kuta Beach" – was so manchem vorkommt, als würde man sein Boot *New Titanic* taufen. Ein geschmackloser, teuerer Club wacht über alles.

Bingin

Bingin mit seiner sich ständig ändernden Szene bietet einen Schwung unkonventioneller, schicker Unterkünfte, die verteilt über die Klippen sowie unten am weißen Sandstrand, dem **Bingin Beach**, liegen. Die Jalan Pantai Bingin zweigt von der Jalan Melasti (nach dem Wirrwarr von Unterkunftsschildern Ausschau halten) ab und verzweigt sich nach 1 km in ein Gewirr verschiedener Gassen.

Die Szenerie ist einfach wunderschön: Die bewaldeten Klippen ziehen sich bis zu den Surfercafés und zum schäumenden Rand des blauen Ozeans hinunter. Den Strand unten erreicht man über einen steilen Pfad in fünf Minuten. Die Brandung ist hier oft wild, doch der mit Felsen übersäte Sand beschaulich. Der Anblick und das Donnern der tosenden Wellen haben etwas Hypnotisierendes.

Ein älterer Anwohner kassiert an einer T-Kreuzung in der Nähe des Parkplatzes 5000 Rp für die Nutzung des Pfads, der zum Strand hinunterführt.

Schlafen & Essen

Zahlreiche Unterkünfte liegen auf den Klippen und in der Umgebung. Alle haben zumindest ein einfaches Café. Wer sich ins Nachtleben stürzen möchte, muss allerdings in Richtung Ulu Watu fahren.

Spartanische Zimmer für Surfer finden sich unten an den Klippen unweit vom Meer in einer Reihe von Behausungen aus Bambus und Reet; für die Übernachtung werden um die 100 000 Rp verlangt.

★**Adi's Home Stay** BUNGALOW $
(0816 297 106, 0815 5838 8524; ab Jl. Pantai Bingin; Zi. mit Ventilator/Klimaanlage ab 250 000/400 000 Rp; ✷ ⓢ) Die neun Zimmer

---

AUSVERKAUF DER HALBINSEL BUKIT

Viele Umweltschützer halten die stets trockene Halbinsel Bukit für eine Art Omen, welche Herausforderungen dem restlichen Bali noch bevorstehen, denn die Landnutzung übersteigt hier ganz offensichtlich die Wasservorräte. Die kleinen Gästehäuser, die sich früher wie an einer Perlenschnur oberhalb der Strände an der Westseite entlangzogen, werden nach und nach durch große Neubauten ersetzt, die Unmengen Wasser verbrauchen. Neben dem weitläufigen Pecatu-Indah-Komplex beschlagnahmen immer mehr Projekte die herrlichen Kalksteinklippen, um Platz für riesige Wohnkomplexe aus Beton zu schaffen.

Für die Regulierung des ungezügelten Wachstums gibt es nur wenige Kontrollstellen. Zwischen den vielen Fahrzeugen, die auf der Jalan Ulu Watu im Stau stehen, sind die unzähligen Wassertrucks nicht zu übersehen, die zu Hunderten den Durst dieser Gegend löschen. Darüber hinaus hat der ungezügelte Straßenbau an der Südküste zu einem Boom von Villenneubauten geführt, die meisten natürlich mit einem eignen Pool.

Die Bemühungen von Umweltschützern, das Wachstum unter Kontrolle zu bringen, beschränken sich inzwischen auf den Versuch, zumindest die weitläufigen Mangroven an der Benoa Bay, unten an der Halbinsel Bukit, vor einer Bebauung zu schützen.

im Bungalowstil mit Blick auf einen hübschen Garten sind neu und gemütlich. Die Unterkunft liegt in einer winzigen Gasse in der Nähe des Strandparkplatzes. Zur Anlage gehört ein kleines Café.

Bingin Garden GUESTHOUSE $
(0816 472 2002; tommybarrell76@yahoo.com; ab Jl. Pantai Bingin; Zi. ab 250 000 Rp;) Die sechs Zimmer im Bungalowstil liegen in einem gepflegten Grundstück mit großem Pool. Das Gästehaus liegt hinter den Klippen, zum Strandpfad läuft man rund 300 m.

★ **Temple Lodge** BOUTIQUEHOTEL $$
(0857 3901 1572; www.thetemplelodge.com; ab Jl. Pantai Bingin; Zi. 70–250 US$;) „Künstlerisch angehaucht" und „wunderschön" sind zwei der Beschreibungen dieser Ansammlung von Hütten und Cottages aus Reet, Treibholz und anderen Naturmaterialien. Die Lodge liegt auf einem Felsvorsprung über den Surfbreaks; von der Poollandschaft und von einigen der sieben Wohneinheiten bietet sich ein herrlicher Blick aufs Meer. Gäste können vor Ort Mahlzeiten bestellen und morgens am Yoga-Unterricht teilnehmen.

Mick's Place BOUTIQUEHOTEL $$
(0812 391 3337; www.micksplacebali.com; ab Jl. Pantai Bingin; Zi. ab 100 US$, Villen ab 300 US$;) Das türkisblaue Wasser in dieser briefmarkengroßen Poollandschaft passt perfekt zum türkisen Meer weiter unten. Fünf kunstvolle Bungalows und eine Luxusvilla liegen inmitten eines üppig grünen Gartens. Auf diesem „Spielplatz" mit Hippie-Schick können es die Gäste stilvoll krachen lassen; es sind nie mehr als 16 Personen da.

Tagsüber genießen die Gäste von ihren Liegen aus einen imposanten 180-Grad-Blick auf die weltberühmten Surfbreaks.

Mu GUESTHOUSE $$
(%0361-847 0976; www.mu-bali.com; ab Jl. Pantai Bingin; Zi. 90-200 US$; aWs) Die zwölf sehr individuell gestalteten Bungalows mit Reetdach liegen verstreut über ein Grundstück, dessen Mittelpunkt eine Poollandschaft an den Klippen ist. Alle Bungalows haben einen Aufenthaltsbereich im Freien; manche eine Klimaanlage im Schlafzimmer und einen Whirlpool mit Aussicht. Zwei Wohneinheiten haben mehrere Schlafzimmer und sind daher ideal für größere Gruppen oder Familien.

Impossibles Beach

Rund 100 m westlich der Jalan Pantai Bingin sieht man in der Jalan Melasti einen weiteren Abzweig Richtung Meer. Dieser asphaltierten Straße folgt man für 700 m und hält dabei nach einem verkritzelten Schild an der Wand Ausschau, auf dem **Impossibles Beach** steht. Wer dem ausgeschilderten Pfad folgt, versteht schnell, warum der Strand so heißt. Die Wanderung ist die reinste Tortur, dafür wartet zur Belohnung am Ende eine einsame Bucht mit cremefarbenem Sand zwischen eindrucksvollen Felsen.

Padang Padang

Klein, aber fein: Der **Padang Padang Beach** ist eine hübsche kleine Bucht in der Nähe der Jalan Labuan Sait, wo ein kleiner Fluss ins Meer mündet. Das Parken bereitet kein Problem, man spaziert nur ein kurzes Stück zu Fuß durch eine Tempelanlage und folgt dann einem gut befestigten Weg hinunter zum Wasser. Vorsicht vor den Affen, die die Spaziergänger um Bananen anbetteln.

In der Nähe des Sandstrands gibt es immer wieder schattige Flecken und ein paar einfache Warungs. Auch ein Surfbrett kann man sich ausleihen, um sich damit in die Wellen zu stürzen. Während der Hochsaison wird es hier allerdings oft sehr voll.

Abenteuerlustige können einen erheblich längeren, fast einsamen weißen Sandstrand anpeilen, der am Westufer des Flusses seinen Anfang nimmt. Einfach einen Einheimischen fragen, wie man am besten dorthin kommt oder die steilen Treppen am Thomas Homestay nehmen.

Eine Fahrt in einem Taxi mit Gebührenzähler kostet von Kuta nach Padang Padang rund 150 000 Rp; die Fahrzeit liegt bei mindestens einer Stunde – je nach Verkehr kann sie auch länger dauern.

🛏 Schlafen & Essen

In Padang Padang eröffnen in der Jalan Labuan Sait immer mehr gute Restaurants und Unterkünfte. Ein günstiger Abschnitt befindet sich 200 m vom Strandzugang entfernt; dort gibt es auch Geldautomaten.

Wer richtig nah an den Wellen wohnen möchte, sollte sich für eines der Guesthouses bei den Klippen entscheiden; sie lassen sich über einen sehr abschüssigen Pfad von der Steilküste aus erreichen. Dieser Pfad beginnt am Ende einer verwinkelten Gasse, die 200 m von der Jalan Labuan Sait gleich westlich vom Om Burger beginnt. Einfache Mahlzeiten sind erhältlich, und man kann auch Wasser, Bier und Artikel des täglichen Bedarfs kaufen.

Samstags und bei Vollmond findet am Strand eine Party mit Musik und Meeresfrüchten vom Grill statt; dann wird bis zum Morgengrauen gefeiert.

Bali Rocks GUESTHOUSE $
(0817 344 788; www.bali-rocks.com; Zi. 125 000 bis 150 000 Rp) Unten an der Klippenwand bietet das schöne Guesthouse mit Reetdach sehr einfache Zimmer mit sagenhafter Aussicht auf das Meer und die Wellen. Die Duschen und Toiletten befinden sich ein paar Treppen unterhalb des Zimmers. Bei Flut können die Gäste hier direkt ins Wasser springen.

Thomas Homestay GUESTHOUSE $
(0813 3803 4354; ab Jl. Labuan Sait; Zi. ab 250 000 Rp) Vom Guesthouse genießt man einen sagenhaften Blick über die spektakuläre Küste. Die 13 sehr einfachen Zimmer (einige mit Gemeinschaftsbad) liegen am Ende eines holprigen, 400 m langen Pfads, der von der Hauptstraße abgeht. Von der Unterkunft kann man einen langen Spaziergang die Treppen hinunter zum menschenleeren Padang Padang Beach westlich des Flusses unternehmen. Das Café gilt wegen seiner herrlichen Aussicht als Geheimtipp.

★ Le Sabot BUNGALOW $$
(0812 3768 0414; www.lesabotbali.com; Zi. ab 60 US$) Hier auf den Bukit-Klippen können die Gäste den Surfer-Phantasien der 1960er-Jahre frönen! Die vier Wohneinheiten im Bungalowstil sind fast schon feudal zu nennen, es gibt heißes Wasser, Strom, Kühlschränke, große Betten und Veranden mit den schönsten Ausblicken, die Bali zu bieten hat. Das Le Sabot liegt ebenfalls ein gutes Stück die Klippenwand hinunter.

Pink Coco Bali HOTEL $$
(0361-824 3366; www.pinkcocobali.com; Jl. Labuan Sait; Zi. 60–150 US$; ❄ 🛜 🏊) Einer der Pools dieses romantischen Hotels ist – wie passend! – pink gefliest. Die 21 Zimmer mit künstlerischem Anstrich haben eine Terrasse und einen Balkon. In der gesamten Anlage herrscht ein mexikanisches Flair.

Die Mitarbeiter sind sehr um das Wohl der Surfer bemüht, die Gäste können aber auch Fahrräder und andere Sportgeräte ausleihen.

Om Burger BURGER $$
(0812 391 3617; Jl. Labuan Sait; Hauptgerichte ab 50 000 Rp; 8–22 Uhr; 🛜) „Superfood Burger" – damit wirbt das Lokal mit schöner Aussicht vom oberen Stock. Und die Burger sind auch wirklich superlecker und noch dazu supergroß. Auf der Speisekarte steht aber auch immer wieder etwas, das der Gesundheit zuträglich ist: gebackene Süßkartoffelpommes, vitaminreiche Säfte und vieles mehr. Das Lokal ist sehr beliebt; deshalb muss man abends oft mit Wartezeiten rechnen, bis ein Tisch frei wird.

Ulu Watu & Umgebung

Ulu Watu hat sich als allgemeine Bezeichnung für die Südwestspitze der Halbinsel Bukit etabliert. Hier findet man einen hoch verehrten Tempel sowie die sagenhaften Surfbreaks gleichen Namens. Rund 2 km nördlich von besagtem Tempel ragt eine dramatische Klippe auf; über ein paar Treppen geht es zu den legendären Ulu-Watu-Surfbreaks hinunter. Cafés und Surfläden ziehen sich auf fast nacktem Felsen bis zum Meer hinunter. Das Panorama ist sagenhaft, was auch für die Surfszene gilt.

⊙ Sehenswertes & Aktivitäten

★ Pura Luhur Ulu Watu HINDUTEMPEL
(Jl. Ulu Watu; Eintritt inkl. Leihgebühr für Sarong & Schärpe Erw./Kind 20 000/10 000 Rp; 8–19 Uhr) Der bedeutende Tempel thront am äußersten Rand der Südwestspitze der Halbinsel, oberhalb der Felsklippen, die steil zur Brandung abfallen. Man betritt ihn durch ein ungewöhnliches bogenförmiges Portal, das von Ganesha-Statuen flankiert wird. Die Innenwände aus Korallengestein sind mit kunstvollen Schnitzereien mit Darstellungen von Balis mythologischer Tierwelt bedeckt. Nur gläubige Hindus dürfen den kleinen inneren Tempel betreten, der auf der vorstehenden Landspitze errichtet ist.

Doch auch der Blick von den Klippen auf die endlose Dünung des Indischen Ozeans ist fast schon spirituell zu nennen. Es empfiehlt sich, bei Sonnenuntergang um die Spitze der Klippe auf die linke (südliche) Seite des Tempels zu gehen; dort ist meist weniger los.

Ulu Watu ist einer von mehreren bedeutenden Tempeln für die Meeresgeister an der Südküste Balis. Im 11. Jh. gründete der javanische Priester Empu Kuturan hier den

> **ℹ VERFLIXTE AFFEN**
>
> Pura Luhur Ulu Watu ist die Heimat unzähliger Grauaffen. Die kleinen, gierigen Gesellen klauen Sonnenbrillen, Handtaschen, Hüte und was sich sonst noch so in Reichweite befindet – wenn sie nicht gerade mit Enthusiasmus kopulieren.

ersten Tempel. Die Anlage wurde durch Nirartha ergänzt, einen weiteren javanischen Priester, der für die Meerestempel in Pura Tanah Lot, Rambut Siwi und Pura Sakenan bekannt ist. Nirartha zog sich für seine letzten Tage, als er *moksa* (Freiheit von weltlichem Begehren) erlangt hatte, nach Ulu Watu zurück.

Ein beliebter Kecak-Tanz wird bei Sonnenuntergang im Tempelgelände aufgeführt. Dann bilden sich hier zur Hochsaison lange Autoschlangen.

Ulu Watu SURFEN

Ulu Watu (Ulu's) ist ein legendärer Surfbreak – der Stoff aus dem die Träume sind – allerdings auch die Alpträume. Seinen Ruhm verdankt es auch dem nahen **Pantai Suluban Beach**. Seit Anfang der 1970er-Jahre locken die Wellen hier Surfer aus aller Welt an – die linksdrehenden Breaks scheinen an diesem Ort überhaupt kein Ende zu nehmen.

In der Gegend finden sich zahlreiche kleine Gasthöfe und Warungs, die Surfbretter verkaufen oder verleihen und ansonsten Essen und Getränke, Autoreparaturen oder Massagen anbieten.

🛏 Schlafen & Essen

Die Klippen über den Hauptwellen von Ulu Watu werden von Cafés und Bars gesäumt, dazu gibt es jede Menge kleiner Lokale und Unterkünfte im mittleren Preissegment. Am besten dreht man einfach eine Runde und schaut sich ein paar dieser Häuser an.

Gong GUESTHOUSE $

(☎ 0361-769976; www.thegonguluwatubali.com; Jl. Pantai Suluban; Zi. ab 200 000 Rp; @ ≋) Die zwölf ordentlichen Zimmer bieten eine gute Belüftung und heißes Wasser; sie gehen auf ein kleines Grundstück mit einem hübschen Pool hinaus. Von einigen Wohneinheiten im Obergeschoss kann man in der Ferne das Meer sehen. Das Gong liegt rund 1 km südlich der Cafés an den Klippen von Ulu Watu; die Gastfamilie ist sehr nett.

★ Uluwatu Cottages BUNGALOW $$

(☎ 0361-207 9547; www.uluwatucottage.com; Jl. Labuan Sait; Zi. ab 60 US$; ❄ ☎ ≋) Der Neuzugang ist eine überaus willkommene Ergänzung in der Übernachtungsszene von Ulu Watu. Die 14 Bungalows liegen in einem großen Grundstück direkt über den Klippen und nur 400 m östlich der Cafés von Ulu Watu (rund 200 m von der Jalan Labuan Sait entfernt). Die Wohneinheiten sind komfortabel, die Aussicht ist ein Traum.

Mamo Hotel HOTEL $$

(☎ 0361-769882; www.mamohoteluluwatu.com; Jl. Labuan Sait; Zi. ab 60–100 US$; ❄ ☎ ≋) Das moderne Hotel mit 30 Zimmern ist eine gute Wahl und liegt direkt am Zugang zum Areal oberhalb der Breaks von Ulu Watu. Das zweistöckige Hauptgebäude liegt an einem schönen Pool, ein beliebtes Café mit sanfter Brise ergänzt das Angebot.

Delpi Rock Lounge CAFÉ $

(Mahlzeiten ab 50 000 Rp; ⊕12–21 Uhr) Diese Filiale des Delpi-Imperiums hat eine tolle Plattform, die fast komplett von der Brandung umtost wird. Für die Gäste stehen Sonnenliegen bereit. Ein Stück weiter die Klippen hinauf befindet sich ein Café, das drei einfache Zimmer vermietet (ab 350 000 Rp).

Yeye's Warung CAFÉ $

(Jl. Labuan Sait; Mahlzeiten ab 30 000 Rp; ⊕12–24 Uhr) Dieser Treff abseits der Klippen liegt zwischen Padang Padang und Ulu Watu. Das Yeye's gibt sich leger, das Bier ist billig, das Thai-Essen und die Pizza sind lecker.

Single Fin CAFÉ $$

(☎ 0361-769941; Mahlzeiten ab 60 000 Rp; ⊕8–23 Uhr) Der Blick vom Café auf das Surf-Szenario ist schlichtweg atemberaubend. Die Gäste können von einer der drei Terrassen hoch oben auf den Klippen zuschauen, wie die nie endende Dünung des Indischen Ozeans heranrollt, sich Wellen ausbilden – und dann Wetten abschließen, welchem der vielen Surfer es wohl gelingt, sich auf den Wellen zu halten. Die Getränke sind hier nicht gerade billig, und das Essen ist auch nichts Besonderes. Aber vor allem bei Sonnenuntergang spielt das vielleicht keine so große Rolle, oder?

☆ Unterhaltung

★ Kecak-Tanz TANZ

(Pura Luhur Ulu Watu, ab Jl. Ulu Watu; Eintritt 100 000 Rp; ⊕Sonnenaufgang) Auch wenn die Tanzvorführung ganz offensichtlich auf Tou-

Nusa Dua

risten abzielt, gilt sie wegen der herrlichen Bühne in einem kleinen Amphitheater in der wild wuchernden Vegetation des Pura Luhur Ulu Watu als eine der schönsten der ganzen Insel. Der Blick übers Meer ist ebenso erhaben wie der Tanz. In der Hochsaison ist hier immer entsprechend viel los.

ⓘ An- & Weiterreise

Am besten lässt sich die Region Ulu Watu mit einem eigenen Fahrzeug erkunden. Aber Achtung: Die Polizei richtet oft Kontrollpunkte in der Nähe von Pecatu Indah ein, um Touristen aus dem Westen zu überprüfen, die mit dem Motorrad über die Insel fahren. Schon für Gesetzeswidrigkeiten wie einen losen Kinngurt wird ein Bußgeld fällig.

Wer von Osten auf der JalanLabuan Sait zu den Cafés an den Klippen von Ulu Watu kommt, stößt als Erstes auf eine Zufahrtsstraße zum Parkplatz in Klippennähe. Nach dem Überqueren der Brücke führt eine Seitenstraße zu einem weiteren Parkplatz, von dem aus sich die Cafés an den Klippen im Rahmen eines hübschen kurzen Spaziergangs erreichen lassen.

Ein Taxi kostet von Seminyak dorthin mindestens 200 000 Rp; die Fahrt dauert 1 Std. oder auch länger, da die Zufahrtsstraßen ständig verstopft sind.

Ungasan & Umgebung

Während es in Ulu Watu darum geht, die Surfer-Kultur zu feiern, feiert Ungasan das Ich. Von Kreuzungen unweit des ansonsten unscheinbaren Dorfes zweigen Straßen zur Südküste ab, wo einige der exklusivsten Ferienresorts Balis am Meer liegen. Während in der Ferne die unendlichen türkisblauen Wellen des Indischen Ozeans hypnotisch heranrollen, fällt es schwer, nicht zu glauben, man habe das Ende der Welt erreicht (wenn auch ein sehr komfortables).

Nusa Dua

⊙ Highlights
1 Pasifika Museum C2

⊙ Sehenswertes
2 Bali International Convention Centre ... B1
3 Bali Nusa Dua Convention Center C1
4 Haupttor B1
5 Pura Gegar B4
6 South Gate B3

⊙ Aktivitäten, Kurse & Touren
7 Bali National Golf Resort B3
8 Beach Promenade C1
9 Gegar Beach B4

⊙ Schlafen
10 Sofitel Bali Nusa Dua Beach Resort C1
11 St Regis Bali Resort C3

⊙ Essen
12 Nusa Dua Beach Grill B4
13 Warung Dobiel B2

⊙ Shoppen
14 Bali Collection C2
15 Hardy's Supermarket A1

⊙ Sehenswertes & Aktivitäten

Pura Mas Suka HINDUTEMPEL
Der winzige Tempel lässt sich über eine schmale, kurvenreiche Straße erreichen, die durch eine überwiegend öde Landschaft mit rotem Gestein führt. Die Szenerie ändert sich dramatisch, sobald man Karma Kandara erreicht, das sich rund um den Tempel ausbreitet.

Pura Mas Suka ist ein Paradebeispiel für einen balinesischen Tempel am Meer, der allerdings oft geschlossen ist. Das sollte man im Hinterkopf haben, bevor man sich über einen holprigen Pfad auf den Weg dorthin macht.

Finns Beach Club STRANDCLUB
(✆0361-848 2111; www.finnsbeachclub.com; ab Jl. Masuka; Tageskarte Erw./Kind 250 000 Rp/frei; ⊙8–20 Uhr) Der private Strandclub liegt am Fuß einer Klippe an einem kleinen weißen Sandstrand, der sich wie Puder anfühlt, und bietet seinen Gästen ganztägig verschiedenste Aktivitäten und ein Verwöhnprogramm. Im Eintrittspreis inbegriffen ist ein Bon über 150 000 Rp, der in den Bars, Spa-Pavillons am Strand usw. allerdings schnell verbraucht ist. Am Wochenende legen nachmittags DJs auf, bei Sonnenuntergang wird ein Feuerwerk angezündet. Und was entscheidend ist: Ein Lift transportiert die Gäste die Klippe hinauf und hinunter.

🛏 Schlafen & Essen

★ Alila Villas Uluwatu RESORT $$$
(✆0361-848 2166; www.alilahotels.com; Jl. Belimbing Sari; Zi. ab 760 US$; ❄@🛜☼) Das optisch beeindruckende, weitläufige Resort wurde in einem modernen, künstlerischen Stil eingerichtet, der leicht und luftig wirkt, aber dennoch ein Gefühl von Luxus verströmt. Das Alila mit 85 Wohneinheiten bietet einen charmanten Service in einem Ambiente, in dem das Blau des Meeres mit dem Grün der (vom Hotel kultivierten) Reisfelder kontrastiert. Die Anlage liegt 2 km von der Jalan Ulu Watu entfernt.

Karma Kandara RESORT $$$
(✆0361-848 2200; www.karmaresorts.com; Jl. Villa Kandara Banjar; Villen ab 600 US$; ❄@🛜☼) Das wunderschöne Resort schmiegt sich in die Hügel, die sanft zum Meer abfallen. Steinpfade verlaufen zwischen den mit Mauern eingefassten Villen, die von Bougainvilleen überwuchert sind; bemalte Türen setzen farbenfrohe Akzente. Hier herrscht das Flair eines tropischen Bergortes.

Das Restaurant **Di Mare** (Mahlzeiten 15–30 US$) ist durch eine kleine Brücke mit dem gabelförmigen Gelände verbunden; ein Aufzug fährt zum Strand hinunter.

Nusa Dua

Nusa Dua heißt wörtlich übersetzt „Zwei Inseln" – obwohl es tatsächlich nur kleine, erhöhte Landzungen sind, jeweils mit einem kleinen Tempel. Aber Nusa Dua ist sehr viel besser bekannt als Balis eingezäunte Anlage mit mehreren Resort-Hotels. Es ist ein riesiges, supergepflegtes Gelände, bei dem man mit dem Passieren der Wachen den Rest der Insel hinter sich lässt. Verschwunden sind Trubel, Hektik und das bezaubernde Chaos der übrigen Insel.

Nusa Dua wurde in den 1970er-Jahren erbaut und so konzipiert, dass es mit den internationalen Strand-Resorts in aller Welt konkurrieren konnte. Balinesische „Kultur" in Form von Tänzen und anderen Vorführungen wird jeden Abend für die Massen buchstäblich herangekarrt.

Mit fast 20 großen Resorthotels und Tausenden von Zimmern kann Nusa Dua in der Hochsaison einige seiner Versprechen einlö-

PANDAWA BEACH

Ein alter Steinbruch an der entlegenen Südküste der Halbinsel Bukit wurde zu einem Hindu-Heiligtum samt Strandattraktion umfunktioniert. Man zahlt einen stolzen Eintrittspreis (10 000 Rp) an die Aufseher (die gern das eine oder andere Bier kippen) und läuft dann auf einer Straße nach unten, die dramatisch durch die Kalksteinklippen führt.

Große Statuen, die Hindu-Gottheiten darstellen, sind in Nischen in den Fels gehauen. Ganz unten erreicht man den lange Sandstrand Pandawa Beach. Unter der Woche liegt er ziemlich verlassen da, sieht man einmal von ein paar Seetangfarmern aus dem Dorf ab. Am Wochenende unternehmen die Balinesen allerdings gern einen Tagesausflug dorthin.

Einige Warungs verkaufen Erfrischungsgetränke; man kann sich auch eine Sonnenliege leihen. Das durch ein Riff geschützte Wasser eignet sich gut zum Schwimmen.

Und so kommt man hin: An der Hauptstraße, der Jalan Dharmawangsa, zwischen Ungasan und Nusa Dua nach den Schildern zum Pandawa Beach Ausschau halten; er liegt 2 km in Richtung Dorf hinunter, wo man beim Sandstrand parken kann.

---

sen, in der Nebensaison wirken die Hotelanlagen jedoch schnell ziemlich trostlos. Die Atmosphäre ist kaum balinesisch, sondern gleicht eher der eines durchschnittlichen Strand-Resorts – obwohl einige Hotels versuchen, sich eine Patina aus balinesischem Stil zuzulegen.

◉ Sehenswertes & Aktivitäten

Die Strände von Nusa Dua sind sauber und werden regelmäßig mit dem Rechen bearbeitet; Riffe halten die Dünung ab, sodass die Brandung gleich null ist.

Alle Resorthotels verfügen über ein teures Spa mit einer großen Bandbreite an Therapien und Behandlungen, bieten aber auch einfach nur Entspannung an. Zu den am meisten gelobten Spas zählen die der Hotels Amanusa, Westin und St. Regis. Alle stehen auch Nicht-Hotelgästen offen; der Preis für eine Massage beginnt bei 100 US$.

★ Pasifika Museum MUSEUM
(☏ 0361-774559; Bali Collection Shopping Centre, Block P; Eintritt 70 000 Rp; ⊙ 10–18 Uhr) Wenn keine Gruppen aus den umliegenden Resorts da sind, haben die Besucher das große Museum praktisch für sich. Die Kunst der Pazifikkulturen umfasst mehrere Jahrhunderte und beinhaltet über 600 Gemälde. Sehr sehenswert sind auch die Tikis.

Die einflussreiche Welle europäischer Künstler auf Bali zu Beginn des 20. Jhs. ist gut repräsentiert. Ausschau halten sollte man nach den Werken von Arie Smit, Adrien Jean Le Mayeur de Merpres und Theo Meier.

Pura Gegar HINDUTEMPEL
Gleich südlich des Gegar Beach liegt ein Steilufer mit einem guten Café und einem Weg, der zum Pura Gegar hinaufführt. Der kompakte Tempel wird von knorrigen alten Bäumen beschattet.

Die Aussicht ist toll: So kann man Schwimmer sehen, die von Süden im seichten, ruhigen Wasser das Steilufer umrundet haben und nun dort herumtollen.

Strandpromenade SPAZIERGANG
Eine der schönsten Attraktionen von Nusa Dua ist die 5 km lange Strandpromenade, die sich die gesamte Ferienanlage entlangzieht und Richtung Norden bis zum Strand bis Tanjung Benoa führt.

Bali National Golf Resort GOLF
(☏ 0361-771791; www.balinationalgolf.com; Kawasan Wisata; Platzgebühr ab 185 185 US$; ⊙ 6.30–18.30 Uhr) Der 18-Loch-Platz schlängelt sich durch Nusa Dua und hat ein tolles neues Clubhaus. Der Kurs ist über 6500 m lang.

Gegar Beach STRAND
(Eintritt 5000 Rp) Gegar Beach galt einst als Juwel unter den Stränden, ist heute durch den Bau des Mulia Resorts mit seinen 700 Zimmern allerdings nur noch ein Schatten seiner selbst. In den öffentlich zugänglichen Bereichen gibt es mehrere Cafés und Sonnenliegen, die man mieten kann, außerdem die Möglichkeit zu verschiedensten Wasseraktivitäten (Kajakverleih pro Std. 30 000 Rp). Am Wochenende wird es hier immer brechend voll.

Boote, die zum **Nusa Dua Surfbreak** und über das Riff hinausfahren, verlangen für die Fahrt 150 000 Rp. Wer will, kann alternativ den makellosen, öffentlich zugänglichen Sandstrand vor den Resorts besuchen.

Schlafen

Die Resorts von Nusa Dua ähneln sich alle: Sie sind groß (manche auch riesig), fast jede bedeutende internationale Kette ist hier mit einem eigenen Hotel vertreten. Die meisten dieser Anlagen liegen direkt am beschaulichen Strand.

Internationale Hotelimperien wie Westin oder Hyatt haben enorm in ihre Anlagen investiert und bieten nun ihren Gästen eine Fülle von Annehmlichkeiten, z. B. kunstvoll gestaltete Pools und Tagescamps für die mitreisenden Kinder. Andere Hotels machen hingegen den Eindruck, als hätten sie sich seit der Zeit, als sie während der Blüte der Suharto-Ära in den 1970er-Jahren errichtet wurden, nur wenig verändert. Einige Anlagen, u. a. das Courtyard von Marriott und das Novotel, liegen ein Stück vom Strand entfernt. Wer länger in Nusa Dua bleiben will, sollte sich nach einem Schnäppchen umschauen. Während der Nebensaison sind häufig hervorragende Angebote zu finden.

Sofitel Bali Nusa Dua Beach Resort RESORT $$$
(0361-849 2888; www.sofitelbalinusadua.com; Jl. Nusa Dua; Zi. ab 200 US$; ✱@✱✱) Das Sofitel ist ein riesiger Neuzugang unter den Resorts. Es bietet u. a. einen gigantischen Pool, der sich an den 415 Zimmern entlangschlängelt. Einige Zimmer haben eine Terrasse mit direktem Zugang zum Pool. Die Wohnblöcke sind gewaltig, von manchen Zimmern erhascht man zumindest noch einen Blick aufs Wasser.

Das Sofitel's Nikki Beach Bali ist ein weiterer Vertreter dieser schicken internationalen Kette von hippen Beachclubs.

Der üppige Sonntagsbrunch (11–15 Uhr) im Sofitel gilt als einer der besten auf Bali, kostet aber auch mindestens 400 000 Rp.

St. Regis Bali Resort RESORT $$$
(0361-847 8111; www.starwoodhotels.com; Suite ab 500 US$; ✱@✱✱) Die großzügige Anlage lässt die meisten anderen Konkurrenten alt aussehen. Jeder vorstellbare Luxus ist hier zu finden, von neuester Elektronik bis hin zur ausgefallenen Möblierung, vom Marmor bis zum persönlichen Butler. Pools gibt es im Überfluss, die Wohneinheiten sind riesig. Für Golfspieler interessant: Der Golfplatz von Nusa Dua grenzt unmittelbar an den Hotelstrand.

Essen

Restaurants, die Resortpreise verlangen, sind in den riesigen Anlagen dutzendweise zu finden. Für Leute, die nicht in den teuren Hotels wohnen, gibt es vor allem einen guten Grund, sich hier einmal umzusehen: der großzügige Sonntagsbrunch beispielsweise im Sofitel.

Gute **Warungs** häufen sich an der Ecke Jalan Srikandi und Jalan Pantai Mengiat. An der letztgenannten Straße gibt es direkt außerhalb des zentralen Tors eine Kette von Freiluftlokalen, die eine nette Alternative zum Essengehen in Nusa Dua bieten. Keines davon wird kulinarische Preise gewinnen, aber die meisten übernehmen den Transport vom Hotel und dorthin zurück.

Nusa Dua Beach Grill INTERNATIONAL $
(0361-743 4779; Jl. Pura Gegar; Mahlzeiten 50 000–150 000 Rp; 8–22 Uhr) Das in warmen Farbtönen gehaltene Café südlich des Gegar Beach und des Melia Resort ist ein echter Geheimtipp. Vom Melia aus lässt es sich zu Fuß erreichen, mit dem Auto muss man einen 1,5 km langen Umweg über einen Tempel fahren.

Die Getränkekarte ist lang, die Meeresfrüchte sind frisch zubereitet, die Zahl turtelnder Paare ist hoch. Die lässige Bar eignet sich herrlich, um hier einen Nachmittag abzuhängen. Es empfiehlt sich, ein einheimisches Verkehrsmittel für die Fahrt zurück zu organisieren.

Warung Dobiel BALINESISCH $
(Jl. Srikandi; Mahlzeiten ab 25 000 Rp; 10 bis 15 Uhr) Inmitten der eher öden Straßen von Nusa bietet das Dobiel ein authentisches kulinarisches Erlebnis und empfiehlt sich besonders für *babi guling*. Die Schweinefleischsuppe ist hervorragend, die Jackfruit die reinste Gewürzorgie. Die Gäste sitzen auf Barhockern oder gemeinsam am Tisch; der Service gerät allerdings manchmal zur Geduldsprobe. Oft wird das Lokal leider von unangenehmen Ausflugsgruppen in Beschlag genommen. Und aufpassen, dass man keine „Ausländerpreise" aufgebrummt bekommt.

Unterhaltung

Viele Hotels bieten an ein oder zwei Abenden balinesische Tanzvorführungen, die in der Regel im Rahmen eines Büfetts stattfinden. In den Hotellounges wird oft auch Livemusik gespielt – von Schnulzen bis hin zu Rock.

🛍 Shoppen

Bali Collection — MALL
(☎ 0361-771662; www.bali-collection.com; ab Jl. Nusa Dua; ⏰ 8–22 Uhr) Die Mall ist bis auf die Verkäufer im eiskalt klimatisierten Sogo Department Store oft leer, denkt aber trotzdem nicht ans Aufgeben. Ketten wie Starbucks und Labels aus Bali wie Animale mischen sich unter die Geschäfte, die vornehmlich Andenken verkaufen.

ℹ Praktische Informationen

Geldautomaten finden sich in der Bali Collection Mall, in einigen Hotel-Lobbys sowie im riesigen Hardy's Department Store etwas außerhalb am Jalan Ngurah Rai Bypass.

ℹ Anreise & Unterwegs vor Ort

Die Bali Mandara Toll Road (Maut: 10 000 Rp) verkürzt die Fahrt von Nusa Dua zum Flughafen und nach Sanur erheblich.

BUS

Das Trans-Sarbagita-Bus-System fährt auch Nusa Dua an, und zwar auf einer Strecke, die den Jalan Ngurah Rai Bypass hinauf und dann um Sanur herum nach Batabulan führt.

SHUTTLEBUSSE

Am besten erkundigt man sich, ob das gebuchte Hotel einen Shuttlebus-Service anbietet, bevor man ein Taxi ruft. Ein kostenloser **Shuttlebus** (☎ 0361-771662; ⏰ 9–22 Uhr) verbindet im Stundentakt Nusa Dua und die Resorthotels von Tanjung Benoa mit der Bali Collection Mall. Viel schöner ist aber natürlich ein Spaziergang über die herrliche Strandpromenade.

> ### ℹ GEFAHREN IN DER PRATAMA
>
> Sämtliche Restaurants und Hotels liegen in der Jalan Pratama, einer Straße, die sich über die gesamte Länge der Halbinsel zieht. Ihr südliches Ende zählt für Spaziergänger zu den gefährlichsten Ecken Südbalis. Von Nusa Dua in Richtung Norden zum Conrad Bali Resort gibt es nämlich keine Gehsteige; an vielen Stellen ist man daher gezwungen, auf der schmalen Straße mit vielen unübersichtlichen Kurven zu laufen. Zum Glück bietet die **Strandpromenade** eine wunderschöne Alternative. Sie führt von Nusa Dua gen Norden zum Resort Bali Khama.

TAXI

Vom Flughafen beträgt der Festpreis für ein Taxi nach Nusa Dua 120 000 Rp; ein Taxi mit Taxameter zum Flughafen kommt dagegen erheblich billiger. Taxis von/nach Seminyak kosten im Durchschnitt 90 000 Rp, aufgrund des Verkehrs kann die Fahrt allerdings 90 Min. dauern.

Tanjung Benoa

Die Halbinsel Tanjung Benoa erstreckt sich von Nusa Dua etwa 4 km Richtung Norden bis zum Dorf Benoa. Sie ist flach und voller familienfreundlicher Resort-Hotels, die meisten rangieren im Mittelklassebereich. Tagsüber röhren Dutzende motorisierter Sportboote durchs Wasser. Reisegruppen, die in Bussen eintreffen, versprechen sich hier einen aufregenden Tag am Wasser, z. B. beim Ritt auf der Banane und bei sonstigem Nervenkitzel.

Insgesamt ist Tanjung Benoa ein recht ruhiger Ort. Dank der Bali-Mandara-Mautstraße es möglich, sich flott ins nächtliche Vergnügen von Kuta und Seminyak zu stürzen.

⊙ Sehenswertes

Das Dorf **Benoa** ist eine faszinierende kleine Fischersiedlung, die sich gut für einen Spaziergang eignet. Wer durch die schmalen Gassen an der Spitze der Halbinsel streift, trifft auf gelebtes Multikulti: Nicht einmal 100 m auseinander liegen ein leuchtend bunter **chinesischer buddhistischer Tempel**, eine **Moschee** mit Kuppel und ein **Hindutempel** mit einem schön geschnitzten Dreifach-Eingang. Schön ist auch der Blick über den belebten Kanal auf den Hafen. Benoa hat aber auch eine dunkle Seite. In den hinteren Gassen versteckt vollzieht sich der illegale Handel mit Schildkröten. Dank Polizeirazzien konnte er zumindest etwas eingegrenzt werden.

🏃 Aktivitäten

★ Bumbu Bali Cooking School — KOCHKURSE
(☎ 0361-774502; www.balifoods.com; Jl. Pratama; Kurse 90 US$; ⏰ Mo, Mi & Fr 6–15 Uhr) Die viel gelobte Kochschule im Restaurant will ihren Gästen die Wurzeln der balinesischen Kochkunst vermitteln. Die Kurse beginnen um 6 Uhr mit dem Besuch des Fischmarkts und des Morgenmarktes in Jimbaran, anschließend wird in der großen Küche alles zubereitet. Am Ende des Kurses wird gemeinsam das Gekochte verspeist.

Tanjung Benoa

Tanjung Benoa

◎ Sehenswertes
1 Chinesisch-buddhistischer Tempel.... A1
2 Hindu-Tempel..B1
3 Moschee...A1
4 Nordtor B4

⊙ Aktivitäten, Kurse & Touren
5 Benoa Marine Recreation B1
  Bumbu Bali Cooking
  School...(s. 13)
6 Jari Menari..B3

⊜ Schlafen
7 Bali Khama...B2
8 Pondok Agung.......................................B1
9 Pondok Hasan Inn................................B1
10 Rumah Bali..B2
11 Sofitel Bali Nusa Dua Beach
   Resort..B4

⊗ Essen
12 Bali Cardamon B2
13 Bumbu Bali..B2
14 Tao B1

⊙ Ausgehen & Nachtleben
15 Atlichnaya Bar.......................................B2

ⓐ Shoppen
16 Hardy's A4

Jari Menari SPA

(☏ 0361-778084; www.jarimenarinusadua.com; Jl. Pratama; Massage ab 350 000 Rp; ⊙ täglich 9–21 Uhr) Die Zweigstelle des berühmten Originals aus Seminyak bietet die gleichen exquisiten Massagen, die ausschließlich von fachkundigen männlichen Masseuren durchgeführt werden. Wer will, kann auch Massagekurse belegen. Telefonisch können Hin- und Rückfahrt vereinbart werden.

⊜ Schlafen

Die Ostküste von Tanjung Benoa wird von bescheidenen Resorts im mittleren Preissegment gesäumt. Die meisten Anlagen haben sich auf Gruppenreisende spezialisiert. Sie sind familienfreundlich, bieten ein Kinderprogramm und haben viele Stammgäste, die dann mit Transparenten begrüßt werden, auf denen etwa „Welcome back, Familie Maier!" steht. Ein paar einfache Gästehäuser gibt es hier ebenfalls.

Pondok Agung GUESTHOUSE $

(☏ 0361-771143; www.pondokagung.com; Jl. Pratama 99; Zi. 250 000–500 000 Rp; ❄ ⌂) Die neun luftigen Zimmer (die meisten sind mit einer Wanne ausgestattet) in einem großen, hausartigen Gebäude sind tadellos. Die teureren Varianten verfügen über eine kleine Küche. Die Gartenanlage ist groß, schattig und schön angelegt.

Pondok Hasan Inn GUESTHOUSE $

(☏ 0361-772456; hasanhomestay@yahoo.com; Jl. Pratama; Zi. ab 200 000 Rp; ❄ ⌂) Das Guesthouse in Familienhand liegt 20 m von der Hauptstraße entfernt. Hier findet man neun tadellos saubere Zimmer mit heißem Wasser; das Frühstück ist im Preis inbegriffen. Auf der Veranda, die sich alle Zimmer teilen, spiegeln sich die Kacheln im Sonnenlicht, zum Entspannen gibt es einen kleinen Garten.

Rumah Bali GUESTHOUSE $$

(☏ 0361-771256; www.balifoods.com; ab Jl. Pratama; Zi. 85–110 US$, Villen ab 350 US$; ❄ @ ⌂ ≋) Dies ist die Luxusinterpretation eines baline-

WASSERSPORT

In den Wassersportzentren in der Jalan Pratama von Tanjung Benoa stehen jeden Tag Tauchgänge, Bootsausflüge, Windsurfen und Wasserskifahren auf dem Programm. Jeden Morgen rollen im Konvoi Busse mit Tagesausflüglern aus ganz Südbali an, ab 10 Uhr schweben die ersten Parasailer über dem Meer.

Alles ist voll mit zwielichtigen Verkäufern, deren Job es ist, den Urlaubern die Bananenbootfahrt ihrer Träume zu verhökern, während die Kunden mit glasigen Augen in einem Verkaufszentrum mit Reetdach und Café sitzen. Bevor man etwas unterschreibt, sollte man unbedingt die Ausrüstung und den Ruf des Unternehmens prüfen, denn so mancher Tourist ist bei einem Unfall schon ums Leben gekommen.

Zu den etablierten Wassersportanbietern zählt **Benoa Marine Recreation** (0361-771757; www.bmrbali.com; Jl. Pratama; 8–16 Uhr).

Wie durch Zauber verlangen alle Veranstalter so ziemlich dieselben Preise. Im Hinterkopf sollte man haben, dass diese „offizielle Preisliste" jedoch nur eine Grundlage zum Verhandeln ist.

Folgende Wassersportaktivitäten werden angeboten (jeweils mit Durchschnittspreis):

➡ **Bananenboot-Fahrten** Wilde Fahrten für zwei Personen, die versuchen, sich auf der aufblasbaren Frucht, die auf den Wellen tanzt, über Wasser zu halten (20 US$/15 Min.).

➡ **Ausflüge mit dem Glasbodenboot** Eine Möglichkeit, die Meerestiere im seichten Wasser in Augenschein zu nehmen, ohne dabei nass zu werden (Std. 50 US$).

➡ **Jetskifahren** In rasantem Tempo fliegt man unter Ausstoß von vielen Abgasen übers Wasser (15 Min. 25 US$).

➡ **Parasailing** Kultig: Man schwebt im Schlepptau eines Schnellboots übers Wasser (15 Min. 20 US$).

➡ **Schnorcheln** Im Ausflug inbegriffen sind der Verleih der Ausrüstung und die Fahrt mit dem Boot zum Riff (Std. 35 US$).

Eine nette Möglichkeit, den Strand zu genießen, bietet sich im Restaurant **Tao** (www.taobali.com; Jl. Pratama 96; Hauptgerichte 60 000–100 000 Rp; 8–22 Uhr). Hier kann man für den Preis eines Drinks Sonnenliegen in Resort-Qualität und den Pool nutzen.

---

sischen Dorfes von Heinz von Holzen, dem Betreiber des Bumbu Bali.

Die Gäste haben die Wahl zwischen großen Familienzimmern und individuellen Villen (einige mit drei Schlafzimmern) mit eigenen Eintauchbecken. Neben einem großen Gemeinschaftspool gibt es auch noch für die ganz Sportlichen einen hoteleigenen Tennisplatz. Der Strand liegt nur einen kurzen Fußweg entfernt.

Bali Khama RESORT $$$
(0361-774912; www.thebalikhama.com; Jl. Pratama; Villen 140–250 US$; ❄@☎☼) Das Resort am nördlichen Ende der Strandpromenade hat eine eigene Badebucht mit Sandstrand. Die meist individuellen, mit einer Mauer umgebenen Villen sind groß, geschmackvoll und – logischerweise – sehr privat. Zur teureren Variante gehört ein Tauchbecken. Auch Villen für Paare in den Flitterwochen und Villen mit mehreren Zimmern stehen zur Auswahl.

🍴 Essen & Ausgehen

Die üblichen faden Touristenrestaurants liegen in der Jalan Pratama; auf den Tisch kommen Pastagerichte zu moderaten Preisen und Meeresfrüchte für die Massen.

⭐**Bumbu Bali** BALINESISCH $$
(0361-774502; www.balifoods.com; Jl. Pratama; Hauptgerichte ab 90 000 Rp, Menü ab 270 000 Rp; 12–21 Uhr) Der seit ewigen Zeiten auf Bali wohnhafte Kochbuch-Autor Heinz von Holzen, seine Frau Puji und die gut ausgebildeten enthusiastischen Mitarbeiter servieren in diesem edlen Restaurant Gerichte mit exquisitem Aroma.

Viele Gäste entscheiden sich für eines der üppigen Menüs. Die *rijsttafel* präsentiert die ganze Palette indonesischer Kochkunst – von Satés, die auf einem kleinen Grill aus Kokosnussschalen serviert werden, bis hin zu zarten *be celeng base manis* (Schweinefleisch in süßer Sojasoße). Ein weiteres

Highlight allerdings ganz anderer Art ist das erstaunlich leckere *jaja batun bedil* (klebrige Reisklöße in Palmzucker).

Das Ambiente ist sehr stimmungsvoll: Die Tische werden unter dem Sternenhimmel sowie in kleinen Pavillons eingedeckt. Von den Fischteichen tönt das Quaken der Frösche herüber.

Der Transport zu den umliegenden Unterkünften geht auf Kosten des Hauses. Es empfiehlt sich, einen Tisch zu reservieren.

Ein zweites Lokal befindet sich nur ein Stück weiter nördlich, das oben genannte Restaurant ist insgesamt aber doch empfehlenswerter. Und Achtung: Manche *rijsttafel* wird erst ab zwei Personen serviert.

Bali Cardamon ASIATISCH $$
(0361-773745; www.balicardamon.com; Jl. Pratama 97; Hauptgerichte ab 60 000 Rp; 8–22 Uhr) Das ambitionierte Restaurant liegt einen Tick besser als die anderen Lokalen in der Fressmeile Jalan Pratama und überzeugt mit seiner kreativen Küche, die Anleihen in ganz Asien nimmt. Hier kommen so hervorragende Gerichte wie Schweinebauch mit Sternanis auf den Tisch. Die Gäste sitzen wahlweise unter Frangipani-Bäumen oder im Speiseraum.

Atlichnaya Bar BAR
(0813 3818 9675; www.atlichnaya.com; Jl. Pratama 88; 8 Uhr bis frühmorgens;) Diese quirlige, gesellige Bar ist eine gute Alternative zu den steifen Hotelbars. Im ausgelassenen Atlichnaya gibt es eine lange Latte an Mixgetränken und sogar Massagen (ab 50 000 Rp). Auf der Speisekarte stehen billige und leckere indonesische und westliche Gerichte.

🛈 Praktische Informationen

Kimia Farma (0361-916 6509; Jl. Pratama; 24 Std.) Zuverlässige Apothekenkette.

🛈 Anreise & Unterwegs vor Ort

Taxis vom Flughafen kosten 135 000 Rp. Bemos gondeln die Jalan Pratama hinauf und hinunter (5000 Rp) – nach 15 Uhr allerdings eher selten.

Ein kostenloser **Shuttlebus** (0361-771662; 9–22 Uhr) verkehrt zwischen allen Resorthotels von Nusa Dua und Tanjung Benoa zum Einkaufszentrum Bali Collection, und zwar mehr oder weniger im Stundentakt. Als Alternative bietet sich ein Spaziergang über die Strandpromenade an. Viele Restaurants holen ihre Gäste in den Hotels in Nusa Dua und Tanjung Benoa ab und bringen sie wieder dorthin zurück.

SANUR

0361

Vielleicht hat Sanur unter den Badeorten einen guten Mittelweg gewählt. Es ist nicht zu wild (wie Kuta) und nicht zu verschnarcht (wie Nusa Dua). Viele halten Sanur für „genau richtig", denn hier bleiben einem manche Ärgernisse, die man an der Westküste erlebt, erspart. Die Mischung an Restaurants und Bars, von denen nicht alle zu Resorts gehören, ist gut.

Der Strand ist zwar schmal, wird aber von einem Riff und Wellenbrechern geschützt, sodass Familien mit Kindern sich gern und gefahrlos in die schimmernden Wellen stürzen können. Sanur verfügt über eine gute Auswahl an Übernachtungsmöglichkeiten und hat eine günstige Lage als Ausgangsort für Tagesausflüge in den Süden oder Richtung Norden nach Ubud. Einheimische bezeichnen ihn auch als „verschlafen", was man so nicht unterschreiben kann.

Sanur erstreckt sich über rund 5 km entlang der Ostküste, die üppig grünen, parkartigen Ferienanlagen grenzen direkt an den Sandstrand. Westlich der am Strand gelegenen Hotels verläuft die belebte Hauptstraße Jalan Danau Tamblingan, mit Hoteleingängen und vielen Andenkenläden, Restaurants und Cafés.

Die gesundheitsschädliche, im Verkehr nahezu erstickende Umgehungsstraße Jalan Ngurah-Rai führt um die Westseite des Resort-Bezirks herum und ist die Hauptverbindung nach Kuta und zum Flughafen. Die Straße ist ein Albtraum, an dem sich keiner länger als nötig aufhalten mag.

⊙ Sehenswertes

Die Sehenswürdigkeiten von Sanur – Ausblicke auf Nusa Penida und Einblicke ins Leben der Einheimischen inmitten des Tourismus – erlebt man bei einem Spaziergang über die hübsche Strandpromenade.

★ **Museum Le Mayeur** MUSEUM
(0361-286201; Erw./Kind 10 000/5000 Rp; Sa–Do 8–16, Fr 8–12.30 Uhr) Le Mayeur de Merpres (1880–1958) kam 1932 nach Bali. Drei Jahre später lernte er die schöne Legong-Tänzerin Ni Pollok kennen – sie war damals erst 15 Jahre alt –, die er dann heiratete. Das Paar lebte auf dem Grundstück, auf dem auch das Museum steht, damals war Sanur noch ein idyllisches Fischerdorf. Nach dem Tod des Künstlers wohnte Ni Pollok bis zu ihrem Tod 1985 im Haus.

Das Haupthaus muss entzückend gewesen sein – ein friedliches, geschmackvolles Wohnhaus voller Kunst und Antiquitäten, direkt am ruhigen Strand gelegen. Das Gebäude ist ein interessantes Beispiel für Architektur im balinesischen Stil – zu erkennen etwa an den wunderschön geschnitzten Fensterläden, die die Geschichte von Rama und Sita aus der *Ramayana* nacherzählen.

Trotz Problemen mit der Sicherheit (einige Le-Mayeur-Bilder sind für 150 000 US$ verkauft worden) und der Konservierung sind im Museum heute noch fast 90 Gemälde von Le Mayeur in einer naturalistischen balinesischen Einrichtung aus geflochtenen Fasern ausgestellt.

Einige der frühen Werke des Künstler sind impressionistische Bilder, die von seinen Reisen durch Afrika, Indien, den Mittelmeerraum und den Südpazifik inspiriert sind. Gemälde aus seiner frühen Periode auf Bali sind romantische Darstellungen des täglichen Lebens und der schönen balinesischen Frauen – häufig hat ihm Ni Pollok Modell gesessen. Die Arbeiten aus den 1950er-Jahren sind in sehr viel besserem Zustand und präsentieren sich in den lebhaften Farben, die später unter jungen balinesischen Künstlern populär wurden. Einen Blick wert sind auch die eindringlichen Schwarz-Weiß-Fotos von Ni Pollok.

Steinsäule

MONUMENT

Wenn man vor dem Pura Belangjong links eine schmale Gasse hinuntergeht, trifft man auf diese Säule. Sie stellt Balis ältestes datiertes Artefakt dar und trägt uralte Inschriften, die von militärischen Siegen aus einer Zeit vor mehr als 1000 Jahren erzählen. Diese Inschriften sind in Sanskrit geschrieben und ein Beweis für den hinduistischen Einfluss 300 Jahre vor der Ankunft des Majapahit-Hofes.

Bali Orchid Garden

GÄRTEN

(Karte S. 198; ☏ 0361-466010; www.baliorchidgardens.com; Coast Rd; Eintritt 100 000 Rp; ⊕ 8 bis 18 Uhr) Dank des warmen Klimas auf Bali und der fruchtbaren Vulkanerde gedeihen hier Orchideen hervorragend. In der wunderschön gestalteten tropischen Gartenanlage, die 1999 angelegt wurde, wachsen Tausende Orchideenarten in ganz unterschiedlicher Umgebung.

Der Garten liegt 3 km nördlich von Sanur in der JalanNgurah Rai, hinter der großen Kreuzung mit der Küstenstraße; er lässt sich gut auf der Fahrt nach Ubud besuchen.

Sanur

◉ Highlights
1 Museum Le Mayeur B2

◉ Sehenswertes
2 Batu Jimbar B5
3 Fishing Boats B6
4 Grand Bali Beach Hotel B2
5 Small Temple B4
6 Turtle Tanks B3

◉ Aktivitäten, Kurse & Touren
7 Crystal Divers B5
8 Glo Day Spa & Salon A6
9 Jamu Traditional Spa B4
10 M & M B5
11 Surya Water Sports B6

◉ Schlafen
12 Abian Boga Guesthouse A7
13 Agung & Sue Watering Hole A1
14 Fairmont Sanur Beach Bali B7
15 Hotel La Taverna B3
16 Hyatt Regency Bali B6
17 Keke Homestay B4
18 Kesumasari B7
19 Pollok & Le Mayeur Inn B1
20 Tandjung Sari B4

◉ Essen
21 Beach Café B3
22 Café Smorgås B4
23 Char Ming A6
24 Denata Minang A6
25 Fire Station A7
26 Hardy's Supermarket B5
27 Manik Organik B5
28 Massimo A6
29 Minami B3
30 Pasar Sindhu Night Market A3
31 Porch Cafe B4
Pregina Warung .... (s. 42)
32 Sanur Bay B6
33 Sunday Market B5
34 Three Monkeys Cafe B4
35 Warung Babi Guling Sanur A3
36 Warung Mak Beng B1
37 Warung Pantai Indah B6

◉ Ausgehen & Nachtleben
38 Kalimantan A3

◉ Shoppen
39 A-Krea B4
40 Ganesha Bookshop B4
41 Goddess on the Go B4
42 Nogo B4

🏃 Aktivitäten

Wassersport

Das ruhige Meer vor Sanur und die beständig wehende Brise machen den Ort ganz automatisch zu einem Zentrum der Wind- und Kitesurfer.

Sanur Beach STRAND
Sanur Beach zieht sich in einem Bogen 5 km Richtung Südwesten. Er ist meist sauber und wie der Ort selbst recht beschaulich. Durch die vorgelagerten Riffe beschränkt sich die Brandung auf ein paar winzige Wellen, die ans Ufer schwappen. Von einigen Ausnahmen abgesehen sind die Resorts am Sandstrand eher bescheidene Anlagen, sodass auch der Strand nicht sonderlich überlaufen ist.

Surf Breaks SURFEN
Sanurs unbeständige Breaks (aufgrund der Flutbedingungen entstehen oft gar keine Wellen) erstrecken sich vor der Küste am Riff entlang. Als bestes Areal gilt das **Sanur Reef**, ein rechter Break vor dem Grand Bali Beach Hotel. Ein weiterer guter Surfspot ist das sogenannte **Hyatt Reef**, das sich – wie man unschwer erraten kann – vor dem Bali Hyatt Regency befindet.

Surfer können mit einem Boot von Surya Water Sports für 10 US$ zum Break hinausfahren (für die Fahrt mit einem Fischerboot verlangen die Besitzer stolze 400 000 Rp).

Crystal Divers TAUCHEN
(✆0361-286719; www.crystal-divers.com; Jl. Danau Tamblingan 168; Einführungstauchgänge ab 80 US$) Das clevere Tauchunternehmen besitzt ein eigenes Hotel (das Santai) und ein großes Tauchbecken zum Üben. Der für Anfänger empfehlenswerte Veranstalter bietet viele Kursen, darunter auch PADI-Open-Water-Kurse für 500 US$.

Rip Curl School of Surf WINDSURFEN
(✆0361-287749; www.ripcurlschoolofsurf.com; Beachfront Walk, Sanur Beach Hotel; Unterricht ab 1 100 000 Rp, Surfbrettverleih Std. ab 100 000 Rp; ◯8-17 Uhr) Die durch ein Riff geschützten Gewässer von Sanur und die beständige Brise vor der Küste garantieren ein tolles Surferlebnis.

M & M KITESURFEN
(✆0813 3745 2825; Beachfront Walk; Unterricht ab 90 US$, Surfbrettverleih 90 Min. 350 000 Rp; ◯9-18 Uhr) Made Sambuk bietet Unterricht im Kitesurfen direkt am Strand an.

Surya Water Sports WASSERSPORT
(0361-287956; Jl. Duyung 10; 9–17 Uhr;) Von den Anbietern am Strand ist Surya der größte. Auf dem Programm stehen Parasailing (20 US$/Fahrt) und Schnorcheln vom Boot aus (2 Std. 40 US$), man kann aber auch ein Kajak mieten und durch das ruhige Gewässer paddeln (Std. 10 US$).

Weitere Aktivitäten

★ Jamu Traditional Spa SPA
(0361-286595; www.jamutraditionalspa.com; Jl. Danau Tamblingan 41, Tandjung Sari Hotel; Massagen ab 600 000 Rp; 8–21 Uhr) Der schön gestaltete Eingang aus geschnitztem Teakholz und Stein stimmt die Gäste schon auf das reizende Spa ein, das eine breite Palette an Behandlungen anbietet, z. B. die beliebte Erde-&-Blumen-Körpermaske und das Kemiri-Nuss-Peeling.

Power of Now Oasis YOGA
(0813 3831 5032; www.powerofnowoasis.com; Beachfront Walk, Hotel Mercure; Unterricht ab 80 000 Rp; unterschiedl.) Yoga-Unterricht findet in hübschen Bambuspavillon am Strand von Sanur statt. Die Kurse werden in verschiedenen Niveaus angeboten.

Glo Day Spa & Salon SPA
(0361-282826; www.glo-day-spa.com; Jl. Danau Poso 57, Gopa Town Centre; Sitzung ab 195 000 Rp; 8–18 Uhr) Hier ein Insidertipp eines der vielen Expats in Sanur. Von außen wirkt der Laden ziemlich nüchtern, umso mehr überrascht das Glo mit seinem einfallsreichen Ambiente. Die Palette an Anwendungen reicht von Haut- und Nagelpflege bis zu Massagen und Heilbehandlungen.

🛏 Schlafen

Im Allgemeinen liegen die schönsten Unterkünfte direkt am Strand; Vorsicht ist allerdings bei Häusern geboten, die schon seit Jahrzehnten an der Küste stehen. Westlich der Jalan Danau Tamblingan finden sich günstige Gästehäuser, viele neue Hotelketten in mittlerer Preislage und auch Villen.

Am Strand

Zwischen den größeren Resorts gibt es einige kleinere günstige Hotels direkt am Strand.

Kesumasari GUESTHOUSE $
(0361-287824; villa_kesumasari@yahoo.com; Jl. Kesumasari 6; Zi. mit Ventilator/Klimaanlage ab 400 000/450 000 Rp;) Das Einzige, was zwischen den Gästen und dem Strand steht, ist ein kleiner Schrein. Hinter den Veranden zum Relaxen lassen die geschnitzten balinesischen Türen in vielen Schattierungen nicht auf die Farborgie schließen, die die Gäste in den 15 eigenwillig gestalteten Zimmern des Familienbetriebs erwartet.

Pollok & Le Mayeur Inn HOMESTAY $
(0361-289847; pollokinn@yahoo.com; Jl. Hang Tuah, Museum Le Mayeur; Zi. Ventilator/Klimaanlage ab 230 000/330 000 Rp;) Die Enkel von Ni Pollok und Le Mayeur de Merpres führen dieses kleine Privathaus, das sich über einen schmalen Pfad an der Nordseite des Museumsareals erreichen lässt. Die 17 Zimmer fallen unterschiedlich groß aus; man sollte sich einige zeigen zu lassen.

★ Hotel La Taverna HOTEL $$
(0361-288 497; www.latavernahotel.com; Jl. Danau Tamblingan 29; Zi. 100–200 US$, Suite ab 150 US$;) Das Hotel – eines der ersten in Sanur – wurde einfühlsam modernisiert und hat sich dennoch seinen schlichten Charme bewahrt. Das hübsche Hotelgelände und die durch Wege miteinander verbundenen Gebäude versprühen viel kreative Energie. Die 36 nostalgischen Wohneinheiten im Bungalowstil sorgen für einen dezenten Luxus. Alles wirkt zeitlos, aber jugendlich. Kunst und Antiquitäten gibt es in Hülle und Fülle, die Aussicht ist schön.

★ Tandjung Sari HOTEL $$$
(0361-288441; www.tandjungsari.com; Jl. Danau Tamblingan 29; Bungalows ab 200 US$;) Das Tandjung Sari, eines der ersten Boutiquehotels auf Bali, floriert schon seit seiner Eröffnung im Jahr 1967 und wird für seinen Stil auch heute noch hoch gelobt. Die 26 Bungalows in traditionellem Stil sind wunderschön ausgestattet mit Kunsthandwerk und Antiquitäten. Nachts wirken die Lämpchen in den Bäumen über dem Pool einfach zauberhaft. Die freundlichen, hilfsbereiten Mitarbeiter tragen das ihre zu einem gelungenen Aufenthalt bei. Eine der besten Tänzerinnen Balis erteilt hier balinesischen Tanzunterricht.

Fairmont Sanur Beach Bali RESORT $$$
(0361-301 1888; www.fairmont.com; Jl. Kesumasari 8; Zi. ab 300 US$;) Der kühne Neuzugang am Strand von Sanur öffnete als Regent Bali 2013 seine Pforten, wechselte 2014 jedoch zu Fairmont. Das Resort bietet 120 Suiten und Villen, die sich auf einem weitläufigen Grundstück samt ei-

> **NICHT VERSÄUMEN**
>
> ### DIE STRANDPROMENADE VON SANUR
>
> Die **Strandpromenade** von Sanur begeisterte Einheimische wie auch Touristen schon vom ersten Tag an. Sie ist mehr als 4 km lang, schlängelt sich vorbei an zig Resorts, Strandcafés und Fischerbooten aus Holz, die gerade repariert werden. Die Promenade schmücken elegante alte Villen, die wohlhabende Expats vor Jahrzehnten bauen ließen, als sie dem Zauber Balis erlegen waren. Wer hier entlangspaziert, kann übers Meer bis nach Nusa Penida schauen. Auch für Urlauber, die nicht in Sanur wohnen, ist die Strandpromenade ein nettes Ziel für einen Tagesausflug oder einen Zwischenstopp unterwegs. Hier nun einige Highlights von Norden nach Süden:
>
> **Grand Bali Beach Hotel** (Jl. Hang Tuah) Das weitläufige, in der Sukarno-Ära erbaute Hotel verblasst immer mehr. Lokalpolitiker, die den Riesenkasten schlichtweg scheußlich fanden, erließen seinetwegen die berühmte Anordnung, dass kein Gebäude in Sanur höher als eine Kokospalme sein darf.
>
> **Schildkrötenbecken** (Beachfront Walk) Eine nette Ausstellung über Balis gefährdete Meeresschildkröten. Meist werden auch ein paar Jungtiere gezeigt.
>
> **Kleiner Tempel** (Beachfront Walk) Der kleine Schrein mitten im touristischen Treiben liegt im Schatten riesiger Bäume.
>
> **Batu Jimbar** (www.villabatujimbar.com; Beachfront Walk) Die Villenanlage gleich nördlich des Bali Hyatt Regency beeindruckt mit ihrer schillernden Geschichte: Sie wurde 1975 vom berühmten Architekten Geoffrey Bawa aus Sri Lanka umgestaltet, Mick Jagger und Jerry Hall heirateten 1990 hier inoffiziell, Berühmtheiten von Yoko Ono bis zu Sting oder auch Fergie logierten schon hier. Wer über ein vergleichbares Urlaubsbudget wie die Genannten verfügt, sollte sich hier unbedingt einquartieren.
>
> **Fischerboote** (Beachfront Walk) Unmittelbar südlich des Hyatt liegt ein lang gestrecktes Areal; hier werden Fischerboote an Land gezogen und unter Bäumen repariert.

ner 50-m-Poollandschaft befinden, die am 200 m langen Strand liegt. Die Einrichtung präsentiert sich durchweg modern, High-Tech-Spielereien gibt es zuhauf.

Zum Hotel gehören luxuriöse Spas und Restaurants, für die Kinder gibt es einen eigenen Pool.

Hyatt Regency Bali RESORT $$$
(www.bali.resort.hyatt.com; Jl. Danau Tamblingan) Das Resort am Strand gilt als *das* Wahrzeichen schlechthin von Sanur. Das ehemalige Bali Hyatt soll bis zur Wiedereröffnung Ende 2015 einen etwas pompöseren Namen und eine erheblich pompösere Rundumerneuerung erhalten.

In Strandnähe

Die folgenden Unterkünfte befinden sich in der Nähe der Jalan Danau Tamblingan und ein kurzes Stück zu Fuß vom Strand, den Cafés und Geschäften entfernt.

Auf Grund des fehlenden Sandstrands geben sich viele der Unterkünfte mehr Mühe als ihre Konkurrenten direkt am Wasser. In der Regel sind sie auch erschwinglicher.

Abian Boga Guesthouse HOTEL $
(0361-284174; www.abianboga.com; Jl. Kesumasari 5; Zi. ab 20 US$; ❄ 🛜 🏊) Das unlängst erbaute, kleine Hotel liegt kaum 2 Min. zu Fuß vom Strand entfernt. Die 24 Zimmer bieten wirklich unglaublich viel fürs Geld. Sie sind zwar einfach, aber modern und mit einem DVD-Player ausgestattet.

Keke Homestay GUESTHOUSE $
(0361-287282; Jl. Danau Tamblingan 100; Zi. mit Ventilator/Klimaanlage ab 150 000/250 000 Rp; ❄) Das Keke liegt in einer Gasse 150 m von der lauten Straße entfernt. Die geniale Familie (die oft eifrig Opfergaben macht) begrüßt alle Backpacker sehr herzlich. Die fünf ruhigen, sauberen Zimmer sind teilweise mit Ventilator, teilweise mit Klimaanlage ausgestattet.

Agung & Sue Watering Hole GUESTHOUSE $
(0361-288289; www.wateringholesanurbali.com; Jl. Hang Tuah 35; Zi. 275 000–350 000 Rp; ❄ 🛜) Das Guesthouse liegt perfekt, um morgens in aller Frühe das Schnellboot nach Nusa Lembongan oder zu den Gili-Inseln zu erwischen. Das Agung existiert schon seit ewigen

HOCH ÜBER SANUR

Wer in Südbali unterwegs ist, dem werden unwillkürlich die unzähligen Drachen auffallen, die fast das ganze Jahr über am Himmel stehen. Die Kreationen sind oft riesig (10 m oder gar noch breiter plus einem Schwanz, der es auf bemerkenswerte 160 m bringt) und fliegen in Höhen, die so manchem Piloten Kopfschmerzen bereiten. Viele haben eine Vorrichtung, die Lärm erzeugt – *gaganguan* genannt –, die ein für jeden Drachen individuelles gespenstisches Surren und Brummen hervorbringt. Wie vieles auf Bali, so haben auch diese Drachen spirituelle Wurzeln: Sie sollen den Göttern in die Ohren flüstern, dass eine reiche Ernte wünschenswert wäre. Für viele Balinesen sind diese Überflieger heute jedoch einfach ein nettes Hobby, das allerdings durchaus ernst werden kann, wenn so ein Monster zu Boden stürzt und jemanden verletzt oder gar tötet.

Jedes Jahr im Juli begeben sich Hunderte balinesische und internationale Teams – sozusagen – auf offenes Gelände nördlich von Sanur für das **Bali Kite Festival**. Sie wetteifern um die Ehrenplätze in Kategorien wie originelles Design und Flugausdauer. Das Geschehen konzentriert sich rund um den **Padang Galak Beach**, von Sanur etwa 2 km die Küste hinauf. Von Mai bis September können Interessierte hier das Drachensteigenlassen auf balinesische Art sehen.

Zeiten und gibt sich gesellig und fröhlich. Die Zimmer sind Standard, aber das Bier ist hier wirklich kalt, und der Strand von Sanur liegt nur 5 Gehminuten entfernt. Eine tolle Unterkunft, wenn man morgens das besagte Schnellboot erreichen muss.

Gardenia GUESTHOUSE $$
(☎ 0361-286301; www.gardeniaguesthousebali.com; Jl. Mertasari 2; Zi. ab 45 US$; ❄ 🛜 🏊) Wie die Blume mit den vielen Blütenblättern, nach der das Gardenia benannt ist, so hat auch das Gästehaus viele Facetten. Die sieben Zimmer sind Visionen in Weiß und liegen ein gutes Stück von der Straße zurückversetzt. Die hübschen Veranden gehen zum Tauchbecken in einem reizenden Hof hinaus. Aber vor allem lockt hier ein gutes Café.

🍴 Essen & Ausgehen

Wer in Sanur Urlaub macht, kann am Strand in einem traditionellen offenen Pavillon im Freien essen oder auch in einer tollen Bar – je nach Lust und Laune. In der Jalan Danau Tamblingan finden sich viele eher einfallslose Lokale, darunter aber auch einige sehr gute.

Für Lebensmittel und Toilettenartikel ist der große **Hardy's Department Store** (☎ 0361-285806; Jl. Danau Tamblingan 136; ⏰ 8–22 Uhr) die richtige Adresse. Gleich in der Nähe befindet sich der Gourmet-Markt des Cafés Batu Jimbar.

Der **Nachtmarkt Pasar Sindhu** (ab Jl. Danau Tamblingan; ⏰ 6–24 Uhr) verkauft frisches Gemüse, getrockneten Fisch, aromatische Gewürze und Haushaltsartikel.

Unweit vom Sand Restaurant wird einmal wöchentlich ein **Biomarkt** (Jl. Danau Tamblingan; ⏰ So 10–16 Uhr) abgehalten.

Viele Kneipen in Sanur bemühen sich um das Wohl von betagteren Expats und sind deshalb zum Glück mit einer Klimaanlage ausgestattet. Bis in den späten Abend kann man dort allerdings nicht zechen.

🍴 Am Strand

Am Pfad zum Strand hinunter warten Restaurants, Cafés und Bars, in denen man eine Mahlzeit zu sich nehmen, etwas trinken oder sich die frische Brise vom Meer um die Nase wehen lassen kann. Bei Sonnenuntergang werden gern Drinks zu Schnäppchenpreisen angeboten (der Strand liegt allerdings in Richtung Osten, somit ist nur das reflektierte Abendrot bei Nusa Penida zu sehen).

⭐ Minami JAPANISCH $$
(☎ 0812 8613 4471; Beachfront Walk, Segara Village Hotel; Hauptgerichte ab 50 000 Rp; ⏰ 11–23 Uhr) Mit seiner minimalistischen Einrichtung, der freundlichen Atmosphäre unter freiem Himmel und der breiten Auswahl an wirklich ultrafrischem Fisch ist dieses original japanische Restaurant wahrlich ein toller Fund am Strand von Sanur. Und ja, Sushi kann man hier auch essen, außerdem Tempura, Gyoza, Salate, Nudelgerichte und vieles mehr. Der Standard ist generell bei allen Gerichten sehr hoch.

Warung Pantai Indah CAFÉ $$
(Beachfront Walk; Hauptgerichte 40 000 bis 100 000 Rp; ⏰ 12–23 Uhr) Die Gäste sitzen in

diesem zeitlosen Strandcafé an ramponierten Tischen im Sand unter einem Blechdach. Das Pantai Indah befindet sich nördlich des Hotel Peneeda View und unweit von Sanurs teuersten privaten Strandvillen. Hier bekommt man billiges Bier, frische Meeresfrüchtespezialitäten vom Grill und dazu gratis eine sagenhafte Aussicht.

Sanur Bay   MEERESFRÜCHTE $$
(0361-288153; Jl. Duyung; Mahlzeiten 60 000–160 000 Rp; 8–22 Uhr) In diesem klassischen Meeresfrüchte-Grilllokal direkt am Sandstrand zwischen hoch aufragenden Palmen und Fischerbooten hören die Gäste das Tosen der Wellen und sehen, wie sich das Mondlicht im Wasser spiegelt. Die Einnahmen kommen verschiedenen Gruppen der Gemeinde zugute.

Beach Café   INTERNATIONAL $$
(0361-282875; Beachfront Walk; Mahlzeiten 50 000–100 000 Rp; 8–22 Uhr;) Das Café reichert das Klischee von Palmwedeln und Plastikstühlen am Strand von Sanur mit etwas mediterranem Flair an. Hier kann man herrlich auf einem Rattansofa oder einem der niedrigen Polster im Sand herumlümmeln. Empfehlenswert sind die Salate und Meeresfrüchte.

Jalan Danau Tamblingan

★ Manik Organik   BIO $
(www.manikorganikbali.com; Jl. Danau Tamblingan 85; Mahlzeiten ab 50 000 Rp; 8–22 Uhr;) Die beschauliche Terrasse des kreativen Cafés, das sich auf gesundes Essen fokussiert, liegt im Schatten zahlreicher Bäume. Vegetarier kommen hier voll auf ihre Kosten, aber es gibt auch Fleischgerichte mit Hähnchen aus Freilandhaltung und dergleichen. Unter den Smoothies finden sich Kraftbomben wie der „Immuntonic".

Porch Cafe   CAFÉ $
(0361-281682; Jl. Danau Tamblingan, Flashbacks; Mahlzeiten ab 40 000 Rp; 7–22 Uhr;) Das Café in einem traditionellen Holzgebäude bietet eine Mischung an Speisen, die Leib und Seele zusammenhalten, also beispielsweise Burger und frisch gebackene Ciabattas. Tische stehen auf der Veranda und drinnen im klimatisierten Café.

Beliebt ist das Porch auch als nette Adresse zum Frühstücken: Die Liste an frisch zubereiteten Fruchtsäften ist lang, es gibt verschiedene Frühstücksvarianten, Fruchtteller, Obstsalate und Toasts.

Das nette Guesthouse Flashbacks befindet sich im rückwärtigen Bereich.

Warung Mak Beng   BALINESISCH $
(0361-282633; Jl. Hang Tuah 45; Mahlzeiten 35 000 Rp; 11–21 Uhr) In diesem beliebten Warung braucht man keine Speisekarte: Man kann hier eh bloß den leckeren Fisch vom Grill bestellen, der mit verschiedenen Beilagen und einer leckeren Suppe serviert wird. Der Service ist flott, Blumenduft liegt in der Luft, und die Gäste aller Couleurs sind happy.

Warung Babi Guling Sanur   BALINESISCH $
(0361-287308; Jl. Ngurah Rai Bypass; Mahlzeiten ab 25 000 Rp; 11–19 Uhr) Im Gegensatz zu zig anderen *babi-guling*-Lokalen auf Bali, die ihre Spanferkel vorgekocht beim Großhändler bestellen, wird in diesem Warung alles frisch hinter dem Haus zubereitet. Das Fleisch ist saftig und verdeutlicht, dass individuelle Kochkunst doch ihren Wert hat.

★ Char Ming   ASIATISCH $$
(0361-288029; www.charming-bali.com; Jl. Danau Tamblingan 97; Mahlzeiten 100 000 bis 200 000 Rp; 18–23 Uhr) Hier gibt es Grillspezialitäten mit französischem Einschlag. Auf einer Tafel steht notiert, welche frischen Meeresfrüchte dem Gast an diesem Tag zum Grillen zur Auswahl stehen. Besonders empfehlenswert sind die regionalen Gerichte mit moderner Note. Das schicke Restaurant begeistert mit pompösen Gemälden und vielen Holzschnitzereien, die aus ehrwürdigen alten Gebäuden auf Java und Bali stammen.

Three Monkeys Cafe   ASIATISCH $$
(0361-286002; Jl. Danau Tamblingan; Mahlzeiten 60 000–150 000 Rp; 8–23 Uhr;) Die Filiale des sagenhaften Originals in Ubud ist keineswegs ein müder Abklatsch des Originals. Auf zwei Etagen dudelt abends cooler Jazz zur Untermalung, an manchen Abenden finden Liveauftritte statt. Das Café liegt ein gutes Stück von der Straße zurückversetzt, die Gäste können sich die besten Kaffeekreationen von Sanur auf einem der Sofas oder Stühle schmecken lassen. Die kreative Speisekarte bietet eine Mischung aus westlicher und pan-asiatischer Küche.

Pregina Warung   BALINESISCH $$
(0361-283353; Jl. Danau Tamblingan 106; Hauptgerichte 40 000–80 000 Rp; 11–22 Uhr) Klassische balinesische Entengerichte und Publikumslieblinge wie Satay sind die Säulen der interessanten Speisekarte des Restaurants,

PRIESTER & KÜNSTLER

Sanur war einer der Orte, den westliche Ausländer bei ihrer Entdeckung Balis vor dem Zweiten Weltkrieg bevorzugten. Die Künstler Miguel Covarrubias, Adrien Jean Le Mayeur de Merpres und Walter Spies, die Anthropologin Jane Belo und die Choreographin Katharane Mershon lebten alle eine Zeitlang hier auf der Insel. Die ersten Touristen-Bungalows tauchten in Sanur in den 1940er- und 1950er-Jahren auf, weitere Künstler, darunter der Australier Donald Friend, ließen sich in Sanur nieder.

Während dieser Zeit wurde Sanur von weit vorausschauenden Priestern und Gelehrten regiert, die sowohl die Möglichkeiten als auch die Bedrohungen erkannten, die der expandierende Tourismus in sich barg. Sie gründeten Dorfkooperativen, die eigenes Land besaßen und damit ins Tourismusgeschäft einsteigen konnten. So wurde gewährleistet, dass ein Großteil der wirtschaftlichen Erträge aus dem Tourismus in den Gemeinden blieb.

Bis heute haben die Priester großen Einfluss, Sanur ist eine der wenigen Gemeinden, die immer noch von Angehörigen der Brahmanenkaste regiert werden. Der Ort ist bekannt als Heimat von Zauberern und Heilern und als ein Zentrum der schwarzen wie der weißen Magie. Das *kain poleng* genannte schwarz-weiße Tuch symbolisiert die Balance zwischen Gut und Böse und ist ein Sinnbild für Sanur.

---

das einheimische Gerichte viel besser als in der üblichen, viel zu faden Touristenversion serviert. Die Räumlichkeiten sind in schickem, dezentem Holzdekor gehalten.

Café Smorgås CAFÉ $$
(0361-289361; Jl. Danau Tamblingan; Mahlzeiten 50 000–150 000 Rp; 8–22 Uhr;) Im beliebten Café fern vom Verkehr stehen Rattanstühle auf der großen Terrasse, innen leistet die Klimaanlage angenehme Dienste. Die Speisekarte offeriert eine gesunde Mischung aus frischen westlichen Gerichten – von Frühstücksvariationen über Sandwiches bis hin zu Suppen und Salaten.

Massimo ITALIENISCH $$
(0361-288942; Jl. Danau Tamblingan 206; Mahlzeiten 80 000–200 000 Rp; 8–22 Uhr) Innen kommt man sich wie in einem Café in Mailand vor, draußen wie in einem balinesischen Garten. Die Speisekarte bietet so ungewöhnliche Kombinationen wie etwa die Spaghetti mit Fleischklößen. Pasta, Pizza usw. werden dennoch mit italienischem Einschlag zubereitet. Keine Zeit für eine lange Essenspause? Auch gut, dann gibt's eben nur ein *gelato* vom Tresen.

Kalimantan BAR
(Borneo Bob's; 0361-289291; Jl. Pantai Sindhu 11; Hauptgerichte ab 40 000 Rp; 11–24 Uhr) Diese alteingesessene Kneipe besticht mit ihrem nostalgischen *South-Pacific*-Charme unterm Reetdach. Das Kalimantan ist eine von zig lässigen Bars in dieser Straße. Hier können die Gäste billige Drinks unter Palmen im schattigen Garten genießen. Für das mexikanische Essen werden Pfefferschoten aus eigenem Anbau verwendet.

Der Süden von Sanur

Sari Bundo INDONESISCH $
(0361-281389; Jl. Danau Poso; Hauptgerichte ab 20 000 Rp; 24 Std.) Das tadellose, zur Straße hin offene Lokal im Padang-Stil ist eines von vielen am südlichen Ortsrand von Sanur. Die Gäste haben die Qual der Wahl unter einer breiten Auswahl an frischen und sehr scharfen Gerichten. Das Curry-Huhn ist jedenfalls eine feurige Köstlichkeit.

Denata Minang INDONESISCH $
(Jl. Danau Poso; Mahlzeiten ab 15 000 Rp; 8 bis 22 Uhr) Einer der besseren Warungs im Padang-Stil gleich westlich vom Café Billiard, der ausgelassenen Bar der Expats. Wie bei den Mitstreitern, so gibt's auch hier sagenhaftes *ayam* (Huhn) in verschiedenen pikanten Saucen – nur eben besser zubereitet.

Fire Station INTERNATIONAL $$
(0361-285675; Jl. Danau Poso 108; Hauptgerichte ab 80 000 Rp; 15 Uhr bis frühmorgens) In diesem vorne offenen Szenelokal ist so etwas wie nostalgischer Hollywood-Charme spürbar. An den Wänden hängen viele Porträts aus den 1960er-Jahren im Stil von Hollywood-Aufnahmen – man rechnet fast schon damit, den jungen Dennis Hopper hinten herumstehen zu sehen. Jedenfalls können sich die Gäste hier krugweise Sangria und andere Drinks schmecken lassen. Die Spei-

sekarte mit vielen Specials ist abwechslungsreich.

Shoppen

Sanur ist in Sachen Einkaufen nicht Seminyak, wobei ein paar Designer mittlerweile auch hier Filialen eröffnet haben. Mit dem Bummel durch die Läden der Jalan Danau Tamblingan kann man schon er locker einen ganzen Nachmittag verbringen. Billige (und oft auch geschmacklose) Souvenirs werden in den verschiedenen Märkten an der Strandpromenade angeboten.

A-Krea KLEIDUNG
(0361-286101; Jl. Danau Tamblingan 51; 9 bis 20 Uhr) Viele Artikel, die auf Bali entworfen und gefertigt wurden, sind in diesem attraktiven Geschäft erhältlich. Kleidung, Accessoires, Haushaltswaren und vieles mehr sind allesamt von Hand gefertigt.

Ganesha Bookshop BÜCHER
(www.ganeshabooksbali.com; Jl. Danau Tamblingan 42; 9–20 Uhr) Balis bestes Buchgeschäft für ernsthafte Leser betreibt in Sanur eine Filiale. Neben einem hervorragenden Sortiment an neuen und gebrauchten Belletristiktiteln bietet das Ganesha auch eine Superauswahl an Literatur zur Kultur und Geschichte der Region. Für Kinder gibt es eine eigene Leseecke.

Nogo TEXTILIEN
(0361-288765; www.nogobali.com; Jl. Danau Tamblingan 104; 9–20 Uhr) Am besten hält man nach dem Webstuhl aus Holz vor diesem feudalen Geschäft Ausschau, das als „Bali Ikat Centre" für sich wirbt. Die Waren sind wunderschön und lassen sich in den kühlen Räumen gebührend würdigen.

Goddess on the Go DAMENBEKLEIDUNG
(0361-270174; Jl. Danau Tamblingan; 9 bis 20 Uhr) Hier findet man superbequeme Kleidung für Damen, die viel auf Reisen sind.

Praktische Informationen

Guardian Pharmacy (0361-284343; Jl. Danau Tamblingan 134) In der Apothekenkette hat immer ein Arzt Bereitschaftsdienst.

An- & Weiterreise

BEMO
Die grün lackierten Bemos fahren über die JalanHang Tuah zum Kereneng-Bemo-Terminal in Denpasar, die Fahrt kostet 7000 Rp.

SCHIFF
Schnellboote Die Schnellboote nach Nusa Lembongan, Nusa Penida, Lombok und zu den Gili-Inseln fahren an einem Strandabschnitt südlich der Jalan Hang Tuah ab. Keines dieser Schiffe benutzt einen Steg – die Passagiere müssen durchs Wasser zum Schnellboot waten. Die meisten Unternehmen haben Wartebereiche im Schatten am Strand eingerichtet.

Öffentliche Schiffe Regelmäßig fahren Schiffe nach Nusa Lembongan und Nusa Penida, die am Strand am Ende der Jalan Hang Tuah ablegen.

Rocky Fast Cruises (0361-801 2324; www.rockyfastcruise.com; Jl. Hang Tuah 41; 8–20 Uhr) Unterhält ein Büro für seine Schiffe nach Nusa Lembongan.

Scoot (0361-285522; www.scootcruise.com; Jl. Hang Tuah; 8–20 Uhr) Das Unternehmen hat ein Büro für sein Netz an Schiffsverbindungen zwischen Bali und Nusa Lembongan, Lombok und den Gili-Inseln.

SHUTTLEBUS FÜR TOURISTEN
Das **Büro von Perama** (0361-285592; www.peramatour.com; Jl. Hang Tuah 39; 7–22 Uhr) liegt beim Warung Pojok am nördlichen Ortsrand. Angefahren werden u. a. Ubud (40 000 Rp, 1 Std.), Padangbai (60 000 Rp, 2 Std.) und Lovina (125 000 Rp, 4 Std.).

Unterwegs vor Ort

Die Taxifahrer verlangen für die Fahrt vom Flughafen nach Sanur 125 000 Rp.

Bemos fahren für 5000 Rp die Jalan Danau Tamblingan und die Jalan Danau Poso hinauf und hinunter – und sind auf dieser Strecke eine umweltfreundlichere Alternative zu den Taxis.

RUND UM SANUR

Pulau Serangan

Auch unter dem Namen Turtle Island bekannt, ist Pulau Serangan ein Beispiel dafür, wie stark Balis Umwelt gefährdet ist. Die kleine, nur 100 ha große Insel vor der Mangrovenküste südlich von Sanur wurde in den 1990er-Jahren von Suhartos berüchtigtem Sohn Tommy als Standort für ein neues Bauprojekt ausgewählt. Über die Hälfte der ursprünglichen Insel verschwand unter einer Geländeaufschüttung, insgesamt eine Fläche von über 300 ha! Die Wirtschaftskrise in Asien zog letztendlich beim Projekt den Stecker. Seither wird regelmäßig über laufende Entwicklungsprogramme berichtet.

Derzeit gibt es auf dem erhalten gebliebenen ursprünglichen Teil der Insel noch die beiden kleinen, armen Fischerdörfer **Ponjok** und **Dukuh**, außerdem einen von Balis heiligsten Tempeln, **Pura Sakenan**, gleich östlich des Damms. Architektonisch ist er unbedeutend, aber größere Feste ziehen massenhaft Gläubige an, besonders während des Kuningan-Festes.

Benoa Harbour

Balis wichtigster Hafen liegt an der Einfahrt zur Teluk Benoa (Benoa-Bucht), der breiten, aber seichten Wasserfläche östlich der Start- und Landebahn des Flughafens. Benoa Harbour befindet sich auf der Nordseite der Bucht – ein Areal mit vielen Docks und Hafenanlagen auf neu gewonnenem Land. Es ist mit der Insel Bali über einen 2 km langen Damm verbunden, der mittlerweile auch Teil der Bali-Mandara-Toll-Road ist. Der Ort wird Benoa Port oder Benoa Harbour genannt, um ihn vom Dorf Benoa auf der Südseite der Bucht zu unterscheiden.

Benoa Harbour ist der Hafen für einige Boote, die Touristen zu Tagesausflügen nach Nusa Lembongan bringen, und für Pelni-Schiffe in andere Teile Indonesiens. Kreuzfahrtschiffe laufen ihn wegen der unzureichenden Wassertiefe nicht an.

DENPASAR

📞 0361

Ausufernd, hektisch und stetig wachsend: Balis Hauptstadt stand in den vergangenen fünf Jahrzehnten oft im Mittelpunkt der Entwicklung zu mehr Wachstum und Wohlstand auf der Insel. Sie mag zunächst abschreckend und chaotisch erscheinen, aber wer etwas Zeit im relativ reichen Regierungs- und Geschäftsbezirk Renon verbringt, wird dort eine vornehmere Seite der Stadt entdecken.

Denpasar ist sicher kein Tropenparadies im klassischen Sinn, aber es ist genauso ein Teil des „wahren Bali" wie die berühmten Reisterrassen und die Tempel auf den Klippen. Für beinahe 800 000 Menschen ist er der zentrale Ort der Insel, hier sind ihre Einkaufspassagen und Parks zu finden.

Am verlockendsten für den Baliurlauber ist jedoch die wachsende Auswahl an authentischen und lecker kochenden Restaurants und Cafés, die sich in erster Linie an die aufblühende Mittelschicht wenden. Aber auch die Märkte von Denpasar, das bedeutende Museum und seine durch und durch moderne balinesische Atmosphäre sind ein Erlebnis. Die meisten Besucher wohnen in den Touristenorten im Süden Balis und unternehmen nur einen Tagesausflug nach Denpasar. Bei guter Verkehrslage fährt man von Sanur 15 Min. ins Zentrum, von Seminyak etwa 30 Minuten.

Geschichte

Denpasar, was übersetzt „neben dem Markt" bedeutet, war vor der Kolonialzeit ein bedeutendes Handelszentrum und Sitz der örtlichen Rajahs (Fürsten oder Prinzen). Die Niederländer gewannen Mitte des 19. Jhs. die Kontrolle über den Norden Balis, die Übernahme des Südens begann erst 1906. Nachdem die drei balinesischen Prinzen ihre Paläste in Denpasar zerstört und sich in eine selbstmörderische letzte Schlacht gestürzt hatten – einen rituellen *puputan* –, machten die Holländer Denpasar zu einem wichtigen Kolonialzentrum. Als Balis Tourismusindustrie in den 1930er-Jahren zu wachsen begann, wohnten die meisten Besucher in einem oder zwei Regierungshotels im Zentrum von Denpasar.

Die nördliche Stadt Singaraja blieb bis nach dem Zweiten Weltkrieg der niederländische Verwaltungssitz, der dann aber wegen des neuen Flughafens nach Denpasar verlegt wurde. 1958, einige Jahre nach der indonesischen Unabhängigkeit, wurde die Stadt schließlich die offizielle Hauptstadt der Provinz Bali. In jüngerer Zeit kommen vermehrt Einwanderer aus Java und dem restlichen Indonesien in die Stadt. Sie lassen sich von der guten Infrastruktur – Schulen, Geschäften, Bauindustrie und der enormen Tourismuswirtschaft – anlocken. Die Randbezirke gehen inzwischen nahtlos in die Nachbargemeinden Sanur, Kuta, Seminyak und Kerobokan über.

◉ Sehenswertes

Für die kulturell größte Sehenswürdigkeit der Stadt, das Museum Negeri Propinsi Bali, lohnt es sich, etwas Zeit einzuplanen. Der eigentliche Reiz von Denpasar besteht darin, einfach in den balinesischen Alltag einzutauchen. Wer die traditionellen Märkte oder die klimatisierten Einkaufszentren besucht, sieht, wie die Einheimischen hier leben.

★ Museum Negeri Propinsi Bali   MUSEUM
(☏ 0361-222 680; Erw./Kind 5000/2500 Rp; ⊙ Fr 8–12.30, Sa–Do 8–16 Uhr) Das Museum ist so etwas wie das British Museum oder das Smithsonian der balinesischen Kultur. Im Gegensatz zu den genannten Weltklasse-Institutionen müssen sich die Besucher hier allerdings selbst darum bemühen, die Bedeutung der Exponate zu erkennen. Das Museum könnte daher etwas mehr Einsatz der Kuratoren vertragen; ein Anfang ist schon mal damit gemacht, dass die meisten Ausstellungsstücke auf Englisch beschriftet sind. Am besten kommt man nachmittags, dann ist es in den Räumen nicht so voll.

Die Mitarbeiter des Museums unterhalten die Besucher oft auf einem Bambus-Gamelan mit zauberhafter Musik. Die selbsternannten „Guides" sollte man ignorieren: Sie haben inhaltlich nur wenig zu bieten und wollen einem letztlich bloß 5 oder 10 US$ aus der Tasche ziehen.

Das Museum besteht aus mehreren Gebäuden und Pavillons, darunter viele schöne Beispiele balinesischer Architektur.

➡ **Hauptgebäude**

Das Hauptgebäude birgt im Untergeschoss eine Sammlung prähistorischer Stücke, darunter Steinsarkophage sowie Stein- und Bronzewerkzeuge. Oben gibt es Beispiele traditioneller Artefakte, darunter Gegenstände, die auch heute noch in Gebrauch sind. Aufmerksamkeit verdienen die kunstvollen Tragkörbe aus Holz und Schilfrohr zum Transport von Kampfhähnen und die winzigen Tragkörbe für Kampfgrillen.

➡ **Nördlicher Pavillon**

Der Pavillon wurde im Stil eines Tabanan-Palastes errichtet und zeigt Tanzkostüme und Masken, darunter eine unheimliche *rangda* (Hexenwitwe), einen gerade aussehenden Barong (mythisches Mischwesen aus Hund und Löwe) und eine hoch aufragende Barong-Landung-Figur (großer Barong).

➡ **Zentraler Pavillon**

Die geräumige Veranda nimmt Bezug auf einen Palastpavillon des Karangasem-Königreichs (mit Sitz in Amlapura), in dem die Rajahs Audienzen abhielten. Die Exponate haben alle eine Verbindung zur balinesischen Religion: Zu sehen sind zeremonielle Objekte, Kalender und Priestergewänder.

➡ **Südlicher Pavillon**

Die umfassende Ausstellung zeigt verschiedenste Textilien, u. a. *endek* (eine balinesische Webmethode mit vorgefärbten Fäden), Doppel-Ikat (Webstoff), *songket* (Silber- und Goldbrokatstoffe, die mit fließender Schussfadentechnik handgefertigt wurden) und *prada* (Verwendung von Blattgold oder Silberfäden in balinesischen Trachten).

★ Pura Jagatnatha   TEMPEL
(Jl. Surapati) Der Staatstempel wurde 1953 gebaut und ist dem höchsten Gott Sanghyang Widi gewidmet. Seine Bedeutung liegt zum Teil im Bekenntnis zum Monotheismus. Obwohl die Balinesen viele Götter anerkennen, sorgt der Glaube an einen höchsten Gott (der viele Erscheinungsformen annehmen kann) dafür, dass der balinesische Hinduismus mit dem ersten Prinzip der Pancasila – dem „Glauben an einen Gott" – übereinstimmt.

Der *padmasana* (Schrein) aus weißen Korallen besteht aus einem leeren Thron (Symbol für den Himmel) auf der kosmischen Schildkröte und zwei *naga* (mythische schlangenartige Gestalten), die das Fundament der Welt symbolisieren. Die Wände sind mit Schnitzereien, die Szenen aus dem *Ramayana* und dem *Mahabharata* zeigen, geschmückt.

Zwei größere Feste werden hier jeden Monat bei Vollmond und bei Neumond abgehalten. Dann gibt es *wayang kulit* (Schattenspiel mit Lederpuppen) zu sehen.

Puputan Square   PARK
(Jl. Gajah Mada) Die recht kleine städtische Freifläche erinnert an die heldenhafte, aber selbstmörderische Schlacht der Rajahs von Badung gegen die vordringenden Niederländer im Jahr 1906. Ein Monument stellt eine balinesische Familie in heroischer Pose dar, die mit ihren Waffen gegen die niederländischen Gewehre wenig ausrichten kann. Die Frau hat Schmuck in der linken Hand, so wie die Frauen am Badung-Hof ihren Schmuck auf die niederländischen Soldaten schleuderten, um sie zu verhöhnen. Die Parkanlage ist bei den Einheimischen um die Mittagszeit beliebt, kurz vor Sonnenuntergang strömen ganze Familien dorthin. Händler verkaufen Hühnchen-Satay und andere Snacks sowie Getränke. Am Wochenende füllt sich der Park oft mit großen und kleinen Balinesen, die hier begeistert ihre Drachen steigen lassen.

Pura Maospahit   TEMPEL
(Unweit Jl. Sutomo) Errichtet wurde der Tempel im 14. Jh., also zu der Zeit, als Majapahit von Java nach Bali kam. 1917 wurde die Anlage durch ein Erdbeben stark beschädigt und seither umfassend restauriert. Die äl-

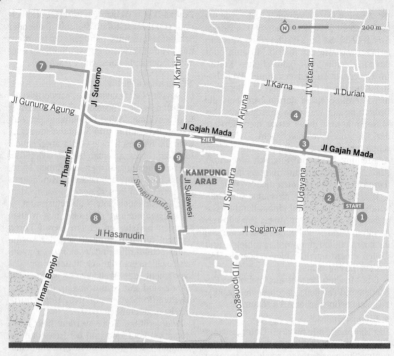

Stadtspaziergang
Bummel durch Denpasar

START MUSEUM NEGERI PROPINSI BALI
ZIEL JL. GAJAH MADA
LÄNGE/DAUER 2,5 KM; 2 STUNDEN

Denpasar erschließt sich am besten zu Fuß. Der Bummel führt zu den meisten Sehenswürdigkeiten im historischen Zentrum sowie zu einigen Relikten der Vergangenheit, als es in Denpasar noch deutlich gemächlicher zuging. Für Museumsbesuche und zum Einkaufen sollte man zusätzliche Zeit einplanen.

Der Bummel beginnt am ❶ **Museum Negeri Propinsi Bali** (S. 133). Gegenüber liegt der große grüne ❷ **Puputan Square** (S. 133). An der Ecke der Jl. Surapati und der Jl. Veteran ragt die ❸ **Catur-Muka-Statue** auf; sie stellt Batara Guru dar, den Herrn der vier Himmelsrichtungen. Die viergesichtige, achtarmige Figur hat ein Auge (oder acht?) auf den Verkehr ringsum. Nun geht es auf der Jl. Veteran 100 m weiter zum ❹ **Inna Bali Hotel** (S. 135), dem Lieblingshotel des indonesischen Diktators Sukarno. Wieder zurück an der Catur-Muka-Statue, spaziert man auf der Jl. Gajah Mada gen Westen in Richtung Brücke über den Fluss Sungai Badung. Unmittelbar vor der Brücke liegt links der renovierte ❺ **Pasar Badung** (S. 139), der wichtigste Lebensmittelmarkt der Stadt. Auf der linken Seite jenseits der Brücke findet man im ❻ **Pasar Kumbasari** (S. 139) Kunsthandwerk, Stoffe und Trachten.

An der nächsten großen Kreuzung geht es gen Norden die Jl. Sutomo hinauf und dann links in eine kleine Gasse, die zum Tempel ❼ **Pura Maospahit** (S. 133) führt.

Wieder zurück an der Kreuzung bummelt man über die Jl. Thamrin bis zur Kreuzung mit der Jl. Hasanudin. An der Ecke befindet sich der ❽ **Puri Pemecutan**, ein Palast, der 1906 während der holländischen Invasion zerstört wurde. Er wurde wieder aufgebaut und kann besichtigt werden. Er ist allerdings nicht besonders prachtvoll. Auf der Jl. Hasanudin geht es weiter gen Osten, dann in Richtung Norden über die ❾ **Jl. Sulawesi** vorbei an den Märkten. Man bummelt nun weiter gen Norden, vorbei am Pasar-Badung-Markt, um zur Jl. Gajah Mada zurückzukehren.

testen Bauteile finden sich auf der Rückseite des Tempels, am interessantesten sind die großen Statuen von Garuda und dem Riesen Batara Bayu.

Bajra Sandhi Monument — DENKMAL

(Denkmal für den Kampf der Volkes von Bali; ☎ 0361-264517; Jl. Raya Puputan, Renon; Erw./Kind 10 000/5000 Rp; ⏱ 9–16.30 Uhr) Das riesige Denkmal ist so groß wie sein Name. Im Inneren dieses etwas an den Borobodur erinnernden Bauwerks sind Dioramen zu sehen, die die tragische Geschichte Balis erzählen. In Anbetracht des Namens überrascht es nicht, dass sie eine gewisse chauvinistische Seifernopernqualität aufweisen; aber ganz unterhaltsam sind sie dennoch. Interessant ist, dass bei der Darstellung der Schlacht von 1906 gegen die Niederländer der König von Badung eine leichte Zielscheibe abgibt.

Taman Wedhi Budaya — KUNSTZENTRUM

(☎ 0361-222776; ab Jl. Nusa Indah; ⏱ Mo–Do 8–15, Fr–So 8–13 Uhr) Das Kunstzentrum ist ein ausgedehnter Komplex, der sich im Osten von Denpasar befindet. Das architektonisch aufwendige Gebäude beherbergt eine Kunstgalerie mit einer spannenden Sammlung. Von Mitte Juni bis Mitte Juli erwacht das Zentrum zum Leben, wenn hier das Bali Arts Festival stattfindet. Auf dem Programm stehen Tänze, Musik und Ausstellungen mit Kunsthandwerk aus ganz Bali. Bei beliebteren Veranstaltungen ist es ratsam, Eintrittskarten im Zentrum vorzubestellen.

🏃 Aktivitäten

Kube Dharma Bakti — MASSAGE

(☎ 0361-749 9440; Jl. Serma Mendara 3; Massage Std. 75 000 Rp; ⏱ 9–22 Uhr) Viele Balinesen können sich gar nicht vorstellen, sich von jemandem massieren zu lassen, der nicht blind ist. Staatlich geförderte Schulen bilden Blinde in langen Kursen in Fußreflexzonenmassage, Shiatsu, Anatomie und anderen Disziplinen aus. In diesem Gebäude, das vor Salben und Ölen nur so duftet, können sich die Kunden aus einem breiten Therapieangebot das für sich Passende aussuchen.

🎉 Feste & Events

★ Bali Arts Festival — DARSTELLENDE KÜNSTE

(www.baliartsfestival.com; Taman Wedhi Budaya; ⏱ Mitte Juni–Mitte Juli) Das alljährliche Festival im Kunstzentrum Taman Wedhi Budaya ist eine gute Gelegenheit, die vielen verschiedenen traditionellen Tänze, aber auch Musik und Kunsthandwerk der Insel Bali kennenzulernen. Die Produktionen des *Ramayana-* und *Mahabharata*-Balletts sind vom Feinsten. Die Eröffnungszeremonie samt dem Umzug durch Denpasar ist ein beeindruckendes Spektakel. Eintrittskarten sind im Allgemeinen vor den Veranstaltungen erhältlich; das Programm steht auf der Website und ist auch in den Touristeninformation in Denpasar erhältlich. Das Festival ist für Scharen dörflicher Tanz- und Musikgruppen das Ereignis des Jahres. Die Konkurrenz ist groß, denn bei jeder Vorführung spielt der Lokalstolz mit („unser Kecak ist besser als Euer saumäßiger Kecak" usw.). Hier gut abzuschneiden, bringt ein Dorf für das Jahr auf einen guten Kurs.

Einige Events werden in einem Amphitheater mit 6000 Plätzen veranstaltet. Dort erleben auswärtige Besucher die Anziehungskraft der traditionellen balinesischen Kultur auf die Bevölkerung sehr eindrücklich.

🛏 Schlafen

In Denpasar haben viele neue Kettenhotels im mittleren Preisbereich aufgemacht, es gibt aber eigentlich keinen überzeugenden Grund, warum man hier übernachten sollte – außer jemand will sich unbedingt in den Trubel der Großstadt stürzen.

★ Nakula Familiar Inn — GUESTHOUSE $

(☎ 0361-226446; www.nakulafamiliarinn.com; Jl. Nakula 4; Zi. mit Ventilator/Klimaanlage ab 155 000/200 000 Rp; ❄🛜) Die acht Zimmer in diesem munteren, urbanen Familien-Guesthouse standen bei Backpackern bereits hoch im Kurs, als es Seminyak noch gar nicht gab. Die Zimmer sind sauber und haben einen kleinen Balkon. Nett ist auch der hübsche Hof und das zentrale Café.

Gleich um die Ecke können die Gäste auf dem Straßenmarkt ins typisch balinesische Leben eintauchen. Bemos auf der Strecke von Tegal nach Kereneng fahren über die Jalan Nakula.

Inna Bali — HOTEL $$

(☎ 0361-225681; www.innabali.com; Jl. Veteran 3; Zi. ab 350 000–700 000 Rp; ❄🛜🏊) Das Inna Bali bietet schlichte Gärten, einen riesigen Banyan-Baum und einen gewissen nostalgischen Charme. Das Hotel wurde 1927 eröffnet und war damals das wichtigste Touristenhotel der Insel. Die Zimmerausstattung ist Standard, viele der Zimmer haben eine schöne, schattige Veranda. Momentan wird gerade renoviert – und somit alles noch etwas hübscher. Es lohnt sich, mit den

Denpasar

SÜDBALI & DIE INSELN DENPASAR

Ubung Bus- & Bemo-Bahnhof (1,5 km)

Wangaya Bemo-Bahnhof

Jl Setiabudi
Jl Sutomo
Jl Kartini
Jl Nakula
Jl Kedondong
Jl Pattimura
Jl Werkudara
Jl Sahedawa
Jl Veteran
Jl Belimbing
Jl Melati
Jl Kambola
Jl Piawa
Jl Arjuna
Jl Karna
Jl Durian
5
18
17
9
Jl Gajah Mada
19
8
Kereneng Bemo-Bahnhof
14

Poltabes Denpasar (1 km)

Jl Thamrin
Jl Sumatra
Jl Udayana
Jl Gajah Mada
2 Pura Jagatnatha
23
24
20
4
1
Jl Surapati

Jl Imam Bonjol
Jl Hasanudin
21
Museum Negeri Propinsi Bali
Jl Sugianyar
Jl Kapten Agung

Tegal Bemo-Bahnhof

Jl Diponegoro
Jl Udayana
Jl Jayagiri

Jl Nusakambangan

22

Jl Ki Hajar Dewantara

Letda Tantular

12
Jl Teuku Umar
RENON

State Railway Company **26**
Kimia Farma

Australisches Konsulat

25
SANGLAH
7
15

Nasi Uduk (1,2 km)

Rumah Sakit Umum Propinsi Sanglah
Jl Nias
13
Jl Tukad Gangga
Jl Pulau Kanrata
Jl Diponegoro

Jepun Bali (750 m); Benoa Harbour (6 km)

älteren Angestellten zu plaudern – sie haben viele spannende Geschichten zu erzählen.

Das Inna Bali ist ein praktischer Standort für die **Ngrupuk-Prozession,** die einen Tag vor dem Nyepi-Festival stattfindet; sie führt direkt am Hotel vorbei.

Essen & Ausgehen

Denpasar bietet mit die größte Auswahl an indonesischem und balinesischem Essen auf ganz Bali. Die Einheimischen und Expats haben natürlich jeweils ihre ganz individuellen Lieblings-Warungs und -Lokale. Neue Restaurants eröffnen regelmäßig in der Jalan Teuku Umar, während sich in Renon sagenhaft viele gute Esslokale in der Jalan Cok Agung Tresna (zwischen der Jalan Ramayana und der Jalan Dewi Madri) sowie in der Letda Tantular aneinanderreihen. Letztlich muss man durch die Straßen bummeln und schauen, wo es einen hineinzieht.

★**Warung Satria** INDONESISCH $
(Jl. Kedondong; Gerichte 10 000–20 000 Rp; 11–17 Uhr) In diesem Warung in einer ruhigen Straße lockt das Meeresfrüchte-Satay, das mit Schalotten-Sambal serviert wird. Zu lange warten sollte man mit dem Bestellen nicht, denn nach Mittag ist das meiste von der Karte ausverkauft.

Eine **Filiale** (Karte S. 198; Jl. WR Supratman; 10–17 Uhr) befindet sich in der Nähe der Kreuzung, wo die Hauptstraße nach Ubud östlich vom Zentrum Denpasars von der Umgehungsstraße abzweigt.

Warung Wardani INDONESISCH $
(0361-224398; Jl. Yudistira 2; Mahlzeiten ab 25 000 Rp; 8–16 Uhr) Von der kleinen Gaststube am Eingang sollte man sich nicht täuschen lassen – ein erheblich größerer Speisebereich liegt draußen hinter dem Haus. Das *nasi campur* (Reis mit vielen Beilagen), lockt tagtäglich zu Mittag die Gäste in Scharen an. Das Essen ist halal (und entspricht somit den islamischen Speisegesetzen), das Hühnchen lecker und zart, das Satay ein Gedicht. Dazu wird duftender Reis serviert.

Nasi Uduk INDONESIAN $
(Jl. Teuku Umar; Mahlzeiten 8000–15 000 Rp; 8–22 Uhr) Der kleine, zur Straße hin offene Stand bietet ein paar Stühle. Serviert werden javanische Gerichte wie *nasi uduk* (süßlicher Kokosreis mit frischer Erdnusssoße) und *lalapan* (einfacher Salat aus frischen Zitronenbasilikumblättern).

Denpasar

◎ Highlights
1. Museum Negeri Propinsi Bali C3
2. Pura Jagatnatha C3

◎ Sehenswertes
3. Bajra Sandhi Denkmal F6
4. Puputan Square B3
5. Pura Maospahit A2
6. Taman Wedhi Budaya F2

✪ Aktivitäten, Kurse & Touren
7. Kube Dharma Bakti B6

🛏 Schlafen
8. Inna Bali B2
9. Nakula Familiar Inn B2

🍴 Essen
10. Ayam Goreng Kalasan E5
11. Bakso Supra Dinasty E5
12. Café Teduh B5

13. Cak Asmo D6
14. Pasar Malam Kereneng D2
15. Pondok Kuring C6
16. Warung Lembongan E5
17. Warung Satria C2
18. Warung Wardani B2

🍸 Ausgehen & Nachtleben
19. Bhineka Djaja B2

🛍 Shoppen
20. Adil B3
21. Kampung Arab B3
22. Mal Bali B5
23. Pasar Badung A3
24. Pasar Kumbasari A3

ℹ Verkehr
25. Damri Office B6
26. State Railway Company B5

Pasar Malam Kereneng MARKT $

(Kereneng Night Market; Jl. Kamboja; Mahlzeiten ab 10 000 Rp; ⊗18–5 Uhr) Auf dem tollen Nachtmarkt wird Essen bis zum Morgengrauen gekocht und verkauft.

Bhineka Djaja KAFFEE

(☎0361-224016; Jl. Gajah Mada 80; Kaffee 5000 Rp; ⊗Mo-Sa 9–16 Uhr) Hier hat Balis Coffee Co. ihren Sitz. Der Laden verkauft auf der Insel gewachsene Bohnen und brüht einen sehr guten Espresso. Genießen lässt sich der an einem der beiden winzigen Tische, während man das Gewimmel auf der alten Hauptstraße von Denpasar beobachtet.

✕ Renon

Der Duft leckerer Gerichte weht durch dieses Viertel, das etwas aufgehübscht wurde.

★ Café Teduh INDONESISCH $

(☎0361-221631; ab Jl. Diponegoro; Hauptgerichte 10 000–20 000 Rp; ⊗10–22 Uhr; 🛜) Zwischen den großen Einkaufspassagen liegt versteckt in einer winzigen Gasse eine kleine Oase: Hängende Orchideen, Bäume, Blumen, Teiche mit Brunnen bilden das hübsche Ambiente.

Probieren sollte man das *ayam dabu-dabu* (gegrilltes Hühnchen mit Chilipaste, Tomaten, Schalotten, Zitronengras und Gewürzen) oder alternativ das *nasi bakar cumi hitam* – Reis mit mariniertem Tintenfisch, der in Bananenblättern gewickelt und gegrillt wird.

Cak Asmo INDONESISCH, CHINESISCH $

(Jl. Tukad Gangga; Mahlzeiten ab 25 000 Rp; ⊗8–22 Uhr) Am besten mischt man sich einfach unter die Beamten und Studenten der nahen Universität, um die leckeren Gerichte zu genießen, die auf Bestellung in der quirligen Küche frisch zubereitet werden. Empfehlenswert sind die buttrigen, knusprigen *cumi cumi* (Tintenfisch) mit *Telor-asin*-Soße, einer himmlischen Mischung aus Eiern und Knoblauch. Lecker sind auch die fruchtigen Eisgetränke. Die Speisekarte in englischer Sprache macht das Bestellen zum Kinderspiel.

Ayam Goreng Kalasan INDONESISCH $

(Jl. Cok Agung Tresna 6; Hauptgerichte 10 000 bis 20 000 Rp; ⊗8–22 Uhr) Der Name sagt eigentlich schon alles: Das Brathuhn (*ayam goreng*) ist nach einem Tempel auf Java (Kalasan) benannt, einer Region, die für ihr knuspriges, scharfes Hühnchen bekannt ist. Der leichte Duft nach Zitronengras entsteht durch die lange Marinierzeit vor der Zubereitung.

Bakso Supra Dinasty BALINESISCH $

(Jl. Cok Agung Tresna; Hauptgerichte ab 15 000 Rp; ⊗8–22 Uhr) Wer auch nur einmal die Suppe gekostet hat, die an diesem kleinen Stand aus den dampfenden Gefäßen serviert wird, wird sicher zustimmen, dass der Name (übersetzt: Fleischklopse Supra Dinasty) absolut zutreffend ist. Die Brühe ist kräftig, und die Fleischklöße sehr wohlschmeckend.

Warung Lembongan
INDONESISCH $

(☏ 0361-236885; Jl. Cok Agung Tresna 6C; Mahlzeiten 17 000–25 000 Rp; ⏰ 8–22 Uhr) Silberfarbene Klappstühle an langen Tischen stehen im Schatten einer knallgrünen Markise vor dem Haus. Spezialität des Warung ist ein Hühnchen, leicht gebraten und doch köstlich knusprig wie die oberste Schicht einer perfekt zubereiteten Crème brûlée. Die zweite Spezialität des Warung ist die scharfe *kepala ikan* (Fischsuppe).

Warung Bundaran Renon
BALINESISCH $

(☏ 0361-234208; Jl. Raya Puputan 212; Mahlzeiten ab 40 000 Rp; ⏰ 9–17 Uhr) In diesem etwas feudaleren *Babi-guling*-Lokal kommen mittags Teller mit Spanferkel auf den Tisch. Man fühlt sich hier ein bisschen wie in einem Vorstadthaus; angenehm ist der schattige Patio.

Pondok Kuring
INDONESISCH $

(☏ 0361-234122; Jl. Raya Puputan 56; Mahlzeiten ab 20 000 Rp; ⏰ 10–22.30 Uhr) Spezialität sind hier die Gerichte der Sunda-Bevölkerung von Westjava. Die sehr scharfen Gemüse-, Fleisch- und Meeresfrüchtegerichte verdanken ihr Aroma einer Fülle an Kräutern. Das schicke Restaurant hat einen künstlerisch angehauchten Speiseraum, außerdem hinter dem Haus einen ruhigen Garten.

🔒 Shoppen

Wer so richtig ins Leben der Einheimischen eintauchen möchte, sollte die traditionellen Märkte und klimatisierten Malls besuchen.

Märkte

Die großen traditionellen Märkte von Denpasar liegen in einem relativ überschaubaren Gebiet. Das erleichtert den Besuch; schwierig ist es dagegen, sich im Gewühl über viele Etagen hinweg zurechtzufinden. Für die Märkte wie für andere Aspekte des Lebens auf Bali gilt: Sie sind im Wandel begriffen. Supermärkte der großen Ketten drängen in ihren Einflussbereich, die aufblühende Mittelschicht bevorzugt Läden wie Carrefour, weil diese mehr Importwaren führen. Aber die öffentlichen Märkte haben noch ihre Daseinsberechtigung: Hier finden sich durch und durch balinesische Waren wie Tempelgaben, zeremonielle Kleider und Lebensmittel, die es nur auf Bali gibt, u. a. zahlreiche Mangostan-Sorten.

⭐ Pasar Badung
MARKT

(Jl. Gajah Mada; ⏰ 6–20 Uhr) Auf dem größten Lebensmittelmarkt Balis geht es morgens und abends hoch her – zwischen 14 und 16 Uhr macht dagegen alles einen eher verschlafenen Eindruck. Es gibt viel zum Herumstöbern und Feilschen: Verkauft werden Lebensmittel und Erzeugnisse von der ganzen Insel, aber auch leicht zusammensetzbare Tempelgaben, die bei den arbeitenden Balinesinnen hoch im Kurs stehen. Am besten lässt man sich einfach treiben und von den vielen Sorten Obst und Gewürzen in den Bann ziehen. Die Dienste der „Guides" sollte man geflissentlich übergehen – länger verirrt hat sich hier noch keiner.

Kampung Arab
MARKT

(Jl. Hasanudin & Jl. Sulawesi) Hier bieten Händler aus dem Nahen Osten und Indien Schmuck und Edelsteine an.

Pasar Kumbasari
MARKT

(Jl. Gajah Mada; ⏰ 8–18 Uhr) Kunsthandwerk und eine Fülle herrlicher Stoffe und Gewänder mit Goldapplikationen zählen zu den Waren, die auf dem gigantischen Markt am anderen Flussufer des Pasar Badung verkauft werden. Leider sieht man hier auch, dass die Einkaufszentren mittlerweile ihren Tribut fordern: Viele Stände sind unbesetzt.

Textilien

Wenn der schillernde Kampung Arab aufhört, geht man die **Jalan Sulawesi** weiter gen Norden, bis die Straßen erneut erstrahlen, diesmal jedoch wegen der vielen **Stoffgeschäfte**. Batikstoffe, Baumwolle, Seide in allen Farben lassen Barbie wie eine Vogelscheuche dastehen. Die Läden befinden sich unmittelbar östlich vom Pasar Badung. Viele haben sonntags geschlossen.

⭐ Jepun Bali
TEXTILIEN

(☏ 0361-726526; Jl. Raya Sesetan, Gang Ikan Mas 11; ⏰ nach telef. Vereinbarung) Hier kommt man sich wie in der Privatausgabe des Museum Negeri Propinsi Bali vor: Gusti Ayu Made Mardiani hat sich vor Ort einen Namen mit ihrer *Endek*- und *Songket*-Kleidung gemacht, die mit traditionellen Techniken hergestellt wird. Wer will, kann ihrem reizenden Wohnhaus und Atelier einen Besuch abstatten und sich die alten Geräte in Betrieb anschauen. Anschließend kann man dann in ihren wunderschönen, mehrfarbigen Seiden- und Baumwollsachen schwelgen. Das Geschäft liegt im Süden von Denpasar.

Adil
TEXTILIEN

(☏ 0361-234601; Jl. Sulawesi 13; ⏰ 9–18 Uhr) Der kleine Laden, der sich zwischen einer ganzen Reihe von Outlets östlich von Pasar Badung versteckt, ist dennoch etwas Besonderes. Hier hat man nämlich eine große Auswahl an echten balinesischen Batikarbeiten. Farben und Dekor sind manchmal atemberaubend, die Preise allerdings nicht – die sind ganz reell und klar und deutlich angegeben.

Einkaufspassagen

Sonntags sind die westlichen Einkaufspassagen proppevoll mit Einheimischen und flirtenden Teenagern. Die hier angebotenen Markenwaren sind echt. Die meisten Malls haben einen Foodcourt mit Ständen, an denen frisches asiatisches Essen serviert wird, sowie Fastfood-Läden.

Mal Bali   MALL

(Jl. Diponegoro; ⊙ 9–22 Uhr) Der Konsumtempel birgt den Ramayana Department Store, das größte Kaufhaus Balis. Auch ein großer Supermarkt, ein Foodcourt und viele Bekleidungsgeschäfte finden sich hier.

❶ Praktische Informationen

In Denpasar gibt es unzählige medizinische Dienste, die sich um das Wohl der Besucher und Bewohner Balis kümmern. Einzelheiten dazu siehe S. 440.

Denpasar Tourist Office (☏ 0361-234569; Jl. Surapati 7; ⊙ Mo–Do 8-15.30, Fr 8–13 Uhr) Die Touristeninformation ist für die Stadt Denpasar samt Sanur zuständig, erteilt jedoch auch Auskünfte zu Fahrten ins restliche Bali. Es lohnt sich nicht, eigens dorthin zu fahren, allerdings ist hier oft der nützliche *Calendar of Events* erhältlich. Und es gibt hier eine offizielle „Touristentoilette".

Kimia Farma (☏ 0361-227811; Jl. Diponegoro 125; ⊙ 24 Std.) Das Hauptgeschäft dieser auf der ganzen Insel vertretenen Apothekenkette bietet die größte Auswahl an verschreibungspflichtigen Medikamenten auf ganz Bali.

Hauptpost (☏ 0361-223565; Jl. Panjaitan; ⊙ Mo–Fr 8-21, Sa 8–20 Uhr) Die beste Anlaufstelle für alle Belange in Sachen Post. Hier gibt es auch ein Fotokopierzentrum und mehrere Geldautomaten.

Touristenpolizei (☏ 0361-224111)

❶ An- & Weiterreise

Denpasar ist Dreh- und Angelpunkt der öffentlichen Verkehrsmittel auf Bali – von hier verkehren Busse und Minibusse in alle Ecken der Insel.

FLUGZEUG

In den Flugplänen steht oft nur die Bezeichnung „Denpasar", offiziell heißt der Flughafen jedoch Ngurah Rai International Airport und liegt 12 km südlich von Kuta.

BEMO & MINIBUS

In der Stadt gibt es mehrere Bemo- und Minibus-Terminals – wer auf eigene Faust auf Bali unterwegs ist, muss oft den Weg über Denpasar nehmen und dort den Busbahnhof wechseln. Die Terminals für Fahrten durch ganz Bali sind Ubung, Batubulan und Tegal; Kereneng bedient Fahrziele in und um Denpasar. Von jedem Busbahnhof verkehren regelmäßig Bemos zu den anderen Terminals der Stadt (7000 Rp).

Ein Hinweis: Das Bemo-Netz ist schwankend, die Fahrpreisangaben sind nur als Richtlinien zu verstehen und oft völlig subjektiv. Die Fahrer versuchen oft, Auswärtigen mindestens 25 % mehr als den Einheimischen abzuknöpfen. Einzelheiten dazu siehe S. 435.

Ubung

Ein gutes Stück im Norden der Stadt befindet sich an der Straße nach Gilimanuk der **Ubung Bus & Bemo Terminal** (Karte S. 198); er fungiert als Verkehrsknotenpunkt für Fahrten nach Nord- und Westbali. Von hier starten auch Fernbusse – neben den Fernbussen, die zum Terminal 12 km nordwestlich in Mengwi (siehe Kasten S. 432) fahren.

REISEZIEL	PREIS
Gilimanuk (für die Fähre nach Java)	30 000 Rp
Mengwi Busbahnhof	15 000 Rp
Munduk	22 000 Rp
Singaraja (über Pupuan oder Bedugul)	25 000 Rp

Batubulan

Der Busbahnhof liegt sehr unpraktisch 6 km nordöstlich von Denpasar an einer Straße nach Ubud; von hier fahren Busse in den Osten und nach Zentralbali.

REISEZIEL	PREIS
Amlapura	25 000 Rp
Padangbai (für die Fähre nach Lombok)	18 000 Rp
Sanur	7000 Rp
Ubud	13 000 Rp

Tegal

Im Westen der Stadt befindet sich in der Jalan Iman Bonjol der **Tegal Bemo Terminal.** Von hier fahren Busse nach Kuta und zur Halbinsel Bukit.

REISEZIEL	PREIS
Flughafen	15 000 Rp
Jimbaran	17 000 Rp
Kuta	13 000 Rp

Kereneng
Östlich vom Stadtzentrum fahren Bemos vom **Kereneng Bemo Terminal** nach Sanur (7000 Rp).

Wangaya
In der Nähe des Stadtzentrums liegt dieser kleine **Terminal**, von dem die Bemos ins nördliche Denpasar und zum Ubung-Terminal (8000 Rp) fahren.

BUS
Fernbusse nutzen weiterhin das Ubung Bus & Bemo Terminal. Die meisten Fernbusse halten auch am Mengwi Terminal.

ZUG
Auf Bali fahren zwar keine Züge, doch die staatliche Eisenbahngesellschaft unterhält ein **Büro** (0361-227131; Jl. Diponegoro 150/B4; Mo-Fr 8-15, Sa & So 9-14 Uhr) in Denpasar.
Busse fahren vom nahen **Damri-Büro** (Jl. Diponegoro) nach Ostjava, wo man in Banyuwangi Anschluss zu Zügen u. a. nach Surabaya, Yogyakarta und Jakarta hat. Die Fahrpreise und Fahrzeiten entsprechen den üblichen Buspreisen, wobei die klimatisierten Züge jedoch komfortabler sind – sogar in der Economy Class.

ⓘ Unterwegs vor Ort

BEMO
Bemos befahren verschiedene ausgedehnte Routen von und zwischen den vielen Bus-/Bemo-Bahnhöfen in Denpasar. Sie stehen aufgereiht zu verschiedenen Zielen an jedem Bahnhof oder man versucht, sie irgendwo auf den Hauptstraße anzuhalten – dabei aber genau auf die Zielangabe über der Windschutzscheibe achten.

TAXI
Wie immer sind die Taxis von **Bluebird Taxi** (0361-701111) am zuverlässigsten.

NUSA LEMBONGAN & INSELN

Schaut man übers offene Meer südöstlich von Bali, fällt die dunstige Masse von Nusa Penida in den Blick. Doch für viele Urlauber liegt das eigentliche Augenmerk auf Nusa Lembongan, das sich im Schatten seines erheblich größeren Nachbarn versteckt. Hier gibt es tolle Möglichkeiten zum Surfen, super Tauchreviere, schöne Strände und eine entspannte Urlaubsatmosphäre.

Das früher oft übergangene Nusa Penida lockt mittlerweile zwar immer mehr Gäste an, doch die dramatischen Ausblicke und das unveränderte Dorfleben sollte dann doch jeder individuell erkunden. Das winzige Nusa Ceningan liegt zusammengekauert zwischen größeren Inseln. Von Lembongan bietet sich die beliebte Insel für einen Tagesausflug an.

Die Inseln waren viele Jahre lang eine arme Region. Karge Böden und der Mangel an Süßwasser lassen keinen Reisanbau zu, als Grundnahrungsmittel werden hier Früchte wie Mais, Maniok und Bohnen angebaut. Die Haupteinnahmequelle ist jedoch Seetang – und seit einiger Zeit natürlich auch der Tourismus.

Nusa Lembongan
0366

Nusa Lembongan, einst das Eldorado der Surfer, die in Bretterhütten hausten, macht Furore. Ja, es gibt durchaus noch ein einfaches Zimmer mit Aussicht auf die Wellen und tolle Sonnenuntergänge, doch können die Urlauber heute auch in Boutiquehotels logieren und sich hervorragend bekochen lassen.

Doch auch wenn Nusa Lembongan immer beliebter wird, ist die Insel noch sehr gemütlich. Wobei der neue Wohlstand natürlich Veränderungen mit sich bringt: Da sieht man junge Burschen, die mit dem Moped 300 m zur Schule brettern, Tempel, die kostspielig restauriert werden, dazu alle möglichen neuen Luxuseinrichtungen. Und die Zeit definiert sich plötzlich durch die Ankunft der Touristenschiffe und nicht mehr durch das Krähen eines Hahns oder durch das Herabfallen einer Kokosnuss.

◉ Sehenswertes

◉ Jungutbatu

Das Dorf selbst gibt sich beschaulich, obwohl durch die Gassen der Lärm der Motorräder dröhnt. Am **Pura Segara** samt seinem gigantischen Banyan-Baum finden regelmäßig Zeremonien statt. Am nördlichen Ortsrand steht ein **Leuchtturm** auf Metallbeinen. Man folgt der Straße gen Osten 1 km bis zum **Pura Sakenan.**

Jungutbatu Beach STRAND
Vom Strand, einer hübschen Bucht mit weißem Sand und klarem blauen Wasser, reicht der Blick bis zum Gunung Agung auf Bali. Der hübsche Weg an der **Kaimauer** ist ideal zum Flanieren, und zwar vor allem bei Sonnenuntergang. Dümpelnde Boote und

Nusa Lembongan

Nusa Lembongan

◉ Sehenswertes
1 Jungutbatu Beach C2
2 Leuchtturm D1
3 Pantai Selegimpak B3
4 Pantai Tanjung Sanghyang A3
5 Pura Segara C3
6 Heiliger Baum A3

✪ Aktivitäten, Kurse & Touren
7 Bounty Pontoon A3
8 Lacerations C1
9 Lembongan Dive Center C2
10 Monkey Surfing C2
11 Playground C2
12 Shipwreck C1
World Diving .... (s. 20)

🛏 Schlafen
13 Alam Nusa Huts A3
14 Batu Karang C3
15 Indiana Kenanga D1
16 Morin Lembongan B3
17 Nusa Bay by WHM A3
18 Pemedal Beach D1
19 Point Resort Lembongan A3
20 Pondok Baruna C2
21 Pondok Baruna Frangipani D1
22 Secret Garden Bungalows C2
23 Star Two Thousand Cafe &
     Bungalows C1
24 Ware-Ware C3

✕ Essen
25 99 Meals House C2
26 Bali Eco Deli D2
27 Deck Cafe & Bar C3
28 Hai Bar & Grill B3
29 Pondok Baruna Warung D2

Seetang, der geerntet und getrocknet wird, sorgen dafür, dass die Szenerie nicht zu sehr wie eine Postkartenidylle wirkt.

◉ Pantai Selegimpak

Normalerweise klatschen kleine Wellen an den langen, geraden **Sandstrand** an diesem abgelegenen Fleck mit mehreren Übernachtungsmöglichkeiten. Wer rund 200 m östlich auf dem Küstenpfad wandert (dort, wo er aufwärts über einen kleinen Hügel führt), stößt auf eine winzige **Bucht** mit einer Schaufel Sand, guten Schwimmmöglichkeiten und einem klitzekleinen Warung.

⊙ Tanjung Sanghyang

Die wunderschöne Bucht – sie heißt nach den Pilzkorallen im Meer hier inoffiziell „Pilzbucht" – bietet einen strahlend weißen sichelförmigen **Strand**. Tagsüber wird die Stille bisweilen von vorbeidüsenden Bananenbooten oder Parasailern gestört. Ansonsten ist dies ein Traumstrand, wie man ihn sich wünscht. Einen Blick wert ist der gewaltige **heilige Baum** mitten im **Pura Segara**.

Die interessanteste Möglichkeit, von Jungutbatu nach Tanjung Sanghyang zu gelangen, ist ein Spaziergang über einen Pfad, der am Südende des Jungutbatu-Strands beginnt und etwa 1 km an der Küste entlangführt. Alternativ fährt ein Boot von Jungutbatu aus dorthin (50 000 Rp).

⊙ Dream Beach

Der **Dream Beach** ist ein 150 m tiefer weißer Sandstrand an der Südwestseite der Insel mit tosenden Wellen und herrlich blauem Meer. Aus der richtigen Perspektive betrachtet, ist er wirklich wunderschön – bis man plötzlich das scheußliche Hotel sieht, das an seinem Ende errichtet wurde. Hier tummeln sich viele Tagesausflügler.

⊙ Lembongan

Vom Hauptort der Insel reicht der Blick über den Kanal mit seinen Seetangfarmen bis nach Nusa Ceningan – eine hübsche Szenerie mit klarem, blauem Meer und grünen Hügeln. Einige Cafés haben hier inzwischen eröffnet, um von dieser schönen Aussicht zu profitieren. Der Ort bietet einen interessanten **Markt** und einen großartigen alten **Banyan-Baum**.

Am nördlichen Ortsrand, dort, wo die Hauptstraße über die Insel vorbeiverläuft, führt eine recht lange Steintreppe zum **Pura Puseh** hinauf. Vom Dorftempel auf dem Hügel genießt man eine herrliche Aussicht.

🏃 Aktivitäten

In den meisten Geschäften wird Ausrüstung für alle nur denkbaren Wassersportarten ausgeliehen.

Surfen

Surfen geht hier am besten während der Trockenzeit (April bis September), wenn der Wind aus Südosten weht. Für Anfänger ist das Revier definitiv nicht geeignet und selbst für Könner kann es gefährlich werden. Am Riff gibt es drei große Breaks, die alle klingende Namen tragen. Von Norden nach Süden sind es **Shipwreck**, **Lacerations** und **Playground**. Je nach Lage der eigenen Unterkunft kann man direkt zur nächsten Welle hinauspaddeln. Bei Ebbe muss man meist etwas hinauslaufen, sodass Badeschuhe ein Muss sind. Für andere sollte man sich besser ein Boot mieten. Die Preise sind Verhandlungssache – einfach sind etwa 50 000 Rp angemessen. Dem Bootsbesitzer sollte man gleich sagen, wann man zurückgebracht werden möchte. Eine vierte Welle – **Racecourses** – tritt manchmal südlich von Shipwreck auf.

In der Brandung kann es hier ziemlich voll werden, selbst wenn die Insel es nicht ist. Der Grund: Charterboote aus Bali bringen Surfgruppen im Rahmen eines Tagesausflugs dorthin (ab 1 000 000 Rp).

Monkey Surfing   SURFEN
(📞 0821 4614 7683; http://monkeyactivities.com; Jungutbatu Beach; Surfboardverleih Tag 100 000 Rp, Unterricht ab 550 000 Rp; ⊙ 8–19 Uhr) In diesem Laden direkt am Strand kann man Surfboards oder alternativ Boards zum Stehpaddeln mieten. Gut ausgebildete Surflehrer geben Anfängern und Fortgeschrittenen Unterricht. Wer Interesse hat, kann hier auch Tauchen ohne Gerät trainieren. Die AIDA-Freediver-Kurse werden ebenfalls für Anfänger und Fortgeschrittene veranstaltet. Die Surfschule vermietet sieben Zimmer (Klimaanlage/Ventilator, Warmwasser, Balkon/Terrasse) im Rama Garden Retreat (www.ramagardenlembongan.com).

Tauchen

Nusa Lembongan ist ein günstiger Standort für Taucher; kein Wunder also, dass immer mehr Tauchbasen hier aufmachen.

★ **World Diving**   TAUCHEN
(📞 0812 390 0686; www.world-diving.com; Jungubatu Beach; 2 Tauchgänge ab 85 US$, Open-Water-Kurse 395 US$) World Diving mit Sitz in Pondok Baruna ist ein sehr renommiertes Unternehmen. Auf dem Programm steht die ganze Palette an Kursen, plus Tauchexkursionen zu Tauchrevieren rund um alle drei Inseln. Die Ausrüstung ist qualitativ sehr gut.

Lembongan Dive Center   TAUCHEN
(📞 0821 4535 2666; www.lembongandivecenter.com; Jungubatu Beach; Tauchgang ab 450 000 Rp, Kurs im offenen Gewässer 4 000 000 Rp) Eine empfehlenswerte einheimische Tauchbasis, die PADI-zertifizierte Tauchkurse anbietet.

TAUCHEN RUND UM DIE INSELN

Rund um die Inseln gibt es tolle Tauchmöglichkeiten – von seichten, geschützten Riffen, die sich überwiegend auf der Nordseite von Lembongan und Penida befinden, bis hin zu anspruchsvollem Strömungstauchen im Kanal zwischen Penida und den beiden anderen Inseln. Umsichtige Einheimische haben die Gewässer vor der Zerstörung durch Dynamitfischerei geschützt, sodass die Riffe heute noch relativ intakt sind. Ein positiver Nebeneffekt des Tourismus ist zudem, dass die Einheimischen nicht mehr so sehr auf die Fischereieinnahmen angewiesen sind. 2012 wurden die Inseln zum Nusa Penida Meeresschutzgebiet erklärt, das über 20 000 ha des umliegenden Gewässers umfasst.

Wer sich für einen Tauchausflug von Padangbai oder Südbali aus entscheidet, sollte sich ausschließlich an renommierte Veranstalter halten, denn die Bedingungen sind hier oft nicht einfach und gute Lokalkenntnisse wirklich lebenswichtig. Tauchunfälle passieren regelmäßig, und jedes Jahr kommen Menschen ums Leben, die in den Gewässern rund um die Insel Tauchunfälle hatten.

Wer sich an einen der empfehlenswerten Anbieter auf Nusa Lembongan hält, ist von Anfang an auf der sichereren Seite. Eine besondere Attraktion sind die großen Meerestiere wie Schildkröten, Haie und Mantarochen. Der große und ungewöhnliche *mola mola* (Mondfisch) lässt sich von Mitte Juli bis Oktober manchmal bei den Inseln sehen, er misst von Finne zu Finne 3 m. Mantarochen lassen sich von Juni bis Oktober oft südlich von Nusa Penida beobachten.

Zu den schönsten Tauchrevieren zählen **Blue Corner** und **Jackfish Point** vor Nusa Lembongan sowie **Ceningan Point** an der Spitze der Insel gelegen. Der Kanal zwischen Ceningan und Penida ist ein bekanntes Revier der Strömungstaucher; hier ist es besonders wichtig, mit einem zuverlässigen Veranstalter unterwegs zu sein, der die schnell wechselnden Strömungen und anderen Bedingungen richtig einschätzen kann. Ein plötzlicher Wasseranstieg kann kaltes Wasser aus dem offenen Meer in Reviere wie **Ceningan Wall** spülen. Die Wand gehört zu einem der tiefsten natürlichen Kanäle der Welt, der Fische aller Arten und Größe anlockt.

Zu den Tauchrevieren, die in der Nähe von Nusa Penida liegen, zählen **Crystal Bay**, **SD**, **Pura Ped**, **Manta Point** und **Batu Aba**. Für Tauchanfänger geeignet sind Crystal Bay, SD und Pura Ped, hier kann man auch schön schnorcheln. Im Hinterkopf behalten sollte man, dass das Tauchen in den offenen Gewässern rund um Penida selbst für erfahrene Taucher nicht risikofrei ist.

Schnorcheln

Schnorcheln kann man gleich bei Tanjung Sanghyang und dem **Bounty-Ponton** sowie in Revieren an der Nordküste der Insel. Ab 150 000 Rp pro Stunde lassen sich Boote chartern – der genaue Preis hängt von der Nachfrage, der Entfernung und der Anzahl der Passagiere ab. Ein dreistündiger Ausflug zu den gar nicht so einfachen Gewässern von Nusa Penida kostet ab 400 000 Rp, zu den Mangroven gleich in der Nähe rund 300 000 Rp. Die Schnorchelausrüstung kann für ca. 30 000 Rp pro Tag gemietet werden.

Der mit Mangroven bestandene Kanal westlich vom Ceningan Point (zwischen Lembongan und Ceningan) lädt zum Strömungstauchen ein.

Schiffsausflüge

Mehrere Ausflugsboote bieten Tagesfahrten von Südbali nach Nusa Lembongan an. Zu den Leistungen gehören der Transfer von den Hotels in Südbali zum Anleger, die Ausübung einfacher Wassersportarten, Schnorcheln, Bananenbootfahrten, Inseltouren und ein Mittagsbüfett. Wichtig zu wissen: Durch den Abhol- und Bringservice von den Hotels zieht sich der Ausflug in die Länge.

Bounty Cruise BOOTSAUSFLUG
(☎ 0361-726666; www.balibountycruises.com; Erw./Kind 95/47,50 US$) Die Boote legen am knallgelben Bounty-Ponton ab, dort gibt es Wasserrutschen und andere Unterhaltungsmöglichkeiten.

Island Explorer Cruise BOOTSAUSFLUG
(☎ 0361-728 088; www.bali-activities.com; Erw./Kind ab 92/50 US$) Das Unternehmen gehört zum Coconuts Beach Resort; zum Einsatz kommt ein großes Boot. Ein Segelschiff steht ebenfalls zur Verfügung.

Wandern & Radfahren

Die Insel lässt sich an einem Tag zu Fuß oder mit dem Fahrrad umrunden (was natürlich schneller geht). So lernt man die erstaunlich abwechslungsreiche Szenerie dieser kleinen Insel auf schöne Art und Weise kennen.

Ausgangspunkt ist ein Bergpfad, der bei **Jungutbatu** beginnt und nach **Tanjung Sanghyang** führt. Mit ein bisschen Abenteuergeist kommt man auf dem schwer erkennbaren Pfad voran (Achtung: Dieser Streckenabschnitt lässt sich mit dem Fahrrad nicht bewerkstelligen – wer mit dem Rad unterwegs ist, muss die Straße weiter landeinwärts nehmen). Weiter geht es zum Dorf **Lembongan,** wo eine Hängebrücke nach **Nusa Ceningan** hinüberführt. Eine Alternative ist, vom Dorf Lembongan die asphaltierte Straße ein Stück bergauf bis zu einem Hügel zu wandern, der dann nach Jungutbatu hinunterführt. Wer diesem Talweg folgt, verkürzt die Ganztageswanderung auf einen halben Tag.

Wer die Insel aber komplett zu Fuß erkunden möchte, bleibt auf der befestigten Straße, die zwischen Nusa Lembongan und Nusa Ceningan am Kanal entlangführt. Nach einem Abstecher bergauf in unwegsames Gelände schlängelt sich der Weg wieder nach unten, und man wandert an den Mangroven entlang zum **Leuchtturm**.

Fahrräder lassen sich problemlos für rund 30 000 Rp pro Tag mieten.

🛏 Schlafen & Essen

Generell werden die Zimmer und Annehmlichkeiten immer feudaler, je weiter man nach Süden und Westen am Meer entlang zur Mushroom Bay kommt. Fast jede Hotelanlage hat ein Café, in dem – wenn nicht anders angegeben – einfache indonesische und westliche Gerichte für etwa 30 000 Rp serviert werden. Bei Sonnenuntergang kann man sich dann in seinem Lieblingslokal zu einem Sundowner niederlassen.

🛏 Jungutbatu

Viele Unterkünfte in Jungutbatu haben dem Surferschuppen-Image abgeschworen und werden immer feudaler. Dennoch finden sich noch Billigquartiere mit kaltem Wasser und Ventilator.

Pemedal Beach GUESTHOUSE $
(📞0822 4441 4888; www.pemedalbeach.com; Jungutbatu Beach; Zi. mit Ventilator/Klimaanlage ab 400 000/500 000 Rp; ❋☏❄) Eine schicke Option im unteren Preissegment. Die elf Bungalows liegen hinter einem hübschen Pool, die Zimmer sind mit viel Holz ausgestattet. Inzwischen wurde die Seetanggewinnung an diesem Ende der Insel vom weitläufigen Strand verbannt.

Secret Garden Bungalows GUESTHOUSE $
(📞0813 5313 6861; www.bigfishdiving.com; Jungutbatu Beach; Zi. ab 20 US$; ☏❄) 🌿 Das Gästehaus gehört zur Tauchschule Big Fish Diving. Die neun Zimmer im Bungalowstil haben kaltes Wasser und Ventilatoren. Sie liegen in einem Grundstück unweit des Strands im Schatten von Palmen. Yoga-Unterricht vor Ort kostet 100 000 Rp.

Aquatic Alliance veranstaltet hier regelmäßig Vorträge über die beeindruckende Meeresökologie rund um die Inseln (siehe Kasten).

AQUATIC ALLIANCE

In den Gewässern rund um Nusa Lembongan, Ceningan und Penida tummeln sich einige wirklich imposante Meereslebewesen: riesige Mantarochen, schwerfällige *mola mola* (Mondfische) und viele weitere. Auch wenn die zahllosen Taucher, die diese an Fischen so reichen Gewässer erkunden, diese Tiere regelmäßig sichten, ist über die Ökologie des Gebiets nur wenig bekannt – was dann doch ein wenig überrascht.

Seit 2012 ist eine Gruppe mit dem Namen **Aquatic Alliance** (www.aquaticalliance.org) damit beschäftigt, dies zu ändern. Dank umfangreicher Feldstudien wird den Teilnehmern nun langsam klar, was hier eigentlich alles so herumschwimmt. Inzwischen wissen die Mitarbeiter beispielsweise, dass Mantarochen – wie Wale – Markierungen nutzen, anhand derer sie einzelne Individuen erkennen können.

Die Website der Gruppe bietet eine Fülle faszinierender Informationen: So werden Mantas, Haie und Mondfische ausführlich beschrieben und die wichtigsten Unterscheidungsmerkmale beispielsweise bei den verschiedenen Mantaarten mit Fotos erklärt.

Aquatic Alliance hält in den Secret Garden Bungalows (s. unten) regelmäßig öffentliche Vorträge zu diesem Thema, die zu besuchen sich wirklich lohnt.

Star Two Thousand
Cafe & Bungalows
GUESTHOUSE $

(0812 381 2775; Jungutbatu Beach; Zi. 200 000– 500 000 Rp; ❄🌐⚹) Die 28 Zimmer in zweistöckigen Wohnanlagen liegen inmitten von Rasenflächen; einige haben heißes Wasser und Klimaanlage. Eine witzige Cafébar befindet sich direkt am Sandstrand – und bietet Spezial-Drinks zum Sonnenuntergang an.

★Pondok Baruna
GUESTHOUSE $$

(0812 394 0992; www.pondokbaruna.com; Jungutbatu Beach; Zi. 250 000–650 000 Rp; ❄🌐⚹) Das vom Veranstalter World Diving angeschlossene Guesthouse vermietet vier gemütliche Zimmer, alle mit einer Terrasse mit Meerblick. Allein schon die Aussicht spricht für das Pondok Baruna. Sechs feudalere Zimmer gruppieren sich um das Tauchbecken hinter dem Strand. Und dann gibt es weiter hinten unter Palmen noch acht Zimmer im **Pondok Baruna Frangipani** (❄🌐⚹), die sich um einen großen Pool gruppieren. Die Mitarbeiter, allen voran Putu, sind total nett.

Hungrige werden im **Pondok Baruna Warung** (Mahlzeiten ab 40 000 Rp; ⏱8–22 Uhr) hervorragend indonesisch bekocht.

★Indiana Kenanga
HOTEL $$$

(0828 9708 4367; www.indiana-kenanga-villas.com; Jungutbatu Beach; Zi. 150–600 US$; ❄🌐⚹) Zwei noble Villen und 16 schicke Suiten liegen geschützt in der Nähe eines Pools hinter dem Strand von Lembongans feudalsten Hotelanlagen. Der französische Designer und Besitzer hat die Nobelherberge mit dunkelroten Armsesseln und anderen Extravaganzen ausgestattet.

Im Restaurant (Hauptgerichte 70 000 bis 200 000 Rp) stehen ganztägig Meeresfrüchte, Sandwiches und verschiedene Überraschungen auf der Speisekarte, die der kreative Küchenchef sich hat einfallen lassen.

Bali Eco Deli
CAFÉ $

(0812 3704 9234; www.baliecodeli.net; Jungutbatu; Hauptgerichte ab 35 000 Rp; ⏱7–22 Uhr) 🌿 Diesem Café kann keiner widerstehen! Es agiert sehr umweltfreundlich und ist dafür bekannt, dass es der Community viel zurückgibt. Aber das, was die Gäste bekommen, ist ebenfalls gut: frische, kreative Frühstücksvarianten, gesunde Snacks, köstliche Backwaren, leckeren Kaffee und Säfte plus eine große Auswahl an Salaten.

99 Meals House
INDONESISCH, CHINESISCH $

(Jungutbatu Beach; Hauptgerichte ab 15 000 Rp; ⏱8–22 Uhr) Das absolute Schnäppchen! Fritierter Reis, Omeletts, chinesische Gemüsepfannen und vieles mehr werden in diesem Lokal im Freien am Strand von der Familie zubereitet.

🏔 In den Hügeln

Der steile Hang südlich von Jungutbatu bietet tolle Ausblicke und eine stetig wachsende Zahl luxuriöser Zimmer. Die am höchsten gelegenen Zimmer versprechen eine grandiose Aussicht über das Wasser auf Bali (an klaren Tagen kann man dem Gunung Agung zuwinken), aber solche Sahnestücke haben ihren Preis: Über 120 steile Betonstufen führen zu den Unterkünften hinauf. Ein motorradfreundlicher Weg verläuft oben auf dem Hügel, gut für eine knieschonende Anreise.

★Morin Lembongan
GUESTHOUSE $

(0812 385 8396; wayman40@hotmail.com; Zi. 30–50 US$; @) In diesem Guesthouse ist alles deutlich grüner als dies bei vielen anderen Unterkünften am Hang der Fall ist. Die Zimmer sind mit viel Holz eingerichtet, von der Veranda genießt man einen schönen Blick aufs Meer. Wer gerne in der Nähe von Jungutbatu wohnen möchte, aber dennoch auf einen gewissen Abstand Wert legt, ist hier genau richtig. Der Eigentümer Wayan ist ein toller Surflehrer.

Ware-Ware
GUESTHOUSE $$

(0812 397 0572; www.warewaresurfbungalows.com; Zi. ab 60 US$; ❄🌐⚹) Die neun Wohneinheiten des Guesthouse am Hang präsentieren sich als eine Mischung aus rechteckigen und runden Gebäuden mit Reetdach. Die großen Zimmer (einige nur mit Ventilator) sind mit Rattansofas ausgestattet und haben große Bäder. Das Café mit einer Holzveranda punktet mit seiner sagenhaft luftigen Lage oben auf den Klippen.

Batu Karang
HOTEL $$$

(0366-559 6376; www.batukaranglembongan.com; Zi. ab 250 US$; ❄@🌐⚹) Das feudale Resort mit einer riesigen Poollandschaft thront auf einem terrassierten Hügel. Einige der 23 Luxuswohneinheiten sind im Stil einer Villa gehalten und haben mehrere Zimmer sowie ein eigenes Tauchbecken. Alle verfügen über ein Bad im Freien und eine Holzterrasse mit sagenhafter Aussicht.

Direkt am Pfad am Hügel verlockt die **Deck Cafe & Bar** (Snacks ab 20 000 Rp; ⏱7–23 Uhr; 🌐) zum Verweilen. Sie bietet sich für eine nette Pause mit einem Gourmetsnack oder für einen Drink an.

Tanjung Sanghyang

So stellt sich jeder seine private Schatzinsel vor! Die seichte Bucht bietet einen schönen Strand, viele schattenwerfende Bäume, die sich sanft darüberneigen, und so ziemlich die romantischsten Unterkünfte auf ganz Lembongan. Von Jungutbatu kann man zu Fuß dorthinlaufen, fahren (15 000 Rp) oder mit dem Boot (50 000 Rp) anreisen.

Alam Nusa Huts GUESTHOUSE $
(☏ 0819 1662 6336; www.alamnusahuts.com; Tanjung Sanghyang; Zi. ab 40 US$; ❋ ☎) Das kleine Guesthouse befindet sich nicht einmal 100 m vom Strand entfernt. Die vier Bungalows liegen in einem Garten mit üppiger Vegetation; jedes Haus hat ein eigenes Bad im Freien sowie eine idyllische Terrasse. Innen dominieren Holz und Bambus. Und was man noch erwähnen sollte: Die Mitarbeiter sind hier besonders herzlich.

Nusa Bay by WHM HOTEL $$$
(☏ 0361-484 085; www.wakahotelsandresorts.com; Tanjung Sanghyang; Bungalows ab 180 US$; ❋ ☎ ≋) In diesem bescheidenen Resort der Waka-Gruppe verbinden sich Ursprünglichkeit und leibliches Wohl. Die zehn Bungalows mit Reetdach stehen an der Küste im Sand. Das Restaurant mit Bar am Strand liegt im Schatten von Kokospalmen, die Gäste können gleich auf dem Sand speisen.

Hai Bar & Grill INTERNATIONAL $$
(☏ 0366-559 6415; Tanjung Sanghyang, Hai Tide Beach Resort; Hauptgerichte ab 60 000 Rp; ⊙ 8–23 Uhr; ☎) Die Bar mit weitem, offenem Blick auf die Bucht und den Sonnenuntergang bietet ein schickes Ambiente, um etwas zu trinken oder um sich einen Snack oder eine Mahlzeit zu gönnen. Auf der Speisekarte findet sich eine bunte Mischung aus asiatischen und westlichen Gerichten, dazu Leckereien wie frisch gebackene Muffins.

Ab und zu verwandelt sich die Bar in ein Kino: Dann werden unter dem funkelnden Sternenhimmel Filme gezeigt. Wer sich in Jungutbatu abholen lassen möchte, ruft einfach rechtzeitig an.

Weitere Unterkünfte auf Lembongan

Poh Manis Lembongan GUESTHOUSE $
(☏ 0819 9923 3913; www.pohmanislembongan.com; Zi. ab 45 US$; ❋ ☎ ≋) Wenn Nusa Lembongan ein Refugium ist, dann ist dieses Guesthouse *der* Rückzugsort auf Nusa Lembongan. Das Poh Manis liegt auf einer Klippe in der Südostecke der Insel mit toller Aussicht auf die beiden anderen Inseln. Der Poolbereich ist hübsch, die sieben Zimmer mit viel Holz haben Charme.

★**Sunset Coin Lembongan** GUESTHOUSE $$
(☏ 0812 364 0799; www.sunsetcoinlembongan.com; Sunset Bay; Zi. 600 000–750 000 Rp; ❋ ☎ ≋) Diese Ansammlung von Cottages ist genauso, wie man sich seine kleinen Fluchten auf einer Insel vorstellt – und wird übrigens von einer bewundernswerten Familie geführt. Das Gästehaus befindet sich in der Nähe eines hübschen kleinen Sandstrands namens Sunset Bay. Die sechs Wohneinheiten haben jeweils eine große, eigene Terrasse, auf der die Gäste faulenzen und essen können.

Point Resort Lembongan GASTHOF $$$
(www.thepointlembongan.com; Suite ab 150 US$; ❋ ☎ ≋) Etwa 500 m westlich von Tanjung Sanghyang liegt dieses gleichnamige Resort mit vier noblen Suiten. Die Aussicht ist umwerfend: Von den Liegen am Infinitypool genießen die Gäste einen grandiosen Sonnenuntergang und den freien Blick zum Gunung Agung. Der Mindestaufenthalt liegt bei zwei Übernachtungen.

Und sollten Piraten mit ihrem Segelschiff hier aufkreuzen, können die Gäste zuschauen, wie sie von den Felsen unterhalb der Poollandschaft zerschmettert werden.

Beach Club at Sandy Bay MEERESFRÜCHTE $$
(☏ 0828 9700 5656; www.sandybaylembongan.com; Sunset Bay; Hauptgerichte ab 50 000 Rp; ⊙ 8–23 Uhr; ☎) Dieser ansprechende Strandclub mit viel hellem Holz liegt toll an einem netten Sandstrand, den die meisten als Sunset Beach bezeichnen (außer man ist gerade an Ort und Stelle und nennt ihn deshalb Sandy Bay). Die Speisekarte umfasst asiatische und europäische Gerichte – mit einem Abstecher nach „Burgerville". Beliebt sind die abendlichen Meeresfrüchte vom Grill.

🛈 Praktische Informationen

Kleine Märkte finden sich in der Nähe der Bank, aber wer nicht gerade eine Diät mit Mineralwasser und Ritz-Crackern macht, wird die Auswahl ziemlich begrenzt finden.

Wichtig ist, für den Aufenthalt ausreichend Bargeld (Rupien) mitzunehmen, denn es gibt hier bloß einen Geldautomaten, der nicht alle ausländischen Karten annimmt, selbst wenn genügend Geld zum Ausgeben vorhanden ist.

> **ℹ SICHERHEIT AN BORD**
>
> Immer wieder ereignen sich Unfälle, in die Schiffe verwickelt sind, die von Bali zu den umliegenden Inseln verkehren. Diese Strecken unterliegen keiner Kontrolle, und wenn Probleme auftreten, existiert keine Sicherheitsbehörde, die zuständig ist.
>
> Weitere Informationen zum Thema „mit dem Schiff sicher unterwegs" finden sich im Kasten S. 436.

Medical Clinic (Behandlung 200 000 Rp; ⊗8–18 Uhr) Die Klinik im Dorf verfügt über ein neues Gebäude und leistet gute Dienste bei kleineren Verletzungen und Ohrenschmerzen.

ℹ An- & Weiterreise

Für die Anreise nach Nusa Lembongan – und auch die Rückfahrt – gibt es mehrere Alternativen, von denen sich einige recht zügig gestalten. Aber Achtung: Wer günstig, der nach Geld für ein Schnellboot aussieht, wird auch auf ein solches gebucht. Und Vorsicht vor Veranstaltern, die schnelle Überfahrten bei Nacht anbieten.

Da die Schiffe vor der Küste ankern, müssen sich die Passagiere auf nasse Füße gefasst machen. Es empfiehlt sich daher auch, auf schweres Gepäck zu verzichten. Trolleys sind im Wasser, am Strand und auf Trampelpfaden nur für eine Lachnummer gut. Gepäckträger schultern das Gepäck für 20 000 Rp (die man ihnen auch wirklich zahlen sollte!).

Perama (www.peramatour.com; Jungutbatu Beach) Das Touristenschiff legt um 10.30 Uhr in Sanur ab (180 000 Rp, 1¾ Std.). Das Büro auf Lembongan befindet sich in der Nähe der Mandara Beach Bungalows.

Öffentliche Schiffe Öffentliche Schiffe verkehren regelmäßig um 8 Uhr vom nördlichen Strandende in Sanur nach Nusa Lembongan (60 000 Rp, 1¾–2 Std.). Das Schiff versorgt die Insel außerdem mit Lebensmitteln. Man muss sich daher darauf einstellen, seinen Platz womöglich mit einem Huhn teilen zu müssen. Das öffentliche Schnellboot fährt um 16 Uhr ab (175 000 Rp, 40 Min.).

Rocky Fast Cruises (☎0361-283624; www.rockyfastcruise.com; Jungutbatu Beach) Die Schnellboote verkehren mehrmals täglich (Erw./Kind 30/20 US$, 30–40 Min.).

Scoot (☎0361-285522; www.scootcruise.com) Die Schnellboote von Scoot (Erw./Kind 350 000/270 000 Rp, 30–40 Min.) verkehren ebenfalls mehrmals am Tag. Sie fahren von Nusa Lembongan auch weiter zu den Gili-Inseln.

ℹ Unterwegs vor Ort

Da die Insel recht klein ist, lassen sich die meisten Orte zu Fuß erreichen. Es gibt hier keine Autos (die Pickups werden allerdings immer mehr). Fahrräder (Tag 30 000 Rp) und kleine Motorräder (Tag 50 000 Rp) lassen sich überall problemlos mieten. Die einfache Fahrt mit einem Motorrad oder Pickup kostet ab 15 000 Rp.

Eine unerfreuliche Entwicklung sind die neuen Golfwagen in der Größe eines SUV: Sie werden überwiegend von Touristen angemietet, die eine dicke Zigarre für den besten aller Reisegefährten halten.

Nusa Ceningan

Eine stimmungsvolle schmale Hängebrücke überspannt die Lagune zwischen Nusa Lembongan und Nusa Ceningan, sodass es recht einfach ist, alles zu erkunden. Außer der Lagune, die mit Rahmen zum Anbau von Seetang gefüllt ist, sind mehrere kleine landwirtschaftlich genutzte Flächen und ein Fischerdorf zu sehen. Die Insel ist ziemlich hügelig, sodass man beim Wandern oder Radfahren den einen oder anderen schönen Ausblick auf die tolle Insellandschaft hat.

Um Nusa Ceningan wirklich zu genießen, empfiehlt sich eine Tour mit Übernachtung auf der Insel, organisiert von **JED** (Village Ecotourism Network; ☎0361-366-9951; www.jed.or.id; pro Pers. 130 US$). Diese Kulturorganisation verschafft Gästen einen tiefer gehenden Einblick in das dörfliche und kulturelle Leben. Die Touren umfassen die Unterbringung in einer Familie im Dorf, den gemeinsamen Verzehr lokaler Speisen, einen faszinierenden Besuch bei den Seetangarbeitern und den Transport von und nach Bali.

Für alle Surfer: Am Ceningan Point im Südwesten gibt es einen **Surfbreak**, der nach dieser Location benannt ist – eine exponierte linksbrechende Welle.

🛏 Schlafen & Essen

Einige hübsche Cafés auf Nusa Lembongan sowie auf Nusa Ceningan haben Tische mit Blick auf den hübschen Kanal und die Brücke aufgestellt. Die Hauptstraßen wurden mittlerweile asphaltiert, wodurch sich die Insel leichter besichtigen lässt. Das Ganze macht aber immer noch einen sehr ländlichen Eindruck.

Secret Point GUESTHOUSE $$
(☎0819 9937 0826; www.secretpointhuts.com; Zi. ab 800 000 Rp; ❄☏≋) In der Südwestecke der Insel liegt dieses reizende kleine Resort

direkt am Surfbreak Ceningan Point. Die kleinen Hütten sind im traditionellen Stil gebaut. Zur Anlage gehören ein winziger Strand sowie eine Bar oben in den Klippen. Von der Bar aus können Gäste für 50 000 Rp gleich in die Wellen springen.

Le Pirate Beach Club GUESTHOUSE $$
(0822 3767 0007; www.lepirate-beachclub.com; Zi. ab 700 000 Rp; ❄) Hier gibt es eine Handvoll winziger Cottages mit weitem Blick über den Kanal. Alles ist in fröhlichem Blau und Weiß gehalten. Die Treppen sind für Leute, die in irgendeiner Form Kniepobleme haben, nicht gerade ideal. Die Mindestaufenthaltsdauer liegt bei zwei Nächten.

Nusa Penida
0366

Die Insel taucht in den Reiserouten der Backpacker erst allmählich auf. Und somit gibt es auf Nusa Penida noch jede Menge zu entdecken. Alles wirkt hier noch so ursprünglich, dass die Antwort auf die Frage: Wie würde Bali aussehen, wenn keine Touristen kämen? geradezu auf der Hand liegt. Viele Sehenswürdigkeiten und Aktivitäten im eigentlichen Sinn gibt es hier nicht; am besten kommt man, um die Insel zu erkunden, sich zu entspannen und sich dem gemächlichen Tempo anzupassen, das für das Leben hier so charakteristisch ist.

Die Insel ist ein Kalksteinplateau mit einem Streifen Sandstrand an der Nordküste; schön ist der Blick übers Meer bis zu den Vulkanen auf Bali. An der Südküste finden sich 300 m hohe Kalksteinklippen, die steil zum Meer hin abfallen. Vor der Küste liegen etliche kleine Inselchen – es ist eine zerklüftete, spektakuläre Landschaft. Im Inselinneren ist Nusa Penida hügelig und mit kargen Anbauflächen und altertümlichen Dörfern. Weil es wenig regnet, sind Teile der Insel ausgetrocknet. Zu erkennen sind noch die Überreste einstiger Reisterrassen.

Die etwa 60 000 Einwohner sind überwiegend Hindus, doch gibt es auch eine Muslimgemeinde in Toyapakeh. Die Kultur unterscheidet sich von der balinesischen: Die Sprache ist eine alte Form des Balinesischen, die auf der Hauptinsel nicht mehr gesprochen wird.

Nusa Penida diente einst als Verbannungsort für Kriminelle und andere Unerwünschte aus dem Königreich Klungkung (heute Semarapura) und hat immer noch einen irgendwie düsteren Ruf.

Doch die Insel gilt auch als Zentrum der Wiedergeburt: Der legendäre Balistar wird hier gerade wieder heimisch gemacht, eine Vogelart, die man in der Wildnis schon fast für ausgestorben gehalten hatte. Das Besucherzentrum in der Nähe von Ped lohnt einen Besuch.

🏃 Aktivitäten

Nusa Penida bietet seinen Gästen **Tauchreviere** von Weltklasse. Die meisten Taucher buchen über einen Tauchladen auf Nusa Lembongan. Zwischen Toyapakeh und Sampalan bietet sich die wunderschöne, ebene Küstenstraße für **Radtouren** an, alle anderen Straßen eignen sich nur für Mountainbiker. Wer ein Fahrrad mieten möchte, sollte sich einfach umhören: Für ein Leihrad werden um die 25 000 Rp pro Tag verlangt.

Sampalan

Sampalan, der Hauptort der Insel Penida, ist beschaulich und nett; er liegt direkt an der kurvenreichen Küstenstraße. Der interessante **Inselmarkt** findet in der Ortsmitte statt, ein guter Platz, um das Dorfleben auf sich wirken zu lassen.

🛏 Schlafen & Essen

Die folgenden Empfehlungen sind einfach, aber gut. Wer zum Essen gehen will, sollte einen der kleinen Warungs in der Ortschaft ausprobieren; sie liegen höchstens zehn Minuten zu Fuß von sämtlichen Unterkünften entfernt.

Made's Homestay HOMESTAY $
(0852 3764 3649; Zi. ab 150 000 Rp) Die vier kleinen, sauberen Zimmer liegen in einem hübschen Garten; ein kleine Frühstück ist im Preis inbegriffen. Über eine kleine Sei-

---

PENIDAS DÄMON

Nusa Penida ist die Heimat des legendären Jero Gede Macaling, eines Dämons, der zum Barong-Landung-Tanz angeregt hat. Viele Balinesen glauben, dass die Insel ein verzauberter Ort mit *angker* (böse Macht) sei – was paradoxerweise aber eben genau ihren Reiz ausmacht. Tausende Balinesen strömen alljährlich zu religiösen Zeremonien nach Nusa Penida, um die bösen Geister zu beschwichtigen.

AUS FÜR DEN SEETANG

Nur wenige Fans von Speiseeis wissen, dass sie eigentlich den Seetangfarmern von Nusa Lembongan und Nusa Penida zu großem Dank verpflichtet sind. Carrageen, ein Emulgator, der beim Eindicken von Speiseeis wie auch von Käse und vielen anderen Produkten zum Einsatz kommt, wird aus Seetang gewonnen, der hier angebaut wird.

Wer eine Runde durch die Dörfer dreht, sieht – und riecht – die riesigen Flächen, auf denen der Seetang trocknet. Ein Blick ins Wasser (oder auf ein Luftbild im Internet) offenbart den Flickenteppich aus kultivierten Seetangfeldern. Die Inseln bieten sich für die Produktion besonders an, denn das Wasser ist seicht und reich an Nährstoffen. Der getrocknete rote und grüne Seetang wird zur Endverarbeitung dann in die ganze Welt exportiert. Wie lange noch, ist allerdings die Frage. Der Anbau von Seetang bedeutet für die Inselbewohner sehr harte Arbeit bei winzigem Ertrag. Noch vor zehn Jahren arbeiteten 85 % der Bevölkerung von Lembongan als Seetangfarmer, heute nimmt ihre Zahl rasant ab, denn immer mehr Leute wandern in den boomenden Tourismussektor ab – mit vergleichsweise besserem Einkommen und körperlich erheblich leichterer Arbeit.

Das Gesagte gilt auch für die Bewohner von Nusa Penida. Als einmal jemand einen Seetangfarmer, der sich nun als Guide verdingt, fragte, ob ihm seine frühere Arbeit fehle, verzog der sein Gesicht nur zu einem Lächeln.

---

tenstraße zwischen dem Markt und dem Hafen kommt man dorthin. Alles ist klein, aber fein.

Nusa Garden Bungalows GUESTHOUSE $
(0813 3812 0660; Zi. ab 150 000 Rp; 🛜) Die zehn Zimmer sind durch Pfade aus zerstampften Korallen verbunden, die Tierfiguren zieren. Im Preis ist ein kleines Frühstück eingeschlossen. Gleich östlich vom Zentrum in die Jalan Nusa Indah einbiegen.

Ped

In Ped steht ein bedeutender balinesischer Tempel. Nur 600 m westlich blüht im winzigen Dorf Bodong die Backpackerszene.

👁 Sehenswertes & Aktivitäten

Entlang des ganzen Gebiets zieht sich ein schmaler **Strand** am Meer entlang.

⭐ Pura Dalem Penetaran Ped HINDUTEMPEL
Der bedeutende Tempel liegt 3,5 km östlich von Toyapakeh und ragt in der Nähe vom Strand von Ped auf.

Er beherbergt einen Schrein für den Dämon Jero Gede Macaling, der Leuten, die schwarze Magie praktizieren, als Quelle der Kraft gilt. Außerdem ist er ein Pilgerziel für Menschen, die Schutz vor Krankheit und Bösem suchen. In der weitläufigen Tempelanlage sieht man zahlreiche Gläubige, die Opfergaben für eine gefahrlose Fahrt übers Meer nach Nusa Penida darbringen; so mancher Tourist möchte sich dem am liebsten gleich anschließen.

Octopus Dive TAUCHEN
(0878 6246 3625; www.octopusdive-pelabuhanratu.com; Bodong; 2-Tank-Tauchgänge ab 800 000 Rp) Ein kleiner einheimischer Veranstalter, der mit großem Enthusiasmus arbeitet. er bietet Tauchkurse für Anfänger und Fortgeschrittene an, außerdem Ausbildungskurse zum Dive Master und Rettungstaucher.

🛏 Schlafen & Essen

Mehrere Lokale und Unterkünfte finden sich in Bodong.

Jero Rawa HOMESTAY $
(0878 6246 3625; Bodong; Zi. ab 150 000 Rp) Vermietet werden sieben neue Zimmer im Bungalowstil, die auf einem winzigen Grundstück auf der anderen Straßenseite vom Strand stehen.

Ring Sameton Inn GUESTHOUSE $$
(0813 3798 5141; www.ringsameton-nusapenida.com; Bodong; Zi. ab 50 US$; ❄🛜🏊) Das noble Gästehaus bietet zwölf komfortable Zimmer, außerdem einen Pool, ein großes Café und einen schnellen Zugang zum Strand.

⭐ Gallery CAFÉ $
(0819 9988 7205; Bodong; Hauptgerichte 25 000 Rp; ⏰ 8–20 Uhr) Das bei NGO-Volontären sehr beliebte, kleine Café mit Laden wird von Mike geführt, einem Strahlemann, der jede Menge über Penida weiß. An den

> **FREIWILLIGE AUF NUSA PENIDA**
>
> Auf Nusa Penida sind verschiedene Umwelt- und Hilfsgruppen aktiv, die für eine Vielzahl an Projekten immer wieder Volontäre benötigen. Die Freiwilligen bezahlen in der Regel eine Gebühr (rund 20 US$ pro Tag), in der Unterkunft und ein Obolus für die gute Sache enthalten sind. Hier zwei Organisationen, denen man sich anschließen kann:
>
> **Friends of the National Parks Foundation** (FNPF; 0361-977978; www.fnpf.org) Diese Gruppe unterhält ein Zentrum in der Nähe von Ped an der Nordküste der Insel. Die Freiwilligen werden bei der Wiederansiedlung des Balistars, einer einheimischen Vogelart, eingesetzt und unterrichten außerdem in den Schulen vor Ort. Sie wohnen in einfachen, aber gemütlichen Zimmern mit Ventilator und kaltem Wasser.
>
> **Green Lion Bali** (0812 4643 4964; www.greenlionbali.com) An der Nordküste von Penida beeindruckt Green Lion Bali mit seinem mit Preisen ausgezeichneten Programm, das sich der Aufzucht und dem Schutz von Schildkröten verschrieben hat. Die Volontäre müssen sich für mindestens zwei Wochen verpflichten; sie arbeiten im Schildkrötengehege, aber auch als Lehrer an den Schulen vor Ort. Gleich in der Nähe befindet sich ein Gästehaus.

Wänden hängen Kunstwerke, der Kaffee wird von Hand geröstet. Eine Speisekarte bietet viele westliche Gerichte zum Frühstück sowie Sandwiches.

Warung Pondok Nusa Penida INDONESISCH $
(Bodong; Hauptgerichte ab 20 000 Rp; 9–21 Uhr) Ein netter, kleiner und luftiger Warung direkt am Strand. Hier genießt man die die gut zubereiteten, klassischen indonesischen Gerichte und Meeresfrüchte (plus hin und wieder westliches Essen) mit einem schönen Gratisblick auf Bali. Probieren sollte man den „Seetang-Mocktail".

Made's Warung INDONESISCH $
(Hauptgerichte 8000–15 000 Rp; 8–22 Uhr) In dem blitzsauberen Warung direkt gegenüber vom Tempel kommt leckeres *nasi campur* auf den Tisch.

Toyapakeh

Wer mit dem Schiff von Nusa Lembongan ankommt, wird vermutlich am Strand von Toyapakeh abgesetzt, einem hübschen Dorf mit Unmengen Bäumen, die Schatten spenden.

Der Strand beeindruckt mit seinem sauberen, weißen Sand, dem tiefblauen Meer, der schmucken Reihe von bunten Fischerbooten, die hier dümpeln, und dem mächtigen Vulkan Gunung Agung als Hintergrundkulisse.

Am Strand steht ein guter Warung, meistens sind auch Leute da, die gerne behilflich sind, ein Transportmittel für die Fahrt zur Unterkunft aufzutreiben.

Crystal Bay Beach

Südlich von Toyapakeh führt eine 10 km lange, asphaltierte Straße durch das Dorf Sakti zum idyllischen **Crystal Bay Beach**, vor dem ein beliebter Tauchspot liegt. Der Sand hier ist unglaublich weiß, und die Palmen tragen dazu bei, dass die ganze Szenerie wie ein Südpazifik-Klischee anmutet. Wen wundert es daher, dass auch balinesische Tagesausflüglern, die mit dem Schiff anreisen (ein Veranstalter ist Bali Hai Cruises; www.balihaicruises.com) hier gerne Station machen. Doch die meiste Zeit macht der Strand dann doch eher einen ländlich-ruhigen Eindruck. Ein paar Warungs verkaufen Getränke und Snacks und verleihen Ausrüstung zum Schnorcheln. Der Tempel **Segara Sakti** trägt ein Übriges zu dieser perfekten Postkartenkulisse bei.

Das sehr steile, 1 km vom Strand zurückversetzte und an der Straße nach Toyapakeh gelegene **Namaste** (0819 1793 3418; www.namaste-bungalows.com; Zi. mit Ventilator/Klimaanlage ab 350 000/500 000 Rp;) ist ein Gästehaus unter französischer Leitung. Die zehn Bungalows im Landhausstil gruppieren sich um einen großen Pool. Angeschlossen ist ein gutes Café.

Rund um die Insel

Ein Ausflug rund um die Insel, der im Norden und Osten der Küste folgt und dann das hügelige Innere durchquert, ist mit dem Motorrad in einem halben Tag zu schaffen. Wer mit dem Fahrrad unterwegs ist und über die nötige Fitness verfügt, schafft es in einem Tag. Es lohnt sich aber, viel Zeit mitzubringen, denn es gibt viele Tempel und auch kleine Dörfer zu besuchen. Auch die eine Wanderung in den weniger zugänglichen Gebieten ist spannend. Außerhalb der beiden Hauptorte gibt es keine Unterkünfte. Die folgende Beschreibung folgt dem Uhrzeigersinn ab Sampalan.

Die Küstenstraße von Sampalan schwingt sich vorbei an Buchten mit Fischerbooten und Seetanggärten vor der Küste. Nach etwa 6 km, direkt vor dem Dorf Karangsari, führen auf der rechten Straßenseite Stufen nach oben zum schmalen Eingang der **Goa-Karangsari-Höhlen.** Normalerweise sind dort Leute vor Ort, die für die verhandelbare Gebühr von etwa 20 000 Rp pro Person Interessierte durch eine der Höhlen führen. Die Kalksteinhöhle ist in manchen Abschnitten über 15 m hoch und zieht sich mehr als 200 m durch den Hügel und öffnet sich auf der anderen Seite mit Ausblick über ein grünes Tal.

Weiter geht es Richtung Süden vorbei an einer Marinestation und etlichen Tempeln nach **Suana.** Von der Hauptstraße ins Landesinnere zweigt hier ein sehr holpriger Seitenweg nach Südosten ab. Er führt an interessanten Tempeln vorbei nach **Semaya,** einem Fischerdorf mit einem geschützten Strand und einem der besten Tauchreviere Balis vor der Küste: **Batu Aba.**

Folgt man aber der Hauptstraße landeinwärts in die Hügel, erreicht man etwa 9 km südwestlich von Suana **Tanglad,** ein noch sehr ursprüngliches Dorf und Zentrum der traditionellen Webarbeit. Unbefestigte Straßen nach Süden und Osten führen von hier zu abgelegenen Küstenabschnitten der Insel.

Eine malerische Straße verläuft nun auf dem Hügelkamm von Tanglad nach Nordwesten. In Batukandik geht es auf einer unbefestigten Straße und einem 1,5 km langen Feldweg zu einem spektakulären **Wasserfall** *(air terjun),* der sich auf einen kleinen Strand ergießt. Wer ihn besuchen will, sollte am besten in Tanglad einen Führer (20 000 Rp) anheuern. Die Kalksteinklippen fallen über 100 m zum Meer ab, wo die Brandung tosend an den Fels schlägt. An ihrem Fuß liegt eine Süßwasserquelle, die sich aus unterirdischen Wasserströmen speist. Das Süßwasser wurde in einer Leitung gefasst, um das Wasser nach oben zu transportieren.

Zurück auf der Hauptstraße geht es weiter nach Batumadeg, relativ nah vorbei am **Bukit Mundi.** Der Berg ist mit 529 m der höchste Punkt der Insel, an klaren Tagen reicht der Blick vom Gipfel bis nach Lombok. Die Straße verlässt nun das Hochplateau und führt durch die Ortschaft Klumpu nach **Sakti** mit seinen schönen traditionellen Steinhäusern.

Die Straße von Toyapakeh nach Sampalan führt an der zerklüfteten Küste entlang durch das Dorf Ped.

❶ Praktische Informationen

In Sampalan gibt es Geschäfte und einen Gemischtwarenladen. Der einzige Geldautomat nimmt nur wenige Karten aus dem Ausland an, deshalb unbedingt ausreichend Bargeld mitnehmen.

Penida Tours (☎ 0852 0587 1291; www.penidatours.com; Bodong, Ped; ◉ 9–18 Uhr) Toller einheimischer Veranstalter, der Informationen zu Aktivitäten und Sehenswürdigkeiten auf Nusa Penida hat und auch Exkursionen organisiert.

❶ An- & Weiterreise

Die Meerenge zwischen Nusa Penida und Südbali ist tief und oft enormer Dünung ausgesetzt – bei starker Flut müssen Schiffe oft bessere Bedingungen abwarten. Charterboote von/nach Kusamba sind aufgrund ihrer geringen Größe und dem möglichen schweren Seegang nicht empfehlenswert.

SANUR

Verschiedene Schnellboote fahren am gleichen Strandabschnitt ab wie die Schnellboote nach Nusa Lembongan und schaffen die Strecke in weniger als 1 Std.

Maruti Express (☎ 0852 6861 7972; www.balimarutiexpress.com; einfach Erw./Kind 250 000/150 000 Rp) Eines von mittlerweile mehreren recht neuen Schnellbooten nach Nusa Penida.

Semaya One (☎ 0361-877 8166; www.semayacruise.com; einfach Erw./Kind ab 300 000/200 000 Rp) Bietet neben Sanur auch nützliche Verbindungen von Nusa Penida nach Nusa Lembongan, Padangbai und zu den Gili-Inseln an.

PADANGBAI

Zweimotorige Fiberglasboote fahren über die Meerenge von Padangbai nach Buyuk, 1 km westlich von Sampalan auf Nusa Penida (75 000 Rp, 45 Min., 4-mal tgl.). Die Boote verkehren von 7 bis 12 Uhr mittags.

Eine große Autofähre ist ebenfalls täglich auf dieser Strecke unterwegs (Passagier/Motorrad 27 300/39 000 Rp, 2 Std.).

NUSA LEMBONGAN

Das öffentliche Schiff auf Nusa Penida verkehrt zwischen Jungutbatu und Toyapakeh (30 000 Rp, 1 Std.) und legt zwischen 5.30 und 6 Uhr ab.

Außerdem fahren mehrmals täglich Schnellboote vom Dorf Lembongan nach Toyapekah und zurück (50 000 Rp). Ansonsten besteht noch die Möglichkeit, ein Boot zu chartern (hin & zurück 400 000 Rp).

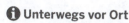 Unterwegs vor Ort

Bemos verkehren nach 10 Uhr nur selten. Oft sind aber Leute am Bootsanleger, die ankommenden Fahrgästen die Weiterfahrt organisieren. An Fortbewegungsmöglichkeiten gibt es folgende Alternativen:

Auto & Fahrer Ab 350 000 Rp für den halben Tag.

Motorrad Lässt sich problemlos für 60 000 Rp pro Tag mieten.

Ojek (Motorrad, das Fahrgäste befördert) Nicht häufig, aber wer eines auftreibt, sollte sich auf einen Preis um die 40 000 Rp pro Stunde einstellen.

Ubud & Umgebung

➡ Inhalt

Ubud	155
Bedulu	190
Pejeng	192
Mas	192
Tampaksiring	195
Taro & Umgebung	197
Kutri	198
Sukawati & Puaya	199
Singapadu	200
Celuk	200
Batubulan	201

Gut essen

- ➡ Locavore (S. 182)
- ➡ Pica (S. 182)
- ➡ Warung Sopa (S. 182)
- ➡ Mozaic (S. 184)
- ➡ Nasi Ayam Kedewatan (S. 185)

Schön übernachten

- ➡ Bambu Indah (S. 178)
- ➡ Amandari (S. 178)
- ➡ Swasti Eco Cottages (S. 176)
- ➡ Maya Ubud (S. 177)
- ➡ Warwick Ibah Luxury Villas & Spa (S. 177)

Auf nach Ubud!

Eine Tänzerin dreht ihre Hand ein wenig, und 200 Augenpaare folgen fasziniert der exakten Bewegung. Ein Gamelanspieler trommelt einen melodischen Riff, und 200 Paar Füße klopfen begeistert dazu. Während sich der muntere Hummeltanz entfaltet, geht der Legong in die zweite Stunde, und 200 Hinterteile vergessen, dass sie in wackligen Plastikstühlen feststecken.

Wieder einmal verzaubert eine Tanzdarbietung die Zuschauer in Ubud. In der Stadt und den umliegenden Dörfern vereint sich alles, was an Bali magisch ist, zu einem beliebten Paket: Abendliche Kulturveranstaltungen und Museen mit Werken von Künstlern, die hier ihre ganze Kreativität entfaltet haben, unglaublich grüne Reisterrassen, die sich von dicht bewachsenen Hängen bis zu rauschenden Flüssen am Fuß der Berge hinunterziehen. Kurz: Ubud ist Balsam für die Seele.

Hier kann sich jeder verwöhnen, sei es mit einem schönen Essen, mit einem ausgedehnten Einkaufsbummel auf der Suche nach schönem Handwerk oder dem Besuch eines der vielen Spas.

Reisezeit

➡ Das Klima ist hier etwas kühler und sehr viel feuchter als im Süden Balis, mit Regen muss man jederzeit rechnen. Abends weht ein kühles Lüftchen von den Bergen und macht die Klimaanlage überflüssig. Durch die Mückennetze der Fenster hört man die Symphonie der Frösche und Insekten und die Klänge der in der Ferne übenden Gamelanspieler.

➡ Tagsüber erreichen die Temperaturen durchschnittlich 30 °C, nachts 20 °C, aber es sind auch deutliche Ausschläge nach oben und unten möglich. Die jahreszeitlichen Schwankungen sind gering, mit Regen ist fast immer zu rechnen.

➡ Hochsaison ist in den Monaten Juli, August und in den Weihnachtsferien, wer zu anderen Zeiten kommen kann, sollte die genannten Monate meiden.

UBUD

☎ 0361

Ubud ist das kulturelle Zentrum der Insel! Doch es bietet auch gute Restaurants, Cafés und Einkaufsstraßen, in denen die Erzeugnisse der regionalen Kunsthandwerker verkauft werden. Ein weiteres Plus: Für jedes Reisebudget findet sich hier eine bezahlbare Unterkunft! Diese spiegeln unabhängig vom Preis den lokalen Zeitgeist: Sie sind pfiffig, kreativ und erholsam.

Ubuds Popularität steigt kontinuierlich, nicht zuletzt durch das große Trara, das der Bestseller *Eat, Pray, Love* hervorgerufen hat. So passiert es immer wieder, dass Busse mit Tagesausflüglern die Hauptstraßen verstopfen und ein Verkehrschaos auslösen. Glücklicherweise ist Ubud anpassungsfähig. Wer sich von der Kreuzung Jalan Raya Ubud und Monkey Forest Road entfernt und durch die nahe gelegenen grünen Reisfelder bummelt, ist schnell wieder mit sich und der Welt im Reinen.

Um die Stadt richtig würdigen zu können, sollten Besucher unbedingt ein paar Tage für Ubud einplanen. Es ist einer der Orte, in denen Tage zu Wochen und Wochen zu Monaten werden können – wie man an der beachtlichen Expatgemeinde ablesen kann.

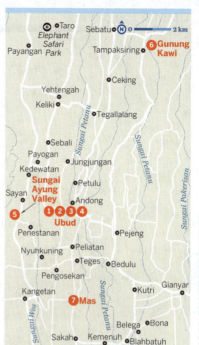

Geschichte

Ende des 19. Jhs. siedelte Cokorda Gede Agung Sukawati einen Zweig der Fürstenfamilie Sukawati in Ubud an und startete eine Reihe von Bündnissen, verstrickte sich aber auch in Auseinandersetzungen mit den benachbarten Fürstentümern. 1900 wurde Ubud (auf eigenen Wunsch) gemeinsam mit dem Königreich Gianyar zu einem niederländischen Protektorat erklärt und konnte sich fortan ausschließlich auf sein religiöses und kulturelles Leben konzentrieren.

Die Cokorda-Nachkommen ermutigten in den 1930er-Jahren westliche Künstler und Intellektuelle, ihre Heimat zu besuchen. Zu denen, die kamen, zählten der deutsche Maler und Musiker Walter Spies und der kanadische Komponist Colin McPhee und der niederländische Künstler Rudolf Bonnet. Sie gaben der örtlichen Kunstszene starke Impulse, führten neue Ideen und Techniken ein und begannen, balinesische Kunst weltweit auszustellen und zu fördern. Als der Massentourismus Bali erreichte, wurde Ubud zur Attraktion – und keineswegs wegen seiner Strände oder Bars, sondern wegen seiner Kunst.

Highlights

❶ Die Enten bei ihrem Streifzug durch die Reisfelder von **Ubud** beobachten (S. 168)

❷ Der faszinierende Rhythmus einer traditionellen **Tanzvorführung** (S. 185)

❸ Ein Nachmittag in einem luftigen **Café in Ubud** (S. 179), wo man immer neue Leute kennenlernen und sich angenehm die Zeit vertreiben kann

❹ Ein **Kursbesuch** (S. 169) bei einem der talentierten Bewohner von Ubud. So kann man seine eigenen Batiktechniken verfeinern oder neue Sambalrezepte kennenlernen

❺ Ein Ausflug in den grünen Dschungel des **Sungai Ayung Valley** (S. 168) rund um Sayan

❻ Die antiken Wunder von **Gunung Kawi** (S. 195), eine zwischen Reisterrassen und Dschungel versteckte Tempelanlage aus dem 11 Jh.

❼ Ausflüge in die Dörfer der Region Ubud, z. B. nach **Mas** (S. 192), wo man auf Kunst, Handwerkskunst, zeremonielle Gegenstände und andere Schätze stößt

Ubud & Umgebung

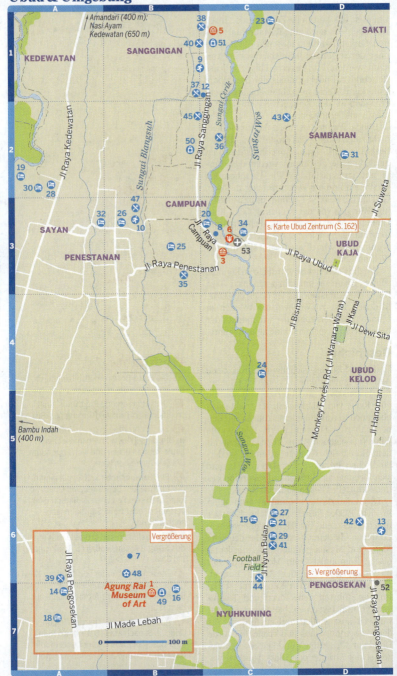

Die Fürstenfamilie spielt auch heute noch eine gewichtige Rolle in Ubud. So hilft sie beispielsweise bei der Finanzierung großer kultureller und religiöser Ereignisse wie etwa bei zeremoniellen Totenverbrennungen.

◉ Sehenswertes

Die meisten Sehenswürdigkeiten in Ubud sind leicht zu Fuß zu erreichen. Das ist besonders angenehm, weil schon die Spaziergänge an sich höchst interessant und vergnüglich sind.

◉ Das Zentrum von Ubud

Tempel, Kunstgalerien, Museen und andere bemerkenswerte Gebäude schmücken das Zentrum von Ubud. Etliche bedeutende Sehenswürdigkeiten stehen ganz nah an der Hauptkreuzung von Jalan Raya Ubud und Monkey Forest Road.

★**Pura Taman Saraswati** HINDUTEMPEL
(Karte S. 162; Jl. Raya Ubud) Wasser aus dem Tempel auf der Rückseite dieser Anlage speist den hübschen Lotosblütenteich auf der Vorderseite. Schnitzarbeiten ehren Dewi Saraswati, die Göttin der Weisheit und der Künste. Sie hat Ubud zweifellos ihren Segen gegeben. Abends gibt es regelmäßig Tanzdarbietungen, tagsüber stellen Künstler ihre Staffeleien auf.

Ubud Palace PALAST
(Karte S. 162; Ecke Jl. Raya Ubud & Jl. Suweta; ◉8–19 Uhr) Der Palast und die Tempelanlage **Puri Saren Agung** (Karte S. 162; Ecke Jl. Raya Ubud & Jl. Suweta) teilen sich den Platz im Zentrum der Stadt. Die Anlage ist großenteils nach dem Erdbeben von 1917 neu aufgebaut worden. Die örtliche Fürstenfamilie lebt noch heute im Palast. Trotzdem können die Besucher sich in weiten Teilen der Anlage frei bewegen und die vielen traditionellen, aber nicht übermäßig ausgeschmückten Gebäude besichtigen.

Wem es hier besonders gut gefällt, der kann auch über Nacht bleiben. Viele der Steinornamente stammen von bekannten einheimischen Künstlern wie etwa I Gusti Nyoman Lempad. Am besten schaut man sie sich in aller Ruhe an.

An vielen Abenden werden vor der schönen Kulisse Tanzaufführungen veranstaltet.

Etwas weiter nördlich steht der **Pura Marajan Agung** (Karte S. 162; Jl. Suweta) mit einem der schönsten Eingangstore der Insel. Es ist der private Tempel der Fürstenfamilie.

Ubud & Umgebung

◎ Highlights
1 Agung Rai Museum of Art B7

◎ Sehenswertes
2 Agung Rai Gallery E6
3 Blanco Renaissance Museum C3
4 Museum Rudana F7
5 Neka Art Museum C1
6 Pura Gunung Lebah C3
Spies Wohnhaus ....(s.20)

◎ Aktivitäten, Kurse & Touren
7 Arma B6
8 Bali Bird Walks C3
9 Bali Botanica Day Spa C1
10 Intuitive Flow B3
11 Ketut Liyer E7
12 Mozaic Cooking Classes C1
Ubud Sari Health Resort .... (s. 31)
13 Ubud Wellness Spa D6
Wayan Karja Painting .... (s. 26)

◎ Schlafen
14 Agung Raka A7
15 Alam Indah C6
16 Arma Resort B7
17 Bali Asli Lodge E2
18 Casa Ganesha Hotel A7
19 Four Seasons Resort A2
20 Hotel Tjampuhan C3
21 Kertiyasa Bungalows C6
22 Ketut's Place E2
23 Klub Kokos C1
24 Komaneka at Bisma C4
25 Melati Cottages B3
26 Santra Putra B3
27 Saren Indah Hotel C6
28 Sayan Terrace A2
29 Swasti Eco Cottages C6
30 Taman Bebek A2
31 Ubud Sari Health Resort D2
32 Villa Nirvana A3
33 Waka di Ume E1
34 Warwick Ibah Luxury Villas & Spa C3

◎ Essen
35 Alchemy B3
Bridges .... (s. 3)
36 Elephant C2
37 Mozaic B1
38 Naughty Nuri's C1
39 Pizza Bagus A6
40 Room 4 Dessert B1
41 Swasti C6
42 Taco Casa D6
43 Warung Bodag Maliah C2
44 Warung Pojok C6
45 Warung Pulau Kelapa B2
46 Warung Teges F7
47 Yellow Flower Cafe B3

◎ Unterhaltung
48 Arma Open Stage B6

◎ Shoppen
49 Arma B7
50 Bintang Supermarket B2
51 Neka Art Museum C1

◎ Information
52 Bali Adoption Rehab Centre D7
53 Ubud Clinic C3

Museum Puri Lukisan MUSEUM
(Kunstmuseum; Karte S. 162; ☏0361-975136; www.museumpurilukisan.com; nahe Jl. Raya Ubud; Erw./Kind 75000 Rp/frei; ◷ 9–17 Uhr) Das Museum präsentiert schöne Beispiele aus allen Schulen balinesischer Kunst. Wer einen Blick auf die üppige Komposition *Balinesischer Markt* von Anak Agung Gede Sobrat wirft, erkennt gleich die Vitalität der lokalen Malerei. Die Sammlung des Museums ist gut kuratiert und auf Englisch beschriftet. Das Museum betreibt eine gute Buchhandlung und ein Café. Allein das gartenähnliche Gelände ist schon einen Besuch wert.

In Ubud nahm die moderne balinesische Kunst ihren Anfang. Maler rückten von rein religiösen Themen und höfischen Motiven ab und beschäftigten sich mit Alltagsszenen. Rudolf Bonnet gehörte zur Künstlerkooperative Pita Maha. Zusammen mit Cokorda Gede Agung Sukawati (einem Prinzen aus Ubuds Fürstenfamilie) und Walter Spies unterstützte er den Aufbau einer ständigen Sammlung.

Gebäude I (beim Hereinkommen geradeaus) beherbergt frühe Werke aus Ubud und den Dörfern der Umgebung. Dazu zählen einige Gemälde im klassischen *Wayang*-Stil (vom Schattenspiel beeinflusste Kunstform), schöne Tuschezeichnungen von I Gusti Nyoman Lempad und Bilder von Mitgliedern der Künstlerkooperative Pita Maha. Bemerkenswert ist der Detailreichtum in Lempads *Der Traum von Dharmawangsa*. Klassische Werke aus der Blütezeit der nach Bali emigrierten Künstler, die in die 1930er-Jahre fällt, sind ebenfalls hier zu finden.

Gebäude II (auf der linken Seite) präsentiert einige farbenfrohe Beispiele aus der Gruppe der „Young Artists" und eine schöne Auswahl an „modern-traditionellen" Arbeiten.

★ Rio Helmi Gallery & Cafe   GALERIE
(Karte S.162; ☎ 0361-978773; www.riohelmi.com; Jl. Suweta 06B; ⊙ 7–19 Uhr) Der bekannte, in Ubud ansässige Fotograf Rio Helmi besitzt eine kleine Galerie, in der Beispiele seiner journalistischen und künstlerischen Arbeit zu sehen sind. Die Fotos, die oft ausgetauscht werden, gewähren einen guten Einblick in Helmis Reisen – durch Bali und die ganze Welt. In der *Huffington Post* und anderen Medien wurden seine leidenschaftlichen Appelle für die Bewahrung Balis angesichts des massiven Wandels gedruckt. Regelmäßig gibt es Sonderveranstaltungen.

Pura Desa Ubud   HINDUTEMPEL
(Karte S.162; Jl. Raya Ubud) Der Haupttempel für die Gemeinde Ubud ist oft geschlossen, erwacht aber für Zeremonien zum Leben.

Neka Gallery   GALERIE
(Karte S.162; ☎ 0361-975034; Jl. Raya Ubud; ⊙ 9–17 Uhr) Die unauffällige Neka Gallery, betrieben von Suteja Neka, ist eine eigenständige Abteilung des Neka Art Museum. Sie besitzt eine ausgedehnte Sammlung von Arbeiten aller Schulen balinesischer Kunst sowie Werke europäischer Zuwanderer wie dem berühmten Künstler Arie Smit.

Threads of Life Indonesian Textile Arts Center   GALERIE
(Karte S.162; ☎ 0361-972187; www.threadsoflife.com; Jl. Kajeng 24; ⊙ 10–19 Uhr) Die kleine, professionelle Textilgalerie mit Lehrwerkstatt unterstützt die Produktion von natürlich gefärbten, handgemachten Textilien für sakrale Zwecke. So werden Kenntnisse bewahrt, die durch moderne Färbe- und Webtechniken verloren zu gehen drohen. In Kommission genommene Stücke werden in der Galerie ausgestellt, die außerdem gute Erläuterungen gibt. Regelmäßig veranstaltet die Galerie Kurse über einzelne Aspekte der Textilkunde und betreibt einen guten Laden.

Komaneka Art Gallery   GALERIE
(Karte S.162; ☎ 0361-401 2217; Monkey Forest Rd.; ⊙ 8–21 Uhr) Die Galerie zeigt Arbeiten etablierter balinesischer Künstler. In einem großen, luftigen Raum können sich die Besucher viel beachtete Kunstwerke ansehen.

⊙ Im Westen von Ubud
Ein Bummel die Jalan Raya Campuan hinunter zur Brücke (etwas weiter südlich befindet sich die ältere historische Holzbrücke) über den Sungai Wos und dann die be-

---

UBUD IN …

… einem Tag
Durch die Straßen von Ubud schlendern. Dabei mit der klassischen Schleife auf der Monkey Forest Road hinunter zum gleichnamigen **Park** beginnen und dann über die Jalan Hanoman zurückkehren. Man kann Stunden damit verbringen, in **Läden** und **Galerien** herumzustöbern, und zwischendurch in den guten **Cafés** eine Pause einzulegen. Wer die Seitenstraßen und Gassen durchstreift, die Jalan Dewi Sita und die Jalan Goutama erkundet, bekommt einen guten Eindruck vom Ort. Ein kurzer Spaziergang durch die grünen **Reisfelder** darf aber ebenfalls nicht fehlen. Abends wird der Besuch mit einer **Tanzvorführung** abgerundet.

… drei Tagen
Vormittags längere Wanderungen ins Umland unternehmen, insbesondere zum **Campuan-Kamm** und ins **Sayan Valley**. Wie wär's mit einer geführten Wandertour? Nachmittags stehen Besuche im **Museum Puri Lukisan**, **Neka Art Museum** und **Agung Rai Museum of Art** auf dem Programm. Abends werden nicht nur in Ubud, sondern auch in den umliegenden Dörfern eindrucksvolle **Tanzdarbietungen** gezeigt. Abschalten kann man am Schluss in einem der lokalen **Spas**.

… einer Woche oder mehr
Alles schon oben Erwähnte tun, aber sich auch die Zeit nehmen, einfach nur auszuspannen und sich auf den Rhythmus des Ortes einzulassen. Nickerchen machen, Bücher lesen, herumbummeln. Vielleicht einen **Kurs** über balinesische Kultur buchen. Cafés vergleichen, das eigene Lieblingslokal finden und Ausflüge in die umliegenden Handwerksdörfer und zu den antiken Stätten unternehmen.

lebte Jalan Raya Sanggingan hinauflaufen, vorbei an einer ganzen Reihe interessanter Sehenswürdigkeiten. Wer die steilen Stufen nach Penestanan erklimmt, kann dort zwischen kleinen Gästehäusern und gefluteten Reisfeldern spazieren gehen.

Pura Gunung Lebah HINDUTEMPEL
(Karte S. 156; nahe Jl. Raya Campuan) Der alte Tempel, der am Zusammenfluss von zwei Nebenflüssen des Sungai Cerik (*campuan* bedeutet „zwei Flüsse") auf einem vorspringenden Felsen steht, wurde kürzlich umfangreich restauriert. Die Szenerie ist zauberhaft; beim Betrachten des eindrucksvollen neuen Meru (mehrstufiger Schrein) und der vielen kunstvollen Schnitzarbeiten ist das Rauschen des Wassers zu hören.

Neka Art Museum GALERIE
(Karte S. 156; 0361-975 074; www.museumneka.com; Jl. Raya Sanggingan; Erw./Kind 50 000 Rp/frei; Mo-Sa 9–17, So 12–17 Uhr) Das Neka Art Museum ist ganz anders als die Neka-Galerie und das „Kind" von Suteja Neka, einem privaten Sammler und Händler balinesischer Kunst. Es besitzt eine ausgezeichnete, vielfältige Sammlung. Während des Besuchs kann man viel über die Entwicklung der Malerei auf Bali erfahren.

Einen Überblick über die unzähligen lokalen Malstile gibt ein Besuch in der **Balinese Painting Hall** – hier sollte man auf die *Wayang*-Arbeiten achten.

Der **Arie Smit Pavilion** präsentiert auf der oberen Ebene Smits Arbeiten, auf der unteren Beispiele aus der Young-Artists-Schule, die er angeregt hat, darunter das Bruegelartige Gemälde *The Wedding Ceremony* von I Nyoman Tjarka.

Der **Lempad Pavilion** birgt Balis größte Sammlung an Arbeiten des balinesischen Künstlers I Gusti Nyoman Lempad.

Die **Contemporary Indonesian Art Hall** (Saal der zeitgenössischen indonesischen Kunst) zeigt Gemälde von Künstlern aus anderen Regionen Indonesiens, von denen viele zumindest zeitweise auf Bali gearbeitet haben. Das Obergeschoss des **East West Art Annexe** ist dem Werk ausländischer Künstler wie Louise Koke, Miguel Covarrubias, Rudolf Bonnet, Han Snel, dem Australier Donald Friend und Antonio Blanco gewidmet.

Außerdem gibt es einen Saal für Wechselausstellungen. Das **Photography Archive Centre** zeigt Schwarz-Weiß-Aufnahmen von Bali aus den frühen 1930er- und 1940er-Jahren. Auch die große Sammlung von zeremoniellen *kris* (Dolchen) ist einen Blick wert.

WOHNHÄUSER DER KÜNSTLER

Das **Spies-Haus** (Karte S. 156; Hotel Tjampuhan), das einstige Wohnhaus des deutschen Künstlers Walter Spies, ist heute Teil des Hotel Tjampuhan (S. 177). Fans von Spies können hier übernachten, wenn sie weit genug im Voraus buchen. Spies spielte bei der Förderung der balinesischen Kunst in den 1930er-Jahren eine wichtige Rolle.

Der in den Niederlanden geborene Künstler **Han Snel** lebte von den 1950er-Jahren bis zu seinem Tod 1999 in Ubud, seine Familie führt die nach ihm benannten Bungalows (S. 174) an der Jalan Kajeng.

Lempads Haus (Karte S. 162; Jl. Raya Ubud; bei Tageslicht) GRATIS Das Haus von I Gusti Nyoman Lempad ist mit Vogelkäfigen und allem, was sich sonst noch hier so findet, öffentlich zugänglich, dient aber hauptsächlich als Galerie für eine Gruppe von Künstlern, zu denen auch Lempads Enkel gehören. Die Museen Puri Lukisan und Neka besitzen umfangreichere Sammlungen von Lempads Zeichnungen.

Der Musikpädagoge **Colin McPhee** ist dank seines bewegenden Buchs über seine Zeit in Ubud, dem Longseller *A House in Bali*, weltweit bekannt geworden. Obwohl das erwähnte Haus aus den 1930er-Jahren längst verschwunden ist, kann man noch das Grundstück (das auf Fotos im Buch zu sehen ist) am Fluss im Gelände des Hotels Sayan Terrace (S. 178) besuchen. Wayan Ruma vom oben genannten Hotel ist immer für ein paar Geschichten gut: Seine Mutter war McPhees Köchin.

Arie Smit (geb. 1916) ist der bekannteste und älteste westliche Künstler in Ubud. Er arbeitete in den 1930er-Jahren in der niederländischen Kolonialverwaltung, wurde während des Zweiten Weltkriegs inhaftiert und kam 1956 nach Bali. In den 1960er-Jahren entstand unter seinem Einfluss die Malerschule „Young Artists" in Penestanan, was ihm einen dauerhaften Platz in der Geschichte der balinesischen Kunst sicherte. Sein Haus ist nicht öffentlich zugänglich.

Die Buchhandlung ist beachtenswert, für die Pause zwischendurch gibt es ein Café.

Blanco Renaissance Museum MUSEUM
(Karte S. 156; ☎ 0361-975502; www.blancomuseum.com; Jl. Raya Campuan; Eintritt 80 000 Rp; ◉ 9–17 Uhr) Das Bild, für das sich Antonio Blanco mit Michael Jackson ablichten ließ, sagt alles. Sein ehemaliges Wohnhaus und das gleichnamige Museum fangen den theatralischen Geist des Künstlers ein. Blanco gelangte von Spanien über die Philippinen nach Bali. Er spezialisierte sich auf erotische Kunst, illustrierte Gedichte und übernahm bis zu seinem Tod 1999 die Rolle des exzentrischen Künstlers à la Dalí. Wer prosaischer veranlagt ist, genießt auf dem Weg ins Museum den Wasserfall und den schönen Blick über den Fluss.

Im Süden von Ubud

Einige der schönsten Sehenswürdigkeiten lassen sich zu Fuß bei einem Spaziergang über die Jalan Hanoman und die Monkey Forest Road erreichen. Beide Straßen werden von interessanten Geschäften und Cafés gesäumt.

★ Sacred Monkey Forest Sanctuary PARK
(Mandala Wisata Wanara Wana; Karte S. 162; ☎ 0361-971304; www.monkeyforestubud.com; Monkey Forest Rd.; Erw./Kind 30 000/20 000 Rp; ◉ 8.30–18 Uhr) Der kühle, dichte Urwaldstreifen, der offiziell Mandala Wisata Wanara Wana heißt, beherbergt drei heilige Tempel. Im Schutzgebiet lebt eine Horde grauhaariger und gieriger langschwänziger balinesischer Makaken, die nicht im Geringsten den unschuldig dreinschauenden, rehäugigen Affen auf den Broschüren ähneln. Der interessante **Pura Dalem Agung** (Karte S. 162) liegt versteckt im Wald. Bemerkenswert sind am Eingang zum inneren Tempel die Rangda-Figuren, die Kinder verschlingen.

Es gibt drei Zugangsmöglichkeiten: durch das Haupttor am südlichen Ende der Monkey Forest Road, durch das Tor 100 m weiter östlich in der Nähe des Parkplatzes oder durch das Tor auf der Südseite an der Straße nach Nyuhkuning. Erst kürzlich hat der Park eine Geldspritze erhalten. Nützliche Broschüren über den Wald, die Makaken und Tempel sind erhältlich. Achtung! Die Affen lauern ständig vorbeikommenden Touristen auf, in der Hoffnung auf freundliche Gaben (oder die Gelegenheit, sich selbst zu bedienen). Diese Tiere bloß nicht füttern!

Gegenüber vom Haupteingang nimmt die **Parkverwaltung** (Karte S. 162; ☎ 0361-971304; Monkey Forest Rd.; ◉ 9–16 Uhr) Spenden entgegen. Sie fließen in ein Programm zum Ausgleich des CO_2, das durch die Reise nach Bali freigesetzt wurde. Einen Baum pflanzen zu lassen, kostet 150 000 Rp.

★ Agung Rai Museum of Art GALERIE
(ARMA; Karte S. 156; ☎ 0361-976 659; www.armabali.com; Jl. Raya Pengosekan; Eintritt 50 000 Rp; ◉ 9–18, balinesischer Tanz Mo–Fr 15–17 Uhr, Kurse 50 Uhr) Agung Rai gründete das eindrucksvolle ARMA als Museum, Galerie und Kulturzentrum. Es ist der einzige Ort auf Bali, an dem die eindringlichen Werke des einflussreichen deutschen Künstlers Walter Spies zu sehen sind – neben vielen weiteren Meisterwerken. Das Museum ist in mehreren traditionellen Gebäuden in einem Garten untergebracht, der von Wasserkanälen durchzogen wird.

Die Sammlung ist auf Englisch beschriftet und präsentiert Werke des javanischen Künstlers Raden Saleh aus dem 19. Jh., darunter sein rätselhaftes *Porträt eines javanischen Edelmanns und seiner Frau*, das any ähnliche *American Gothic* um Jahrzehnte vorwegnimmt. Gezeigt werden außerdem klassische Kamasan-Gemälde, Arbeiten im Batuan-Stil aus den 1930er- und 1940er-Jahren sowie Werke von Lempad, Affandi, Sadali, Hofker, Bonnet und Le Mayeur. Besonders viel Spaß macht ein Besuch im ARMA, wenn die einheimischen Kinder **balinesische Tänze** üben, und während der **Gamelanproben**. Regelmäßig gibt es Legong- und Kecak-Vorführungen, und es werden zahlreiche Kulturkurse angeboten. Zugänglich ist das Museumsgelände vom Kafe Arma an der Jalan Raya Pengosekan oder um die Ecke vom Eingang des ARMA Resort.

Pranoto's Art Gallery GALERIE
(Karte S. 198; ☎ 0361-970827; Jl. Raya Goa Gajah, Teges; ◉ 9–17 Uhr) Pranoto, ein seit Langem in Ubud ansässiger Künstler, zeigt seine Arbeiten in dieser Kombination aus Galerie, Atelier und Wohnhaus – mit den wunderschönen Reisfeldern südwestlich von Ubud als Kulisse. Die Darstellungen des indonesischen Lebens sind entzückend. Das Atelier liegt etwa 1 km östlich der Jalan Peliatan. Gerne zeigt der Künstler den hübschen Fußweg, der zurück ins Zentrum von Ubud führt. Am Mittwoch und Samstag jeweils um 10 Uhr gibt es einen Kurs, in dem Figuren modelliert werden.

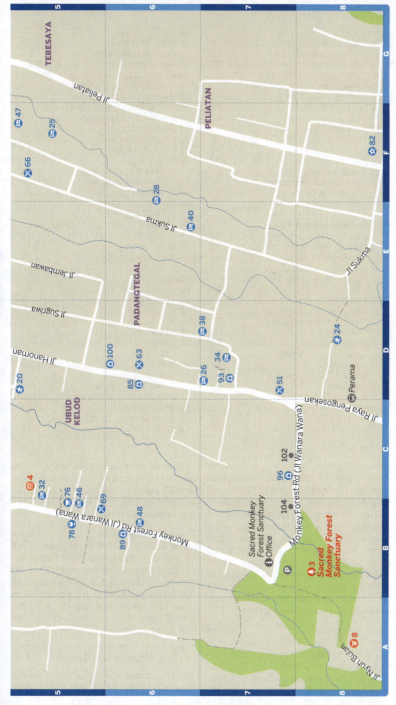

Ubud Zentrum

🅞 Highlights
1 Pura Taman Saraswati C2
2 Rio Helmi Gallery & Cafe C2
3 Sacred Monkey Forest Sanctuary B8

🅞 Sehenswertes
4 Komaneka Art Gallery C5
5 Lempad's House D2
6 Museum Puri Lukisan B2
7 Neka Gallery E3
8 Pura Dalem Agung A8
9 Pura Desa Ubud C2
10 Pura Marajan Agung C2
11 Puri Saren Agung C2
12 Threads of Life Indonesian
   Textile Arts Center C1
13 Ubud Palace C2

🅞 Aktivitäten, Kurse & Touren
14 Casa Luna Cooking School A4
15 Museum Puri Lukisan B2
16 Nirvana Batik Course D3
17 Nur Salon D4
18 Pondok Pekak Library & Learning
   Centre C4
19 Studio Perak D4
20 Taksu Spa D5
   Threads of Life Indonesian
   Textile Arts Center .... (s. 12)
21 Ubud Bike Rental D3
22 Ubud Tourist Information C2
23 Wayan Nuriasih E4
   Wayan Pasek Sucipta .... (s. 27)
24 Yoga Barn D8

🅞 Schlafen
25 Aji Lodge F5
26 Artini Cottages 1 .... D7
27 Eka's Homestay D2
28 Family Guest House F6
29 Han Snel Siti Bungalows C1
30 Happy Mango Tree A4
31 Ina Inn A3
32 Lumbung Sari C5
33 Matahari Cottages E4
34 Ni Nyoman Warini Bungalows D7
35 Nirvana Pension & Gallery D3
36 Oka Wati Hotel B3
37 Padma Accommodation C1
38 Pande Home Stay D7
39 Pondok Krishna A2
40 Puri Asri 2 .... E6
41 Puri Saraswati Bungalows B2
42 Puri Saren Agung C2
43 Raka House C3
44 Sama's Cottages B3
45 Sania's House C3
46 Sri Bungalows B5
47 Suastika Lodge F5
48 Warsa's Garden Bungalows B6

🅞 Essen
49 Anomali Coffee D3
50 Bali Buda E3
51 Bebek Bengil D7
52 Black Beach D3
53 BudaMart E3
54 Café des Artistes B2
55 Cafe Havana C4
56 Casa Luna B2
57 Clear D4
58 Coffee Studio Seniman D2
59 Delta Dewata Supermarket G3
60 Dewa Warung D4
61 Gelato Secrets D3
62 Juice Ja Cafe C4

Museum Rudana   GALERIE
(Karte S. 156; ☎ 0361-975779; www.museumrudana.com; Jl. Raya Mas; Eintritt 100 000 Rp; ⊗ 9 bis 17 Uhr) Das große, imponierende Museum ist eine Schöpfung des Lokalpolitikers und Kunstmäzens Nyoman Rudana und seiner Frau Ni Wayan Olasthini. Die drei Etagen bergen über 400 traditionelle Bilder, darunter einen Kalender aus den 1840er-Jahren, einige Lempad-Zeichnungen und modernere Werke. Das Museum befindet sich neben der Rudana-Galerie, die eine große Auswahl an Gemälden zum Verkauf anbietet.

Ketut Rudi Gallery   GALERIE
(Karte S. 198; ☎ 0361-974122; Pengosekan; ⊗ 9–19 Uhr) Die weitläufige Galerie zeigt die Arbeiten von über 50 Künstlern aus Ubud; die Malstile decken den ganzen Bereich von primitiv bis zum neuen Realismus ab. Der Namensgeber der Galerie stellt hier ebenfalls aus; er bevorzugt einen unterhaltsamen Stil, der sich am besten als „skurriler Realismus" beschreiben lässt. Die Galerie liegt etwa 2 km südlich von Ubud.

Agung Rai Gallery   GALERIE
(Karte S. 156; ☎ 0361-975 449; Jl. Peliatan; ⊗ 9 bis 18 Uhr) Die Sammlung dieser Galerie auf einem hübschen Anwesen deckt die ganze Bandbreite balinesischer Stilrichtungen ab. Das Ganze funktioniert nach dem System einer Kooperative: Der Künstler setzt den Preis für sein Werk fest, die Galerie schlägt einen Prozentsatz auf.

🅞 Der Norden von Ubud

Ein Spaziergang durch die vielen Gassen, die von der Jalan Raya Ubud nach Norden

63	Kafe	D6
	Kebun	(s. 100)
64	Lada Warung	D3
65	Locavore	C4
66	Mama's Warung	F5
67	Melting Wok	D3
68	Pica	C4
	Rio Helmi Gallery & Cafe	(s. 2)
69	Three Monkeys	B5
70	Tutmak Cafe	C4
71	Waroeng Bernadette	D4
72	Warung Ibu Oka	C2
73	Warung Mangga Madu	G3
74	Warung Sopa	D4

Ausgehen & Nachtlebenf
75	Jazz Café	F4
76	Laughing Buddha	B5
77	Lebong Cafe	C4
78	Napi Orti	B5

Unterhaltung
79	Oka Kartini	F3
80	Padangtegal Kaja	D4
81	Pura Dalem Ubud	A1
	Pura Taman Saraswati	(s. 1)
82	Puri Agung Peliatan	F8
	Ubud Palace	(s. 13)

Shoppen
83	*Asterisk	D4
84	Adi Musical	D3
85	Ashitaba	D6
86	Confiture Michèle	D4
87	Eco Shop	D4
88	Ganesha Bookshop	E3
89	Goddess on the Go!	B6
90	Kou	C3
91	Kou Cuisine	C3
92	Moari	E3
93	Namaste	D7
94	Pasar Seni	C2
95	Periplus	C3
96	Pondok Bamboo Music Shop	C7
97	Produce Market	C3
98	Sama Sama	D4
99	Smile Shop	D2
100	Tegun Galeri	D6
	Threads of Life Indonesian Textile Arts Center	(s. 12)
101	Tin Parrot	C3

Information
102	Bali Animal Welfare Association	C7
103	Central Ubud Money Exchange	B2
104	Hubud	B7
	Pondok Pekak Library & Learning Centre	(s. 18)

verlaufen, führt an hübschen kleinen Privatunterkünften vorbei. Schließlich wird die Bebauung immer spärlicher und es eröffnet sich ein wunderschöner Blick auf Reisfelder und Flusstäler.

Petulu
DORF

Jeden Abend gegen 18 Uhr fliegen Tausende großer **Reiher** nach Petulu, das etwa 2,5 km nördlich der Jalan Raya Ubud liegt. Dort zanken sie sich um die besten Schlafplätze, bevor sie sich in den Bäumen entlang der Straße niederlassen und zur Touristenattraktion werden. Die Vögel, vorwiegend Prachtreiher, begannen ihre Abstecher nach Petulu 1965 ohne ersichtlichen Grund. Die Dorfbewohner glauben, dass sie Glück (und Touristen) bringen – trotz des unvermeidlichen Gestanks und Drecks. In den Reisfeldern finden sich nun einige Warungs, bei denen die Zuschauer etwas trinken können, während sie das Naturschauspiel genießen. Wenn die Reiher schon in den Bäumen sitzen, sollte man allerdings nur ganz schnell darunter hindurchgehen.

Petulu ist ein hübsches Ziel für einen Spaziergang oder einen Fahrradausflug; zu erreichen ist es über verschiedene Routen im Norden von Ubud. Wer auf die Vögel warten möchte, muss dann allerdings im Dunkeln zurücklaufen oder mit dem Rad fahren.

Aktivitäten

Massage, Spas & Yoga

Ubud quillt über von Schönheitssalons und Spas, die Heilung, Verwöhnen und Verjüngung versprechen oder sich anderweitig auf die jeweiligen körperlichen und mentalen Bedürfnisse einstellen. Ein Spa zu besuchen, steht für viele Reisende ganz oben auf der To-do-Liste, die Branche für Spas, Yoga und andere Behandlungen wächst Jahr um Jahr. Jeder der vielen Praktiker hat die neuesten Trends drauf – die Pinnwand vor dem Bali Buddha gibt einen Überblick. Man sollten ruhig einmal einige der neuen Therapien ausprobieren, zum Beispiel „Pawing". Großes Interesse besteht auch an traditionellen Heilern, den *balian*. Viele Spas bieten Kurse zu verschiedenen Therapieformen, Behandlungen und Aktivitäten wie Yoga an.

★ Yoga Barn
YOGA

(Karte S. 162; ☎ 0361-971236; www.balispirit.com; nahe Jl. Raya Pengosekan; Kurse ab 110 000 Rp; ⊙ 7–20 Uhr) Das Chakra für die Yoga-Revolution in Ubud, Yoga Barn, nimmt seine Lotosposition inmitten von Bäumen in der Nähe eines Flusstals ein. Der Name „Yoga-Scheune" trifft genau den Sachverhalt: Die ganze Woche über wird eine riesige Auswahl an Yoga-, Pilates-, Tanz-Kursen und lebensbejahende Ablegern derselben angeboten. Inhaberin Meghan Pappenheim organisiert auch das populäre Bali Spirit Festival.

★ Bali Botanica Day Spa SPA
(Karte S. 156; 0361-976739; www.balibotanica.com; Jl. Raya Sanggingan; Massage ab 155000 Rp; 9–21 Uhr) Das Spa liegt wunderschön an einem grünen Hang; der Weg dorthin führt an kleinen Reisfeldern vorbei. Es bietet verschiedene Behandlungen, u. a. Ayurveda. Beliebt ist die Kräutermassage. Für Hin- und Rücktransport wird auf Wunsch gesorgt.

Ubud Sari Health Resort SPA
(Karte S. 156; 0361-974393; www.ubudsari.com; Jl. Kajeng; 1 Std. Massage ab 15 US$; 9–20 Uhr) Das Hotel mit Spa bietet ausgedehnte Behandlungen (darunter eine „Gewebe-Komplettreinigung"). Es gibt eine lange Liste an Spa- und Beauty-Diensten, die ohne Übernachtung in Anspruch genommen werden können, aber auch Kombipakete, die einen Hotelaufenthalt miteinschließen. Bei vielen der Anwendungen liegt der Schwerpunkt auf der Reinigung des Darms.

Ubud Wellness Spa SPA
(Karte S. 156; 0361-970493; www.ubudwellness-balispa.com; nahe Jl. Pengosekan; Massage ab 150 000 Rp; 9–22 Uhr) Das Spa konzentriert sich auf das Wesentliche, Ubuds Kreative gehen gern dorthin.

Intuitive Flow YOGA
(Karte S. 156; 0361-977824; www.intuitiveflow.com; Penestanan; Yoga ab 100 000 Rp; Kurse tgl. 9 Uhr, Mo–Fr 16 Uhr) Ein hübsches Yogastudio inmitten von Reisterrassen. Angesichts der Lage kann es allerdings passieren, dass sich die Besucher nach den vielen Betonstufen von Campuan hinauf zum Studio zu sehr verausgabt haben, um noch eine Runde Asanas zu absolvieren. Außerdem bietet das Studio Workshops zu verschiedenen Heilkünsten an.

Taksu Spa SPA
(Karte S. 162; 0361-971490; www.taksuspa.com; Jl. Goutama; Massage ab 350 000 Rp; 9–21 Uhr;) Etwas versteckt, aber dennoch im Herzen von Ubud gelegen, bietet das Taksu eine lange Liste ziemlich aufwendiger Behandlungen an. Yoga ist ein weiterer Schwerpunkt. Es gibt abgetrennte Räume für Paarmassagen, ein Café mit gesundem Angebot und verschiedene Kurse.

Nur Salon SPA
(Karte S. 162; 0361-975352; www.nursalonubud.com; Jl. Hanoman 28; 1 Std. Massage 155 000 Rp; 9–21 Uhr) Das Spa liegt in einem traditionellen balinesischen Anwesen voller Heilpflanzen, die mit Erklärungen versehen sind; es bietet eine lange Liste der normalen Spa- und Salonangebote.

Radfahren
Viele Geschäfte und Hotels im Zentrum von Ubud verleihen Mountainbikes, der Preis liegt normalerweise bei verhandelbaren 35 000 Rp pro Tag. Wenn man im Hotel nachfragt, taucht wahrscheinlich schon bald jemand mit einem Fahrrad auf.

Das Gebiet wird von Flüssen durchschnitten, die alle nach Süden fließen. Für die Planung einer Radtour heißt das, dass man auf den Ost-West-Routen beim Durchqueren der Flusstäler immer wieder hinauf- und hinunter fahren muss. Die Nord-Süd-Strecken verlaufen dagegen zwischen den Flüssen und sind deshalb viel leichter zu bewältigen, leiden dafür häufig aber unter starkem Verkehr. Die meisten Örtlichkeiten in Ubud sind mit dem Fahrrad erreichbar.

Die vielen Museen und Kulturstätten rund um den Ort können gut mit dem Fahrrad besichtigt werden. Südlich von Ubud muss man angesichts des Verkehrs allerdings überlegen, ob das Ganze überhaupt noch Spaß macht.

> **ⓘ DIE WASSERFLASCHE NACHFÜLLEN**
>
> Die Zahl der Plastikflaschen mit Wasser, die in Balis tropischer Hitze täglich geleert und dann auf den Müll geworfen werden, ist erschreckend hoch. In Ubud gibt es einige wenige Stellen, an denen Wasserflaschen (Plastik oder wiederverwendbar) gegen eine kleine Gebühr, normalerweise 3000 Rp, nachgefüllt werden können. Aufgefüllt wird in der Regel mit der Marke, die vor Ort am häufigsten verkauft wird. Wer mitmacht, erspart Bali jedes Mal eine Plastikflasche und hilft, die Schönheit der Insel zu bewahren. Eine gute zentrale Anlaufstelle ist das Pondok Pecak Library & Learning Centre.

Rundgang
Wanderung auf dem Campuan-Kamm

START UBUD PALACE
ZIEL UBUD PALACE
LÄNGE/DAUER 8,5 KM; 3½ STUNDEN

Die Wanderung führt durch das üppig bewachsene Tal des Sungai Wos und bietet Ausblicke auf den Gunung Agung sowie Eindrücke von kleinen Dorfgemeinschaften und Reisfeldern. Ausgangspunkt ist der ❶ **Ubud Palace** (S. 157). Von dort geht es auf der Jalan Raya Ubud nach Westen. Am Zusammenfluss von Sungai Wos und Sungai Cerik liegt Campuan, der Name bedeutet „Wo sich zwei Flüsse treffen". Hierher zog es in den 1930er-Jahren die ersten Maler aus dem Westen, kein Wunder bei dem üppig grünen Laubwerk und dem beruhigenden Rauschen des Wassers. Die Route verlässt die Jalan Raya Campuan bei den ❷ **Warwick Ibah Luxury Villas**. Es geht in die Auffahrt des Hotels und dann auf dem Pfad links, wo der Fußweg den Fluss überquert, zum berühmten, aber ruhigen ❸ **Pura Gunung Lebah** (S. 160). Von hier folgt man dem Betonweg nach Norden, der auf den Hügelkamm zwischen den beiden Flüssen hinaufführt. Felder mit Elefantengras, das traditionell für Strohdächer verwendet wird, ziehen sich auf beiden Seiten die Hänge hinunter. In alle Richtungen schaut man auf Reisterrassen, die die Hügel oberhalb von Ubud bedecken.

Auf dem Campuan-Kamm geht es nach Norden vorbei am Klub Kokos. Auf dem Weg durch Reisfelder und das Dorf ❹ **Bangkiang Sidem** wird die Straße besser. Am Dorfrand führt eine unbeschilderte Straße nach Westen und windet sich hinunter zum Sungai Cerik, dann geht es steil bergauf nach ❺ **Payogan**. Ab hier folgt man der Hauptstraße nach Süden und läuft weiter auf der Jalan Raya Sanggingan. Am Restaurant Mozaic biegt man nach Westen auf Pfade ab, die auf der Höhe der Reisfelder bleiben, während die Hauptstraße bergab führt. Es ist eine Bilderbuchlandschaft aus sprudelnden Wasserwegen und schönen Ausblicken auf Reisfelder und Villen. Hier gibt es viele kleine Bungalows, die man monatsweise mieten kann. Schließlich geht es über steile Betonstufen hinunter nach Campuan und zurück nach Ubud.

Rundgang
Wandern im Sungai Ayung Valley

START UBUD PALACE
ZIEL UBUD PALACE
LÄNGE/DAUER 6,5 KM; 4 STUNDEN

Die Wunder des Sungai Ayung stehen im Mittelpunkt dieses Ausflugs. Er fließt unterhalb der Luxushotels durch das tropische Flusstal. Vom ❶ **Ubud Palace** (S. 157) geht's auf der Jalan Raya Ubud nach Westen über die Campuan-Brücke (auf die malerische alte Brücke achten!) vorbei am schön ausgebauten Pura Gunung Lebah weiter unten. Hier biegt links die steile Bergstraße Jalan Raya Penestana ab und windet sich durch die Schlucht des Sungai Blangsuh zum Künstlerdorf ❷ **Penestanan**. Westlich des Ortes geht es auf einer kleinen Straße nach Norden (vor der belebten Hauptstraße), die einen Bogen nach Sayan schlägt. ❸ **Sayan Terrace** war in den 1930er-Jahren das Haus von Colin McPhee. Die Aussicht auf das Tal des großartigen ❹ **Sungai Ayung** ist fantastisch. Das Flussufer erreicht man am besten von einer Stelle nördlich des Hotels Sayan Terrace – auf den Pfad bergab vor dem Tor zu den Zimmern achten und den immer schmaleren Spuren nach unten folgen (Einheimische zeigen für etwa 5000 Rp den Weg).

Auf dem unbefestigten Weg nach Norden, entlang dem Ostufer des Ayung, werden steile Hänge und Reisfelder durchquert, und es geht vorbei an Bewässerungskanälen und Tunneln. Für viele Leute ist das der Höhepunkt der Wanderung, denn hier führt sie durch den wirklichen tropischen Dschungel. Auf dem langsamen Weg nach Norden am Fluss entlang braucht man keinem bestimmten Pfad zu folgen; einfach den Erstbesten nehmen. Nach etwa 1,5 km ist das Ziel vieler Raftingtouren erreicht – ein guter, aber steiler Pfad führt von dort hinauf zur Hauptstraße in ❺ **Kedewatan**. Von hier kann man nach Ubud zurücklaufen oder noch einen kleinen Abstecher machen: Den Fluss auf der nahen Brücke überqueren und ein steiles, 1 km langes Stück durch den Tropenwald hinauf zum touristisch nicht erschlossenen Dorf ❻ **Tegalkuning** wandern. Auf der Jalan Raya Sanggingan geht es zurück nach Ubud; unterwegs bieten sich Geschäfte und Cafés für eine Pause an.

> ### ℹ️ VERNÜNFTIG WANDERN IN UBUD
>
> Wanderungen in der Region Ubud mit ihrer unendlichen landschaftlichen Schönheit bieten viel Faszinierendes und wunderbare Entdeckungen. Allein die Natur ist schon ein Grund, in die Region zu fahren.
>
> Es gibt viele interessante Wanderwege zu den Dörfern der Umgebung und durch die Reisfelder. Unterwegs kann man oft in offenen Zimmern und auf Veranden sitzenden Künstlern bei der Arbeit zuschauen. Unmittelbar neben Luxusvillen werden weiterhin die nicht enden wollenden Arbeiten auf den Reisfeldern erledigt.
>
> An ein paar Punkte sollte man denken, damit die Wanderung auch Spaß macht:
>
> **Trinkwasser mitnehmen** In den meisten Orten gibt es Warungs oder kleine Läden, die Snacks, Essen und Getränke verkaufen. Dennoch an ausreichend Trinkwasser denken.
>
> **Ausrüstung** Eine gute Kopfbedeckung, feste Schuhe und Regenzeug gegen die Nachmittagsschauer sollte man immer dabei haben. Bei Wanderungen durch dichte Vegetation sind lange Hosen empfehlenswert.
>
> **Früh aufbrechen** Wer bei Tagesanbruch aufbricht, muss nicht mittags in der größten Hitze laufen. Die Luft ist morgens noch frisch und man sieht Vögel und andere Tiere, die sich tagsüber im Schatten verkriechen. Außerdem ist es angenehm ruhig.
>
> **Gebühren umgehen** Einige geschäftstüchtige Reisbauern haben kleine Mauttore an ihren Feldern aufgestellt. Wanderer können a) einfach um sie herumgehen oder b) die Gebühr bezahlen (aber nie und nimmer mehr als 10 000 Rp).
>
> **Zur richtigen Zeit aufhören** Wer müde wird, sollte nicht seinen Ehrgeiz daran setzen, noch unbedingt ein bestimmtes Ziel zu erreichen. Entscheidend ist, dass die Wanderung Spaß macht. Einheimische mit Motorrad bringen müde Wanderer jederzeit gern ins Hotel zurück – für etwa 20 000 Rp.

Ubud Bike Rental FAHRRADVERLEIH
(Karte S. 162; 0361-972170; www.ubudbikerental.com; Jl. Raya Ubud; Fahrradverleih Tag/Woche 30 000/175 000 Rp; 9–17 Uhr) Ein fantastischer Laden mit einer riesigen Auswahl an Leihfahrrädern zu ausgezeichneten Preisen. Auch Motorroller und Motorräder kann man hier mieten.

Rafting
Der Wildwasserfluss **Sungai Ayung** ist der beliebteste balinesische Fluss der Rafter. Gestartet wird nördlich von Ubud, das Ziel liegt in der Nähe des Amandari Hotels im Westen. Achtung! Je nach Regenmenge kann die Fahrt ruhig oder auch sehr aufregend sein. Einige Anbieter von Raftingtouren sind in Ubud ansässig (s. S. 41).

Kurse

Ubud ist der perfekte Ort, um die eigenen künstlerischen und sprachlichen Fähigkeiten auszubauen oder etwas über die balinesische Kultur und Küche zu erfahren. Die Auswahl an Kursen ist so groß, dass sie ein Jahr lang für Beschäftigung sorgen könnte. Wichtig zu wissen: Viele Kurse müssen im Voraus gebucht werden.

★ Museum Puri Lukisan KUNST
(Karte S. 162; www.museumpurilukisan.com; nahe Jl. Raya Ubud; Kurse ab 125 000 Rp) Eines der besten Museen in Ubud gibt Unterricht im Herstellen von Puppen und Opfergaben, eine Einführung ins Gamelanspielen, in den balinesischen Tanz, in die Bemalung von Masken und vieles mehr. Kurse werden auf Nachfrage auch erteilt; Genaueres kann man beim Kartenbüro des Museums vereinbaren.

Arma KULTUR
(Karte S. 156; 0361-976659; www.armabali.com; Jl. Raya Pengosekan; Kurse ab 44 US$; 9–18 Uhr) Das Arma bietet Unterricht im Malen, Holzschnitzen und Batiken an. Weitere Kurse befassen sich mit balinesischer Geschichte, Hinduismus und Architektur.

Threads of Life Indonesian Textile Arts Center TEXTILIEN
(Karte S. 162; 0361-972187; www.threadsoflife.com; Jl. Kajeng 24; Kurse ab 75 000 Rp; 10 bis 19 Uhr) Kurse in Textilkunde in der Galerie und im Lehratelier dauern ein bis acht Tage. Einige Kurse schließen ausgedehnte Reisen durch Bali mit ein und bewegen sich auf Graduiertenniveau.

Nirvana Batik Course TEXTILIEN
(Karte S. 162; ☎ 0361-975415; www.nirvanaku.com; Nirvana Pension & Gallery, Jl. Goutama 10; Kurse ab 485 000 Rp; ⊙ Kurse Mo–Sa 10–14 Uhr) Nyoman Suradnya hält sehr angesehene Batikkurse ab. Die Kosten liegen je nach Dauer bei etwa 45 bis 50 US$ pro Tag (1–5 Tage).

Ida Bagus Anom Suryawan KUNST
(Karte S. 198; ☎ 0813 3844 8444; www.balimaskmaking.com; Jl. Raya Mas, Mas; 2-Std.-Kurs 150 000 Rp; ⊙ variiert) Drei Generationen von Maskenschnitzern, die zu den besten auf Bali gehören, geben auf ihrem Familienbesitz unweit der Hauptstraße einen Einblick in ihr Können. Nach zwei Wochen haben die Kursteilnehmer vielleicht schon ein eigenes Ergebnis in der Hand.

Wayan Karja Painting KUNST
(Karte S. 156; ☎ 0361-977810; Penestanan; Kurse ab 250 000 Rp) Der abstrakte Künstler Karja gibt Intensivkurse im Malen und Zeichnen; sein Atelier steht auf dem Gelände seines Gästehauses Santra Putra.

Wayan Pasek Sucipta MUSIK
(Karte S. 162; ☎ 0361-970550; Eka's Homestay, Jl. Sriwedari 8; Kurse ab 100 000 Rp) Hier lässt sich die Handhabung von Gamelan und Bambustrommeln von einem Meister seines Faches erlernen.

Pondok Pekak Library & Learning Centre SPRACHE
(Karte S. 162; ☎ 0361-976194; Monkey Forest Rd.; Kurse Std. ab 100 000 Rp; ⊙ Mo–Sa 9–17, So 13–17 Uhr) Das Zentrum beim Fußballplatz bietet Unterricht in Malerei, Tanz, Musik, Sprache und Maskenschnitzen, darunter auch einige Kurse für Kinder.

Studio Perak SCHMUCK
(Karte S. 162; ☎ 0361-974244, 0812 365 1809; www.studioperak.com; Jl. Hanoman; Unterricht 3 Std. 350 000 Rp) Das Studio hat sich auf Silberschmiedearbeiten im balinesischen Stil spezialisiert. In einer dreistündigen Unterrichtseinheit wird ein Teil gefertigt. Auch Kinderkurse können vereinbart werden.

Taman Harum Cottages KULTUR
(Karte S. 198; ☎ 0361-975567; www.tamanharumcottages.com; Jl. Raya Mas, Mas; Unterricht Std. ab 20 US$) Das Hotel im Zentrum von Balis Holzschnitzbezirk bietet eine Palette an Handwerks-, Kultur-, Schnitz- und Malkursen an. Hier kann man zum Beispiel lernen, die Tempelgaben herzustellen, die überall im Land zu finden sind.

Kochen

Eine der beliebtesten Aktivitäten für Ubud-Besucher sind Kochkurse, die normalerweise mit dem Besuch eines der quirligen, farbenfrohen örtlichen Märkte beginnen. Dort erhalten die Kursteilnehmer Grundkenntnisse über die riesige Auswahl an Obst- und Gemüsesorten und alle weiteren Grundnahrungsmittel, die die Basis der balinesischen Ernährung ausmachen.

★ Casa Luna Cooking School KOCHEN
(Karte S. 162; ☎ 0361-973282; www.casalunabali.com; Honeymoon Guesthouse, Jl. Bisma; Kurse ab 350 000 Rp; ⊙ Mo–Sa 8–13.30 Uhr) Das Honeymoon Guesthouse und/oder die Casa Luna veranstalten regelmäßig Kochkurse. Halbtägige Kurse vermitteln Kenntnisse über Zutaten, Kochtechniken und den kulturellen Hintergrund der balinesischen Küche (nicht immer mit Marktbesuch). Auch Ausflüge werden angeboten, darunter ein interessanter zum Gianyar-Nachtmarkt.

Mozaic Cooking Classes KOCHEN
(Karte S. 156; ☎ 0361-975768; www.mozaic-bali.com; Jl. Raya Sanggingan; Kurse ab 900 000 Rp) Eines der besten Restaurants auf Bali gibt eine Einführung in lokale Kochtechniken. Ein ganzes Menü an Kursen von locker bis professionell wartet auf Interessenten.

☞ Geführte Touren

Zu den Spezialtouren in Ubud zählen thematische Spaziergänge und Kulturausflüge. Mit Ortskundigen ein paar Stunden die Gegend zu erkunden, ist für viele ein Highlight ihres Baliaufenthalts. Geführte Touren in die Umgebung von Ubud werden von Anbietern organisiert, die in ganz Bali operieren.

Bali Nature Herbal Walks WANDERTOUR
(☎ 0812 381 6024; www.baliherbalwalk.com; Wanderungen 18 US$; ⊙ 8.30 Uhr) Die dreistündigen Wanderungen führen durch Balis üppig grüne Landschaft. Arzneipflanzen, Küchenkräuter und -pflanzen werden in ihrer natürlichen Umgebung bestimmt und erklärt. Unterwegs werden auch Kräutergetränke probiert.

Bali Bird Walks VOGELBEOBACHTUNG
(Karte S. 156; ☎ 0361-975 009; www.balibirdwalk.com; Tour 37 US$; ⊙ Di, Fr, Sa & So 9–12.30 Uhr) Vor mehr als drei Jahrzehnten hat Victor Mason diese Tour gestartet, sie ist ideal für Hobbyornithologen und nach wie vor sehr gefragt. Bei einem gemütlichen Morgenspaziergang (Start ist an der schon lange ge-

BALIS TRADITIONELLE HEILER

Traditionelle Heiler, *balian* (auf Lombok *dukun*) genannt, spielen in Balis Kultur eine bedeutende Rolle. Sie behandeln körperliche und psychische Krankheiten, entfernen Flüche und übermitteln Nachrichten der Vorfahren. Die etwa 8000 *balian* auf Bali sind die Grundpfeiler der medizinischen Versorgung in den Gemeinden. Sie haben sich dazu verpflichtet, ihrer Gemeinde zu dienen und niemanden abzuweisen.

In jüngster Zeit ist das System allerdings in einigen Gebieten unter Druck geraten. Das liegt an der Aufmerksamkeit, die durch den Roman *Eat, Pray, Love* und andere Medienberichte über Balis Heiler entstanden ist. Neugierige Touristen tauchen in Dörfern auf und ziehen Zeit und Aufmerksamkeit der *balian* von den wirklich Kranken ab. Das bedeutet nun nicht, dass ausländische Besucher auf keinen Fall einen Heiler aufsuchen dürfen. Aber das Vorgehen sollte dem Erlebnis angemessen sein, nämlich behutsam.

Folgendes sollte man sich vor einem Besuch klar machen:

- Der Besuch beim *balian* muss mit ihm verabredet sein.
- Kaum ein Heiler spricht Englisch.
- Erwartet wird respektvolle Kleidung (das heißt, lange Hosen und Hemd, besser noch Sarong und Schärpe).
- Frauen dürfen am Besuchstag nicht menstruieren.
- Nie dem Heiler die Füße entgegenstrecken.
- Eine Opfergabe mitbringen, in der die Konsultationsgebühr steckt. Sie beträgt 100 000 bis 250 000 Rp pro Person.
- Die Behandlung findet in der Öffentlichkeit statt und ist wahrscheinlich schmerzhaft. Möglicherweise gehören dazu Tiefengewebsmassage, das Pieksen mit spitzen Stäben oder das Ausspucken zerkauter Kräuter auf den Patienten.

Einen *balian* zu finden, kann mühsam sein. Zunächst sollte man im Hotel nachfragen. Die Mitarbeiter können wahrscheinlich helfen, eine Verabredung zu treffen und eine passende Opfergabe zu beschaffen, in die die Gebühr gesteckt wird. Oder man wendet sich an die folgenden Kontaktpersonen: **Ketut Gading** (0361-970770), **Man Nyoman** (0813 3893 5369), **Sirkus** (0361-739538) und **Made Surya** (0361-788 0822; www.balihealers.com).

Made Surya ist, was Balis traditionelle Heiler betrifft, eine Autorität und bietet ein- und zweitägige Intensiv-Workshops über Heilung, Magie, traditionelle Gesundheitssysteme und Geschichte an. Dazu gehört auch der Besuch bei einem authentischen *balian*. Seine Website ist eine ausgezeichnete Informationsquelle über den Besuch eines Heilers auf Bali. Er kann auch einen passenden *balian* auswählen und den Patienten als Kontaktperson und Übersetzer dorthin begleiten.

Manche Mediziner bezweifeln, dass diese Art der Heilung ernsthafte medizinische Probleme löst. Ihrer Ansicht nach sollten Patienten bei ernsten Beschwerden nicht nur einen traditionellen Heiler, sondern parallel dazu einen westlichen Arzt aufsuchen.

---

schlossenen Beggar's Bush Bar) bekommen die Teilnehmer bis zu 30 der über 100 lokalen Vogelarten zu sehen.

Dhyana Putri Adventures KULTURELLE TOUR
(0812 380 5623; www.balispirit.com/tours/bali_tour_dhyana.html) Ein bikulturelles, dreisprachiges Paar bietet individuell zugeschnittene Touren an. Dabei legen sie besonderen Wert auf die darstellenden Künste Balis und mehr in die Tiefe gehende Kulturerlebnisse.

Ubud Tourist Information KULTURELLE TOUR
(Yaysan Bina Wisata; Karte S. 162; 0361-973285; Jl. Raya Ubud; Touren 150 000–240 000 Rp; 8 bis 20 Uhr) Veranstaltet interessante und günstige Halb- und Ganztagesausflüge zu vielen Zielen, darunter Besakih und Kintamani.

✨ Feste & Events

Die Gegend von Ubud ist bestens geeignet, um die vielen religiösen und kulturellen Festlichkeiten mitzuerleben, die jedes Jahr

WOHNEN IN UBUD

Lieber im Zentrum oder ruhig auf dem Land? Lieber Aussicht auf ein Reisfeld oder ein stilvoll eingerichtetes Zimmer? Die Auswahl ist riesig, besonders auf Websites wie airbnb.com und homeaway.com. Dort scheinen alle Unterkünfte „nahe Ubud" zu liegen, selbst wenn die „zehnminütige Fahrt" in Wirklichkeit eine halbe Stunde dauert. Die Unterkünfte in Ubud verteilen sich hauptsächlich auf folgende Gebiete:

Zentrum

Im ursprünglichen Ortskern von Ubud gibt es unzählige Möglichkeiten, das müde Haupt zu betten. Die Lage hat den Vorteil, dass sie lange Wege oder Transportdienste überflüssig macht. In der Nähe der Jalan Raya Ubud sollten sich Reisende nach einem Zimmer umsehen, das vom Lärm der Hauptstraße verschont ist. An den ruhigen, kleinen Straßen Richtung Osten, z. B. Jalan Karna, Jalan Maruti und Jalan Goutama, finden sich zahlreiche familiäre Privatunterkünfte. Nördlich der Jalan Raya Ubud bieten Straßen wie die Jalan Kajeng und die Jalan Suweta ein zeitloses Tableau mit spielenden Kindern auf der Straße und vielen schönen Privatunterkünften. An der Monkey Forest Road ist die Konzentration an Unterkünften besonders hoch; man sollte aber darauf achten, dass sie möglichst weit von der verkehrsreichen Straße entfernt stehen. Die Jalan Bisma führt auf ein Plateau mit Reisfeldern. Ständig machen neue Unterkünfte auf, besonders unten am südlichen Ende, das durch einen Weg mit der Monkey Forest Road verbunden ist.

Padangtegal & Tebesaya

Östlich des Zentrums, aber immer noch günstig gelegen, bietet Padangtegal diverse Budgetunterkünfte an der Jalan Hanoman. Das ruhige Dorf Tebesaya etwas weiter östlich besteht aus wenig mehr als der Hauptstraße Jalan Sukma, die zwischen zwei Bächen verläuft. Nette Privatunterkünfte finden sich am Ende kleiner Fußpfade

Sambahan & Sakti

Wer von der Jalan Raya Ubud Richtung Norden geht, steht bald inmitten sanft geschwungener Reisterrassen. Hier verstecken sich interessante, oft luxuriöse Hotels; der schöne Spaziergang ins Zentrum dauert aber immer noch deutlich weniger als eine Stunde.

Nyuhkuning

Eine sehr beliebte Gegend direkt südlich des Monkey Forest. Nyuhkuning verfügt über einige sehr kreative Gästehäuser und Hotels, trotzdem ist es zu Fuß nicht weit ins Zentrum.

Pengosekan

Pengosekan, unmittelbar südlich des Zentrums gelegen, eignet sich gut zum Einkaufen, Essengehen und für Aktivitäten wie Yogakurse.

Campuan & Sanggingan

Auf der Ostseite der langen, abfallenden Straße, die nach diesen beiden Gemeinden benannt ist, liegen etliche feudale Anwesen mit Blick auf ein üppig grünes Flusstal.

Penestanan

Gleich westlich der Campuan-Brücke zweigt die steile Jalan Raya Penestanan nach links ab und führt hinauf nach Penestanan und Umgebung, einem großen Plateau mit Reisfeldern und zahlreichen Unterkünften. Zimmer und Bungalows in den Reisfeldern sind auf Leute abgestimmt, die eine billige Langzeitunterkunft suchen. Beim Bummel über die schmalen Wege finden sich Unterkünfte in jeder Preisklasse. Zu erreichen ist das Gebiet auch über steile Betonstufen, die von der Jalan Raya Campuan nach oben führen.

Sayan & Ayung Valley

2 km westlich von Ubud hat der schnell fließende Sungai Ayung ein tiefes Tal ausgewaschen, dessen Hänge terrassiert und mit Reis bepflanzt wurden oder mit dichtem Regenwald bewachsen sind. Einige der besten Hotels auf Bali schauen auf das grüne Tal

auf Bali begangen werden. Die Touristeninformation ist unübertroffen in ihrer umfassenden Information über die Ereignisse jeder Woche.

Bali Spirit Festival · TANZ, MUSIK
(www.balispiritfestival.com; ⊙ Anfang April) Die Leute hinter dem Yoga Barn veranstalten das beliebte Festival mit Yoga, Tanz und Musik. Es gibt über 100 Workshops und Konzerte, einen Markt und vieles mehr.

Ubud Writers & Readers Festival · LITERATUR
(www.ubudwritersfestival.com; ⊙ Okt.) Das Festival bringt unzählige Autoren und Leser aus aller Welt zu einem Literaturfest zusammen – der Schwerpunkt liegt auf Literatur mit Bezug zu Bali. Die Veranstaltung ist ein bedeutendes kulturelles Ereignis in Ubud.

🛏 Schlafen

Ubud hat das beste und ansprechendste Angebot an Unterkünften auf der Insel, darunter sagenhafte Ferienanlagen, raffinierte Guesthouses und bezaubernde, einfache Familienunterkünfte. Die Auswahl kann verwirrend sein, also am besten vorher genau überlegen, wo und in welcher Form man wohnen möchte, besonders wenn man eine Privatunterkunft im Netz bucht.

Generell bietet Ubud auf jedem Preisniveau ein gutes Preis-Leistungs-Verhältnis. Einfache Unterkünfte auf einem Familienanwesen sind zugleich ein kulturelles Erlebnis für die Übernachtungsgäste und kosten um die 25 US$. Abends weht eine kühle Bergluft durch Ubud, die Klimaanlagen überflüssig macht. Wer sein Fenster offen lässt, genießt stattdessen eine Symphonie aus Geräuschen, die aus den Reisfeldern und Flusstälern herüberwehen.

Guesthouses sind erfahrungsgemäß etwas größer und verfügen über Annehmlichkeiten wie ein Schwimmbecken. Dennoch sind sie meist überschaubar groß, viele liegen eingebettet zwischen Reisfeldern und Flüssen. Die besten Hotels stehen am Rand tiefer Flusstäler und bieten einen tollen Blick (auch ein paar günstige Unterkünfte haben eine fantastische Aussicht). Manche vermieten Autos mit Fahrer für Ausflüge.

Die Adressen in Ubud können ungenau sein – die Schilder am Anfang/Ende einer Straße führen aber meist die Namen aller Unterkünfte in der Straße auf. Abseits der Hauptdurchgangsstraßen gibt es nur wenige Straßenlaternen – im Dunkeln den Weg zu finden, ist fast schon ein Abenteuer. Wer zu Fuß unterwegs ist, sollte deshalb immer eine Taschenlampe mitnehmen. Dank seiner Popularität und weil (bisher) Hotelketten hier noch nicht so richtig Fuß gefasst haben, ist Ubud der einzige Ort auf Bali, in dem die Übernachtungspreise steil ansteigen.

🛏 Im Zentrum von Ubud

Jalan Raya Ubud & Umgebung

Sania's House · GUESTHOUSE $
(Karte S. 162; ☎ 0361-975535; sania_house@yahoo.com; Jl. Karna 7; Zi. 250 000–550 000 Rp; ❋ 🛜 ≋) In dem Familienbetrieb läuft einem das eine oder andere Haustier über den Weg. Der große, glasklare Pool, die riesige Terrasse und die geräumigen Zimmer sorgen für begeisterte Gäste. Die 25 Zimmer sind einfach, aber sauber, der Markt liegt praktisch nebenan.

Raka House · GUESTHOUSE $
(Karte S. 162; ☎ 0361-976081; www.rakahouse.com; Jl. Maruti; Zi. 300 000–400 000 Rp; ❋ 🛜 ≋) Sechs Zimmer im Bungalowstil drängeln sich im hinteren Teil eines kompakten Familienanwesens. Der kleine trapezförmige Tauchpool reicht zumindest, um die Zehen hineinzustecken. In der Nähe gibt es weitere Unterkünfte.

⭐ Nirvana Pension & Gallery · GUESTHOUSE $$
(Karte S. 162; ☎ 0361-975415; www.nirvanaku.com; Jl. Goutama 10; Zi. 450 000–600 000 Rp; 🛜) Auf die Gäste warten *alang-alang* (Reet-Dächer), eine Vielzahl von Bildern, kunstvolle Türrahmen und sechs Zimmer mit modernen Bädern auf einem schattigen, abgeschiedenen Gelände neben einem großen Familientempel. Auch Batikkurse werden angeboten. Das Haus hat eine tolle Lage etwas zurückgesetzt von der belebten Goutama.

Puri Saren Agung · GUESTHOUSE $$
(Karte S. 162; ☎ 0361-975057; Jl. Suweta 1; Zi. ab 65 US$; ❋) Das Gästehaus ist Teil des historischen Palastes der Fürstenfamilie von Ubud. Die drei Zimmer liegen versteckt hinter dem Hof, in dem Tanzdarbietungen gezeigt werden. Übernachtet wird in traditionellen balinesischen Pavillons mit großen Veranden, Himmelbetten, antiken Möbeln und Warmwasser. Vom eigenen Patio aus kann man den Touristen huldvoll zuwinken.

Puri Saraswati Bungalows · HOTEL $$
(Karte S. 162; ☎ 0361-975164; www.purisaraswatiubud.com; Jl. Raya Ubud; Zi. 60–80 US$; ❋ 🛜 ≋)

> **🛈 EINE LANGZEITBLEIBE FINDEN**
>
> In Ubud und Umgebung gibt es viele Häuser und Wohnungen, die man mieten oder mitnutzen kann. Infos zu den verschiedenen Optionen sind an den Schwarzen Brettern der Pondok Pecak Library (S. 170) und des Bali Buddha (S. 179) zu finden. Außerdem lohnt der Blick in die kostenlose Zeitung *Bali Advertiser* (www.baliadvertiser.biz) und auf die lokale Website www.banjartamu.org. Die Preise beginnen bei etwa 300 US$ pro Monat und steigen mit der Zahl der gebotenen Extras.

Die sehr zentral gelegene, angenehme Unterkunft mit hübschem Garten öffnet sich zum Wasserpalast. Die 18 Zimmer im Bungalowstil liegen ein gutes Stück abseits der Jalan Raya Ubud, sie sind also ruhig. Einige Zimmer haben nur Ventilatoren und sind einfach eingerichtet, weisen aber dafür reiche Schnitzereien auf.

Nördlich der Jalan Raya Ubud

Padma Accommodation GUESTHOUSE $
(Karte S. 162; ☎ 0361-977247; aswatama@hotmail.com; Jl. Kajeng 13; Zi. 300 000 Rp; 🛜) Vier sehr abgeschottete Bungalows stehen in einem tropischen Garten, weitere sind im Bau. Die Zimmer sind mit heimischem Kunsthandwerk ausstaffiert, die modernen Freiluftbäder verfügen über warmes Wasser. Der zur Familie gehörende Maler Nyoman Sudiarsa hat hier sein Atelier und teilt sein Wissen oft mit den Gästen.

Eka's Homestay PRIVATUNTERKUNFT $
(Karte S. 162; ☎ 0361-970550; Jl. Sriwedari 8; Zi. 350 000–450 000 Rp; ❄🛜) Auf der Suche nach dem hübschen kleinen Familienanwesen mit sieben einfachen Zimmern mit Warmwasser heißt es: immer den Ohren nach. Eka's ist das Zuhause von Wayan Pasek Sucipta, einem Lehrer für balinesische Musik. Es ist ein sonniges Fleckchen an einer ruhigen Straße (naja, außer während des Übens).

Han Snel Siti Bungalows GUESTHOUSE $
(Karte S. 162; ☎ 0361-975699; www.sitibungalow.com; Jl. Kajeng 3; Bungalows 25–40 US$; ❄🛜🏊) Das ruhige Anwesen gehört der Familie des verstorbenen Han Snel, eines bekannten Malers aus Ubud. Die acht Bungalows weisen entsprechend kunstvolle Steindesigns auf. Einige Zimmer liegen direkt am Ufer der Klamm und genießen eine tolle Aussicht; der kleine Pool befindet sich ein Stück weiter unten.

Monkey Forest Road

Warsa's Garden Bungalows GUESTHOUSE $
(Karte S. 162; ☎ 0361-971548; warsabungalow@gmail.com; Monkey Forest Rd.; Zi. 300 000–500 000 Rp; ❄🛜🏊) Ein gut bemessener Pool mit Springbrunnen belebt die einfache, gemütliche Unterkunft mitten im Geschehen des Monkey Forest. Die 23 Zimmer sind durch den Eingang eines traditionellen Familienanwesens zu erreichen. Einige haben Badewannen, manche nur Ventilatoren.

⭐ Oka Wati Hotel HOTEL $$
(Karte S. 162; ☎ 0361-973386; www.okawatihotel.com; nahe der Monkey Forest Rd.; Zi. 65–120 US$; ❄🛜🏊) Besitzerin Oka Wati ist eine reizende Dame, die in der Nähe des Uhud-Palastes aufgewachsen ist. Die 19 Zimmer verfügen über große Veranden, auf denen die freundlichen Mitarbeiter das Frühstück nach Wahl servieren (unbedingt den hausgemachten Joghurt probieren). Manches an der Einrichtung wirkt etwas altertümlich, z. B. die Himmelbetten. Einige Zimmer schauen auf ein kleines Reisfeld und ein Flusstal. Der Weg führt über schmale Fußpfade.

Sri Bungalows GUESTHOUSE $$
(Karte S. 162; ☎ 0361-975 394; www.sribungalowsubud.com; Monkey Forest Rd.; Zi. 700 000 bis 1 000 000 Rp; ❄@🛜🏊) Der tolle Blick auf die Reisfelder (man glaubt, den Reis wachsen zu hören, aber in Wahrheit ist es das Geräusch der Seele, von der der Druck abfällt) macht diese Unterkunft so beliebt. Von den 50 gemütlichen Zimmern haben einige eine schöne Aussicht, die man von Liegen aus genießen kann.

Lumbung Sari GUESTHOUSE $$
(Karte S. 162; ☎ 0361-976396; www.lumbungsari.com; Monkey Forest Rd.; Zi. 1 100 000 bis 1 700 000 Rp; ❄@🛜🏊) Kunstwerke schmücken die Wände des stilvollen Sari, das über einen netten Frühstücks-*bale* (traditionellen Pavillon) neben dem Pool verfügt. In den eleganten, mit Terrazzo ausgekleideten Bädern der 14 Zimmer stehen Wannen.

Jalan Bisma

Pondok Krishna GUESTHOUSE $
(Karte S. 162; ☎ 0361-977126; kriz_tie@yahoo.com; Jl. Bisma; Zi. 300 000 Rp; ❄🛜) Das helle,

luftige Familienanwesen vermietet vier Zimmer inmitten von Reisfeldern voller Frösche westlich der Jalan Bisma. Der offene Gemeinschaftsbereich mit seiner sonnigen Lage eignet sich gut, um die Bräune aufzufrischen.

Happy Mango Tree — HOSTEL $
(Karte S.162; 0812 3844 5498; www.thehappymangotree.com; Jl. Bisma 27; B ab 100 000 Rp, DZ ab 250 000 Rp;) Das helle, lebendige Hostel schwelgt im Hippie-Flair. In den Zimmern und draußen auf den verschiedenen Terrassen (einige mit Blick auf die Reisfelder) dominieren leuchtende Farben. In den Schlafsälen stehen jeweils vier Betten, die Doppelzimmer haben Namen wie „Liebesbude" und „Deckenmuseum".

Ina Inn — GUESTHOUSE $
(Karte S.162; 0361-971093; Jl. Bisma; Zi. 300 000–350 000 Rp;) Die Gäste können über das dicht bepflanzte Gelände bummeln und den Blick auf Ubud und die Reisfelder genießen. Die zehn Zimmer mit Ventilator sind einfach, aber sauber und gemütlich. Der Pool ist nach einem Wandertag ideal. Wer lieber näher beim Bett ein Erfrischungsbad nimmt – die Zimmer haben Badewannen.

Sama's Cottages — GUESTHOUSE $$
(Karte S.162; 0361-973481; www.samascottagesubud.com; Jl. Bisma; Zi. mit Ventilator/Klimaanlage ab 580 000/650 000 Rp;) Das hübsche kleine Guesthouse, das terrassenförmig am Hang angelegt ist, hat neun Zimmer im Bungalowstil, die sehr schlicht im balinesischen Stil eingerichtet sind. Der ovale Pool erscheint wie eine Dschungeloase. Nach Preisnachlässen in der Nebensaison fragen.

Komaneka at Bisma — BOUTIQUEHOTEL $$$
(Karte S.156; 0361-971933; www.komaneka.com; Jl. Bisma; Zi. ab 285 US$;) Das recht neue Resort steht zurückversetzt in den Reisfeldern in der Nähe des Flusstals und gibt sich nobel mit einer dicken Schicht Balistil. Die Unterkünfte reichen von Suiten bis zu großen Villen mit drei Schlafzimmern. Der Besitz strahlt Anmut aus und begeistert mit durchdachten Extras – angefangen bei Fernsehern, auf denen Filme gespeichert sind, bis hin zu frisch gebackenen Keksen.

Padangtegal & Tebesaya

★ Family Guest House — PRIVATUNTERKUNFT $
(Karte S.162; 0361-974054; www.familyubud.com; Jl. Sukma; Zi. 250 000–350 000 Rp;) Die viel beschäftigte Familie bringt ein bisschen Hektik in die bezaubernde Privatunterkunft. Es gibt ein gesundes Frühstück und sechs Zimmer mit modernen Annehmlichkeiten in traditionellem Gewand. Zu manchen gehört eine Badewanne, und ganz oben befindet sich ein Balkon mit Blick aufs Tal.

Ni Nyoman Warini Bungalows — PRIVATUNTERKUNFT $
(Karte S.162; 0361-978364; Jl. Hanoman; Zi. 200 000–350 000 Rp;) An einem kleinen Fußweg unweit der Jalan Hanoman gibt es ein ganzes Nest einfacher Familienanwesen, die Zimmer vermieten. Hier ist es ruhig, und unmerklich fügen sich die Gäste in den Rhythmus des Familienlebens ein. Die acht Zimmer in diesem Haus haben Warmwasser und sind mit traditionellen Bambusmöbeln ausgestattet.

Suastika Lodge — GUESTHOUSE $
(Karte S.162; 0361-970215; suastika@hotmail.com; nahe Jl. Sukma; Zi. 150 000–250 000 Rp;) An der kleinen Gasse gleich östlich der Jalan Sukma befinden sich vier aufgeräumte Zimmer in einem klassischen Familienanwesen. Es ist im Bungalowstil angelegt, die Gäste können entspannt ihre Privatsphäre genießen.

Pande Home Stay — GUESTHOUSE $
(Karte S.162; 0361-970421; pandehomestay@gmail.com; Jl. Sugriwa; Zi. 150 000–250 000 Rp;) Pande ist nur eine unter vielen tollen Privatunterkünften in einem Familienanwesen in Ubud, die hier alle dicht beieinander liegen. In der Nähe befinden sich der Yoga Barn und andere Highlights. Die Steinornamente sind besonders kunstvoll gestaltet.

Puri Asri 2 — GUESTHOUSE $
(Karte S.162; 0361-973210; Jl. Sukma 59; Zi. 200 000–300 000 Rp;) Durch ein klassisches Familienanwesen hindurch geht es zu sieben bungalowartigen Zimmern mit Blick auf eine Schlucht. Das Preis-Leistungs-Verhältnis ist hervorragend, die Zimmer verfügen über Warmwasser. Und der Pool sorgt für angenehme Abkühlung nach einer Wanderung oder einem Stadtspaziergang.

Aji Lodge — PRIVATUNTERKUNFT $
(Karte S.162; 0361-973255; ajilodge11@yahoo.com; nahe Jl. Sukma; Zi. 200 000–300 000 Rp;) Etliche gemütliche Familienanwesen säumen den Fußweg östlich der Jalan Sukma. Die sechs Zimmer unten am Hang beim

Fluss garantieren eine abendliche Symphonie aus Vogel- und Insektenstimmen.

Artini Cottages I — PRIVATUNTERKUNFT $

(Karte S. 162; ☏ 0361-975348; www.artinicottage.com; Jl. Hanoman; Zi. ab 250 000 Rp; 🛜) Die Familie Artini hat ein kleines Imperium von Guesthouses mit gutem Preis-Leistungs-Verhältnis an der Jalan Hanoman aufgebaut. Dies hier ist das Original, ein schön geschmücktes Familienanwesen mit vielen Blumen. Die drei Bungalows bieten warmes Wasser und große Badewannen. Gegenüber liegt das hochpreisigere Artini II mit Reisfeldern und einem Pool.

★ Matahari Cottages — GUESTHOUSE $$

(Karte S. 162; ☏ 0361-975459; www.matahariubud.com; Jl. Jembawan; Zi. 400 000–800 000 Rp; ❄@🛜☷) 🍃 Das angenehme Haus verfügt über 15 ungewöhnliche Zimmer, die alle unter einem Motto stehen. Sie tragen Namen wie „Batavia-Prinzessin" und „Indischer Pascha". Die Bibliothek ist eine Vision aus einer Fantasie der 1920er-Jahre. Vorzuzeigen hat das Guesthouse außerdem einen selbst ernannten „Dschungel-Jacuzzi", der im gehobenen Stil die alte Bali-Tradition des Flussbadens wiederaufleben lässt. Es gibt ein mehrgängiges Frühstück und eine Kombination aus Tee und Abendessen, das aufwendig auf Silber serviert wird.

🛏 Sambahan & Sakti

Bali Asli Lodge — PRIVATUNTERKUNFT $

(Karte S. 156; ☏ 0361-970537; www.baliaslilodge.com; Jl. Suweta; Zi. 250 000–300 000 Rp) Hier kann man dem Trubel entgehen, der das Zentrum von Ubud prägt. Die fünf Zimmer sind in traditionellen balinesischen Häusern aus Stein und Ziegeln untergebracht, die in einem üppig grünen Garten stehen. Auf den schönen Terrassen können die Gäste einfach die Stunden vorbeiziehen lassen. Die Innenräume sind sauber und gemütlich. Die Stadt liegt 15 Gehminuten entfernt.

✤ Ketut's Place — GUESTHOUSE $$

(Karte S. 156; ☏ 0361-975304; www.ketutsplace.com; Jl. Suweta 40; Zi. 550 000–850 000 Rp; ❄@☷) Die zehn Zimmer reichen von einfach mit Ventilator bis zu Luxusversionen mit Klimaanlage und Wanne. Alle wurden raffiniert dekoriert und ausgestattet.

Die Gäste genießen gemeinsam einen Pool in spektakulärer Lage am Hang und die großartigeAussicht auf das Flusstal. An manchen Abenden serviert Ketut, eine örtliche Koryphäe, ein eindrucksvolles balinesisches Festmahl.

Ubud Sari Health Resort — GUESTHOUSE $$

(Karte S. 156; ☏ 0361-974393; www.ubudsari.com; Jl. Kajeng; Zi. mit Ventilator/Klimaanlage 50/75 US$; ❄🛜☷) Der Name für die 19 Zimmer des renommierten Gesundheits-Spas ist Programm: Zen Village. Die Pflanzen im Garten sind mit Hinweisen auf ihre Heilkraft gekennzeichnet, das Café serviert vegetarische Bioprodukte. Die Gäste können die Gesundheitseinrichtungen nutzen, inklusive Sauna und Whirlpool.

Klub Kokos — GUESTHOUSE $$

(Karte S. 156; ☏ 0361-849 3502; www.klubkokos.com; Zi. 70–100 US$; ❄@🛜☷) Ein schöner, 1,5 km langer Spaziergang Richtung Norden auf dem Campuan-Kamm führt zum Klub Kokos, einer ruhigen Unterkunft auf der Hügelkette mit einem großen Pool und sieben ansprechenden Zimmern im Bungalowstil. Mit dem Auto ist der Klub von Norden aus erreichbar; die Wegbeschreibung kann man telefonisch erfragen. Im Preis inbegriffen sind Frühstück und Snacks, außerdem gibt es ein Café.

Waka di Ume — HOTEL $$$

(Karte S. 156; ☏ 0361-973 178; www.wakadiumeubud.com; Jl. Suweta; Zi. ab 300 US$, Villen ab 500 US$; ❄@🛜☷) Das elegante Anwesen liegt etwa 1,5 km vom Zentrum entfernt – es geht sanft hügelan – und bietet einen fesselnden Blick über die Reisterrassen. Neue und alte Stilrichtungen vermischen sich in den 33 großen Wohneinheiten; am schönsten ist eine Villa mit toller Aussicht.

Der Service ist hervorragend, aber dennoch entspannt. Abends erklingen über die Felder die Übungen der Gamelanspieler – magisch!

🛏 Nyuhkuning

★ Swasti Eco Cottages — GUESTHOUSE $$

(Karte S. 156; ☏ 0361-974079; www.baliswasti.com; Jl. Nyuh Bulan; Zi. 750 000–900 000 Rp; @🛜☷) 🍃 Nur fünf Minuten vom Südeingang des Monkey Forest entfernt liegt die Anlage mit Guesthouse und Bungalow auf einem großen Gelände. Die Unterkunft hat ihren eigenen Biogarten, dessen Ernte im ausgezeichneten Café verarbeitet wird. Einige der 16 Zimmer liegen in einfachen zweigeschossigen Gebäuden, andere in alten traditionellen Häusern, die aus ganz Bali hierher geschafft wurden.

Alam Indah
HOTEL $$

(Karte S.156; ☎ 0361-974629; www.alamindahbali.com; Jl. Nyuh Bulan; Zi. 65–140 US$; ❄🔊🏊) Gleich südlich des Monkey Forest in Nyuhkuning liegt dieses abgeschiedene, weitläufige Resort mit 16 Zimmern, die wunderschön mit Naturmaterialien im traditionellen Stil gestaltet sind. Die Aussicht auf das Wos-Tal ist zauberhaft, besonders vom Poolbereich aus, der sich über mehrere Ebenen erstreckt. Eine zweite Unterkunft, Alam Jiwa, liegt zehn Gehminuten weiter in den Reisfeldern. Tolles Café!

Kertiyasa Bungalows
GUESTHOUSE $$

(Karte S.156; ☎ 0361-971377; www.kertiyasabungalow.com; Jl. Nyuh Bulan; Zi. 45–80 US$; ❄🔊🏊) Die attraktive, ruhige Unterkunft vermietet 13 Zimmer von Standardzimmern mit Gartenblick bis hin zu abgeschlossenen, sehr großen Räumlichkeiten. Rund um den geschwungenen Pool sind schöne Beete angelegt.

Saren Indah Hotel
HOTEL $$

(Karte S.156; ☎ 0361-971471; www.sarenhotel.com; Jl. Nyuh Bulan; Zi. 55–80 US$; ❄🔊🏊) Südlich des Monkey Forest steht dieses Hotel mit 15 Zimmern inmitten der Reisterrassen. Um den grandiosen Blick zu genießen, empfiehlt sich ein Zimmer im Obergeschoss. Die Zimmer besitzen klassischen balinesischen Charme; die Besseren sind mit Kühlschränken und stilvollen Badewannen ausgestattet.

Pengosekan

★ Agung Raka
BOUTIQUEHOTEL $$

(Karte S.156; ☎ 0361-975757; www.agungraka.com; Jl. Raya Pengosekan; Zi. ab 100 US$, Bungalow ab 150 US$; ❄🔊🏊) Das Hotel mit 42 Zimmern liegt zwischen Bilderbuch-Reisfeldern gleich südlich des Zentrums. Die Zimmer sind groß und, passend zum Motiv, balinesisch eingerichtet. Aber die eigentlichen Stars sind die Bungalows, die etwas abseits auf einer Reisterrasse zwischen Palmen stehen. Als Schlaflied erklingt abends eine Symphonie für Vogel- und Insektenstimmen.

Casa Ganesha Hotel
HOTEL $$

(Karte S.156; ☎ 0361-971488; www.casaganesha.com; Jl. Raya Pengosekan; Zi. 85 US$; ❄🔊🏊) Das solide Mittelklassehaus in toller Lage gleich südlich des Zentrums hat 24 Zimmer in zweigeschossigen Gebäuden rund um einen Pool. Die Zimmer sind gepflegt und haben Terrassen oder Balkone. In der Nähe liegen hübsche Reisfelder.

Arma Resort
HOTEL $$$

(Karte S.156; ☎ 0361-976659; www.armabali.com; Jl. Raya Pengosekan; Zi. 135–220 US$, Villen ab 300 US$; ❄@🔊🏊) Ganz in die balinesische Kultur eintauchen können die Gäste in der Hotel-Enklave des Arma-Komplexes. Das weitläufige Anwesen verfügt über eine große Bibliothek und einen gepflegten Garten. Jede der zehn wunderschön eingerichteten Villen hat einen eigenen Pool. Das Hotel bietet Kultur-Workshops, Yoga-Kurse und Kurse in Astrologie nach Hindu-Methode an. Das hervorragende gleichnamige Museum befindet sich ebenfalls auf dem Gelände.

Peliatan

★ Maya Ubud
LUXUSHOTEL $$$

(☎ 0361-977 888; www.mayaubud.com; Jl. Gunung Sari Peliatan; Zi. ab 350 US$; ❄@🔊🏊) Als eines der schönsten großen Hotels rund um Ubud liegt das weitläufige Areal gut in das umgebende Flusstal und die Reisfelder eingebettet. Die 108 Zimmer und Villen besitzen die Offenheit und Leichtigkeit, die in Kombination mit traditionellen Materialien den „Bali-Stil" ausmacht.

Campuan & Sanggingan

Hotel Tjampuhan
HOTEL $$

(Karte S.156; ☎ 0361-975368; www.tjampuhan-bali.com; Jl. Raya Campuan; Zi. 100–180 US$; ❄@🔊🏊) Das ehrwürdige Haus verfügt über 69 Zimmern und überblickt den Zusammenfluss von Sungai Wos und Campuan. Der einflussreiche Künstler Walter Spies lebte hier in den 1930er-Jahren. Sein ehemaliges Wohnhaus, in dem vier Leute übernachten können (250 US$), gehört zum Hotel. Die Einheiten im Bungalowstil, die am Hang stehen, bieten einen fantastischen Blick auf Tal und Tempel.

★ Warwick Ibah Luxury Villas & Spa
HOTEL $$$

(Karte S.156; ☎ 0361-974466; www.warwickibah.com; nahe Jl. Raya Campuan; Suite ab 250 US$, Villen 450 US$; ❄🔊🏊) Das Ibah mit Aussicht auf die rauschenden Bäche und die mit Reisterrassen überzogenen Hügel des Wos-Tals bietet raffinierten Luxus in 15 geräumigen, individuell gestalteten Suiten und Villen, die Altes und Modernes verbinden. Jede Wohneinheit wäre einen Bericht in einem Einrichtungsmagazin wert. Der Pool ist in den Hang gebaut, umgeben von Gärten und schönen Steinmetzarbeiten.

Uma by Como BOUTIQUEHOTEL $$$

(☏0361-972448; www.comohotels.com; Jl. Raya Sanggingan; Zi. ab 270 US$, Villa ab 390 US$; ❄⛱≋) Die 46 Zimmer in einer der attraktivsten Unterkünfte Ubuds sind unterschiedlich groß, aber alle in einem entspannten naturnahen Stil gehalten, der gut zum grandiosen Blick über die Gartenanlagen und das dahinter liegende Flusstal passt. Service und Einrichtungen, z. B. das Restaurant, sind herausragend.

🛏 Penestanan

★ Santra Putra GUESTHOUSE $

(Karte S. 156; ☏0361-977810; wayankarja@gmail.com; nahe Jl. Raya Campuan; Zi. 300 000 bis 350 000 Rp; ⛱) Das Haus gehört dem Künstler I Wayan Karja, der schon international ausgestellt hat (seine Atelier-Galerie befindet sich ebenfalls auf dem Anwesen). Das Guesthouse hat elf große, offene, luftige Zimmer mit Warmwasser. Reisfelder sind von überall aus zu sehen. Der Künstler bietet Mal- und Zeichenkurse an.

Melati Cottages HOTEL $

(Karte S. 156; ☏0361-974650; www.melati-cottages.com; Jl. Raya Penestanan; Zi. 35–60 US$; ⛱) Das Melati steht etwas abseits inmitten von Reisfeldern. Es bietet 22 einfache Zimmer in zweigeschossigen, bungalowartigen Häusern. Alle haben Veranden, damit die Gäste dem Klang der Felder lauschen und die kühle Nachtluft in sich aufnehmen können.

Villa Nirvana BOUTIQUEHOTEL $$$

(Karte S. 156; ☏0361-979419; www.villanirvanabali.com; Penestanan; Zi. 120–225 US$; ❄⛱≋) Möglicherweise findet schon derjenige ins Nirvana, der die Villa Nirvana erreicht hat: Zugänglich ist das Haus entweder von Westen über einen 150 m langen Pfad durch ein kleines Flusstal oder von Osten über einen Weg durch die Reisfelder, der oben an einer steilen Treppe beginnt. Die Anlage mit acht Zimmern, die der einheimische Architekt Awan Sukhro Edhi entworfen hat, ist ein ruhiger Rückzugsort vom Alltag.

🛏 Sayan & Ayung Valley

Sayan Terrace HOTEL $$

(Karte S. 156; ☏0361-974384; www.sayanterraceresort.com; Jl. Raya Sayan; Zi. ab 100 US$, Villen ab 250 US$; ❄@⛱≋) Wer von diesem ehrwürdigen Hotel auf das Sayan Valley blickt, wird verstehen, warum Colin McPhee diesen Ort als Schauplatz für *A House in Bali* gewählt hat. Auch sonst ist das Hotel eine gute Wahl, denn diejenigen, die in den benachbarten Luxusresorts absteigen, zahlen deutlich mehr (für den gleichen Blick). Die Einrichtung der zwölf Zimmer und Villen ist schlicht, aber die Räume sind groß und haben *den* Blick. Der Nachmittagstee ist im Preis inbegriffen.

★ Bambu Indah BOUTIQUEHOTEL $$$

(☏0361-975124; www.bambuindah.com; Banjar Baung; Haus 135–370 US$; ⛱≋) 🌿 Der bekannte zugewanderte Unternehmer John Hardy verkaufte 2007 seine Schmuckfirma und wurde Hotelier. Auf einem Kamm in der Nähe von Sayan und seinem geliebten Sungai Ayung stellte er ein Ensemble von 13 etwa 100 Jahre alten javanischen Häusern zusammen. Jedes ist stilvoll und mit viel Atmosphäre eingerichtet. Zusammen mit mehreren Wirtschaftsgebäuden entstand so ein zeitloses Dorf mit Luxusflair.

★ Amandari HOTEL $$$

(☏0361-975333; www.amanresorts.com; Sayan; Suite ab 950 US$; ❄@⛱≋) Im Dorf Kedewatan liegt das sagenumwobene Amandari. Tolle Blicke über den Dschungel und hinunter zum Fluss sind nur einige der Attraktionen. Der grün gekachelte 30-m-Pool scheint direkt über den Rand zu kippen. Die 30 privaten Pavillons mag man meist gar nicht mehr verlassen, so schön sind sie.

Four Seasons Resort HOTEL $$$

(Karte S. 156; ☏0361-977577; www.fourseasons.com; Sayan; Suite ab 760 US$, Villen ab 800 US$; ❄@⛱≋) Der geschwungene Freiluft-Empfangsbereich liegt unterhalb der Abbruchkante des Tals und sieht aus wie ein Breitwandfilm über Ubuds Schönheit. Viele Villen haben einen eigenen Pool, allen gemeinsam ist der gleiche faszinierende Blick und das überraschend moderne Design. Abends ist von jedem der 60 Zimmer nur noch das Wasserrauschen des Flusses zu hören.

Taman Bebek HOTEL $$$

(Karte S. 156; ☏0361-975385; www.tamanbebekbali.com; Jl. Raya Sayan; Zi. 1 200 000 bis 1 600 000 Rp; ❄⛱≋) Die spektakuläre Lage mit Blick über das Sayan Valley verführt dazu, den ganzen Tag auf der Terrasse zu verbringen. Vier Suiten und sieben Villen umgeben die Sayan Terrace und teilen sich einen stilvollen Gemeinschaftsbereich. Alle wurden in klassisch balinesischer Bauweise aus Holz und Stroh nach den Plänen des legendären Made Wijaya errichtet.

Essen

Die Cafés und Restaurants in Ubud zählen zu den besten auf Bali. Einheimische und zugewanderte Köche bereiten eine Vielzahl authentischer balinesischer Gerichte zu, suchen aber auch originelle Annäherungen an die asiatischen und andere internationale Küchen. Gute Cafés scheinen fast so verbreitet zu sein wie Frangipaniblüten. Nach 21 Uhr verringern sich die Optionen allerdings rapide. In der Hochsaison empfiehlt es sich, abends einen Tisch zu reservieren.

Ein **Biomarkt** (www.ubudorganicmarket.com; 9–13 Uhr) findet zweimal wöchentlich in Ubud statt: mittwochs im Warung Sopa (S. 182) und samstags im Pizza Bagus (S. 183). Er zieht Top-Händler aus der ganzen Region an.

Der **BudaMart** (Karte S. 162; www.balibuda.com; Jl. Raya Ubud; 8–20 Uhr) von Bali ist eine gute Quelle für Bioprodukte, die dort erhältlichen Backwaren sind herausragend gut.

Delta Dewata Supermarkt (Karte S. 162; 0361-973049; Jl. Raya Andong; 8–22 Uhr) und **Bintang Supermarkt** (Karte S. 156; Jl. Raya Sanggingan; 8–22 Uhr) bieten beide eine breite Auswahl an Lebensmitteln und anderen Dingen des täglichen Bedarfs.

Der traditionelle **Obst- und Gemüsemarkt** (Karte S. 162; Jl. Raya Ubud; 6–13 Uhr) ist ein Riesenspektakel rund um tropische Lebensmittel, das sich über viele Ebenen erstreckt. Trotz der lautstarken Touristenhorden lohnt sich ein Besuch. Delta-Mart-Lebensmittelläden sind weit verbreitet, allerdings schwankten die Preise von Filiale zu Filiale enorm. Die allgegenwärtigen Circle-K-Läden sind verlässlich und verkaufen Bintang rund um die Uhr.

Im Zentrum von Ubud

Jalan Raya Ubud & Umgebung

An der Hauptstraße von Ubud gibt es gut besuchte Lokale, in denen gut gekocht wird.

Bali Buda CAFÉ $
(Karte S. 162; 0361-976324; www.balibuda.com; Jl. Jembawan 1; Mahlzeiten ab 30 000 Rp; 8–22 Uhr;) Der flotte Laden im Obergeschoss bietet eine ganze Palette von vegetarischen *jamu* (Gesundheitstonikum), Salaten, Sandwiches, herzhaften Crêpes, Pizzas und Eis. Er hat einen gemütlichen Sitzbereich und ist abends mit Kerzen beleuchtet. Am Schwarzen Brett hängen viele spezifisch auf Ubud bezogene Anzeigen.

Anomali Coffee CAFÉ $
(Karte S. 162; Jl. Raya Ubud; Snacks ab 20 000 Rp; 7–23 Uhr;) Einheimische Hipster trinken ihren Java in diesem Café. Indonesiens Antwort auf Starbucks nimmt die Zubereitung des (ausgezeichneten) Kaffees ernst, was auch für das junge Publikum gilt, das sich hier trifft. Ein entspannter Laden mit lebhaftem Stimmengewirr.

Gelato Secrets EIS $
(Karte S. 162; www.gelatosecrets.com; Jl. Raya Ubud; Speisen ab 15 000 Rp; 11–23 Uhr) Die Dairy Queen (ja, wirklich!) an der Hauptstraße von Ubud kann man ruhig links liegen lassen angesichts dieses Tempels der köstlichen gefrorenen Genüsse. Das Eis mit frischen Geschmacksrichtungen wird aus einheimischen Früchten und Gewürzen hergestellt.

Lada Warung INDONESISCH $
(Karte S. 162; Jl. Hanoman; Mahlzeiten ab 30 000 Rp; 8–22 Uhr;) Der Warung mit offener Front wirkt wie aus dem Ei gepellt. Man kann wahlweise von der Karte bestellen oder nach Warung-Art etwas aus dem Angebot ausgezeichnete Gerichte aussuchen. Wer früh kommt, hat die größte Auswahl.

Casa Luna INDONESISCH $$
(Karte S. 162; 0361-977409; www.casalunabali.com; Jl. Raya Ubud; Mahlzeiten ab 50 000 Rp; 8–22 Uhr) Die Gäste genießen kreative Gerichte mit indonesischem Schwerpunkt wie z. B. die süchtig machenden Bambusspieße mit gehacktem Seafood-Satay (wer schmeckt das Dutzend verschiedener Gewürze heraus?). Waren aus der bekannten Bäckerei sind ebenfalls ein Muss. Die Besitzerin Janet de Neefe ist die treibende Kraft hinter dem viel gepriesenen Ubud Writers & Readers Festival (S. 173). Abends gibt es regelmäßig literarische Veranstaltungen.

Clear FUSION-KÜCHE $$
(Karte S. 162; 0361-889 4437; www.clear-cafe-ubud.com; Jl. Hanoman 8; Mahlzeiten 4–15 US$; 8–22 Uhr;) Das recht ambitionierte Restaurant bringt ein bisschen Hollywoodglamour nach Ubud. Die Gerichte sind erbarmungslos gesund, aber auch kreativ – nach dem Motto: Soba-Nudel trifft auf Rohkost trifft auf Curry-Tofu usw. Alles wird aus lokalen Zutaten zubereitet und raffiniert angerichtet. Vorne gibt es eine Feinkosttheke für den Picknickbedarf und frische Snacks sowie eine BYOB-Regelung. Kinder wählen ihr Essen von einer Extrakarte.

EAT, PRAY, LOVE & UBUD

„Das verdammte Buch!" So reagieren viele Einwohner von Ubud, die fürchten, ihre Stadt könnte von den Fans von *Eat, Pray, Love* überrannt werden. *Eat, Pray, Love* ist ein Buch von Elizabeth Gilbert, das die Suche der amerikanischen Autorin nach Selbstverwirklichung (und Erfüllung eines Autorenvertrags) in Italien, Indien und Ubud schildert.

Manche kritisieren, Gilbert liefere ein unvollständiges Bild von Ubud und seinen Bewohnern, von Tanz, Kunst, Wanderungen, hier lebenden Ausländern und allem anderen. Und sie prangern falsche Fakten an wie etwa die Beschreibung der Surfspots an der Nordküste (dort gibt es gar keine). Das weckt den Verdacht, dass die Dinge für den Plot ein bisschen aufgebauscht wurden. Andere Leute in Ubud haben dagegen unzählige Möglichkeiten entdeckt, von EPL zu profitieren, und sind glücklich, auf der Welle mitzuschwimmen (außer an der Nordküste …).

Dann gibt es die echten Fans, die eine nachhaltige Botschaft in EPL entdeckt haben, eine, die Aspekte ihres Lebens bestätigt und/oder in Zweifel zieht. Für einige hätte es ohne EPL letztlich keine magische Reise nach Ubud gegeben.

Charaktere aus dem Buch

Zwei Charaktere aus dem Buch sind in Ubud unschwer zu entdecken. Beide empfangen viele EPL-Fans und haben dadurch ein ordentliches Auskommen:

Ketut Liyer (Karte S. 156; ☎ 0361-974092; ⊙ Öffnungszeiten variieren, anrufen) Gilberts genialer, inspirierender Freund ist leicht zu finden – zu Fuß etwa 10 Min. südlich von Pengosekan (auf die glänzenden Schilder achten). Jeder Fahrer bringt seine Fahrgäste gerne dorthin. Die Sprechzeiten wechseln, und der alternde Ketut steht nicht immer zur Verfügung, möglicherweise wegen der großen Terminnachfrage durch westliche Touristen. Etwa 25 US$ sind für eine kurze, öffentliche Sitzung zu bezahlen, in deren Verlauf Varianten zum Thema „Du bist klug, schön, sexy und wirst 101 Jahre alt" zur Sprache kommen. Im Film ist das originale Liyer-Grundstück zu sehen, Ketut wird aber von einem javanischen Lehrer dargestellt.

Wayan Nuriasih (Karte S. 162; ☎ 0361-917 5991, 0361-884 3042; balihealer@hotmail.com; Jl. Jembawan 5; ⊙ 9–17 Uhr) Nuriasih, ein weiterer Star aus *Eat, Pray, Love*, wohnt im Herzen von Ubud. In ihrem zur Straße hin offenen Laden steht ein Tisch, an dem Besucher mit ihr über ihre Beschwerden und deren Behandlung sprechen können. Unterdessen gehen diverse Muskelmänner (ihre Assistenten) leise umher, und schon bald steht neben dem Ellbogen des Besuchers ein Elixier. Der „Vitamin-Lunch", eine Abfolge verschiedener Extrakte und Rohkost, ist bei vielen sehr beliebt. Wichtig ist aber, ganz genau zu verstehen, was da vereinbart wird. Im Handumdrehen verpflichtet man sich sonst zu Therapien, die 50 US$ und mehr kosten. Preisgünstiger ist da eine Reinigungszeremonie, bei der mehrere Männer auf den Körper des Patienten einschlagen und ihm neue Schmerzen bereiten, worüber er die alten vergisst.

Locations im Film

Die meisten Drehorte auf Bali für den Film *Eat, Pray, Love* liegen in und um Ubud. Bei Spaziergängen in diesem Gebiet kann es aber durchaus passieren, dass man Reisfelder sieht, die viel schöner sind als die im Film gezeigten.

Die Strandszenen wurden in Padang Padang auf der südbalinesischen Halbinsel Bukit gedreht. Seltsamerweise ist der wirkliche Strand schöner als die irgendwie graue Version im Film. Alle, die gern in der Strandbar etwas trinken möchten, in der Julia Roberts Javier Bardem kennenlernt, können die Suche einstellen: Die Bar war nur eine Filmkulisse.

Black Beach ITALIENISCH $$
(Karte S. 162; ☎ 0361-971353; www.blackbeach.asia; Jl. Hanoman; Hauptgerichte 45 000 bis 90 000 Rp; ⊙ 11–22 Uhr) Hier bereiten die Angestellten ihren eigenen Teig zu, kneten ihn tüchtig durch und lassen ihn dann langsam aufgehen, bevor er sich in guten dünnen knusprigen Pizzaboden verwandelt. Wen das nicht anspricht, der findet vielleicht Gefallen an den leckeren Pastagerichten. Die

Aussicht vom Speisesaal im Obergeschoss ist nett; der wahre Anziehungspunkt für die Intelligenzia sind aber die regelmäßigen Vorführungen von Arthouse-Filmen auf der Terrasse.

Nördlich der Jalan Raya Ubud

Coffee Studio Seniman CAFÉ $

(Karte S. 162; 0361-972085; www.senimancoffee.com; Jl. Sriwedari; Hauptgerichte ab 40 000 Rp; 8–19 Uhr;) Der Namenszusatz „Kaffeestudio" ist nicht bloß Show: Beim Betreten von Joes Tempel sind die Röstmaschinen zu sehen. Die Gäste können sich einen Platz auf der großen Veranda suchen und sich etwas aus dem Angebot an verschiedenen Kaffeegetränken aussuchen. Die Kaffeebohnen werden auf Bali angebaut, die kreativen Gerichte mit Biozutaten gekocht.

Warung Ibu Oka BALINESISCH $

(Karte S.162; Jl. Suweta; Hauptgerichte ab 50 000 Rp; 10–16 Uhr) Mittags stehen die Menschen vor dem Warung gegenüber des Ubud Palace Schlange und warten nur auf eines: *babi guling* (Spanferkel) vom Grill auf balinesische Art. Da heißt es sich hinten anstellen für eine relativ teure Version des balinesischen Klassikers. Wer ein *spesial* bestellt, bekommt die besten Stücke. Am besten kommt man früh, um den Bussen mit Tagesausflüglern zuvorzukommen.

Rio Helmi Gallery & Cafe CAFÉ $

(Karte S. 162; Jl. Suweta 5; Hauptgerichte ab 40 000 Rp; 7–19 Uhr) So delikat wie einer seiner berühmten Cupcakes ist das Café in der namengebenden Galerie. Es ist der perfekte Ort, um eine Pause einzulegen, einen Kaffee zu trinken und/oder ein Frühstück zu bestellen, das den ganzen Tag über serviert wird.

Monkey Forest Road

★ Three Monkeys FUSION-KÜCHE $$

(Karte S.162; Monkey Forest Rd.; Mahlzeiten ab 80 000 Rp; 8–22 Uhr) Das wär's doch: Sich bei einem Passionsfrucht-Cocktail inmitten der Froschsinfonie in den Reisfeldern entspannt zurückzulehnen. Dazu entfaltet Fackelschein seine magische Wirkung. Tagsüber gibt es Sandwiches, Salate und Eis, abends eine Fusion-Karte mit asiatischen Klassikern.

Jalan Dewi Sita & Jalan Goutama

Ein kurzer Bummel von der Monkey Forest Road nach Osten führt mitten hinein in die beste Auswahl an Restaurants in Ubud.

Juice Ja Cafe CAFÉ $

(Karte S. 162; 0361-971056; Jl. Dewi Sita; Hauptgerichte ab 30 000 Rp; 8–22 Uhr;) Ein Glas Spirulina? Eine Prise Weizengras zum Papayasaft? Bioobst und -gemüse verwandeln sich in diesem coolen Café mit Bäckerei in gesunde Snacks. Kleine Broschüren erklären die Herkunft z. B. von Bio-Cashewnüssen. Der Patio ist ein Traum.

Tutmak Cafe CAFÉ $

(Karte S. 162; Jl. Dewi Sita; Hauptgerichte 30 000 bis 90 000 Rp; 8–23 Uhr;) Das luftige Lokal mit mehreren Ebenen schaut auf die Jalan Dewi Sita und den Fußballplatz und ist ein beliebter Platz für ein erfrischendes Getränk oder etwas zu Essen. Die Karte bietet indonesische Klassiker, Sandwiches und Salate. Einheimische Gäste, die richtig Geld verdienen wollen, scharen sich um ihre Laptops, um ihren nächsten Schachzug auszuhecken.

Dewa Warung INDONESISCH $

(Karte S. 162; Jl. Goutama; Mahlzeiten 15 000 bis 25 000 Rp; 8–23 Uhr) Wenn Regen auf das Blechdach trommelt, klingt das wie ein Stepptanz-Meeting, und die nackten Glühbirnen schaukeln in der Brise. Ein kleiner

---

EIN SPAZIERGANG ZU BIO-GENÜSSEN

Lust auf einen netten, etwa einstündigen Spaziergang? In wunderschöner Lage auf einem Plateau mit Blick auf Reisterrassen und Flusstälern liegt das kleine Café **Warung Bodag Maliah** (Karte S. 156; 0361-972087; www.sari-organik.com; Subak Sok Wayah; Mahlzeiten ab 30 000 Rp; 8–18 Uhr) . Der Warung steht auf einem großen Bio-Bauernhof, der zur auf Bali beliebten Marke Sari Organic gehört.

Ja, das Essen ist gesund, aber noch wichtiger: Der Weg dorthin ist schon der halbe Spaß. Am Ziel winken kühle, erfrischende Getränke. Der Weg dorthin: Auf einen kleinen Pfad unweit der Jalan Raya Ubud achten, der an den Abangan Bungalows vorbeiführt, dann auf Fußwegen weitere 800 m den Schildern folgen.

Wer erst einmal in den üppigen Reisfeldern unterwegs ist, kann weiter nach Norden laufen, bis das Interesse oder die Ausdauer erlahmen. Auf beiden Seiten gehen schmale Pfade ab, die zu kleinen Bächen führen.

Garten umrahmt die Tische, die ein paar Stufen über der Straße stehen. Dort genießen die Gäste frische, heiße indonesische Gerichte und billiges Bintang.

★ Pica
LATEINAMERIKANISCH $$

(Karte S. 162; ☎ 0361-971660; Jl. Dewi Sita; Hauptgerichte 70 000–160 000 Rp; ⏱ Di-So 11–22 Uhr) Wer weiß, wohin sich das entwickelt? Die südamerikanische Küche hat jetzt zumindest dank des jungen Paares, das dieses ausgezeichnete Restaurant betreibt, in Ubud eine echte Chance. Aus der offenen Küche kommen Gerichte, in denen sich Rind, Schwein, Fisch, Kartoffeln und anderes kreativ vereinen. Das hauseigene Sauerteigbrot ist übrigens hervorragend.

★ Waroeng Bernadette
INDONESISCH $$

(Karte S. 162; ☎ 0821 4742 4779; Jl. Goutama; Hauptgerichte ab 60 000 Rp; ⏱ 11–23 Uhr) Nicht umsonst nennt sich das Restaurant „Heimat des Rendang". Das klassische javanische Gericht aus lange mariniertem Fleisch (im Originalrezept ist es Rind) wird hier mit viel Farbe und einem besonderen Flair aufgetischt. Weitere Gericht wie *gado-gado* haben eine pikante Note, die den langweiligen Touristenversionen, die anderswo serviert werden, fehlt. Der erhöhte Speisesaal ist eine Orgie an Kitsch.

Melting Wok
ASIATISCH $$

(Karte S. 162; ☎ 0361-929 9716; Jl. Goutama; Hauptgerichte ab 50 000 Rp; ⏱ Di-So 10–23 Uhr) Panasiatische Gerichte erfreuen die Massen des äußerst beliebten Open-Air-Restaurants an der Goutama-Meile. Currys, Nudelgerichte, Tempeh und vieles mehr füllen die Karte, die Entscheidungen schwer macht. Die Desserts verweisen auf koloniale Einflüsse und nehmen Anleihe an der französischen Küche. Der Service arbeitet entspannt, aber effizient. Eine Reservierung ist empfehlenswert.

Cafe Havana
LATEINAMERIKANISCH $$

(Karte S. 162; ☎ 0361-972973; Jl. Dewi Sita; Hauptgerichte ab 60 000 Rp; ⏱ 8–23 Uhr) Hier fehlt nur noch Fidel. Naja, genau genommen fehlt in dem schmucken, eleganten Café an der schmucken, eleganten Dewi Sita auch der Verfall der namengebenden Stadt Havanna. Die Gerichte verströmen lateinamerikanisches Flair, z. B. die leckeren Schweinefleisch-Schmankerl, aber es warten auch Überraschungen wie ein wirklich erstaunlicher Crème-brûlée-Haferbrei zum Frühstück.

Jeden Abend gibt es Salsatanz und Livemusik von 19 bis 22 Uhr.

★ Locavore
FUSIONKÜCHE $$$

(Karte S. 162; ☎ 0361-977733; www.restaurantlocavore.com; Jl. Dewi Sita; Hauptgerichte ab 30 US$; ⏱ Mo-Sa 12–14.30, 18–22 Uhr; ❄) Der Feinschmeckertempel schlechthin in Ubud verwendet für seine ultrakreative Küche nur heimische Produkte. Einen Platz zu ergattern ist extrem schwer, man muss schon Wochen im Voraus reservieren. Das Essen kommt als Degustationsmenü auf den Tisch und kann schon mal neun Gänge umfassen (und dauert bis zu 3 Std.). Die Küchenchefs Eelke Plasmeijer und Ray Adriansyah sind Zauberer: also einfach die Show genießen.

Jalan Bisma

Café des Artistes
EUROPÄISCH $$

(Karte S. 162; ☎ 0361-972 706; Jl. Bisma 9X; Mahlzeiten ab 120 000 Rp; ⏱ 12–23 Uhr) In einer ruhigen, kultivierten Seitenstraße der Jalan Raya Ubud serviert das beliebte Café des Artistes Essen mit belgischem Einschlag, obwohl die Karte auch Abstecher nach Frankreich und Indonesien macht. Außerdem gibt es fantastische Steaks. Regelmäßig werden Arbeiten lokaler Künstler ausgestellt. In der Bar geht es erfrischend kultiviert zu.

🍴 Padangtegal & Tebesaya

★ Warung Sopa
VEGETARISCH $

(Karte S. 162; ☎ 0361-276 5897; Jl. Sugriwa 36; Hauptgerichte 30 000–60 000 Rp; ⏱ 8–22 Uhr; 🛜🌿) Das beliebte Lokal unter freiem Himmel fängt die Ubud-Atmosphäre mit kreativen und (viel wichtiger) leckeren vegetarischen Gerichten mit balinesischem Einschlag ein. Die Tagesgerichte sind ausgestellt. Das *nasi campur* (Reis mit Beilagen) wird immer wieder anders und immer wieder lecker gekocht.

Warung Mangga Madu
INDONESISCH $

(Karte S. 162; ☎ 0361-977334; Jl. Gunung Sari; Hauptgerichte ab 15 000 Rp; ⏱ 8–22 Uhr) Die leicht erhöhte Terrasse ist ein toller Platz, um die ausgezeichneten Versionen von indonesischen Klassikern wie *nasi campur* zu genießen. Am Nachbartisch sitzt dann schon mal der Fahrer und liest die Zeitung *Bali Post*. Also rein mit den Snacks für unterwegs und los.

Mama's Warung
INDONESISCH $

(Karte S. 162; Jl. Sukma; Hauptgerichte 20 000 bis 40 000 Rp; ⏱ 8–22 Uhr) Ein günstiger Warung zwischen den günstigen Privatunterkünften von Tebesaya. Mama und ihr Gefolge kochen indonesische Klassiker, die gut gewürzt sind und stark nach Knoblauch duften (der Avocadosalat ist köstlich, hmm!). Die frisch zubereitete Erdnuss-Soße für das Satay ist seidig glatt, das gebratene Sambal hervorragend zubereitet.

Kafe   CAFÉ $

(Karte S. 162; 0361-780 3802; Jl. Hanoman 44; Hauptgerichte 15 000–40 000 Rp; 8-23 Uhr;) Das Kafe mit seiner Bio-Karte ist eine tolle Adresse für Vegetarier und alle, die einfach nur Lust auf einen Kaffee, Saft oder eine hausgemachte Naturlimonade haben. Die Frühstücksangebote sind gesund, mittags gibt es ausgezeichnete Salate und Burritos mit viel Rohkost.

Kebun   MEDITERRAN $$

(Karte S. 162; 0361-780 3801; www.kebunbistro.com; Jl. Hanoman 44; Hauptgerichte ab 60 000 Rp; 11 Uhr bis spätabends) In dem schnuckeligen kleinen Bistro trifft Napa auf Ubud, und das passt ausgezeichnet. Eine lange Weinkarte (mit Specials) kann mit großen und kleinen Gerichten mit französischem und italienischem Touch kombiniert werden. Es gibt Tagesgerichte wie Pasta und Risotto. Gegessen wird drinnen oder draußen auf der ansprechenden Terrasse.

Bebek Bengil   INDONESISCH $$

(Dirty Duck Diner; Karte S. 162; 0361-975489; www.bebekbengil.com; Jl. Hanoman; Hauptgerichte 70 000–200 000 Rp; 10–23 Uhr) Das riesige Lokal ist aus einem einzigen Grund so populär: wegen der knusprigen balinesischen Ente, die vor dem Verzehr 36 Stunden mit Gewürzen mariniert und dann gebraten wird. Die Enten auf den wenigen verbliebenen Reisfeldern vor den Speisepavillons im Freien schauen dem Hype besorgt zu.

Teges

Die Jalan Raya Mas, die von Peliatan nach Süden nach Teges führt, bietet ausgezeichnete Möglichkeiten, balinesisch zu essen.

★ Warung Teges   BALINESISCH $

(Karte S. 156; Jl. Cok Rai Pudak; Hauptgerichte ab 20 000 Rp; 8–22 Uhr) Das *nasi campur* ist hier besser als in fast jedem anderen Warung oder Lokal rund um Ubud. Alles stimmt – vom Schweinswürstchen bis zu Hähnchen, *babi guling* (Spanferkel) und sogar Tempeh.

Der Warung steht dort, wo die Jalan Raya Mas in die Jalan Cok Rai Pudak übergeht.

Nyuhkuning

Warung Pojok   INDONESISCH $

(Karte S. 156; 0361-749 4535; Jl. Nyuh Bulan; Hauptgerichte 20 000–30 000 Rp; 8–22 Uhr;) Das ruhige Eckcafé ist ein angenehmer Ort mit Blick auf Ubuds anderen Fußballplatz. Neben vielen Reis- und Nudelgerichten gibt es zahlreiche vegetarische Optionen, Lassis und Säfte.

Swasti   INTERNATIONAL $$

(Karte S. 156; 0361-974079; www.baliswasti.com; Jl. Nyuh Bulan; Mahlzeiten 40 000–80 000 Rp; 8–22 Uhr;) Das Café, das zum ausgezeichneten Gästehaus gleichen Namens gehört, ist Grund genug für einen Bummel durch den Monkey Forest. Indonesische und westliche Gerichte mit Zutaten aus dem großen überdachten Biogarten sind allesamt frisch und lecker. Wie wär's mit einem Glas frischen Saft zum heiß geliebten *fondant au chocolat* oder einer Mango-Mousse? Abends gibt es ab und zu Tanzdarbietungen von Kindern.

Pengosekan

Viele renommierte Restaurants stehen an der kurvigen Jalan Raya Pengosekan.

Pizza Bagus   PIZZERIA $$

(Karte S. 156; 0361-978520; www.pizzabagus.com; Jl. Raya Pengosekan; Hauptgerichte 40 000 bis 100 000 Rp; 9–22 Uhr;) Hier wird erstklassige Pizza mit knusprigem, dünnen Boden gebacken. Neben einer großen Pizzaauswahl gibt es Pasta und Sandwiches – alles überwiegend aus biologischen Zutaten hergestellt. Tische stehen drinnen und draußen, es gibt einen Spielplatz für die kleinen Gäste und einen Pizza-Lieferservice.

Taco Casa   MEXIKANISCH $$

(Karte S. 156; www.tacocasabali.com; Jl. Raya Pengosekan; Hauptgerichte ab 50 000 Rp; 11 bis 22 Uhr) Gewiss, Mexiko liegt ziemlich genau auf der anderen Seite des Globus (los, einen besorgen und nachschauen!), aber die Aromen des Landes haben ihren Weg dennoch nach Bali gefunden. Die leckeren Versionen von Burritos, Tacos und mehr weisen die richtige scharf-würzige Mischung auf. Und für alle, die ihr schönes bequemes Guesthouse nicht verlassen wollen: Es gibt sogar einen Lieferservice!

ROOM 4 DESSERT

Ein Signal für die Richtung, in die sich Bali entwickelt, hat Promi-Koch Will Goldfarb gesetzt, der sich einen Namen als *der* Dessert-Künstler in Manhattan gemacht hat. Er eröffnete in Ubud ein Lokal, das ein Nachtclub sein könnte – nur, dass dort ausschließlich Desserts serviert werden. Im **Room 4 Dessert** (Karte S. 156; www.room4dessert.asia; Jl. Raya Sangginggan; Speisen ab 100 000 Rp; ab 18 Uhr) bringt Goldfarb seine süße Wissenschaft und Kunst allabendlich in eine Folge unvergleichlicher Desserts ein. Am besten geht man mit ein paar Freunden hin und bestellt den Probierteller. Abgerundet wird das Ganze mit klassischen Cocktails und Weinen, dann kann der Abend in zuckrigem Glanz seinen Lauf nehmen.

Campuan & Sanggingan

Warung Pulau Kelapa INDONESISCH $
(Karte S. 156; 0361-821 5502; Jl. Raya Sangginggan; Hauptgerichte 20 000–40 000 Rp; 11 bis 23 Uhr) Das Kelapa kocht stilvolle Varianten indonesischer Klassiker und ungewöhnlichere Gerichte aus allen Ecken des Inselstaates. Die Umgebung ist ebenfalls stilvoll: viel weiße Farbe und Antiquitäten. Ein Tipp: Die Terrassentische auf der ausgedehnten Grasfläche sind die besten.

Elephant VEGETARISCH $$
(Karte S. 156; 0361-716 1907; Jl. Raya Sanggingan; Hauptgerichte 40 000–150 000 Rp; 8–21.30 Uhr) Durchdachte vegetarische Kost mit grandiosem Blick auf das Cerik Valley. Die Küche ist sehr erfinderisch in der Verarbeitung von Kartoffeln und vielen anderen Gemüsesorten. Das Essen ist gut gewürzt, interessant zubereitet und wird von einer besonders guten Dessertkarte gekrönt. Das Haus steht weit zurückgesetzt von der Straße.

Naughty Nuri's BARBECUE $$
(Karte S. 156; 0361-977547; Jl. Raya Sanggingan; Mahlzeiten ab 80 000 Rp; 11–23 Uhr) An dem legendären Expat-Treff stehen die Menschen Tag und Nacht Schlange, um hier zu essen; Beweis dafür, dass ein bisschen Medienhype Wirkung zeigt. Die Steaks, Rippchen und Burger vom Grill sind beliebt, selbst wenn man lange kauen muss, was die Unterhaltung etwas stört. Die Martinis, die ursprüngliche Attraktion, sind so hervorragend wie eh und je.

★**Mozaic** FUSIONKÜCHE $$$
(Karte S. 156; 0361-975 768; www.mozaic-bali.com; Jl. Raya Sanggingan; Menüs ab 1 250 000 Rp; 18–22.30 Uhr) Küchenchef Chris Salans hat in seinem hoch gelobten Spitzenrestaurant das kulinarische Heft in der Hand. Feine französische Fusion-Küche prägt die ständig wechselnde Saisonkarte, die Einflüsse aus dem tropischen Asien miteinbezieht. Die Gäste können aus vier Probiermenüs wählen, von denen eines einfach eine Überraschung ist. Gegessen wird in einem gepflegten Garten oder in schön eingerichteten Pavillons.

Bridges FUSIONKÜCHE $$$
(Karte S. 156; 0361-970095; www.bridgesbali.com; Jl. Raya Campuan; Hauptgerichte 15–35 US$; 11–23.30, Happy hour 16–19 Uhr) Die namengebenden Brücken befinden sich gleich vor dem Restaurants mit mehreren Ebenen und weitem Blick auf die grandiose Schlucht mit dem Fluss. Während tief unten das Wasser über die Felsen rauscht, sitzen die Gäste oben bei einem fantastischen Cocktail oder suchen sich aus der Karte (ein Mix aus asiatischer und europäischer Fusionküche) etwas zum Essen aus. Beliebt sind die Getränkespecials zur Happy hour.

Penestanan

Yellow Flower Cafe INDONESISCH $
(Karte S. 156; 0361-889 9865; nahe Jl. Raya Campuan; Hauptgerichte ab 30 000 Rp; 8–21 Uhr;) New-Age-Indonesisch direkt in Penestanan, zu erreichen über einen kleinen Pfad durch die Reisfelder. Die mit biologischen Zutaten zubereiteten Hauptgerichte wie *nasi campur* oder Reispfannkuchen sind sehr gut. Wer nur eine Kleinigkeit essen möchte, bestellt sich einen guten Kaffee, Kuchen oder Smoothies. Die ausgezeichneten balinesischen Büfetts sind ebenfalls sehr beliebt.

Alchemy VEGAN $$
(Karte S. 156; 0361-971981; Jl. Raya Penestanan 75; Hauptgerichte ab 50 000 Rp; 7–21 Uhr) Keine Ahnung, was „unverarbeitetes veganes Eis" sein soll. Sicher ist aber nach einem eingehendem Test, dass es sehr gut schmeckt.

Das typische Ubud-Restaurant bietet eine umfangreiche Salatkarte, die auch besondere Kundenwünsche berücksichtigt, sowie Cashewmilch-Getränke, Käsefrucht-Smoothies, Fenchelsaft und vieles mehr. Und so viel sei noch verraten: Die Desserts aus Rohschokolade machen süchtig.

 Kedewatan

★ **Nasi Ayam Kedewatan** BALINESISCH $
(☏ 0361-742 7168; Jl Raya Kedewatan; Mahlzeiten 25000 Rp; ⓢ 9–18 Uhr) Die meisten Einheimischen, die auf dem Weg durch Sayan den Hügel erklimmen, legen eine Pause bei diesem einfachen Lokal ein. Warum? Wegen des *sate lilit*: gehacktes Hühnerfleisch, kombiniert mit einer Vielfalt von Gewürzen einschließlich Zitronengras, wird um Bambusspieße gedrückt und gegrillt.

Hier kann man sich auch mit der traditionellen balinesischen Wegzehrung versorgen: gebratene Chips, die mit Nüssen und Gewürzen kombiniert werden.

 Ausgehen & Nachtleben

Ubud und Nachtleben – das schließt sich gegenseitig aus: Niemand fährt deshalb dorthin. In einigen Bars geht es gegen Sonnenuntergang und auch später am Abend lebhaft zu, aber bierselige Ausschweifungen und Partys bis zum frühen Morgen, wie man sie von den Strandclubs in Kuta und Seminyak kennt, fallen hier aus: Die Bars in Ubud schließen früh, oft schon gegen 23 Uhr.

★ **Laughing Buddha** CAFÉ
(Karte S. 162; ☏ 0361-970928; Monkey Forest Rd.; ⓢ 9–24 Uhr; 🛜) Abends bevölkern die Menschen die Straße vor dem kleinen Café, in dem von Montag- bis Samstagabend Livemusik gespielt wird – Rock, Blues, Gesang und mehr. Die Küche hat auch spätabends noch geöffnet und liefert asiatische Häppchen (Mahlzeiten 40 000–70 000 Rp).

Jazz Café BAR
(Karte S. 162; ☏ 0361-976594; www.jazzcafebali.com; Jl. Sukma 2; ⓢ Di–So 17–23.30, Sa 17–00.30 Uhr) Ubuds beliebtestes Nachtlokal verbreitet eine entspannte Atmosphäre in einem zauberhaften Garten voller Kokospalmen und Farne. Die Karte umfasst asiatische Fusion-Gerichte; an den meisten Abenden wird Livemusik gespielt.

Napi Orti BAR
(Karte S. 162; Monkey Forest Rd.; Getränke ab 12 000 Rp; ⓢ ab 12 Uhr) Die Bar im Obergeschoss ist die beste Option für einen Drink am späten Abend: Hier kann man sich unter dem verschleierten Blick von Jim Morrison und Sid Vicious betrinken.

Lebong Cafe BAR
(Karte S. 162; Monkey Forest Rd.; ⓢ 11–24 Uhr) Get up, stand up, steht auf für Euren ... Reggae. Die Drehscheibe des Nachtlebens hat mindestens bis Mitternacht geöffnet, an den meisten Abenden gibt es Live-Reggae und -Rock. Ein paar weitere Lokale zum Ausgehen liegen in der Nähe.

☆ **Unterhaltung**

Wenige Reiseerlebnisse können mehr verzaubern als eine balinesische Tanzdarbietung, besonders in Ubud. Kulturelle Unterhaltung lässt die Leute immer wiederkommen und verschafft Bali eine Sonderstellung unter den tropischen Reisezielen. Ubud ist ein guter Standort, um von hier aus das abendliche Programmangebot und Events in den umliegenden Dörfern wahrzunehmen.

Tanz

Tanzdarbietungen extra für Touristen sind normalerweise mehr oder weniger adaptierte Varianten der traditionellen Aufführungen. Meist werden sie verkürzt, um sie unterhaltsamer zu machen. Aber auch bei diesen Aufführungen sitzen Einheimische im Publikum oder spähen um die Abschirmung. Es ist außerdem üblich, Elemente ganz unterschiedlicher traditioneller Tänze in einer einzigen Darbietung zu vereinen.

Wer sich eine Woche in und um Ubud aufhält, bekommt Kecak-, Legong- und Barong-Tänze, Mahabharata- und Ramayana-Ballettaufführungen, *Wayang-kulit*-Puppen und Gamelanorchester zu sehen und hören. Jeden Abend stehen mindestens acht Veranstaltungen zur Auswahl.

Die Tourist Information in Ubud (S. 189) informiert über die Aufführungen und verkauft auch die Tickets (sie kosten normalerweise 75 000–100 000 Rp). Bei Veranstaltungen außerhalb von Ubud ist der Transport oft schon im Preis enthalten. Karten sind in vielen Hotels, an den Veranstaltungsorten und bei Straßenhändlern erhältlich – alle verlangen den gleichen Preis, was einem das Vergleichen erspart.

Während der Vorstellungen, die üblicherweise etwa 1½ Std. dauern, verkaufen fliegende Händler Getränke an die Besucher. Vor der Show kann man manchmal beobachten, wie die Musiker die Zuschauerzahl abschätzen – die Ensembles werden aus

GUTE & SCHLECHTE TANZENSEMBLES

Nicht alle Tanzgruppen auf den Bühnen von Ubud sind gleich. Da gibt es wirkliche Künstler mit internationalem Ruf, aber auch Leute, die ihren Brotberuf lieber nicht aufgeben sollten. Neulinge in Sachen balinesischer Tanz sollten sich darüber allerdings nicht zu viele Gedanken machen, sondern einfach einen Veranstaltungsort auswählen und hingehen. Nach ein paar Aufführungen wächst das Verständnis für die unterschiedlichen Talente, und das ist ein Teil des Vergnügens.

Zur Orientierung können folgende Anhaltspunkte dienen: Wenn die Kostüme schmutzig sind, das Orchester besonders desinteressiert erscheint, die Darsteller ihre Rollen durchbrechen, um fade Witze zu erzählen und man sich dabei erwischt, dass man einen Tänzer beobachtet und denkt: „Das könnte ich auch", dann handelt es sich um eine Truppe auf B-Niveau.

Zu den ausgezeichneten Ensembles, die regelmäßig in Ubud auftreten, zählen die folgenden Gruppen:

Semara Ratih Energiegeladene, kreative Legong-Interpretationen. Musikalisch gesehen das beste Ensemble vor Ort.

Gunung Sari Legong-Tanz; eine der ältesten und angesehensten Truppen auf Bali.

Semara Madya Kekac-Tanz; besonders gut bei den hypnotischen Gesängen. Für manche Leute eine fast schon mystische Erfahrung.

Tirta Sari Legong- und Barong-Tanz.

Cudamani Eines der besten Gamelan-Ensembles auf Bali. Sie proben in Pengosekan.

Es lohnt sich, sich nach Tempelzeremonien zu erkundigen (die regelmäßig stattfinden). Wer gegen 20 Uhr dorthin kommt, erlebt balinesischen Tanz und Musik im eigentlichen kulturellen Kontext. Gäste müssen sich angemessen kleiden – das Hotelpersonal oder ein Einheimischer kann erklären, was darunter zu verstehen ist.

Die Website **Ubud Now & Then** (www.ubudnowandthen.com) enthält eine Übersicht über spezielle Events und Aufführungen.

---

dem Kartenverkauf bezahlt. Übrigens: Keiner möchte ein Handy klingeln hören, und die Tänzer werden nicht gern geblitzt. Außerdem ist es grob unhöflich, mitten in der Vorstellung geräuschvoll hinauszugehen.

Ubud Palace TANZ
(Karte S. 162; Jl. Raya Ubud) Fast allabendlich gibt es Aufführungen vor traumhaft schöner Kulisse.

Pura Dalem Ubud TANZ
(Karte S. 162; Jl. Raya Ubud) Die Freiluft-Location am westlichen Ende der Jalan Raya Ubud besitzt eine von Flammen erleuchtete Steinrelief-Kulisse und ist in vieler Hinsicht der stimmungsvollste Ort, um eine Tanz-Performance anzusehen.

Pura Taman Saraswati TANZ
(Wasserpalast; Karte S. 162; Jl. Raya Ubud) Die Schönheit der Szenerie lenkt vielleicht von den Tänzern ab, allerdings kann man abends die Lilien und Lotusblumen nicht sehen, die tagsüber so attraktiv sind.

Arma Open Stage TANZ
(Karte S. 156; 0361-976659; Jl. Raya Pengosekan) Beschäftigt einige der besten Ensembles.

Padangtegal Kaja TANZ
(Karte S. 162; Jl. Hanoman) Ein schlichter, offener Veranstaltungsort mit passender Kulisse. Hier kann man am besten erahnen, wie Tanzaufführungen in Ubud über Generationen hinweg ausgesehen haben.

Puri Agung Peliatan TANZ
(Karte S. 162; Jl. Peliatan) Eine schlichte Szenerie mit einer großen geschnitzten Wand im Hintergrund. Bietet ausgezeichnete Darbietungen.

Schattentheater
Auch Schattentheater wird in Ubud aufgeführt – allerdings sind die Shows im Vergleich zu den traditionellen Aufführungen, die oft die ganze Nacht dauern, stark verkürzt.

Regelmäßige Darbietungen gibt es auch im Hotel **Oka Kartini** (Karte S. 162; 0361-

975193; Jl. Raya Ubud; Karten 100 000 Rp), das auch Bungalows vermietet und eine Galerie betreibt.

Shoppen

In Ubud finden sich unzählige Kunstläden, Boutiquen und Galerien. Viele bieten raffinierte und einzigartige Artikel, die meist im Ort und in den Orten der Umgebung hergestellt wurden.

Von Ubud aus lassen sich auch die vielen abwechslungsreichen Galerien mit Kunsthandwerksläden, Ateliers und Werkstätten in den Dörfern südlich und nördlich der Stadt gut erkunden.

Der große Kunstmarkt **Pasar Seni** (Karte S. 162; Jl. Raya Ubud; 7–20 Uhr) bietet fast ausschließlich Souvenirs und Kitsch für Touristen.

Da ein Großteil der Läden im Zentrum sich vorrangig um das Wohl und die Wünsche der Touristen kümmert, hat sich die Haupteinkaufsmeile der Region über die Jalan Peliatan nach Tebesaya und Peliatan verschoben. Hier sind sämtliche Geschäfte zu finden, in denen sich die Einheimischen mit ihrem Alltagsbedarf eindecken.

Was sollte man kaufen?

Mit dem Einkaufen in und um Ubud lassen sich Tage verbringen. Am oberen Teil der Jalan Hanoman und der Jalan Dewi Sita stehen die interessantesten lokalen Geschäfte. Hier kann man sich nach Schmuck, Haushaltswaren und Bekleidung umsehen.

Die Monkey Forest Road wird mehr und mehr zu einer Domäne der hochpreisigen Ladenketten. Kunst und Kunsthandwerk sind überall, in jeder Preiskategorie und in jeder Qualität zu finden. Und Yoga-Accessoires werden überall verkauft.

Ubud ist zudem der beste Ort auf Bali, um Bücher zu kaufen. Das Sortiment ist breit und vielfältig, besonders bei Wälzern über balinesische Kunst und Kultur. Viele Händler bieten auch Titel von kleinen oder unbekannten Verlagen an.

Im Zentrum von Ubud

Jalan Raya Ubud & Umgebung

★ **Ganesha Bookshop** BÜCHER
(Karte S. 162; www.ganeshabooksbali.com; Jl. Raya Ubud; 10–20 Uhr) Ubuds beste Buchhandlung hat ein faszinierend umfangreiches Sortiment, präsentiert in einem winzigen Raum. Die Auswahl an Titeln über indonesische Studien, Reisen, Kunst, Musik, Belletristik (auch antiquarisch) und Karten ist ausgezeichnet. Die Mitarbeiter geben gute Empfehlungen.

Smile Shop KUNSTHANDWERK
(Karte S. 162; 0361-233758; www.senyumbali.org; Jl. Sriwedari; 10–20 Uhr) Kreatives aller Art wird in diesem Laden zugunsten der Smile Foundation of Bali verkauft.

Threads of Life Indonesian Textile Arts Center TEXTILIEN
(Karte S. 162; 0361-972187; www.threadsoflife.com; Jl. Kajeng 24; 10–19 Uhr) Der kleine Laden ist Teil einer Stiftung, die sich um die Bewahrung der traditionellen Textilherstellung in balinesischen Dörfern kümmert. Verkauft wird ein kleines, aber ansehnliches Sortiment exquisiter handgemachter Stoffe.

Moari MUSIKINSTRUMENTE
(Karte S. 162; 0361-977367; Jl. Raya Ubud; 10 bis 20 Uhr) Neue und restaurierte balinesische Musikinstrumente sind hier zu finden. Eine lustige kleine Bambusflöte gibt es beispielsweise für 30 000 Rp.

Neka Art Museum BÜCHER
(Karte S. 156; 0361-975074; www.museumneka.com; Jl. Raya Sanggingan; 9–17 Uhr) Der Museumsshop in Sanggingan bietet eine schöne Auswahl an Kunstbänden.

Monkey Forest Road

Kou Cuisine HAUSHALTSWAREN
(Karte S. 162; 0361-972319; Monkey Forest Rd.; 10–20 Uhr) Das Geschäft ist eine Fundgrube für kleine, exquisite Geschenke, z. B. hübsche Gläser mit Marmelade aus balinesischen Früchten oder Meersalz, das an Balis Küsten gewonnen wurde.

Goddess on the Go! BEKLEIDUNG
(Karte S. 162; 0361-976084; Monkey Forest Rd.; 10–20 Uhr) Hier gibt's eine große Auswahl an Kleidung für abenteuerlustige Frauen: superbequem, leicht einzupacken und umweltfreundlich hergestellt.

Pondok Bamboo Music Shop MUSIKINSTRUMENTE
(Karte S. 162; 0361-974807; Monkey Forest Rd.; 10–20 Uhr) Der Klang von 1000 Windspielen aus Bambus ist in diesem Geschäft zu hören und macht den Besuch auch akustisch zu einem Erlebnis. Der Laden gehört dem bekannten Gamelanspieler Nyoman Warsa, der außerdem Musikunterricht erteilt und Schattentheaterstücke aufführt.

Periplus
BÜCHER

(Karte S. 162; ☎ 0361-975178; Monkey Forest Rd.; ⊙ 10–22 Uhr) Eine typische Hochglanzfiliale der beliebten balinesischen Buchhandelskette.

Jalan Dewi Sita

★Kou
SCHÖNHEIT

(Karte S. 162; ☎ 0361-971905; Jl. Dewi Sita; ⊙ 10 bis 20 Uhr) Der Duft handgemachter Bio-Luxusseifen steigt schon beim Betreten des Ladens in die Nase. Wer eine der Seifen in die Schublade mit der Unterwäsche legt, wird wochenlang gut riechen. Die Auswahl ist nicht mit der in Kettenläden, die Luxusseife verkaufen, zu vergleichen.

★Tin Parrot
BEKLEIDUNG

(Karte S. 162; www.tnparrot.com; Jl. Dewi Sita; ⊙ 10–20 Uhr) Der Papagei, das Markenzeichen dieses Ladens, ist ein charaktervoller Vogel, der (oder die?) in vielen Verkleidungen auf den T-Shirts auftaucht. Die Designs reichen von cool über groovy bis unkonventionell. Die Hemden werden aus hochwertiger, vorgewaschener Baumwolle hergestellt.

Confiture Michèle
ESSEN

(Karte S. 162; Jl. Goutama; ⊙ 10–21 Uhr) Die vielfältigen Früchte Balis werden verarbeitet und in diesem süßen – und süß duftenden – Laden verkauft.

Eco Shop
ACCESSOIRES

(Karte S. 162; Jl. Dewi Sita; ⊙ 10–20 Uhr) Haushaltsartikel, Souvenirs, T-Shirts, Taschen und viele weitere Produkte aus Recyclingmaterial stehen in diesem Laden zum Verkauf. Er bezieht viele seiner Waren von fleißigen Familien in balinesischen Dörfern. Mit dem Kauf unterstützt man die einheimische Bevölkerung.

🛍 Padangtegal & Pengosekan

*Asterisk
SCHMUCK

(Karte S. 162; ☎ 0361-749 1770; www.asterisk-shop.com; Jl. Hanoman; ⊙ 10–20 Uhr) Auf Bestellung gefertigter, kunstvoll gestalteter Silberschmuck. Die Designs sind filigran und fast übersinnlich schön.

Namaste
NEW AGE

(Karte S. 162; ☎ 0361-796 9178; Jl .Hanoman 64; ⊙ 10–20 Uhr) Hier kann man einen Kristall erstehen, um das eigene spirituelle Haus zu ordnen. Der kleine Laden ist ein wirkliches Juwel mit einer Top-Auswahl an New Age-Bedarf. Räucherstäbchen, Yogamatten, stimmungsvolle Instrumentalmusik – alles findet man hier!

Sama Sama
BEKLEIDUNG

(Pande; Karte S. 162; ☎ 0361-976049; Jl. Hanoman; ⊙ 10–20 Uhr) T-Shirts und andere farbenfro-

---

RETTET BALIS HUNDE!

Räudige Köter. Das ist das einzige Etikett, das man vielen Hunde auf Bali anheften kann. Wer die Insel bereist – besonders zu Fuß –, kommt nicht umhin, auf Hunde zu stoßen, die krank und aggressiv sind, um die sich niemand kümmert und die unter einer ganzen Latte weiterer Übel leiden.

Wie kann eine scheinbar so sanfte Insel die schlimmste Hundepopulation Asiens haben (und inzwischen auch ein gewaltiges Tollwutproblem)? Die Antwort ist komplex, freundliches Ignorieren spielt jedenfalls eine große Rolle. Hunde stehen am untersten Ende der sozialen Skala; wenige haben einen Besitzer, und das lokale Interesse an ihnen ist auch deshalb gleich Null.

Einige gemeinnützige Gruppen in Ubud wollen das Schicksal von Balis verleumdeten besten Freunden durch Tollwutimpfungen, Sterilisation und Kastration sowie öffentliche Information verbessern. Spenden werden daher dringend gebraucht.

Bali Adoption Rehab Centre (BARC; Karte S. 156; ☎ 0361-971208; www.balidogrefuge.com; Jl. Raya Pengosekan) kümmert sich um Hunde, bringt Streuner bei Gönnern unter und betreibt eine mobile Klinik für Sterilisationen.

Bali Animal Welfare Association (BAWA; Karte S. 162; ☎ 0811 389 004; www.bawabali.com) Unterhält hochgelobte mobile Teams, die Tollwutimpfungen durchführen, organisiert Adoptionen und fördert die Geburtenkontrolle.

Yudisthira Swarga Foundation (☎ 0361-900 3043; www.yudisthiraswarga.org) Die Organisation mit Sitz in Denpasar kümmert sich jedes Jahr um Tausende Streuner und hat Programme für Impfungen und zur Geburtenkontrolle aufgelegt.

he Kleidung zeigen – mitunter handgemalte – Designs, die sehr viel interessanter sind als die sonst üblichen.

Tegun Galeri — HAUSHALTSWAREN
(Karte S. 162; ☏ 0361-973361; Jl. Hanoman 44; ⊙10–20 Uhr) Das Geschäft hat alles, was die Souvenirläden nicht haben: wunderschöne handgemachte Sachen von der ganzen Insel plus antike Kunst.

Ashitaba — HAUSHALTSWAREN
(Karte S. 162; ☏ 0361-464922; Jl. Hanoman; ⊙10 bis 20 Uhr) Die schönen Rattanobjekte, die hier (und in Seminyak) verkauft werden, entstehen in Tenganan, dem Aga-Dorf im Osten Balis. Behälter, Schalen, Börsen und mehr (ab 5 US$) zeigen feine Webkunst.

Arma — BÜCHER
(Karte S. 156; ☏ 0361-976659; www.armabali.com; Jl. Raya Pengosekan; ⊙9–18 Uhr) Bietet ein großes Sortiment an Kulturtiteln.

Adi Musical — MUSIKINSTRUMENTE
(Karte S. 162; ☏ 0823 4100 3324; Jl. Hanoman; ⊙10–19 Uhr) Der entzückende kleine Laden führt alles von Flöten bis Trommeln. Wem etwas ganz Besonderes vorschwebt, kann darauf hoffen, dass es hier gebaut werden kann.

ⓘ Praktische Informationen

Besucher finden jeden Service, den sie brauchen, und noch vieles andere an den Hauptstraßen in Ubud. Die Schwarzen Bretter des Bali Buda (S. 179) und des Kafe (S. 183) informieren über Unterkünfte, Jobs, Kurse und vieles mehr. In Ubud haben außerdem viele gemeinnützige und Freiwilligengruppen ihren Sitz. Weitere Infos siehe S. 419.

BIBLIOTHEKEN
Pondok Pekak Library & Learning Centre (Karte S. 162; ☏ 0361-976194; Monkey Forest Rd.; ⊙Mo–Sa 9–17, So 13–17 Uhr) Der relaxte Ort auf der anderen Seite des Fußballplatzes berechnet Mitgliedsgebühren für die Nutzung der Bibliothek. Es betreibt ein kleines Café und einen angenehmen Lesebereich.

GELD
In Ubud gibt es viele Banken und Geldautomaten.
Central Ubud Money Exchange (Karte S. 162; www.centralkutabali.com; Jl. Raya Ubud; ⊙8–21 Uhr) Eine angesehene Bali-weite Kette von Wechselstuben.

INTERNETZUGANG
@Highway (Karte S. 162; ☏ 0361-972107; Jl. Raya Ubud; Std. 30 000 Rp; ⊙24 Std.; 🕻) Komplettservice und sehr schnell.

Hubud (Karte S. 162; ☏ 0361-978073; www.hubud.org; Monkey Forest Rd.; pro Monat ab 20 US$; ⊙24 Std.) Hubud ist ein kompletter Coworking-Arbeitsplatz und eine digitale Drehscheibe. Hier findet man ultraschnelle Netzverbindungen, Entwicklerseminare und vieles mehr. Und beim Entwickeln einer Milliarden-Dollar-App schweift der Blick über schöne Reisfelder.

MEDIZINISCHE VERSORGUNG
Kimia Pharma (Karte S. 156; Jl. Peliatan; ⊙7–22 Uhr) Große Filiale einer renommierten lokalen Apothekenkette.
Ubud Clinic (Karte S. 156; ☏ 0361-974911; Jl. Raya Campuan 36; Konsultationen ab 350 000 Rp; ⊙24 Std.)

NÜTZLICHE WEBSITES
Bali Spirit (www.balispirit.com) Die Website der Gruppe hinter dem alljährlichen Ubud-Festival informiert über Kultur, Kurse, Events, Freiwilligenarbeit in und um Ubud.
Ubud Now & Then (www.ubudnowandthen.com) deckt Kultur, Essen, Kunst, Aktivitäten und anderes in Ubud ab. Den Inhalt liefern bekannte Bewohner der Stadt wie Rio Helmi, Janet DeNeefe und andere.

POST
Hauptpost (Karte S. 162; Jl. Jembawan; ⊙8–17 Uhr) Nimmt auch Pakete an.

TOURISTENINFORMATION
Ubud Tourist Information (Yaysan Bina Wisata; Karte S. 162; ☏ 0361-973285; Jl. Raya Ubud; ⊙8–20 Uhr) Die einzige wirklich nützliche Touristeninformation auf Bali liefert eine gute Bandbreite an Informationen und hat ein Schwarzes Brett für aktuelle Ereignisse und Aktivitäten hängen. Die Mitarbeiter können die meisten Fragen zur Region beantworten und haben aktuelle Infos zu Zeremonien und traditionellen Tänzen in der Umgebung. Hier werden auch die Karten für Tanzdarbietungen verkauft.

ⓘ An- & Weiterreise

BEMO
Ubud liegt an zwei Bemo-Routen: Bemos fahren nach Gianyar (10 000 Rp) und zum Busbahnhof Batubulan in Denpasar (13000 Rp). Die Stadt besitzt aber keinen Bemo-Terminal; Haltestellen befinden sich an der Jalan Suweta nahe dem Markt im Stadtzentrum.

TOURISTEN-SHUTTLEBUS
Überall in der Stadt wird für billige Sammelwagen und -busse zu Zielen in ganz Bali geworben.
Perama (Karte S. 162; ☏ 0361-973316; www.peramatours.com; Jl. Raya Pengosekan;

9–21 Uhr) ist der größte Betreiber von Touristen-Shuttles, leider liegt das Terminal ungünstig in Padangtegal. Bis zum eigentlichen Ziel in Ubud kostet die Fahrt daher noch einmal 15 000 Rp. Zu den Destinationen zählen Sanur (40 000 Rp, 1 Std.), Padangbai (50 000 Rp, 2 Std.) und Kuta (50 000 Rp, 2 Std.).

❶ Unterwegs vor Ort

Viele der gehobenen Spas, Hotels und Restaurants bieten Gästen und Kunden einen kostenlosen Transportservice vor Ort.

AUTO & MOTORRAD

Da in der Nähe zahlreiche Attraktionen liegen, die per Bemo oft schwer zu erreichen sind, ist es sinnvoll, ein Fahrzeug zu mieten. Man kann entweder bei der eigenen Unterkunft nachfragen oder einen Wagen mit Fahrer anheuern (siehe S. 433).

Ubud Bike Rental (S. 169) vermietet Motorroller und Motorräder und hat eine gute Auswahl an Fahrzeugen. Die Tagestarife liegen bei 30 000 Rp.

BEMO

Bemos verbinden Ubud nicht direkt mit den Dörfern in der Nähe. Wer dorthin möchte, muss zunächst ein Bemo nach Denpasar oder Gianyar nehmen und am gewünschten Ort umsteigen. Bemos nach Gianyar fahren die östliche Jalan Raya Ubud entlang, die Jalan Peliatan hinunter und Richtung Osten nach Bedulu. Eine Fahrt innerhalb der Region Ubud sollte nicht mehr als 7000 Rp kosten.

TAXI

In Ubud gibt es keine Taxis mit Taxameter – diejenigen, die Passanten anhupen, haben gewöhnlich Fahrgäste aus dem südlichen Bali nach Ubud gebracht und hoffen nun auf ein volles Taxi zurück in den Süden.

Besser ist es aber, man entscheidet sich für eines der allgegenwärtigen Privatautos mit Fahrer, die an den Straßenecken herumhängen und Passanten tyrannisieren (die netteren Fahrer halten höflich Schilder hoch, auf denen „Transport" steht). Die meisten Fahrer sind sehr anständig; wenige – oft nicht aus der Gegend – sind es leider nicht so sehr. Wer einen sympathischen Fahrer gefunden hat, sollte sich seine Nummer geben lassen und ihn für weitere Fahrten während des Aufenthalts anrufen.

Vom Zentrum von Ubud nach beispielsweise Sanggingan kostet die Fahrt ungefähr 40 000 Rp – u. a. weil der Weg ziemlich steil ist. Für eine Fahrt vom Palast zum Ende der Jalan Hanoman werden rund 20 000 Rp. verlangt.

Eine Fahrt auf dem Rücksitz eines Motorrads ist leicht zu bekommen; die Fahrpreise liegen bei der Hälfte von denen für Autos.

VOM/ZUM FLUGHAFEN

Offizielle Taxis vom Flughafen nach Ubud kosten 250 000 Rp. Ein Wagen mit Fahrer zum Airport ist ungefähr genauso teuer.

RUND UM UBUD

♪ 0361

Die Region rund um Ubud bietet viele Ausflugsmöglichkeiten. Ganz in der Nähe sind die Elefantengrotte und die Kunsthandwerker in Mas zu finden. Im Osten und Norden liegen viele der ältesten Monumente und Relikte auf Bali. Einige stammen aus der Zeit vor der Majapahit-Ära und werfen bislang noch unbeantwortete Fragen zur Geschichte der Insel auf. Ein ausgezeichnetes Beispiel ist die Bali-eigene Version des kambodschanischen Angkor Wat, Gunung Kawi.

Südlich von Ubud eröffnen sich ebenfalls sehr viele Möglichkeiten – von tollen Marktflecken bis zu Künstlerdörfern. Allerdings ist hier eine stärkere Tendenz zum Kommerz spürbar. Dazu kommen etliche familienfreundliche Attraktionen, und schon sind alle tagelang beschäftigt.

Bedulu

Die Stadt Bedulu war einst die Hauptstadt eines großen Königreichs. Der legendäre Dalem Bedaulu herrschte von hier aus über die Pejeng-Dynastie und war der letzte balinesische König, der dem Ansturm des mächtigen javanischen Majapahit-Reichs widerstand. Er wurde im Jahr 1343 von Gajah Mada besiegt. Die Hauptstadt wechselte danach nach Gelgel und später nach Semarapura (Klungkung). Heute gehört Bedulu zum weiteren Umland von Ubud.

⊙ Sehenswertes

Goa Gajah   HÖHLE

(Elefantengrotte; Karte S. 198; Jl. Raya Goa Gajah; Erw./Kind 10 000/5000 Rp, Parken 2000 Rp; ⊗ 8 bis 18 Uhr) Auf Bali hat es nie Elefanten gegeben (sie kamen erst als Touristenattraktion auf die Insel). Das antike Goa Gajah verdankt seinen Namen wahrscheinlich dem nahe gelegenen Sungai Petanu, der früher Elefantenfluss genannt wurde.

Möglicherweise heißt die Elefantengrotte auch so, weil das Gesicht über dem Eingang der Grotte einem Elefanten ähnelt. Sie liegt etwa 2 km südöstlich von Ubud an der Straße nach Bedulu.

Die Ursprünge der Grotte sind ungewiss – eine Legende besagt, sie sei aus dem Fingernagel des legendären Riesen Kebo Iwa erschaffen worden. Wahrscheinlich datiert sie aus dem 11. Jh., und ganz bestimmt gab es sie schon zur Zeit der Übernahme Balis durch das Majapahit-Reich. Die Grotte wurde 1923 von niederländischen Archäologen wiederentdeckt, die Wasserspeier und Bassins wurden jedoch erst 1954 freigelegt.

Die Grotte ist in eine Felswand geschlagen, den Eingang bildet das aufgerissene Maul eines Dämons. Im Inneren der T-förmigen Höhle sind Fragmente des *lingam*, des Phallussymbols des Hindu-Gottes Shiva, und sein weibliches Gegenstück *yoni* zu sehen. Außerdem befindet sich dort eine Statue von Shivas Sohn, dem elefantenköpfigen Gott Ganesha. Im Hof vor der Grotte stehen zwei rechteckige Badebecken. Sie werden von Wasserspeiern gespeist, die von sechs weiblichen Figuren gehalten werden.

Von Goa Gajah kann man durch die Reisfelder zum Sungai Petanu hintersteigen. Dort sind an einer Felswand – inzwischen bröckelnde – Stupas (Kuppeln zur Bewahrung buddhistischer Reliquien) in den Stein gemeißelt. Außerdem gibt es dort eine kleine Höhle.

Es empfiehlt sich, vor 10 Uhr die Grotte zu besuchen. Danach rumpeln nämlich die großen Touristenbusse wie, nun ja, Elefanten auf den großen Parkplatz voller Souvenirbuden. Die Leihgebühr für einen Sarong beträgt 3000 Rp.

Yeh Pulu HISTORISCHE STÄTTE

(Karte S. 198; Erw./Kind 10 000/5000 Rp) Ein Mann, dem die Hand von einem Keiler abgebissen wird, ist eine der Szenen auf dem 25 m langen Felsrelief Yeh Pulu. Vermutlich handelt es sich um eine Einsiedelei aus dem späten 14. Jh. Abgesehen von der Figur des Ganesha, des elefantenköpfigen Sohns Shivas, behandeln die meisten Szenen Ereignisse aus dem Alltagsleben. Position und Bewegung der Figuren deuten an, dass das Ganze von links nach rechts als Bildergeschichte gelesen werden könnte. Eine Theorie besagt, dass es sich um Ereignisse aus dem Leben des Hindugottes Krishna handelt.

Man gelangt auf schmalen Pfaden durch die Reisfelder von einer Stätte zur anderen, muss aber vielleicht einen Einheimischen als Führer bezahlen. Wer mit dem Auto oder Fahrrad unterwegs ist, muss östlich von Goa Gajah auf die Schilder „Relief Yeh Pulu" oder „Villa Yeh Pulu" achten.

Auch wer nur wenig Interesse an hinduistischer Reliefkunst hat, wird feststellen, dass die Stätte recht hübsch und durchaus sehenswert ist und dass man selten viel Gesellschaft hat. Vom Eingang ist es ein 300 m langer Spaziergang durch üppiges tropisches Grün bis Yeh Pulu.

Pura Samuan Tiga HINDUTEMPEL

(Karte S. 198) Der majestätische Pura Samuan Tiga (Tempel der Begegnung der Drei) liegt ungefähr 200 m östlich der Bedulu-Kreuzung. Der Name bezieht sich wahrscheinlich auf die Hindu-Trinität oder er spielt auf die Treffen an, die es hier im frühen 11. Jh. gab. Auch wenn die Bauzeit der Originaltempel vermutlich weit zurückreichen, sind alle heutigen Tempelgebäude erst nach dem Erdbeben von 1917 errichtet worden.

ⓘ An- & Weiterreise

Etwa 3 km östlich von Teges erreicht die Straße von Ubud eine Kreuzung, an der es Richtung Süden nach Gianyar bzw. Richtung Norden nach Pejeng, Tampaksiring und Penelokan geht. Die Bemos aus Ubud nach Gianyar lassen Fahrgäste an dieser Kreuzung aussteigen, die von dort zu Fuß zu den Sehenswürdigkeiten laufen müssen.

Die Straße von Ubud ist einigermaßen flach, deshalb ist auch das Fahrrad eine gute Alternative, dorthin zu gelangen.

DIE LEGENDE VON DALEM BEDAULU

Eine Legende erzählt von den magischen Kräften des Dalem Bedaulu, die es ihm erlaubten, sich den Kopf abzuhacken und dann wieder aufsetzen zu lassen. Als er diesen einzigartigen Partytrick eines Tages vorführte, ließ der Diener, der damit betraut war, den Kopf des Königs zu kappen und ihn wieder an die richtige Stelle zu setzen, diesen unglücklicherweise in einen Fluss fallen. Entsetzt musste er mitansehen, wie dieser davonschwamm. In Panik sah er sich nach einem Ersatz um, packte ein Schwein, hieb ihm den Kopf ab und setzte ihn dem König auf die Schultern. Fortan war der Herrscher gezwungen, auf einem hohen Thron zu sitzen und untersagte seinen Untertanen, zu ihm aufzusehen. Bedaulu bedeutet übersetzt: „der den Kopf wechselte".

Pejeng

Auf der Straße Richtung Tampaksiring gelangt man nach Pejeng mit seinen berühmten Tempeln. Wie Bedulu war dies einst ein wichtiges Machtzentrum, die Hauptstadt des Königreichs Pejeng, das 1343 an die Majapahit-Invasoren fiel.

◉ Sehenswertes

Museum Purbakala MUSEUM
(Karte S. 198; 0361-942 354; Jl. Raya Tampaksiring; Eintritt gegen Spende; Mo–Do 8–15, Fr 8–12.30 Uhr) Das archäologische Museum zeigt eine sehenswerte Sammlung an Artefakten aus allen Teilen Balis, die meisten sind auf Englisch beschriftet. Die Ausstellungen in mehreren kleinen Gebäuden umfassen einige der frühesten Töpferarbeiten der Insel aus der Nähe von Gilimanuk sowie Sarkophage. Sie datieren etwa von 300 v. Chr. Einige, die aus Bangli stammen, sind in der Form einer Schildkröte gemeißelt, die in der balinesischen Mythologie wichtige kosmische Verbindungen herstellt.

Das Museum liegt etwa 500 m nördlich der Bedulu-Kreuzung und ist per Bemo oder Fahrrad leicht zu erreichen. Es lohnt sich, für den Besuch einen Führer anzuheuern.

Pura Kebo Edan HINDUTEMPEL
(Karte S. 198; Jl. Raya Tampaksiring) Wer kann einem Ort widerstehen, der „Tempel des verrückten Wasserbüffels" heißt? Das Gebäude ist nicht besonders eindrucksvoll, aber berühmt für die 3 m hohe Statue, die **Riese von Pejeng** genannt wird und vermutlich ungefähr 700 Jahre alt ist. Einzelheiten sind schwer zu erkennen.

Die Statue könnte Bima, einen Helden aus der *Mahabharata,* darstellen, der auf einer Leiche tanzt – wie in einem Mythos, der mit dem hinduistischen Shiva-Kult verbunden ist. Auch über den gewaltigen Phallus des Riesen wurden einige Vermutungen angestellt – er scheint auf der Seite mit einer Art Noppen besetzt zu sein. Ob das erotische Gründe hat, wie manche mutmaßen, mag dahingestellt bleiben.

Pura Pusering Jagat HINDUTEMPEL
(Karte S. 198; Jl. Raya Tampaksiring) So sieht er also aus! Der große Pura Pusering Jagat soll das Zentrum des alten Königreichs Pejeng gewesen sein. Der Tempel, der 1329 errichtet wurde, wird von jungen Paaren aufgesucht, die an den steinernen *lingam* und *yoni* beten. Weiter hinten steht eine große Steinurne mit aufwendigen, aber abgegriffenen Reliefs von Göttern und Dämonen, die nach dem Lebenselixier suchen. Dargestellt ist die *Mahabharata*-Sage „Das Quirlen des Milchozeans". Der Tempel liegt an einem Pfad, der von der Hauptstraße nach Westen abzweigt.

Pura Penataran Sasih HINDUTEMPEL
(Karte, S. 198; Jl. Raya Tampaksiring) Dies war einst der Staatstempel des Königreichs Pejeng. Im inneren Hof, hoch oben in einem Pavillon und von unten schwer zu sehen, befindet sich ein riesiger Bronzegong, der **Gefallene Mond von Pejeng**.

Der Gong in Form einer Sanduhr ist 186 cm lang und damit der weltweit größte in einem Stück gegossene Gong. Die Schätzung seines Alters schwankt zwischen 1000 und 2000 Jahren, und es ist nicht sicher, ob er hier hergestellt oder importiert wurde – die aufwendigen geometrischen Verzierungen sollen Mustern aus weit entfernten Gegenden wie West-Papua und Vietnam ähneln.

Eine balinesische Legende besagt, dass der Gong als Mond auf die Erde fiel, in einem Baum landete und so hell leuchtete, dass er eine Diebesbande bei ihren unlauteren Absichten störte. Einer der Diebe beschloss, dass Licht zu löschen, und urinierte darauf. Der Mond explodierte daraufhin und fiel als Gong auf die Erde; als Folge des Sturzes entstand im unteren Teil ein Riss.

Obwohl sich hier alles um den Gong dreht, sollte man auch die **Bildhauerkunst** im Innenhof des Tempels bewundern, die aus dem 10. bis 12. Jh. stammt.

Mas

Mas bedeutet auf Bahasa Indonesia „Gold", dabei ist eigentlich die Holzschnitzerei das wichtigste Handwerk in diesem Dorf direkt südöstlich von Ubud. Der große Majapahit-Priester Nirartha lebte einst hier. **Pura Taman Pule** soll dort errichtet worden sein, wo sein Haus stand. Während des dreitägigen Kuningan-Festivals wird eine Darbietung des *wayang wong* (eine ältere Version des *Ramayana*-Balletts) im Hof des Tempels gezeigt.

Holzschnitzerei ist das traditionelle Kunsthandwerk der priesterlichen Brahmanenkaste. Die Kenntnisse, so heißt es, seien ein Geschenk der Götter. Historisch war die Holzschnitzerei auf Tempelschmuck, Tanzmasken und Musikinstrumente beschränkt, erst in den 1930er-Jahren begannen Schnitzer, Menschen und Tiere auf naturalistische Weise abzubilden. Heute ist es schwer, den unzähligen hübschen Tieren zu widerstehen, die hier geschnitzt werden.

Wer sich einen maßgefertigten Gegenstand aus Sandelholz wünscht, ist hier am richtigen Ort – allerdings muss er sich auf happige Preise gefasst machen und sorgfältig die Authentizität des Holzes prüfen.

Mas ist auch Teil von Balis boomender Möbelindustrie: Hier werden Stühle, Tische und Antiquitäten („auf Bestellung") gemacht, hauptsächlich aus Teakholz, das von anderen indonesischen Inseln importiert wird. Viele Werkstätten bieten an, die Möbel nach Europa zu schicken.

Sehenswertes

★ Setia Darma House of Masks & Puppets   MUSEUM
(Karte S.198; 0361-977404; Jl. Tegal Bingin; 8–16 Uhr) GRATIS Das Museum, eines der besten in der Region Ubud, beherbergt mehr als 7000 zeremonielle Masken und Puppen aus Indonesien und anderen Teilen Asiens. Präsentiert werden sie sehr ansprechend in mehreren renovierten historischen Gebäuden. Unter den vielen Schätzen sind die goldene Jero-Luh-Maske und die Gesichter der Fürstenfamilie, mythische Monster und sogar eine Verkörperung des ganz normalen Menschen. Die Figuren wirken beängstigend lebensecht.

Das Museum liegt etwa 2 km nordöstlich der Hauptkreuzung in Mas. Es betreibt ein einfaches Café mit hübscher Aussicht.

Tonyraka Art Gallery   GALERIE
(Karte S.198; 0361-781 6785; www.tonyrakaartgallery.com; Jl. Raya Mas; Öffnungszeiten variieren) Eine der führenden Galerien in der Region Ubud zeigt Ausstellungen mit Werken der besten zeitgenössischen Künstler Balis, darunter Arbeiten von Made Djirna. Es gibt aber auch eine Abteilung mit Holzskulpturen, traditionellen Masken, Webstoffen und Schmuck.

Ida Bagus Anom Suryawan   WERKSTATT
(Karte S.198; 0813 3844 8444; www.balimaskmaking.com; Jl. Raya Mas) Drei Generationen von Schnitzern fertigen in diesem Familienanwesen unweit der Hauptstraße in Mas sehr angesehene Masken.

In einem kleinen Ausstellungsraum zeigen sie ihre Arbeiten. Der Höhepunkt des Besuchs besteht aber darin, den Familienmitgliedern bei ihrem kreativen Umgang mit Zedernholz zuzusehen.

Wen es nun in den Fingern juckt, selbst zu Holz und Schnitzeisen zu greifen, kann hier an einem Kurs teilnehmen (S. 170) und selbst ein Kunstwerk schaffen.

Schlafen & Essen

★ Taman Harum Cottages   HOTEL $
(Karte S.198; 0361-975567; www.tamanharumcottagesbali.com/; Jl. Raya Mas; Zi. ab 40 US$, Villen mit 2 Schlafzimmern ab 100 US$; ❄@≋) Das attraktive Hotel vermietet an der Hauptstraße in Mas 17 Zimmer und Villen – einige davon sind ziemlich groß. Unbedingt nach den Zimmern mit Blick auf die Reisfelder fragen! Sie liegen hinter einer Galerie, in der auch eine ganze Palette an interessanten Kunst- und Kulturkursen (Holzschnitzen, Batik, balinesische Malerei, Herstellung von Opfergaben, balinesische Musik u. v. m.) veranstaltet werden. Die Besitzer bieten auf Wunsch einen kostenlosen Shuttle-Service nach/ab Ubud an.

Suly Resort   HOTEL $$
(Karte S.198; 0361-976186; www.sulyresort.com; Jl. Cok Rai Pudak; Zi. ab 50 US$; ❄🛜) Das ausgezeichnete Hotel verfügt über 50 Zimmer

---

> **BALIS DORFKÜNSTLER**
>
> In kleinen Dörfern in der gesamten Region Ubud, von Sebatu bis Mas und darüber hinaus in ganz Bali, sieht man – oft in der Nähe des örtlichen Tempels – kleine Schilder, die auf Künstler und Handwerker hinweisen. Die Einheimischen sagen: „Wir sind als Dorf nur so reich wie unsere Kunst."
>
> Deshalb genießen die Leute, die zeremonielle Gewänder, Masken, *kris* (Schwerter), Musikinstrumente und andere schöne Gegenstände des balinesischen Lebens und der Religion anfertigen, bei der Bevölkerung großen Respekt. Zwischen Künstler und Dorf besteht eine symbiotische Beziehung: Der Künstler stellt für die Arbeit nie etwas in Rechnung, das Dorf sorgt im Gegenzug für sein Wohlergehen. Oft gibt es mehrere „Artists in residence", denn kaum etwas wäre schändlicher für ein Dorf, als sich einen benötigten Sakralgegenstand anderswo beschaffen zu müssen.

KATZENKAFFEE

Kopi Luwak, auch Katzenkaffee genannt, ist inzwischen ein ebenso bedeutender Wirtschaftsfaktor im touristischen Einkaufsverhalten auf Bali geworden wie die allgegenwärtigen Flaschenöffner in Penisform. Nur kostet er sehr viel mehr.

Der Reiz von Kopi Luwak besteht darin, dass Fleckenmusangs (kleine, possierliche Nachttiere, die entfernt mit Katzen verwandt sind) angeblich nur die besten Kaffeebohnen von den Büschen fressen. Anschließend passieren die Bohnen den Verdauungsapparat der Tiere, dabei verändern verschiedene Enzyme und Verdauungssäfte die chemische Zusammensetzung der Bohnen. Wenn die Musangs sie wieder ausgeschieden haben, werden die Bohnen geröstet und verarbeitet und sollen eine irgendwie hochwertigere Tasse Kaffee als klassisch angebaut und geröstet ergeben.

In den letzten Jahren ist der Hype um den Luwak-Kaffee recht schrill geworden. Da immer mehr Touristen bereit sind, für die „weltweit teuerste Tasse Kaffee" einiges Bargeld hinzublättern, ist die Zahl der Menschen, die genau diese verkaufen, geradezu explodiert. Wer auf Bali herumfährt, sieht überall Schilder, die für Kopi Luwak werben, besonders entlang der größeren Straße durch die Berge. Außer der großen Gefahr, leicht einem Betrug aufzusitzen, gibt es auch große Vorbehalte hinsichtlich der Behandlung der Fleckenmusangs, die als Kopi-Luwak-Produzenten zur Schau gestellt werden.

Folgendes gilt es zu bedenken:

→ Es gibt kein allgemein anerkanntes Geschmacksprofil für Kopi Luwak, daher kann niemand definitiv sagen, wie der Kaffee schmeckt oder schmecken sollte.

→ Dass es sich wirklich um eine Tasse mit Kopi Luwak handelt, beruht allein auf der Aussage der Person, die ihn für 10 US$ oder mehr verkauft.

→ Trotz des hohen Betrugspotenzials sind riesige Farmen für Kopi Luwak entstanden. Hier werden wilde Fleckenmusangs gefangen, in Käfigen gehalten und zwangsweise mit Kaffeebohnen gefüttert, ähnlich wie Gänse bei der Produktion von Stopfleber. In der Wildnis haben die Tiere jedoch einen großen Aktionsradius, Kaffee macht da nur einen winzigen Teil ihrer Nahrung aus.

→ In einer Kopi-Luwak-Anlage auf Bali bekommt man durchaus eingesperrte Musangs zu sehen. Die Nachttiere werden künstlich wachgehalten, um die Touristen zu erfreuen. In einer solchen Einrichtung konnte man dann auch hören, wie ein Führer erklärte, der traurig dreinblickende Musang in einem sehr kleinen Käfig habe nur einige Tage „Luwakdienst" zu leisten. Danach werde er seine Tage und Nächte in einer Art Musang-Fantasiefarm verbringen und dort mit Artgenossen herumtollen.

Weitere Infos über die Kontroverse rund um den Kopi Luwak sind auf der Website **Project Luwak Singapore** (projectluwaksg.wordpress.com) zu finden. Die BBC berichtete 2013 über die Lebensbedingungen gefangen gehaltener Fleckenmusangs (nach „BBC coffee luwak" suchen).

Die Jounalistin Cat Wheeler untersuchte die Lage vor Ort und schrieb darüber einen Artikel im *Bali Advertiser* (www.baliadvertiser.biz/articles/greenspeak/2014/ethics.html).

in einem vierstöckigen Hauptgebäude und weiteren 17 in Hütten mit hübscher Aussicht auf die Reisfelder. Es gibt viele Bezüge zur balinesischen Architektur, aber auch schöne moderne Details.

Auf Nachfrage werden auch Yoga-Kurse und Spa-Behandlungen angeboten. Die Hotelanlage befindet sich am nördlichen Ende von Mas. Dass die Mitarbeiter so jung und enthusiastisch arbeiten, liegt daran, dass das Suly von einer Stiftung geführt wird. Sie bildet junge Menschen aus armen Teilen Balis im Gastgewerbe aus. Angesichts der hohen Wachstumsraten im Tourismus warten auf die Absolventen tolle Jobs auf der ganzen Insel und im restlichen Indonesien. Nur wenige Bewerber werden angenommen, die Ausbildung ist für sie kostenlos.

Semar Warung BALINESISCH $$
(Karte S. 198; ☏ 0878 8883 3348; Jl. Raya Mas 165; Hauptgerichte ab 50 000 Rp; ◷9–22 Uhr) Von

vorne sieht der Laden nicht gerade viel versprechend aus, aber wer bis in den luftigen Essbereich vordringt, erliegt unweigerlich der Aussicht auf die grünen Reisfelder, die sich bis zu den Palmen erstrecken. Das balinesische Essen kann mit dem wunderschönen Blick mithalten. Das Lokal ist ein guter Platz für ein Mittagessen oder einen Drink zum Sonnenuntergang.

Der Warung liegt 1 km südlich der Kreuzung von Jalan Raya Mas und Jalan Raya Pengosekan.

NÖRDLICH VON UBUD

Nördlich von Ubud wird Bali kühler und üppig grüner. Antike Stätten und landschaftlich schöne Ecken gibt es hier im Überfluss.

Die Hauptroute von Ubud in Richtung Norden nach Batur führt durch Tampaksiring mit der faszinierenden Tempelanlage Gunung Kawi. Aber es gibt auch andere, kleinere Straßen die sanften Berghang hinauf. Eine der attraktivsten verläuft von Peliatan nach Norden vorbei an Petulu und seinen Vögeln, durch die Reisterrassen zwischen Tegallalang und Ceking und hinaus auf den Kraterrand zwischen Penelokan und Batur. Die Straße ist auf der ganzen Strecke asphaltiert und führt durch **Sebatu**, wo versteckt in winzigen Dörfern verschiedene Kunsthandwerker leben. Der einzige Missklang ist Cekingan: Dort sind die Reisterrassen zwar ebenfalls schön, der Ort wird aber inzwischen von einer ganzen Sammlung hässlicher Touristenfallen verschandelt.

Tegallalang

In dem belebten Marktflecken, den man wahrscheinlich beim Besuch der Tempel dieses Gebietes durchquert, gibt es jede Menge Läden und Stände. Wer anhält und einen Bummel unternimmt, wird oft durch die Klänge eines der bekannten lokalen Gamelanorchester belohnt, die hier proben. Ansonsten stehen massenhaft Holzschnitzer bereit, um Besuchern eine geschnitzte Fruchtbarkeitsfigur oder Ähnliches zu verkaufen.

Für eine Pause bietet sich **Kampung Cafe & Cottages** (0361-901201; www.kampungtari.com; Ceking; Zi. ab 70 US$, Hauptgerichte 40 000–80 000 Rp; 8–21 Uhr;) im Dorf Ceking an, ein attraktives Café (perfekt für ein Mittagessen) und gehobenes Guesthouse (Zimmer ab 90 US$) mit atemberaubendem Blick auf Reisterrassen. Die Architekten der Anlage nutzten großartig den natürlichen Felsen. In der Nähe verarbeiten zahllose Schnitzer Schirmakazienholz zu einfachen, comichaften Figuren. Das Holz ist auch bei Windspielmachern sehr beliebt.

Westlich der Stadt geht es auf einer schmalen, sehr grünen Straße etwa 3 km weit nach Keliki. Auf dem Weg liegt **Alam Sari** (0361-240308; www.alamsari.com; Keliki; Zi. ab 100 US$;) , ein kleines Hotel in wunderbar abgeschiedener Lage, wo der Bambus wie Gras wächst. Es gibt zwölf luxuriöse, aber rustikale Zimmer, einen Pool und einen tollen Blick. Neben anderen lobenswerten Umweltinitiativen reinigt das Hotel auch seine Abwässer vor Ort.

Tampaksiring

Tampaksiring ist ein kleines Dorf, das etwa 18 km nordöstlich von Ubud liegt und mit dem großen, bedeutenden Tempel Tirta Empul und der eindrucksvollsten antiken Stätte auf Bali, Gunung Kawi, aufwartet. Es liegt im Tal des Pakerisan, die gesamte Gegend wurde von Indonesien für die Anerkennung als Unesco-Kulturerbe nominiert.

> ### DIE BESTE ZEIT FÜR GUNUNG KAWI
>
>
>
> Das schönste Erlebnis hat, wer so früh wie möglich zum Gunung Kawi kommt. Wer sich um 7.30 Uhr auf den Weg nach unten macht, entgeht all den fliegenden Händlern und sieht noch Einwohner, die in den schnell fließenden Bächen ihren Morgenbeschäftigungen nachgehen, z. B. Waschungen vollziehen oder mit dem Reinigen zeremonieller Opfergaben beschäftigt sind. Vögel sind zu hören, das fließende Wasser und die „Oohs" und „Aahs" der Begleiter. Später nehmen die Ablenkungen durch die großen Besuchergruppen spürbar zu. Außerdem ist die Luft morgens noch angenehm kühl, wenn man die endlosen Stufen wieder hinaufsteigt.
>
> Unbedingt einen Sarong mitnehmen, falls niemand da ist, der sie zum Gebrauch anbietet. Wenn der Kartenschalter geschlossen ist, kann man auch auf dem Weg hinaus bezahlen.

BALIS SCHOKOLADENFABRIK

Bei Schokolade denken viele an die Schweiz oder Belgien, bald könnten sie aber auch an Bali denken. **Big Tree Farms** (Karte S. 198; ☎0361-846 3327; www.bigtreefarms.com; Sibang; Führungen ab 40 000 Rp; ⏱Führungen 14 Uhr), ein lokaler Produzent hochwertiger Nahrungsmittel, die auch international verkauft werden, hat eine Schokoladenfabrik errichtet. Sie liegt etwa 10 km südwestlich von Ubud an einer der Straßen nach Südbali im Dorf Sibang. Und das ist nicht irgendeine Fabrik: Das riesige, in architektonischer Hinsicht faszinierende Bauwerk besteht vorwiegend aus Bambus – und spiegelt damit die Philosophie der Firma. Die hier hergestellte Schokolade wird aus Kakaobohnen, die über 13 000 Bauern in ganz Indonesien anbauen, hergestellt. Das Resultat ist eine sehr hochwertige Schokolade; im Rahmen von Führungen kann man beim Herstellungsprozess zusehen.

Allein schon das Gebäude, eines der weltgrößten Bambusbauwerke, ist eine Attraktion, dazu kommt die fabelhafte Schokolade: Zusammen ergibt das ein optisch und kulinarisch tolles Erlebnis. Die Fabrik ist leicht zu erreichen: Sibang liegt an einer der Straßen, die Ubud mit Südbali verbinden.

◉ Sehenswertes

★ Gunung Kawi   MONUMENT
(Erw./Kind 15 000/7000 Rp, Sarong 3000 Rp, Parken 2000 Rp; ⏱7–17 Uhr) Am Grund eines üppig grünen Flusstals steht eines der ältesten und größten antiken Monumente Balis: Gunung Kawi besteht aus zehn steinernen *candi* (Schreinen), die aus der Felswand geschlagen wurden und wie Statuen wirken. Sie stehen in Ehrfurcht erregenden 8 m hohen geschützten Nischen, die aus der nackten Felswand gehauen wurden. Besucher müssen sich auf einen anstrengenden Weg gefasst machen – es sind über 270 Stufen hinunter ins Tal.

Der Weg ist in Abschnitte unterteilt, teilweise ist der Blick beim Gang durch die alten terrassierten Reisfelder so schön wie sonst nirgendwo auf Bali. Es wird vermutet, dass jeder *candi* ein Denkmal für ein Mitglied des balinesischen Herrscherhauses im 11. Jh. ist, gesicherte Beweise gibt es aber nicht für diese Annahme.

Der Legende nach kratzte der Riese Kebo die ganze Gruppe von Denkmälern in einer arbeitsreichen Nacht mit seinen mächtigen Fingernägeln aus der Feldwand.

Die fünf Monumente am Ostufer sind wahrscheinlich König Udayana, Königin Mahendradatta und ihren Söhnen Airlangga, Anak Wungsu und Marakata geweiht. Während Airlangga Ostjava regierte, herrschte Anak Wungsu auf Bali. Die vier Monumente auf der Westseite sind, dieser Theorie zufolge, Anak Wungsus Hauptkonkubinen gewidmet. Eine andere Theorie besagt, dass der ganze Komplex Anak Wungsu, seinen Frauen, Konkubinen und, im Fall des abseits stehenden zehnten *candi*, einem königlichen Minister zugedacht ist. Wer zwischen Monumenten, Tempeln, Opfergaben, Bächen und Wasserspeiern umhergeht, kann gar nicht anders, als eine gewisse Erhabenheit zu verspüren.

In den nördlichen Randbezirken des Ortes weist ein Schild an der Hauptstraße nach Osten zum Gunung Kawi und seinen antiken Monumenten. Am Ende der Zufahrtsstraße führt eine steile Steintreppe zum Fluss hinunter, an einer Stelle durchschneidet sie einen Damm aus blankem Fels.

Tirta Empul   MONUMENT
(Erw./Kind 15 000/7000 Rp, Parken 2000 Rp; ⏱8–18 Uhr) Eine gut beschilderte Gabelung an der Straße nördlich von Tampaksiring führt zu den beliebten heiligen Quellen in Tirta Empul, die 962 entdeckt wurden und magische Kräfte haben sollen. Die kristallklaren Quellen sprudeln in ein großes Becken innerhalb des Tempels und rieseln durch Wasserspeier in ein Badebecken.

Sie sind die Hauptquellen des Sungai Pakerisan (Pakerisan-Fluss), der nur ungefähr 1 km entfernt am Gunung Kawi vorbeirauscht. Abgesehen von den Quellen ist Pura Tirta Empul auch einer der bedeutendsten Tempel Balis. Um den Touristenbussen zu entgehen, empfiehlt sich ein Besuch am frühen Morgen oder späten Nachmittag. Man kann auch die sauberen und kostenlosen öffentlichen Bäder benutzen.

Noch mehr Sehenswertes
Es gibt weitere Gruppen von *candi* und Mönchszellen im Gebiet, das einst zum antiken Königreich Pejeng gehörte: Dazu zäh-

ÜBER MAMBAL NACH UBUD

Zwischen Ubud und Südbali gibt es verschiedene Routen. Aber nur eine kann auch wirklich als „neu" bezeichnet werden. Dank der vor Kurzem erfolgten Arbeiten an der Straße, die Mambal mit dem südwestlichen Teil von Ubud verbindet, ist es jetzt möglich, von den traditionellen, von Läden gesäumten Touristenrouten abzuweichen.

Nördlich von Mambal durchquert die Straße klassische Reisfelder und von dichtem Regenwald gesäumte Flussufer. Südlich von Mambal folgt die Route einer beliebten Hauptstraße, die weiter nach Süden bis ins Zentrum von Denpasar führt. Unterwegs führt die Fahrt an diversen Farmen und Unternehmen vorbei, die Teil des modernen Bali sind. Mambal liegt unweit der New-Age-Einrichtungen, die sich außerhalb von Ubud ausbreiten.

In **Fivelements** (Karte S. 198; 0361-469260; www.fivelements.org; Mambal; Massage ab 800 000 Rp), einem eindrucksvollen, riesigen neuen Refugium und Heilzentrum etwa 10 km südwestlich von Ubud, steht der Bambus mehr als mannshoch. Hier werden unzählige Therapien angeboten. Dazu gehören luxuriöse Gästezimmer und ein größer öffentlicher Bereich, Standort von TEDx Ubud.

Gleich südlich von Mambal und westlich der Straße kann man einen Blick auf die **Green School** (Karte S. 198; www.greenschool.org; Mambal) werfen, die eine Menge Zuspruch genießt – sowohl für ihren unorthodoxen Lehrplan wie auch für ihre auffällige Bambusarchitektur.

---

len insbesondere **Pura Krobokan** und **Goa Garba.** Keine der Stätten ist aber so grandios wie Gunung Kawi.

Zwischen Gunung Kawi und Tirta Empul gelegen, hat der Tempel **Pura Mengening** einen frei stehenden *candi,* der in der Gestaltung denen von Gunung Kawi ähnelt, aber sehr viel weniger häufig besucht wird.

An der Straße Richtung Norden nach Penelokan gibt es Dutzende von **„agrotouristischen" Attraktionen**. In Wirklichkeit handelt es sich überwiegend um Souvenirshops, die Luwak-Kaffee (Kopi Luwak) und die üblichen Schnitzereien verkaufen und als grünes Mäntelchen ein paar mit Beschriftungen versehene Pflanzen in den Gärten pflegen. Aber sie geben den Tourgruppen einen Grund zum Halten und Einkaufen.

Taro & Umgebung

Gequälte, herrenlose Holzfällerelefanten aus Sumatra haben auf Bali Zuflucht im **Elephant Safari Park** (0361-721480; www.baliadventuretours.com; Taro; Tour inkl. Transport Erw./Kind 65/44 US$; 8–18 Uhr) gefunden. Der Park liegt im kühlen, feuchten Hochland von Taro (14 km nördlich von Ubud), knapp 30 Elefanten leben im Park.

Besucher können nicht nur Ausstellungen über Elefanten ansehen, sondern gegen eine Extragebühr auch auf den Tieren reiten. Allerdings geben Tierschützer zu bedenken, dass Trekking auf Elefanten den Tieren schadet. Der Park hat Anerkennung für seine Schutzbemühungen gefunden. Unbedingt darauf achten, dass man nicht in einem der miesen Parks landet, die Elefanten unerlaubt zur Schau stellen.

Im Umland werden ockerfarbene Farbpigmente gewonnen. Die sanfte Fahrt von Ubud bergauf ist für sich genommen schon ein großes Vergnügen.

SÜDLICH VON UBUD

An den Straßen zwischen Ubud und Südbali stehen viele kleine Läden, die Kunsthandwerk herstellen und verkaufen. Viele Besucher halten unterwegs an, manchmal sind es ganze Busladungen. Ein Großteil der Waren wird in kleinen Werkstätten und Familienanwesen in ruhigen Seitenstraßen produziert.

Wer beabsichtigt, in diesen Dörfern ernsthaft einzukaufen und wirklich flexibel sein will, sollte sich ein eigenes Transportmittel beschaffen. Damit lassen sich auch die Nebenstraßen nutzen und die Einkäufe ohne Probleme befördern. Aber Achtung: Der Fahrer bekommt möglicherweise eine Provision von jedem Laden, in dem sein Kunde Geld lässt – das kann einen Aufschlag von 10 % oder mehr auf den Kaufpreis bedeuten (oder man betrachtet

Südlich von Ubud

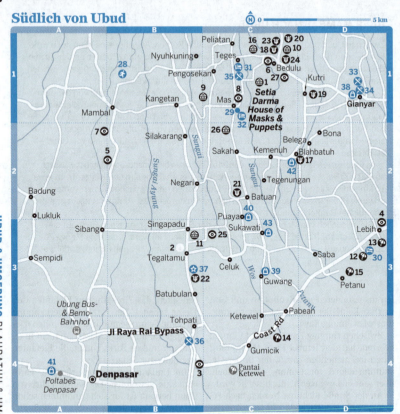

den Aufschlag als sein Trinkgeld). Wenn man Pech hat, steuert der Fahrer womöglich aber auch lediglich seine bevorzugten Werkstätten oder Kunsthandwerker an – und nicht die, die seine Kunden am meisten interessieren.

Die Straßen wirken wie ein Flickteppich – wer sich die Zeit nimmt, auch die Nebenstrecken abzufahren, wird sicher viele schöne Überraschungen erleben.

Blahbatuh & Umgebung

Der Tempel **Pura Gaduh** (Karte s. oben; Jl. Kebo Iwa), 200 m östlich des Marktes in Blahbatuh, besitzt einen 1 m hohen Steinkopf, der als ein Porträt von Kebo Iwa, dem legendären Mann fürs Grobe und Minister des letzten Herrschers des Bedulu-Fürstentums, gilt. Gajah Mada – eine wichtige Persönlichkeit im Majapahit-Reich – erkannte, dass Bedulu (Balis stärkstes Fürstentum) nicht zu erobern war, so lange Kebo Iwa sich dort aufhielt. Deshalb lockte er ihn nach Java (er versprach ihm Frauen und Gesang) und ließ ihn ermorden. Der Steinkopf entstand wahrscheinlich vor dem javanischen Einfluss auf Bali.

Webstühle, auf denen unermüdlich Ikat- und Batikstoffe hergestellt werden, gibt es in **Putri Ayu** (Karte s. oben; ☎ 0361-225 533; Jl. Diponegoro 51; ⏱ 8–17 Uhr) zu sehen. Die Werkstätten und der Ausstellungsraum sind ein guter Kontrast zu den Textilgeschäften in Gianyar und liegen gegenüber vom Tempel.

Westlich von hier gibt es etwas abseits der Hauptstraße nahe dem Dorf Kemenuh sensationelle Ausblicke auf **Reisterrassen**.

Kutri

Von Blahbatuh geht es Richtung Norden nach Kutri mit dem interessanten **Pura Kedarman** (Pura Bukit Dharma; Karte s. oben).

Südlich von Ubud

◎ Highlights
1 Setia Darma House of Masks & Puppets C1

◎ Sehenswertes
2 Bali Bird Park..B3
3 Bali Orchid Garden B4
4 Bali Safari & Marine Park....................D3
5 Big Tree Farms.......................................B2
6 Goa Gajah..C1
7 Green School..A2
8 Ida Bagus Anom Suryawan C1
9 Ketut Rudi Gallery................................C1
10 Museum Purbakala...............................C1
11 Nyoman Suaka Home B3
12 Pantai Keramas....................................D3
13 Pantai Masceti.....................................D3
14 Pantai Purnama C4
15 Pantai Saba...D3
16 Pranoto's Art Gallery.......................... C1
17 Pura Gaduh...D2
18 Pura Kebo Edan....................................C1
19 Pura Kedarman D1
20 Pura Penataran Sasih C1
21 Pura Puseh & Pura Dasar C2
22 Pura Puseh Batubulan B3
23 Pura Pusering Jagat C1
24 Pura Samuan Tiga C1
25 Singapadu Banyan Tree....................C3
26 Tonyraka Art Gallery..........................C2
27 Yeh Pulu C1

⊕ Aktivitäten, Kurse & Touren
28 Fivelements B1
Ida Bagus Anom Suryawan .... (s. 8)
29 Taman Harum Cottages C1

🛏 Schlafen
30 Komune Bali.. D3
31 Suly Resort..C1
32 Taman Harum Cottages C1

⊗ Essen
33 Gianyar Babi Guleng D1
34 Night Market..D1
35 Semar Warung C1
36 Warung Satria......................................B4

✪ Unterhaltung
37 Barong Dance Show B3

🛍 Shoppen
38 Cap Togog... D1
39 Guwang Pasar Seni............................. C3
40 Mask & Puppet Makers C2
41 Planet Bike Bali................................... A4
42 Putri Ayu...C2
43 Sukawati Market C3
Tenun Ikat Setia Cili................... (s. 38)

Wer den Bukit Dharma hinter dem Tempel erklimmt, wird mit einem tollen Panorama belohnt. Oben steht ein **Schrein** mit einer Statue von Durga, der sechsarmigen Göttin des Todes und der Zerstörung, die einen vom Dämon besessenen Wasserbüffel tötet.

Bona & Belega

Auf der Nebenstraße zwischen Blahbatuh und Gianyar liegt Bona, ein **Zentrum der Korbflechter**, das viele aus *lontar* (präparierte Palmblätter) hergestellte Gegenstände präsentiert. Der Ort ist auch für seine Feuertänze bekannt. (Achtung: Auf den meisten Straßenschildern in der Gegend steht „Bone" statt Bona. Wer sich verfahren hat, sollte also fragen: „Können Sie mir den Weg nach Bone zeigen?")

Belega ganz in der Nähe ist ein Zentrum für die Herstellung von Bambusmöbeln.

Batuan

Batuans schriftlich fixierte Geschichte reicht 1000 Jahre zurück. Im 17. Jh. kontrollierte die hiesige Fürstenfamilie einen Großteil des südlichen Bali. Der Niedergang der Macht wird dem Fluch eines Priesters zugeschrieben, der die fürstliche Familie in verschiedene Regionen der Insel zerstreute.

Direkt westlich des Zentrums stehen die Zwillingstempel **Pura Puseh** (Karte S.198) und **Pura Dasar** (Spende 10 000 Rp, einschl. Sarong) – sie sind begehbare Studien klassischer balinesischer Tempelarchitektur. Die Schnitzarbeiten sind kunstvoll, die Besucher in leuchtend roten Sarongs bewundern. Tagsüber gibt es regelmäßig Tanzdarbietungen, die aber in erster Linie für Touristen gedacht sind.

Sukawati & Puaya

Die einstige Fürstenstadt Sukawati ist für ihren Markt und die spezialisierten Kunsthandwerker bekannt, die in kleinen Läden entlang der Straßen fleißig arbeiten.

 Shoppen

In Sukawati sollte man nach den Läden von *tukang prada* Ausschau halten. Sie stellen wunderschöne Tempelschirme her, auf die Goldfarbe mit Schablonen aufgetragen wird und die in den Läden zu sehen sind.

Puaya, etwa 1 km nordwestlich von Sukawati, hat sich auf hochwertige Schattenfiguren aus Leder und Masken für Topeng- und Barong-Tänze spezialisiert.

★ Sukawati Market MARKT
(Karte S. 198; Jl. Raya Sukawati; ⊙ 6–20 Uhr) Der stets wuselige Sukawati-Markt ist ein Highlight jeden Besuchs in dieser Region und eine wichtige Quelle für Blumen, Körbe, Früchte, Nippes und andere Gegenstände, die als Tempelgaben verwendet werden.

An der Nordseite des Hauptgebäudes gibt es eine Gasse, in der Karren mit köstlichem Sate stehen. Händler mit Früchten, die viele Besucher wahrscheinlich noch nie gesehen haben, stehen in den Ecken der typischerweise schäbigen Haupthalle für Lebensmittel. An Ständen werden leicht zusammensetzbare Tempelgaben für fromme, aber unter Zeitdruck stehende Balinesen verkauft. An den Straßen in der Umgebung sind Stände mit hochwertigem Kunsthandwerk gleich neben denen zu finden, die mit „traumhaften" Bintang-Unterhemden hausieren gehen. Geldautomaten stehen Gewehr bei Fuß.

Masken- & Puppenmacher KUNST & HANDWERK
(Karte S. 198; Jl. Raya Puaya; ⊙ 9–17 Uhr) An der Hauptstraße in Puaya reihen sich Werkstätten aneinander, in denen vor allem zeremonielle Gegenstände für Tanzdarbietungen hergestellt und verkauft werden.

Von Süden kommend sind dies: **Nyoman Ruka** hat einen professionellen Laden mit Barongfiguren und Masken. **Sari Yasa** ist ein Familienanwesen mit einer viel beschäftigten Werkstatt, in der Masken, Kostüme und Puppen produziert werden. **Mustika Collection** ist ein weiteres Familienunternehmen mit einer Werkstatt für Masken und Puppen; auf der anderen Straßenseite bietet der **Baruna Art Shop** eine Vielzahl von Barongfiguren an. In allen Werkstätten sind Besucher willkommen und dürfen den Kunsthandwerkern bei ihrem Handwerk zuschauen.

Guwang Pasar Seni SOUVENIRS
(Handwerksmarkt; Karte S. 198; Guwang; ⊙ 8 bis 18 Uhr) Etwa 2 km südlich von Sukawati bietet dieser hochgejubelte und sehr touristische Markt jede Art von Nippes und Flitterkram.

Singapadu

Das Zentrum von Singapadu wird von einem riesigen **Banyanbaum** (Karte S. 198) beherrscht. Früher kamen die Gemeindemitglieder bei diesen Bäumen zusammen; auch heute noch steht die örtliche Versammlungshalle gleich auf der anderen Straßenseite. Das Dorf hat ein traditionelles Erscheinungsbild mit ummauerten Familienanwesen und schattenspendenden Bäumen.

⊙ Sehenswertes

Nyoman Suaka Home HISTORISCHES GEBÄUDE
(Karte S. 198; Singapadu; erwartete Spende 30 000 Rp; ⊙ 9–17 Uhr) Das Haus steht 50 m von der Hauptstraße entfernt unmittelbar südlich des riesigen Banyanbaums. Durch den Eingang mit schönen Schnitzereien geht es in ein ummauertes Familienanwesen mit einem klassischen balinesischen Wohnhaus. Während die Besucher sich neugierig umsehen, geht die Familie ihren alltäglichen Verrichtungen nach.

Bali Bird Park ZOO
(Karte S. 198; ☎ 0316-299352; www.bali-bird-park. com; Jl. Serma Cok Ngurah Gambir; Erw./Kind 30/15 US$; ⊙ 9–17.30 Uhr) Über 1000 Vögel (250 verschiedene Arten) flattern in diesem Park herum, darunter die seltenen *cendrawasih* (Paradiesvögel) aus Westpapua und der nahezu ausgestorbene Balistar. Viele sind in begehbaren Volieren untergebracht.

In einer Reptilienabteilung lebt u. a. ein Komodowaran. Der 2 ha große Landschaftsgarten präsentiert eine schöne Sammlung tropischer Pflanzen. Kinder haben hier viel Spaß; für den Besuch sollten mindestens zwei Stunden eingeplant werden.

Celuk

Celuk ist das Silber- und Goldzentrum Balis. Die schickeren Showrooms befinden sich entlang der Hauptstraße und verlangen recht hohe Preise für ihre Waren, etwas Verhandlungsspielraum besteht meist aber dennoch.

Hunderte **Silber-** und **Goldschmiede** arbeiten in ihren Häusern an den Seitenstraßen nördlich und östlich der Hauptstraße. Die meisten dieser Kunsthandwerker stammen aus *Pande*-Familien, Mitglieder einer Subkaste von Schmieden, deren Kenntnisse über Feuer und Metall sie traditionell außerhalb der üblichen Kastenhierarchie stellen.

Ein Besuch in den kleinen Werkstätten ist interessant, dort sind die Preise auch am niedrigsten. Allerdings haben die Handwerker meist keine große Auswahl an fertigen Stücken auf Lager. Sie arbeiten auch auf Bestellung, wenn man ein Vorbild oder eine Zeichnung mitbringt.

Batubulan

Der Beginn der Straße von Südbali ist von vielen Geschäften für Steinskulpturen gesäumt – **Steinmetzarbeiten** sind das wichtigste Handwerk in Batubulan (Mondstein). Die Werkstätten stehen direkt an der Straße nach Tegaltamu, weitere gibt es weiter nördlich rund um Silakarang.

Aus Batubulan stammen die faszinierenden Tempeltorwächter, die überall auf Bali zu sehen sind. Der Stein, der für diese Skulpturen genutzt wird, ist ein poröser grauer vulkanischer Tuffstein namens *paras*, der Bimsstein ähnelt; er ist weich und überraschend leicht. Er altert auch schnell, sodass „antike" Stücke meist nur ein paar Jahre und nicht Jahrhunderte alt sind.

Die Tempel rund um Batubulan sind natürlich berühmt für ihre schönen Steinmetzarbeiten. Nur 200 m östlich der belebten Hauptstraße lohnt der **Pura Puseh Batubulan** (Karte S. 198; als Eintritt Spenden erbeten; ⊙ 8–18 Uhr) einen Besuch wegen seines mit Lotosblumen gefüllten Wassergrabens und der perfekt ausbalancierten Gesamtkomposition. Die Statuen greifen auf uralte hinduistische und buddhistische Ikonografie und balinesische Mythologie zurück; dabei sind sie gar nicht alt – viele sind aus Archäologiebüchern kopiert.

Eine **Barong-Tanzshow** (Karte S. 198; Pura Puseh Batubulan; Eintritt 100 000 Rp; ⊙ 9.30 Uhr) über den ikonischen Löwenhund wird in einer hässlichen Halle aufgeführt; es ist eine busfreundliche einstündige Veranstaltung. Pura Puseh bedeutet „zentraler Tempel" – davon gibt es viele auf Bali. Mitunter wird „Puseh" auch als „Nabel" übersetzt, auch das passt.

Batubulan ist auch ein Zentrum für die Fertigung von „Antiquitäten", Textilien und Holzarbeiten und bietet zahllose Kunsthandwerksläden.

Ostbali

➜ Inhalt

Gianyar............207
Sidan.............208
Bangli.............208
Semarapura........209
Die Straße nach Sidemen............212
Pura Besakih........214
Gunung Agung......215
Padangbai..........217
Candidasa.........224
Amlapura..........228
Amed & die Küste südlich des Orts....232
Tulamben..........238

Gut essen

➜ Gianyars Nachtmarkt (S. 207)
➜ Merta Sari (S. 217)
➜ Terrace (S. 222)
➜ Vincent's (S. 227)
➜ Warung Enak (S. 237)

Schön übernachten

➜ Turtle Bay Hideaway (S. 228)
➜ Meditasi (S. 237)
➜ Alam Anda (S. 241)
➜ Samanvaya (S. 213)
➜ Santai (S. 235)

Auf nach Ostbali!

Auf den Straßen Ostbalis unterwegs zu sein, gehört zum Vergnüglichsten, was die Insel zu bieten hat. Reisterrassen unter Palmen ziehen sich die Hügel hinunter, an wilden vulkanischen Stränden brechen sich die Wellen, malerische und uralte Dörfer kommen weiterhin mit einem Minimum an Modernität aus. Über all dem wacht der Gunung Agung, der 3142 m hohe Vulkan, der als „Nabel der Welt" und als „Mutter der Berge" bekannt ist. Auf Wanderungen vom reizvollen Tirta Gangga aus lässt sich seine perfekte Kegelform ausgiebig betrachten.

Balis Vergangenheit hat sich in den eindrucksvollen Ruinen der früheren Königsstadt Semarapura erhalten. Die Ausblicke und Täler entlang der Flüsse, die die Hänge an der Straße nach Sidemen hinunterfließen, könnten als Inspiration für Shangri-La gedient haben. Unten an der Küste sind Padangbai, wo es ganz entschleunigt zugeht, und Candidasa das Richtige für ruhesuchende Urlauber.

Resorts und versteckte Strände gibt es überall an der Küste und besonders am Küstenabschnitt östlich von Amed. Gleich etwas nördlich davon, in Tulamben, geht es um die Entdeckung der Unterwasserwelt: Der Ort ist ganz aufs Tauchen eingestellt.

Reisezeit

Die beste Reisezeit für Ostbali ist die Trockenzeit in den Monaten von April bis September, obwohl sich das Wetter in den letzten Jahren verändert hat: Die Trockenzeit ist feuchter und die Regenzeit trockener geworden. Wanderungen nach Tirta Gangga durch die üppig bewachsenen Hügel des Gunung Agung sind viel leichter, wenn der Boden nicht matschig ist. An der Küste ist kein Monat dem anderen vorzuziehen, denn dort ist es gewöhnlich einfach immer tropisch warm.

Spitzen-Resorts können in der Hochsaison (im Juli und August und über Weihnachten) ausgebucht sein, aber so voll wie in Südbali wird es hier nie.

Die Küstenstraße nach Kusamba

✆ 0361

Balis Küstenstraße, die nördlich von Sanur beginnt und nach Osten bis zu einer Kreuzung hinter Kusamba verläuft, sollte wohl besser den Namen Strandstraße tragen. Sie führt an einem Küstenabschnitt entlang, an dem sich die schwarzsandigen Strände geradezu häufen. So lassen sich nunmehr all die Sandstrände leicht besuchen, die damals, als die Straße nach Osten sich durch weit im Binnenland liegende Städte wie Gianyar und Semarapura schlängelte, nur schwer erreichbar waren.

Der Ausbau der Straße von zwei auf vier Spuren war bitter nötig und ist nahezu abgeschlossen. Die Straße ist auf ganzer Länge von Warung-Ständen und Raststätten gesäumt. Die touristische Entwicklung wurde ernsthaft in Angriff genommen, und es gibt eine Vielzahl neuer Villen, die für Ausländer gebaut wurden.

Die Küstenstraße ist nach einem balinesischen Gouverneur aus den 1980er-Jahren benannt, der viel für die Kultur getan hat, offiziell heißt sie Prof. Dr. Ida Bagus Mantra Bypass. Sie hat Padangbai, Candidasa und Orte weiter östlich ein bis zwei Stunden näher an Südbali herangebracht.

⊙ Sehenswertes

Bali Safari & Marine Park FREIZEITPARK
(Karte S. 198; ✆ 0361-950 000; www.balisafarimarinepark.com; Prof. Dr. Ida Bagus Mantra Bypass; Erw./Kind ab 49/39 US$; ⊙ 9–17 Uhr, Bali-Agung-Show Di–So 14.30 Uhr) Kinder lieben den Bali Safari & Marine Park und ihre Eltern sind froh darüber, dass er ihnen gefällt. Dieser groß angelegte Themenpark ist mit Tieren bestückt, die es auf Bali nie gab, bis diese Exemplare aus dem Käfig gelassen wurden. Die Ausstellung ist groß und naturnah gestaltet. Zu den vielen Zusatzangeboten, die natürlich extra kosten, gehören Ritte auf Tieren und eine Nachtsafari. Besucher sollten beachten, dass bei den Vorführungen des Parks auch Elefanten auftreten: Tierschützer meinen, diese Vorführungen seien unnatürlich und schädlich für die Tiere.

Eine der Hauptattraktionen ist die funkelnde Show **Bali Agung**. Die 60-minütige Vorführung bietet balinesische Kultur im spektakulären Las-Vegas-Stil. Das ist nicht wirklich traditionell, aber trotzdem beeindruckend.

Der Park liegt nördlich von Lebih Beach; kostenlose Shuttles fahren die Touristenzentren in ganz Südbali an.

🏖 Strände

Wer auf der Küstenstraße von Sanur nach Osten fährt, kann fast jede Straße oder jeden Weg Richtung Süden nehmen und landet unmittelbar am Strand. Mal sind die Strände fast menschenleer und ganz ruhig, bei anderen ist die Entwicklung in vollem Gange, und bei noch anderen ist schon seit Langem ordentlich etwas los.

Die Küste ist mit ihren Stränden in unzähligen vulkanischen Grauschattierungen und mit ihren donnernden Wellen atemberaubend. Die gesamte Küstenregion ist religiös sehr bedeutend, was die zahllosen Tempel unterwegs dokumentieren. In den vielen kleinen Dörfern wird am Ende der Bestattungszeremonien die Asche des Verstorbenen ins Meer gestreut. Reinigungsrituale für Tempelartefakte werden ebenfalls an diesen Stränden abgehalten.

Einige Stichpunkte:

➡ Ketewel und Keramas eignen sich gut zum Surfen.

➡ Das Schwimmen ist in der oftmals gewaltigen Brandung aber gefährlich.

➡ Einige Strände bieten keinen Schatten.

➡ An den meisten Stränden gibt es mindestens ein oder zwei Leute, die Essen und Getränke verkaufen.

➡ Die Strände erreicht man nur auf eigene Faust.

➡ Die Dorfbewohner erheben eine kleine Mautgebühr (etwa 2000 bis 5000 Rp).

➡ Traurigerweise haben die meisten Strände Müllprobleme.

Das hoch im Kurs stehende Surfresort **Komune Bali** (Karte S. 198; ✆ 0361-301 8888; www.komuneresorts.com; Jl. Pantai Keramas; Zi. ab 90 US$; ❄ ⓘ 🏊) hat zwei Leuchtfeuer zum außerordentlich beliebten Nachtsurfen errichtet. Trotzdem hat das Hotel einiges dafür getan, sich gut in die Umgebung einzupassen. Es hat einen sehr schönen Poolbereich und ein Café in den Dünen, an das das Hochwasser nicht heranreicht.

Leider gehen nicht alle Neulinge im Tourismussektor auf diese Weise mit der Landschaft um. Waki Bali verleiht Quads, damit die Leute am Strand herumgurken können, und hält – noch schlimmer – in einem Pool Delfine gefangen.

Highlights

❶ Die Grünschattierungen bei einem der längsten und schönsten Aufstiege im Leben bei **Pura Lempuyang** auseinanderhalten (S. 229)

❷ In **Pantai Klotek** (S. 206) die Kombination aus Heiligem und Erhabenem sowie viel schwarzen Sand bestaunen

❸ In der **Kertha Gosa** (S. 210) in Semarapura Einblicke in Balis raue Vergangenheit und stolze Traditionen gewinnen

❹ Wandern im malerischen Tal von **Sidemen** (S. 212)

❺ Mit neuen Freunden in den coolen Cafés und an den Stränden von **Padangbai** (S. 217) chillen

❻ In einem Gasthaus an der **Amed-Küste** (S. 232) den perfekten Lotossitz üben

❼ Einen Tauchausflug zum berühmten Schiffswrack gleich vor der Küste von **Tulamben** (S. 238) unternehmen

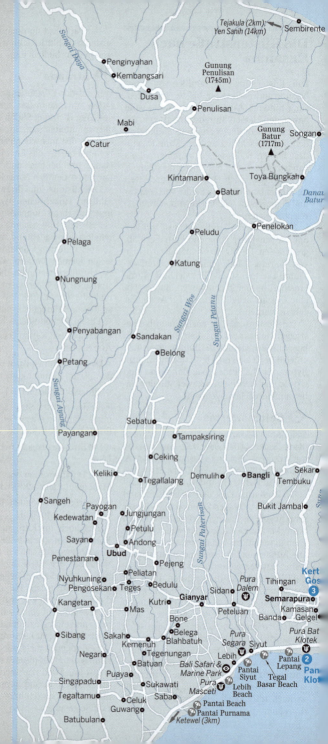

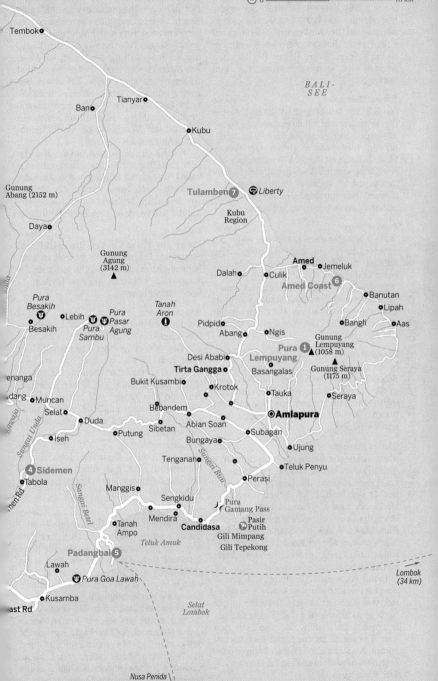

Pantai Ketewel   STRAND
(Karte S. 198) Ketewel ist einer der ersten Strände, der von der Küstenstraße aus erreichbar ist. Hier wird gesurft, allerdings auf einem recht fortgeschrittenen Niveau; es ist ein heikles, felsiges Revier. Wer hier herkommt, surft – oder schaut anderen beim Surfen zu.

Pantai Purnama   STRAND
(Karte S. 198) Der Strand ist klein, hat aber den schwarzesten Sand, in dem die Sonne Milliarden Funken aufleuchten lässt. Religion wird hier großgeschrieben: Der Tempel **Pura Erjeruk** ist für die Bewässerung der Reisfelder wichtig, deswegen finden hier jeden Monat bei Vollmond einige der aufwendigsten Reinigungszeremonien statt. Die ersten Villen stehen hier auch schon.

Pantai Saba   STRAND
(Karte S. 198) Besucher haben die Wahl: Sie nehmen die 1,1 km lange dschungelartige Zufahrt von der Küstenstraße oder eine kurze und direkte Straße östlich davon. Der Strand liegt etwa 12 km östlich von Sanur. Ein paar Getränkeverkäufer ruhen sich im graubraunen Sand aus; es gibt einen kleinen Tempel, einfache Hütten und einen schattigen Parkplatz.

Pantai Keramas   STRAND
(Karte S. 198) Wird das der nächste Echo Beach (der beliebte Strand und Surfbreak in der Nähe von Canggu)? Villen- und Hotelprojekte schießen hier wie Pilze aus dem Boden. Die gleichmäßige Brandung ist absolute Weltklasse.

Pantai Masceti   STRAND
(Karte S. 198) „Was für ein merkwürdiger Ort", meinte unser Freund. Tatsächlich lassen sich am Masceti-Strand die Gegensätze studieren. Er liegt etwa 15 km östlich von Sanur, bietet ein paar Getränkeverkäufer – und einen der neun balinesischen Haupttempel, **Pura Masceti**. Das in Gestalt eines *garuda* (eines großen Mythenvogels) errichtete Gebäude steht direkt am Strand und wird von grellbunten Statuen geschmückt.

In der Vogelgestalt des Tempels liegt eine gewisse Ironie, denn sowohl der Tempelbezirk wie auch ein riesiges Gebäude in der Nachbarschaft werden für Hahnenkämpfe genutzt. Die Federn der Vögel, die den Kampf verloren haben, liegen hier überall herum. An Tagen ohne Hahnenkämpfe oder Zeremonien wird im großen Pavillon auf andere Weise gezockt.

Lebih Beach   STRAND
Der nahe der Hauptstraße gelegene Lebih Beach besteht aus glimmerreichem, glitzerndem Sand. Hier in der Nähe mündet der große Sungai Pakerisan (Pakerisan-Fluss), der bei Tampaksiring entspringt, ins Meer. Am Strand liegen bunte Fischerboote, und passend dazu gibt es eine Reihe von Warungs, mit Fisch-Sate und einer reichhaltigen Fischsuppe als Spezialitäten; überall riecht es köstlich nach gegrilltem Fisch – ein wunderbarer Zwischenstopp für ein geruhsames Mittagessen.

Weiter nördlich Norden, auf der anderen Seite der Küstenstraße, steht der eindrucksvolle **Pura Segara**. Der Tempel oberhalb der Meerenge nach Nusa Penida, der Heimat von Jero Gede Macaling (s. Kasten S. 149), schützt Bali vor dessen schlechtem Einfluss.

Pantai Siyut   STRAND
Dieser nur 300 m von der Straße entfernte Strand ist oft ganz leer. Hier bietet sich ein Sonnenschirm an, denn es gibt sonst keinen Schatten. Es existieren an dieser Stelle noch keine Bauvorhaben.

Pantai Lepang   STRAND
Der Strand lohnt schon wegen des kleinen Stückchens ländlichen Balis, durch das man auf den 600 m von der Hauptstraße aus fährt. Reis und Mais wachsen hier im Überfluss. Am anthrazitfarbenen Strand gibt es kleine Dünen, leider gar keinen Schatten, ein paar Händler und jede Menge Gründe, die Kamera herauszuholen. Ein Schild weist darauf hin, dass dies ein Schutzgebiet für Meeresschildkröten ist.

Andererseits gibt es hier auch dieses riesige Bauprojekt Tamansari Jivva, das in unmittelbarer Nähe zu sehen ist, mit auf Zeit von mehreren Eigentümern genutzten Wohnungen.

Pantai Klotek   STRAND
Dieser Strand ist der interessanteste und hat eine weitere schöne Anfahrt über eine 800 m lange, hügelige Stichstraße. Die Ruhe am **Pura Batu Klotek** täuscht über seine große Bedeutung hinweg: Heilige Statuen werden vom Pura Besakih für eine rituelle Reinigung hierhergebracht.

Es lohnt sich, nach dem Mann Ausschau zu halten, der an seinem Karren *bakso ayam* (Hühnersuppe) verkauft – er macht den ganzen Tag selbst frische Nudeln – und die hellblauen Blumen der wilden Midoristauden zu bewundern: Sie haben einen besonderen Status, sie sind heilig.

LECKERES AUF DEM NACHTMARKT VON GIANYAR

Der Klang Hunderter Kochtöpfe und die vielen strahlenden Lichter verleihen dem hervorragenden **Nachtmarkt** (Karte S. 198; Jl. Ngurah Rai; ☉ 17–23 Uhr) von Gianyar eine geradezu frenetische Partystimmung. Die Einheimischen finden, dass es hier das beste Essen auf ganz Bali gibt.

Jede Menge Stände werden allabendlich im Zentrum aufgestellt. Dort werden köstliche und erstaunlich vielfältige Gerichte gekocht. Das Herumschlendern, Begutachten und Aussuchen ist fast schon der halbe Spaß. Es gibt alles von *babi guling* (am Spieß gebratenes und mit Chili, Kurkuma, Knoblauch und Ingwer gewürztes Schwein) bis zu schmackhaften, unbeschreiblichen Gemüsekombinationen. Ein Gericht kostet im Schnitt weniger als 15 000 Rp. Mit mehreren Leuten kann man zusammen viel probieren und um so glücklicher machen. Höhepunkt des Marktes sind die zwei Stunden nach Sonnenuntergang.

Das Beste ist, dass der Nachtmarkt nur 20 Minuten Fahrzeit von Ubud entfernt liegt. Ein Fahrer bringt einen für 120 000 Rp hin und zurück, inklusive Wartezeit (dafür sollte man ihm auch etwas Leckeres zu essen spendieren).

Gianyar

☎ 0361

Gianyar ist das wohlhabende Verwaltungs- und Marktzentrum des Gianyar-Distrikts, zu dem auch Ubud gehört. Die Stadt hat mehrere Batik- und Ikat-Fabriken und ein kleines Zentrum, in dem man ausgezeichnet essen kann, vor allem auf dem berühmten Nachtmarkt.

⊙ Sehenswertes

Puri Gianyar PALAST

(Jl. Ngurah Rai) Der Puri Gianyar aus dem Jahr 1771 wurde in einem Konflikt mit dem benachbarten Königreich Klungkung Mitte der 1880er-Jahre zerstört und wiederaufgebaut. Angesichts der Bedrohung durch die aggressiven Nachbarn erbat das Königreich Gianyar niederländischen Schutz. Ein Abkommen von 1900 ließ der Herrscherfamilie Status und Palast, nicht aber die politische Macht. Der Palast ist ein schönes Beispiel traditioneller Architektur.

Obwohl Touristen eigentlich nicht in den Palast hineindürfen, lohnt es sich, einmal freundlich bei der Wache nachzufragen. Manchmal darf man einen schnellen, verbotenen Blick ins Innere der Anlage werfen (der Blick durch das schmiedeeiserne Tor ist aber fürs Erste auch nicht schlecht). Der riesige Banyanbaum gegenüber vom Palast gilt als heilig und als königliches Symbol.

✕ Essen

Die Leute kommen wegen des Markts nach Gianyar, der für sein Essen berühmt ist, z. B. *babi guling* (Schwein am Spieß mit einer Füllung aus Chili, Kurkuma, Knoblauch und Ingwer – einfach köstlich). Das dementsprechend benannte **Gianyar Babi Guleng** (Karte S. 198; Mahlzeiten ab 20 000 Rp; ☉ 7–16 Uhr) wird von vielen Einheimischen favorisiert. Es liegt in einer winzigen Seitenstraße im westlichen Stadtzentrum hinter dem Bemo-Parkplatz.

In der Nähe gibt es viele Stände, die frische Gerichte verkaufen, u. a. leckere *piseng goreng* (gebratene Bananen). Eine große Auswahl hat man auch auf dem **Lebensmittelmarkt** (☉ 11–14 Uhr), der sich im Hauptabschnitt der Jalan Ngurah Rai auf beiden Seiten erstreckt.

Shoppen

Am westlichen Ende der Stadt, an der Hauptstraße nach Ubud, gibt es Stofffabriken, die von Kennern handgewebter Textilien sehr geschätzt werden. Bei zweien lohnt es sich hereinzuschauen, beim großen **Tenun Ikat Setia Cili** (Karte S. 198; ☎ 0361-943409; Jl. Astina Utara; ☉ 9–17 Uhr) und bei **Cap Togog** (Karte S. 198; ☎ 0361-943046; Jl. Astina Utara 11; ☉ 8–17 Uhr). Beide stehen in 500 m Entfernung voneinander an der Hauptstraße. In Letzterem werden im unteren Bereich auch Stoffe hergestellt. Es ist faszinierend, dabei zuzusehen und den Geräuschen Dutzender klappernder Holzwebstühle zu lauschen. Man kann den Webern bei der Arbeit zusehen und beobachten, wie das Garn für die lebhaft gemusterten Ikat-Stoffe, die auf Bali *endek* heißen, gefärbt wird.

Hier gibt es die Stoffe als Meterware zu kaufen, man kann sich aber auch etwas vor Ort schneidern lassen. Handgewebter Ikat kostet – je nachdem, wie fein er ist –, zwischen 50 000 und 100 000 Rp pro laufendem Meter: Wenn er Seide enthält, ist er entsprechend teurer. Einen Batiksarong bester Qualität gibt es für etwa 600 000 Rp – und doppelt so viel, wenn er als Hochzeitsgewand auch noch ein paar Goldakzente haben soll. Da die Branche unter dem harten Konkurrenzkampf mit den maschinengewebten javanischen Stoffen leidet, ist jeder Besucher willkommen.

ⓘ An- & Weiterreise

Bemo verkehren regelmäßig zwischen dem Batubalan-Terminal bei Denpasar und dem Hauptterminal in Gianyar hinter dem Hauptmarkt (15 000 Rp).

Bemo von und nach Ubud (10 000 Rp) halten an der Haltestelle auf der anderen Straßenseite am Hauptmarkt.

Sidan

Von der Straße von Gianyar gibt es etwa 2 km außerhalb von Peteluan eine Abzweigung nach Bangli. Nach ca. 1 km auf dieser Straße kommt an einer scharfen Kurve der **Pura Dalem** von Sidan in Sicht. Dieses schöne Beispiel eines Tempels der Unterwelt ist Merajapati, dem Schutzgeist der Toten, gewidmet und zeigt wunderbare Steinmetzarbeiten. Sehenswert sind die Statuen von Durga mit Kindern am Tor und der separate Raum in einer Ecke des Tempels, der Merajapati, gewidmet ist.

Bangli

♪ 0366

Auf halbem Weg den Hügel nach Penelokan hinauf liegt Bangli, einst die Hauptstadt eines Königreichs, heute ein bescheidener Marktort, der wegen seines weitläufigen Tempels Pura Kehen sehenswert ist. Er liegt an einer wunderschönen Dschungelstraße, die an Reisterrassen vorbeiführt und in Sekar auf die Straße nach Rendang und Sidemen stößt.

Geschichte

Bangli wurde im 13. Jh. gegründet. In der Majapahit-Zeit löste es sich von Gelgel und wurde ein eigenständiges Königreich, das allerdings keinen Seezugang hatte, arm und in langwierige Konflikte mit den Nachbarstaaten verstrickt war.

Im Jahr 1849 verhalf ein Vertrag mit den Niederländern Bangli zur Kontrolle über das unterworfene Königreich Buleleng an der Nordküste, das jedoch rebellierte, woraufhin die Kolonialherren wieder die Herrschaft übernahmen. 1909 zog es der Radscha von Bangli vor, in einem niederländischen Protektorat zu leben, statt im selbstmörderischen *puputan* (dem Kampf bis zum Tod) zu sterben oder sein Reich durch die vollständige Eroberung durch die Nachbarstaaten oder die Kolonialmacht zu verlieren.

◉ Sehenswertes

★ **Pura Kehen** HINDUTEMPEL
(Erw./Kind 10 000/5000 Rp; ⊙ 9–17 Uhr) Der Nationaltempel des Königreichs Bangli, einer der schönsten Tempel Ostbalis, ist eine Miniaturversion des Pura Besakih. Er ist an den Berghang gebaut, eine Treppe führt zu seinem herrlich geschmückten Eingang. Im ersten Innenhof steht ein riesiger Banyanbaum, in dessen Ästen eine *kulkul* (eine Warntrommel aus einem hohlen Baumstamm) hängt.

Der innere Hof hat eine *meru*, eine Pagode mit elf Dächern sowie weitere Schreine für die drei Hindugötter Brahma, Shiva und Vishnu. Die zahlreichen Steinmetzarbeiten sind hier besonders fein ausgeführt. Insgesamt gibt es in der gesamten Tempelanlage 43 Altäre.

Pura Dalem Penunggekan HINDUTEMPEL
(Jl. Merdeka) Die Außenmauer dieses faszinierenden Unterwelttempels ziert ein sehenswertes Relief, das anschaulich zeigt, was Übeltätern im Jenseits blüht. Eine Tafel zeigt das gräßliche Schicksal von Ehebrechern – vor allem Männer dürften diesen Anblick sehr ungemütlich finden! Andere stellen Sünder als Affen dar oder zeigen Bösewichte, die darum flehen, vor dem Höllenfeuer bewahrt zu werden.

Der Tempel liegt rund 3 km südlich vom Zentrum Banglis entfernt.

✕ Essen

Auf dem *pasar malam* (Nachtmarkt) an der Jalan Merdeka neben dem Bemo-Bahnhof gibt es einige sehr gute traditionelle Warungs, die einen Stopp lohnen. Auch tagsüber finden sich auf dem etwas chaotischen Markt Stände mit frischem und leckerem Essen. Speisen für Opfergaben im Tempel werden rund um die Uhr verkauft.

Semarapura

Semarapura

⊙ Highlights
1 Taman Kertha Gosa B1

⊙ Sehenswertes
2 Kertha Gosa B1
3 Museum Semarajaya A1

⊗ Essen
4 Bali Indah C2

⊙ Shoppen
5 Semarapura Market C2

❶ An- & Weiterreise

Bangli liegt an der Hauptstraße zwischen Denpasars Terminal Batubulan (17 000 Rp) und dem Gunung Batur, den man nur über Penelokan erreicht.

Semarapura (Klungkung)

♪ 0366

Die hübsche Regionalhauptstadt Semarapura gehört wegen ihres faszinierenden Kertha-Gosa-Komplexes – eines sehenswerten Relikts aus vorkolonialer Zeit – auf jeden Reiseplan nach Ostbali. Das einstige Zentrum von Balis wichtigstem Königreich ist auch heute noch unter seinem alten Namen Klungkung bekannt.

Ein Spaziergang durch die Stadt vermittelt einen guten Eindruck vom modernen balinesischen Alltag mit großen Märkten, einer großen Anzahl an Geschäften und angenehm ruhigen Straßen.

Geschichte

Nachfolger der Majapahit, die Bali eroberten, ließen sich um 1400 in Gelgel (gleich südlich des modernen Semarapura) nieder; die Gelgel-Dynastie stärkte den Einfluss der Majapahit auf der Insel. Im 17. Jh. gründeten die Nachkommen der Gelgel-Linie getrennte Reiche, die Dominanz des Hofes Gelgel auf Bali ging verloren. Der Hof zog 1710 nach Klungkung um, konnte seine frühere Vorherrschaft aber nie ganz zurückgewinnen.

1849 schlugen die Herrscher von Klungkung und Gianyar eine niederländische Invasionstruppe bei Kusamba. Bevor die Niederländer einen Gegenangriff starten konnten, stieß noch ein Heer aus Tabanan dazu, der Kaufmann Mads Lange konnte jedoch schließlich ein Friedensabkommen aushandeln.

In den folgenden 50 Jahren bekämpften sich die südbalinesischen Königreiche, bis der Radscha von Gianyar die Niederländer um Hilfe bat. Als diese schließlich den Süden einnahmen, stand der König von Klungkung vor der Wahl zwischen einem selbstmörderischen *puputan* (wie der Radscha von Denpasar) oder einer schmachvollen Unterwerfung (bzw. einer Vereinbarung), wie sie der Radscha von Tabanan vorgezogen hatte. Er entschied sich für Ersteres. Im April 1908, als die Niederländer seinen Palast umstellten, gingen der Dewa Agung und Hunderte Familienmitglieder und Anhänger in den sicheren Tod durch die Kugeln der Niederländer oder die Klingen ihrer eigenen *kris* (traditionelle Dolche). An den Untergang des letzten balinesischen Königreichs und seine Opfer erinnert das große

NICHT VERSÄUMEN

DER BESTE MARKT IN OSTBALI

Semarapuras weitläufiger **Markt** (Jl. Diponegoro; ⊙6–20 Uhr) gehört zu den besten in Ostbali. Er ist ein lebhaftes Geschäftszentrum und ein Treffpunkt der Menschen aus dem Umland. Schnell ist eine Stunde bei einem Spaziergang durch das Gewirr der Stände auf drei Etagen vergangen. Sauberkeit ist hier ein Fremdwort – der Faszination tut das aber keinen Abbruch. Riesige Strohkörbe mit Zitronen, Limetten, Tomaten und anderen Erzeugnissen bilden leuchtende Farbflecken inmitten des Chaos. Probieren sollte man unbedingt einmal die kleinen Leckereien, die hier in riesiger Auswahl präsentiert werden.

Glänzende Schmuckstände stehen dicht an dicht neben Ständen, die ausschließlich Plastikeimer verkaufen. Es lohnt sich, nach Verkäufern von echten Ikat-Stoffen Ausschau zu halten, die hier ein Drittel dessen kosten, was man anderswo dafür zahlen muss. Wer über die Treppen draußen nach oben steigt, hat einen guten **Blick** auf das multikulturelle Semarapura, in dem Minarette und balinesische Tempel sich nebeneinander in den Himmel strecken. Der Morgen ist die beste Zeit für einen Marktbesuch.

Puputan-Denkmal direkt auf der anderen Seite der Jalan Serapati.

⊙ Sehenswertes

★ **Taman Kertha Gosa**   HISTORISCHES GEBÄUDE
(Jl. Puputan; Erw./Kind 12 000/6000 Rp, Parken 2000 Rp; ⊙6–18 Uhr) Als sich die Dewa-Agung-Dynastie 1710 hier niederließ, wurde der Semara Pura errichtet. Der Palast wurde wie ein großer Platz angelegt, der die Form eines Mandalas haben sollte, und bestand aus mehreren Höfen, Gärten, Pavillons und Wassergräben. Der Komplex wird manchmal auch Taman Gili (Inselgarten) genannt.

Der größte Teil des Originalpalastes und der Anlagen wurde beim Angriff der Niederländer 1908 zerstört. Nur das **Pemedal Agung**, das Eingangstor auf der Südseite des Platzes, blieb erhalten (die Steinmetzarbeiten lohnen einen Blick).

In einem restaurierten Bereich der Anlage blieben zwei wichtige Gebäude erhalten, die zusammen mit einem Museum den Taman Kertha Gosa bilden. Obwohl die Verkäufer aufdringlich sind, findet sich leicht ein Parkplatz, und es ist einfach, von hier aus die Stadt zu erkunden.

➜ **Kertha Gosa**

(Gerichtssaal) In der Kertha Gosa in der nordöstlichen Ecke des Komplexes tagte die höchste richterliche Instanz des Königreichs Klungkung, die über Streitigkeiten und Fälle entschied, die nicht in den Dörfern geregelt werden konnten.

Dieser offene Pavillon ist ein hervorragendes Beispiel für die Architektur von Klungkung. Die Decke ist vollständig mit schönen Malereien im Klungkung-Stil bedeckt. Die Bilder, die auf Asbestplatten gemalt sind, ersetzen seit 1940 die ursprünglichen, stark zerstörten Malereien auf Stoff.

Die Plattenreihen an der Decke sind verschiedenen Themen gewidmet. Der niedrigste Bereich illustriert fünf Märchen aus Balis Antwort auf „1001 Nacht", in denen das Mädchen Tantri jede Nacht eine andere Geschichte erfindet. Die nächsten beiden Reihen sind Szenen aus Bimas Reise ins Jenseits, auf der er Zeuge der Höllenqualen wird, die Übeltäter dort erleiden müssen. Darüber, welche Strafe auf welches Vergehen folgt, herrscht jedoch nach wie vor Uneinigkeit. (Es gibt eine allgemein anerkannte Erklärung in Werk *The Epic of Life – A Balinese Journey of the Soul* von Idanna Pucci, das man im Pavillon einsehen kann.) Die vierte Plattenreihe zeigt den mythischen Vogelmann Garuda bei seiner Suche nach dem Lebenselixir, während in der fünften Reihe verschiedene Ereignisse aus dem balinesischen astrologischen Kalender zu sehen sind. Die folgenden drei Reihen kehren zur Geschichte von Bima zurück, der nun den Himmel bereist: Tauben und eine Lotusblüte schmücken den höchsten Punkt der Decke.

➜ **Bale Kambang**

Auch die Decke des wunderschönen „Schwimmenden Pavillons" ist im Klungkung-Stil bemalt. Hier behandeln die verschiedenen Reihen Zeichnungen ebenfalls unterschiedliche Themen. Die erste Reihe beruht auf dem astrologischen Kalender, die zweite auf dem Märchen von Pan und Men Brayut und ihren 18 Kindern, die oberen Reihen zeigen die Abenteuer des Helden Sutasona.

→ Museum Semarajaya

Das recht unterhaltsame Museum zeigt eine interessante Sammlung mit archäologischen und anderen Stücken, u. a. werden *Songket*-Webereien (Stoffe mit Silber- oder Goldfäden) sowie Toddy (Palmwein) und die Herstellung von Palmzucker erklärt. Ein sehr bewegender Teil der Ausstellung ist dem *puputan* von 1908 gewidmet, auch einige alte Fotos vom Königshof werden in diesem Rahmen gezeigt. Der Ausstellungsteil über die Salzgewinnung zeigt zudem eindrucksvoll, wie viel harte Arbeit damit verbunden ist.

Pura Taman Sari   HINDUTEMPEL
(Jl. Gunung Merapi) Die Rasenflächen und Teiche um den Tempel mit dem treffenden Namen Blumengartentempel nordöstlich des Taman Kertha Gosa bieten sich für eine geruhsame Pause an. Der hohe *meru* mit elf Dächern zeigt, dass dieser Tempel für das Königshaus errichtet wurde. Heute scheint es so, als wäre er für die Gänse gebaut, die in den Anlagen herumspazieren.

Essen

Wer etwas pausieren will und hungrig ist, schlendert am besten an den zahllosen Imbissständen am und um den Markt vorbei. Ein kleiner Stand am Parkplatz vor dem Taman Kertha Gosa verkauft sogar einen guten Kaffee.

Bali Indah   CHINESISCH, INDONESISCH $
(☏ 0366-21056; Jl. Nakula 1; Gerichte 10 000 bis 20 000 Rp) Ein bewährtes und preiswertes chinesisches Plätzchen, um sich niederzulassen und einfache Gerichte zu genießen. Man könnte schwören, man wäre im Jahr 1943. Das Sumber Rasa ein paar Häuser weiter präsentiert sich ähnlich.

❶ Praktische Informationen

An der Jalan Nakula und der Hauptstraße, Jalan Diponegoro, gibt es mehrere Geldautomaten.

❶ An- & Weiterreise

Am besten lässt sich Semarapura mit dem eigenen Wagen auf einer Rundreise besuchen, die noch andere Orte in den Bergen und an der Küste berührt.

Bemos aus Denpasar (Batubulan-Terminal) kommen auf dem Weg nach Osten durch Semarapura (23 000 Rp). In der Nähe des Puputan-Denkmals können sie von Fahrgästen angehalten werden.

Rund um Semarapura

Östlich von Semarapura überquert die Hauptstraße den Sungai Unda (Unda River), bevor sie sich nach Süden in Richtung Kusamba und Meer wendet. Beim Ausbruch des Vulkans Gunung Agung im Jahr 1963 zerstörten Lavaströme, die mittlerweile überwuchert sind, hier mehrere Dörfer.

Tihingan

Mehrere Werkstätten in Tihingan stellen **Gamelan-Instrumente** her. In kleinen Schmieden werden die klingenden Bronzestäbe und schüsselförmigen Gongs gefertigt, die anschließend sorgfältig gefeilt und glänzend poliert werden, bis sie den richtigen Ton hervorbringen.

In Werkstätten, die ein Schild an der Tür haben, dürfen Gäste den Handwerkern bei der Arbeit zusehen, z. B. im einladenden **Tari Gamelan** (☏ 0366-22339), einer von vielen Instrumentenwerkstätten an der Hauptstraße. Gewöhnlich wird die oft sehr heiße Arbeit in den frühen, kühlen Morgenstunden erledigt, aber auch später kann man manchmal noch einen Blick auf den Arbeitsprozess werfen.

Von Semarapura aus fährt man über die Jalan Diponegoro nach Westen und folgt den Schildern.

⊙ Sehenswertes

★ **Nyoman Gunarsa Museum**   MUSEUM
(0366-22256; Kreuzung Pertigaan Banda/Banda, Takmung; Erw./Kind 50 000 Rp/frei; Mo-Sa 9–16 Uhr) Dieser ein wenig düstere Museumskomplex widmet sich der klassischen und modernen balinesischen Malerei und wurde von Nyoman Gunarsa gegründet, einem der angesehensten und erfolgreichsten Künstler Indonesiens. In dem riesigen dreistöckigen Gebäude ist eine beeindruckende Vielfalt an älteren Stücken zu sehen, darunter Steinmetz- und Holzschnitzarbeiten, Antiquitäten, Masken, Puppen und Stoffe.

Viele klassische Arbeiten sind direkt auf Rinde gemalt, darunter einige der ältesten erhaltenen Exemplare überhaupt. Sehenswert sind auch die vielen alten Puppen, die selbst in ihrem Ruhestand noch sehr lebendig wirken. Im obersten Stockwerk werden Gunarsas eigene kühne und expressionis-

ABSTECHER

STRASSE NACH TEMBUKU

Um vom Flachland im Osten die Hänge hinauf Richtung Gunung Batur oder Pura Besakih zu kommen oder für eine Rundreise in Kombination mit der Straße nach Sidemen bieten sich verschiedene Möglichkeiten.

Eine der schönsten ist die Straße, die etwa 5 km östlich von Gianyar von der Hauptstraße nach Semarapura abzweigt. Sie verläuft etwa 12 km Richtung Norden bis zum Dorf Tembuku und ist auf voller Länge befestigt. Da sie eng ist, hält sich der Lkw-Verkehr in Grenzen. Sie führt durch eine Reihe ansehnlicher traditioneller Dörfer. Die gesamte Strecke bietet Ausblicke auf Reisterrassen und Flusstäler.

Außerdem sieht man an der Straße riesige Baumstämme aus gelbem Holz. Sie stammen von Jackfruitbäumen und werden wegen ihrer Haltbarkeit geschätzt. Man nutzt das Holz für den Tempelbau.

---

tische Darstellungen traditionellen Lebens (z. B. *Offering*) ausgestellt.

Das schöne Museum liegt etwa 4 km außerhalb von Semarapura an der Straße nach Gianyar; als Wegweiser dient die Polizistenfigur am Sockel einer Statue in der Nähe.

Gelgel

Etwa 2,5 km südlich von Semarapura, auf dem Weg zur Küstenstraße und 500 m südlich von Kamasan, liegt Gelgel, einst der Sitz von Balis mächtigster Dynastie. Der Niedergang der Stadt begann 1710, als der Hof ins heutige Semarapura umzog, und endete schließlich unter dem Beschuss der Niederländer 1908.

Heute vermitteln die breiten Straßen und die erhaltenen Tempel nur noch eine schwache Ahnung vom einstigen Glanz. Im Pura Dasar Bhuana werfen die riesigen Banyanbäume Schatten auf den Rasen und machen Lust auf einen Spaziergang durch die Anlagen. Die riesigen Höfe lassen erkennen, wie bedeutend die Anlage einmal war. Zu den hier veranstalteten Festen kommen die Menschen aus ganz Bali.

Etwa 500 m weiter östlich steht Balis älteste Moschee, die Masjid Gelgel. Obwohl sie modern aussieht, wurde sie schon im späten 16. Jh. für die muslimischen Missionare aus Java gegründet, die nicht nach Hause zurückkehren wollten.

Die Straße nach Sidemen

0366

Sie windet sich durch eines der schönsten Flusstäler Balis: Reisfelder bilden die Kulisse der Straße, die mit ihrem ländlichen Charakter und den ungewöhnlichen Blicken auf den Gunung Agung (wenn die Wolken denn mitspielen) besticht. Die Region wird von Jahr zu Jahr als Ausflugsziel populärer, denn jeder Spaziergang wird hier zum Dialog mit der Natur.

Der deutsche Künstler Walter Spies lebte ab 1932 eine Zeit lang in Iseh: Hier konnte er der nie enden wollenden Party in Ubud entfliehen, die er selbst in Gang gesetzt hatte. Später bezog der schweizerische Maler Theo Meier, der dank seines Einflusses auf die balinesische Kunst fast genauso berühmt wurde, das Haus.

Das Dorf Sidemen mit seiner spektakulären Lage ist ein Kunst- und Kulturzentrum und vor allem für seine *endek*- und *songket*-Stoffe bekannt. Bei Pelangi Weaving (0366-23012; Jl. Soka 67; 8–18 Uhr) sind unten rund zwei Dutzend Angestellte fleißig bei der Webarbeit, während sich Besucher oben mit Blick auf Sidemen in den bequemen Stühlen vor dem Verkaufsraum entspannen können.

Das Tal mit seinen zahlreichen Grüntönen wird von vielen Wegen durch die Reis- und Chilifelder und entlang der Bäche durchzogen. Einer davon führt in einem spektakulären Anstieg als Rundweg (3 Std.) zum Pura Bukit Tageh, einem kleinen Tempel mit großartigen Ausblicken. Von jeder Unterkunft aus lassen sich Führer für ausgedehnte Trekkingtouren (Std. ca. 80 000 Rp) finden, aber auch kürzere Entdeckungstouren auf eigene Faust sind möglich.

Schlafen & Essen

Die Ausblicke über die Hügel mit ihren Terrassenfeldern bis zum Gunung Agung sind spektakulär, obwohl die Gegend mittlerweile so beliebt ist, dass neue Guesthouses einige Blicke verstellt haben. Die meisten Unterkünfte haben Restaurants, und an den

Straßen tauchen Warungs und Cafés auf. Abends kann es kühl und neblig werden.

In der Nähe des Zentrums von Sidemen führt eine kleine Straße 500 m Richtung Westen zu einer Gabelung und einem Schild mit den Namen etlicher Unterkünfte. Bei all diesen verstreut liegenden Guesthouses ist für Essen gesorgt.

★ Khrisna Home Stay HOMESTAY $
(0815 5832 1543; pinpinaryadi@yahoo.com; Jl. Tebola; Zi. 250 000–350 000 Rp) Warum für Früchte zum Markt gehen, wenn man sogar unter ihnen schlafen kann? Dieses wunderbare Homestay mit sieben Zimmern ist umgeben von biologisch angebauten Bäumen und Pflanzen, die z. B. Guaven, Bananen, Passionsfrüchte, Papayas oder Orangen tragen. Dass das Frühstück eine Wucht ist, muss nicht eigens erwähnt werden. Die Zimmer sind komfortabel (mit Terrassen) und die Besitzer ganz reizend. Es liegt in der Nähe des Tempels an der Zufahrt.

Pondok Wisata Lihat Sawah GUESTHOUSE $
(0361-530 0516; www.lihatsawah.com; Zi. 300 000–500 000 Rp, Hauptgerichte 15000 bis 35 000 Rp; 🛜🍴) Zu diesem Guesthouse führt die rechte Abzweigung an der Straße. Alle zwölf Zimmer haben Ausblick auf das Tal und den Berg, alle haben heißes Wasser – angenehm nach einem Morgenspaziergang – und die besten hübsche Holzveranden. Es gibt auch drei Bungalows. Durch die Reisfelder ums Haus fließen Bäche. Das Café hat WLAN und bietet thailändische und indonesische Gerichte.

★ Samanvaya HOTEL $$
(0821 4710 3884; www.samanvaya-bali.com; Zi. 65–150 US$; 🛜🏊) Dieses schöne Haus bietet einen hinreißenden Blick über die Reisfelder hinunter bis zum Meer im Süden. Die britischen Besitzer bauen den Komplex immer weiter aus; mittlerweile gibt es einen neuen Pavillon für Yoga und Spa. Die elf Einheiten haben Strohdächer und tiefe Holzterrassen. Der Infinitypool ist ein Traum, und das Café serviert asiatische und westliche Gerichte.

Darmada GUESTHOUSE $$
(0853 3803 2100; www.darmadabali.com; Zi. ab 500 000 Rp; 🏊) Dieses Guesthouse liegt wunderschön in einem kleinen Flusstal auf einem großzügigen, üppig bewachsenen Grund. Es hat sieben Zimmer, einen großen Pool mit Kacheln in zarten Grüntönen. Zu den Zimmern gehören Hängematten im Patio nahe am murmelnden Wasser. Der kleine Warung bietet Essen mit Gemüse vom Grundstück. Nachmittags gibt es hier für Wanderer Kaffee und Kuchen (35 000 Rp).

Kubu Tani GUESTHOUSE $$
(0366-530 0519, 0813 3858 8744; www.balikubutani.com; Jl. Tebola; Zi. ab 500 000 Rp) In diesem zweigeschossigen Haus, das ruhig in angenehmer Distanz zu den übrigen Gebäuden steht, gibt es drei Apartments. Offene Wohnzimmer und große Veranden mit Liegestühlen eröffnen einen schönen Ausblick über die Reisfelder und die Berge. In den Küchen kann man sich selbst etwas kochen.

Nirarta HOTEL $$
(0366-530 0636; www.awareness-bali.com; Zi. 30–50 €) Die Gäste nehmen hier an ernsthaften Veranstaltungen für die persönliche und spirituelle Entwicklung inklusive Meditations-Intensivkursen und Yoga teil. Die elf komfortablen Zimmer befinden sich in sechs Bungalows, die z. T. direkt am plätschernden Fluss liegen.

Subak Tabola HOTEL $$$
(0811 386 6197; subak_tebolainn@indo.net.id; Zi. ab 120 US$; ❄🛜🏊) Inmitten eines unglaublich grünen Amphitheaters aus Reisterrassen bieten elf schick aufgemöbelte Zimmer ein bisschen Stil und Freiluftbäder. Die wahren Stars aber sind die beiden großen Bungalows. Die Aussicht von den Veranden über das Tal zum Meer ist wunderschön. Die Anlage ist großzügig gestaltet; den Pool verschönern Wasser speiende Frösche. Vom Hinweisschild bis zum Hotel sind es noch fast 2 km.

ⓘ Praktische Informationen

Es gibt eine sehr gute **Website** (www.sidemen-bali.com) für die Region Sidemen, die Informationen über Unterkünfte und viele Aktivitäten in der Gegend enthält.

ⓘ An- & Weiterreise

Die Straße nach Sidemen bietet sich als Teil eines schönen Tagesausflugs von Südbali oder Ubud an. Im Norden stößt sie auf die Straße von Rendang nach Amlapura westlich von Duda. Wegen der riesigen Lastwagen, die Steine für die ständige Bautätigkeit auf Bali transportieren, ist die Straße leider stark befahren. (Alle Unterkünfte, die hier aufgeführt sind, liegen wohlgemerkt weit von der Hauptstraße nach Sidemen entfernt.)

Eine weniger befahrene Strecke nach Pura Besakih führt von Semarapura nach Nordosten über Sidemen und Iseh zu einer weiteren Se-

Pura Besakih-Komplex

henswürdigkeit: der Straße von Rendang nach Amlapura.

Pura Besakih

Fast 1000 m den Gunung Agung hinauf befindet sich Balis wichtigster Tempel – der Pura Besakih. Der weitläufige Komplex besteht aus 23 einzelnen Tempeln, die aber alle zusammengehören. Der größte und wichtigste ist der Pura Penataran Agung. Unglücklicherweise empfinden viele die Reise hierher als enttäuschend (und nervig): Grund dafür ist die Aufdringlichkeit einiger einheimischer Händler.

Trotz der Belästigungen: Während der hier häufig stattfindenden Zeremonien kann man spannende Einblicke in Balis Religion und Tradition erhalten.

Geschichte

Die genauen Ursprünge des Pura Besakih sind nicht ganz geklärt, aber sie liegen ziemlich sicher in prähistorischen Zeiten. Das Steinfundament des Pura Penataran Agung und einiger anderer Tempel ähnelt jungsteinzeitlichen Stufenpyramiden und ist mindestens 2000 Jahre alt. Ab 1284, als sich die ersten javanischen Eroberer auf Bali niederließen, wurde er mit Sicherheit als hinduistische Gebetsstätte genutzt. Im 15. Jh. war Besakih schon ein Nationaltempel der Gelgel-Dynastie.

Sehenswertes

Der größte und wichtigste Tempel ist der Pura Penataran Agung. Die anderen Besakih-Tempel, die jeder für sich bedeutend und Touristen oft nicht zugänglich sind, sind etwas weniger malerisch. Herrscht kein Nebel, ist der Blick bis zur Küste grandios.

Pura Penataran Agung   HINDUTEMPEL

Der Pura Penataran Agung ist über sechs Ebenen an den Hang gebaut. Der Eingang liegt unten am Ende einer Treppe und ist ein imposantes *candi bentar* (gespaltenes Tor). Dahinter liegt das noch beeindruckendere *kori agung*, das Tor zum zweiten Hof.

Am schönsten ist der Besuch während eines der vielen Feste, zu denen Hunderte oder sogar Tausende Gläubige in wunderschöner Kleidung und mit herrlich arrangierten Opfergaben kommen. Touristen dürfen das Innere dieses Tempels allerdings nicht betreten.

Praktische Informationen

Die **Hauptkasse** des Tempels liegt 2 km südlich des Komplexes an der Straße von Menanga und aus dem Süden. Der Eintritt kostet 15 000 Rp pro Person plus 5000 Rp für das Fahrzeug.

Etwa 200 m hinter der Kasse gabelt sich die Straße. Ein Schild weist rechts nach Besakih und links nach Kintamani. Der Weg nach links ist vorzuziehen: Wer rechts fährt, landet etwa 300 m vor dem Komplex am Fuß des Hügels beim **Hauptparkplatz**. Der Weg nach Kintamani, wo es eine **Westkasse** gibt, führt zum **nördlichen Parkplatz** nur 50 m vor dem Komplex, dafür aber weit entfernt von den Gaunern am Haupteingang.

An- & Weiterreise

Am besten kommt man mit dem eigenen Wagen, um die vielen landschaftlich wunderschönen Strecken in der Gegend erkunden zu können.

> **UNANGENEHME ERFAHRUNGEN**
>
> Die Gaunereien und Aufdringlichkeiten, denen sich Besucher in Besakih ausgesetzt sehen, sind so nervend, dass sich manch einer wünscht, er wäre nicht hierhergekommen. Hier einige Tricks, die man beim Besuch beachten sollte:
>
> ➡ Am Fuß des Hügels warten Führer in einem Gebäude beim Parkplatz auf Besucher. Einige behaupten ziemlich überzeugend, dass Touristen einen Führer bräuchten, und fordern einen unglaublich hohen Preis von 25 US$ für einen kurzen Besuch. Um es jedoch klarzustellen: Der Komplex kann auch ohne Führer besucht werden. Ein Spaziergang zwischen den Tempeln ist erlaubt – und auch der gewiefteste „Guide" vermag es nicht, ausländische Gäste in einen geschlossenen Tempel einzuschleusen.
>
> ➡ Andere „Guides" bedrängen die Besucher während ihres Rundgangs mit ihren Diensten. Wer irgendwann entnervt auf die Dienste eingegangen ist, wird möglicherweise am Ende mit einer saftigen Rechnung verabschiedet.
>
> ➡ Wer erst einmal den Komplex betreten hat, der wird vielleicht sogar aufgefordert, „mitzubeten". Besuchern, die diese Möglichkeit ergreifen, um einen verbotenen Tempel zu betreten, kann es aber passieren, dass sie später 100 000 Rp oder mehr zahlen sollen bzw. müssen.

Gunung Agung

Balis höchster und meistverehrter Berg, der Gunung Agung, ist ein imposanter Gipfel, den man von fast überall in Süd- und Ostbali sehen kann, obwohl er sich oft in einer Nebel- und Wolkenhülle versteckt. Viele Quellen behaupten, er sei 3142 m hoch, andere sagen, er habe beim Ausbruch im Jahr 1963 seinen Gipfel verloren. Oben befindet sich ein ovaler Krater mit einem Durchmesser Durchmesser von 700 m; der höchste Punkt liegt an der Westkante in Richtung Besakih.

Da er das spirituelle Zentrum Balis ist, sind die traditionellen Häuser immer auf einer Achse zum Berg hin ausgerichtet. Viele Einheimische wissen, in welcher Richtung sich der Gipfel befindet, auf dem die Geister der Ahnen wohnen sollen.

Der Weg auf den Berg wird mit fabelhaften Ausblicken – vor allem bei Sonnenaufgang – belohnt.

Besteigung des Gunung Agung

Am besten ist es, den Berg während der Trockenzeit (April bis September) zu besteigen, von Juli bis September ist das Wetter am stabilsten. In den anderen Monaten können die Wege rutschig und die Ausblicke wolkenverhangen sein, das gilt besonders für den Januar und den Februar. Der Gunung Agung darf nicht bestiegen werden, wenn im Pura Besakih größere religiöse Zeremonien stattfinden. Das trifft in der Regel auf den größten Teil des Aprils zu.

Was bei einer Wanderung bedacht werden sollte:

➡ Einen Führer engagieren.

➡ Die Pausen respektieren, die der Führer an Schreinen einlegt, um am heiligen Berg zu beten.

➡ Vor 8 Uhr auf dem Gipfel ankommen – die Wolken, die den Blick auf den Agung verhindern, machen auch den Blick *vom* Agung unmöglich.

➡ Eine starke Taschenlampe, einige Ersatzbatterien, viel Wasser (2 l pro Pers.), Verpflegung, wasserdichte Kleidung und einen warmen Pullover mitnehmen.

➡ Feste Schuhe oder Wanderstiefel anziehen und die Zehennägel schneiden, denn der Weg ist sehr steil, und der Abstieg geht besonders in die Füße.

➡ Es ist eine anspruchsvolle Wanderung, da sollte sich keiner etwas vormachen.

➡ Häufig Rast einlegen und gegebenenfalls den Führer bitten, langsamer zu gehen.

FÜHRER

Die Wanderungen auf den Gunung Agung mit Führer schließen auf beiden Routen die Mahlzeiten sowie eine Übernachtung mit ein, alle Einzelheiten sollten vorab geklärt werden. Führer können auch die Anreise der Wanderer organisieren. Die meisten Unterkünfte der Region, inklusive derjenigen in Selat, an der Straße nach Sidemen und in Tirta Gangga, empfehlen Führer für die Wanderung auf den Gunung Agung. Der

Preis für ein bis vier Personen liegt bei verhandelbaren 900 000 bis 1 000 000 Rp.

Die nachfolgend genannten Guides können empfohlen werden:

Gung Bawa Trekking GUIDE
(☏ 0812 387 8168; www.gungbawatrekking.com) Erfahren und zuverlässig.

Wayan Tegteg GUIDE
(☏ 0813 3852 5677; tegtegwayan@yahoo.co.id) Bekommt viel Lob von Wanderern.

Yande GUIDE
(☏ 0857 3988 5569, 0852 3025 3672) Gehört zum Puri Agung Inn in Selat, eine gute Unterkunft für einen frühen Aufbruch.

ROUTEN
Der Agung lässt sich von verschiedenen Richtungen besteigen. Die beiden beliebtesten Routen starten an folgenden Orten:

➡ Pura Pasar Agung (am Südhang, ungefähr acht Stunden) – auf dieser Route muss man am wenigsten gehen, denn der Pura Pasar Agung (Agung-Markt-Tempel) liegt schon weit oben an den südlichen Berghängen (ca. 1500 m hoch). Der Tempel kann über eine gute Straße nördlich von Selat angefahren werden.

➡ Pura Besakih (an der Südwestseite des Berges, ungefähr zwölf Stunden) – dieser Anstieg ist noch viel anstrengender als der im Süden, der bereits eine Herausforderung darstellt, und sollte nur von Leuten unternommen werden, die körperlich sehr fit sind. Um den Blick genießen zu können, bevor die Wolken aufziehen, sollte man um Mitternacht starten.

Beide Routen führen zum Gipfel, die meisten Leute auf der kürzeren Strecke gehen allerdings nur bis zum Kraterrand (2866 m).

Von Rendang nach Amlapura
☏ 0366

Um die Südhänge des Gunung Agung führt eine landschaftlich faszinierende Straße von Rendang bis fast nach Amlapura. Sie verläuft auf ihrem Weg nach Osten durch fantastische ländliche Regionen und verliert dabei mehr oder weniger sanft an Höhe. Überall schaut man auf Wasser, Reisfelder, Obstgärten und Steinmetze, die für die örtlichen Tempel arbeiten.

Auch Radfahrer schätzen diese Strecke, wer sie fahren will, sollte Richtung Osten radeln.

Von Bangli weiter westlich führt eine sehr hübsche Straße durch Reisterrassen und dichte Dschungelvegetation nach Rendang. **Rendang** selbst ist ein nettes Bergdorf, an dessen Hauptkreuzung ein riesiger, uralter Banyanbaum steht. Nach 3 km in Richtung Osten erreicht man ein schönes kleines Tal mit Reisterrassen. Im Tal fließt der **Sungai Telagawaja,** ein bei Raftern beliebter Wildwasserfluss.

Die Dächer des altertümlichen Dorfs **Muncan**, das nach etwa 4 km entlang der Straße auftaucht, sind mit hübschen Dachschindeln gedeckt. Am westlichen Dorfeingang stehen Statuen von zwei Jungen: einer, der zur Schule geht, und einer, der die Schule schwänzt. In der Nähe gibt es viele Werkstätten unter freiem Himmel, in denen aus weichem Lavastein Schmuck für die Tempel gehauen wird.

Die Straße verläuft anschließend durch eines der hübschesten Reisanbaugebiete Balis, bevor sie **Selat** erreicht, wo es nach Norden zum **Pura Pasar Agung** geht, einem der Ausgangspunkte für die Besteigung des Gunung Agung. Das **Puri Agung Inn** (☏ 0366-530 0887; Jl. Raya Selat; Zi. 150 000–200 000 Rp) vermietet sechs saubere, angenehme Zimmer. Das Haus bietet einen netten Ausblick auf die umliegenden Reisfelder und die hier arbeitenden Steinmetze. Mit dem Führer Yande kann man durch die Reisfelder wandern oder den Gunung Agung besteigen.

Kurz vor **Duda** zweigt die landschaftlich schöne Straße nach Sidemen Richtung Südwesten und Semarapura ab. Ca. 800 m weiter östlich führt eine Nebenstraße nach **Putung**. Das gesamte Gebiet eignet sich hervorragend für Wanderungen: Eine einfache führt beispielsweise 8 km bergab von Putung nach Manggis.

Auf dem weiteren Weg nach Osten liegt **Sibetan**. Es ist berühmt für seine *salak*: Die köstlichen Früchte mit der seltsamen „Schlangenhaut" werden überall entlang der Straße verkauft. Sibetan ist eines der Dörfer, in die JED (S. 223) – eine gemeinnützige Gruppe, die den Tourismus in ländlichen Regionen fördert –, Ausflüge organisiert und Aufenthalte in Familien arrangiert.

Nordöstlich von Sibetan führt eine schlecht beschilderte Straße in Richtung Norden nach **Jungutan** mit seinem **Tirta Telaga Tista** – einer hübschen Anlage mit

Teichen und Gärten, die für den wasserbegeisterten alten Radscha von Karangasem errichtet wurde.

Die Panoramastraße endet in **Bebandem**, wo es alle drei Tage einen Viehmarkt gibt und auch sonst viele Dinge verkauft werden. Bebandem und einige Nachbardörfer sind die Heimat der traditionellen Kaste der Metallhandwerker, zu denen auch die Silber- und Eisenschmiede gezählt werden.

Von Kusamba nach Padangbai

Die Küstenstraße von Sanur kreuzt die Hauptroute nach Osten im Fischerdorf Kusamba, bevor sie beim Pura Goa Lawah in diese einmündet.

Kusamba

Eine Abzweigung von der Hauptstraße führt nach Süden in das Dorf Kusamba, wo Fischerei und Salzgewinnung die Haupterwerbszweige sind. Am grauen Sandstrand liegen reihenweise farbenfrohe *prahu* (Auslegerboote). Gefischt wird gewöhnlich nachts, die „Augen" vorne an den Booten helfen beim Navigieren im Dunkeln. Auf dem Fischmarkt wird morgens der Fang der letzten Nacht verkauft.

Boote fahren nach Nusa Penida und Nusa Lembongan, die von Kusamba aus gut zu sehen sind; die Boote ab Padangbai sind jedoch – mit Ausnahme der modernen Autofähre von Kusamba – schneller und sicherer. Östlich und westlich von Kusamba stehen kleine Hütten am Strand, in denen Salz gewonnen wird.

Östlich von Kusamba und westlich von Pura Goa Lawah bietet das **Merta Sari** (Bingin, Mahlzeiten ab 25 000 Rp; ⊙10–15 Uhr) sein berühmtes *nasi campur* (gedämpften Reis mit gemischten Beilagen) an, darunter saftiges, zerstoßenes Fischsaté, eine säuerliche, duftende Fischbrühe, in Bananenblättern gedämpften Fisch, Spargelbohnen in einer gut riechenden Tomaten-Erdnusssoße und ein feuerrotes Sambal. Der offene Pavillon liegt 300 m nördlich von der Küstenstraße im Dorf Bingin. Schilder zum Merta Sari weisen den Weg.

Ebenso gut ist der Erzrivale **Sari Baruna** (Jl. Raya Goa Lawa; Mahlzeiten 20 000 Rp; ⊙10 bis 18 Uhr), eine Institution in Sachen gegrilltem Fisch. Die Bambushütte steht rund 200 m westlich vom Pura Goa Lawah.

Pura Goa Lawah

3 km östlich von Kusamba liegt der **Pura Goa Lawah** (Fledermaushöhlen-Tempel; Jl. Raya Goa Lawa; Erw./Kind 10 000/5000 Rp, Parken 2000 Rp; ⊙8–18 Uhr). In der Höhle in der Felswand drängen sich Fledermäuse und ebenso viele einheimische und ausländische Reisegruppen. Der Gestank aus der Höhle ist im wahrsten Sinne des Wortes atemberaubend. Auf den ersten Blick ist der Tempel klein und wenig eindrucksvoll, aber er ist sehr alt und für die Balinesen von großer Bedeutung.

Einer Legende nach führt die Höhle bis zum etwa 19 km entfernten Pura Besakih, aber wer wollte diese Route schon ausprobieren? Die Fledermäuse sind die Nahrung der legendären Riesenschlange, der Gottheit Naga Basuki, die in der Höhle leben soll.

Schlepper, die sich als Führer anbieten, besser nicht beachten, ebenso wenig Bitten um Namensnennung. Wer seinen Namen nennt, bekommt nach Verlassen der Höhle ein „Geschenk" mit dem eigenen Namen darauf, und wird aufgefordert, dafür zu zahlen.

Padangbai

♪ 0363

In diesem kleinen Stranddorf herrscht echte Backpacker-Atmosphäre. Hier starten die öffentlichen Fähren nach Lombok und viele der Schnellboote zu den Gilis.

Padangbai ist ein attraktiver Zwischenstopp: Der Ort liegt in einer kleinen Bucht mit einem hübschen Strand und bietet auf kleinem Raum günstige Unterkünfte und einige nette Cafés.

Über allem liegt eine angenehme Trägheit – wem das irgendwann zu viel wird, kann wahlweise Schnorchel- und Tauchtouren unternehmen, sich zu ein paar leichten Wanderungen aufmachen oder den einen oder anderen der tollen Strände erkunden. Ansonsten überlässt man sich dem Müßiggang, der nur gelegentlich von den an- und abfahrenden Fähren unterbrochen wird.

◉ Sehenswertes

Ein Spaziergang durch Padangbai lohnt sich: Am westlichen Ende des Dorfes unweit der Post gibt es eine kleine **Moschee** (Jl. Penataran Agung) und den Tempel **Pura Desa** (Jl. Pelabuhan). In der Dorfmitte stehen zwei weitere Tempel, **Pura Dalem** (Gang Segara II) und **Pura Segara** (bei der Jl. Silayukti).

Padangbai

Auf einer Landzunge am nordwestlichen Ende der Bucht führt ein Pfad den Berg hinauf zu drei Tempeln, darunter zum **Pura Silayukti**. Hier soll Empu Kuturan, der im 11. Jh. das Kastensystem auf Bali einführte, gelebt haben. Der Tempel ist einer der vier ältesten Balis.

🏖 Strände

Dank der geschützten Bucht hat Padangbai gleich vor der Tür sauberes Wasser und einen guten Strand. In der Nähe gibt es noch weitere Strände: Etwa 500 m hinter der Landzunge im Osten liegt z. B. der kleine **Blue Lagoon Beach** mit seinem hellen Sand – ein idyllischer Ort mit ein paar Cafés und kindertauglicher Brandung.

Nach Südwesten geht es 1,3 km über eine kurvige Straße an der Moschee und dem Pura Desa vorbei oder alternativ 800 m zu Fuß über den schattenlosen Hügel (vorbei an einem gescheiterten Hotelprojekt) zum hellbraunen Sandstrand **Bias Tugal**. Er liegt außerhalb der Bucht und öffnet sich zum offenen Meer. Wer den Weg hierher auf sich nimmt, wird mit einer hübschen Kulisse mit Höhlen und mehreren Warungs belohnt, an denen man seinen Durst löschen kann. Achtung: Hier ist die Strömung sehr stark!

🏃 Aktivitäten

Tauchen

Es ist macht Spaß, in den Korallenriffen um Padangbai zu tauchen, das Wasser kann jedoch ein bisschen kalt und manchmal trüb sein. Am beliebtesten sind die **Blue Lagoon** mit einer 40 m langen Wand und **Teluk Jepun** (Jepun-Bucht). Beide Spots findet man in Teluk Amuk, der Bucht gleich östlich von Padangbai. Hier gibt es verschiedene Hart- und Weichkorallen und eine interessante Unterwasserwelt, darunter Haie, Schildkröten und Lippfische.

Padangbai

🔵 Sehenswertes
1. Blue Lagoon Beach D1
2. Moschee A3
3. Pura Dalem A2
4. Pura Segara B2
5. Pura Silayukti D3

➕ Aktivitäten, Kurses & Touren
6. Geko Dive C2
7. Water Worx C2

🛏 Schlafen
8. Bamboo Paradise A4
9. Bloo Lagoon Village D1
10. Darma Homestay B2
11. Hotel Puri Rai C2
12. Kembar Inn B2
13. Padangbai Beach Inn C2
14. Topi Inn C2

🍴 Essen
15. Colonial Restaurant B2
16. Depot Segara B2
17. Ozone Café B2
    Topi Inn .... (s. 14)
18. Zen Inn A3

🍸 Ausgehen & Nachtleben
19. Babylon Bar B2

🛍 Shoppen
20. Ryan Shop B3

Verschiedene gute Firmen vor Ort bieten verschiedene Tauchausflüge in die Umgebung an, z. B. nach Gili Tepekong, Gili Biaha und weiter nach Tulamben und Nusa Penida. Die Preise sind erschwinglich, sie bewegen sich zwischen 55 US$ für Tauchgänge in der Umgebung und 110 US$ für Fahrten nach Nusa Penida.

Empfehlenswerte Anbieter:

Geko Dive TAUCHEN
(☏ 0363-41516; www.gekodive.com; Jl. Silayukti; zwei Tauchgänge ab 850 000 Rp) Der älteste Anbieter betreibt ein nettes Café gegenüber vom Strand.

Water Worx TAUCHEN
(☏ 0363-41220; www.waterworxbali.com; Jl. Silayukti; Blue Lagoon; zwei Tauchgänge 55 US$) Der Veranstalter ist ebenfalls eine gute Adresse in Sachen Tauchen.

Schnorcheln

Eine der besten Schnorchelgelegenheiten bietet der **Blue Lagoon Beach**, von dem aus man direkt ins Wasser steigen kann. Allerdings ist hier Vorsicht geboten: Bei Ebbe ist die Strömung sehr stark.

Nach **Teluk Jepun** fahren Boote, manchmal sind bei Tauchausflügen auch noch ein paar Plätze für Schnorchler frei (Kosten um die 350 000 Rp). Die Leihgebühr für eine Schnorchelausrüstung beträgt rund 30 000 Rp am Tag.

Vor Ort bieten *jukung* (Boote) Schnorcheltrips um Padangbai (50 000 Rp pro Person und Stunde, eine eigene Ausrüstung ist hier erforderlich) an, auch Fahrten nach Nusa Lembongan (2 Pers. 500 000 Rp) sind möglich.

🛏 Schlafen

Die Unterkünfte in Padangbai sind wie der Ort selbst sehr entspannt. Die Preise sind niedrig und es ist hier so nett, dass die Leute auf ihrem Weg von oder nach Lombok gerne eine Pause einlegen. Zimmer und Preise lassen sich bei einem Gang durchs Dorf leicht vergleichen.

🛏 Dorf

Im Dorf selbst gibt es in den Gassen viele kleine Unterkünfte, manche mit kleinen, billigen Zimmern unten und größeren, helleren Räumen oben.

Kembar Inn GUESTHOUSE $
(☏ 0363-41364; kembarinn@hotmail.com; nahe Gang Segara III; Zi. mit Ventilator/Klimaanlage 125 000/300 000 Rp; ❄ 🛜) Die Unterkunft hat elf Zimmer (die billigsten haben nur kaltes Wasser), zu denen eine schmale, recht steile Treppe hinaufführt. Das beste Zimmer mit eigener Terrasse und guter Aussicht liegt ganz oben.

Darma Homestay HOMESTAY $
(☏ 0363-41394; pondokwisata_dharma@yahoo.com; Gang Segara III; Zi. mit Ventilator/Klimaanlage ab 100 000/200 000 Rp; ❄ @ 🛜) Die Unterkunft ist ein klassisches balinesisches Familien-Guesthouse. Die teureren der zwölf Zimmer haben heiße Duschen und Klimaanlagen; am schönsten ist das Zimmer im obersten Stock.

🛏 Jalan Silayukti

An dieser kleinen Geschäftsstraße am östlichen Ende des Dorfes liegen die Unterkünfte dicht an dicht beieinander gleich gegenüber vom Strand.

★ Topi Inn GUESTHOUSE $
(☎ 0363-41424; www.topiinn.nl; Jl. Silayukti; ab 125 000 Rp; @ 🛜) Das Topi mit fünf angenehmen Zimmern, manche ohne eigenes Bad, liegt ruhig am Ostende der Straße. Im Café lässt sich bestens frühstücken. Das Topi bietet Trekkingtouren und empfehlenswerte Handarbeits-Workshops an; Genaueres auf der Website.

★ Bamboo Paradise GUESTHOUSE $
(☎ 0822 6630 4330; www.bambooparadisebali.com; Jl. Penataran Agung; Bett 95 000 Rp, Zi. mit Ventilator/Klimaanlage ab 230 000/280 000 Rp; ❄ 🛜) Diese schicke neue Unterkunft bietet eine der billigsten Übernachtungsmöglichkeiten (die Unterbringung erfolgt in Vierbettzimmern) im Ort. Die normalen Zimmer sind komfortabel, und es gibt einen hübschen, großen Aufenthaltsbereich mit Hängematten. Das Bamboo Paradise liegt vom Fährhafen aus ungefähr 200 m einen leichten Hang hinauf.

Lemon House GUESTHOUSE $
(☎ 0812 4637 1575; www.lemonhousebali.com; Gang Melanting 5; Bett 90 000 Rp, Zi. 250 000 bis 350 000 Rp) Dieses Haus am Hang neben dem Puri Rai hat zwei Räume mit weitem Ausblick. An klaren Tagen kann man bis Lombok sehen. Andere Zimmer ohne eigenes Bad bieten viel fürs Geld. Wer einen guten Blick haben möchte, muss natürlich ein gutes Stück klettern. Das Guesthouse liegt etwa 300 m und 70 Stufen oberhalb des Fährhafens. Die Leute kommen nach unten und helfen beim Gepäck.

Padangbai Beach Inn GUESTHOUSE $
(☎ 0363-41439; Jl. Silayukti; Zi. mit Ventilator/Klimaanlage 125 000/200 000 Rp) Die 20 ordentlichen Zimmer in hübschen Bungalows sind eine gute Wahl (die billigsten nur mit Kaltwasser), die zweigeschossigen Hütten aber, die wie Reisscheunen aussehen, sollte man meiden, denn sie können heiß und stickig werden.

Hotel Puri Rai HOTEL $$
(☎ 0363-41385; www.puriraihotel.com; Jl. Silayukti 3; Zi. ab 500 000 Rp; ❄ 🛜 🏊) Das Puri Rai hat 34 Zimmer in einem zweigeschossigen Gebäude, die auf den großen Pool hinausgehen. Andere Zimmer haben einen Blick auf den Hafen oder auf den hässlichen Parkplatz. Auf jeden Fall sollte man sich ein paar Zimmer zeigen lassen. Vom Café aus hat man einen schönen Ausblick.

🛏 Blue Lagoon Beach

Bloo Lagoon Village HOTEL $$$
(☎ 0363-41211; www.bloolagoon.com; Jl. Silayukti; Zi. 120–220 US$; ❄ 🛜 🏊) Oberhalb vom Blue Lagoon Beach stehen 25 Hütten und Villen mit traditionellen strohgedeckten Dächern. Die Anlage wird umweltbewusst betrieben. Die Unterkünfte haben ein, zwei oder drei Schlafzimmer. Sie bietet preisgünstige Tauchtouren an und hat einen 18-Meter-Pool.

🍴 Essen & Ausgehen

Padangbai ist auf Strandkost und Backpacker-Verpflegung ausgerichtet – viele Meeresfrüchte, indonesische Klassiker, Pizza und natürlich Bananenpfannkuchen. Die Läden an der Jalan Segara und Jalan Silayukti bieten sich an, um ein paar Stunden zu verbummeln und die Szenerie auf sich wirken zu lassen. Tagsüber gibt es dort den Blick auf den Hafen, abends eine Brise.

Colonial Restaurant CAFÉ $
(☎ 0811 385 8821; www.divingbali.cz; Jl. Silayukti 6, OK Divers; Hauptgerichte ab 40 000 Rp; ⏱ 8 bis 23 Uhr; 🛜) Dieses große Café am Strandabschnitt ist der perfekte Ort, um beim Warten aufs Boot die Zeit zu vertrödeln, ob man sich nun auf Bohnensäcken, Sofas oder an echten Tischen niederlässt und den Hafenblick genießt. Das Essen reicht von Burgern bis zu Indofood. Zur Abwechslung kann man auch eine Schischa rauchen.

Topi Inn CAFÉ $
(☎ 0363-41424; Jl. Silayukti; Hauptgerichte 20 000–40 000 Rp; ⏱ 8–22 Uhr) Säfte, Shakes und guter Kaffee werden den Gästen den ganzen Tag über serviert. Das Frühstück ist üppig, und was immer die Fischer am Tag gleich vor der Tür an Land bringen, landet abends hier auf dem Grill. Für 2000 Rp kann man seine Wasserflasche auffüllen lassen.

Depot Segara MEERESFRÜCHTE $
(☎ 0363-41443; Jl. Segara; Gerichte 10 000 bis 30 000 Rp; ⏱ 8–22 Uhr) In diesem recht eleganten Café wird Fisch wie Barrakuda, Marlin und Snapper auf verschiedenste Art zubereitet. Von der leicht erhöhten Terrasse geht der Blick auf den Hafen. In einer Stadt, deren Motto „lässig" ist, ist das hier eine etwas gehobenere Wahl.

Ozone Café
INTERNATIONAL $
(☎ 0363-41501; abseits Jl. Silayukti; Gerichte ab 20 000 Rp; ⊗ 8 Uhr bis frühmorgens) In diesem beliebten Treffpunkt für Reisende ruhen die Gäste auf Kissen um niedrige Tische. Es gibt Pizza und Livemusik, manchmal auch von den Gästen vorgetragen.

Zen Inn
INTERNATIONAL $
(☎ 0363-41418; Gang Segara; Gerichte 18 000 bis 30 000 Rp; ⊗ 8–23 Uhr; 🛜) Burger und Hauptgerichte vom Grill werden in diesem luftigen Café serviert, das für die Gegend lange geöffnet ist – häufig bis 23 Uhr. Auf den Liegen unter alten Filmplakaten vergisst man schnell die Zeit.

Babylon Bar
BAR
(Jl. Silayukti; ⊗ 17 Uhr bis ultimo) Eine winzige Open-Air-Bar im Marktbereich abseits vom Strand; ein paar Stühle, Tische und Kissen sind im Raum verteilt – perfekt, um den Abend mit neuen Freunden zu verbringen.

🛍 Shoppen

Ryan Shop
LADEN
(☎ 0363-41215; Jl. Segara 38; ⊗ 8–20 Uhr) Die Freuden, die der Ryan Shop seit Jahren bereithält, sind nicht zu unterschätzen. Hier gibt es gute gebrauchte Taschenbücher und nützliche Kleinigkeiten.

ℹ Praktische Informationen

Es gibt mehrere Geldautomaten im Ort. Den Schleppern, die über alle ankommenden Boote herfallen, sollte man am besten keine Beachtung schenken.

ℹ An- & Weiterreise

BEMO
Padangbai liegt 2 km südlich der Hauptstraße zwischen Semarapura und Amlapura. Bemos fahren vom Parkplatz vor dem Hafen ab: Die in Orange angemalten fahren nach Osten durch Candidasa nach Amlapura (10 000 Rp), die blauen und weißen Bemos nach Semarapura (10 000 Rp).

BOOT
Jeder am Pier, der den Passagieren Gepäck von oder auf die Fähren trägt, erwartet dafür Geld – wer sich dieser Dienste bedienen will, sollte daher den Preis vorher aushandeln, oder er trägt seine Sachen gleich selbst.

Vorsicht ist geboten vor einigen Gaunern, die Touristen Fahrkarten, die sie eigentlich schon gekauft haben, noch einmal anzudrehen versuchen.

Lombok & Gili-Inseln
Es gibt viele Möglichkeiten, von Bali nach Lombok und zu den Gilis zu fahren. Dazu sind unbedingt die Sicherheitsinformationen zu beachten (S. 436).
➜ **Schnellboote** Mehrere Unternehmen verkehren zwischen Padangbai und den Gilis (S. 326). **Gilicat** (☎ 0363-41441; www.gilicat.com; Jl. Silayukti, Made's Homestay) hat ein Büro am Wasser.
➜ **Perama** (☎ 0878 6307 9153; Jl. Pelabuhan; Senggigi & Gilis mit dem Schnellboot 400 000 Rp, Senggigi mit öffentlicher Fähre und Shuttle 100 000 Rp; ⊗ 7–20 Uhr) Preisgünstiges Angebot nach Lombok.
➜ **Fähren** (Kind/Erw./Motorrad/Auto 27 000/ 40 000/112 000/773 000 Rp, 5–6 Std.) verkehren nonstop zwischen Padangbai und Lembar auf Lombok. Passagierfahrkarten werden in der Nähe des Piers verkauft. Die Schiffe sollen eigentlich rund um die Uhr alle 90 Min. fahren, aber sie sind nicht zuverlässig unterwegs – es sind sogar schon Schiffe abgebrannt oder auf Grund gelaufen.

BUS
Um nach Denpasar zu fahren, nimmt man ein Bemo, das einen zunächst zur Hauptstraße bringt, und hält dort den Bus zum Terminal Batubulan an (18 000 Rp).

TOURISTENBUS
Das Busunternehmen Perama hat hier eine Haltestelle für seine Routen, die durch die Ortschaften an der Hauptstraße führen. Zu den Zielen gehören Kuta (60 000 Rp, 3 Std.), Sanur (60 000 Rp, 2 Std.) und Ubud (50 000 Rp, 1¼ Std.).

Von Padangbai nach Candidasa

☎ 0363

Von der Abzweigung nach Padangbai sind es 11 km über die Hauptstraße bis zum Touristendorf Candidasa. Der Küstenabschnitt zwischen den beiden Orten ist sehr schön, es gibt einige Hotelanlagen, aber auch ein großes Öllager in Teluk Amuk.

Etwas weiter im Osten hat sich der neue Kreuzfahrtschiffsanleger als Flop erwiesen. Die Visionen von Megaschiffen, die hier anlegen und 5000 spendable Touristen auf Ostbali loslassen, lösten sich in Luft auf, als klar wurde, dass am Dock die nötige Kieltiefe für Kreuzfahrtschiff fehlte. Die Schuld dafür wird nun von einem zum anderen geschoben (auch der Hafen von Benoa ist für Kreuzfahrtschiffe nicht tief genug).

ABSTECHER

DIE STRASSE VON MANGGIS NACH PUTUNG

Ganz gleich, in welche Richtung es gehen soll, nach Westen oder Osten, oben oder unten: Die kleine Straße, die sich den nach Gewürznelken duftenden Hügel hinaufzieht und den Küstenort Manggis mit dem Bergdorf Putung verbindet, ist immer einen Umweg wert. Auf dem Weg hinauf eröffnen sich hinter jeder Biegung neue Blicke auf Ostbali und die Inseln. Nach einer Fotopause fühlt man sich berauscht, um gleich nach der nächsten Kurve einen noch besseren Ausblick zu entdecken. An manchen Aussichtspunkten tauchen reizende Familien auf, die wunderschöne, handgemachte Körbe für rund 30 000 Rp anbieten. Es fällt schwer, dem Angebot zu widerstehen.

Hinter Manggis ist die erste Hälfte der Straße in gutem Zustand, wird dann aber zusehends schlechter. Sie lässt sich gerade noch mit dem Auto befahren, aber wegen der Ausblicke fährt man ja ohnehin langsam. Die Fahrt dauert etwa eine Stunde.

Manggis

Das hübsche Dorf Manggis liegt landeinwärts und ist die Adresse vieler Luxusresorts, die sich abseits der Hauptstraße am Wasser entlang verstecken.

Schlafen

★ Amankila RESORT $$$
(☎ 0363-41333; www.amankila.com; Villen ab 800 US$; ❄@🛜☒) Das Amankila, eines der besten Resorts der Insel, steht hoch auf den steilen Klippen. Ca. 5,6 km hinter der Abzweigung nach Padangbai und 500 m hinter der Straße nach Manggis markiert ein diskretes Schild den Weg zum Hotel. Es steht in abgeschiedener Lage am Meer mit Blick auf Nusa Penida.

Die ausgezeichnete Architektur der Anlage umfasst drei farblich gut aufeinander abgestimmte Swimmingpools, die zum Meer hinunterführen. Von den Restaurants hat das legere, aber fabelhafte **Terrace** (Mittagessen 10–25 US$; ⌚8–17 Uhr) eine kreative und abwechslungsreiche Karte mit internationalen und lokalen Einflüssen. Der Service und der Ausblick konkurrieren um das Lob der Gäste.

Alila Manggis RESORT $$$
(☎ 0363-41011; www.alilahotels.com; Zi. ab 200 US$; ❄@🛜☒🍴) Das Alila Manggis besteht aus eleganten weißen, strohgedeckten Häusern auf großzügigen Rasenflächen, die an einen wunderschönen abgeschiedenen Strand grenzen. Die 55 Zimmer sind groß, und bei der minimalistischen Einrichtung dominieren Cremetöne und dezente Holzaccessoires. Die besten Ausblicke bieten die Deluxe-Zimmer in der oberen Etage. Für die Freizeitgestaltung gibt es ein Kindercamp, ein Spa und Kochkurse.

Tenganan

Ein Besuch von Tenganan ist eine Reise in die Vergangenheit: Hier befindet sich die Heimat der Bali Aga, der Nachkommen der balinesischen Ureinwohner, die schon vor der Ankunft der Majapahit im 11. Jh. hier lebten.

Die Bali Aga stehen in dem Ruf, äußerst konservativ zu sein und sich allen Änderungen zu widersetzen. Das ist allerdings nur teilweise wahr: In den traditionellen Häusern verstecken sich inzwischen sehr wohl Fernseher und andere moderne Annehmlichkeiten. Aber es stimmt, dass dieses Dorf sehr viel traditioneller wirkt als die meisten anderen balinesischen Dörfer. Autos und Motorräder dürfen in den Ort nicht hineinfahren. Und Besucher sollten sich immer wieder bewusstmachen, dass dies ein echtes Dorf ist und keine Touristenattraktion!

Das bemerkenswerteste an Tenganan ist seine malerische Schönheit, für die die Hügel ringsum noch einen fotogenen Hintergrund liefern. Das kompakte Dorf (500 x 250 m) ist von einer Mauer umgeben und besteht hauptsächlich aus zwei Reihen identischer Häuser, die sich einen sanften Hang hinaufziehen. Beim Betreten des Dorfes (10 000 Rp Spende) begrüßt wahrscheinlich ein Guide die Besucher, der sie durch das Dorf führt und zu seiner Familie mitnimmt, damit sie sich Textilien und *lontar* (speziell aufbereitete Palmblätterstreifen) ansehen. Man wird aber nicht gedrängt, etwas zu kaufen.

Hier wird noch eine eigenartige, altmodische Art von Gamelan, bekannt als *gamelan selunding*, gespielt; die Mädchen tanzen einen ebenso alten Tanz, den *rejang*. Weitere Dörfer der Bali Aga liegen in der Nähe, darunter ca. 1,5 km westlich der Straße nach Tenganan das charmant-altmodische **Tenganan Dauh Tenkad**, in dem es mehrere Webereien gibt.

Geführte Touren

JED KULTURTOUR

(Village Ecotourism Network; 0361-366 9951; www.jed.or.id; Tagesausflüge 75 US$, Aufenthalt mit Übernachtung 125 US$) Um die Atmosphäre und Kultur des Dorfes wirklich zu erleben, bietet sich eine JED-Tour an. Bei diesen hochgeschätzten Ausflügen (manche mit Übernachtung) erklären Führer aus dem Dorf detailliert ihre Kultur und zeigen, wie die heimischen Produkte hergestellt werden. Im Preis inbegriffen ist die Anreise aus Südbali oder Ubud.

Feste

Tenganan hat Sitten und Feste, die sich vom Üblichen auf Bali unterscheiden.

Usaba Sambah Festival FESTE

Bei dem vierwöchigen Usaba Sambah Festival, das normalerweise im Mai oder Juni beginnt, kämpfen Männer mit Stöcken, die mit den dornigen Blättern des *pandanus tectorius*, eines tropischen Baums, umwickelt sind. Zu eben dieser Gelegenheit werden auch kleine, handbetriebene Karussells herausgeholt und damit werden die Mädchen des Dorfes feierlich herumgewirbelt.

Shoppen

Hier wird ein magischer Stoff gewebt, der *kamben gringsing*: Wer ihn trägt, soll vor schwarzer Magie geschützt sein. Traditionell wird er in der „Doppelikat"-Technik hergestellt, bei der sowohl Kette als auch Schussfäden abschnittsweise vor dem Weben gefärbt werden. Diplom-Ökonomen wären von der Produktion des Stoffs begeistert: Alles – vom Baumwollanbau über die Farbherstellung aus heimischen Pflanzen bis zur tatsächlichen Produktion – findet hier vor Ort statt. Das braucht seine Zeit, und die exquisiten Stücke sind entsprechend teuer (ab 600 000 Rp). Es werden aber auch billigere Stoffe angeboten, aber die kommen meist aus anderen Gegenden der Insel oder noch darüber hinaus.

Die unzähligen Körbe aus der Region werden aus der *ata*-Palme hergestellt. Andere typische Handwerkserzeugnisse der Gegend sind die traditionelle balinesische Kalligrafie, die auf *Lontar*-Blättern genauso ausgeführt wird wie die alten *Lontar*-Bücher hergestellt wurden. Die meisten dieser Bücher sind balinesische Kalender oder Abbildungen aus dem *Ramayana*. Sie kosten je nach Qualität zwischen 150 000 und 300 000 Rp. Auf S. 263 finden sich weitere Infos zu *Lontar*-Büchern.

Kunsthandwerkliche Arbeiten aus Tenganan werden auch in Ashitaba-Läden in Seminyak und Ubud verkauft.

An- & Weiterreise

Nach Tenganan führt eine 3,2 km lange Nebenstraße westlich von Candidasa. An der Abzweigung halten Bemos; Motorradfahrer bieten für etwa 15 000 Rp *ojek*-Fahrten an (d. h. der Passagier fährt mit dem Motorrad mit). Eine nette Variante ist es, per *ojek* nach Tenganan zu fahren und einen schattigen Spaziergang nach unten zur Straße zu machen, an der es eine balinesische Rarität gibt: breite Bürgersteige.

Mendira

Von Westen kommend, findet man noch vor Candidasa abseits der Hauptstraße in Mendira Hotels und Guesthouses. Obwohl der Strand fast verschwunden ist und unschöne Ufermauern gebaut wurden, bietet sich die Gegend für diejenigen, die auf eigene Faust unterwegs sind, für einen ruhigen Ausflug mit schönen Ausblicken, kühler Brise und einem guten Buch an. Ein neuer Fußweg an der Hauptstraße erleichtert den 2 km langen Weg Richtung Osten nach Candidasa beträchtlich.

Schlafen & Essen

Die folgenden Unterkünfte liegen an kleinen Wegen zwischen der Hauptstraße und dem Meer. Obwohl Candidasa so nah ist, vermitteln sie das Gefühl, allein und weit weg von allem zu sein. Man erreicht sie über enge Straßen, die 1,5 km westlich von Candidasa von der Hauptstraße abgehen. Ein großes Schild, auf dem die Unterkünfte aufgelistet sind, eine Schule und ein riesiger Banyanbaum dienen als Wegweiser.

★ **Amarta Beach Cottages** INN $

(0363-41230; www.amartabeachcottages.com; Jl. Raya Mendira; Zi. ab 300 000 Rp, Villa ab 700 000 Rp;) Mit ihrem Meerpanorama und der diskreten Lage direkt am Wasser sind die 16 Zimmer ihr Geld wert.

Die teureren haben interessant gestaltete Freiluftbäder, die Villen liegen sogar noch etwas abgeschiedener. Bei Ebbe gibt es einen kleinen Strand, ansonsten kann man am Wasser sitzen und den Blick auf Nusa Penida genießen.

Das **Sea Side Restaurant** (Hauptgerichte ab 40 000 Rp; 8–22 Uhr) ist eine gute Wahl für das Mittagessen, auch wenn man nicht zu den Übernachtungsgästen gehört.

Candi Beach Resort HOTEL $$
(0363-41234; www.candibeachbali.com; Jl. Raya Mendira; Zi. ab 90 US$; ❋ 🛜 🏊) Das frühere Candi Beach Cottage hat ein Upgrade erfahren, sowohl im Namen wie auch im Poolbereich. Letzterer ist in freundlichen beigen Steintönen gehalten, von Palmen gesäumt und bietet einen Blick aufs Meer. Die 64 Zimmer sind bequem, die Einzelbungalows sehr hüsch. Das viel gelobte Bali Conservancy führt in Verbindung mit dem Hotel Touren in die Natur durch.

Anom Beach Inn HOTEL $$
(0363-419024; www.anom-beach.com; Jl. Raya Mendira; Zi. 40–60 US$; ❋ 🛜 🏊) Das ältere Resort aus Zeiten, als es hier noch schlichter zuging, vermietet 24 unterschiedlich gestaltete Zimmer. Die preiswertesten haben nur einen Ventilator – das ist angesichts der stetigen Meeresbrise jedoch kein Problem. Die besten Zimmer sind im Stil eines Bungalows gestaltet. Viele Gäste kommen seit Jahren hierher und altern hier in Würde, zusammen mit dem Personal.

Candidasa

0363

Candidasa ist ein zwangloser Ort auf dem Weg nach Osten, der mit Hotels und ein paar ordentlichen Restaurants aufwartet. Er hat allerdings auch Probleme, die von Entscheidungen herrühren, die drei Jahrzehnte zurückliegen. Sie sollten als warnendes Beispiel für alle bisher unentdeckten Orte dienen, die sich plötzlich auf der Landkarte wiederfinden.

Bis in die 1970er-Jahre war Candidasa ein ruhiges kleines Fischerdorf, dann schossen am Strand plötzlich *losmen* (kleine balinesische Hotels) und Restaurants aus dem Boden, und plötzlich war der Ort die neue Strandsensation Balis. Während weiter gebaut wurde, erodierte der Strand – ohne weiteres Nachdenken waren Korallen des Barriereriffs abgebaut worden, um in dieser Bauorgie als Kalk und damit als Grundlage für den Zement zu dienen: Ende der 1980er-Jahren war Candidasa plötzlich ein Strandresort ohne Strand.

Der verhängnisvolle Abbau wurde im Jahr 1991 eingestellt, Uferbefestigungen und Wellenbrecher aus Beton haben die Erosion inzwischen eingedämmt und einige Flecken Sand erhalten. Die hier vorherrschende entspannte Seebadatmosphäre und die schönen Ausblicke von den Hotels direkt am Wasser sprechen heute vor allem eine etwas reifere Klientel an. Von Candidasa aus lässt sich das Innere Ostbalis gut erwandern. Der Ort an sich verspricht in erster Linie Ruhe.

👁 Sehenswertes

Pura Candidasa HINDUTEMPEL
(Jl. Raya Candidasa; Eintritt als Spende) Candidasas Tempel steht auf dem Hügel gegenüber der Lagune am östlichen Ende der Hauptstraße. In einem Doppeltempel werden die männlich-weiblichen Gottheiten Shiva und Hariti verehrt.

🏃 Aktivitäten

Gili Tepekong, das ein paar Korallenspitzen auf einem steilen Abhang bietet, ist wahrscheinlich der beste Tauchspot. Hier gibt es viele Fische, darunter auch schon mal größere Exemplare. Der Spot ist aber nur für erfahrene Taucher empfehlenswert.

Hotels verleihen Schnorchelsets für ca. 30 000 Rp pro Tag. Die schönsten Schnorchelgründe vor der Küste oder in Gili Mimpang erreicht man mit dem Boot (für bis zu drei Personen sollte ein einstündiger Bootsausflug etwa 100 000 Rp kosten).

Dive Lite TAUCHEN
(0363-41660; www.divelite.com; Jl. Raya Candidasa; Tauchgang ab 90 US$) Dive Lite organisiert Tauchfahrten in der Region, aber auch zu entfernteren Zielen auf Bali. Der Anfängerkurs ist ein interessantes Angebot: Für 90 US$ bekommt man einen einführenden Tauchgang und danach eine begleitete einfache Tour. Das ist ideal um herauszufinden, ob einem das Tauchen überhaupt Spaß macht. Schnorcheltrips kosten 30 US$.

Alam Asmara Spa SPA
(0363-41929; www.alamasmara.com; Massage ab 150 000 Rp; 9–21 Uhr) Eine todschicke Wahl ist das Alam Asmara Spa im gleichnamigen Hotel. Organische und natürliche Produkte kommen bei einer ganzen Reihe traditioneller Massagen und Behandlungen

Candidasa

Candidasa

⊙ Sehenswertes
1 Pura Candidasa..C1

⊕ Aktivitäten, Kurse & Touren
2 Alam Asmara Spa D2
3 Ashram Gandhi Chandi.........................C2
4 Dive Lite C1

⊜ Schlafen
5 Ari Home Stay A1

6 Bilik Bali A1
7 Rama Shinta Hotel D2
8 Seaside Cottages B1
9 Watergarden B1

⊗ Essen
10 Ari Hot Dog Shop..................................A1
11 Crazy Kangaroo.....................................C1
12 Vincent's D1

in einer sanften, erholsamen Umgebung zum Einsatz.

Ashram Gandhi Chandi SPIRITUELLER RÜCKZUGSORT
(☎ 0363-41108; www.ashramgandhi.com; Jl. Raya Candidasa; EZ/DZ ab 350 000/450 000 Rp) Diese Hindu-Gemeinschaft an der Lagune folgt in ihrem Leben den pazifistischen Lehren Mahatma Gandhis. Gäste werden für kurze oder längere Zeiträume aufgenommen, sollten aber am Leben der Gemeinschaft teilnehmen. Einfache Gästehütten am Meer sind genau das Richtige, wenn man den Tag mit viel Yoga zugebracht hat.

⇨ Geführte Touren

Abseits des Bali-Aga-Dorfs in Tenganan gibt es mehrere traditionelle Dörfer landeinwärts von Candidasa und eine reizvolle Landschaft, die zum Wandern lockt.

★**Trekking Candidasa** WANDERUNG
(☎ 0878 6145 2001; www.trekkingcandidasa.com; Wanderungen ab 150 000 Rp) Der sehr freundliche Somat führt Wanderungen durch die grünen Hügel hinter Candidasa durch. Eine beliebte Route von etwa 90 Minuten Dauer führt über Pfade durch die Reisfelder nach Tenganan.

Bali Conservancy WANDERUNG
(☎ 0822 3739 8415; www.bali-conservancy.com; Wanderungen ab Erw./Kind 40/30 US$) Führt in Ostbali schöne Wanderungen zu Kultur und Natur durch, u. a. Wanderungen durch satte Reisfelder und um die Hügel rund um das hübsche Pasir Putih.

⊜ Schlafen

Candidasas geschäftige Hauptstraße bietet eine ordentliche Auswahl von Unterkünften, Restaurants und anderen touristischen Einrichtungen. Gleich östlich des Zentrums, an der ruhigen Jalan Pantai Indah, finden sich weitere Unterkünfte. Sie sind sehr hübsch eingerichtet und bieten oft ein kleines Stück Strand. Im Westen der Stadt gibt es ruhige Zimmer in Hörweite der sanft ans Ufer schlagenden Wellen. Noch ruhiger sind die Hotels 2 km westlich in Mendira.

Westlich von Candidasa

Diese beiden Anlagen liegen einen kurzen Fußmarsch von Candidasa entfernt.

Lotus Bungalows HOTEL $$
(0363-41104; www.lotusbungalows.com; abseits der Jl. Raya Candidasa; EZ/DZ ab 75/100 US$; ✳@≋) Das Haus wird von engagierten Europäern gemanagt. Einige der 20 Zimmer, die in großzügig geschnittenen Bungalows untergebracht sind, haben eine Klimaanlage. Vier liegen direkt am Meer. Es werden Tauchausflüge angeboten.

Nirwana Resort HOTEL $$
(0363-41136; www.thenirwana.com; abseits der Jl. Raya Candidasa; Zi. 90–200 US$, Villa ab 130 US$; ✳@≋≋) Ein spektakulärer Weg über einen Lotusteich stimmt auf das ältere, intime Resort ein, das inzwischen gründlich renoviert wurde. Die 18 Hütten liegen alle nah am Infinitypool am Meer. Am schönsten sind die sechs Hütten am Wasser.

Im Zentrum von Candidasa

Rama Shinta Hotel HOTEL $
(0363-41778; www.ramashintahotel.com; bei der Jl. Raya Candidasa; Zi. 400 000–600 000 Rp; ✳≋≋) An einer kleinen Straße nahe der Lagune sind die 15 Zimmer auf ein zweigeschossiges Steingebäude und Bungalows verteilt. Sie sind hübsch renoviert mit Freiluftbädern. Von den Zimmern oben überblickt man die Lagune und ihre Vogelwelt.

Ari Home Stay GUESTHOUSE $
(0817 970 7339; garyv18@hotmail.com; Jl. Raya Candidasa; Zi. 150 000–300 000 Rp; ✳≋) Warum in das australische Surferparadies reisen, wenn man auch hierher kommen kann? Der überschwängliche Gary und seine Familie haben einen Ort geschaffen, an dem Urlauber es sich gut gehen lassen können. Die Zimmer liegen über das Gebäude verstreut und reichen von Kaltwasser und Ventilator bis zu Klimaanlage und Heißwasser. Eiskaltes Bier ist hier immer zu haben.

Seaside Cottages GUESTHOUSE $
(0363-41629; www.balibeachfront-cottages.com; Jl. Raya Candidasa; Hütten 150 000–470 000 Rp; ✳@≋) Die 15 Zimmer sind auf Hütten verteilt und reichen von einfachsten Kaltwasserhütten bis zu ruhigen Zimmern mit Klimaanlage und einem tropischem Bad. Am Wasser entlang der Ufermauer stehen Liegestühle. Das *Temple Café* ist nett.

Bilik Bali HOTEL $$
(0363-41538; www.ashyanacandidasa.com; Jl. Raya Candidasa; Zi. ab 80 US$; ✳≋≋) In diesem gut geführten Hotel am Meer, das früher Ashyana Candidasa hieß, wohnen die Gäste in zwölf älteren, aber makellosen Bungalows, die von einem Spa ergänzt werden. Die meisten liegen so weit von der Straße entfernt, dass man vom Lärm verschont bleibt. Das Café *Lezat* (Hauptgerichte ab 50 000 Rp; ⊙8–22 Uhr) serviert bei tollem Ausblick die übliche indonesische Küche.

Watergarden HOTEL $$
(0363-41540; www.watergardenhotel.com; Jl. Raya Candidasa; Zi. ab 110 US$; ✳≋≋) Das Watergarden hat einen Swimmingpool und Fischteiche zu bieten, die sich um die Gebäude schlängeln. Der Garten ist üppig und lohnt die Erkundung. Alle 13 Zimmer haben eine Veranda, die über die Seerosenteiche hinausragt, die frischer wirkt als die etwas altmodische Einrichtung. WLAN gibt es nur in dem netten *Café*. Massagen im hübschen *Spa* kosten nur 50 000 Rp

Östlich des Zentrums

Eine kleine Straße schlängelt sich durch die Bananenbäume vorbei an einigen bescheidenen, preiswerteren Unterkünften. Hier wohnt es sich in Candidasa am schönsten, denn das Zentrum ist nur zehn Gehminuten entfernt, und der Verkehrslärm ist trotzdem nicht zu hören.

Puri Oka Beach Bungalows GUESTHOUSE $
(0363-41092; www.purioka.com; Jl. Pantai Indah; Zi. 25–95 US$; ✳≋≋) Die Anlage liegt versteckt hinter einer Bananenplantage östlich der Stadt. Die preiswertesten der 17 Zimmer sind ventilatorgekühlt und klein, die besseren bieten Meerblick. Der Pool am Strand ist klein und liegt gleich neben einem Café; bei Ebbe gibt es einen kleinen Strand vor der Anlage. Am schönsten sind die beiden großzügigen Bungalows.

Puri Bagus Candidasa HOTEL $$$
(0363-41131; www.bagus-discovery.com; Jl. Pantai Indah; Zi. ab 130 US$; ✳≋≋) Am östlichen Ende des Ufers nahe einer Ansammlung von Auslegerbooten liegt dieses ganz normale Hotel versteckt hinter Palmen. Vom großen Pool und vom Restaurant hat man einen schönen Meerblick; der Strand ist nicht der Rede wert. Die 48 Zimmer sind mit Freiluftbädern ausgestattet. Es lohnt sich, nach speziellen Angeboten zu fragen.

✕ Essen & Ausgehen

Die meisten Cafés und Restaurants entlang der Jalan Raya Candidasa sind einfache Familienbetriebe. Aber der Verkehrslärm ist hier groß, wenn auch nach Sonnenuntergang etwas erträglicher. Einige Lokale bieten auf Anfrage einen Fahrdienst zu außerhalb gelegenen Unterkünften an.

Ari Hot Dog Shop FASTFOOD $
(0817 975 5231; Jl. Raya Candidasa; Hauptgerichte 25 000–50 000 Rp; 11–20 Uhr;) Das Schild „reisfreie Zone" sagt alles über die Karte mit Hotdogs, Sandwiches und üppigen Burgern. Das Essen, das der Australier Gary und seine fröhlichen Helfer servieren, ist heiß und das Bier kalt, eiskalt.

★**Vincent's** INTERNATIONAL $$
(0363-41368; www.vincentsbali.com; Jl. Raya Candidasa; Mahlzeiten 60 000–150 000 Rp; 8 bis 23 Uhr;) Dieses Restaurant, das zu den besten in Ostbali gehört, hat mehrere abgeteilte Bereiche im Freien und hinter dem Haus einen großen, hübschen Garten mit Rattanmöbeln. Die Bar ist eine Jazz-Oase. Auf der Karte finden sich hervorragende und innovative balinesische Gerichte, Frisches aus dem Meer und europäische Gerichte. Die Auswahl an hauseigenen Sambals ist köstlich.

Crazy Kangaroo CAFÉ $$
(0363-41996; Jl. Raya Candidasa; Hauptgerichte 40 000–120 000 Rp; 8 bis sehr spät) Gemessen an den hiesigen Standards geht es hier wild zu, das Café erinnert ein bisschen an eine Raststätte (obwohl eine Glaswand zum Innenhof den Verkehrslärm dämpft). Das Essen aus der offenen Küche ist gut und bietet eine Mischung aus westlichen und heimischen Gerichten sowie leckeren Spezialitäten aus dem Meer. Dazu kommt eine lebhafte Bar mit lauter Musik.

ⓘ Praktische Informationen

In Candidasa gibt es viele Geldautomaten.

ⓘ An- & Weiterreise

Candidasa liegt an der Hauptstraße zwischen Amlapura und Südbali, aber mangels Terminal müssen Bemos an der Straße angehalten werden, da Busse wahrscheinlich nicht stoppen. In Padangbai oder Semarapura muss man umsteigen, wenn man Richtung Westen fährt.

Eine Autofahrt nach Amed im tiefen Osten kostet etwa 250 000 Rp, und nach Kuta und zum Flughafen 300 000 Rp. Der Fahrer **I Nengah Suasih** (0819 3310 5020; nengahsuasih@yahoo.com), führt für 250 000 Rp Tagesausflüge nach Pasir Putih durch.

Unterkünfte geben Auskunft über Auto- und Fahrradverleih.

Perama (0363-41114; Jl. Raya Candidasa; 7–19 Uhr) liegt am westlichen Ende der Einkaufsstraße. Zu den angebotenen Zielen gehören Kuta (60 000 Rp, 3 Std.), Sanur (60 000 Rp, 2½ Std.) und Ubud (50 000 Rp, 2 Std.).

Von Candidasa nach Amlapura

Die Hauptstraße östlich von Candidasa windet sich hoch zum **Pura Gamang Pass** (*gamang* heißt „schwindelig werden" – eine Übertreibung). Oben angekommen, kann man den Ausblick auf die Küste genießen und den vielen gierigen Affen zuschauen, die sich so vermehrt haben, dass sie ganze Ernten von hier den Berg hinauf bis Tenganan aufgefressen haben. Der Fußweg von Candidasa in Richtung Amlapura steigt beim Weg über die Landzunge an und bietet schöne Ausblicke über die felsigen Inselchen vor der Küste. Auf der anderen Seite der Landzunge liegt ein langer schwarzer Sandstrand am offenen Meer.

Pasir Putih

Der idyllische Strand **Pasir Putih** (auch Dream Beach oder Virgin Beach genannt) bietet, wie der Name schon sagt, weißen Sand, ist aber längst kein Geheimtipp mehr. Noch 2004 war hier nichts außer einer langen Reihe Fischerboote an einem Ende des Strands. Jetzt kann man quasi hautnah die wirtschaftliche Entwicklung eines Strandorts beobachten.

Ein Dutzend strohgedeckter Strand-**Warungs** und **-Cafés** ist entstanden. Es gibt *nasi goreng* (Bratreis) und gegrillten Fisch. Das Bintang liegt kalt, und Liegestühle warten auf Schönheiten im Bikini. Der Strand selbst ist wirklich ein Traum: ein lang gestreckter Halbmond aus weißem Sand, an dessen einem Ende Klippen Schatten spenden, dahinter als Kulisse Kokospalmen. Die Brandung ist oft recht sanft – man kann hier auch **Schnorchelausrüstungen** für Unterwasserexpeditionen ausleihen.

Das Einzige, was Pasir Putih davor schützt, überrannt zu werden, ist die schwierige Anreise. Den Weg weisen in der Nähe des Dorfes Perasi einfache Schilder mit den verschiedenen Bezeichnungen für den Strand. 5,6 km östlich von Candidasa zweigt die hübsche, gepflasterte Straße von der Hauptroute ab. Nach ca. 1,5 km kommt ein Tempel, dort kassieren Einheimische eine Gebühr von 3000 Rp. Man kann das Auto bereits hier abstellen oder noch 600 m weiter auf einer Straße, die den Namen eigentlich kaum verdient, bis zum Strand weiterfahren (einige meinen, die Straße sei deshalb so schlecht und unwegsam, damit sie niemand allzu sehr vermisst, wenn über kurz oder lang das unvermeidliche Resort hochgezogen wird).

Wer sich Sorgen darüber macht, dass er die Kommerzialisierung des Strands vorantreibt, nehme sich zu Herzen, was die Dorfbewohner sagen: „Das Geld, das Sie für die Karte zahlen, geben wir für unsere Schule und Medikamente aus."

Teluk Penyu

Eine kleine Einbuchtung in der Küste ist aus gutem Grund unter dem Namen Teluk Penyu oder Schildkrötenbucht bekannt. Die gepanzerten Tiere kommen tatsächlich hierher, um ihre Eier abzulegen, und es wird einiges zu ihrem Schutz unternommen. Rund 5 km südlich von Amlapura stehen ein paar Villen, und es haben sich einige Ausländer hier niedergelassen.

Turtle Bay Hideaway (0363-23611; www.turtlebayhideaway.com; Jl. Raya Pura Mascime; Hütten 135–200 US$; 🛜 🏊) Die Anlage besteht aus alten traditionellen Holzhäusern, die von Sulawesi hierhergebracht wurden. Die drei Häuser stehen in der Nähe eines gekachelten Pools und haben zusammen fünf Zimmer mit Meerblick. Die Ausstattung verbindet exotische Details mit modernem Komfort – es gibt Kühlschränke und Speisen mit Zutaten aus biologischem Anbau. Auf den vielen schattigen Veranden, Terrassen und Liegestühlen können sich die Gäste problemlos eine Woche lang mit Nichtstun beschäftigen.

Amlapura

📞 0363

Amlapura ist der Hauptort des Distrikts Karangasem und der wichtigste Verkehrsknotenpunkt in Ostbali. Die kleinste der balinesischen Distrikthauptstädte ist sehr multikulturell: Hier gibt es chinesische Läden, mehrere Moscheen und verwirrende Einbahnstraßen. Der Königspalast lohnt einen Besuch.

⊙ Sehenswertes

Amlapuras stimmungsvolle Paläste an der Jalan Teuku Umar sind verblasste Erinnerungen an Karangasems Blütezeit als Königreich im 19. und beginnenden 20. Jh., das von der niederländischen Kolonialmacht gestützt wurde.

Unaufdringliche Guides bieten hilfreiche Führungen durch beide Paläste für rund 25 000 Rp an.

★ Puri Agung Karangasem PALAST
(Jl. Teuku Umar; Eintritt 10 000 Rp; ⊙8–17 Uhr) Außen am gut erhaltenen Puri Agung Karangasem finden sich herrlich gearbeitete Reliefs und ein eindrucksvolles mehrstufiges **Eingangstor**. Hinter dem Eingangshof (alle Eingänge leiten den Besucher in Richtung Osten zur aufgehenden Sonne) geht es nach links zum Hauptgebäude, das **Maskerdam** (Amsterdam) genannt wird, weil die Niederländer es als Geschenk erbauen ließen, um die Unterwerfung des Königreichs Karangasem unter ihre Herrschaft zu honorieren. So wurde es Karangasem möglich, länger als jedes andere Königreich auf Bali zu überleben.

Innen lassen sich mehrere Räume besichtigen, darunter das königliche Schlafzimmer und ein Wohnzimmer, dessen Möbel ein Geschenk der niederländischen Königsfamilie waren. Das Maskerdam ist dem detailreich geschmückten Bale Pemandesan zugewandt, dem Pavillon, der für die königlichen Zahnfeilzeremonien genutzt wurde. Dahinter, umgeben von einem Teich, steht der Bale Kambang, der noch immer für Familienzusammenkünfte und Tanzunterricht genutzt wird.

Die nützlichen englischsprachigen Informationsblätter geben dem Besucher einen guten Eindruck davon, wie die Anlage im 19. Jh. ausgesehen haben muss, als die Karangasem-Dynastie ihren Höhepunkt erlebte und Lombok erobert hatte. Die alten Fotos sollte man sich nicht entgehen lassen.

Puri Gede PALAST
(Jl. Teuku Umar; Spende erbeten; ⊙8–18 Uhr) Der Palast auf der anderen Straßenseite, Puri Gede, wird noch von der Königsfamilie genutzt. In der von langen Mauern umgebenen Palastanlage stehen viele Ziegelhäuser aus der niederländischen Kolonialzeit. Sehenswert sind die Steinmetz- und Holzschnitzarbeiten aus dem 19. Jh. Das **Rangki**, das Hauptgebäude, ist in seiner alten Pracht wiederhergestellt und liegt inmitten von

> **ABSTECHER**
>
> ## PURA LEMPUYANG
>
> Eines ist sicher: Das ist ein Ausflug, den man nicht vergisst!
>
> Pura Lempuyang ist einer der neun balinesischen Nationaltempel und zuständig für den Osten. Er steht auf einem Hügel am 1058 m hohen Gunung Lempuyang, einem direkten Nachbarn des 1175 m hohen Gunung Seraya. Zusammen bilden diese beiden einen auffälligen Doppelgipfel aus Basalt, der über Amlapura im Süden und Amed im Norden aufragt. Der Tempel Lempuyang ist Teil einer kompakten Anlage, die über das grüne Mosaik blickt, das Ostbali ausmacht. Der Tempel ist sehr bedeutend und wird täglich von vielen gläubigen Balinesen besucht, die hier in meditativer Kontemplation versinken. Und oben angekommen, verspüren viele Touristen den Wunsch, es ihnen gleichzutun, denn sie haben gerade Bekanntschaft mit der Besonderheit dieser Tempelanlage gemacht: Zum Tempel auf 768 m Höhe führt nämlich ein 1700-stufiger Treppenpfad.
>
> Den Anfang der Treppe liegt etwa 30 Fußminuten von Tirta Gangga entfernt. Auf der Straße von Amlapura nach Tulamben nimmt man den Abzweig nach Süden, nach Ngis (2 km), wo Palmzucker und Kaffee angebaut werden. Dann folgt man den Schildern nochmals 2 km nach Kemuda (oder fragt nach, falls die Ausschilderung zu verwirrend ist). Von Kemuda aus geht es die Treppe hinauf zum Pura Lempuyang, für den einfachen Weg sollte man etwa 2 Std. rechnen. Wer von dort aus zum Gipfel des Lempuyang oder Seraya weiterwandern will, sollte dies mit einem Führer tun.

Fischteichen. Von seinem Porträtbild blickt der verstorbene König AA Gede Putu streng auf seine Nachkommen, die lachend vor der Tür Fußball spielen.

Essen & Shoppen

Groß ist die Auswahl in Amlapura nicht; es gibt einen guten **Nachtmarkt** (17–24 Uhr). Ein riesiger Supermarkt, **Hardy's** (0363-22363; Jl. Diponegoro; 8–22 Uhr), führt Lebensmittel und allen möglichen Kleinkram. Es gibt Geldautomaten, und an einer Reihe von Ständen wird gutes, frisches asiatisches Fastfood angeboten. Hardy's verkauft östlich von Semarapura und südlich von Singaraja die größte Auswahl an nützlichen Dingen wie beispielsweise Sonnenmilch.

An- & Weiterreise

Amlapura ist ein Verkehrsknotenpunkt. Busse und Bemos fahren regelmäßig den Terminal Batubulan in Denpasar (25 000 Rp, ca. 3 Std.) über Candidasa, Padangbai und Gianyar an. Viele Kleinbusse fahren auch entlang der Nordküste über Tirta Gangga, Amed und Tulamben nach Singaraja (ca. 20 000 Rp).

Rund um Amlapura

Der Bau von **Taman Ujung**, einem riesigen Wasserpalast 5 km südlich von Amlapura gelegen, wurde 1921 vom letzten König von Karangasem fertiggestellt. Das Gebäude wurde 1979 durch ein Erdbeben stark in Mitleidenschaft gezogen. Vor dem riesigen, langweiligen Ersatz steht man eher ratlos: Trotz seiner Größe ist er alles andere als eindrucksvoll.

Es lohnt sich allerdings, noch ein bisschen über Taman Ujung hinauszufahren zum Strand **Pantai Ujung**, einem felsigen Küstenstreifen, an dem die Boote des nahen Fischerdorfes liegen. Hier stößt man auf eine der aufregendsten Entdeckungen, die kürzlich auf Bali gemacht wurden: einen 2 m langen **Fels in Penisform** (*lingga*), der nach einer Periode heftiger Stürme am Strand freigelegt wurde. Die Einheimischen sprechen dem Stein große Macht zu und halten hier regelmäßig Zeremonien ab. Weil er Spuren von Einritzungen aufweist, mutmaßen Experten, der Stein sei ein altes Fruchtbarkeitssymbol. Und das hat weitere Spekulationen befördert, dass der große Stein in der Nähe, der in gewisser Weise einer *yoni* gleicht (dem weiblichen Gegenstück zum *lingga*), dazu passen könnte.

Von Ujung aus kann man über eine Alternativroute nach Amed gelangen (s. Kasten S. 234).

Tirta Gangga & Umgebung

0363

Tirta Gangga (Wasser des Ganges) ist der Standort eines heiligen Tempels und einiger fantastischer Wasseranlagen und bietet

Ausblicke auf Reisfelder und das dahinter liegende Meer, die zu den schönsten in Ostbali gehören. Von hier oben ziehen sich die grünen Hügel zum weit entfernten Meer hinunter – ein hübscher Platz für eine ruhige Stunde.

Wer etwas mehr Zeit hat, kann durch die Terrassenlandschaft mit ihren vielen Wasserläufen und Tempeln wandern. Ein kleines Tal mit Reisterrassen zieht sich den Hügel hinter dem Parkplatz hinauf: ein majestätischer Anblick grüner Stufen, die sich in der Ferne verlieren.

Sehenswertes

Tirta Gangga

Taman Tirta Gangga PALAST
(Erw./Kind 10 000/5000 Rp, Parken 2000 Rp; Palast 24 Std., Kasse 6–18 Uhr) Amlapuras wasserbegeisterter Radscha machte sich nach dem heute verlorenen Meisterwerk von Ujung 1948 an einen weiteren Wasserpalast und ließ seine Träume mit dem Taman Tirta Gangga vor einem atemberaubenden Hintergrund aus terrassierten Hügeln Wirklichkeit werden.

Zu dieser sich über mehrere Ebenen erstreckenden Wasserfantasie gehören zwei Schwimmteiche, die an Wochenenden gut besucht sind, und dekorative Wasseranlagen mit riesigen Koi und Lotosblüten, eine faszinierende Erinnerung an die alten Tage der balinesischen Radschas. Der elfstufige *meru*-Brunnen verdient einen besonderen Blick, ansonsten lasse man sich unter den riesigen alten Banyanbäumen nieder und genieße die Aussicht.

Budakeling & Krotok

Budakeling, wo sich eine Shiva-buddhistische Gemeinde niedergelassen hat, geht mindestens bis ins 15. Jh. zurück und ist Heimat vieler Kunsthandwerker. Es liegt an einer Nebenstraße nach Bebandem wenige Kilometer südöstlich von Tirta Gangga, eine kurze Autofahrt oder einen schönen dreistündigen Spaziergang durch Reisfelder über **Krotok**, das Dorf der traditionellen Eisen- und Silberschmiede, entfernt.

Tanah Aron ist ein beeindruckendes Denkmal aus der Zeit des Widerstands gegen die Niederländer nach dem Zweiten Weltkrieg mit fantastischer Lage am Südosthang des Gunung Agung. Die Straße ist recht gut, zu Fuß dauert der Weg von Tirta Gangga und zurück rund sechs Stunden.

Aktivitäten

Beim **Wandern** in den umliegenden Hügeln vergisst man das aufregende Treiben Südbalis. In dieser weit im Osten der Insel liegenden Ecke strömen Bäche plätschernd durch die Reisfelder und die tropischen Wälder, die manchmal einen überraschenden Blick auf Lombok, Nusa Penida und die üppig grünen Landschaften der Umgebung und das Meer freigeben. Die Reisterrassen um Tirta Gangga gehören zu den schönsten der gesamten Insel! Kleine Straßen und Wanderwege führen zu vielen pittoresken traditionellen Dörfern.

Aussichtspunkte, die einen ganztägigen Ausflug mehr als rechtfertigen, liegen verstreut über die umliegenden Hügel. Um das wahre Bali zu erleben, bietet sich außerdem ein Aufstieg auf den Gunung Agung an. Ebenfalls reizvoll ist eine sechsstündige Rundwanderung zum Dorf Tenganan sowie kürzere durch die Hügel in der Nachbarschaft, auf denen man so viele abgelegene Tempel und begeisternde Ausblicke zu sehen bekommt, wie das Herz begehrt.

Für die größeren Wanderungen empfiehlt sich ein **Führer**, der bei der Routenplanung hilft und sehenswerte Stellen kennt, die man allein nie finden würde. Die unten genannten Unterkünfte helfen bei der Vermittlung, besonders das Homestay Rijasa, dessen Besitzer I Ketut Sarjana einer von mehreren erfahrenen Führern ist. Ein weiterer Guide aus der Gegend, der oft empfohlen wird, ist **Komang Gede Sutama** (0813 3877 0893). Die Tarife liegen um 75 000 Rp pro Stunde für ein oder zwei Leute.

Bung Bung Adventure Biking RADFAHREN
(0363-21873, 0813 3840 2132; bungbungbikeadventure@gmail.com; Tirta Gangga; Touren ab 300 000 Rp) Mit den lokalen Organisatoren kann man bergab durch die fantastischen Reisfelder, Terrassen und Flusstäler um Tirta Gangga fahren. Die Touren dauern zwei bis vier Stunden, Mountainbike, Helm und Wasser sind im Preis inbegriffen. Das Büro liegt nahe dem Homestay Rijasa, gegenüber vom Eingang zum Tirta Gangga. Es bietet sich an, frühzeitig zu buchen.

Schlafen & Essen

Übernachtungen findet man in luxuriösen, alten königlichen Räumen, die den Wasserpalast überblicken, oder in bescheideneren Zimmern, von denen die Wanderung am nächsten Morgen losgeht. Viele Unterkünfte haben auch ein Café, wo Hauptgerichte unter 20 000 Rp zu haben sind. Gelassene Obstverkäufer versammeln sich rund um den schattigen Parkplatz.

Tirta Gangga

Homestay Rijasa HOMESTAY $
(0813 5300 5080, 0363-21873; Jl. Tirta Gangga; Zi. 100 000–300 000 Rp;) Diese gute, familiengeführte Unterkunft mit neun Zimmern und einem sorgfältig gepflegten Garten gleich gegenüber vom Eingang zum Wasserpalast ist sehr empfehlenswert. Die besseren Zimmer haben passend zu den großen Wannen heißes Wasser. Der Eigentümer, I Ketut Sarjana, ist ein erfahrener Trekkingführer. Vor dem Rijasa steht ein Warung.

Good Karma HOMESTAY $
(0363-22445; goodkarma.tirtagangga@gmail.com; Jl. Tirta Gangga; Zi. 150 000–250 000 Rp;) Das Good Karma ist eine familiengeführte Unterkunft mit vier sehr sauberen, einfachen Bungalows und positiver Atmosphäre, die vom idyllischen Reisfeld herüberstrahlt, das die Anlage umgibt. Das empfehlenswerte **Café** (Hauptgerichte ab 35 000 Rp; 8 bis 22 Uhr) serviert in Lauben leckere Mahlzeiten, darunter *tempe-sate*.

Tirta Ayu Hotel HOTEL $$
(0363-22503; www.hoteltirtagangga.com; Pura Tirta Gangga; Villen 125–200 US$;) Dieses Hotel direkt in der Palastanlage besteht aus zwei hübschen Villen und drei Zimmern mit einem fast schon königlichen Dekor. Schwimmen kann man im hoteleigenen Pool und in den großen Palastteichen. Das **Restaurant** (Hauptgerichte ab 50 000 Rp; 7–21 Uhr) ist im Vergleich zu anderen Lokalen ein bisschen teurer und serviert kreative Interpretationen klassischer regionaler Küche, die dann mit Blick auf den großen Wasserpalast genossen werden.

Tirta Gangga Villas VILLA $$$
(0363-21383; www.tirtagangga-villas.com; Pura Tirta Gangga; Villen 120–250 US$;) Die Unterkunft steht auf derselben Terrasse wie das Tirta Ayu Hotel, die Villen waren Teil des alten Königspalastes. Trotz der umfassenden Renovierung ist der klassisch-balinesische Stil erhalten geblieben. Von den großen schattigen Veranden überblicken die Gäste den Wasserpalast. Man kann den gesamten Komplex mieten und selbst unter einem 500 Jahre alten Banyanbaum Hof halten.

Genta Bali INDONESISCH $
(0363-22436; Jl. Tirta Gangga; Mahlzeiten 15 000–25 000 Rp; 8–21 Uhr) Vom Parkplatz aus gleich auf der anderen Straßenseite gibt es gute Joghurtgetränke, köstliche Pasta und Gerichte der indonesischen Küche. Der Wein aus schwarzem Reis ist ebenfalls einen Versuch wert.

Rund um Tirta Gangga

★ **Side by Side Organic Farm** HOMESTAY $
(0812 3623 3427; http://sites.google.com/site/sidebysidefarmorg/; Dausa; Zi. ab 150 000 Rp) Inmitten üppiger Reisfelder in dem winzigen Ort Dausa bei Tirtta Ganga bietet die Side by Side Organic Farm großzügige und köstliche Mittagsbüfetts (ab 120 000 Rp). Dabei werden die biologisch gezogenen Früchte der Dorffarmen serviert. Wer der Farm einen Besuch abstatten möchte, ruft am besten am Tag zuvor an, um sich den Weg beschreiben zu lassen und das Mittagessen zu bestellen.

Auch ein Aufenthalt in einer der freundlichen traditionellen privaten balinesischen *pale* mit Blick auf Fischteiche lässt sich arrangieren. Die Farm ist ein einzigartiges Unternehmen mit dem Ziel, die Erträge zu erhöhen und damit die Einkommen für die Dorfgemeinschaft in einer Region zu erhöhen, die immer noch zu den ärmsten Gegenden Balis gehört.

❶ An- & Weiterreise

Bemos und Minibusse, die die Ostküstenroute zwischen Amlapura (7000 Rp) und Singaraja befahren, halten in Tirta Gangga, das 6 km nordwestlich von Amlapura liegt.

Von Tirta Gangga nach Amed

Die Hauptstraße von Amlapura über Tirta Gangga nach Amed und zur Küste ist nett, wird der Attraktivität der Gegend aber nicht gerecht. Um diese wirklich zu erleben, muss man die große Straße verlassen oder wandern gehen.

In der gesamten Gegend sehen die Palmen wie Soldaten in der Grundausbildung aus – geschoren und blattlos –, denn ihre Blätter werden schon ganz jung geerntet, um dann als Seiten für *lontar*-Bücher verarbeitet zu werden.

Amed & die Küste im fernen Osten

📞 0363

Von Amed bis zur östlichsten Spitze Balis erstreckt sich dieser semiaride (halbtrockene) Küstenstreifen, der mit einer ganzen Reihe von kleinen, mit vielen Muscheln übersäten grausandigen Stränden (einige sind eher felsig als sandig), lockerer Atmosphäre und ausgezeichneten Tauch- und Schnorchelrevieren die Besucher anlockt.

Der Küstenabschnitt hier wird oft einfach „Amed" genannt, was nicht ganz korrekt ist, denn der Küstenabschnitt besteht aus einer Reihe von *dusun* – kleinen Dörfern am Meer –, die mit dem eigentlichen Amed im Norden beginnen und bis Aas im Südosten reicht. Wer den Massen entkommen will, sollte dorthin fahren und ein bisschen Yoga machen. Alles liegt weit auseinander, man meint – einmal abgesehen vom Besuch in den kleinen Fischerdörfern – am Ende der Welt zu sein.

Von jeher war diese Gegend sehr arm, denn der Boden ist karg, es regnet kaum, und die Infrastruktur ist schlecht. Am Strand von Amed wird immer noch Salz gewonnen. Weiter im Osten leben die Dörfer vom Fischfang; die farbenfrohen *jukung,* die traditionellen Boote, liegen auf jedem verfügbaren Stück Strand. Landeinwärts werden an den steilen Hängen Mais, Erdnüsse und Gemüse angebaut – für Reisanbau ist es zu trocken.

🏃 Aktivitäten

Tauchen & Schnorcheln

An dieser Küste lässt es sich wunderbar **schnorcheln**. Jemeluk ist ein geschütztes Areal, in dem es lebende Korallen und Unmengen von Fischen nur rund 100 m vom Strand entfernt gibt. In Bayuning, gleich vor dem Strand bei den Eka Purnama Bungalows, blieben ein paar hölzerne Überreste eines **versunkenen japanischen Fischerboots** erhalten; in Selang gibt es wunderschöne Korallengärten und eine reiche farbenfrohe Unterwasserwelt. Schnorchelausrüstungen lassen sich hier für rund 30 000 Rp pro Tag ausleihen

Tauchen geht hier auch wunderbar. Tauchspots mit Korallenabhängen und steilen Abbrüchen, weichen und harten Korallen sowie zahllosen Fischen gibt es vor Jemeluk, Lipah und Selang. Manche lassen sich vom Strand aus erreichen, zu anderen führt eine kurze Bootsfahrt. Das Wrack der *Liberty* in Tulamben liegt nur eine 20-minütige Autofahrt entfernt.

Mehrere Tauchanbieter haben sich mit ihrem Engagement für die Gemeinschaft hervorgetan und organisieren regelmäßig Aufräumaktionen für den Strand. Sie informieren auch die Einheimischen über die Notwendigkeit des Naturschutzes. Die Veranstalter verlangen für vergleichbare Angebote alle ähnliche Preise: So kosten Tauchgänge in der Nachbarschaft ab ca. 80 US$ und Open-Water-Tauchkurse rund 400 US$.

Eco-Dive TAUCHEN
(📞 0363-23482; www.ecodivebali.com; Jemeluk Beach; 🛜) 🅿 Anbieter für alle Tauchwünsche mit einfachen, preiswerten Unterkünften für Kunden. Ein Vorreiter hinsichtlich des Umweltschutzes.

Euro Dive TAUCHEN
(📞 0363-23605; www.eurodivebali.com; Lipah; 🛜) 🅿 Hat ein großes Angebot; bietet mit Hotels Komplettpakete an. Erntet Lob für seine geführten Trips. Für 40 US$ kann man zum versunkenen japanischen Fischerboot hinabtauchen.

ℹ️ AMED ENTSCHLÜSSELN

Der ganze 10 km lange Küstenstreifen ganz im Osten wird von Touristen und Einheimischen oft „Amed" genannt. Die meisten Bauvorhaben entstanden zunächst in den drei Buchten mit Fischerdörfern: **Jemeluk** mit einer regen Besucherszene, **Banutan** mit Strand und Hinterland und **Lipah** mit einem lebendigen Mix aus Cafés und Läden. Mittlerweile wurde auch in den winzigkleinen Orten **Lehan**, **Selang**, **Banyuning** und **Aas** – jeder eine kleine Oase in den trockenen braunen Hügeln – für die Touristen gebaut. Um einen Eindruck von dem schmalen Küstenstreifen zu gewinnen, bietet sich der **Aussichtspunkt** in Jemeluk an; von dort fällt der Blick auf die Fischerboote, die sich wie bunte Sardinen an den Strand drängen.

Außer über die Hauptsstraße, die Tirta Gangga passiert, erreicht man die Gegend auch von Aas im Süden aus (s. Kasten S. 234).

Amed & die südöstliche Küste

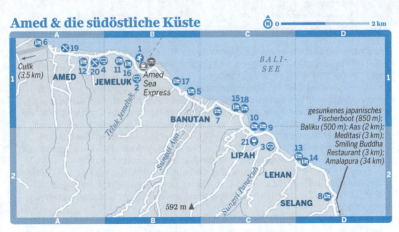

Amed & die südöstliche Küste

⊕ Aktivitäten, Kurse & Touren
- 1 Apneista B1
- 2 Eco-Dive B1
- 3 Euro Dive C2
- 4 Jukung Dive A1

⊜ Schlafen
- 5 Aiona Garden of Health B1
- 6 Amed Stop Inn A1
- 7 Anda Amed Resort C1
- 8 Blue Moon Villas D2
- 9 Coral View Villas C2
- 10 Double One Villas C1
- 11 Galang Kangin Bungalows B1
- 12 Hoky Home Stay & Cafe A1
- 13 Life in Amed D2
- 14 Palm Garden D2
- 15 Puri Wirata C1
- 16 Sama Sama Cafe & Bungalows B1
- 17 Santai B1
- 18 Wawa-Wewe II C1

⊗ Essen
- Apneista Cafe .... (s. 1)
- 19 Cafe Garam A1
- 20 Warung Enak A1

⊕ Ausgehen & Nachtleben
- 21 Wawa-Wewe I C2

Jukung Dive   TAUCHEN
(☎ 0363-23469; www.jukungdivebali.com; Amed; ⌂) ⊘ Betont sein Umweltbewusstsein und stellt seinen Kunden einen eigenen Tauchpool zur Verfügung. Vermietet Bungalows im Rahmen von Komplettpaketen.

Trekking
Von der Küste führen einige Wege landeinwärts die Hänge des **Gunung Seraya** (1175 m) hinauf zu ein paar wenig besuchten Dörfern. Die Landschaft ist kaum bewachsen, und die meisten Wege sind gut zu erkennen, sodass man für eine kürzere Wanderung keinen Führer braucht. Verirrt man sich, folgt man einfach einem Grat wieder nach unten zur Küstenstraße. Den Gipfel des Seraya zu erreichen, dauert von der felsigen Kante östlich von Jemeluk Bay gut drei Stunden; nach dem Weg sollte man fragen. Um den spektakulären Sonnenaufgang oben zu erleben, muss man sich im Dunkeln aufmachen – in diesem Fall ist es besser, einen Führer zu engagieren. Die Hotels können dazu Auskunft geben.

Sonstiges
Apneista   YOGA, WASSERSPORT
(☎ 0812 3826 7356; www.apneista.com; Jemeluk; 90 Minuten Yogakurs 100 000 Rp; ⊙ 8.30–22 Uhr) New-Age-Vergnügen und Abenteuer aus einer Hand: Dieses wunderbare Café bietet auch Yoga- und Apnoetauchunterricht, und man kann hier beispielsweise Bretter fürs Stehpaddeln ausleihen.

🛏 Schlafen
Die Region Amed ist dünn besiedelt, das sollte bei der Wahl der Unterkunft bedacht werden. Restaurants außerhalb des eigenen Hotels sind unter Umständen nur mit irgendwelchen Transportmitteln zu erreichen.

ABSEITS DER ÜBLICHEN PFADE

UMWEG NACH AMED

Normalerweise fahren Reisende auf dem Weg zur Küste von **Amed** über die Straße durch Tirta Gangga im Landesinneren. Es gibt aber eine längere, kurvenreiche und abenteuerlichere Straße, die viel weniger befahren ist und von **Ujung** entlang der Küste bis in Höhe von Amed führt. Die Straße klettert die Hänge der Zwillingsberge Seraya und Lempuyang hinauf und bietet unterwegs eine grandiose Sicht aufs Meer. Auf dem Weg berührt sie viele kleine Dörfer, in denen die Menschen Fischerboote schnitzen, in Bächen baden oder beim Anblick eines *tamu* – eines Besuchers oder Ausländers – etwas überrascht gucken. Gelegentlich blockieren ein Schwein, eine Ziege oder ein Felsblock die Straße. Nach dem üppig grünen Osten ist es hier auffällig trocken. Die Menschen müssen mit wenig auskommen, Mais ersetzt hier den Reis als Hauptnahrungsmittel.

Etwa 10 km östlich von Amalapura führt die Straße an der **Villa Arjuna** (0813 3897 7140; www.villa-bali.nl; EZ/DZ ab 28/55 €;) vorbei, einer großen Anlage am Strand mit acht sehr netten Zimmern und einem Pool direkt an der felsigen Küste. Die Besitzer sind Niederländer.

Bei **Seraya** mit seinem hübschen Markt gibt es Webereien, auch Baumwolle wird hier verarbeitet. Dann fährt man einige Zeit durch ertragreiche Obstgärten und dichte Vegetation. Etwa 4 km südlich von **Aas** steht ein Leuchtturm.

Die Straße ist schmal, aber befestigt, die 35 km bis Aas lassen sich ohne Stopps in einer Stunde bewältigen. In Verbindung mit der Inlandstraße durch Tirta Gangga ergibt sich von Westen aus eine schöne Rundreise durch Amed.

Generell gilt es als Reisender auch zu entscheiden, ob man in den kleinen Stranddörfern übernachten will oder auf den sonnigen und trockenen Landzungen, die die einzelnen Buchten miteinander verbinden. Erstere liegen direkt am Strand und bieten ein bisschen Einblick in das interessante alltägliche Dorfleben, Letztere locken die Gäste mit fantastischen Ausblicken und vollkommener Abgeschiedenheit.

Unterkünfte gibt es hier in jeder Preiskategorie; direkt in Amed befinden sich einige neue, einfache und preiswerte Unterkünfte. Fast jedes Haus verfügt über sein eigenes Restaurant oder Café. In der nachfolgenden Auflistung ist angegeben, wo man besonders gut essen kann.

Dorf Amed

Amed Stop Inn HOMESTAY $
(0817 473 8059; im.stop@yahoo.co.id; Dorf Amed; Zi. ab 200 000 Rp) Diese Privatunterkunft direkt im Dorf Amed hat zwei einfache Zimmer in guter Nähe zum Strand. Von hier aus lassen sich zahlreiche Spaziergänge durch die Reisfelder der Umgebung und auf die mit Tempeln übersäten Hügel starten. Die Besitzer sind echte Charmeure und erfahrene Guides.

In der Nähe gibt es etliche weitere gute Übernachtungsmöglichkeiten.

Jemeluk

Das, was heute unter dem Stichwort Amed-Küste verstanden wird, hat seinen Anfang in Jemeluk genommen.

Hoky Home Stay & Cafe HOMESTAY $
(0819 1646 3701; madejoro@yahoo.com; Jemeluk; Zi. 200 000 Rp;) Großartige, preiswerte Zimmer (Ventilator und Heißwasser) bietet diese Unterkunft in Strandnähe. Der Besitzer Made ist auf die Bedürfnisse von Reisenden bestens eingestellt. Das **Café** (Hauptgerichte 25 000 Rp; 8–22 Uhr) serviert frische, kreative Regionalküche, insbesondere Fisch und Meeresfrüchte.

Sama Sama Café & Bungalows HOMESTAY $
(0813 3738 2945; samasama_amed@yahoo.co.id; Jemeluk; Zi. 300 000–400 000 Rp;) Es gibt Zimmer mit kaltem Wasser und Ventilator oder einen Tick elegantere mit heißem Wasser und Klimaanlage in einem der sechs Bungalows. Dazu kommt ein **Café**, das gute Meeresfrüchte serviert (Hauptgerichte ab 50 000 Rp; 8–21 Uhr) gleich gegenüber vom Strand. Die Familie, die das Haus führt, stellt auch Opfergaben her.

Galang Kangin Bungalows GUESTHOUSE $
(0363-23480; bali_amed_gk@yahoo.co.jp; Jemeluk; Zi. 300 000–600 000 Rp;) Auf der Hügelseite der Straße in einem schönen

Garten gelegen, bieten die zehn Zimmer unterschiedliche Kombinationen von heißem und kaltem Wasser, Ventilator und Klimaanlage an. Café und Strand befinden sich auf der anderen Straßenseite.

Banutan Beach

Banutan Beach ist ein typischer kleiner Sandfleck mit Fischerbooten zwischen trockenen Landzungen.

Aiona Garden of Health GUESTHOUSE $
(0813 3816 1730; www.aionabali.com; Banutan Beach; EZ/DZ ab 20/25 €) Diese stilvolle Unterkunft hat so viele Schilder aufgestellt, dass man meinen könnte, sie wäre selbst eine Touristenattraktion. Die einfachen Bungalows stehen im Schatten von Mangobäumen, die ihren Beitrag zum supergesunden Speiseplan leisten. Daneben werden Biokosmetik, Yogakurse, Meditation und Tarot-Sitzungen angeboten. Die ballaststoffreiche Ernährung mag das ihre tun, damit Gäste ihren inneren Frieden finden.

Das kleine **Muschelmuseum** (⊙14 bis 16 Uhr) rühmt sich, für die Ausstellung keine einzige Muschel getötet zu haben.

★ **Santai** HOTEL $$
(0363-23487; www.santaibali.com; Banutan Beach; Zi. 80–150 US$; ❋🛜♨) Diese schöne Anlage liegt auf einem sanften Hügel, der sich bis zum Strand erstreckt. Der Name bedeutet übersetzt „Entspannung", und genau das tun hier die Gäste. Eine Reihe authentisch aussehender, mit Stroh gedeckter Unterkünfte, die von verschiedenen Inseln stammen, beherbergen zehn Zimmer mit Himmelbetten, Freiluftbädern und großen, bequemen Sofas. Ein von lilafarbenen Bougainvillea-Büschen umstandener Pool schlängelt sich durch das Anwesen.

Banutan

Diese Häuser mit den Unterkünften stehen auf einer sonnenverwöhnten, trockenen Landzunge. Die meisten sind an Hängen mit Blick aufs Meer erbaut.

SALZGEWINNUNG AN DER KÜSTE

Einen ungewöhnlichen Tag am Strand könnte man mit der Herstellung von Salz verbringen. Zuerst müssen etwa 500 l Meerwasser über den Sand zu Bambus- und Holztrichtern getragen werden, in denen das Wasser gefiltert wird. Danach kommt es in einen *palungan*, einen flachen Trog, der aus längs gespaltenen und ausgehöhlten Palmstämmen gefertigt ist, oder in Zementbehälter. Dort verdunstet es, und zurück bleiben Salzkristalle. Das sind nur die ersten Arbeitsschritte, die man beispielsweise in Kusamba oder Amed zu sehen bekommt.

In den vulkanischen Gebieten der Ostküste zwischen Sanur und Yeh Sanih im Norden kommen unterschiedliche Salzgewinnungsmethoden zum Einsatz. Allen gemein ist die sehr harte Arbeit, die aber eine wichtige Einkommensquelle für viele Familien ist.

In einigen Orten wird zunächst mit Meerwasser getränkter Sand getrocknet. Dann wird er in eine Hütte gebracht, wo er mit Meerwasser durchgespült wird, um das Salz herauszulösen. Das extrem salzhaltige Wasser (Sole) wird dann in einen *palungan* gegossen. Hunderte dieser Tröge sind in der Salzsaison (der Trockenzeit) an den Stränden aufgereiht. Nachdem das Wasser in der heißen Sonne verdunstet ist, wird das fast trockene Salz herausgekratzt und in Körbe gefüllt. Im Museum Semarajaya (S. 211) in Semarapura gibt es zu dieser Methode eine gute Ausstellung.

Das meiste Salz, das an der balinesischen Küste hergestellt wird, wird zur Verarbeitung von getrocknetem Fisch verwendet. Und hier hat Amed einen Vorteil: Obwohl mit der dortigen Methode die Erträge geringer ausfallen als bei der mit Sand, wird das Amed-Salz wegen seines guten Geschmacks sehr geschätzt. Tatsächlich gibt es einen wachsenden internationalen Markt für das „von Hand gewonnene Salz". Die grauen, trüben Kristalle finden ihren Weg in viele Küchen teurer Spitzenrestaurants.

Gäste in Amed können im benachbarten Hotel Uyah Amed und Café Garam alles über diesen faszinierenden Herstellungsprozess erfahren. Viele der Angestellten arbeiten nebenbei in der Salzgewinnung. Es werden Touren angeboten, und man kann auch kleine Tüten des kostbaren Stoffs für einen Bruchteil dessen kaufen, was er erst einmal kostet, wenn er durch viele Hände auf dem heimischen Gourmetmarkt angekommen ist (10 000 Rp pro Kilo).

Wawa-Wewe II HOTEL $$
(0363-23522; www.bali-wawawewe.com; Banutan; EZ/DZ ab 300 000/400 000 Rp; ❄︎🛜🏊) Diese ruhige Anlage an der Landspitze hat zehn bungalowartige Zimmer auf einem üppig bewachsenen Gelände, das bis zum Ufer hinunterreicht. Der Infinitypool aus Naturstein hat die Form eines Buddhas und liegt nah am Wasser. Zwei Zimmer bieten eine wunderschöne Sicht aufs Meer.

Anda Amed Resort HOTEL $$
(0363-23498; www.andaamedresort.com; Villen 90–150 US$; ❄︎🛜🏊) Dieses weiß getünchte Hotel am Hügel bietet einen schönen Kontrast zum üppigen Grün der gesamten Anlage. Der Infitypool weit oberhalb der Straße ist ein beeindruckender Klassiker seiner Art. Die neun Zimmer in vier Villen sind mit noblen Details wie großen Wannen, Kühlschränken und anderen Annehmlichkeiten ausgestattet.

Puri Wirata HOTEL $$
(0363-23523; www.puriwirata.com; Banutan; Zi. 50–80 US$, Villen 60–240 US$; ❄︎🛜🏊) Das Resort dürfte am ehesten den breiten Publikumsgeschmack in Amed treffen. 30 Zimmer und zwei Pools erstrecken sich über den Hügel bis zur felsigen Küste. Das Angebot umfasst Zimmer, Bungalows und Villen. Der Service ist professionell, und es gibt viele Tauchangebote.

🛏 Lipah
Das Dorf ist gerade groß genug für einen (kurzen!) Spaziergang.

Double One Villas GUESTHOUSE $
(0363-22427; www.doubleonevillasamed.com; Lipah; Zi. 300 000–600 000 Rp; ❄︎🛜🏊) Dieses bezaubernde Guesthouse ist in seiner Anlage zweigeteilt: Die preiswerteren Zimmer liegen von der Straße aus den Hügel hinauf, die netteren in Richtung Meer. An einem ziemlich steilen Hang gibt es fünf Zimmer, und in der Nähe des Kieselstrandes lockt ein kleiner Pool. Die Zimmer zum Wasser hin sind ihr Geld wert, auch wenn man die Stufen schon in den Beinen spürt.

Coral View Villas HOTEL $$
(www.coralviewvillas.com; Lipah; Zi. ab 90 US$; ❄︎🛜🏊) Ein natürlich gestalteter Pool in einer üppig bewachsenen Umgebung hebt diese winzige Anlage von Unterkünften in trockeneren Gegenden ab. Die 19 Zimmer in Einheiten im Bungalowstil sind groß und haben mit Steinen abgesetzte Freiluftbäder und schöne Terrassen.

🛏 Lehan
Im ruhigen, strandnahen Lehan gibt es einige der schönsten Unterkünfte im Boutiquestil in der Amed-Region.

Life in Amed HOTEL $$
(0363-23152, 0813 3850 1555; www.lifebali.com; Lehan; Zi. 70–90 US$, Villen 120–140 US$; ❄︎🛜🏊) Das Leben hier ist nobel. Sechs Bungalows stehen etwas dicht zusammen um einen geschwungenen Pool, zwei Villen haben direkte Strandlage. Die Bäder sind wahre Kunstwerke aus Steinen, die am Strand gesammelt wurden.

★ Palm Garden HOTEL $$$
(0828 9769 1850; www.palmgardenamed.com; Lehan; Zi. 110–250 US$; ❄︎@🏊) Dieses Villenhotel am Wasser besitzt einen Hauch Eleganz – und zweifellos den besten Strand in Amed. Die zehn Gebäude bieten große Innenhöfe, die Anlage ist mit Palmen bestanden, eine wächst auf einer eigenen Insel im Pool. Mindestaufenthalt sind zwei Nächte.

🛏 Selang

Blue Moon Villas GUESTHOUSE $$
(0817 4738 100; www.bluemoonvilla.com; Selang; Zi. 65–145 €; ❄︎🛜🏊) Am Hang wurde das kleine, luxuriöse Guesthouse mit drei Pools errichtet, die Klippen liegen gleich auf der anderen Straßenseite. Die Zimmer mit Freiluft-Bädern aus Stein verteilen sich auf mehrere Villen, die Zimmer können auf Wunsch zu Suiten verbunden werden. Im **Restaurant** gibt es gute balinesische Klassiker und gegrillte Meeresfrüchte (Hauptgerichte ab 50 000 Rp; ⊙8–22 Uhr).

🛏 Banyuning
Wer in Banyuning ankommt, hat den größen Touristenrummel von Amed schon hinter sich gelassen.

Baliku HOTEL $$
(0828 372 2601; www.amedbaliresort.com; Banyuning; Zi. ab 100 US$; ❄︎🛜🏊) Große Villen gehören zu den Attraktionen dieser Anlage auf einem Hügel, der einen Ausblick auf einen schönen Küstenabschnitt von Amed bietet, wo Fischerboote ihre farbenprächtigen Segel flattern lassen. Große Betten, separate Ankleidebereiche und Terrassen, auf

denen man essen kann, garantieren einen angenehmen Aufenthalt. Die Einrichtung und die Speisekarte des Restaurants sind mediterran inspiriert.

Aas

In Aas kann man sich eine Zeitlang verkriechen und ausruhen.

★ Meditasi   GUESTHOUSE $
(0828-372 2738; www.meditasibungalows.blogspot.com; Aas; Zi. 300 000–500 000 Rp) Den Alltag links liegen lassen und eine Auszeit vom Stress des Lebens nehmen – in diesem relaxten und charmanten Versteck geht das hervorragend. Meditation und Yoga helfen dabei und von den acht Zimmern ist es nicht weit zu schönen Schwimm- und Schnorchelgelegenheiten. Von den Freiluft-Bädern aus lassen sich die Farben der üppig wachsenden Bougainvillea und Frangipani zählen.

Essen & Ausgehen

Wie schon gesagt, bieten die meisten Unterkünfte ihren Gästen Cafés. Die besten sind nachfolgend aufgelistet.

★ Apneista Cafe   CAFÉ $
(0812 3826 7356; www.apneista.com; Jemeluk; Hauptgerichte ab 35 000 Rp; 8.30–22 Uhr) Hier kann man sich nach dem Ausruhen gleich noch einmal ausruhen. Dieses hervorragende Café hat ein gutes vegetarisches Speisenangebot aus biologischem Anbau mit vielen Besonderheiten. Es gibt eine große Auswahl an Kaffee, Tee und Säften. Innen sitzt man an Tischen, draußen im Liegestuhl. Hier finden auch Yogakurse und andere Aktivitäten statt, und abends stehen Lesungen und Filmvorführungen auf dem Programm.

★ Warung Enak   BALINESISCH $
(0819 1567 9019; Jemeluk; Hauptgerichte ab 20 000 Rp; 8–22 Uhr) Schwarzer Reispudding und andere ungewöhnliche Leckerbissen aus der Region sind die Spezialitäten dieser absolut einfachen und superleckeren kleinen Gaststätte. Der Essraum mit einer offenen Front versteckt sich fast hinter einem Baum, doch die zufriedenen Gesichter der Gäste sind durch die Zweige durchaus zu erkennen.

Cafe Garam   INDONESISCH $
(0363-23462; Hotel Uyah Amed, Amed; Mahlzeiten 20 000–50 000 Rp; 8–22 Uhr) Im Garam ist die Atmosphäre locker, es gibt Billardtische und balinesische Küche. Mittwochs und samstags erklingen hier ab 20 Uhr die gefühlvollen, eindringlichen Melodien live gespielter *genjek*-Musik (traditionelles balinesisches Schlagzeug). Der *salada ayam,* eine Mischung aus Kohl, gegrilltem Huhn, Schalotten und winzigen Peperoni, macht geradezu süchtig.

Smiling Buddha Restaurant   BIO $
(0828 372 2738; Aas; Mahlzeiten ab 30 000 Rp; 8–22 Uhr;) Das Restaurant dieses sehr empfehlenswerten Guesthouse hat ein hervorragendes Angebot aus biologischem Anbau, vieles davon aus dem eigenen Garten. Die balinesischen und westlichen Gerichte sind wirklich gut, ebenso wie der Blick aufs Meer. Selbst bei Vollmond kann man hier seinen Spaß haben. Happy hour ist von 19 bis 20 Uhr.

Wawa-Wewe I   BAR
(0363-23506; Lipah; 8– ultimo;) Wer den Abend mit dem für die Region typischen *arak* (Schnaps aus Palmwedeln) verbringt, kann anschließend Wawas nicht mehr von Wewes unterscheiden. Dies ist die derbste Bar an der Küste – das heißt, es kann für balinesische Begriffe schon mal ordentlich laut werden. Oft jammen hier Bands aus der Umgebung. Zu essen gibt es auch etwas (Hauptgerichte ab 30 000 Rp), ebenso wie günstige Zimmer.

ⓘ Praktische Informationen

Möglicherweise wird eine Touristensteuer erhoben. Gelegentlich werden an einer Mautstelle am Rand von Amed 5000 Rp pro Person kassiert. Geldautomaten sind in der Gegend dünn gesät, aber WLAN gibt es fast überall.

ⓘ An- & Weiterreise

Die meisten Leute kommen über die Hauptstraße von Amlapura und Culik. Die spektakuläre Straße von Aas nach Ujung führt ganz um die Doppelgipfel herum, eine tolle Rundfahrt (s. Kasten S. 234).

Ein Wagen mit Fahrer zum/vom Flughafen und nach Südbali ist für rund 500 000 Rp zu haben.

Öffentliche Verkehrsmittel gibt es kaum. Minibusse und Bemos, von Singaraja und Amlapura kommend, fahren durch Culik und verlassen dann die Küste. Bemos fahren unregelmäßig von Culik nach Amed (3,5 km) und manchmal bis 13 Uhr weiter nach Seraya. Die Fahrten kosten durchschnittlich 7000 Rp.

Es ist auch möglich, Fahrgelegenheiten von Culik aus zu organisieren – Verhandlungsbasis sind etwa 50 000 Rp (für die Fahrt mit dem *ojek* weniger als die Hälfte). Auf jeden Fall sollte man das Hotel nennen, in das man gefahren werden möchte. Wer nur nach „Amed" will, landet sonst möglicherweise im Dorf Amed.

Amed Sea Express (0878 6306 4799; www.gili-sea-express.com; Jemeluk; ab 300 000 Rp pro Pers.) fährt mit einem Schnellboot für 80 Passagiere in weniger als einer Stunde nach Gili Trawangan.

Region Kubu

Entlang der Hauptstraße passiert man riesige Lavaströme, die bei Ausbrüchen des Gunung Agung zum Meer geflossen sind. Die Landschaft ist mit mondartigen Felsen gesprenkelt und sieht vollkommen anders als die im Allgemeinen üppig grüne Reisterrassen-Landschaft aus.

Tulamben

0363

Die große Attraktion in Tulamben ist vor über 60 Jahren gesunken: Das Wrack des amerikanischen Frachtschiffs *Liberty* ist eines der besten Tauchreviere auf Bali. Für die Taucher ist hier inzwischen ein ganzes Dorf entstanden. Sogar Schnorchler können einfach hinausschwimmen und sich das Wrack und die Korallen von oben aus ansehen.

Wer sich nicht in die salzigen Wellen stürzen will, sollte sich auf die Suche nach den schönen Kieseln machen, für die man im Baumarkt ein Vermögen zahlt.

Für das trockene Vergnügen gibt es den **Morgenmarkt** im Dorf Tulamben, 1,5 km von den Tauchplätzen entfernt.

DAS WRACK DER LIBERTY

Im Januar 1942 wurde das kleine Frachtschiff USAT *Liberty* der US Navy bei Lombok von den Torpedos eines japanischen U-Boots getroffen. Es wurde nach Tulamben geschleppt, um seine Ladung aus Gummi und Eisenbahnteilen zu retten. Die japanische Invasion verhinderte das, und das Schiff lag am Strand bis zum Ausbruch des Gunung Agung 1963. Damals zerbrach es und versank sehr zur Freude von Tauchern gleich vor der Küste. (Um das klarzustellen: Es war *kein* Frachtschiff der Liberty-Klasse des Zweiten Weltkriegs.)

Aktivitäten

Tauchen und Schnorcheln sind der Grund dafür, dass es heute Tulamben gibt.

Das **Schiffswrack** der *Liberty* liegt etwa 50 m vor der Küste, direkt gegenüber von den Puri Madha Bungalows, wo man auch parken kann. Wer in ziemlich gerader Richtung hinausschwimmt und sich an das Gewimmel von schwarzen Schnorcheln hält, sieht bald das Heck aus der Tiefe aufragen. Es ist inzwischen mit einer dicken Korallenschicht bedeckt und wird von Dutzenden farbenfrohen Fischarten – und meistens von Tauchern – umschwommen. Das Schiff ist über 100 m lang, der Rumpf ist in Stücke zerbrochen. Das erleichtert das Hineintauchen. Der Bug ist noch recht gut erhalten, die Mitte des Rumpfes ist stark zerstört, das Heck hingegen ist fast intakt. Die am besten erhaltenen Teile liegen 15 bis 30 m tief. Um das Schiff zu erkunden, sind mindestens zwei Tauchgänge nötig.

Viele Taucher kommen von Candidasa und Lovina extra nach Tulamben, an manchen Tagen kann es zwischen 11 und 16 Uhr mit 50 und mehr Tauchern am Wrack ziemlich voll werden. Deshalb bietet es sich an, in Tulamben oder Amed zu übernachten und schon früh mit dem ersten Tauchgang zu starten.

Viele Hotels haben ihre eigene Tauchbasis und geben Rabatte für Übernachtungen, wenn man seine Tauchausflüge von ihnen organisieren lässt.

Zwei Tauchgänge kosten in Tulamben ab 80 US$ und etwas mehr für einen nächtlichen Tauchgang um Amed. Schnorchelausrüstungen werden überall für 30 000 Rp vermietet.

Hinter dem Tauch-Terminal wurde ein privat geführter Parkplatz eingerichtet (10 000 Rp). Es gibt dort auch verschiedene Stände, an denen Ausrüstungen verliehen werden, Verkaufsstände und Träger, die nach Aufmerksamkeit heischen, dazu kann man hier Duschen und Toiletten gegen Bezahlung einer Gebühr benutzen.

Bei den Puri Madha Beach Bungalows kann man immer noch gratis parken.

Tauch Terminal TAUCHEN
(0363-22911, 0363-774504; www.tauch-terminal. com; unbegrenztes Tauchen 24 Std. 120 €) Dies ist einer der Anbieter auf Bali, der bereitsam längsten im Geschäft ist. Ein viertägiger PADI-Kurs für einen Open-Water-Tauchschein kostet ab 325 €.

🛏 Schlafen & Essen

Tulamben ist ein ruhiger Ort und im Prinzip um das Wrack herum aufgebaut – die Hotels, alle mit Cafés und viele mit Tauchläden, stehen an einem 4 km langen Streifen auf beiden Seiten der Hauptstraße. Die Hotels an der Straßenseite sind preiswerter, die am Wasser schöner. Bei Flut verschwindet sogar die felsige Küste.

Matahari Tulamben Resort   HOTEL $
(☏ 0859 3835 4762; www.divetulamben.com; Zi. mit Ventilator/Klimaanlage ab 185 000/250 000 Rp; ❄🌐🏊) Dieses einfache Hotel mit 18 Zimmern hat eine treue Gästeschar von Tauchern, die oft über Wochen bleiben und nur auftauchen, um Luft zu schöpfen und in einem der sehr sauberen Zimmer zu schlafen. Südlich vom Wrack nimmt es einen kleinen Strandabschnitt ein. Es gibt ein Spa und ein kleines Café mit Meerblick.

Dive Concepts   GUESTHOUSE $
(☏ 0812 3684 5440; www.diveconcepts.com; Bett 50 000 Rp, Zi. 100 000–350 000 Rp; ❄🌐) Für Leute, die gern andere Taucher treffen, ist diese kleine Unterkunft genau richtig. Die zwölf Räume decken die ganze Skala ab, von kaltem Wasser und Ventilator bis zu heißem Wasser mit Klimaanlage; es gibt auch Sechsbettzimmer. Es werden Grill- und Filmabende veranstaltet.

Deep Blue Studio   GUESTHOUSE $
(☏ 0363-22919; www.subaqua.cz; Zi. 28–45 US$; 🌐🏊) Die Eigentümer des Deep Blue Studio sind Tschechen. Die Tauchschule hat zehn Zimmer mit Ventilator und Balkon in einem zweigeschossigen Haus auf der Hügelseite der Straße. Diese attraktive Unterkunft bietet eine optimale Lage für Tauchkurse und zum Ausruhen nach einem Tag unter Wasser. Es gibt eine Reihe von Kombiangeboten mit der angeschlossenen Tauchschule.

⭐Puri Madha Beach Bungalows   HOTEL $$
(☏ 0363-22921; www.purimadhabeachhotel.weebly.com; Zi. 500 000–600 000 Rp; ❄🌐🏊) Die renovierten Bungalows liegen direkt gegenüber dem Wrack der *Liberty*. Die besten der 21 Zimmer haben Klimaanlage und heißes Wasser. Die großzügige Anlage erscheint wie ein öffentlicher Park und bietet einen schicken Poolbereich mit Blick auf das Meer. Es gibt nicht Besseres, als aus dem Bett direkt ins Wasser zu steigen und zum berühmten Wrack zu schwimmen.

⭐Liberty Dive Resort   HOTEL $$
(☏ 0363-23347; www.libertydiveresort.com; Zi. 45–75 US$; ❄🌐🏊) Dieses Resort mit 20 Zimmern liegt vom felsigen Strand vor dem Wrack 100 m den Hang hinauf. Es wirkt großzügig und bietet einen sehr hübschen Pool. Die Zimmer sind unterschiedlich komfortabel, aber alle modern, sauber und groß. Aus einigen Zimmern im oberen Stock hat man Blick aufs Meer.

ℹ Praktische Informationen

Es gibt Geldautomaten und Läden für den täglichen Bedarf.

ℹ An- & Weiterreise

Zwischen Amlapura und Singaraja fahren viele Busse und Bemos, die überall an der Straße nach Tulamben halten. Nach 14 Uhr verkehren sie allerdings selten. Für die Fahrt in jede der beiden Städte werden 12 000 Rp verlangt.

Wer in Lovina übernachtet, sollte spätestens um 15 Uhr losfahren, um noch bei Tageslicht anzukommen.

Schnorchler, die einen Wagen mit Fahrer mieten, um einen Tagesausflug zum Wrack zu unternehmen, sollten den Fahrer darauf hinweisen, nicht in der Nähe der Tauchschulen zu parken. Sonst belästigen diese einen mit ihren Versuchen, Tauchausflüge zu verkaufen.

Von Tulamben nach Yeh Sanih

Nördlich von Tulamben verläuft die Straße weiter an den Hängen des Gunung Agung entlang, wo viele alte Lavaströme an den Ausbruch von 1963 erinnern. Weiter um den Berg herum reichen die Hänge des äußeren Kraters des Gunung Batur bis ans Meer. Hier fällt nur wenig Regen, das Wetter ist meist sonnig. Die Gegend ist dünn besiedelt und in der Trockenzeit sehr karg.

In **Kubu**, einem Straßendorf etwa 5 km nordwestlich von Tulamben, findet regelmäßig ein Markt statt.

In **Les** führt eine Straße ins Landesinnere zu einem wunderbaren Wasserfall, dem **Air Terjun Yeh Mampeh** (Yeh-Mampeh-Wasserfall; Erw./Kind 20 000/10 000 Rp). Er ist mit 40 m einer der höchsten Balis. An der Straße markiert ein großes Schild die Abzweigung, die etwa 2,5 km landeinwärts führt und von den örtlichen Behörden ständig verbessert wird, in der Hoffnung, Touristen anzulocken. Die letzten 600 m geht es zu Fuß auf einem gut sichtbaren Pfad im Schatten von Ram-

RETTUNG FÜR BALIS VERGESSENE EINWOHNER

Lange waren die trockenen Gegenden an den nordöstlichen Hängen des Gunung Agung die ärmste Region Balis – so arm, dass bis in die 1990er-Jahre die Regierung nicht einmal zugab, dass dort Menschen leben. Durch Mangelernährung verursachte Krankheiten waren häufig, Bildung gab es keine, die Einkommen lagen unter 30 US$ im Jahr. Es herrschte schlimmste Armut auf einer Insel, die seit 20 Jahren dank des Tourismus einen wirtschaftlichen Boom erlebt hatte.

Die Zustände sind heute zum Glück Vergangenheit. Obwohl es wie ein Klischee klingt, sind dafür die nicht endenden Bemühungen eines einzelnen Mannes – David Both – verantwortlich. Aufbrausend, eigenwillig und hartnäckig setzte der geborene Brite seine Kenntnisse als Ingenieur ab den 1990er-Jahren in der Region ein, die sich bis zum winzigen Dorf Ban hin erstreckt. Der unermüdliche Organisator rüttelte die Einheimischen wach, bedrängte die Regierung, umwarb geduldig die Spender und machte sein **East Bali Poverty Project** (0361-410 071; www.eastbalipovertyproject.org) zu einem wirksamen Werkzeug des Wandels.

Schulen, Elektrizität, Krankenhäuser und das Gefühl, etwas geschafft zu haben, haben die Menschen von ihrer Vergangenheit befreit. Mittlerweile geht das Projekt in seine nachhaltige Phase und hat dazu das **Bamboo Centre** im Dorf Daya gegründet. Es zeigt die Möglichkeiten auf, die Bambus als erneuerbarer Rohstoff bietet. Die nach längerem Zögern zur Zusammenarbeit bereite kooperative Regierung hat inzwischen eine Straße über den Berg zwischen Pura Besakih und Tianyar (20 km nordwestlich von Tulamben) an der Küste ausgebaut. Wer keine Angst hat, sich zu verirren, kann dorthin einen faszinierenden Tagesausflug unternehmen. Manchmal ist das Zentrum nicht besetzt, falls aber doch, ist der Empfang sehr herzlich.

---

butan- und anderen Obstbäumen am Fluss entlang. Guides – die man für Yeh Mepeh nicht braucht – bringen Besucher auch zu entfernteren Wasserfällen.

Der nächste größere Ort ist **Tejakula**, das für sein öffentliches, von einem Bach gespeistes Bad berühmt ist. Es soll zum Waschen von Pferden gebaut worden sein und wird oft „Pferdebad" genannt. Die renovierten Badebereiche (für Männer und Frauen getrennt) liegen hinter Mauern, die von aufwendig geschmückten Bögen gekrönt sind, und werden als heilige Orte betrachtet. Das Bad liegt 100 m landeinwärts an einer schmalen Straße mit vielen kleinen Läden. Das Dorf ist malerisch mit einigen schön geschnitzten *Kulkul*-Türmen. Der Spaziergang zu den Bädern führt an Bewässerungskanälen entlang.

Von Pacung, das rund 10 km vor Yeh Sanih liegt, sind es 4 km landeinwärts nach **Sembiran**, einem Bali-Aga-Dorf, obwohl es sich selbst nicht so bezeichnet. Das Beeindruckendste an diesem Dorf sind seine Lage am Berg und die fantastische Aussicht auf die Küste.

🛏 Schlafen & Essen

An Balis entlegener Nordostküste entstehen immer weitere Resorts, in denen man tatsächlich dem Treiben der Welt entfliehen kann. Hier kann man sich ein paar Tage niederlassen und zur Ruhe kommen. Der Weg vom Flughafen oder aus Südbali dauert drei oder auch mehr Stunden. Es gibt zwei Routen: Die eine führt über Kintamani die Berge hinauf und wieder hinunter: Die einfache, landschaftlich schöne Straße endet am Meer bei Tejakula. Die andere Route führt über die Küstenstraße via Candidasa und Tulamben rund um Ostbali.

Bali Sandat Guest House GUESTHOUSE $
(0813 3772 8680; www.bali-sandat.com; Bondalem; Zi. ab 30 €; 📶) In diesem unauffälligen, tief in einem Palmenwald am Strand in einem abgeschiedenen Teil Ostbalis gelegenen Guesthouse fühlt man sich wie bei einem Besuch bei Freunden. Die vier Zimmer haben Freiluftbäder mit kaltem Wasser und tiefe, schattige Veranden. Balinesisches Essen wird angeboten. Das Dorf Bondalem liegt 1 km entfernt und hat einen einfachen Morgenmarkt und eine Weberei.

Segara Lestari Villa GUESTHOUSE $
(0815 5806 8811; Les; Zi. ab 310 000 Rp; ❄) Viel einfacher geht es nicht: vier Bungalows direkt am Meer. Es gibt heißes Wasser und Klimaanlagen, doch wegen des Windes am Wasser muss man Letztere nicht anstellen.

Man kann die Küche benutzen oder sich von den Gastgebern bekochen lassen.

★ Alam Anda HOTEL $$
(☏ 0812 465 6485; www.alamanda.de; Sambirenteng; Zi. 45–110 €; ❄ ☒) Die fabelhafte tropische Architektur des Strandresorts bei Sambirenteng hat der deutsche Eigentümer, ein Architekt, selbst entworfen. Ein Riff gleich vor der Küste lässt die Tauchschule nur so brummen. Die 28 Bungalows sind unterschiedlich groß, von *Losmen*-Zimmern bis zu Hütten mit Ausblick ist alles dabei. Alle sind mit Stroh und Bambus dekoriert. Das Resort liegt 1 km nördlich des Poinciana Resorts, etwa zwischen Kubu und Tejakula.

Spa Village Resort Tembok HOTEL $$$
(☏ 0362-32033; www.spavillage.com; Tembok; Zi. mit Vollpension ab 260 US$; ❄ @ ☎ ☒) Schon bei der Ankunft in diesem Strandresort mit 31 Zimmern wird eines sofort klar: Hier bucht man umfangreiche Spa-Behandlungen und tägliche Aktivitäten, die alle darauf abgestimmt sind, sich innerlich zu verjüngen. Die Veredelungen, die sich hier erleben lassen, sind natürlich ein wenig luxuriös. Die Speisen sind gesund und konzentrieren sich auf einfache, lokale Zutaten. Das Resort liegt nordwestlich von Tembok.

Zentrales Bergland

➡ Inhalt

Gunung Batur 244
Rund um den
Danau Bratan 250
Bedugul 251
Candikuning 251
Pancasari 252
Danau Buyan &
Danau Tamblingan . . 253
Munduk & Umgebung 254
Die Antosari-Straße . 258

Gut essen

➡ Pulu Mujung Warung (S. 247)

➡ Strawberry Hill (S. 251)

➡ Ada Babi Guleng (S. 256)

➡ Puri Lumbung Cottages (S. 255)

Schön übernachten

➡ Puri Lumbung Cottages (S. 255)

➡ Sarinbuana Eco Lodge (S. 257)

➡ Lakeview Eco Lodge (S. 246)

➡ Bali Mountain Retreat (S. 257)

➡ Sanda Boutique Villas (S. 258)

Auf ins zentrale Bergland!

Bali hat eine heiße Seele. Die Vulkane, die sich über den Inselrücken erheben, sind keine ruhigen Gipfel, sondern unter der Oberfläche sehr aktiv und stets bereit zu einer weiteren Eruption.

Der Gunung Batur (1717 m) stößt zwar beständig Rauch aus, die außerirdische Schönheit des Ortes macht die Anstrengungen eines Besuchs jedoch wieder wett. Während es am Danau Bratan heilige Hindutempel gibt, lockt das Dorf Candikuning mit einem faszinierenden botanischen Garten.

Im alten Kolonialstädtchen Munduk, einem Zentrum des Trekkingtourismus, geht der Blick von den Bergen hinunter bis zur Nordküste von Bali, die der Schönheit der vielen nahen Wasserfälle und der Danaus Tamlingan und Buyan Konkurrenz macht. Im Schatten des Gunung Batukau (2276 m) steht einer der mystischsten Tempel von Bali. Südlich davon, bei Jatiluwih, verzaubern die alten, in die Unesco-Welterbeliste aufgenommenen Reisterrassen.

Hier im zentralen Bergland führen unzählige kleine Nebenstraßen in unberührte Dörfer – wer von Antosari aus Richtung Norden fährt, wird von deren Ursprünglichkeit überrascht sein.

Reisezeit

➡ **Das ganze Jahr über** kann es im zentralen Bergland kalt und neblig sein. Außerdem regnet es viel: Von hier stammt das Wasser, das durch die Reisterrassen und Felder bis ganz nach Süden fließt. Die Temperaturen sind übers Jahr gesehen annähernd gleichbleibend, allerdings können sie in höheren Lagen nachts bis auf 10 °C fallen.

➡ **Okt.–April** Der Hauptregenmenge fällt in diesen Monaten, doch es ist hier das ganze Jahr über eher regnerisch.

➡ **Juli/Aug.** Es gibt eigentlich keine echte Hauptsaison, von den Menschenmassen, die in diesen Monaten die Gegend um Kintamani heimsuchen. einmal abgesehen.

RUND UM DEN GUNUNG BATUR

♪ 0366

Das Gebiet am Gunung Batur gleicht einer großen Schüssel, deren Boden halb mit Wasser bedeckt ist und aus deren Mitte eine Reihe von Vulkankegeln hervorragt. Das klingt ein wenig spektakulär? Ja, das ist es auch. An klaren Tagen – das ist wichtig, um das Schauspiel genießen zu können – umspült das türkisfarbene Wasser die jüngeren Vulkane, an deren Flanken alte Lavaflüsse zu erkennen sind.

2012 hat die Unesco dieses Gebiet zu einem Teil des Netzwerks von Geoparks ernannt, von denen es weltweit mehr als 90 gibt, und ihm den Namen **Batur Caldera Geopark** (www.globalgeopark.org) gegeben. Davon merkt man bislang jedoch nicht allzu viel, obwohl einige interessante Tafeln, auf denen die einzigartige Geologie der Region erläutert wird, an den Straßen auftauchen.

Die Straße, die am südwestlichen Kraterrand des Gunung Batur entlangführt, ist eine der wichtigsten Nord-Süd-Verbindungen Balis und von hier bietet sich der spektakulärste Rundblick der Insel.

Tagesausflügler sollten unbedingt wärmere Kleidung mitnehmen, denn bei Nebel können die Temperaturen schnell auf kühle 16 °C fallen.

Die Dörfer am Kraterrand des Gunung Batur sind mittlerweile zu einem ungeordneten Siedlungsstreifen zusammengewachsen. Der Hauptort ist Kintamani, wobei oft auch das gesamte Gebiet so bezeichnet wird. Von Süden aus ist Penelokan der erste Ort, in dem Ausflugsgruppen einen Stopp einlegen, um den Blick zu genießen.

ℹ Praktische Informationen

Die Versorgung in der Region Gunung Batur ist schlecht. Alles Notwendige, auch Bargeld, muss aus dem Süden mitgebracht werden.

Highlights

❶ Beim Wandern rund um **Munduk** einen Wasserfall ganz für sich allein entdecken (S. 254)

❷ In den von der Unesco gelisteten Reisterrassen von **Jatiluwih** die Reissorten bestimmen (S. 256)

❸ Dem Gesang der Priester im heiligsten Tempel von Bali, dem **Pura Luhur Batukau**, lauschen (S. 257)

❹ Eine geführte Wanderung in der Umgebung des **Danau Tamblingan** mit seinen Naturschönheiten und alten Tempeln (S. 253)

❺ Den **Gunung Batur** mit den Hängen voller Lavaströme besuchen (S. 244)

❻ Auf der landschaftlich reizvollen **Straße nach Trunyan** eine überwältigende Aussicht nach der anderen genießen (S. 248)

❼ Das Labyrinth der Nebenstraßen erkunden, beispielsweise eine der Straßen nördlich von **Antosari** (S. 258)

Rund um den Gunung Batur

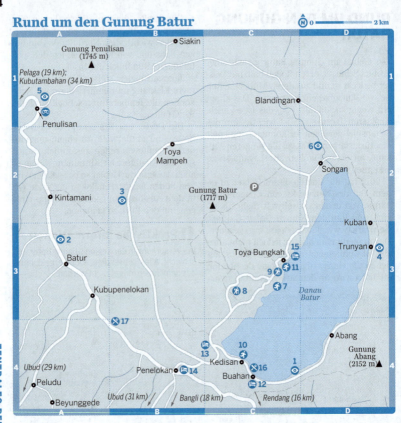

Die Einwohner in der Region am Gunung Batur haben den Ruf, besonders habgierig zu sein – schon mancher Besucher hat sich geschworen, aus diesem Grund nie wieder dorthin zurückzukehren.

Häufig versuchen auch lästige Schlepper auf Motorrädern, Besucher auf der Fahrt von Penelokan in die Gegend von Danau Batur in ein Hotel *ihrer* Wahl zu lotsen. Diese jungen Männer haben nichts Seriöses zu bieten, und es ist am besten, sie einfach zu ignorieren. Auch Verkäufer können hier sehr aggressiv und besonders aufdringlich sein.

❶ Anreise & Unterwegs vor Ort

Vom Batubalan-Terminal in Denpasar fahren Bemos regelmäßig nach Kintamani (15 000 Rp). Busse, die die Route Denpasar – (Batubalan) – Singaraja befahren, halten in Penelokan und Kintamani (ca. 16 000 Rp). Eine andere Möglichkeit ist das Mieten eines Autos oder eines Fahrzeugs mit Fahrer. In diesem Fall muss man aber damit rechnen, dass sie hartnäckig mit Hinweisen auf Lokale aufwarten, in denen man unbedingt mittags einkehren sollte. Dagegen gilt es, sich zur Wehr zu setzen.

Bemos verkehren regelmäßig zwischen Penelokan und Kintamani (10 000 Rp für Touristen), von Penelokan zu den Dörfern am Seeufer starten sie zumeist frühmorgens (nach Toya Bungkah ca. 8000 Rp). Später am Tag muss man sich selbst um eine Fahrgelegenheit kümmern (40 000 Rp und mehr).

Wer mit dem Privatauto unterwegs ist, muss in Penelokan oder Kubupenelokan eine Eintrittskarte kaufen, die für die ganze Region Gunung Batur gilt (11 000 Rp pro Person, Vorsicht vor Schwindlern, die mehr verlangen). Die Quittung am besten gut aufbewahren, um nicht noch einmal bezahlen zu müssen.

Gunung Batur

Vulkanexperten beschreiben den Gunung Batur als eine Doppelcaldera und meinen damit, dass ein Krater in einem anderen

Rund um den Gunung Batur

Sehenswertes
1. Banyan Tree C4
2. Pura Batur A3
3. Pura Bukit Mentik B2
4. Pura Pancering Jagat D3
5. Pura Puncak Penulisan A1
6. Pura Ulun Danu Batur D2

Aktivitäten, Kurse & Touren
7. Batur Natural Hot Spring C3
   C.Bali .... (s. 13)
8. HPPGB C3
9. HPPGB C3
10. Lake Boats C4
11. Toya Devasya C3

Schlafen
12. Baruna Cottages C4
13. Hotel Segara C4
14. Lakeview Eco Lodge B4
15. Under the Volcano III C3

Essen
16. Kedisan Floating Hotel C4
17. Pulu Mujung Warung B4

liegt. Der äußere Krater bildet ein 14 km langes Oval, dessen westliche Kante rund 1500 m aufragt. Der innere Krater ist eine klassische, kegelförmige, 1717 m hohe Erhebung. In den letzten zehn Jahren hat die Vulkanaktivität mehrere kleinere Kegel an der Westflanke entstehen lassen, die – wenig einfallsreich – Batur I, II, III und IV genannt werden. Zwischen 1824 und 1994 gab es mehr als 20 kleine, 1917, 1926 und 1963 drei große Eruptionen. Die geologische Aktivität und die Beben dauern an.

Vor Ort angekommen wird klar, warum so viele Besucher die Mühen und Kosten für eine Fahrt zu den Vulkanen auf sich nehmen. Zwischen Juli und Dezember sollte man darauf gefasst sein, dass sich die Vulkangipfel in Wolken hüllen. Aber auch zu anderen Jahreszeiten lohnt sich die Nachfrage nach dem aktuellen Wetter bzw. der Vorhersage vor der Buchung einer Tour oder der individuellen Anreise.

Die Vereinigung der örtlichen Bergführer namens **HPPGB** hat bei den geführten Touren auf den Gunung Batur ein Monopol. Alle Trekkingveranstalter, die den Aufstieg auf den Vulkan im Programm haben, müssen mindestens einen Führer von HPPGB anheuern. Darüber hinaus ist die Organisation dafür bekannt, die Wanderer während der Verhandlungen über ihre Dienste einzuschüchtern und mehr oder weniger dazu zu zwingen, ihre Führer für die geplante Tour zu engagieren.

Dennoch nutzen zahlreiche Besucher die Dienste von HPPGB-Guides, ohne dass es zu irgendwelchen Vorfällen oder Beschwerden kommt, und einige von ihnen werden von den Wanderern wegen ihrer maßgeschneiderten Touren ausdrücklich gelobt.

Die folgenden Hinweise sollen dazu beitragen, dass die Besteigung des Batur eine gelungene Unternehmung wird:

➡ Die Vereinbarungen mit HPPGB sollten im Voraus eindeutig geklärt werden. So sollte z. B. klar geregelt sein, ob die Gebühren pro Person oder für die gesamte Gruppe gelten, ob ein Frühstück im Preis enthalten ist und welche Route genau genommen wird.

➡ Wer über einen Trekkingveranstalter bucht, hat es zwar ebenfalls mit einem HPPGB-Guide zu tun, in diesem Fall jedoch werden alle Arrangements vom Veranstalter getroffen.

Die Preise und Zeiten von HPPGB sind in den Büros an der **Zugangsstraße** (Mt Batur Tour Guides Association; ⊙ 3–15 Uhr) und in **Toya Bungkah** (Mt Batur Tour Guides Association; ☏ 0366-52362; Toya Bungkah; ⊙ 3–15 Uhr) zu erfahren. Folgende Treks sind im Angebot:

➡ Gunung Batur Sonnenaufgang: Einfacher Auf- und Abstieg, Dauer von 4 bis 8 Uhr, 350 000 Rp pro Person.

➡ Gunung Batur Hauptkrater: Schließt Sonnenaufgang auf dem Gipfel und Zeit rund um den Kraterrand ein, Dauer von 4 bis 9.30 Uhr, 500 000 Rp pro Person.

➡ Gunung-Batur-Erkundung: Sonnenaufgang, Caldera und einige Vulkanschlote, Dauer von 4 bis 10 Uhr, 600 000 Rp pro Person.

Trekkingveranstalter

Selbst angesehene und höchst kompetente Abenteuertourveranstalter dürfen ihre Kunden nicht den Gunung Batur hinaufführen, ohne einen der Führer von HPPGB zu bezahlen. Die Veranstalter sind trotzdem nützlich, um Touren abseits der ausgetretenen Pfade zu planen.

Die meisten Unterkünfte in der Region helfen bei der Vermittlung von Bergführern und Trekkingveranstaltern, verlangen dafür aber eine Provision, sodass sich die Kosten für eine Wanderung oder Besteigung um rund 250 000 bis 450 000 Rp erhöhen.

> **LOKALE FÜR BUSTOURISTEN**
>
> Die großen hässlichen Restaurants am Kraterrand (viele sind geschlossen, ihre Ruinen verschandeln nun die schöne Aussicht) sollte man meiden. Sie bieten ein langweiliges, häufig vorgekochtes Mittagsbüfett zu Preisen ab 100 000 Rp (der Führer erhält in der Regel mindestens 25 % davon als Provision). Für die Fahrer wird hier ebenfalls gesorgt: Die am besten besuchten Restaurants haben Aufenthaltsräume für die Busfahrer mit eigenem Fitnessbereich, Fernsehen, Schlafgelegenheiten und kostenlosem Essensangebot.

Ausrüstung

Für Besteigungen vor Sonnenaufgang wird eine eigene Taschenlampe benötigt. In vielen Fällen versorgt der Guide die Gruppe damit (das sollte auf jeden Fall vorab geklärt werden). Gutes, festes Schuhwerk, ein Hut, ein Pullover und Trinkwasser sind ebenfalls notwendig.

Trekkingrouten

Die Wanderung hinauf auf den Gunung Batur, um dort oben den Sonnenaufgang zu erleben, ist nach wie vor die beliebteste Tour. In der Hochsaison versammeln sich oft mehr als hundert Menschen zum Tagesanbruch auf dem Gipfel. Die Guides bieten für etwa 50 000 Rp ein Frühstück an. Neuerdings gehört dazu häufig das Kochen von Eiern oder einer Banane in einem der dampfenden Gaslöcher auf dem Vulkan. Außerdem werden unterwegs von Händlern teure Erfrischungen angeboten.

Die meisten Touristen benutzen eine der beiden Routen, die in der Nähe von Toya Bungkah beginnen. Die kürzere führt direkt nach oben (drei bis vier Stunden hin & zurück), während eine längere Route (fünf bis sechs Stunden hin & zurück) die Gipfelbesteigung mit anderen Kratern verbindet. Wanderer haben berichtet, dass sie den Ausflug auch ohne einen HPPGB-Guide unternommen haben. Davon ist aber abzuraten. Bei der Dunkelheit sind hier bereits Besucher zu Tode gestürzt. Das Haupthindernis besteht allerdings darin, Scherereien mit den Führern aus dem Weg zu gehen.

Zunächst gibt es mehrere Pfade, die sich über kurz oder lang alle vereinigen, und nach etwa 30 Minuten ist man an einem Bergrücken mit einem gut erkennbaren Weg angelangt. Es geht relativ steil bergauf zum Gipfel, und das Gehen auf dem losen Vulkansand kann ziemlich anstrengend sein – man steigt drei Schritte nach oben und rutscht zwei Schritte wieder zurück. Bis zum Gipfel sollten ungefähr zwei Stunden eingeplant werden.

Von Toya Bungkah aus führt auch ein mit dem Auto befahrbarer Weg bis auf 45 Minuten Gehzeit an den Gipfel heran. Man fährt von dort auf der Straße nach Nordosten Richtung Songan und nimmt nach etwa 3,5 km in Serongga – kurz vor Songan – an der Gabelung die linke Abzweigung. Auf dieser Straße an der Innenkante weitere 1,7 km fahren, dann zu einem gut ausgeschilderten Weg links, der weitere 1 km nach oben zu einem Parkplatz führt. Von hier aus lässt sich dem Weg zum Gipfel leicht folgen.

Rund um den Krater des Gunung Batur

An der Kante des Gunung-Batur-Kraters gibt es mehrere kleine Dörfer.

Penelokan

Passenderweise bedeutet Penelokan „Aussichtspunkt" – und das zu Recht: Der Ausblick zum Gunung Batur hinauf und zum See am Kratergrund ist wirklich sehenswert (unbedingt auf den großen Lavastrom des Gunung Batur achten). Die ganze Gegend hier wird oft Kintamani genannt.

Auch wenn die Stellen, an denen sich an der Straße zwischen Penelokan und Kintamani die Touristen sammeln, eher eine Enttäuschung sind, gibt es hier doch ein paar akzeptable Angebote, darunter die vielen bescheidenen Lokale mit den Plastikstühlen, wo einfache, frisch zubereitete Mahlzeiten angeboten werden, bei denen Verzehr man diesen unbezahlbaren Ausblick genießen kann. Es lohnt sich auch, in der Nähe nach den Schildern mit der Aufschrift *ikan mujair* Ausschau zu halten. Hier werden kleine Süßwasserfische aus dem Kratersee serviert, die mit Zwiebeln, Knoblauch und Bambussprossen knusprig gegrillt werden.

★ **Lakeview Eco Lodge** HOTEL $$
(0366-52525; www.lakeviewbali.com; Bett/Zi. ab 23/60 US$; Restaurant 7.30–15.30 Uhr;)
Diese altehrwürdige Hotelanlage wurde

von der Familie, der sie mittlerweile in der dritten Generation gehört, kürzlich wieder in Betrieb genommen. Zwölf komfortable Zimmer bieten atemberaubende Ausblicke und Zugang zu einer privaten Lounge mit Snacks und Speisen bis 22 Uhr.

In einem Anbau, **Kintamani Backpackers** (www.kintamanibackpackers.com) finden Reisende mit kleinem Budget Schlafsäle und Zimmer.

Die Speisen, die das Restaurant à la carte und als Büfett im Angebot hat, liegen über dem eher niedrigen Standard in dieser Gegend: Die Zutaten werden biologisch angebaut und vor Ort geerntet.

★**Pulu Mujung Warung** INDONESISCH $$
(☏ 0813 3864 4037; Hauptgerichte 35 000 bis 60 000 Rp; ⊙ 9–17 Uhr) Dieses kleine Café, ein Ableger des sehr beliebten Restaurants Sari Organic in Ubud, ist mit Abstand die beste Wahl für eine Mahlzeit in dieser Gegend. Von hier aus bietet sich ein fantastischer Blick. In so einer kühlen Bergregion tut eine heiße Suppe gut, hier kann man aber auch Salate, Pizza, indonesische Spezialitäten, Säfte, Smoothies und vieles mehr genießen. Vier einfache Zimmer stehen für Übernachtungen zur Verfügung (300 000 Rp), Buchung im Voraus wird allerdings empfohlen.

Kintamani & Batur

Die beiden Dörfer Batur und Kintamani sind inzwischen fast zusammengewachsen. Kintamani ähnelt einer grünen Bohne: lang, mit einzelnen Entwicklungskernen. Es ist für seinen großen, farbenfrohen **Markt** bekannt, der alle drei Tage abgehalten wird. Hier wird schon früh am Morgen lebendig und um 11 Uhr wird alles schon wieder zusammengepackt. Wer keine Wanderung unternehmen will, hat auch vom Markt an der Straße aus einen guten Blick auf den Sonnenaufgang.

Das ursprüngliche Batur lag bis zu einer heftigen Eruption 1917 direkt im Krater. Damals starben Tausende von Menschen, bevor der Lavastrom am Eingang des Haupttempels zum Stillstand kam. Dies galt als gutes Omen, und so wurde das Dorf an derselben Stelle wieder aufgebaut. Der Gunung Batur brach jedoch im Jahr 1926 erneut aus, und die Lava begrub alles unter sich bis auf den höchsten Tempelschrein. Glücklicherweise kamen dieses Mal nur wenige Bewohner dabei ums Leben.

Der Ort wurde an den Kraterrand versetzt, der unversehrt gebliebene Tempelschrein ebenfalls dorthin gebracht und in die jetzige, noch prächtigere Tempelanlage **Pura Batur** (Eintritt 10 000 Rp, Verleih von Sarong und Schärpe 3000 Rp) integriert. Spirituell gesehen, ist der Gunung Batur nach dem Gunung Agung der zweitwichtigste Berg auf Bali, deshalb ist auch die Tempelanlage sehr bedeutend.

Zum Mittagessen bieten sich einige gute Warungs am Nordausgang von Kintamani hinter dem Markt an.

Penulisan

Die Straße steigt hinter Kintamani entlang dem Kraterrand allmählich an und führt oft durch Wolken, Nebel oder Regen. Penulisan liegt da, wo die Straße scharf abbiegt und sich teilt; die größere führt zur Nordküste hinunter, während die andere der einsameren, landschaftlich reizvollen Route nach Bedugul folgt (S. 253). Von einem **Aussichtspunkt** etwa 400 m südlich davon bietet sich ein fantastischer Blick über gleich drei Berge: Gunung Batur, Gunung Abang und Gunung Agung.

Nahe der Straßenabzweigung führen einige steile Treppenfluchten zum höchsten Tempel Balis hinauf, dem **Pura Puncak Penulisan** (1745 m). Im höchsten Innenhof sind alte Statuen und Skulpturenfragmente in einem offenen Pavillon *(bale)* aufgereiht. Einige dieser Statuen stammen aus dem 11. Jh. Die Ausblicke von hier sind überwältigend: Wenn das Wetter mitspielt, ist im Norden hinter den Reisterrassen die Küste von Singaraja zu sehen.

Rund um den Danau Batur

Die kleinen Dörfer rund um den Danau Batur liegen direkt am See mit schönem Blick auf die umliegenden Gipfel. Es wird viel Fischzucht betrieben, und die Luft ist vom scharfen Zwiebelgeruch aus unzähligen winzigen Gemüsegärten geschwängert. Den Ausflug an der Ostküste entlang nach Trunyan sollte man sich auf keinen Fall entgehen lassen.

In Haarnadelkurven windet sich die Straße von Penelokan zum Ufer des Danau Batur hinunter. Am See geht es links eine Straße entlang, die sich durch die Lavafelder nach Toya Bungkah windet. Vorsicht vor den großen Lastern mit Sand, die die Straße in riesige Staubwolken hüllen. Sie transportieren massenhaft Baumaterialien über die ganze Insel Bali!

Kedisan & Buahan

Buahan, dessen Gemüsegärten bis an den See reichen, liegt einen schönen 15-minütigen Spaziergang von Kedisan entfernt.

Aktivitäten

C.Bali ABENTEUERTOUR
(Infos unter 0813 5342 0541; www.c-bali.com; Hotel Segara; Touren ab 430 000 Rp) Das von einem australisch-niederländischen Paar geführte C.Bali bietet Radtouren durch die Umgebung und Kanufahrten auf dem See an. Die Preise schließen den Zubringerdienst aus ganz Südbali ein. Zu den Komplettpaketen gehören auch mehrtägige Touren. Wichtig zu wissen: Die Plätze sind oft schon frühzeitig ausgebucht, deshalb rechtzeitig auf der Website anmelden.

Lake Boats BOOTSFAHRT
Diese Boote legen von einer Mole mit Souvenirläden ab. Der Preis für eine vierstündige Rundtour (Kedisan–Trunyan–Kuban–Toya Bungkah–Kedisan) hängt von der Anzahl der Passagiere – höchstens sieben – ab (pro Boot sind 452 000 Rp fällig, eventuell allerdings mit Zuschlägen). Unser Tipp: Wer Zeit auf dem See verbringen möchte, sollte lieber eine Kanutour bei C.Bali buchen.

Schlafen & Essen

Achtung vor den allgegenwärtigen Schleppern auf Motorrädern! Sie verfolgen die Touristen den Hügel von Penelokan hinunter und versuchen, eine Hotelprovision zu ergattern. Die örtlichen Hotels bitten aber um vorherige Reservierung: Sie notieren sich dann die Namen der Gäste und vermeiden es so, den Schleppern eine Provision bezahlen zu müssen.

Die Restaurants in den folgenden beiden Hotels sind gute Möglichkeiten, um den in Knoblauch marinierten einheimischen Fisch zu probieren.

Hotel Segara GUESTHOUSE $
(0366-51136; www.batur-segarahotel.com; Kedisan; Zi. 250 000–500 000 Rp; @☎) Zum Segara gehören Bungalows, die sich um ein Café und einen Hof gruppieren. Die preiswertesten der 32 Zimmer verfügen über kaltes Wasser, die besten unter ihnen bieten Warmwasser und eine Badewanne – ideal, um sich nach der Kühle bei der Wanderung zum Sonnenaufgang am frühen Morgen wieder aufzuwärmen.

Kedisan Floating Hotel CAFÉ $
(0366-51627, 0813 3775 5411; Kedisan; Mahlzeiten ab 35 000 Rp; ☎) Dieses Hotel am Seeufer ist wegen seiner Tagesgerichte äußerst beliebt. An den Wochenenden konkurrieren die Touristen mit den Tagesausflüglern aus Denpasar um die Tische, die an den Piers am See stehen. Das balinesische Essen mit frischem Fisch aus dem See ist exzellent. Wer will, kann hier auch übernachten. Die besten Zimmer gibt es in Cottages direkt am Seeufer (ab 400 000 Rp).

Buahan & Abang

Diese kleinen Dörfer am Seeufer waren in letzter Zeit eifrig damit beschäftigt, Radwege anzulegen, von wo aus die Gäste leicht den unglaublichen Blick auf den Gunung Batur von der Ostseite des Sees übers Wasser genießen können.

Von der T-Kreuzung der Zugangsstraße unten von Penelokan bei Kedisan sind es 9 km bis Trunyan. Ganz gleich, ob man als Wanderer, Fahrrad- oder Motorradfahrer unterwegs ist: Das ist ein sehr lohnendes Abenteuer. Radfahrer müssen bei einigen kurzen steilen Strecken nördlich von Abang kurz absteigen. Neben den Ausblicken gibt es auch einen majestätischen **Banyanbaum** östlich von Buahan zu bestaunen, und an der Mole von Abang hat der Geopark einige Tafeln aufgestellt, die einen guten Einblick in die außergewöhnliche Geologie der Region geben.

Baruna Cottages GUESTHOUSE $
(0813 5322 2896; www.barunacottage.com; Buahan; Zi. ab 400 000 Rp) Die neun Zimmer dieser kleinen, gepflegten Anlage sind in Einrichtung und Größe sehr unterschiedlich. Diejenigen im mittleren Preissegment haben den besten Ausblick zu bieten. Die Anlage liegt vom See aus direkt hinter der Straße nach Trunyan, und es gibt ein niedliches kleines Café.

Trunyan

Das Dorf Trunyan ist eingezwängt zwischen dem See und dem äußeren Kraterrand. Es wird von Bali Aga (Altbalinesen) bewohnt und gehört zu den Orten, an denen man das Gefühl bekommen könnte, Bali verlassen zu haben. In dieser abgeschiedenen Ecke des

Danau Batur wird sehr viel weniger gelächelt als anderswo, doch die Umgebung ist zauberhaft. Ein Picknick an der Straße vor dem Ort bietet sich an.

Trunyan ist wegen des **Pura Pancering Jagat** bekannt, das mit einem *meru* (Schrein) mit sieben Dächern beeindruckt. Im Innern des Tempels steht eine 4 m hohe Statue des dörflichen Schutzgeistes. Ausländische Touristen dürfen die Anlage in der Regel nicht betreten. Die dennoch hier herumlungernden Schlepper und Führer sollte man ignorieren und eine Gebühr von 5000 Rp für einen Parkplatz ist hier das absolute Maximum.

Kuban

Etwa 500 m hinter Trunyan und nur über einen Wanderpfad oder mit dem Boot erreichbar befindet sich der Friedhof von Kuban (auch Kuburan). Die Toten von Trunyan werden von ihren Angehörigen weder verbrannt noch beerdigt, sondern verwesen auf Bambusgestellen. Wer dennoch den Friedhof besichtigen möchte, wird auf zwielichtige Gestalten treffen, die völlig überzogene Gebühren fordern. Deshalb die Empfehlung: Den Ausblick von der Straße nach Trunyan genießen und diesen schaurigen Ort lieber meiden.

Man gelangt hierher mit einem der Boote von Kedisan oder mit einer ebenso kurzen wie teuren Bootsfahrt von Trunyan (etwa 450 000 Rp plus 150 000 Rp für einen nicht abzuschüttelnden „Guide").

Toya Bungkah

Der Haupttouristenort ist Toya Bungkah, auch als Tirta bekannt, das mit seinen heißen Quellen wirbt (*tirta* bzw. *toya* bedeutet beides Wasser). In dem einfachen Ort übernachten Wanderer, um eine gute Ausgangsbasis zu haben, wenn sie frühmorgens den Gunung Batur besteigen wollen.

🏃 Aktivitäten

Die heißen Quellen sprudeln gleich an mehreren Stellen und werden schon seit ewigen Zeiten zum Baden genutzt.

Batur Natural Hot Spring HEISSE QUELLEN
(0813 3832 5552; Eintritt ab 150 000 Rp; 8–18 Uhr) Diese immer weiter expandierende Anlage erstreckt sich am Seeufer. Die drei Becken haben unterschiedliche Temperaturen, sodass man sich nach und nach immer größerer Hitze aussetzen kann. Das gesamte Ambiente der heißen Quellen passt zum leicht schäbigen Image der ganzen Region. Handtücher und Schließfächer sind im Eintritt inbegriffen, und vom einfachen Café aus gibt es einen schönen Ausblick.

Toya Devasya HEISSE QUELLEN
(0366-51204; www.toyadevasya.com; Eintritt 150 000 Rp; 8–20 Uhr) Die Hochglanzanlage wurde um die Quellen herum errichtet. Der große Pool hat eine Temperatur von 38 °C, während ein vergleichsweise kühles Becken mit Seewasser nur 20 °C warm ist. Im Eintrittspreis sind Erfrischungen mit enthalten. Außerdem gibt es ein Café, das Grandezza vortäuscht, und auch Übernachtungsmöglichkeiten.

🛏 Schlafen

Die Zimmer zur lauten Hauptstraße hin sollte man tunlichst meiden und sich stattdessen für ein gemütliches Zimmer mit Seeblick entscheiden. In einer Reihe örtlicher Cafés lässt sich ganz anständig speisen.

Under the Volcano III GUESTHOUSE $
(0813 3860 0081; r 250 000 Rp) Die Unterkunft an einer ruhigen, angenehmen Stelle am See gegenüber von einigen Peperonifeldern bietet sechs saubere, einfache Zimmer. Zimmer 1 liegt direkt am Wasser. Zum Volcano-Imperium gehören zwei weitere Unterkünfte in der Nähe, die alle von derselben netten Familie geführt werden (Im Under the Volcano II gibt es WLAN).

Songan

Songan liegt 2 km von Toya Bungkah entfernt am See und ist ein großes, interessantes Dorf mit Gemüsegärten, die sich bis zum See hinziehen. Am Ende der Seestraße befindet sich der **Pura Ulun Danu Batur** unter dem Kraterrand.

Eine Abzweigung in Songan führt auf eine holprige, aber passable Straße, die rund um den Kraterboden führt. An der Nordwestseite des Vulkans liegt das Dorf **Toya Mampeh** (Yeh Mampeh) inmitten eines ausgedehnten Felds mit grober, schwarzer Lava – eine Erinnerung an die Eruption von 1974. Danach erreicht man den **Pura Bukit Mentik**, der seit diesem Ausbruch vollständig von erstarrter Lava umgeben ist. Der eindrucksvolle Banyanbaum und der Tempel selbst blieben davon völlig unberührt – er heißt nicht umsonst der Glückliche Tempel.

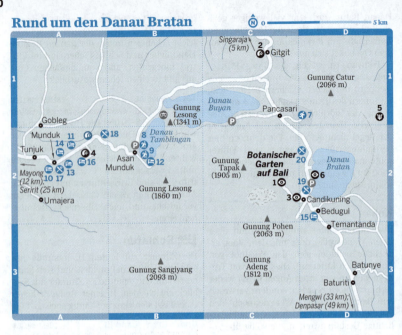

Rund um den Danau Bratan

◎ Highlights
1. Botanische Gärten auf Bali C2

◎ Sehenswertes
2. Air Terjun Gitgit C1
3. Candikuning Mart C2
4. Munduk Wasserfall A2
5. Pura Puncak Mangu D1
6. Pura Ulun Danu Bratan D2

◉ Aktivitäten, Kurse & Touren
7. Bali Handara Golf & Country Club Resort D1
   Bali Treetop Adventure Park .... (s. 1)
8. KT Kastana B2
9. Organisasi Pramuwisata Bangkit Bersama B2

ⓛ Schlafen
10. Guru Ratna A2
    Kebun Raya Bali .... (s.1)
11. Manah Liang Cottages A2
    Meme Surung .... (s. 10)
12. Pondok Kesuma Wisata B2
13. Puri Alam Bali A2
14. Puri Lumbung Cottages A2
15. Strawberry Hill D2
16. Villa Dua Bintang A2

ⓧ Essen
17. Don Biyu A2
18. Ngiring Ngewedang A2
19. Roti Bedugul D2
20. Strawberry Stop D2

RUND UM DEN DANAU BRATAN

Wer sich von Südbali her nähert, lässt allmählich die Reisterrassen hinter sich und fährt in das kühle, häufig neblige Bergland am Danau Bratan hinauf. Candikuning ist der Hauptort der Region, in welcher der für Bali bedeutende, hübsche Tempel Pura Ulun Danu Bratan liegt. Von Munduk aus lässt sich das Gebiet im Rahmen schöner Wanderungen zu Wasserfällen und wolkenverhangenen Wäldern sowie zum nahe gelegenen Danau Tamblingan erkunden.

Die Auswahl an Unterkünften in Seenähe ist begrenzt, weil der Großteil des Gebiets auf den einheimischen Tagestourismus ausgerichtet ist. An Sonn- und Feiertagen bevölkern meist Liebespaare das Seeufer und aus ihren Toyotas entsteigen unzählige Familienmitglieder, die dorthin einen Tagesausflug unternommen haben. Rund um

Munduk haben sich aber viele hervorragende Gasthäuser angesiedelt.

Und überall werden die einheimischen, himmlisch süßen Erdbeeren angeboten. Häufig ist es hier nebelig, dann kann es recht kühl werden.

Bedugul

☎ 0368

Mit „Bedugul" wird manchmal das ganze Gebiet am See bezeichnet, genau genommen handelt es sich bei Bedugul aber um den ersten Ort, den man von Südbali her kommend, auf dem Hügel erreicht. Die wenigsten Touristen halten sich hier lange auf, denn die Ortschaft ist ziemlich klein.

Schlafen & Essen

Vor den heruntergekommenen Lokalen und Unterkünften am Grat bei Bedugul sollte man sich auf jeden Fall hüten.

★ Strawberry Hill   GUESTHOUSE $$
(☎ 0368-21265; www.strawberryhillbali.com; Jl. Raya Denpasar-Singaraja; Zi. 450 000–600 000 Rp; 🛜) 17 konische kleine Waldhütten wurden auf einem Hügel errichtet, jede mit einem tiefen Tauchbecken und einem hübschen Blick auf Südbali (wobei einige eine bessere Aussicht haben als andere, man sollte die Hütten bei der Ankunft nach Möglichkeit vergleichen). Auf der indonesischen Speisekarte des Cafés (Hauptgerichte ab 40 000 Rp) stehen eine seelenerwärmende *soto ayam* (Hühnersuppe) und *gudeg yogya* (Jackfruiteintopf). Wer möchte, kann sich selbst kostenlos direkt vom Beet des Hotels Erdbeeren pflücken.

Bali Ecovillage   BOUTIQUEHOTEL $$
(☎ 0819 9988 6035, Reservierungen 0812 3646 3269; www.baliecovillage.com; Dinas Lawak; Zi./Bungalow ab 50/100 US$) 🌿 Diese ungewöhnliche Lodge, die wie eine Vision in Bambus in einer abgelegenen Ecke von Bali in der Nähe von Kaffeeplantagen eingebettet ist, ist so grün, dass die einzige andere Farbe, die man wahrnehmen kann, das Blau des Himmels ist. Im Restaurant werden einheimische und westliche Spezialitäten aus biologischem Anbau serviert, und es sind zahlreiche kulturelle Aktivitäten, ein Spa und Yoga im Angebot.

Das Hotel ist in einem versteckten Tal in der Nähe des Dorfes Pelaga (S. 253) gelegen, ungefähr 25 km von dem Ort Bedugul entfernt.

🛈 An- & Weiterreise

Jeder Minibus und jedes Bemo, das zwischen Südbali und Singaraja verkehrt, hält auf Wunsch in Bedugul.

Candikuning

☎ 0368

Das oft neblige Candikuning hat gleich zwei Attraktionen: einen botanischen Garten und einen der meistfotografierten Tempel Balis.

⊙ Sehenswertes & Aktivitäten

★ Botanischer Garten von Bali   PARK
(☎ 0368-2033211; www.balibotanicgarden.org; Kebun Raya Eka Karya Bali; einheimische/ausländische Besucher 7000/18 000 Rp, Parken 6000 Rp; ⊙ 7–18 Uhr) Diese Anlage ist eine Sehenswürdigkeit. Sie wurde 1959 als Ableger der nationalen botanischen Gärten in Bogor bei Jakarta gegründet und erstreckt sich über mehr als 154 ha an den unteren Hängen des Gunung Pohen. Den Garten Panca Yadnya (Garten der fünf Opfergaben) sollten Besucher nicht versäumen: Er bewahrt Pflanzen, die einst in alten Hinduzeremonien Verwendung fanden.

Einige Pflanzen sind mit ihren botanischen Namen gekennzeichnet, dazu gibt es eine hilfreiche Broschüre (20 000 Rp) für Spaziergänge auf eigene Faust. Das fantastische Orchideengelände ist häufig geschlossen, um Blumendiebstähle zu verhindern; man kann aber um eine Öffnung bitten. Wer sich für die Quelle der allseits beliebten Möbel interessiert, sollte nach dem „Roton-" oder Rattanbusch Ausschau halten.

Im Parkinnern kann man sich im **Bali Treetop Adventure Park** (☎ 0361-852 0680; www.balitreetop.com; Kebun Raya Eka Karya Bali, Bali Botanic Garden; Erw./Kind 24/16 US$; ⊙ 9.30 bis 18 Uhr) wie ein Affe oder Eichhörnchen fühlen. Mit Seilwinden, Seilen, Netzen und Ähnlichem lässt sich der Wald in luftiger Höhe erforschen. Für Faule ist das nichts: Man springt, zieht sich hoch, balanciert und bewegt sich auf ähnlich aktive Weise durch den Park. Für die unterschiedlichen Altersklassen gibt es spezielle Programme.

Pura Ulun Danu Bratan   TEMPEL
(abseits der Jl. Raya Denpasar-Singaraja; Erw./Kind 30 000/15 000 Rp, Parken 5000 Rp; ⊙ Eintrittskarten 7–17 Uhr, Gelände 24 Std.) Der bedeutende hinduistisch-buddhistische Tempel wurde im 17. Jh. gegründet und ist der Göttin des

Wassers, Dewi Danu, geweiht. Errichtet wurde auf kleinen Inseln im See. Wallfahrten und Zeremonien sollen dafür sorgen, dasss die Bauern überall auf Bali als Teil des von der Unesco anerkannten *subak*-(Bewässerungs-)Systems genügend Wasser haben.

Zur Anlage gehört ein klassischer hinduistischer *meru* (ein turmartiger, mehrstufiger Schrein) mit Strohdach, der sich im Wasser spiegelt und dessen Silhouette sich vor dem oft wolkenverhangenen Berghintergrund abzeichnet – ein Symbolbild für Bali.

Leider herrscht hier ein wenig Tingeltangel-Atmosphäre: Tiere werden in engen Käfigen gehalten, Besucher streicheln Schlangen oder halten riesige Fledermäuse, während der Parkplatz von Souvenirständen gesäumt ist.

Candikuning Market MARKT
(Jl. Raya Denpasar-Singaraja; Parken 2000 Rp) Der Straßenmarkt ist zwar touristisch, aber inmitten der eifrigen Trödelverkäufer kann man auch die Einheimischen beim Kauf und Verkauf von Obst, Gemüse, Kräutern und Topfpflanzen beobachten.

Schlafen

An der Straße zum botanischen Garten stehen einige einfache Guesthouses.

Einen ausgezeichneten Teller Hühnersuppe *(bakso ayam)* bekommt man an einem der Straßenstände, dort, wo die Straße von Candikuning den Danau Bratan erreicht und sich nach Norden wendet. Ansonsten gibt es zahlreiche Restaurants mit auf Tourbusgröße zugeschnittenen Parkplätzen.

Kebun Raya Bali GUESTHOUSE $$
(Bali Botanic Garden; ☎0368-2033211; www.kebunrayabali.com; Candikuning; Zi. ab 450 000 Rp) Hier erwacht der Gast tatsächlich im angenehmen Duft von Rosen. Der botanische Garten bietet 14 komfortable Zimmer im Hotelstil mitten im grünen Herzen der Anlage.

Strawberry Stop CAFÉ $
(☎0368-21060; Jl. Raya Denpasar–Singaraja; Snacks ab 15 000 Rp; ⊙8–19 Uhr) Vor Ort angebaute Erdbeeren spielen die Hauptrolle in Milchshakes, Säften, Pfannkuchen und anderen Speisen. Auch komplette Mahlzeiten sind hier im Angebot. Außerhalb der Beerensaison kommen stattdessen Bananen zum Einsatz.

Roti Bedugul BÄCKEREI $
(☎0368-21838; Jl. Raya Denpasar–Singaraja; Snacks 5000 Rp; ⊙8–16 Uhr) Die Bäckerei direkt nördlich des Markts stellt ausgezeichnete Varianten ihres Namensgebers *roti* (Brot) sowie Croissants und andere Leckereien her.

An- & Weiterreise

Der Danau Bratan befindet sich an der wichtigsten Nord-Süd-Verbindung von Südbali nach Singaraja.

Obwohl der Hauptbusbahnhof in Pancasari liegt, halten die meisten Minibusse und Bemos in Bedugul und Candikuning an der Straße, wenn sie zwischen dem Ubung-Busbahnhof in Denpasar (20 000 Rp) und dem Sangket-Busbahnhof in Singaraja (20 000 Rp) unterwegs sind.

In der Regel sind die Besucher hier aber eher mit dem eigenen Fahrzeug unterwegs, um die über die Region verstreuten Sehenswürdigkeiten zu besuchen.

Pancasari

Das breite grüne Tal nordwestlich des Danau Bratan ist eigentlich der Krater eines erloschenen Vulkans. Pancasari, das in der Mitte des Tals an der Hauptstraße liegt, ist eigentlich kein Touristenort. Es hat aber einen belebten Markt.

Direkt südlich von Pancasari sieht man den Eingang zum **Bali Handara Golf & Country Club Resort** (☎0362-22646; www.balihandaracountryclub.com; Gebühr für Golfplatz 120 US$; Leihgebühr für Schläger ab 25 US$; Zi. ab 95 US$), einem schön gelegenen Golfplatz mit 18 Löchern; im Vergleich zu den Plätzen in Südbali lässt sich deutlich erkennen, dass hier reichlich Wasser vorhanden ist. Außerdem werden komfortable Unterkünfte in einer eher sterilen 1970er-Jahre-Atmosphäre angeboten.

> **GLÜCKSGEFÜHL BEI SONNENAUFGANG**
>
> Eine beinahe schon surreale Erfahrung ist eine ruhige Paddeltour über den Danau Bratan, um den Pura Ulun Danu Bratan (S. 251) bei Sonnenaufgang zu erleben. Die Mehrzahl der Balibesucher sieht den Tempel nur bei Tageslicht. Im Morgennebel präsentiert er sich jedoch ganz anders – fast schon magisch.

ABSEITS DER ÜBLICHEN PFADE

EINE KAUM BEFAHRENE STRASSE

Mehrere enge Straßen verbinden das Gebiet am Danau Bratan mit der Region um den Gunung Batur. Nur wenige Einheimische von außerhalb kennen diese Straßen und es bedarf einiger Überzeugungsarbeit, bis sich ein Fahrer bereitfindet, sie zu nutzen. Eine 30 km lange Straße führt nicht nur zurück in ein früheres Zeitalter, sondern entführt den Balibesucher in eine Gegend, die an schwach entwickelte Inseln wie Timor erinnert. Die Szenerie ist so grandios, dass das eigentliche Reiseziel fast in Vergessenheit gerät.

Südlich von Bedugul wendet man sich in Temantanda nach Osten und nimmt eine kleine Straße, die sich durch üppig bewachsene, von Bächen eingeschnittene Schluchten den Hügel hinunterschlängelt. Nach etwa 6 km geht es an einer T-Kreuzung Richtung Norden, bis man nach weiteren 5 km das hübsche Dorf **Pelaga** erreicht. Diese Gegend ist für den Anbau von Biokaffee und Zimt bekannt. Beide Anbaufrüchte sind sowohl zu sehen als auch zu riechen. JED (S. 223), eine Non-Profit-Gruppe, die Agrotourismus anbietet, organisiert Touren und Aufenthalte bei Gastfamilien in Pelaga.

Von Pelaga aus geht es den Berg hinauf in einem Gelände, in dem sich Dschungel und Reisfelder abwechseln. Weiter geht es Richtung Norden nach Catur, dann nach Osten bis zur Kreuzung mit der Straße, die nach Nordbali hinunterführt. Hier geht es rund 1 km Richtung Osten bis nach Penulisan.

Ein hübscher Abstecher von diesem Abstecher ist bei Petang die **Tukad-Bangkung-Brücke**: Mit 71 m ist sie angeblich die höchste Brücke in Asien und eine Touristenattraktion. Die Straßen dorthin sind an Wochenenden von Verkaufsständen gesäumt.

Danau Buyan & Danau Tamblingan

Nordwestlich des Danau Bratan gibt es zwei weitere wenig besuchte Seen, der Danau Buyan und der Danau Tamblingan, wo einige herrliche neue geführte Wanderungen angeboten werden. An den Ufern der beiden Seen sind mehrere kleine Dörfer und einsame Tempel zu entdecken.

⊙ Sehenswertes & Aktivitäten

An der Straße nach Munduk auf dem Hügel stehen einige **Cafés**, und es gibt schöne Plätze mit weitem Blick zum Picknicken.

Am **Danau Buyan** ist etwa 1,5 km von der Hauptstraße entfernt direkt am See ein Parkplatz angelegt. Beim Einparken taucht meist gleich ein Wächter auf, um die fälligen Gebühren zu kassieren. Im ganzen Gebiet gibt es unzählige Gärten, in denen Erdbeeren angebaut, aber auch andere hochwertige Pflanzen gezogen werden, etwa orangefarbene und blaue Blumen, die in den Opfergaben Verwendung finden.

Am Parkplatz beginnt ein 4 km langer **Wanderweg**, der sich um die Südseite des Danau Buyan zieht und dann über den Bergsattel zum Danau Tamblingan und von dort aus weiter nach Asan Munduk führt. Der Weg verläuft durch den Wald, und doch hat man Blick auf den See. Wer mit einem Fahrer unterwegs ist, kann Wanderungen in eine Richtung unternehmen und sich am anderen Ende des Weges abholen lassen.

Auch der **Danau Tamblingan** verfügt über einen Parkplatz am Ende der Straße von Asan Munduk.

★ KT Kastana
WANDERFÜHRER

(☎ 0857 3715 4849; geführte Wanderungen für 1–4 Personen ab 350 000 Rp; ⊙ 8–17 Uhr) Diese Gruppe exzellenter Wanderführer mit Sitz in einer Hütte an der Straße oberhalb des Danau Tamblingan hat verschiedene Touren hinunter zu den und rund um die Seen im Angebot. Ein zweistündiger Ausflug schließt Besuche alter Tempelanlagen und eine Kanutour auf dem See ein.

★ Organisasi Pramuwisata Bangkit Bersama
WANDERFÜHRER

(Guides Organization Standing Together; ☎ 0852 3867 8092; Asan Munduk; geführte Wanderungen für 1–4 Personen ab 300 000 Rp; ⊙ 8.30–16 Uhr) Die große Gruppe hat ihren Sitz in der Nähe des Parkplatzes zum Danau Tamblingan. Wie die Gruppe von Führern an der Straße von Munduk bietet sie ein ganzes Spektrum von Ausflügen rund um die Seen, zu Tempeln und in die Berge an. Man kann etwa den nahe gelegenen Agung Lesong zum Preis von 600 000 Rp besteigen (Wanderstöcke stehen bereit).

🛏 Schlafen & Essen

Pondok Kesuma Wisata GUESTHOUSE $
(☏ 0812 3791 5865; Asan Munduk; Zi. ab 350 000 Rp) Dieses nette Guesthouse bietet zwölf saubere Zimmer mit warmem Wasser und ein gemütliches Café (Mahlzeiten 15 000 bis 30 000 Rp). Es liegt direkt oberhalb des Parkplatzes am Danau Tamblingan.

Munduk & Umgebung
☏ 0362

Das einfache Dorf Munduk ist einer der attraktivsten Bergorte Balis. Es hat eine kühle, neblige Atmosphäre und liegt inmitten von üppig bewachsenen Hängen, die mit Reis, Obstbäumen und nahezu allem, was auf der Insel so wächst, überzogen sind. Dutzende von Wasserfällen stürzen die steilen Hänge herab. Es gibt unzählige Wanderwege und Pfade, außerdem viele nette Aufenthaltsmöglichkeiten – von alten niederländischen Sommerhäusern im Kolonialstil bis hin zu Unterkünften, in denen man komplett in die heimische Kultur eintauchen kann. Viele Leute kommen für einen Tag und bleiben letztendlich eine Woche.

Archäologische Funde legen nahe, dass es in der Region von Munduk zwischen dem 10. und 14. Jh. eine entwickelte Kultur gegeben hat. Als die Niederländer in den 1890er-Jahren die Kontrolle über Nordbali übernahmen, experimentierten sie mit kommerziellen Plantagen und bauten Kaffee, Vanille, Gewürznelken und Kakao an.

⊙ Sehenswertes & Aktivitäten

Die Hauptstraße von Pancasari nach Munduk windet sich steil den Rand des alten Vulkankraters hinauf. Der Blick zurück über das Tal und die Seen lohnt einen Zwischenstopp. Wenn man eine Banane zückt, geraten die Affenhorden hier vor Freude regelrecht aus dem Häuschen. Wer sich auf der Anhöhe nach rechts (Richtung Osten) wendet, gelangt durch schöne Landschaft hinunter zum Küstenort Singaraja. Wer scharf nach links (Richtung Westen) abbiegt, kann einer Höhenstraße folgen: Auf der einen Seite geht der Blick auf den Danau Buyan, auf der anderen Seite zieht sich der Hang zum Meer hinunter.

In **Asan Munduk** stößt man auf eine weitere T-Kreuzung. Links geht es durch Wald und Gemüsegärten zum nahen Danau Tamblingan. Rechts führt eine schöne, gewundene Straße zum Hauptort Munduk. Es bieten sich herrliche Ausblicke auf Nordbali und das Meer. Das Kaffeehaus **Ngiring Ngewedang** (☏ 0812 380 7010; Snacks 15 000–40 000 Rp; ⊙ 10–17 Uhr) 5 km östlich von Munduk baut an den Hängen in der Umgebung seine Kaffeebohnen selbst an. Das hier ist echter Kaffee und nicht das mit viel Reklame bedachte Luwak-Gebräu.

In jeder Unterkunft können die Gäste von Besitzern oder Mitarbeitern Tipps zum **Spazierengehen** und **Wandern** bekommen. Viele Pfade bieten sich für zweistündige (oder auch deutlich längere) Ausflüge zu Kaffeeplantagen, Reisfeldern, Wasserfällen oder für Wanderungen rund um den Danau Tamblingan oder den Danau Buyan an. Die meisten Touren lassen sich leicht allein bewältigen, von einem Guide kann man sich allerdings abseits der üblichen Pfade zu versteckten Wasserfällen und anderen Highlights führen lassen.

🛏 Schlafen & Essen

Die einfachen, alten niederländischen Häuser direkt im Ort oder naturnähere Unterkünfte auf dem Land locken hier die Besucher an. Viele haben Cafés und bieten meist gutes lokales Essen an. Neben den schlichten Homestays gibt es im Dorf einige hübsche Warungs und ein paar Läden, die allerdings nur das Allernötigste (einschließlich Insektenspray) verkaufen.

★ Villa Dua Bintang GUESTHOUSE $
(☏ 0812 3700 5593, 0361-401 1416; mrika30@yahoo.com; Jl. Batu Galih; Zi. ab 400 000 Rp) Zu diesem neuen Guesthouse gelangt man, wenn man 1 km westlich von Munduk in einen schattigen Weg abbiegt und darauf 500 m weiterfährt. Vier herrliche, mit großem Aufwand errichtete Unterkünfte stehen zwischen Obstbäumen und Waldungen (eine ist so groß, dass eine ganze Familie darin Platz findet). Auf der Terrasse duftet es nach Nelken und Muskat. Es gibt ein Café, und die Familie, der das Ganze gehört, ist zauberhaft.

Meme Surung GUESTHOUSE $
(☏ 0362-700 5378; www.memesurung.com; Zi. 250 000–350 000 Rp; 🅟) Zwei stimmungsvolle, alte niederländische Häuser stehen nebeneinander im Ort und verfügen ins-

DIE WASSERFÄLLE VON MUNDUK

Zu den zahlreichen Wasserfällen bei Munduk gehören die drei folgenden, die sich in einer vier- bis sechsstündigen Wanderung erreichen lassen (die unzähligen Karten der Gegend, die in den Unterkünften verteilt werden, sind im Einzelnen oft ungenau, sodass man sich leicht verirren kann). Glücklicherweise verlaufen auch die ungeplanten Umwege durch eine schöne Landschaft. Die Gischt des Wassers vereinigt sich mit dem Nebel in der Luft; es tropft von allen Blättern. Es gibt eine Vielzahl rutschiger und steiler Pfade; oberhalb einiger Wasserfälle laden winzige Cafés zum Ausruhen ein.

Munduk-Wasserfall (Tanah Braak; Eintritt 5000 Rp) Etwa 2 km östlich von Munduk stehen an der Straße Hinweisschilder zu diesem Wasserfall, der auch Tanah Braak genannt wird. Danach wären es bis dorthin nur 700 m, doch der Weg erscheint einem länger. Dies ist der Wasserfall, der ohne Karte oder Führer am leichtesten zu erreichen ist.

Golden-Valley-Wasserfall Recht flache, aber breite Wasserfälle, auf die man von einem netten Kaffeestand aus blicken kann.

Melanting-Wasserfall Dieser Wasserfall ist über 25 m hoch und etwa 500 m vom Munduk-Wasserfall entfernt.

---

gesamt über elf Zimmer. Die Ausstattung ist traditionell und einfach – mehr ist auch nicht nötig, denn der Ausblick von der langen Holzveranda aus ist sicherlich das größte Vergnügen.

Puri Alam Bali GUESTHOUSE $
(0812 465 9815; www.purialambali.com; Zi. 250 000–500 000 Rp;) Da sich die Anlage über einen Hang am Ostende des Dorfes erstreckt, haben die 15 Zimmer (alle mit warmem Wasser und Balkon) einen besseren Ausblick, je weiter man nach oben kommt. Das Dachcafé sollte man wegen des Ausblicks auf jeden Fall besuchen. Die lange Betontreppe von der Straße aus ist ein gutes Konditionstraining für die Wanderungen.

Guru Ratna GUESTHOUSE $
(0813 3719 4398; www.guru-ratna.com; Zi. 175 000–350 000 Rp;) Die preiswerteste Unterkunft im Dorf vermietet sieben komfortable Zimmer mit Warmwasser. Einige Zimmer haben allerdings nur ein Gemeinschaftsbad. Die schönsten Zimmer sind recht stilvoll mit geschnitzten Holzelementen eingerichtet, haben schöne Veranden und sind in einem niederländischen Kolonialgebäude untergebracht.

★Puri Lumbung Cottages GUESTHOUSE $$
(0362-701 2887, 0812 383 6891; www.purilumbung.com; Hütten 80–160 US$;) Dieses nette Hotel wurde von Nyoman Bagiarta gegründet, um den nachhaltigen Tourismus zu fördern. Vermietet werden 43 helle zweistöckige Cottages und Zimmer inmitten der Reisfelder. Die Aussicht von den oberen Balkonen zur Küste hin ist traumhaft (die Zimmer 32 bis 35 haben den besten Ausblick). Außerdem werden hier Dutzende von Wandermöglichkeiten in die Umgebung und Kurse angeboten.

Das Hotelrestaurant Warung Kopi Bali (Hauptgerichte 45 000 bis 85 000 Rp) wird von einer Schweizer Kochschule unterstützt. Von Bedugul her kommend, liegt das Hotel 700 m vor Munduk auf der rechten Seite. Auch nach den abgelegeneren Zimmern im Wald könnte man sich erkundigen.

Manah Liang Cottages GASTHOF $$
(0362-700 5211; www.manahliang.com; Zi. ab 450 000 Rp;) Etwa 800 m östlich von Munduk bietet dieser ländliche Gasthof (dessen Name übersetzt „Wohlfühlen" bedeutet) traditionelle Cottages mit Ausblick auf die üppig-grüne Umgebung. Die Freiluftbäder mit Wannen sind erfrischend und auf den Veranden lässt es sich sich herrlich ausruhen und entspannen. Ein kurzer Weg führt zu einem kleinen Wasserfall. Es werden auch Kochkurse und geführte Wanderungen angeboten.

Don Biyu CAFÉ $
(www.donbiyu.com; Hauptgerichte 25 000 bis 50 000 Rp;) Hier kann man in aller Ruhe seinen Reiseblog auf den neuesten Stand bringen, den guten Kaffee genießen, bei einem grandiosen Ausblick den Kopf freibekommen und auf der Speisekarte mit westlichen und interessanten asiatischen Gerichte eines auswählen, das dann im hübschen Freiluftpavillon serviert wird.

NICHT VERSÄUMEN

DIE REISFELDER VON JATILUWIH

In Jatiluwih – der Name bedeutet „wirklich großartig" (oder wunderschön, je nach Übersetzung) – wird man mit Panoramablicken auf jahrhundertealte Reisterrassen belohnt, deren Grün sich nicht hinreichend beschreiben lässt. Als smaragdfarbene Bänder winden sie sich die Hügel entlang, springen zurück und klettern zum blauen Himmel empor.

Die Terrassen sind beispielhaft für die alte Art der Reiskultivierung auf Bali. Aus diesem Grund sind sie mittlerweile als Weltkulturerbe geschützt. Man versteht die Nominierung, wenn man das Panorama von der engen, kurvigen und 18 km langen Straße aus auf sich wirken lässt. Noch lohnenswerter ist es, durch die Reisfelder zu wandern und dem Wasser zu folgen, das durch Kanäle und Bambusrohre von einer Terrasse zur nächsten rinnt. Viele der Reispflanzen, die man hier sieht, sind alte Sorten – anders als die Hybridsorten, die in anderen Teilen der Insel inzwischen gepflanzt werden. Zu erkennen ist der Unterschied an den schweren kurzen Hülsen des roten Reises.

Man sollte sich Zeit nehmen, das Auto und den Fahrer zurücklassen und sich ein schönes Plätzchen zum Genießen des großartigen Ausblicks suchen. Es klingt wie ein Klischee, aber je länger man schaut, umso mehr sieht man. Was zunächst wie eine breite Palette von Grüntönen erscheint, erweist sich bei näherer Betrachtung als Reis in verschiedenen Wachstumsstadien.

Einige Cafés bieten Erfrischungen für die Autofahrer, wobei eines der einfachsten auch das Beste ist: Das **Ada Babi Guleng** (Mittagessen 35 000 Rp; ⊙ 10–16 Uhr) serviert eine exzellente Version einer balinesischen Spezialität: gebratenes, mariniertes Spanferkel. Es gibt nur wenige Tische, aber von jedem eröffnet sich ein großartiger Ausblick ins Grüne. Das feurige Sambal hier ist ausgezeichnet.

Die sehr kurvenreiche Straße zwingt dazu, langsam zu fahren, sodass sich die Tour auch gut mit dem Fahrrad unternehmen lässt. Besucher müssen eine Straßenmaut zahlen (15 000 Rp pro Person plus 5000 Rp für das Auto), die offensichtlich nicht zur Wartung der Straße verwendet wird: Sie ist sehr holprig. Trotzdem dauert die Fahrt nicht mehr als eine Stunde.

Die Straße ist im Westen von der Straße aus zugänglich, die von Tabanan zum Pura Luhur Batukau führt; im Osten biegt man bei Pacung von der Hauptstraße nach Bedugul ab. Die Fahrer kennen den Weg, und auch die Einheimischen sagen, wo's langgeht.

❶ An- & Weiterreise

Vom Busbahnhof Ubung in Denpasar fahren mehrmals täglich Minibusse nach Munduk (22 000 Rp). Wer zur Nordküste fahren möchte, sollte die Hauptstraße westlich von Munduk nehmen, die durch eine Reihe malerischer Dörfer nach Mayong führt (von dort aus kann man sich Richtung Süden nach Westbali wenden). Die Straße verläuft dann hinunter zum Meer bei Seririt in Nordbali.

RUND UM DEN GUNUNG BATUKAU

♪ 0361

Der Gunung Batukau (2276 m) ist der zweithöchste Berg der Insel, der drittwichtigste von Balis Hauptbergen und der heilige Gipfel des Inselwestens. Er liegt etwas im Abseits, was eigentlich ein Segen ist, angesichts der Horden von lästigen Verkäufern, die einem mitunter weiter östlich die Lust auf die Besteigung des Gunung Agung verderben können.

Von einem der heiligsten und am meisten unterschätzten Tempel aus, dem Pura Luhur Batukau, lassen sich die rutschigen Berghänge besteigen. Oder man schwelgt im Grün der alten Reisterrassen bei Jatiluwih.

Es gibt zwei Haupteinfallstraßen in die Region um den Gunung Batukau. Die einfachste führt über Tabanan und verläuft zum Pura Luhur Batukau immer nach Norden. Bei der Gabelung nach 9 km hält man sich links Richtung Tempel und fährt weitere 5 km bis zu einer Kreuzung unweit einer Schule im Dorf Wangayagede. Hier kann man geradeaus weiter zum Tempel fahren oder nach rechts (Richtung Osten) zu den Reisfeldern von Jatiluwih abbiegen.

Die andere Möglichkeit ist der Zugang von Osten her. Von der Hauptstraße Denpasar–Singaraja biegt direkt südlich des Hotels Pacung Indah eine kleine Straße nach Westen ab. Anschließend geht es weiter über eine Reihe von kleinen gepflasterten Straßen Richtung Westen, bis die Reisfelder von Jatiluwih erreicht sind. Man kann sich hier schon mal verfahren, aber die Einheimischen zeigen einem schnell wieder den richtigen Weg. Und die Landschaft ist auf jeden Fall herrlich!

Sehenswertes & Aktivitäten

Pura Luhur Batukau — HINDUTEMPEL
(Spende 10 000 Rp) Pura Luhur Batukau auf den Hängen des Gunung Batukau war der Staatstempel des einst unabhängigen Königreichs Tabanan. Zur Anlage gehören eine Pagode *(meru)* mit sieben Dächern für Maha Dewa, den Schutzgott des Berges, sowie Schreine für die Seen Bratan, Buyan und Tamblingan. Pura Luhur Batukau ist sicherlich der spirituellste Tempel auf Bali, den man am einfachsten besuchen kann.

Die Hauptpagode im Innenhof hat kleine Türen, hinter denen sich diverse zeremonielle Gegenstände verbergen. Der Tempel ist von Wald umgeben, in dem es angenehm kühl und neblig ist. Abgesehen von den Gesängen der Priester ist hier nur Vogelgezwitscher zu hören.

Wenn man sich vom Tempel aus nach rechts wendet, erreicht man nach einem kurzen Weg einen kleinen Wildbach, wo die Luft vom rauschenden Wasser widerhallt. Unbedingt einen Blick auf den ungewöhnlichen Fruchtbarkeitsschrein werfen!

Schlepper und ähnliche Figuren sowie die üblichen Touristenhorden gibt es hier nicht. Man sollte die Traditionen respektieren und sich bei einem Tempelbesuch entsprechend verhalten (s. S. 367). Sarongs können ausgeliehen werden.

Gunung Batukau — VULKAN
Am Pura Luhur Batukau befindet man sich schon recht weit oben auf dem Gunung Batukau. Für den Weg auf den 2276 m hohen Gipfel benötigt man aber einen Guide, den man am Kartenschalter des Tempels engagieren kann. Die schlammige und anstrengende Tour dauert mindestens sieben Stunden (einfach) und kostet etwa 1 000 000 Rp.

Die Belohnung sind beeindruckende Ausblicke, die mit Wegabschnitten durch undurchdringlichen, feuchten Dschungel abwechseln, und die Erkenntnis, dass dieser Weg weit weniger begangen wird als die weiter östlich auf der Insel liegenden Vulkangipfel. Eine Kostprobe dieses Abenteuers bietet eine zweistündige Kurzwanderung (200 000 Rp für 2 Personen).

Es mag möglich sein, die Nacht oben auf dem Berg zu verbringen, doch im Allgemeinen geht man davon aus, dass Wanderer den Auf- und Abstieg an einem Tag bewältigen. Wer auf dem Berg campen möchte, sollte im Voraus mit den Guides sprechen, vielleicht können sie da etwas arrangieren.

Schlafen

Zwei entlegene Lodges verstecken sich an den Hängen des Gunung Batukau. Beide lassen sich über eine spektakuläre kleine und gewundene Straße von Bajera nach Pucuk erreichen, die hakenähnlich den Berg hinauf verläuft. Sie zweigt von der Hauptroute Tabanan–Gilimanuk in Westbali ab.

Sarinbuana Eco Lodge — LODGE $$
(✆0361-743 5198; www.baliecolodge.com; Sarinbuana; EZ/DZ ab 88/105 US$; ⊛) Die schönen, zweigeschossigen Bungalows stehen an einem Hügel, nur 10 Minuten Fußweg von einem Regenwaldschutzgebiet entfernt. Zu den erwähnenswerten Annehmlichkeiten gehören Kühlschränke, Marmorbäder und handgemachte Seifen.

Es gibt ausgiebige Workshops zu kulturellen Themen, Yogakurse und geführte Wanderungen. Die Lodge ist ökologisch ausgerichtet, und betreibt ein exzellentes biodynamisches Restaurant.

Bali Mountain Retreat — LODGE $$
(✆082 8360 2645; www.balimountainretreat.com; Zi. 270 000–870 000 Rp; ⊛) Die luxuriösen Zimmer befinden sich in gepflegten Cottages, die in kunstvoller Manier in die Hügellandschaft platziert sind. Das Ganze ist eine Mischung aus Pool und Gärten in einer ausgeklügelten Architektur, die alte und neue Einflüsse geschickt kombiniert. Einige Zimmer haben großen Veranden, auf denen man die herrliche Aussicht genießen kann. Zu den preiswerteren Alternativen gehört ein Bett in einer alten Reisscheune. Die angebotenen Trekkingtouren sind hervorragend.

An- & Weiterreise

Die einzig realistische Möglichkeit, das Gebiet am Gunung Batukau zu erkunden, ist mit dem eigenen Wagen (man sollte ihn in einem der touristischeren Gebiete auf Bali ausleihen).

EINE WEITERE STRASSE NACH PUPUAN

Das Bergdorf Pupuan ist über die Straße von Antosari aus erreichbar. Ins Dorf führt aber noch eine weitere, attraktive Route über Nebenstraßen, die durch das tiefste Bergland Balis führen. Der Ausgangspunkt ist an der Nordwestküste in Pulukan an der Hauptstraße von Denpasar nach Gilimanuk in Westbali. Eine kleine Straße windet sich von der Küste die Berge hinauf und bietet traumhafte Ausblicke zurück auf Westbali und das Meer. Sie führt durch Gewürzland – überall sieht und riecht man Gewürze, die an der Straße auf Matten zum Trocknen ausliegen. Nach etwa 10 km kurz vor Manggissari wendet sich die enge kurvige Straße nach rechts und verläuft durch den **Bunut Bolong** – einen Tunnel, der von zwei gewaltigen Bäumen gebildet wird (*bunut* ist eine Feigenart und *bolong* bedeutet Loch).

Danach schraubt sich die Straße durch einige der schönsten Reisterrassen Balis nach Pupuan hinunter. Es lohnt sich, unterwegs anzuhalten und zu den großartigen **Wasserfällen** in der Nähe von Pujungan (einige Kilometer südlich von Pupuan) zu wandern. Der beschilderte Weg führt eine enge Straße hinunter und erreicht nach 1,5 km den ersten Wasserfall. Er ist ganz nett, aber bevor man sich enttäuscht abwendet, sollte man noch dem Rauschen des zweiten Wasserfalls folgen: Dieser hat dann doch eine sehr beachtliche Höhe von 50 m.

DIE ANTOSARI-STRASSE

✆ 0361

Obwohl die meisten Leute die Berglandschaft via Candikuning oder Kintamani durchqueren, gibt es eine sehr malerische dritte Möglichkeit, von Südbali zur Nordküste zu reisen. Von der Straße von Denpasar nach Gilimanuk in Westbali zweigt in **Antosari** eine Straße Richtung Norden ab, die über Pupuan nach Seririt (westlich von Lovina in Nordbali) führt.

Der Startpunkt befindet sich in den Reisfeldern. Nach 8 km führt die Straße durch ein wunderschönes Tal mit Reisterrassen. Nach weiteren 2 km erreicht man **Sari Wisata** (✆ 0812 398 8773; ⊙ 8–18 Uhr), wo eine reizende Familie eine Raststätte eingerichtet hat, die sich andere zum Vorbild nehmen sollten. Farbenprächtige Gärten säumen den Hang und bereichern die ohnehin schon bemerkenswerte Aussicht.

Sobald man sich in den Ausläufern des Gunung Batukau befindet, 20 km nördlich von Antosari, nähert man sich dem Gewürzdorf **Sanda**. Diesen Ort kann man schon riechen, bevor er in Sichtweite kommt. Eine besondere Sehenswürdigkeit sind die alten, auf Pfählen stehenden Reisspeicher aus Holz, die traditionell noch zu jedem Haus gehören.

Nach weiteren 8 km Fahrt durch Kaffeeplantagen erreicht man **Pupuan**. Von hier aus sind es noch einmal 6 km bis zum Highlight des Ausflugs, dem großartigen **Tal mit Reisanbau** in der Nähe von Subuk. Nach weiteren etwa 6 km wird der Ort Mayong erreicht, wo man entweder Richtung Osten nach Munduk und zum Danau Bratan abbiegen oder weiter geradeaus nach Seririt fahren kann.

★ **Sanda Boutique Villas**   LODGE $$
(✆ 0828 372 0055; www.sandavillas.com; Bungalows ab 85 US$; ❄ ≋) Dieses Boutiquehotel ist ein herrlicher, erholsamer Rückzugsort. Der große Infinity-Pool scheint geradezu nahtlos in die Reisterrassen überzugehen. Die insgesamt sieben Bungalows sind ausgesprochen luxuriös ausgestattet. Das Hotel ist gut geführt und das dazu gehörige Café ausgezeichnet (Abendessen ab 5 US$). Die aufmerksamen Eigentümer geben gerne auch Tipps für Wanderungen durch die umgebenden Kaffeeplantagen und durch die Reisfelder.

Kebun Villas   LODGE $$
(✆ 0361-780 6068; www.kebunvilla.com; Zi. 60–75 US$; ≋) Die acht mit Antiquitäten möblierten Cottages liegen verstreut auf einem Hügel. Von dort genießen die Gäste einen weiten Blick über die Reisfelder im Tal. Der Poolbereich liegt ein Stück weiter talwärts; er ist verhältnismäßig groß, und wenn man schon einmal da ist, dann kann man dort auch gut einmal den ganzen Tag angenehm verbringen.

Nordbali

➡ Inhalt

Yeh Sanih.......... 262
Singaraja 262
Rund um Singaraja . 264
Lovina.............. 269
Westlich von Lovina . .272
Seririt & Umgebung. .272
Pulaki .... .273
Pemuteran.......... 273
Banyuwedang ...... .278
Labuhan Lalang 279
Nationalpark Taman
Nasional Bali Barat . .279

Gut essen

➡ Damai (S. 271)
➡ Jasmine Kitchen (S. 270)
➡ Buda Bakery (S. 270)
➡ Global Village Kafe (S. 270)

Schön übernachten

➡ Taman Sari (S. 277)
➡ Matahari Beach Resort (S. 277)
➡ Damai (S. 269)
➡ Taman Selini Beach Bungalows (S. 277)

Auf nach Nordbali!

Das Land auf der anderen Seite – das ist Nordbali. Obwohl hier ein Sechstel der Bevölkerung lebt, wird das riesige Gebiet von vielen Besuchern, die sich in der Region Südbali-Ubud versammeln, ganz einfach übersehen.

Die Hauptattraktion ist hier das faszinierende Tauch- und Schnorchelrevier im nahe gelegenen Pulau Menjangan. Pemuteran, das sich entlang einer Bucht erstreckt, ist vielleicht der beste Strandort Balis. Im Osten liegt Lovina, ein verschlafener Strandort mit preiswerten Hotels und noch günstigerem Bier zum Sonnenuntergang. Entlang der gesamten Nordküste findet man interessante kleine Boutiquehotels, abseits der Küste locken einsame Wanderwege, die zu Wasserfällen führen.

Schon die Fahrt nach Nordbali ist ein Vergnügen. Die Straßen führen entweder durch die wenig besiedelten Küstenstriche im Osten oder Westen der Insel oder quer durch das Hinterland, die Berge hinauf und hinunter und vorbei an eindrucksvollen Kraterseen. Es lohnt sich, unterwegs anzuhalten und einfach drauflos zu wandern.

Reisezeit

Im größten Teil Nordbalis gibt es eigentlich keine klassische Hauptsaison, in der großer Andrang an Urlaubern herrscht. Die einzige Ausnahme ist Pemuteran: Hier liegt die Hauptreisezeit im Juli und August sowie um Weihnachten und Neujahr.

Was das Wetter betrifft, fällt im Norden weniger Regen als im Süden. Normalerweise scheint die Sonne den ganzen Tag und das ganze Jahr (deswegen legen Besucher auch großen Wert auf Klimaanlagen in den Zimmern). Eine Abwechslung gibt es allerdings: Wer in den Bergen wandert, spürt, dass es hier morgens recht frisch ist.

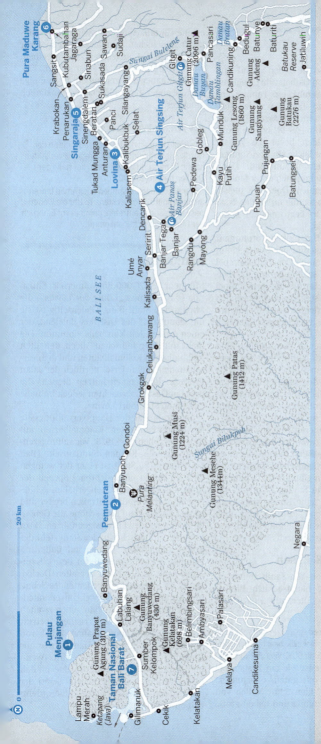

Highlights

1 Vor **Pulau Menjangan** (S. 274) abtauchen oder die Unterwasserwelt beim Schnorcheln genießen

2 Die faszinierende Unterwasserwelt vor der Küste des idyllischen Strandortes **Pemuteran** (S. 273).

3 Ein paar Tage im lässigen Strandort **Lovina** (S. 269)

4 Eine Wanderung in den üppig-grünen Bergen Nordbalis, besonders zu Wasserfällen wie dem erfrischenden **Air Terjun Singsing** (S. 272).

5 Ein Blick auf die alte Kultur des Königreichs Buleleng in den Museen von **Singaraja** (S. 262).

6 Die Steinmetzarbeiten in Tempeln wie **Pura Maduwe Karang** (S. 265)

7 Eine Wanderung oder Bootsfahrt durch Balis Nationalpark **Taman Nasional Bali Barat** (S. 279) mit Blick auf das eine oder andere hier heimische Wildtier

Yeh Sanih

☏ 0362

An der Küstenstraße, die zu den Strand- und Tauchparadiesen von Ostbali führt, liegt Yeh Sanih (auch: Air Sanih), ein ruhiger Ort am Meer. Der Name stammt von den Süßwasserquellen **Air Sanih** (Jl. Airsanih-Tejakula; Erw./Kind 8000/5000 Rp; ⊙8–18 Uhr), die große Schwimmteiche bilden, bevor das Wasser ins Meer strömt. Die Teiche sind bei Sonnenuntergang besonders faszinierend: Dann baden hier die Einheimischen unter blühenden Frangipani-Bäumen. Doch die meiste Zeit sind es die Kinder, die im kühlen Nass herumtollen. Der Ort liegt ungefähr 15 km östlich von Singaraja.

Pura Ponjok Batu liegt prominent zwischen dem Meer und der Straße, 7 km östlich von Yeh Sanih. Der Haupttempel besitzt einige sehr schöne Steinmetzarbeiten aus Kalkstein. Da die meisten Tempel im Süden der Insel stehen, soll er angeblich hier im Norden errichtet worden sein, um eine Art spirituelles Gleichgewicht auf Bali herzustellen.

Die Straße zwischen den Quellen und dem Tempel verläuft häufig dicht am Meer entlang. Auf diesem Abschnitt gehört sie mit Sicherheit zu den beeindruckendsten Küstenstraßen Balis – die Brandung donnert an die Wellenbrecher, dazu kommt eine atemberaubende Sicht aufs Meer.

Wie aus einer anderen Welt erscheint dagegen der **Art Zoo** (www.symonstudios.com; Jl. Airsanih-Tejakula; ⊙8–18 Uhr). Symon, der unerschütterliche amerikanische Künstler (der auch eine Galerie in Ubud besitzt), betreibt hier eine Galerie mit Studio. Er sprüht nur so vor Kreativität, seine Kunst ist phasenweise lebenssprühend, exotisch und auch erotisch. Die Galerie liegt 5,7 km östlich von Yeh Sanih an der Straße nach Singaraja.

🛏 Schlafen & Essen

Am Ortseingang von Yeh Sanih stehen einige Warungs, die hauptsächlich Einheimische verköstigen. Alternativen dazu sind dünn gesät.

Cilik's Beach Garden GUESTHOUSE $$
(☏0819 1570 0009; www.ciliksbeachgarden.com; Jl. Airsanih-Tejakula; Zi. ab 60 €, Villa ab 100 €; @) Ein Aufenthalt hier ist wie ein Besuch bei reichen Freunden mit gutem Geschmack. Die individuellen Villen 3 km östlich von Yeh Sanih sind geräumig und haben große eigene Gärten. Außerdem wird eine Unterkunft in schicken *lumbungs* (Reisspeicher mit Runddach) angeboten, die in einem wunderbaren Garten am Meer stehen.

Die Inhaber besitzen zudem noch einige weitere abgelegenere Häuser weiter südlich am Meer.

ℹ An- & Weiterreise

Yeh Sanih liegt an der Hauptstraße, die an der Nordküste entlangführt. Ab Singaraja verkehren häufig Bemos und Busse, die in der Nähe der Quellen halten (10 000 Rp).

Wer weiter nach Tulamben oder Amed fahren möchte, sollte bis spätestens 16 Uhr die Weiterreise nach Süden antreten, damit er vor Einbruch der Dunkelheit sicher ankommt.

Singaraja

☏ 0362

Mit mehr als 120 000 Einwohnern ist Singaraja (das bedeutet „König der Löwen") die zweitgrößte Stadt Balis. Gleichzeitig ist sie die Hauptstadt des Distrikts Buleleng, der einen großen Teil Nordbalis einnimmt. Die Stadt mit ihren hübschen Alleen, den alten holländischen Kolonialbauten und dem verschlafenen Hafenviertel nördlich der Jalan Erlangga lohnt einen kurzen Besuch. Die meisten Gäste übernachten jedoch im nahe gelegenen Strandort Lovina.

Singaraja war der Hauptverwaltungssitz der niederländischen Kolonialherren auf Bali und blieb bis 1953 Verwaltungszentrum für die Kleinen Sundainseln (Bali bis Timor). Die Stadt ist einer der wenigen Orte, in denen noch sichtbare Spuren der holländischen Kolonialzeit erhalten geblieben sind: Hier sind die Straßen breiter und größer als sonst auf Bali, schöne alte Gebäude stehen versteckt in riesigen Gärten. Dazu kommen chinesische (in der Stadt steht der größte chinesische Tempel auf Bali) und islamische Einflüsse (z. B. im Bezirk Kampung Arab in der Nähe der alten Docks). Heute ist Singaraja ein bedeutendes Schul- und Kulturzentrum mit zwei Universitäten.

Der heiß diskutierte Plan, einen zweiten Flughafen auf Bali zu errichten, betrifft das Gebiet um Kubutambahan östlich von Singaraja, das durch die Hauptstraße aus Richtung Kintamani geteilt wird. Wenn man daran denkt, wie Großprojekte auf Bali bisher verlaufen sind, so scheint selbst der umstrittene Baubeginn 2018 außerordentlich optimistisch.

Sehenswertes

Old Harbour & Waterfront
STADTVIERTEL

Das nicht zu übersehende **Yudha-Mandala-Tama-Denkmal** erinnert an einen Freiheitskämpfer, der bei seinem Kampf für die Unabhängigkeit durch Salven von einem holländischen Kriegsschiff getötet wurde. In der Nähe befindet sich der farbenprächtige chinesische Tempel **Ling Gwan Kiong**. Außerdem gibt es noch einige alte Kanäle, sodass man immer noch die Atmosphäre des einstigen Kolonialhafens spüren kann, der vor dem Zweiten Weltkrieg als Tor nach Bali diente.

Wie aus einem historischen Film wirken die alten **holländischen Speicherhäuser**. Einige Warungs thronen auf Stelzen über dem Wasser. Und bei einem Bummel auf der Jalan Imam Bonjol erblickt man beim genauen Hinsehen an dem einen oder anderen spätkolonialen Gebäuden noch schöne Art-déco-Verzierungen.

Gedong Kirtya Library
BIBLIOTHEK

(0362-22 645; Jl. Veteran; Mo–Do 8–16, Fr 8–13 Uhr) Die kleine, alte Bibliothek wurde 1928 von holländischen Kolonialherren gegründet und erhielt ihren Namen nach dem Sanskritwort für „ausprobieren". Sie enthält eine Sammlung von Büchern aus *lontar* (getrockneten Palmblättern, siehe Kasten rechts) sowie noch ältere, in Kupfer gestochene Schriftstücke, die *prasasti*. Holländische Publikationen, die bis ins Jahr 1901 zurückreichen, sind für all jene interessanter, die sich für die Kolonialzeit interessieren.

Museum Buleleng
MUSEUM

(Jl. Veteran; Mo–Fr 9–16 Uhr) GRATIS Das Museum Buleleng erinnert an das Leben des letzten Raja (Prinzen) von Buleleng, Pandji Tisna, der den Tourismus in Lovina entscheiden vorangebracht hat. Zu den Ausstellungsstücken zählt unter anderem die Schreibmaschine, die er während seiner Tätigkeit als Reiseschriftsteller benutzte. Der Raja starb 1978. Das Museum widmet sich außerdem der Geschichte der Region bis zu den frühesten Anfängen.

Feste & Events

Bali Arts Festival
KULTUR

(www.baliartsfestival.com) Jedes Jahr findet irgendwann zwischen Mai und Juli in Singaraja das Bali Arts Festival statt – *das* große kulturelle Ereignis Nordbalis. Über eine Woche lang treten hier einige der bekanntesten Tänzer und Musiker der Region auf – darunter auch die Künstler aus Jagaraga.

Essen

Istana Cake & Bakery
BÄCKEREI $

(0362-21983; Jl. Jen Achmed Yani; Snacks 3000 Rp; 8–18 Uhr) Wer sich in Lovina verliebt hat, kann sich hier auch gleich die Hochzeitstorte bestellen. Aber auch wer einfach nur Heißhunger hat, kommt bei der Auswahl an Leckereien auf seine Kosten.

Ayam Pasir
INDONESISCH $

(0362-21635; Jl. Ayani 144; Hauptgerichte ab 13 000 Rp; 8–22 Uhr) Der helle, freundliche Laden in der Nähe des Busbahnhofs lockt seine Kundschaft mit sehr leckeren Hähnchengerichten. Die Auswahl ist groß, alles riecht köstlich und ist gut gewürzt, außerdem gibt es frisch gepresste Säfte.

Manalagi
BALINESISCH $

(Jl. Sahadewa 8A; Hauptgerichte ab 15 000 Rp; 8–22 Uhr) Das balinesische Restaurant liegt in einer hübschen Straße mit schattenspendenden Bäumen. Für seine Qualität spricht, dass es bei den Einheimischen sehr beliebt ist. Gekocht werden leckere Gerichte

---

LONTAR-BÜCHER

Lontar wird aus den fächerförmigen Blättern der Rontal-Palme hergestellt. Dafür wird das Blatt zunächst getrocknet, dann in Wasser eingelegt, gesäubert, gedämpft und wieder getrocknet. Im nächsten Arbeitsgang wird das Blatt dann geglättet, gefärbt und schließlich in Streifen geschnitten.

Auf diese Streifen trägt man mit Hilfe einer sehr scharfen Klinge oder Spitze Wörter und Bilder auf, die anschließend mit einer schwarzen Beize überzogen werden. Die Beize wird dann abgewischt, die schwarze Farbe bleibt aber in der Inschrift erhalten. In der Mitte eines jeden *Lontar*-Streifens befindet sich ein Loch, durch das ein Faden gezogen wird. Ein geschnitztes „Deckblatt" aus Bambus dient vorne und hinten als Einband und schützt die „Seiten". Der Faden wird mit einigen *kepeng* (chinesischen Münzen mit Loch) gesichert.

Die Gedong-Kirtya-Bibliothek in Singaraja besitzt die weltgrößte Sammlung solcher *Lontar*-Bücher.

mit frischem Fisch. Die große Veranda verleiht dem Haus einen kolonialen Touch.

Dapur Ibu INDONESISCH $
(☏0362-24474; Jl. Jen Achmed Yani; Hauptgerichte 10 000–20 000 Rp; ⏱8–22 Uhr) Nettes einheimisches Café mit einem kleinen Garten abseits der Straße. Der indonesische Klassiker *nasi goreng* – gebratener Reis – ist frisch und ausgezeichnet zubereitet. Dazu schmeckt ein frisch gepresster Saft oder Bubble Tea.

❶ Praktische Informationen

Touristeninformation Buleleng (Diparda; ☏0362-61141; Jl. Veteran 23; ⏱Mo–Fr 8–15.30 Uhr) Die regionale Touristeninformation in der Nähe des Museums hält einige ordentliche Karten bereit. Wer sich nach Tanzvorführungen und anderen kulturellen Veranstaltungen erkundigt, wird gut informiert.

> **ABSEITS DER ÜBLICHEN PFADE**
>
> **ENTDECKUNGEN ABSEITS DER STRASSEN**
>
> Die Nebenstraßen rund um Singaraja bieten interessante, wenig besuchte Entdeckungen.
>
> **Jagaraga** Der Dorftempel **Pura Dalem** ist ein kleiner, interessanter Tempel mit sehenswerten Verzierungen an der Vorderseite. Besonders faszinierend ist das Relief mit einem Oldtimer, einem Dampfschiff auf dem Meer und einem Luftkampf zwischen zwei historischen Flugzeugen.
>
> **Sawan** Das Dorf ist ein Zentrum für die Herstellung von Gamelaninstrumenten und -gongs. Man kann beim Guss der Gongs und beim Anfertigen der kunstvoll geschnitzten Gamelanrahmen zuschauen.
>
> Wer einmal den Urwald erleben will, sollte seinen Urlaub in der **Villa Manuk** (☏0362-27080; www.villa-manuk.com; Nähe Sawan; Zi. ab 460 000 Rp; ❄) verbringen. Zu den beiden Gebäuden des Komplexes am Fuß der Berge gehört ein großer, von Quellen gespeister Pool. Die Gäste genießen den Blick auf die Reisfelder, Wanderungen zum berühmten Sekumpul-Wasserfall, das Dorfleben und absolute Ruhe und Frieden.

Singaraja Public Hospital (☏0362-22573, 0362-22046; Jl. Ngurah Rai 30; ⏱24 Std.) Singarajas Krankenhaus ist das größte in Nordbali.

❶ An- & Weiterreise

Singaraja ist der Hauptverkehrsknotenpunkt für die Nordküste und besitzt drei Bemo-/Busbahnhöfe. Vom **Busbahnhof Sangket**, 6 km südlich der Stadt an der Hauptstraße, fahren sporadisch Minibusse über Bedugul/Pancasari nach Denpasar (Busbahnhof Ubung, 25 000 Rp).

Vom **Busbahnhof Banyuasri** am westlichen Stadtrand fahren Busse nach Gilimanuk (25 000 Rp, 2 Std.) und viele Bemos nach Lovina (7000 Rp). Mehrere Gesellschaften bedienen die Strecke nach Java, dazu gehört auch die Überfahrt mit der Fähre über die Straße von Bali. Die Busse fahren bis nach Yogyakarta (ab 335 000 Rp, 16 Std.) und Jakarta (ab 455 000 Rp, 24 Std.).

Die Buchungen erledigt man am besten einen Tag im Voraus am Busbahnhof Banyuasri.

Der **Busbahnhof Penarukan**, 2 km östlich der Stadt, ist Ausgangspunkt für alle Fahrten mit dem Bemo auf der Küstenstraße nach Yeh Sanih (10 000 Rp) und Amlapura (ca. 20 000 Rp, 3 Std.). Von hier auch Minibusse über Kintamani nach Denpasar (Busbahnhof Batubulan, 25 000 Rp, 3 Std.).

❶ Unterwegs vor Ort

Bemos verbinden die drei großen Bemo-/Busbahnhöfe miteinander, die Fahrt zwischen den Bahnhöfen kostet etwa 7000 Rp.

Rund um Singaraja

Zu den Sehenswürdigkeiten in der Umgebung von Singaraja gehören einige wichtige Tempel.

Sangsit

Rund 8 km nordöstlich von Singaraja kann man ein exzellentes Beispiel für die typische farbenprächtige Tempelarchitektur Nordbalis bewundern. Der **Pura Beji** in Sangsit (Jl. Raya Sangsit) ist ein Tempel für die *subak*, die traditionelle Bewässerungskooperative der Reisbauern. Er wurde im 15. Jh. erbaut und ist der Reisgöttin Dewi Sri geweiht, die sich um die bewässerten Reisfelder kümmert. Im Gegensatz zu südbalinesischen Tempeln fällt auf, dass es hier keine zahlreichen Altäre und Meru gibt, sondern stattdessen ein zentrales Hauptgebäude im Innern der Tempelanlage. Der Eingang zum Tempel ist mit Fabelwesen geschmückt.

> **NICHT VERSÄUMEN**
>
> ### BALIS ERSTER RADFAHRER
>
> **Pura Maduwe Karang** (Tempel des Landbesitzers: Kubutambahan) ist einer der faszinierendsten Tempel Nordbalis. Besonders berühmt ist er wegen seiner reich verzierten Tempelwände und wegen des bekannten, in Stein gehauenen **Relief eines Radfahrers**. Das Kunstwerk zeigt einen Mann auf einem Fahrrad, dessen Hinterrad von einer Lotusblume gebildet wird. Das Relief befindet sich am unteren Ende des Hauptsockels im inneren Bereich des Tempels. Der Radfahrer ist vermutlich W. O. J. Nieuwenkamp, ein niederländischer Künstler, der 1904 das wahrscheinlich erste Fahrrad nach Bali einführte.
>
> Wie Pura Beji in Sangsit ist dieser dunkle Steintempel den Göttern des Ackerbaus gewidmet, doch dieser Gott kümmert sich um unbewässertes Land. Der Tempel liegt in der Ortschaft Kubutambahan und ist leicht zu erkennen – an der Außenwand befinden sich 34 in Stein gehauene Figuren aus dem *Ramayana*-Epos.
>
> Kubutambahan liegt an der Straße von Singaraja nach Amlapura, etwa 1 km östlich des Abzweigs nach Kintamani. Auf der Strecke gibt es einen regelmäßigen Bus- und Bemoverkehr.

Die auffälligen Reliefs auf der Vorderseite zeigen beinahe comicartige Dämonen und erstaunliche *naga* (mystische schlangenähnliche Wesen). Auch im Inneren des Gebäudes bedecken die unterschiedlichsten Skulpturen fast jeden freien Platz. Der sehenswerte Tempel liegt 500 m von der Hauptstraße entfernt, auf dem Weg Richtung Küste.

Der **Pura Dalem** (Tempel der Toten) zeigt nicht nur Szenen der Bestrafung im Leben nach dem Tod, sondern auch komische, teilweise sogar derb-erotische Bilder in der Tempelmauer. Er befindet sich in den Reisfeldern etwa 500 m nordöstlich von Pura Beji.

Busse und Bemos, die vom Busbahnhof Penarukan in Singaraja Richtung Osten fahren, halten auf Wunsch auch in Sangsit.

Gitgit

Etwa 11 km südlich von Singaraja führt ein gut ausgeschilderter Weg von der Hauptstraße 800 m weit in westliche Richtung zum sehenswerten, aber sehr touristischen Wasserfall **Air Terjun Gitgit** (Karte, S. 250; Erw./Kind 10 000/5000 Rp). Am Weg reiht sich ein Souvenirstand an den nächsten. Das Wasser stürzt dort 40 m in die Tiefe, der erfrischende Nebel ersetzt jede Klimaanlage.

Weitere 2 km bergauf, 600 m westlich der Hauptstraße, befindet sich ein weiterer **Wasserfall** mit zahlreichen Kaskaden. Der Weg führt über eine schmale Brücke und folgt dem Flusslauf entlang mehrerer kleiner Wasserfälle durch einen üppig grünen Dschungel.

Die Minibusse zwischen Denpasar und Singaraja halten in Gitgit. Die Wasserfälle sind ein beliebter Haltepunkt organisierter Bustouren durch Zentral- und Nordbali.

Lovina

0362

„Beschaulich" – so beschreiben die meisten Leute Lovina und haben Recht. Der bescheidene und günstige Badeort mit niedrigen Häusern ist das absolute Gegenteil von Kuta an der Westküste. Die Tage vergehen langsam, die Nächte ebenso. Das Meer ist ruhig, der Strand schmal und es gibt keine besonders aufregenden Attraktionen. Hier kann man sein Reisetagebuch auf den neuesten Stand bringen, über den Sonnenuntergang sinnieren, ein Buch zu Ende lesen oder einfach nur den Tag entspannt genießen.

In Lovina brennt die Sonne vom Himmel, aber es gibt genügend Palmen, die für ausreichend Schatten sorgen. Das Highlight des Tages ereignet sich in Fischerdörfern wie Anturan jeden Nachmittag, wenn die *prahu* (traditionelle Auslegerboote) für den nächtlichen Fischfang vorbereitet werden. Und wenn dann das Licht der untergehenden Sonne den Himmel rot färbt, erscheinen die Lichter der Fischerboote wie leuchtende Punkte am Horizont.

Die touristische Zone von Lovina erstreckt sich über 8 km und besteht aus mehreren Küstenorten – Kaliasem, Kalibukbuk, Anturan, Tukad Mungga. Alle gemeinsam bilden sie den Ort Lovina. Das meiste spielt sich in Kalibukbuk ab, das 10,5 km westlich von Singaraja liegt und sozusagen das Herz

Lovina

Lovina

◎ Sehenswertes
1 Defin-Denkmal B2

✈ Aktivitäten, Kurse & Touren
2 Araminth Spa C3
3 Sovina Shop C2
4 Spice Dive A2

🛏 Schlafen
5 Harris Homestay B2
6 Homestay Purnama A2
7 Padang Lovina B2
8 Puri Bali Hotel C2
9 Rambutan Hotel C2
Sea Breeze Cabins.................... (s. 17)
10 Suma Hotel F2
11 Villa Taman Ganesha........................C2

✖ Essen
12 Akar B2
13 Bakery Lovina C3
14 Global Village Kafe B2
15 Jasmine Kitchen B2
16 Night Market C3
17 Sea Breeze Café B2
18 Seyu B2
Spice Beach Club .... (s. 4)
19 Warung Barclona..............................C2
20 Warung Dolphin................................F2

🍸 Ausgehen & Nachtleben
21 Kantin 21 ....A3
22 Pashaa B3
23 Poco Lounge B2

von Lovina ist. Tagsüber ist der Verkehr auf der Hauptstraße sehr laut.

◎ Sehenswertes & Aktivitäten

Strände
Die Strände von Lovina bestehen aus ausgeblichenem, grauem und schwarzem Vulkansand. Rund um die Hotels sind sie zwar meistens gepflegt, aber unspektakulär. Riffe schützen die Küste, brechen die Wellen und sorgen für klares Wasser.

In Kalibukbuk führt eine **asphaltierte Promenade** am Strand und in einer Art Rundweg weiter an der Küste entlang; der Zustand wechselt zwischen sauber und schäbig. Schön ist auf jeden Fall der Postkartenblick Richtung Osten zu den Bergen der nördlichen Küste. Die Sonnenuntergänge hier sind einfach atemberaubend!

Zu den besten Stränden gehört der Hauptstrand östlich des aufwendigen **Delfin-Denkmals** (Jl. Bina Ria) in Kalibukbuk

Gede Home Stay
Bungalows (1,5 km);
Mandhara Chico (1,5 km);
Singaraja (8 km)

sowie ein Abschnitt weiter westlich. Die günstigen Hotels in Anturan bieten auch Strandvergnügen. Etwas exklusiver ist der schicke Spice Beach Club (S. 271) im Westen.

Wenn die Fischerboote hier vertäut sind, können ihre großen frei liegenden Motoren, die bedrohlich wirkenden Propeller und die individuelle Bemalung der Boote bewundert werden.

Delfine beobachten

Die Bootsfahrten bei Sonnenaufgang zum Beobachten von Delfinen gehören zu den größten Touristenattraktionen in Lovina. Genau deswegen wurde auch extra ein Denkmal zu Ehren dieser Meeressäuger errichtet. An manchen Tagen machen sich die Delfine rar, aber meistens sieht man doch wenigstens einige dieser eleganten Tiere.

Nicht nur die Händler, sondern auch die Hotels üben mehr oder weniger sanften Druck auf die Urlauber aus, Karten für diese Bootstouren zu kaufen. Der vom Kartell der Bootsbesitzer festgelegte Preis liegt bei 50 000 Rp pro Person. Die Ausflüge beginnen (außer an den Feiertagen) um 6 Uhr morgens und dauern etwa 2 Stunden.

Aber Achtung: Weil alle Anbieter diese Uhrzeit wählen, ist das Meer manchmal nahezu überfüllt mit solchen Booten, die Motoren sorgen dann für einen erheblichen Lärmpegel. Schon länger wird darüber debattiert, was diese Ausflüge möglicherweise für die marine Tierwelt bedeuten. Mögen es die Delfine wirklich, auf diese Weise von Booten gejagt zu werden? Falls nicht, warum kommen sie dann immer wieder? Vielleicht liegt das aber auch an den vielen Fischen, die im Meer vor Lovina leben.

Tauchen & Schnorcheln

Das Riff vor Ort bietet sich zum Tauchen bei Niedrigwasser an, besonders beliebt ist aber das Tauchen bei Nacht. Viele Gäste übernachten im Ort Lovina, fahren zum Tauchen allerdings lieber 2 Std. Richtung Westen in die Tauchgebiete von Pulau Menjangan.

Normalerweise ist das Wasser klar und einige Teile des Riffs sind gut zum Schnorcheln geeignet. Leider wurden die Korallen durch die Korallenbleiche und (an manchen Stellen) durch das Fischen mit Dynamit beschädigt. Die schönste Stelle liegt im Westen einige Hundert Meter vor den Billibo Beach Cottages. Eine zweistündige Bootstour kostet inklusive Ausrüstung etwa 200 000 Rp.

Spice Dive TAUCHEN
(✆0362-41512; www.balispicedive.com; Nähe Jl. Raya Lovina; 2 Tauchgänge ab 50 €; ⏱8–21 Uhr) Spice Dive ist eine große Tauchbasis, die Schnorchelausflüge und nächtliche Tauchgänge (60 €) aber auch die beliebten Tauchausflüge nach Pulau Menjangan (Schnorcheln/Tauchen 35/65 €) organisiert. Das PADI-zertifizierte Unternehmen befindet sich am Westende des Strandweges beim Spice Beach Club.

Die Tauchkurse werden unter anderem von deutsch- und englischsprachigen Tauchlehrern durchgeführt, die Gruppengröße liegt bei maximal vier Schülern.

Radfahren

Die Straßen südlich und westlich der Jalan Raya Lovina eignen sich ausgezeichnet zum Radfahren: Der Verkehr ist gering und die Strecken führen durch malerische Reisfelder und über Berge mit wunderbarer Aussicht auf die Küstenlandschaft. Fahrräder werden überall ab 20 000 Rp pro Tag vermietet; eine gute Auswahl hat der **Sovina Shop** (✆0362-41 402; Jl. Ketapang).

Andere Aktivitäten

Araminth Spa SPA
(✆0362-41901; Jl. Ketapang; Massage ab 150 000 Rp; ⏱10–21 Uhr) Araminth Spa bietet unterschiedlichste Anwendungen und Massagen (u. a. auch balinesische und ayurvedi-

sche Massagen) in einer einfachen, aber entspannten Atmosphäre.

Ciego Massage — MASSAGE
(0877 6256 1660; Jl. Raya Lovina, Anturan; einstündige Massage ab 70 000 Rp; 10–19 Uhr) Der gut ausgebildete blinde Masseur bietet Entspannung ohne Schnickschnack in einer schlichten Umgebung.

Kurse

★ Warung Bambu Pemaron — KOCHKURS
(0362-31455; Pemaron; Kurse für 1/2 Pers. ab 500 000/660 000 Rp; 8–13 Uhr) Der Kochkurs beginnt mit einem Einkaufsfahrt zu einem großen Lebensmittelmarkt in Singaraja. Anschließend bereiten die Teilnehmer bis zu acht klassische balinesische Gerichte zu. Die Kurse finden in einer luftigen Umgebung östlich von Lovina zwischen Reisfeldern statt. Die Mitarbeiter sind überaus liebenswürdig, die Abholung von den Unterkünften innerhalb der Region ist in der Kursgebühr eingeschlossen. Krönender Abschluss des Kurses ist das gemeinsame Essen der zubereiteten Köstlichkeiten.

Geführte Touren

★ Komang Dodik — WANDERN
(0877 6291 5128; lovina.tracking@gmail.com; Wanderungen ab 250 000 Rp) Komang Dodik organisiert Wanderungen in die Berge der Nordküste. Die Touren dauern zwischen drei und sieben Stunden. Der Höhepunkt der meisten Touren ist der Besuch einiger Wasserfälle, die über 20 m tief in eine Dschungelhöhle stürzen. Einige Wanderungen schließen auch interessante Besichtigungen von Kaffee-, Gewürznelken- und Vanilleplantagen mit ein.

Schlafen

Die meisten Hotels befinden sich entlang der Jalan Raya Lovina und an den Nebenstraßen, die zum Strand führen. Dort überwiegen günstige Unterkünfte, wer Luxus sucht, ist hier eher fehl am Platz. Man sollte sich davor hüten, ein Hotel an der Hauptstraße zu nehmen – dort ist es sehr laut.

Außerhalb der Hauptreisezeit sind die Zimmerpreise in der Regel verhandelbar. Achtung allerdings vor den lästigen Schleppern, die neu ankommende Urlauber zu bestimmten Unterkünften zu schleusen versuchen, um dann von den Besitzern eine hohe Provision zu kassieren (die natürlich auf den Zimmerpreis aufgeschlagen wird).

Anturan

Einige schmale Nebenstraßen und eine asphaltierte Straße, die Jalan Kubu Gembong, führen in das lebendige kleine Fischerdorf – den richtigen Ort zum Abschalten. Doch der Weg zum Nachtleben in Lovina ist weit – man muss mit etwa 20 000 Rp für die Hin- und Rückfahrt nach Kalibukbuk rechnen.

Mandhara Chico — GUESTHOUSE $
(0812 360 3268; www.mandhara-chico-bali.com; Nähe Jl. Kubu Gembong, Anturan; Zi. mit Ventilator/Klimaanlage ab 200 000/250 000 Rp;) Die nette, familiengeführte Pension liegt direkt an einem schmalen, dunklen Sandstrand. Die zwölf Zimmer sind einfach, aber sauber.

Gede Home Stay Bungalows — PRIVATUNTERKUNFT $
(0362-41526; www.gede-homestay.com; Jl. Kubu Gembong, Anturan; Zi. 200 000 bis 300 000 Rp;) Wer hier wohnt, darf nicht vergessen, sich den Sand von den Füßen zu schütteln: Die acht Zimmer der Privatunterkunft, die von einem einheimischen Fischer betrieben wird, liegen direkt am Strand. Die billigen Zimmer haben nur kaltes Wasser, die teureren Warmwasser und Klimaanlage.

Von Anturan bis Kalibukbuk

An der Jalan Pantai Banyualit liegen viele einfache Hotels, allerdings ist der Strand in diesem Abschnitt nicht besonders einladend. Am Wasser gibt es einen kleinen Park, der Spaziergang entlang der Küste nach Kalibukbuk ist kurz und sehr schön.

★ Villa Taman Ganesha — GUESTHOUSE $$
(0362-41272; www.taman-ganesha-lovina.com; Jl. Kartika 45; Zi. 30–60 €;) Die hübsche Pension liegt an einem ruhigen Weg zwischen balinesischen Wohnhäusern. Der Garten mit seiner üppigen Vegetation bietet zahlreiche duftende Frangipani-Bäume, die der Besitzer, ein deutscher Landschaftsarchitekt, auf der ganzen Welt gesammelt hat. Die vier Wohneinheiten bieten viel Privatsphäre und Komfort. Der Strand liegt 400 m entfernt, nach Kalibukbuk läuft man rund zehn Minuten am Strand entlang.

Suma Hotel — GUESTHOUSE $$
(0362-41566; www.sumahotel.com; Jl. Pantai Banyualit; Zi. 300 000–750 000 Rp;) Von den Zimmern im oberen Stockwerk

genießt man den Blick aufs Meer. Die besten der 13 Zimmer bieten Klimaanlage und Warmwasser. Außerdem gibt es große Bungalows, einen Pool sowie ein Café. Und ganz in der Nähe liegt auch noch ein schöner Tempel, zum dem man laufen kann.

Kalibukbuk

Das sogenante „Zentrum" von Lovina ist der Ort Kalibukbuk. Die geschwungene Jalan Mawar ist ruhiger und angenehmer als die Jalan Bina Ria. Kleine Gassen, an denen günstige Unterkünfte liegen, zweigen von beiden Straßen ab.

★ Harris Homestay   PRIVATUNTERKUNFT $
(☎0362-41152; Gang Binaria, Kalibukbuk; Zi. 120 000–200 000 Rp; 🛜) Lebhaft, sauber und weiß – Harris Homestay unterscheidet sich deutlich von einigen billigen Unterkünften in der Nachbarschaft. Die liebenswerte Familie wohnt hinten im Haus; die Gäste genießen fünf helle, moderne Zimmer im vorderen Teil.

Sea Breeze Cabins   GUESTHOUSE $
(☎0362-41138; Nähe Jl. Bina Ria, Kalibukbuk; Zi. ab 400 000 Rp; ❄🛜☰) Eine ausgezeichnete Wahl im Zentrum von Kalibukbuk: Das Sea Breeze besteht aus fünf Bungalows und zwei Zimmern am Pool und Strand, einige haben von ihrer Veranda eine sensationelle Aussicht auf das Meer.

Puri Bali Hotel   HOTEL $
(☎0362-41485; www.puribalilovina.com; Jl. Mawar, Kalibukbuk; Zi. mit Ventilator/Klimaanlage ab 180 000/350 000 Rp; ❄🛜☰) Der Poolbereich befindet sich mitten in einem üppigen Garten – hier kann man gut den ganzen Tag verbringen und alle Sorgen vergessen. Die 25 Zimmer sind einfach, aber behaglich. Es gibt einen Buchladen und ein Internetcafé.

Padang Lovina   GUESTHOUSE $
(☎0362-41302; padanglovina@yahoo.com; Gang Binaria, Kalibukbuk; Zi. 200 000–350 000 Rp; ❄🛜☰) Die Pension liegt direkt im Zentrum von Kalibukbuk in einer engen Gasse. Die zwölf komfortablen Zimmer im Bungalowstil befinden sich in einem großen Garten mit zahlreichen Blumenbeeten. Die schönsten Zimmer haben Klimaanlage und Badewannen. Am Pool gibt es WLAN.

Homestay Purnama   PRIVATUNTERKUNFT $
(☎0362-41043; Jl. Raya Lovina, Kalibukbuk; Zi. ab 100 000 Rp; 🛜) Eine gute Wahl in dieser Gegend: Das Homestay Purnama bietet sieben Zimmer mit kaltem Wasser nur zwei Minuten vom Strand entfernt. Die Besitzerfamilie ist außerordentlich freundlich.

Rambutan Hotel   HOTEL $$
(☎0362-41388; www.rambutan.org; Jl. Mawar, Kalibukbuk; Zi. 30–80 US$, Villa 95–190 US$; ❄@🛜☰♨) Das Hotel liegt in einem 1 ha großen, üppigen Garten und bietet neben zwei Swimmingpools auch einen Spielplatz. Die 28 Zimmer sind in balinesischem Stil eingerichtet. Die billigsten Zimmer haben allerdings nur Deckenventilatoren. Die Villen sind eine gute Wahl; die größeren zudem gut für Familien geeignet und haben sogar eine eigene Küche. Das Hotel hat einen Souvenirladen und bietet Kochkurse an.

Rund um Lovina

★ Damai   HOTEL $$$
(☎0362-41008; www.damai.com; Jl. Damai; Villa 250–500 US$; ❄🛜☰) 🌿 Das Damai liegt auf einem Berg oberhalb von Lovina und bietet eine faszinierende Aussicht. In den 14 luxuriösen Villen mischt sich Antikes mit Modernem, dazu kommen wunderschöne balinesische Stoffe. Der Infinity-Pool scheint mit der Landschaft aus Erdnussfeldern, Reisterrassen und Kokospalmen zu einer Einheit zu verschmelzen. Die großen Villen verfügen über eigene Pools und mehrere ineinander übergehende Räume. Das Restaurant wird für seine Bio-Küche gelobt. Hotelgäste können sich abholen lassen oder an der Hauptkreuzung in Kalibukbuk auf der Jalan Damai 3 km Richtung Süden fahren.

🍴 Essen

Beinahe jedes Hotel besitzt sein eigenes Café oder Restaurant. Wer den Strandweg entlanggeht, findet eine Menge einfacher Lokale, in denen kaltes Bier und typisch indonesische Gerichte inklusive Sonnenuntergang serviert werden.

🍴 Von Anturan nach Kalibukbuk

Warung Dolphin   MEERESFRÜCHTE $
(☎0813 5327 6985; Jl. Pantai Banyualit; Hauptgerichte ab 30 000 Rp) Das einfache Lokal steht direkt am Strand. Hier gibt es gegrillte Meeresfrüchte (die möglicherweise der Typ nebenan erst vor ein paar Stunden gefangen hat). Abends gibt es häufig Livemusik; in der Nähe befinden sich noch weitere Lokale.

Bakery Lovina CAFÉ $$
(0362-42225; www.backery-lovina.com; Jl. Raya Lovina; Frühstück 85 000 Rp; ⏱7-19 Uhr; ✱) Nur einen kurzen Fußweg vom Zentrum entfernt liegt dieses gehobene Feinkostgeschäft, in dem zwischen Lebensmitteln Lovinas bester Kaffee ausgeschenkt wird. Die Croissants und das Brot nach deutschen Rezepten werden jeden Tag frisch gebacken, außerdem gibt es ein kleines Angebot an Gerichten sowie ein kontinentales Frühstück.

Kalibukbuk

Das Zentrum des Nachtlebens mit einer guten Auswahl an Restaurants, Strandcafés und Bars, in denen man eine Pizza essen und Musik hören kann, sowie ziemlich einzigartigen anderen Locations.

★ Global Village Kafe CAFÉ $
(0362-41928; Jl. Raya Lovina, Kalibukbuk; Hauptgerichte ab 15 000 Rp; ⏱8-22 Uhr; 🛜) Che Guevara, Michail Gorbatschow und Nelson Mandela sind nur einige bekannte Personen auf den Bildern an der Wand dieses künstlerisch angehauchten Cafés.

Die Backwaren, Fruchtsäfte, Pizzas, das Frühstück und andere Köstlichkeiten sind ausgezeichnet; dazu kommt eine entspannte, freundliche Atmosphäre. Es gibt eine Buch- und DVD-Tauschbörse und regionales Kunsthandwerk. Manchmal werden hier auch Arthouse-Filme gezeigt.

Akar VEGETARISCH $
(0817 972 4717; Jl. Bina Ria, Kalibukbuk; Hauptgerichte 40 000-50 000 Rp; ⏱7-22 Uhr; 🛜🌱) 🌱 Die vielen grünen Farbtöne in diesem sympathischen Café sind nicht nur Show – sie zeugen auch von der umweltfreundlichen Einstellung der Besitzer. Es gibt leckere Bio-Smoothies, hausgemachtes Eis und frisch zubereitete Nudelgerichte. Nach hinten zum Fluss liegt eine kleine Terrasse.

Warung Barclona BALINESISCH $
(0362-41894; Jl. Mawar, Kalibukbuk; Hauptgerichte ab 40 000 Rp; ⏱8-21 Uhr) Trotz des spanischen Namens bietet das von einer Familie geführte Lokal eine anspruchsvolle gute balinesische Küche. Auf der Terrasse stehen nur sechs Tische; meistens werden mehrere Gerichte mit Meeresfrüchten angeboten.

Nachtmarkt BALINESISCH $
(Jl. Raya Lovina, Kalibukbuk; Hauptgerichte ab 15 000 Rp; ⏱17-23 Uhr) Lovinas Nachtmarkt ist eine gute Adresse für frisches und günstiges regionales Essen. Jedes Jahr kommen ein paar neue interessante Stände dazu. Sehr zu empfehlen sind die *piseng goreng* (gebackene Bananen).

★ Jasmine Kitchen THAILÄNDISCH $$
(0362-41565; Gang Binaria, Kalibukbuk; Hauptgerichte 50 000-100 000 Rp; ⏱8-22 Uhr; 🛜) Die thailändischen Gerichte in diesem geschmackvoll eingerichteten zweistöckigen Restaurant sind ausgezeichnet. Die Speisekarte ist umfangreich und authentisch, die Mitarbeiter sehr liebenswürdig. Zu dezenter Jazzmusik kann man das hausgemachte Eis als Nachspeise genießen. Die Kaffeebar im Erdgeschoss lohnt ebenfalls einen Besuch.

Hier werden übrigens Wasserflaschen für 2000 Rp aufgefüllt, eine Möglichkeit für jeden Touristen, seinen persönlichen Beitrag für Balis Umwelt zu leisten.

Seyu JAPANISCH $$
(www.seyulovina.com; Gang Binaria, Kalibukbuk; Gerichte ab 50 000 Rp; ⏱10-22 Uhr; 🛜) In diesem authentischen japanischen Restaurant arbeitet sogar ein echter Sushi-Koch. Auf den Tisch kommt eine gute Auswahl an frischen Nigiri, Sashimi und Maki, alle aus frischen Zutaten zubereitet. Auch für Vegetarier gibt es einige Gerichte. Der Speisesaal ist passend eingerichtet: schlicht und gradlinig.

Sea Breeze Café INDONESISCH $$
(0362-41138; Nähe Jl. Bina Ria, Kalibukbuk; Hauptgerichte ab 45 000 Rp; ⏱8-22 Uhr; 🛜) Das luftige Café gehört zu den besseren – und gemütlicheren – Adressen direkt am Strand. Auf der Karte finden sich indonesische und westliche Gerichte und ein tolles Frühstück. Beim „Royal Seafood Platter" scheint ein ganzer Fischmarkt auf dem Teller zu liegen.

Rund um Lovina

★ Buda Bakery BÄCKEREI, CAFÉ $
(0812 469 1779; Nähe Jl. Damai; Hauptgerichte ab 40 000 Rp; ⏱7-22 Uhr) Die beste Bäckerei Nordbalis hat ein erstaunliches Angebot an Brot, Kuchen und anderen Leckereien, die täglich frisch gebacken werden. Der eigentliche Grund für den zehnminütigen Spaziergang von der Jalan Raya Lovina dorthin ist aber das Café im Obergeschoss, in dem einfache, aber superleckere indonesische und westliche Gerichte angeboten werden. Wichtig zu wissen: Die Backwaren sind häufig ganz schnell ausverkauft!

Spice Beach Club INTERNATIONAL $$
(☎0362-701 2666; www.spicebeachclubbali.com; Nähe Jl. Raya Lovina; Hauptgerichte 70 000–150 000 Rp; ⊙Küche 9–23 Uhr, Bar bis 0.30 Uhr; 🛜) Ein schickes Lokal für schicke Gäste an einem hübschen Strand. Die Lounge Chairs vor dem Pool vermitteln einen Hauch von Cannes. Auf der Speisekarte stehen Burger, aber auch Meeresfrüchte, dazu kommt ein großes Angebot an Getränken. Zu den Annehmlichkeiten gehören Schließfächer, Duschen und Livemusik.

Tanjung Alam MEERESFRÜCHTE $$
(☎0362-41223; Jl. Raya Lovina; Gerichte 30 000 bis 80 000 Rp; ⊙11–21 Uhr) Das luftige Open-Air-Restaurant am Meer verrät sich durch die wohlriechende Rauchsäule, die durch die Palmen aufsteigt. Hier dreht sich alles um die gegrillten Meeresfrüchte. Man sitzt gemütlich an schattigen Tischen, lauscht dem Plätschern der Wellen und genießt ein erschwingliches Mahl. Das Lokal befindet sich 1,2 km westlich vom Zentrum.

★Damai FUSION, BIO $$$
(☎0362-41008; www.thedamai.com; Jl. Damai; Mittagessen 5–15 US$, 5-Gänge-Menü abends ab 50 US$; ⊙Mo–Sa 12–14 & 17–21, So ab 11 Uhr) 🍴 Ein Essen im berühmten biodynamischen Restaurant des Boutiquehotels in den Hügeln hinter Lovina ist etwas ganz Besonderes, denn von den Tischen hat man eine wunderbare Aussicht über die Nordküste.

Die Speisekarte wechselt ständig. Die Küche bezieht ihre frischen Zutaten von der eigenen Biofarm des Hotels und von einheimischen Fischern. Die Speisen sind perfekt zubereitet, die Weinkarte zählt zu den besten von Bali. Auf Wunsch wird auch ein vegetarisches Menü zubereitet. Sehr beliebt ist auch der sonntägliche Brunch.

Auf Wunsch werden die Gäste in ihren Unterkünften abgeholt.

🍸 Ausgehen & Nachtleben

Zahlreiche Lokale sind auch dann ein nettes Ziel, wenn man nur etwas trinken möchte – das gilt besonders für diejenigen, die am Strand liegen. Am Ende der Jalan Mawar befindet sich eine Reihe von Cafés, in denen man gut ein Bintang zum Sonnenuntergang trinken kann. Überall beliebt ist die Happy Hour mit nachgemachten Cocktails, für die *arak* verwendet wird (auch bekannt als Ersatz-Gin).

Die im Folgenden genannten Adressen gehören zu den besten in Kalibukbuk.

Kantin 21 BAR
(☎0812 460 7791; Jl. Raya Lovina, Kalibukbuk; ⊙23 Uhr bis spätabends; 🛜) Flippige Open-Air-Bar, in der man tagsüber den Verkehr beobachten und abends bei Gitarren- oder Rockmusik entspannen kann. Es gibt eine umfangreiche Getränkekarte, viele frisch gepresste Säfte und einige typische Snacks. An vielen Abenden spielt nach 21 Uhr eine einheimische Band.

Poco Lounge BAR
(☎0362-41535; Jl. Bina Ria, Kalibukbuk; ⊙11 bis 1 Uhr; 🛜) In dem beliebten Café/Bar werden oft Filme vorgeführt, manchmal treten auch Coverbands auf. An den Tischen zur Straße hin oder nach hinten zum Fluss werden die typischen Touristenmenüs angeboten. In der Umgebung gibt es einige weitere Bars, die bis nach Mitternacht geöffnet haben, dazu gehört auch das benachbarte Zigiz.

Pashaa CLUB
(www.pashaabalinightclub.com; Jl. Raya Lovina, Kalibukbuk; ⊙19 Uhr bis spätabends) Ein kleiner, aber edler Club unweit vom Stadtzentrum. Hier legen DJs aus ganz Bali Platten auf, außerdem spielen Bands.

ℹ️ Praktische Informationen

Kalibukbuk bietet Geldautomaten, Bücherstände, Internet-Cafés und Apotheken.

ℹ️ An- & Weiterreise

BUS & BEMO

Wer mit öffentlichen Verkehrsmitteln von Südbali nach Lovina reist, muss in Singaraja zweimal umsteigen. Von Denpasar geht es mit dem Bus bis zum Busbahnhof Sangket, dann muss man ein Bemo zum Busbahnhof Banyuasri nehmen. Anschließend fährt man mit einem anderen Bemo in die Gegend von Lovina. Für die Anreise sollte man einen Tag einplanen.

Vom Busbahnhof Banyuasri in Singaraja fahren regelmäßig Bemos nach Kalibukbuk (etwa 7000 Rp) – man kann die Bemos überall an der Hauptstraße anhalten.

Wer mit dem Fernbus aus Richtung Westen kommt, kann den Fahrer an jeder beliebigen Stelle an der Hauptstraße bitten, anzuhalten.

TOURISTEN-SHUTTLEBUS

Die Busse von **Perama** (☎0362-41161; www.peramatour.com; Jl. Raya Lovina) halten in Anturan. Die Reisenden werden von dort zu anderen Zielen in Lovina gebracht (10 000 Rp).

Es gibt eine tägliche Busverbindung in den Süden, unter anderem mit Halt in Kuta, Sanur und Ubud (je 100 000 Rp).

> **DER TEMPEL FÜR GESCHÄFTSLEUTE**
>
> Ungefähr 600 m östlich von Pura Pulaki führt ein gut ausgeschilderter und gepflasterter 1,7 km langer Weg zum **Pura Melanting**. Dieser Tempel liegt atemberaubend inmitten von Terrassen in den Bergen. Er ist dem Glück im Geschäftsleben geweiht.
>
> Am Eingang wird von den Besuchern eine Spende erwartet, allerdings darf der zentrale Gebetsraum nicht betreten werden. Interessant ist eine Drachenstatue am Eingang, auf deren Rücken sich eine Lotusblume befindet. Hier stehen oft auch Einheimische, die ihre Häuser vermieten wollen.

❶ Unterwegs vor Ort

Der Ort Lovina zieht sich ziemlich in die Länge, mit dem Bemo kommt man aber schnell überallhin (5000 Rp).

Westlich von Lovina

Die Hauptstraße westlich von Lovina führt entlang der nur dünn besiedelten Küste an Tempeln, Höfen und Orten vorbei. Unterwegs sieht man viele Weingärten, in denen die Trauben so lange hängen, bis sie ausreichend Zucker für den süßen balinesischen Wein entwickelt haben. Die Straße führt weiter zum Taman Nasional Bali Barat (West Bali National Park) und zum Hafen von Gilimanuk.

Air Terjun Singsing

Ungefähr 5 km westlich von Lovina steht ein Wegweiser zum Air Terjun Singsing (übersetzt heißt er „Tagesanbruch-Wasserfall"). 1 km von der Hauptstraße entfernt befinden sich ein Warung auf der linken und ein Parkplatz auf der rechten Seite. Der Fußweg führt am Warung vorbei, nach 200 m erreicht man die unteren Fälle. Der Wasserfall ist nicht groß, doch das Becken darunter eignet sich geradezu ideal zum Schwimmen, auch wenn das Wasser nicht besonders klar ist. Immerhin ist es kälter als das Meer und daher sehr erfrischend.

Wer bergauf klettert, gelangt zu einem etwas größeren Wasserfall, dem **Singsing Dua**. Hier befindet sich ein Becken voller Schlamm, der besonders gut für die Haut sein soll (das muss jeder selbst ausprobieren). Auch dieser Wasserfall stürzt in einen tiefen Pool.

In der Umgebung wächst dichter tropischer Wald. Die Wasserfälle lohnen alleine deshalb schon den Tagesausflug von Lovina aus. Während der Regenzeit (Oktober bis März) sind die Fälle besonders eindrucksvoll, am Ende der Trockenzeit präsentiert er sich womöglich nur als ein dünnes Rinnsal.

Air Panas Banjar

Die **heißen Quellen** (Erw./Kind 10 000/5000 Rp; ☺8–18 Uhr) liegen inmitten tropischer Vegetation – ein netter Ort, um wunderbar ein paar Stunden zu entspannen, im Restaurant zu essen oder sogar über Nacht zu bleiben.

Aus acht steinernen *naga* (mythischen schlangenartigen Kreaturen) mit wildem Blick fließt das Wasser von einer natürlichen heißen Quelle in das erste Becken, von dort (aus dem Maul von fünf weiteren *naga*) in ein zweites, größeres Becken. In das dritte Becken rauscht das Wasser dann aus 3 m Höhe in einer Art Schwall-Massage. Das Wasser ist leicht schwefelhaltig und angenehm heiß (ca. 38 °C). Besucher müssen Badekleidung tragen und dürfen in den Becken keine Seife benutzen, es gibt aber eine Freiluftdusche.

Oberhalb der Becken befindet sich ein einfaches **Café**.

Von der Bemo-Haltestelle an der Hauptstraße kann man mit einem *ojek* (Motorrad, das Fahrgäste mitnimmt) zu den Quellen fahren. Zurück empfiehlt sich der 2,4 km lange Spaziergang bergab.

Seririt & Umgebung

Seririt ist ein Kreuzungspunkt für den gesamten Straßenverkehr, der durch die Berge nach Munduk oder Papuan oder nach Westbali über die landschaftlich schöne Antosari-Straße oder die ebenso reizvolle Straße nach Pulukan führt.

Der **Markt** im Stadtzentrum ist berühmt wegen der vielen Stände, die alles anbieten, was man für Opfergaben braucht. Wer alles Geld ausgegeben hat, findet hier auch Geldautomaten.

Fährt man von Seririt ungefähr 10 km westlich nach Celukanbawang wird man von einem riesigen neuen Kraftwerk fast erschlagen, das als ein Joint Venture zusammen mit China errichtet wird. Informationen zum Kraftwerk sind knapp, aber hier soll chinesische Kohle verstromt werden, die auf großen Schiffen im neuen Hafen ankommt.

Schlafen

Etwa 2 km westlich von Seririt zweigt an der Straße von Singaraja nach Gilimanuk eine kleinere Straße, die Jalan Ume Anyar, ab. Sie führt Richtung Norden zu kleinen Stränden. Hier befinden sich auch mehrere verschwiegene kleine Resorts.

Zen Resort Bali BOUTIQUEHOTEL $$
(0362-93578; www.zenresortbali.com; Jl. Ume Anyar; Zi. ab 95–115 €; ⚓) Schon der Name spricht Bände: Das Zen Resort Bali ist ein Urlaubsort, der sich um das Wohlergehen von Körper und Seele sorgt. Yoga und ein großzügiges Spa stehen im Mittelpunkt der Anlage. Die Zimmer in den 14 traditionellen Bungalows weisen ein minimalistisches Design auf, um die Sinne nicht vom Wesentlichen abzulenken, im wunderschönen tropischen Garten plätschert Wasser und der Strand liegt nur 200 m entfernt. Die Hauptstraße verläuft in 600 m Entfernung.

Villa Mayo Bali RESORT $$
(0818 555 635; www.villamayobali.com; Jl. Ume Anyar; Zi. 650 000–1 100 000 Rp; ❄ ☏ ⚓) Selten für Bali – das kleine Resort am Wasser ist in erfrischenden Hellblau- und Weißtönen gehalten. Die sieben großen Wohneinheiten befinden sich im zweistöckigen Haupthaus und haben alle eine große Terrasse. Und falls Bedarf besteht: Im Pavillon am schmalen Strand werden Massagen angeboten. Das Resort liegt etwa 200 m hinter dem Zen Resort Bali.

Kali Manik LODGE $$
(0362-706 4888; www.bali-eco-resort.com; Kalisada; Zi. 55–150 US$; ☏) 🍃 Ein Resort, das seinen Namen auch wirklich verdient: Die drei Wohneinheiten wurden ausschließlich aus einheimischem Naturstoffen hergestellt; Bambus spielt eine tragende Rolle und das Design ist sehr ungewöhnlich. Das kleinste Haus bietet Platz für zwei Personen, das größte genügend Raum für eine ganze Familie. Die drei Cottages liegen in einem schönen tropischen Garten mit tollem Blick auf Fluss, Berge und Strand.

Eine Klimaanlage oder einen Pool sollte man nicht erwarten, dafür gibt es Hängematten und ein Bio-Café.

> ### ⓘ TAUCHEN & SCHNORCHELN BEI PULAU MENJANGAN
>
> Pemuteran mit seinem großen Angebot an Unterkünften ist ein idealer Ausgangsort, um vor Pulau Menjangan zu tauchen und zu schnorcheln. Der Hafen Banyuwedang befindet sich nur 7 km westlich des Ortes, sodass die Anfahrt nur sehr kurz ist.
>
> Die schöne halbstündige Überfahrt nach Menjangan kann man auf dem Boot entspannt genießen. Die Tauchschulen und Hotels vor Ort bieten Schnorchelausflüge an, die zwischen 35 und 60 US$ kosten; 2-Tank-Tauchgänge kosten ab 80 US$.

Die Anlage, die u. a. ihr Brauchwasser für die Bewässerung der Gartenanlage verwendet und das Warmwasser mit Sonnenkollektoren erzeugt, liegt an einer kleinen Straße 7 km westlich von Seririt.

Pulaki

Pulaki ist nicht nur für seine Wassermelonen und Trauben (aus ihnen wird der balinesische Hatten-Wein gekeltert) berühmt, sondern auch für den Tempel **Pura Pulaki**. Der Tempel an der Küste wurde zu Beginn der 1980er-Jahre völlig neu aufgebaut und beherbergt eine große Kolonie Affen. Außerdem befindet sich in der Nähe ein Militärstützpunkt. Von Pemuteran führt ein einfacher Spaziergang zum Tempel.

Pemuteran

Das beliebte Paradies in der nordwestlichen Ecke der Insel bietet eine ganze Reihe hübscher Hotels. Sie stehen an einer kleinen, lang gestreckten Bucht, in der immer was los ist – die Kinder des Ortes spielen hier Fußball, bis die Sonne untergeht. Wer einen ruhigen entspannten Urlaub am Strand verbringen möchte, ist in Pemuteran genau richtig. Die meisten Besucher unternehmen Tauchgänge oder schnorcheln in der Unterwasser-Wunderwelt der nahe gelegenen Insel Pulau Menjangan.

Die belebte Straße von Singaraja nach Gilimanuk ist die Hauptlebensader des Ortes, hier siedeln sich auch immer mehr Un-

TAUCHEN & SCHNORCHELN VOR PULAU MENJANGAN

Balis bekannteste Unterwasserattraktion, Pulau Menjangan, bietet über ein Dutzend erstklassiger Tauchplätze. Das Erlebnis ist atemberaubend – typische Tropenfische, Weichkorallen, (meistens) hervorragende Sicht, Höhlen und ein spektakulärer Abgrund.

Filigrane Seefächer und verschiedene Schwämme sorgen für Abwechslung und bieten unzählige Verstecke für kleine Fische, die zusammen eine Farbtafel des Ozeans bilden. Kaum jemand kann dem putzigen Zauber der Papagei- und Clownfische widerstehen. Zu den größeren Tieren, die man rund um die Insel beobachten kann, gehören Wale, Walhaie und Mantarochen.

Die meisten der hier genannten Tauchplätze liegen dicht am Ufer und sind auch für Schnorchler und Tauchanfänger geeignet. Erfahrene Taucher, die lieber entlang von Steilwänden unterwegs sind, zieht es weiter nach draußen, dorthin, wo das Wasser pechschwarz wird und der seichte Grund in jäh abfallende Riffhänge übergeht.

Auf dieser unbewohnten Insel steht – nur etwa 300 m vom Pier entfernt – der wahrscheinlich älteste Tempel Balis, der aus dem 14. Jh. stammende **Pura Gili Kencana**. Die Insel kann in gut 1 Std. umwandert werden, die meisten Wassersportfreunde, die hierher kommen, gönnen sich eine Pause an einem der leider nicht ganz makellosen Strände.

Praktisch & Konkret

Taucher haben eine große Auswahl, um den passenden Tauchspot zu finden, am Anfang steht jedoch meistens die 30 m tiefe Steilwand in der Nähe des südlichen Bootsanlegers. Schnorchler werden leider häufig von Guides, die das Tag für Tag machen und schnell wieder nach Hause möchten, durch die bunte Unterwasserwelt gejagt. Das kann sowohl bei den von den Top-Hotels angebotenen Touren passieren als auch auf den Bootstouren ab Banyuwedang und Labuhan Lalang.

Die folgenden Tipps sollen helfen, die Tour zu einem außergewöhnlichen Erlebnis werden zu lassen. Für viele zählen die Tauchgänge zu den Highlights eines Baliurlaubs:

➡ Die Boote legen normalerweise am Pier von Palau Menjangan an. Die Steilwand – ein lohnendes Ziel für Taucher und Schnorchler – befindet sich direkt vor der Küste. Die Strömung fließt normalerweise Richtung Südwest (das Ufer liegt auf der rechten Seite), sodass man sich wortwörtlich mit dem Strom treiben lassen kann, um das Unterwasserspektakel zu genießen.

---

ternehmen an, die von den Touristen leben wollen. Trotz der wachsenden Beliebtheit ist es in Pemuteran gelungen, dass die Gemeinde zusammen mit der Tourismusindustrie ein Modell für eine nachhaltige Erschließung/Entwicklung des Ortes erarbeitet hat. Dieses Modell könnte ein Vorbild für ganz Bali sein.

⊙ Sehenswertes

Natürlich gehört ein Strandspaziergang zu den beliebten Urlaubsaktivitäten, besonders bei Sonnenuntergang. Aber auch das kleine Fischerdorf ist interessant; wer bis ans östliche Ende der Bucht läuft, findet noch einige unberührte Stellen, auch wenn immer mehr gebaut wird. Entlang der Küste werden auch heute noch die Fischerboote auf traditionelle balinesische Art gebaut.

In Pemuteran ist das gemeinnützige Projekt **Proyek Penyu** (Schildkrötenaufzucht; ☎0362-93001; www.reefseenbali.com; ⊙8–17 Uhr) beheimatet, das von den Mitarbeitern des Reef Seen Divers' Resort geleitet wird. Schildkröteneier und -babys werden von den Einheimischen abgekauft und dann hier aufgezogen, bis man sie ins Meer aussetzen kann. (Auf Bali werden jährlich 30 000 Meeresschildkröten geschlachtet, zum Teil, weil sie für religiöse Zeremonien gebraucht werden, meist aber um das Fleisch bzw. die Eier zu essen). Seit 1994 wurden auf diese Weise bereits Tausende von Meeresschildkröten in die Freiheit entlassen.

Die kleine Einrichtung steht allen interessierten Besuchern offen; mit einer Spende kann man das Projekt unterstützen und eine kleine Schildkröte freilassen. Die Sta-

- Die Guides fordern häufig ihre Gäste auf, bei weniger interessanten, ausgebleichten Korallen zum Boot zurückzuschwimmen; so können sie selbst eine Pause einlegen. Stattdessen sollte man darum bitten, am Ende des Tauchgangs vom Boot abgeholt zu werden. So lässt es sich vermeiden, dass man gegen die Strömung anschwimmen muss und dann zu spät zum Pier zurückkommt.

- Die Steilwand erstreckt sich weit nach Südwesten und wird immer ursprünglicher und spektakulärer je weiter man schwimmt. Wer so begeistert ist, dass er den Tauchgang nicht abbrechen möchte, kann an einem Stück bis zum Ende tauchen oder den Ausflug unterbrechen, sich vom Boot auflesen und später wieder absetzen lassen.

- Nördlich vom Bootsanleger kann man vom Ufer aus schnorcheln und die Steilwand in einem weiten Kreis umrunden.

- Auch wenn das Tauchgebiet rund um den Anleger an der Südseite der Insel spektakulär ist, fahren die meisten Tauchveranstalter hauptsächlich aus einem Grund dorthin: Die Fahrt vom Hafen ist nicht weit und spart deswegen Treibstoff. Aber auch die Nordseite ist spektakulär – dorthin fährt man am besten mittags. Ein anderes lohnendes Tauchgebiet sind die **Coral Gardens** im Westen. Und das **Anker Wreck**, ein sagenumwobenes gesunkenes Schiff, ist selbst für Profis etwas ganz Besonderes.

- Schön ist es auch, wenn man sich an der Steilwand über einigen Tauchern treiben lässt. Der Anblick ihrer Luftblasen, die in allen Silberschattierungen aus der schwarzen Tiefe nach oben steigen, ist einfach atemberaubend.

- Ein Guide, der einem einen tollen Tag bereitet hat, verdient ein angemessenes Trinkgeld.

- Die **Friends of Menjangan** (www.friendsofmenjangan.blogspot.com) bieten aktuelle Informationen.

An- & Weiterreise

Die nächsten und auch am bequemsten zu erreichenden Tauchanbieter finden sich in Pemuteran, wo auch die Hotels Tauch- und Schnorchelausflüge arrangieren. Wer alleine schnorcheln möchte, kann von Banyuwedang und Labuhan Lalang aus seine Fahrten organisieren. Wer als Tagesausflug von irgendeinem anderen Ort auf Bali dorthin fahren will, sollte sich vorher informieren, wie lange die Anreise dauert. Die Fahrt mit dem Auto von Seminyak kann sieben Stunden oder sogar noch länger dauern.

tion befindet sich unweit der Hauptstraße am Strand östlich der Taman Selini Beach Bungalows.

Aktivitäten

Die Bucht von Pemuteran hat einen schönen **Sandstrand**, der sich zum Schwimmen anbietet.

Die ausgedehnten Korallenriffe liegen etwa 3 km vor der Küste. Näher gelegene Korallenriffe werden als Teil des Bio Rocks Project derzeit wiederhergestellt (siehe Kasten S. 276). **Tauchen** und **Schnorcheln** sind die beliebtesten Freizeitbeschäftigungen, entsprechende Ausfahrten werden von Tauchzentren und Hotels angeboten. Die Preise für Tauchausflüge vor Ort beginnen bei 50 US$; Schnorchelausrüstung wird ab 40 000 Rp verliehen.

★ **Reef Seen Divers' Resort** TAUCHEN
(☏0362-93001; www.reefseenbali.com; Nachttauchen 520 000 Rp, Pulau Menjangan ab 920 000 Rp) Direkt am Strand liegt in einem großen Komplex das Reef Seen Divers' Resort, eine Einrichtung, die sich mit großem Enthusiasmus für den lokalen Naturschutz engagiert. Das PADI-Tauchzentrum bietet Schnupperkurse, Open-Water-Kurse sowie Unterricht für fortgeschrittene Taucher. Schnorchler können direkt vom Strand aus auf Entdeckungstour gehen oder in zehn Minuten zu den vor dem Hotel gelegenen Riffen bzw. zur Insel Menjangan hinausfahren. Außerdem werden einstündige Ausflüge mit einem **Glasbodenboot** bei Sonnenauf- und -untergang (pro Pers. ab 175 000 Rp) sowie für Kinder **Ponyreiten** am Strand entlang angeboten (30 Min. ab 200 000 Rp).

BIO ROCKS: EIN NEUES RIFF ENTSTEHT

Pemuteran liegt in einer ziemlich trockenen Gegend von Bali; hier mussten die Bewohner schon immer hart für ihren Lebensunterhalt arbeiten. Zu Beginn der 1990er-Jahre entdeckte die Tourismusbranche die ausgezeichneten Tauchreviere vor der Küste von Pemuteran. Die Einheimischen, die bisher mehr schlecht als recht von der Landwirtschaft und dem Fischfang gelebt hatten, begannen plötzlich Sprach- und anderen Unterricht zu nehmen, um Gäste in neu erbauten Resorts zu empfangen.

Aber es gab ein großes Problem: Das Fischen mit Dynamit und Cyanid sowie die Erwärmung des Wassers durch El Niño hatten große Teile des Riffs ausgeblichen und nachhaltig beschädigt.

Eine Gruppe lokaler Hoteliers, Besitzer von Tauchschulen und Gemeindevertreter fand eine spektakuläre Lösung: Mit Hilfe von Elektrizität sollte ein neues Riff entstehen. Diese Idee war bereits von internationalen Wissenschaftlern entwickelt und im kleinen Stil getestet worden, Pemuteran war aber der erste Ort, an dem das Experiment im großen Stil – und zwar sehr erfolgreich – durchgeführt wurde.

Unter Verwendung von vorhandenem Material baute die Gemeinde Dutzende von großen Metallkäfigen, die entlang des bedrohten Riffs platziert wurden. Die Körbe verband man mit sehr spannungsarmen Generatoren an Land (man kann die Kabel in der Nähe des Taman Sari Hotels aus dem Meer kommen sehen). Aus der Theorie wurde Wirklichkeit: Die geringe Stromspannung stimulierte die Ablagerung von Kalkstein an den Körben, auf denen sich innerhalb kurzer Zeit neue Korallen ansiedelten. Jetzt wachsen in der kleinen Bucht von Pemuteran neue Korallen (auch bekannt als Bio Rocks) in einer fünf- bis sechsmal kürzeren Zeit als sie von Natur aus benötigen würden.

Bei diesem Projekt haben alle Seiten gewonnen. Die Einheimischen und die Besucher sind glücklich, aber auch das Riff profitiert davon. Das Projekt hat international für Aufsehen gesorgt und inzwischen zahlreiche Auszeichnungen erhalten.

Der einheimische Verein **Pemuteran Foundation** (www.pemuteranfoundation.com) steht mit seinem Infostand (siehe Schild „Bio Rocks Reef Gardeners") am Strand bei Pondok Sari. Information über die Arbeit des Vereins findet man aber auch in den meisten einheimischen Hotellobbys.

Besondere Beachtung verdient auch ein Merkblatt des Vereins mit Verhaltensregeln für das Schwimmen in der Bucht, in dem u. a. darum gebeten wird, nicht auf die Korallen zu treten, keine Korallen oder Muscheln mitzunehmen und keine Fische zu füttern.

Bei einigen Tauchausflügen ist auch die Übernachtung im Resort eingeschlossen.

Easy Divers TAUCHEN
(0813 5319 8766; www.easy-divers.eu; Jl. Singaraja–Gilimanuk; Einführungskurs ab 50 €, Schnorcheln vor der Insel Pulau Menjangan 35 €) Der Gründer, Dusan Repic, hat schon vielen Tauchern Unterricht erteilt, seine Firma, die seit 15 Jahren in Pemuteran ihren Sitz hat, genießt einen guten Ruf. Man findet Dusan und sein Team in der Nähe der Taman Sari und Pondok Sari Hotels.

Bali Diving Academy TAUCHEN
(0361-270252; www.scubali.com; am Strand, Taman Sari Hotel; Tauchgang an den Bio Rocks 84 US$, Tauchgang vor der Insel Menjangan ab 105 US$) Die angesehene, inselweit operierende Firma unterhält ein Tauchzentrum direkt am Strand in der Nähe des Bio-Rocks-Infostandes. Es lohnt sich zu fragen, ob die Mitarbeiter einen zu den weniger besuchten Tauchstellen bei der Insel Menjangan fahren.

Schlafen

Pemuteran verfügt über eines der besten Angebote an Strandhotels auf Bali; außerdem gibt es eine wachsende Zahl günstiger Pensionen. Viele der Häuser liegen dicht am Strand und haben eine entspannte Atmosphäre, das Personal oder die Besitzer sind persönlich engagiert, ohne aufdringlich zu sein. Bei einigen Hotels liegt der Eingang direkt zur Hauptstraße hin, andere wiederum findet man versteckt an Seitenstraßen, die entweder zur Bucht oder in Richtung Berge führen.

★ Double You Homestay GUESTHOUSE $
(☏0813 3842 7000; www.doubleyoubali.com; Nähe Jl. Singaraja–Gilimanuk; Zi. 300 000–600 000 Rp; ❄🛜) Diese sehr empfehlenswerte Pension liegt an einer kleinen Straße südlich der Hauptstraße. Sie ist eine der vielen neuen, günstigen Unterkünfte, die derzeit in Pemuteran aus dem Boden schießen. Die vier makellosen Zimmer befinden sich in einem mit Blumen bewachsenen Garten und bieten den Gästen neben warmem Wasser und Klimaanlage noch einige weitere Annehmlichkeiten wie Freiluftduschen. Auf Wunsch werden die Gäste mit balinesischen Gerichten bekocht.

Jubawa Homestay GUESTHOUSE $
(☏0362-94745; www.jubawa-pemuteran.com; Zi. 300 000–600 000 Rp; ❄🛜🏊) Nicht weit entfernt vom Matahari Resort an der Südseite (Bergseite) der Straße liegt diese ziemlich exklusive, aber günstige Unterkunft. Die 24 Zimmer befinden sich in einem ausgedehnten Garten um einen Pool. Das beliebte Café/Bar bietet balinesische und thailändische Gerichte (Hauptgerichte ab 40 000 Rp).

Taruna GUESTHOUSE $
(☏0813 3853 6318; www.tarunahomestaypemuteran.com; Jl. Singaraja–Gilimanuk; Zi. mit Ventilator/Klimaanlage ab 300 000/550 000 Rp; ❄🛜🏊) Die professionell geführte Pension an der Strandseite der Hauptstraße liegt nur einen kurzen Spaziergang vom Strand entfernt und bietet neun gut geplante Zimmer.

Bali Gecko Homestay GUESTHOUSE $
(☏0852 5301 5928; bali.gecko@ymail.com; Desa Pemuteran; Zi. 250 000–400 000 Rp; ❄🛜) Die familiengeführte Pension liegt recht abgelegen etwa 500 m westlich von Pemuterans Zentrum und 200 m von der Hauptstraße entfernt. Man gelangt über einen kurzen Wanderweg zu einem ruhigen Strand, die Wanderung auf einen nahen Berg bietet eine tolle Aussicht. Die vier Zimmer (einige mit Klimaanlage) sind sehr einfach gehalten.

Rare Angon Homestay PRIVATUNTERKUNFT $
(☏0362-94747; Jl. Singaraja–Gilimanuk; Zi. 250 000–500 000 Rp; ❄) Vier gute, aber einfache Zimmer (teilweise Klimaanlage) bietet das Privathaus an der Bergseite der Hauptstraße. Die Patios öffnen sich zum Garten.

★ Taman Sari HOTEL $$
(☏0362-93264; www.tamansaribali.com; Bungalow 85–200 US$, Villa ab 290 US$; ❄@🛜🏊) Die Anlage befindet sich an einem kleinen Weg und bietet 31 Zimmer in prächtigen Bungalows mit kunstvollen Holzschnitzereien und traditionellem Kunsthandwerk. Das Resort liegt an einem langen ruhigen Strandabschnitt der Bucht und gehört zum Riffschutzprogramm. Auf einem nahe gelegenen Grundstück stehen große, üppig ausgestattete Villen. Das Restaurant kocht hauptsächlich thailändisch (Hauptgerichte ab 50 000 Rp).

★ Taman Selini Beach Bungalows BOUTIQUEHOTEL $$
(☏0362-94746; www.tamanselini.com; Jl. Singaraja–Gilimanuk; Zi. 95–250 US$; ❄🛜🏊) Die elf Bungalows mit den strohgedeckten Dächern, den antiken geschnitzten Türen und den feinen Steinmetzarbeiten erinnern an Balis ruhmreiche Vergangenheit. Die Zimmer haben Himmelbetten und große Freiluftbäder, ihre Balkontüren öffnen sich zum großen, bis zum Meer reichenden Garten. Und aus den großen Tagesbetten im Garten möchte man gar nicht wieder aufstehen. Das Hotel liegt direkt östlich von Pondok Sari am Strand in der Nähe der Hauptstraße.

Pondok Sari HOTEL $$
(☏0362-94738; www.pondoksari.com; Jl. Singaraja–Gilimanuk; Zi. 50–190 €; ❄🏊) Die 36 Zimmer befinden sich in einem üppig grünen Garten, der die nötige Privatsphäre bietet. Der Pool liegt unten am Strand, das Café gewährt durch die Bäume hindurch schöne Blicke aufs Wasser.

Überall findet man Elemente traditioneller balinesischer Dekoration; die Gestaltung der Freiluftbäder zeugt von den hohen handwerklichen Fähigkeiten der Steinmetze. Die Deluxe-Zimmer bieten unter anderem kunstvolle Badewannen aus Stein. Das Resort liegt dicht an der Hauptstraße.

Amertha Bali Villas HOTEL $$
(☏0362-94831; www.amerthabalivillas.com; Jl. Singaraja–Gilimanuk; Zi. 100–145 US$, Villa 150–350 US$; ❄🛜🏊) Ein schon etwas in die Jahre gekommenes Resort auf einem großzügigen Grundstück, dessen große alte Bäume für das typische tropische Ambiente sorgen. Die 15 Wohneinheiten sind groß bis sehr groß und bieten viel Holz sowie großzügige überdachte Terrassen. Alle Villen besitzen ein Tauchbecken.

★ Matahari Beach Resort RESORT $$$
(☏0362-92312; www.matahari-beach-resort.com; Jl. Singaraja–Gilimanuk; Zi. 200–350 US$; ❄🛜🏊) Das hübsche Strandresort liegt

am ruhigeren Ostende der Bucht in einem großzügigen, üppigen Garten. Die weit verstreuten Bungalows sind traditionelle Handwerkerarbeit. Das Resort bietet eine Bücherei und weitere Annehmlichkeiten wie ein elegantes Spa und eine Strandbar. Letztere bietet sich für eine Rast an, wenn man die Bucht erkundet.

Puri Ganesha Villas BOUTIQUEHOTEL $$$
(0362-94766; www.puriganesha.com; Villa ab 550 US$; ✱@≋) Puri Ganesha besteht aus vier zweistöckigen Villen auf einem beeindruckenden Gelände.

Jede der zum Strand hin gelegenen Villen ist ganz individuell mit Antiquitäten und Seidenstoffen ausgestattet und bietet einen entspannten Komfort. Die Schlafzimmer haben alle Klimaanlage und Freiluftbäder. Das Leben findet zu großen Teilen draußen statt, unter anderem am eigenen 5 x 12 m langen Swimmingpool. Das Essen wird entweder im Restaurant serviert oder auf Wunsch auch in der eigenen Villa. Weitere Angebote umfassen ein Frühstück auf dem Glasbodenboot über den Korallen der Pemuteran-Bucht. Die Hotelanlage befindet sich am westlichen Ende der Pemuteran-Bucht.

🍴 Essen & Ausgehen

Entlang der Hauptgeschäftsstraße eröffnen ständig neue Cafés und Restaurants. Aber auch die Strandhotels und Resorts verfügen über ein gutes Angebot an Mittelklasse-Restaurants. Bei einem Strandspaziergang kann man sich zunächst einen Überblick über die verschiedenen Lokale verschaffen und sich dann nach den persönlichen Vorlieben für eines entscheiden. Eine gute Wahl ist das Taman Sari, beliebt ist aber auch das Jubawa Homestay an der Hauptstraße.

★ Balance Café & Bistro CAFÉ $
(0853 3745 5454; www.bali-balance.com; Jl. Singaraja–Gilimanuk; Hauptgerichte ab 30 000 Rp; ⊗7.30–20 Uhr; 🛜) Hier bekommt man ausgezeichneten Kaffee, außerdem frische Obstsäfte und leckeres Gebäck – eine gute Adresse für eine Pause zwischendurch. Auf der kleinen Karte finden sich Sandwiches und Salate, die im schattigen Garten serviert werden. Das Café liegt auf der Bergseite ziemlich in der Mitte des Ortes.

Bali Re BALINESISCH $
(Jl. Singaraja–Gilimanuk; Hauptgerichte 33 000 bis 85 000 Rp; ⊗8–22 Uhr) Das liebenswerte Personal ist ebenso begeisternd wie das wohlschmeckende Fleisch in diesem Freiluft-Café an der Strandseite der Hauptstraße. Neben *babi guling* (Spanferkel) werden auch Fisch und Meeresfrüchte zubereitet, die dann in einem kleinen Garten verspeist werden können.

Joe's INDONESISCH $
(0852 3739 0151; Jl. Singaraj–Gilimanuk; Hauptgerichte ab 40 000 Rp; ⊗11–24 Uhr) Joe's, im dezenten Vintage-Stil gehalten, ist schon fast das ganze Nachtleben von Pemuteran.

Die Gerichte mit Meeresfrüchten kann man hier rund um ein altes Boot sitzend an Tischen unter freiem Himmel genießen. Danach trifft man sich an der geselligen Bar und erzählt sich wahre und nicht so wahre Geschichten vom Tauchen. Das Lokal liegt in der Mitte des Ortes.

ℹ️ Praktische Informationen

In der Haupteinkaufszone von Pemuteran, die sich auf der Jalan Singaraja–Gilimanuk zwischen dem Matahari Beach Resort im Westen und dem kleinen Weg zum Taman Sari Hotel entlangzieht, findet man mehrere Geldautomaten.

ℹ️ An- & Weiterreise

In Pemuteran halten alle Busse auf der Strecke von Gilimanuk nach Lovina (30 000 Rp) und Busse auf der Weitfahrt nach Singaraja. Da es keine Bushaltestellen gibt, hält man einfach an der Straße einen vorbeifahrenden Bus an.

Die Fahrt von Südbali kommend dauert drei bis vier Stunden, egal, ob man über die Berge oder die Straße entlang der Westküste fährt.

Ein Auto mit Fahrer kostet nach Ubud oder Seminyak 575 000 Rp, andere Destinationen sind ebenfalls möglich.

Banyuwedang

Die mangrovengesäumte Küste östlich von Balis einzigem Nationalpark ist der wichtigste Ausgangspunkt für Ausflüge auf die Insel Pulau Menjangan.

🏃 Aktivitäten

Wer gerne mit einer Gruppe zum Tauchen oder Schnorcheln auf die Insel Pulau Menjangan fahren will, wird höchstwahrscheinlich in diesem geschäftigen kleinen Hafen, der 1,2 km von der Jalan Singaraja–Gilimanuk entfernt liegt, ein Boot besteigen. Hier lassen sich auch individuelle Ausflüge zum Schnorcheln organisieren: Sie dauern durchschnittlich drei Stunden, darin inbe-

Taman Nasional Bali Barat

griffen die Hin- und Rückfahrt, zusammen rund eine Stunde. Die Abfahrten sind täglich zwischen 8 und 14 Uhr.

Die Festpreise lohnen sich besonders für Gruppen: Das Boot (für bis zu 10 Pers.) kostet 450 000 Rp; der obligatorische Führer für die Gruppe (viele „führen" allerdings recht wenig …) verlangt 150 000 Rp. Für die Schnorchelausrüstung werden pro Person 40 000 Rp in Rechnung gestellt, der Eintritt in den Nationalpark liegt bei 20 000 Rp pro Person und die Versicherung beläuft sich pro Person auf 4000 Rp.

Schlafen

Mimpi Resort Menjangan RESORT $$
(0361-415020, 0362-94497; www.mimpi.com; Pejarakan; Zi. 100–150 US$, Villa 180–400 US$; ❄@🛜♨) Das Resort mit 54 Wohneinheiten liegt unweit des Bootsstegs für die Fahrten zur Insel Menjangan und erstreckt sich bis zu einem kleinen, von Mangroven gesäumten weißen Sandstrand. Die schmucklosen weiß-braunen Zimmer haben alle Freiluftbäder. Die Gemeinschaftspools und privaten Wannen in den Villen werden von heißen Quellen gespeist. Die großen Villen mit eigenem Pool und Blick auf die Banyuwedang-Lagune sind ein wunderbares tropisches Refugium.

Zur Anlage gehören ein schwimmendes Restaurant, ein Spa, ein gutes Yoga-Angebot (schöne Yogahalle im Garten), eine Bibliothek, ein Souvenirladen und ein eigener Küchengarten.

Die angeschlossene Tauchbasis zeigt ihren Kunden die Unterwasserwelt rund um Manjangan und bietet PADI-zertifizierte Kurse an. Sie hat einen eigenen Übungspool für Tauchanfänger.

Labuhan Lalang

Wer mit dem Boot nach Pulau Menjangan fahren möchte und dort vielleicht schnorcheln will, findet eine Anlegestelle in diesem kleinen Hafen im Nationalpark Taman Nasional Bali Barat. Die Preise entsprechen denen in Banyuwedang. Es gibt Warungs und einen hübschen Strand 200 m weiter östlich.

Nationalpark Taman Nasional Bali Barat

0365

Die meisten Besucher des einzigen Nationalparks auf Bali sind begeistert vom schönen Konzert der Myriaden von Vögeln, die in den raschelnden Bäumen leben. Der Park erstreckt sich über eine Fläche von 190 km² an der Westspitze Balis. Zusätzlich stehen 550 km² als Pufferzone unter Schutz sowie fast 70 km² Korallenriffe und Küstengewässer. Auf einer so dicht besiedelten Insel wie Bali demonstriert das Land damit ein hohes Bewusstsein für den Naturschutz.

Hier kann man das beste Tauchgebiet Balis vor Pulau Menjangan genießen, durch die Laubwälder wandern oder die Mangrovengebiete an der Küste erkunden.

Die natürliche Vegetation des Parks besteht zum größten Teil nicht aus tropischem Regenwald (der ganzjährig gleichmäßige Niederschläge voraussetzt), sondern aus Küstensavannen mit Laubbäumen, die in der Trockenzeit ihr Laub abwerfen. An den südlichen Hängen kommt es zu regelmäßigeren Niederschlägen, sodass dort eine eher tropische Vegetation gedeiht, während in den tiefer gelegenen Küstenbereichen ausgedehnte Mangrovenwälder stehen.

Über 200 Tierarten leben im Nationalpark, darunter Schwarz- und Brillenlanguren sowie Makaken (sie zeigen sich häufig nachmittags an der Hauptstraße bei Sumber Kelompok), Mähnen-, Muntjak- und Pferdehirsche, Kleinkantchile und Hirschferkel (*muncak*), außerdem Wildschweine, Eichhörnchen, Büffel, Leguane, Pythons und Grasnattern. In früheren Zeiten kamen hier sogar Tiger vor, der letzte wurde 1937 gesichtet – und erschossen. Vögel sind überaus zahlreich vertreten, viele der 300 Arten der Insel leben hier, darunter auch der sehr seltene Balistar.

Direkt von der Straße führen zahlreiche Wanderwege unmittelbar ins Herz des Nationalparks. Weniger schön ist eine Auswirkung der steigenden Brennstoffpreise: Viele Händler stehen entlang der Straße und verkaufen Feuerholz, das sie aus dem Wald gestohlen haben.

🏃 Aktivitäten

Zu Land, zu Wasser oder Unterwasser – der Park wartet darauf, erkundet zu werden. Man benötigt allerdings einen Führer, nahezu alle Gebühren sind verhandelbar, was aber ziemlich nervenaufreibend sein kann. Geführte Touren werden in den Nationalparkbüros in Cekik oder Labuhan Lalang arrangiert.

Bootstouren

Am Besten lassen sich die Mangroven der Teluk Gilimanuk (Gilimanuk-Bucht) und der Westseite von Prapat Agung mit einem gemieteten Boot erkunden. Ein Boot (max. zehn Personen) kostet für drei Stunden etwa 450 000 Rp, dazu kommen die Kosten für den Führer (150 000 Rp) und der Eintritt. Solche Touren sind ideal zur Vogelbeobachtung: Man kann unter anderem Eisvögel und Javanische Reiher sehen.

Trekking

Für Wanderungen im Park ist ein autorisierter Guide verpflichtend. Am besten ist es, einen Tag vor der geplanten Wanderung anzureisen und im Nationalparkbüro die nötigen Vorbereitungen zu treffen.

Die festgelegten Gebühren für die Parkführer hängen von der Gruppengröße und der Dauer der Wanderung ab: Eine bis zwei Personen zahlen für eine ein- bis zweistündige Wanderung 350 000 Rp, mit jeder weiteren Person steigt der Preis kontinuierlich an. Die Verpflegung (eine kleine Lunchbox) ist im Preis enthalten, nicht jedoch der Transport. Alle Preise können erheblich heruntergehandelt werden. Die beste Zeit für den Aufbruch ist der frühe Morgen, etwa 6 Uhr – dann ist es kühler und die Wahrscheinlichkeit, Wildtiere zu sehen, deutlich größer als später am Tag. Wer sich unterwegs mit dem Guide gut versteht, kann auch mit ihm eine individuelle Wanderung planen.

Die meisten Guides wollen jedoch ihre klassischen Routen gehen, dazu gehören die im Folgenden vorgestellten Strecken.

Gunung Kelatakan

Bei Sumber Kelompok beginnt der Aufstieg zum **Gunung Kelatakan** (Kelatakan-Berg; 698 m), dann führt der Weg hinunter zur Hauptstraße beim Dorf Kelatakan (sechs bis sieben Stunden). Eventuell erteilt die Parkverwaltung der Erlaubnis, im Wald zu übernachten. Wenn kein Zelt zur Hand ist, kann der Guide einen Unterschlupf aus Zweigen und Blättern bauen – das allein ist schon ein Abenteuer. Zahlreiche saubere Bäche fließen durch die dichten Wälder.

Savanne nördlich von Teluk Terima

In einer drei- bis vierstündigen Wanderung kann das **Savannengebiet** an der Küste nördlich von Teluk Terima erkundet werden. Hier hat man gute Chancen, Warane, Muntjaks und Schwarzlanguren zu sehen und mit sehr viel Glück auch den Balistar (S. 411). Zur Tour gehören die Motorradanreise zum Startpunkt und die Rückfahrt per Boot.

Teluk Terima

Die drei- bis vierstündige Wanderung in die Teluk Terima (Terima-Bucht) beginnt bei einem Wanderweg westlich von Labuhan Lalang in den Mangroven. Dann folgt man streckenweise dem Lauf des Flusses Sungai Terima in die Berge, der Rückweg führt bei Makam Jayaprana über Stufen wieder zur Straße zurück. Mit Glück lassen sich unterwegs graue Makaken, Hirsche und Schwarzlanguren sehen.

Schlafen

Parkbesucher möchten meist gerne in der Nähe des Parks übernachten, um am nächsten Morgen früh aufbrechen zu können.

Der nächstgelegene Ort ist Gilimanuk mit recht einfachen Unterkünften.

Weitaus schöner sind jedoch die vielen Übernachtungsmöglichkeiten, die sich 12 km östlich von Labuhan Lalang auf dem Weg nach bzw. in Pemuteran finden.

Praktische Informationen

In der **Parkverwaltung in Cekik** (S. 291) ist ein topografisches Modell des Parkgeländes zu sehen, außerdem gibt es dort einige spärliche Informationen über Pflanzen und Tiere.

Die **Touristeninformation Labuhan Lalang** (Jl. Singaraja–Gilimanuk; 7.30–16 Uhr) ist in einer Hütte am Parkplatz untergebracht, wo die Boote nach Pulau Menjangan abfahren. Zu den Parkführern, die dort auf Kundschaft warten, gehört auch der kenntnisreiche **Nyoman Kawit** (0852 3850 5291).

Wanderführer und Genehmigungen sind in jedem der Büros zu bekommen, doch lauern dort auch immer ein paar zweifelhafte Charaktere auf der Suche nach Kunden. Zu erkennen, wer ein echter Parkführer ist und wer nicht, gestaltet sich wie die Suche nach einem Balistar recht schwierig.

Die Hauptstraßen nach Gilimanuk führen durch den Nationalpark, für die Durchquerung des Parks fällt keine Eintrittsgebühr an. Wer jedoch im Park wandern oder vor der Insel Menjangan tauchen möchte, muss 20 000 Rp Parkeintritt bezahlen.

An- & Weiterreise

Wer nicht mit dem eigenen Wagen unterwegs ist, kann mit jedem Bus oder Bemo von Nord- und Westbali kommend Richtung Gilimanuk fahren und sich an der Parkzentrale in Cekik absetzen lassen. Bemos bzw. Busse aus Nordbali halten auf Wunsch auch am Besucherzentrum Labuhan Lalang.

Westbali

➜ Inhalt

Pura Tanah Lot	284
Kapal	284
Pura Taman Ayun	284
Marga	285
Tabanan	285
Antosari & Bajera	287
Balian Beach	287
Die Küste von Jembrana	288
Negara	289
Belimbingsari & Palasari	290
Cekik	290
Gilimanuk	291

Die besten Strände

- ➜ Balian Beach (S. 287)
- ➜ Yeh Gangga (S. 286)
- ➜ Pura Rambut Siwi (S. 289)

Schön übernachten

- ➜ Bali Silent Retreat (S. 287)
- ➜ Alila Villas Soori (S. 286)
- ➜ Gajah Mina (S. 287)
- ➜ Taman Wana Villas & Spa (S. 290)
- ➜ Puri Dajuma Cottages (S. 289)

Auf nach Westbali!

Auch wenn sich die bebauten Gebiete von Südbali aus – via Hotspots wie Canggu – immer weiter in Richtung Westen ausdehnen, so ist doch Balis echter Westen, der sich abseits der Hauptstraße von Tabanan nach Gilimanuk erstreckt, noch immer wenig besucht. An den naturbelassenen Stränden, in den dichten Urwäldern und zwischen den Reisfeldern dort ist es leicht, auch noch Erholung und Entspannung zu finden.

An der Küste stürzen sich an Stränden wie Balian und Medewi die Surfer in die Brandung. Auch einige der heiligsten Stätten Balis befinden sich hier, vom gut besuchten Pura Tanah Lot über den Pura Taman Ayun bis zum Pura Rambut Siwi in wunderbarer Einsamkeit.

Die ordentliche, klar strukturierte Stadt Tabanan befindet sich am Scheitelpunkt des von der Unesco ausgezeichneten *subak*, dieses ausgeklügelten Bewässerungssystems, das jedem Anwohner einen gerechten Anteil an der Wasserversorgung seiner Reisfelder garantiert. Darüber informiert auch ein interessantes Museum. Auf schmalen Nebenstraßen kann man an sprudelnden Bächen entlangfahren, über den Köpfen biegt sich dichter Bambus, und neben den Straßen türmen sich frisch geerntete Früchte auf.

Reisezeit

➜ **April–Sept.** Am besten ist es, Westbali in der Trockenzeit zu besuchen. Durch die Klimaveränderungen der letzten Jahre ist die Trockenzeit jedoch regenreicher und die eigentliche Regenzeit trockener geworden. Wanderungen im Taman Nasional Bali Barat sind auf trockenen Wegen wesentlich leichter zu absolvieren, und das Wasser vor Pulau Menjangan bietet die von Tauchern so geschätzte gute Sicht nur bei ruhigem Wetter.

➜ **Mai–Aug.** An der Westküste hat sich noch keine richtige touristische Hauptsaison herausgebildet – Surfer finden jedoch die besten Bedingungen in den Monaten ohne „r" vor.

Highlights

① Am **Balian Beach** (S. 287), wo sich Surferkneipen und gestylte Treffs aneinanderreihen, sich der coolen Strandpartystimmung hingeben

② Im legeren Surferparadies **Pantai Medewi** (S. 288) genüsslich auf der langen Linkswelle reiten

③ Am **Pura Taman Ayun** (S. 284) seine eigene ruhige Nische finden

④ Morgens das spirituelle Flair des **Pura Tanah Lot** (S. 284) genießen, lange vor dem nachmittäglichen Chaos

⑤ Am bedeutenden Küstentempel **Pura Rambut Siwi** (S. 289) die spirituelle Ruhe in sich aufnehmen

⑥ Bei **Negara** (S. 289) Zeuge eines schlammspritzenden, wilden Wasserbüffelrennens werden

⑦ Sein eigenes Paradies mit tief hangenden Früchten, sich biegendem Bambus und rauschendem Wasser entdecken, beispielsweise bei **Kerambitan** (S. 286)

Pura Tanah Lot

📞 0361

Ein beliebter Tagesausflug von Südbali aus führt zum Pura Tanah Lot (Erw./Kind 30 000/15 000 Rp, Parkplatz für Auto/Motorrad 5000/2000 Rp), dem meistbesuchten und -fotografierten Tempel Balis (mit jährlich fast 3 Mio. Besuchern). Vor allem bei Sonnenuntergang herrscht hier reger Betrieb. Doch die Anlage hat die Echtheit einer Bühnenkulisse – sogar der Felsen, auf dem der Tempel steht, ist eine geschickte Nachbildung (die gesamte ursprüngliche Formation war allmählich zerbröckelt). Der Felsen ist zu mehr als einem Drittel künstlich nachgebildet.

Für die Balinesen gehört der Pura Tanah Lot trotzdem zu den bedeutendsten und am höchsten verehrten Seetempeln der Insel. Wie Pura Luhur Ulu Watu an der Spitze der südlichen Halbinsel Bukit und Pura Rambut Siwi im Westen wird er mit dem Brahmanenpriester Dang Hyang Nirartha des Hindu-Reiches Majapahit in Verbindung gebracht. Es heißt, dass jeder der Seetempel in Sichtweite des nächstliegenden gebaut werden sollte, daher bilden sie eine Kette entlang der südwestlichen Küste – vom Pura Tanah Lot sind der Pura Ulu Watu auf der Höhe der Klippen weit im Süden und die lang gestreckte Meeresküste westlich von Perancak bei Negara auszumachen.

Am Tanah Lot selbst reicht die Sicht jedoch möglicherweise nur von einem Händler zum nächsten. Der Fußweg, der vom großen Parkplatz zum Tempel am Meer hinunterführt, ist ein Spießrutenlauf zwischen schäbigen Andenkenläden. Und aus Lautsprechern scheppern grölende Durchsagen.

> **TANAH LOT GENIESSEN**
>
> Warum sollte man Tanah Lot unbedingt besuchen? Nun, der Tempel ist eine bedeutende spirituelle Stätte und zudem wirklich wunderschön. Das Geheimnis ist, vormittags herzukommen, wenn die Besuchermassen noch nicht eingetroffen sind und die Händler noch schlafen. Dann ist Vogelgezwitscher zu hören anstatt laufender Busmotoren und nörgelnder Stimmen. Der Sonnenuntergang ist übrigens an vielen anderen Plätzen genauso gut zu sehen – etwa in einer Strandbar auf dem Weg gen Süden nach Seminyak.

Bei Ebbe kann der Tempel zu Fuß erreicht werden, Ausländern ist das Betreten des Heiligtums jedoch nicht gestattet.

Nicht zu übersehen ist das Pan Pacific Nirvana Resort auf einer Klippe mit seinem Wasser verschlingenden Golfplatz. Die Ferienanlage ist umstritten, seit sie erbaut wurde, denn viele empfinden es als respektlos, dass sie den Tempel an Höhe überragt.

Wer von Südbali her kommt, nimmt die Küstenstraße westlich von Kerobokan und folgt den Schildern zum Tempel. Aus anderen Teilen Balis kommend verlässt man bei Kediri die Straße zwischen Denpasar und Gilimanuk und orientiert sich an den entsprechenden Hinweisschildern. Vor und nach Sonnenuntergang herrscht hier heillos dichter Verkehr.

Kapal

Kapal, etwa 10 km nördlich von Denpasar, ist Balis Gartenausstattungs- und Tempelkunst-Zentrum. Wer einen grünen Tiger oder andere Deko-Kreaturen in Farben, die in der Natur nicht vorkommen, sucht, ist hier richtig! Selbst ein rosa Biber ist kein Problem. (Der Versand kann allerdings problematisch werden.) Kapal liegt an der Hauptstraße gen Westen, es lohnt sich, aus dem Verkehrsstrom auszuscheren und mit den Tieren zu Fuß zu gehen.

Pura Taman Ayun

Den gewaltigen königlichen Wassertempel Pura Taman Ayun (Erw./Kind 15 000/7500 Rp; ⊙ 8–18 Uhr) umschließt ein breiter, eleganter Wassergraben. Er war der Haupttempel des Königreichs Mengwi, das bis 1891 bestand, als es schließlich von den benachbarten Königreichen Tabanan und Badung erobert wurde. Der große Tempel war 1634 erbaut worden, 1937 wurde er umfassend renoviert. In der weitläufigen Anlage ist es leicht, den Besuchergruppen im Geschwindigkeitsrausch aus dem Weg zu gehen. Der erste Hof ist eine weite, offene, grüne Fläche, im inneren Hof stehen viele *meru* (mehrstufige Schreine). Auf den Teichen schwimmen malerisch Lotosblüten. Der Tempel ist Teil des *Subak*-Systems, der Dorfgenossenschaft der Reisbauern, das die Unesco 2012 in das Weltkulturerbe aufgenommen hat.

Die Lage des Tempels Pura Taman Ayun bietet sich an für einen schönen Zwischenstopp auf der Fahrt von bzw. nach Bedugal und einem Ausflug zu den bekannten, herrlich grünen Jatiluwih-Reisterrassen (S. 256).

Marga

Im Dorf Marga verbinden schöne, schattige Straßen traditionelle Familiengehöfte – doch nicht immer ging es in dem Ort so friedlich zu. Am 20. November 1946 wurden 96 Unabhängigkeitskämpfer von einer viel größeren und wesentlich besser ausgerüsteten niederländischen Truppe umstellt, die Bali nach dem Abzug der Japaner als Kolonie zurückerobern wollte. Der Ausgang des Kampfs erinnerte an den 40 Jahre zurückliegenden *puputan* (ritualisierten Massenselbstmord). Ngurah Rai, der den Widerstand gegen die Holländer anführte (nach ihm wurde später der Flughafen benannt), kam ums Leben ebenso wie alle seine Männer. Doch es gab einen bedeutenden Unterschied: Dieses Mal erlitten auch die Niederländer schwere Verluste – die wohl mit dazu beitrugen, dass ihre Entschlossenheit, an der rebellischen Kolonie festzuhalten, ins Wanken geriet.

An den blutigen Unabhängigkeitskampf wird mit dem Margarana (Eintritt 5000 Rp; 8–17 Uhr; Museum bis mittags) nordwestlich des Dorfes Marga erinnert. Touristen kommen selten hier vorbei, doch jedes balinesische Schulkind besucht die Gedenkstätte mindestens einmal in seiner Schulzeit. Alljährlich findet am 20. November vor Ort eine zeremonielle Gedenkfeier statt. Auf einem großen Gehöft steht eine 17 m hohe Säule, in der Nähe befindet sich ein kleines Museum mit Fotos, handgefertigten Waffen und anderen Gegenständen, die einen direkten Bezug zum Widerstand haben. Bemerkenswert ist der ebenfalls hier ausgestellte letzte Brief Ngurah Rais mit der berühmten Zeile „Freiheit oder Tod!". Hinter dem Museum schließt sich ein kleineres Grundstück mit 1372 kleinen Steindenkmälern für die Toten des Unabhängigkeitskampfes an – sie sind Denkmäler eines Militärfriedhofs, markieren jedoch keine Grabstellen. Jedes Denkmal zeigt ein Symbol, das auf die Religion des Toten hinweist, meistens die hinduistische Swastika, aber auch islamische Mondsicheln und christliche Kreuze. Beachtenswert sind auch die Denkmäler für elf Japaner, die nach dem Ende des Zweiten Weltkriegs an der Seite der Balinesen gegen die Niederländer gekämpft haben.

Auch mit dem eigenen Wagen kann man sich auf der Fahrt nach Marga und zu der Gedenkstätte verirren – am besten ist es, wie immer, Passanten nach dem Weg zu fragen. Der Ausflug lässt sich ebenfalls gut mit dem Pura Taman Ayun und den Jatiluwih-Reisterrassen kombinieren.

Tabanan

0361

Tabanan ist – wie die meisten balinesischen Provinzhauptstädte – ein großer, klar gegliederter Ort. Die grünen Reisfelder in der Umgebung sind mustergültige Beispiele für Balis Reisanbautraditionen und spielten eine wichtige Rolle für deren Unesco-Anerkennung als Weltkulturerbe.

Sehenswertes

Mandala Mathika Subak MUSEUM
(Subak Museum; Jl. Raya Kediri; Erw./Kind 15 000/7500 Rp; Mo–Fr 8–16.30, Sa 8–13 Uhr) In einem großen Komplex, der Tabanans *Subak*-Organisationen gewidmet ist, befindet sich dieses Museum mit interessanten Ausstellungen über die Bewässerungsanlagen und die Kultivierung der Reisfelder und die komplexen sozialen Beziehungen, die darüber bestimmen. Die Mitarbeiter führen Besucher gerne herum. Es gibt Infos über die Unesco-Auszeichnung, ein paar Aushänge auf Englisch und ein gutes Modell des *Subak*-Systems in Aktion.

Die Exponate befinden sich in einem großen Gebäude, an dessen Vorderseite Wasser vorbeiströmt.

Essen

Im Zentrum und auf dem geschäftigen Regionalmarkt gibt es zahlreiche Warungs (Imbissstände). An der Südseite des Regionalmarkts wird ein verlockender Nachtmarkt (Jl. Gajah Mada; Hauptgerichte ab 10 000 Rp; 17–24 Uhr) abgehalten. Draußen an der Hauptstraße gibt es einen Stand, an dem babi guling angeboten wird (Jl. Bypass; Gerichte 5000–15 000 Rp; 7–19 Uhr).

An- & Weiterreise

Alle Bemos (Minibusse) und Busse zwischen Denpasar (Busbahnhof Ubung) und Gilimanuk halten am Busbahnhof am westlichen Stadtrand von Tabanan (10 000 Rp).

Die Straße zum Pura Luhur Batukau und zu den schönen Reisterrassen von Jatiluwih führt vom Stadtzentrum hinaus Richtung Norden.

> **BALIS SUBAK-SYSTEM, EIN WELTKULTURERBE**
>
> *Subak*, eine Dorfgenossenschaft, die sich mit Wasser, Wasserrechten und Bewässerung beschäftigt, hat im ländlichen Bali eine bedeutsame Rolle inne. Da das Wasser durch sehr viele Reisfelder fließt, bevor es endgültig versiegt, besteht immer die Gefahr, dass die Reisbauern nahe der Quelle Wasser im Überfluss haben, während jenen weiter weg davon möglicherweise nichts anderes übrig bleibt, als in Tanah Lot Holzschnitzereien zu verkaufen. Die Einrichtung eines Systems, das jedem einen gerechten Anteil an Wasser garantiert, ist ein Modell einvernehmlicher Zusammenarbeit, das Einblick in den balinesischen Charakter gewährt. (Eine Strategie etwa besteht darin, dass die letzte Person am Wasserkanal der Verteilung regelt.)
>
> Dieses komplexe, lebenswichtige soziale System erkannte die Unesco 2012 als Weltkulturerbe an. Zu den besonders hervorgehobenen Plätzen gehören die Reisbauregion bei Tabanan, Pura Taman Ayun, die Reisterrassen von Jatiluwih und der Danau Batur.

Südlich von Tabanan

Eine Fahrt durch den südlichen Teil des Bezirks Tabanan führt durch viele entzückende Dörfer hindurch und an üppig grünen Reisterrassen vorüber. Die Felder hier werden von vielen für die ertragreichsten von ganz Bali gehalten.

Rund 10 km südlich von Tabanan liegt **Pejaten**, ein Zentrum für die Herstellung traditioneller Töpferwaren, darunter kunstvoll verzierte Dachziegel. In einigen Werkstätten im Dorf sind Objekte aus Porzellanerde zu sehen, die rein dekorativen Zwecken dienen. Einen Besuch lohnt auch der kleine Ausstellungsraum von **Pejaten Ceramic Art** (0816 577 073; Mo–Sa 9–16 Uhr), einem von mehreren Töpferateliers am Ort. Die typischen blassgrünen Stücke sind sehr hübsch, und angesichts der Preise, kauft man doch wenigstens eine Kröte. Der Laden befindet sich in der Nähe des interessanten, täglich abgehaltenen **Dorfmarktes**.

Etwas westlich von Tabanan führt eine Straße über Gubug zur 8 km südlich gelegenen Küste von **Yeh Gangga**, wo man unter anderem Ausritte über den lang gezogenen, flachen Sandstrand und in die Umgebung unternehmen kann – **Island Horse** (0361-731 407; www.baliislandhorse.com; Ausritte Erw./Kind ab 70/65 US$) arrangiert Buchung und Abholung.

Noch weiter westlich von Tabanan geht es an einer Abzweigung von der Hauptstraße via **Kerambitan** in Richtung Süden. Das Dorf ist für sein Tanz- und Musikensemble bekannt, das im gesamten Süden und in Ubud seine Auftritte hat. Im Schatten von Waringin (Banyan)-Bäumen stehen hier schöne alte Gebäude wie zum Beispiel der im 17. Jh. errichtete Palast **Puri Anyar Kerambitan** (0361-812668; Jl. Raya Kerambitan; Spende erbeten). Der derzeitige Fürst, Anak Agung, genießt seinen Ruhestand und erzählt Besuchern des riesigen, verwinkelten Anwesens voller Antiquitäten gerne Geschichten über das alte Bali. Es lohnt sich, nachzuschauen, ob er gerade da ist.

Etwa 4 km von Kerambitans südlichem Ortsrand entfernt, befindet sich das kleine Küstendorf **Tibubiyu**. Die landschaftlich reizvolle Straße Jalan Meliling Kangin führt von Kerambitan zur Hauptstraße von Tabanan nach Gilimanuk, vorbei an gewaltigen Bambusgewächsen, Obstbäumen und Reisfeldern.

★**Alila Villas Soori**   VILLEN **$$$**
(0361-894 6388; www.alilahotels.com; Kelating; Villen ab 500 US$; ✱ ⓢ ≋) Die luxuriöse Anlage an einem (noch) ruhigen Abschnitt von Balis Westküste besteht aus 46 privaten Villen mit jeweils eigenem Tauchbecken. Die Ausstattung ist modern minimalistisch, die Lage ist sehr abgeschieden. Die Mitarbeiter der Anlage bieten den Gästen gern einen Fahrdienst zum Nachtleben von Canggu und Seminyak, das 45 bis 60 Autominuten entfernt tobt.

Nördlich von Tabanan

Die Gegend nördlich von Tabanan ist am besten mit dem eigenen Fahrzeug zu erkunden. Hier gibt es zwar nur ein paar – eher zweitrangige – Sehenswürdigkeiten zu besuchen, den eigentlichen Reiz machen aber die Fahrten über die kleinen, gewundenen Straßen aus, über die der Bambus tempelartige Bogen bildet.

Bali Homestay Program HOMESTAY $
(☎ 0817 067 1788; www.bali-homestay.com; Jegu; Zi. pro Nacht ab 20 US$) Im Rahmen dieses innovativen Programms, das Reisende im Reisanbau-Dorf Jengu, 9 km nördlich von Tabanan, in Privathäusern unterbringt, kann man das echte Dorfleben kennenlernen. Das empfehlenswerte Komplettpaket (175 US$ pro Pers.) beinhaltet zwei Übernachtungen, regionaltypische Aktivitäten wie z. B. Opfergabenherstellen und kulturelle Touren sowie alle Mahlzeiten. Es ist sinnvoll, mindestens zwei Wochen im Voraus zu reservieren.

★**Bali Silent Retreat** BOUTIQUEHOTEL $$
(☎ 0813 5348 6517; www.balisilentretreat.com; Penatahan; B 15 US$, Zi 40–120 US$) Die Anlage in grandioser Landschaft, 18 km nordwestlich von Tabanan gelegen, ist das, was der Name schon sagt: ein Ort, an dem man in absoluter Ruhe meditieren, Yogakurse absolvieren, in der Natur spazieren gehen und vieles mehr tun kann. Beim Essen hört der Minimalismus dann aber auf: Die Bio-Kreationen sind grandios (pro Tag 25 US$).

Antosari & Bajera

In Antosari macht die Hauptstraße eine scharfe Kurve Richtung Süden zum Meer mit seiner willkommenen kühlen Brise. Gen Norden führt eine wunderschöne Strecke nach Nordbali.

Balian Beach

☎ 0361

Noch beliebter ist der Balian Beach mit Dünen und Hügelchen von denen man auf die tosende Brandung blickt. Der Strand lockt Surfer und all jene an, die dem Riesentrubel und den Touristenmassen von Südbali entfliehen wollen.

Besucher können lässig von einem Café zum anderen schlendern und mit anderen Urlaubern ein Bier trinken, den Sonnenuntergang bestaunen und über die Surfbedingungen fachsimpeln. Am schwarzen Sandstrand werden an einfachen Buden Surfbretter verliehen. Bei den ungestümen Wellen bereitet aber auch das Body-Surfen ohne Brett großes Vergnügen.

Der Balian Beach befindet sich direkt an der Mündung des breiten Sungai Balian (Balian River), 800 m südlich der Ortschaft Lalang-Linggah, die 10 km westlich von Antosari an der Hauptstraße liegt.

Schlafen & Essen

Alle aufgeführten Unterkünfte befinden sich recht nahe beieinander in Strandnähe. Dank der Warungs und der vielen einfachen Cafés ist eine Flasche Bintang überall innerhalb einer Minute zu bekommen.

★**Surya Homestay** GUESTHOUSE $
(☎ 0813 3868 5643; wayan.suratni@gmail.com; Zi. 150 000–200 000 Rp) Das nette kleine, von einer Familie geführte Surya in einer Gasse, 200 m vom Strand entfernt, bietet fünf Gästezimmer in bungalowartigen Gebäuden. Alles ist blitzsauber, die Zimmer haben kaltes Wasser und Ventilatoren. Bei längeren Aufenthalten gibt's zuweilen Rabatt.

Ayu Balian HOMESTAY $
(☎ 0812 399 353; Jl. Pantai Balian; Zi. 100 000 bis 300 000 Rp) Die 15 Gästezimmer in diesem zweistöckigen Block mit kaltem Wasser bieten einen Blick die Straße hinunter bis zum Meer. Im kleinen Café sind beliebte Kleinigkeiten wie Oreokeks-Bananen-Shakes im Angebot.

Made's Homestay HOMESTAY $
(☎ 0812 396 3335; Zi. 150 000–200 000 Rp) Die drei einfachen Wohneinheiten im Bungalowstil befinden sich, etwas vom Strand zurückgesetzt, inmitten von Bananenstauden. Sie sind schlicht, sauber, groß genug für mehrere Surfbretter und haben Kaltwasserduschen.

★**Gajah Mina** BOUTIQUEHOTEL $$
(☎ 081 2381 1630; www.gajahminaresort.com; Bungalow ab 120 US$; ❄ ☷) Der französische Eigentümer, ein Architekt, entwarf dieses Boutiquehotel mit acht Wohneinheiten in Meernähe. Die ummauerten Bungalows erstrecken sich bis auf einen dramatischen, von der Brandung umtosten Felsvorsprung. Auf dem weitläufigen Gelände gibt es schmale Spazierwege und Pavillons zum Entspannen. Im Fischrestaurant Naga (Hauptgerichte ab 70 000 Rp) überblickt man die hauseigenen Reisterrassen.

Pondok Pitaya: Hotel, Surfing and Yoga GUESTHOUSE $$
(☎ 0819 9984 9054; www.pondokpitaya.com; Jl. Pantai Balian; Zi. ab 650 000 Rp; ☷ ☷) Dieser Komplex in meersalzgeschwängerter Lage direkt am Balian Beach kombiniert alte indonesische Bauten (darunter ein javanisches Haus von 1950 und eine Alligatorenjäger-Hütte von 1860) mit bescheideneren Unterkünften. Die 19 Zimmer sind wie die

Brandung: unterschiedlich. Im angeschlossenen Café steht eine Auswahl an Säften, Bio-Kost und Pizzas (Hauptgerichte 35 000 bis 120 000 Rp) auf der Karte.

Pondok Pisces — GUESTHOUSE $$
(0361-780 1735, 0813 3879 7722; www.pondokpiscesbali.com; Jl. Pantai Balian; Zi. 350 000–800 000 Rp; 🅰) Überall in dieser fantastischen Tropenszenerie mit strohgedeckten Hütten und üppigen Blumengärten ist das Meer zu hören. Von den zehn Gästezimmern haben diejenigen in der oberen Etage große Terrassen mit Meerblick. Das dazugehörige Tom's Garden Cafe serviert gegrillte Meeresfrüchte, die sich ebenfalls mit Blick auf die Brandung verzehren lassen (Hauptgerichte 40 000–80 000 Rp). Zusätzlich stehen unten am Fluss, etwas flussaufwärts, in einem prächtig grünen Teakwald noch große Villen und Bungalows.

Gubug Balian Beach — GUESTHOUSE $$
(0812 3963 0605; gubugbalian@gmail.com; Jl. Pantai Balian; Zi. 300 000–600 000 Rp; ❄🅰) Auf einem ausgedehnten Gelände in Strandnähe werden hier zehn Gästezimmer angeboten. Ein paar davon können über die Grünfläche hinweg mit einem Meerblick aufwarten. Bei den preiswertesten Zimmer gibt es nur Ventilatoren und kaltes Wasser.

★Mai Malu — INDONESISCH $
(0878 6284 6335; maimalu.medewi@yahoo.com; abseits Jl. Pantai Balian; Hauptgerichte ab 30 000 Rp; ⊙8–22 Uhr) In einer kleinen Gasse, etwa 100 m vom Strand entfernt, befindet sich dieses reizende Café mit Tischen in einem ruhigen Pavillon. Auf der umfangreichen Speisekarte sind die üblichen Regional- und Surfergerichte zu entdecken. Das Essen schmeckt ausgezeichnet, vor allem die äußerst beliebten großen Frühstücksangebote im westlichen Stil. Für Übernachtungsgäste stehen zwei kleine Zimmer mit Ventilator und kaltem Wasser zur Verfügung (200 000 Rp).

ⓘ An- & Weiterreise
Da auf Westbalis Hauptstraße meist sehr dichter Verkehr herrscht, dauert die Fahrt von Seminyak oder vom Flughafen zum Balian Beach (55 km) oft zwei Stunden oder gar länger. Ein Auto mit Fahrer kostet für einen Tagesausflug ca. 500 000 Rp. Oder man nimmt den Bus (20 000 Rp), der von Busbahnhof Ubung in Denpasar nach Gilimanuk fährt, und lässt sich an der Abzweigung, 800 m von den Unterkünften entfernt, absetzen.

Die Küste von Jembrana

Rund 34 km westlich von Tabanan beginnt Jembrana, die am dünnsten besiedelte Region Balis. Die Hauptstraße führt größtenteils an der Südküste entlang bis nach Negara. Die Gegend ist schön und touristisch kaum erschlossen – mit Ausnahme der Surferszene in Medewi. Ab Pulukan führt eine Straße gen Norden durch einsame, reizvolle Landschaften nach Nordbali.

Medewi
0365

An der Hauptstraße weist ein großes Schild auf die kurze (200 m) befestigte Straße zum Surfermekka Pantai Medewi mit seiner berühmten langen Linkswelle hin. 200 bis 400 m lange Wellenritte sind hier nichts Außergewöhnliches.

Der „Strand" besteht aus gewaltigen, glatt geschliffenen grauen Gesteinsbrocken auf einem Untergrund aus runden schwarzen Kieselsteinen, die für eine kostenlose Fußreflexzonenmassage sorgen. Am Ufer weidet Vieh, das den Zuschauern des Spektakels draußen auf dem Wasser keinerlei Beachtung schenkt. Es gibt ein paar Pensionen und Surfshops (Board-Verleih ab 100 000 Rp pro Tag).

Medewi selbst ist ein klassisches Marktstädtchen mit Läden, in denen es alles zu kaufen gibt, was man in Westbali benötigt.

🛏 Schlafen & Essen

Unterkünfte gibt es an der Hauptstraße zum Surfstrand und an anderen Sträßchen etwa 2 km weiter östlich. An einem Imbisswagen direkt am Strand wird hervorragendes Essen frisch zubereitet und serviert.

Mai Malu — GUESTHOUSE $
(0819 1617 1045; maimalu.medewi@yahoo; abseits der Straße Tabanan–Gilimanuk; Zi. ab 150 000 Rp; 🅰) Das Mai Malu nahe dem Highway, an der Straße nach Medewi, ist ein populäres (und fast das einzige) Lokal am Ort. In dem modernen, luftigen Gastraum im oberen Stockwerk werden Publikumslieblinge wie Pizzas und Burger sowie indonesische Gerichte serviert (Hauptgerichte ab 35 000 Rp). Die Gästezimmer bieten alles Notwendige plus Ventilatoren.

Warung Gede & Homestay — GUESTHOUSE $
(0812 397 6668; Zi. ab 100 000 Rp) Medewis absolute Schnäppchen-Unterkunft steht

PURA RAMBUT SIWI

Bildschön auf der Höhe einer Klippe gelegen, überblickt der prachtvolle Tempel im Schatten blühender Frangipanibäume einen langen, breiten schwarzen Sandstrand. Pura Rambut Siwi ist einer der bedeutendsten Seetempel Westbalis. Wie Pura Tanah Lot und Pura Luhur Ulu Watu wurde er im 16. Jh. vom Priester Nirartha gegründet, der ein gutes Auge für schöne Küstenlandschaften hatte. Im Gegensatz zu Tanah Lot ist dieser Tempel noch immer eine ruhige, wenig besuchte Stätte. An Tagen, an denen keine Zeremonie stattfindet, trifft man nur auf ein paar einsame Getränkeverkäufer.

Eine Legende besagt, dass Nirartha, als er zum ersten Mal hierherkam, den Dorfbewohnern eine Strähne seines Haars schenkte. Die Strähne wird heute in einem Kästchen aufbewahrt, das sich in einem dreistufigen *meru* (einem Schrein mit mehreren Ebenen) befindet, dessen Name „Verehrung des Haars" bedeutet. Der zentrale *meru* ist nicht zugänglich, durch ein Tor lässt sich aber ein Blick darauf werfen. Vom Parkplatz gelangt man über eine beeindruckende Treppe zum Tempel hinauf.

Der Wächter verleiht für 2000 Rp Sarongs und führt Besucher gern durch den Tempel und zum Strand hinunter. Dann öffnet er das Gästebuch und erbittet eine Spende – 10 000 Rp sind angemessen (ungeachtet der Tatsache, dass frühere Besucher viel mehr gespendet haben). Über einen Klippenpfad erreicht man eine Treppe, die zu einem kleinen, noch älteren Tempel, dem **Pura Penataran**, hinabführt.

Der Tempel befindet sich zwischen Air Satang und Yeh Embang, 7 km westlich von Medewi und 48 km östlich von Gilimanuk. Die 500 m lange Seitenstraße zum Tempel, die an einer Gruppe von Warungs von der Straße zwischen Tabanan und Gilimanuk abzweigt, führt durch schöne Reisfelder und ist gut ausgeschildert.

---

direkt am steinigen Strand. Vom einfachen Freiluftcafé (Gerichte ab 15 000 Rp) aus kann man die Brandung beobachten und schnörkellose indonesische Küche sowie westliches Frühstück genießen. Die Zimmer sind „surferschlicht" mit kaltem Wasser und Ventilatoren.

Medewi Beach Cottages HOTEL $$
(☎ 0361-852 8521; www.medewibeachcottages.com; Zi. ab 80 US$; ❄ ☎ ≋) Ein großer Pool ist der Mittelpunkt dieser Anlage mit 27 modernen, komfortablen Gästezimmern (mit Satelliten-TV), die sich über hübsche Gärten direkt am Surfstrand verteilen. Einziger Minuspunkt: Schutzzäune versperren die schöne Aussicht. In einem kleinen Nebengebäude befinden sich Surferzimmer mit kaltem Wasser und Ventilatoren für 200 000 Rp.

★ Puri Dajuma Cottages HOTEL $$$
(☎ 0365-470 0118; www.dajuma.com; Hütten ab 160 US$; ❄ @ ☎ ≋) Wer aus östlicher Richtung anreist, kann diese Ferienanlage am Meer dank der zahlreichen Hinweisschilder gar nicht verpassen. Zum Glück halten die 18 Hütten auch, was diese massive Werbung verspricht. Jede von ihnen hat ihren eigenen Garten, Meerblick und eine ummauerte Freiluftdusche. 2 km westlich vom Medewi-Surfstrand.

Der Medewi Beach befindet sich 75 km vom Flughafen entfernt. Ein Auto mit Fahrer kostet für einen Tagesausflug ca. 600 000 Rp. Oder man nimmt den Bus (25 000 Rp), der vom Busbahnhof Ubung in Denpasar nach Gilimanuk fährt, und lässt sich an der Abzweigung absetzen.

Negara
☎ 0365

Inmitten der weiten, fruchtbaren Ebene zwischen den Bergen und dem Meer liegt Negara, eine florierende Kleinstadt, die sich gut für einen Zwischenstopp eignet. Negara ist zwar Bezirkshauptstadt, hat aber dennoch kaum Sehenswertes zu bieten. Nur zur Zeit der berühmten **Wasserbüffelrennen** erwacht der Ort zum Leben. An der Hauptgeschäftsstraße Jalan Ngurah Rai (südlich der Straße von Tabanan nach Gilimanuk) findet man Geldautomaten, Warungs und einen gut sortierten **Hardy's Department Store** (☎ 0365-40709; Jl. Ngurah Rai; ⏱ 8–22 Uhr).

Rund um Negara

Loloan Timur am südlichen Stadtrand von Negara ist eine recht große Gemeinde von Angehörigen der Bugis, die ursprünglich aus Sulawesi kamen und hier 300 Jahre alte

Traditionen pflegen. Auffällig sind auf Pfählen gebaute Häuser, die zum Teil mit Holzschnitzereien verziert sind.

Auf einem Fußballfeld bei Delod Berawan kann man am Sonntagmorgen beim Training für die Büffelrennen zuschauen. Zu erreichen ist es von der Hauptstraße von Gilimanuk nach Denpasar aus, dort den Abzweig in Richtung Mendoyo nehmen und Richtung Süden zur Küste fahren, wo es einen schwarzen Sandstrand und unbeständige Brandung gibt.

Perancak war der Schauplatz von Nirarthas Ankunft auf Bali im Jahr 1546. Zum Gedenken daran wurde ein Kalksteintempel erbaut, der **Pura Gede Perancak**. Der traurige kleine Zoo in der Nähe wird am besten ignoriert, lohnender ist ein Bummel durch den Fischerhafen.

Die frühere Provinzhauptstadt **Jembrana** ist das Zentrum des *gamelan jegog*. Bei dieser Variante des Gamelanspiels (traditionelles Orchester) benutzen die Musiker riesige Bambusinstrumente, die tiefe, vibrierende Töne hervorbringen. Bei Aufführungen liefern sich häufig mehrere Gamelanorchester einen musikalischen Wettstreit. Die größte Chance, diese Musik zu hören, gibt es auf örtlichen Festen. Es empfiehlt sein, seinen Chauffeur oder andere Einheimische fragen, ob während des Aufenthaltes gerade irgendwo eines stattfindet.

Belimbingsari & Palasari

Zwei faszinierende religiöse Enklaven nördlich der Hauptstraße sind Grund genug für einen Umweg.

Das Christentum wurde auf Bali von den säkular gesinnten Niederländern unterdrückt. Die sporadische Tätigkeit von Missionaren brachte dennoch etliche Konvertiten hervor. Viele von ihnen wurden aus ihren heimatlichen Gemeinden verstoßen. 1939 wurden die Konvertiten schließlich in christlichen Gemeinden in der Wildnis Westbalis angesiedelt.

In Palasari gibt es eine katholische Gemeinde, deren ganzer Stolz eine große Kirche ist. Sie wurde fast komplett aus weißen Steinen an einem großen Marktplatz errichtet. Die Kirche wirkt sehr friedlich und erinnert mit ihren sanft geschwungenen Palmen eher an das missionierte Hawaii als an das hinduistische Bali. Ihre Türme haben allerdings einen eindeutig balinesischen Charakter: Sie ähneln den *meru* eines hinduistischen Tempels, und die Form der Fassade ist der eines Tempeltors nachempfunden.

Das benachbarte Belimbingsari wurde als protestantische Gemeinde gegründet und besitzt heute die größte protestantische Kirche auf Bali, die aber nicht ganz so hoch in den Himmel strebt wie die Kirche von Palasari. Trotzdem ist sie ein beeindruckendes Gebäude, dessen Stilmerkmale ausgesprochen balinesisch wirken: Anstelle einer Kirchenglocke gibt es eine Signaltrommel aus einem ausgehöhlten Baumstamm (*kulkul*) wie man ihn sonst in einem hinduistischen Tempel antrifft. Der Eingang erfolgt durch eine Schutzmauer im Stil eines *aling aling*, auch die hübsch geschnitzten Engel wirken sehr balinesisch. Sonntags ist der sehenswerte Kirchenraum zugänglich.

🛌 Schlafen

⭐ **Taman Wana Villas & Spa** BOUTIQUEHOTEL $$
(☏ 0361-727770; www.bali-tamanwana-villas.com; Palasari; Zi. 80–300 US$; ❋ 🛜 ≋) Ein nahezu spirituelles Erlebnis verspricht der Aufenthalt in dieser abgeschiedenen Ferienanlage, die man auf einer wunderbaren, 2 km langen Fahrt durch einen Urwald, vorbei an der Kirche von Palasari, erreicht. Das architektonisch beeindruckende Resort hat 27 Gästezimmer in ungewöhnlichen runden Gebäuden. Mit „piekfein" wird der Luxus hier nur annähernd beschrieben. Überall eröffnen sich Panoramablicke; die Bitte nach einem Zimmer mit Aussicht auf die Reisfelder lohnt sich.

ℹ️ An- & Weiterreise

Die beiden Dörfer liegen nördlich der Hauptstraße, am besten sind sie auf einer Rundfahrt mit dem eigenen Auto erreichbar. Auf der Hauptstraße etwa 17 km westlich von Negara weisen Schilder auf die Taman Wana Villas hin. In dieser Richtung gelangt man nach 6,1 km nach Palasari. Aus westlicher Richtung stößt man etwa 20 km südöstlich von Cekik auf eine Abzweigung nach Belimbingsari. Eine befestigte Straße führt zum Dorf. Die anstrengende Fahrt von einem zum anderen Ort durch das Dickicht enger Sträßchen gelingt nur mit himmlischem Beistand. Meist findet sich aber jemand, der einem weiterhilft.

Cekik

An der Cekik-Kreuzung führt eine Straße weiter gen Westen nach Gilimanuk, eine andere in nordöstlicher Richtung nach

WASSERBÜFFELRENNEN

Die Büffelrennen in der Region Negara sind berühmt. Die Veranstaltungen, *mekepung* genannt, gipfeln am Sonntag vor dem 17. August – Indonesiens Unabhängigkeitstag – im **Bupati Cup** in Negara.

Bei den wettstreitenden Tieren handelt es sich um die sonst so sanftmütigen Wasserbüffel, die sich auf einem 2 km langen Straßen- oder Strandabschnitt ein Rennen liefern und dabei kleine Wagen ziehen. Witzig kostümierte Fahrer stehen oder knien auf den Wagen und feuern die Büffel an. Als Sieger geht nicht immer der Schnellste hervor – auch der Fahrstil wird bewertet, wobei der eleganteste Lauf Punkte bekommt. Die Zuschauer schließen auf das Ergebnis Wetten ab.

Wichtige Rennen finden in der Trockenzeit von Juli bis Oktober an einigen Sonntagen statt. Rennen und Übungsläufe werden sonntagmorgens an verschiedenen Orten abgehalten, darunter in Delod Berawan und Mertasari in der Nähe von Perancak an der Küste. Diese Plätze zu finden, gleicht unter Umständen allerdings der Suche nach dem Heiligen Gral. Wer sich an einem Rennsonntag in Negara aufhält, wird von den Einheimischen gerne gelotst, Informationen über entlegenere Veranstaltungsorte sind jedoch schwer zu bekommen. Im **Jembrana Government Tourist Office** (✆ 0365-41060; Jl. Dr Setia Budi 1, Negara; ⊙ Mo-Fr 9–15 Uhr) lassen sich möglicherweise Einzelheiten erfragen, auch über anstehende Vorführungen für Touristen, die das ganze Jahr über gelegentlich am Donnerstagnachmittag stattfinden.

Eine weitere gute Informationsquelle ist der **Putu Surf Shop** (✆ 0817 973 5213; Medewi Beach; Touren ab 250 000 Rp) in Medewi Beach, der in der Saison (Juli–Okt.) an manchen Sonntagen Gruppenausflüge zu den Büffelrennen organisiert. Am besten ist es, in der Nacht vor dem Rennen in Medewi Beach oder Permuteran zu übernachten, weil die Tour am Morgen startet.

Es muss jedoch angemerkt werden, dass die Büffelrennen auf Bali von Tierschützern kritisiert werden. Um die Tiere zu schnellerem Laufen anzutreiben, wird ihnen angeblich Chilipaste in den After gerieben, und als Peitschen dienen Holzruten mit Nägeln.

Nordbali. Alle Busse und Bemos, die auf der Strecke von und nach Gilimanuk verkehren, fahren auch durch Cekik.

In den 1960er-Jahren kamen hier bei **archäologischen Ausgrabungen** die ältesten Hinweise auf menschliches Leben auf Bali zutage. Zu den Funden gehören Hügelgräber mit Grabbeigaben, Bronzeschmuck, Äxte, Beile und Tongefäße aus der Zeit um 1000 v. Chr. plus/minus ein paar Jahrhunderte. Im Museum Manusia Purbakala Gilimanuk in Gilimanuk sind einige der Fundstücke ausgestellt.

An der Südseite der Kreuzung fällt ein pagodenartiges Gebäude mit einer außen verlaufenden Wendeltreppe auf. Es fungiert als **Kriegsdenkmal**, das an die Landung der indonesischen Truppen auf Bali erinnert. Diese stellten sich den Niederländern entgegen, die nach dem Zweiten Weltkrieg die Macht über Indonesien wieder zurückgewinnen wollten.

In Cekik befindet sich die **Parkverwaltung** (✆ 0365-61060; www.tnbalibarat.com; Jl. Raya Cekik; ⊙ 7–17 Uhr) des Taman Nasional Bali Barat (S. 279).

Gilimanuk

Gilimanuk ist die viel frequentierte Anlegestelle der Fähren, die regelmäßig über die schmale Bali-Straße von und nach Java pendeln. Meistens haben die Reisenden von und nach Java direkt Anschluss an ihre Fähren oder Busse und vermeiden es, sich hier länger aufzuhalten.

◉ Sehenswertes

Dieser Teil Balis ist schon seit Jahrtausenden besiedelt. Im Mittelpunkt des **Museum Manusia Purbakala Gilimanuk** (Museum für prähistorische Völker; ✆ 0365-61328; erwartete Spende 10 000 Rp; ⊙ Öffnungszeiten variieren) steht eine Gruppe von Skeletten, die hier im Jahr 2004 entdeckt wurden und die vermutlich wohl an die 4000 Jahre alt sind. Das Museum befindet sich 500 m östlich vom Fährhafen.

Ganz gleich, wo man hier auch anhält, überall am nördlichen Ufer des Orts sind die gewaltigen Wellen und Strömungen in der Meerenge zu beobachten.

🛏 Schlafen & Essen

Gute Unterkünfte sind hier vor Ort eher dünn gesät, aber in Pemuteran gibt es eine große Auswahl davon.

Hotel Lestari HOTEL $
(☎ 0365-61504; Jl. Raya; Zi. 110 000–250 000 Rp; ❄) Das Hotel mit 21 Zimmern erinnert irgendwie an Vororthotels der 1950er-Jahre. Die recht schlichte Auswahl reicht von Einzelzimmern mit Ventilator bis zu Suiten mit Klimaanlage. Das Hotel befindet sich 1,7 km östlich vom Fährhafen.

Asli Mentempeh BALINESISCH $
(Terminal Lama; Gerichte ab 20 000 Rp; ⊙ 8 bis 22 Uhr) Eine große Familie betreibt mehrere benachbarte Filialen dieses Cafés, das ein Regionalgericht serviert, für das Gilimanuk bekannt ist: scharfes gedämpftes *Betutu*-Hühnchen mit Kräutern. Die Cafés befinden sich im ehemaligen Busbahnhof, ca. 500 m östlich des Fährhafens und 50 m abseits der Hauptstraße.

❶ An- & Weiterreise

Regelmäßig verkehren Busse zwischen Gilimanuks großem Busbahnhof und dem Ubung-Busbahnhof in Denpasar (30 000 Rp, 2–3 Std.) sowie auf der Nordküstenstraße nach Singaraja (25 000 Rp). Kleinere, etwas komfortablere Minibusse befahren dieselben Strecken, die Fahrten kosten aber 5000 Rp mehr.

Die Autofähren von und nach Ketapang auf Java (30 Min., Erw./Kind 6500/5500 Rp, Pkw 124 000 Rp) pendeln rund um die Uhr.

Lombok

➜ Inhalt

Mataram	296
Lembar	299
Senggigi	301
Von Senggigi nach Bangsal	306
Von Bangsal nach Bayan	306
Senaru	308
Sembalun-Tal	309
Gunung Rinjani	310
Tetebatu	313
Praya	315
Kuta	316
Labuhan Lombok	323

Die besten Strände

- Sire (S. 306)
- Pantai Segar (S. 320)
- Pantai Dagong (S. 321)
- Mawi (S. 322)
- Selong Blanak (S. 322)

Schön übernachten

- Pearl Beach (S. 300)
- Qunci Villas (S. 304)
- Rinjani Beach Eco Resort (S. 307)
- Tugu Lombok (S. 307)
- Coco Beach (S. 305)

Auf nach Lombok!

Lombok stand lange im Schatten ihrer berühmteren Schwesterinsel Bali jenseits der Lombokstraße, und doch umgibt die Insel eine lockende Aura, die für Reisende auf der Suche nach dem Andersartigen immer wieder zu spüren ist. Mit exquisiten weißen Sandstränden, endlosen Brandungswellen, einem waldreichen Hinterland und Wanderwegen durch Tabak- und Reisfelder ist Lombok mit einer Fülle tropischer Verlockungen gesegnet.

Ein alles überragender Anblick ist der mächtige Gunung Rinjani, der zweithöchste Vulkan Indonesiens – mit seinen heißen Quellen und einem glitzernden Kratersee das vollkommene Bild eines Vulkangipfels. Doch das ist noch nicht alles. Die Südküste Lomboks bietet ein ebenso traumhaftes Bild tropischer Natur und lockt mit atemberaubenden türkisfarbenen Buchten, Brandungswellen von Weltruf und felsigen Landspitzen. Gerüchte über eine baldige Bebauung der herrlichen Strände halten sich beharrlich, doch bis es so weit ist, sind sie auf bewährten Straßen noch immer leicht zu erreichen.

Für Reisende auf dem Weg zu den Gili-Inseln ist ein Aufenthalt auf Lombok unverzichtbar. Die Verkehrswege sind gut, die Atmosphäre der Inseln strahlt eine tiefe Ruhe aus.

Reisezeit

➜ Auf Lombok herrscht ganzjährig ein heißes, drückendes tropisches Klima mit einer ausgeprägten Regenzeit zwischen Ende Oktober und April.

➜ Die trockensten Monate fallen mit der touristischen Hauptsaison im Juli und August zusammen.

➜ Wer dennoch in der Regenzeit nach Lombok reist, kann dafür regionale Feste erleben, z. B. Perang Topat am Pura Lingsar – ein wildes Spektakel, bei dem Wurfgeschosse aus Reis zum Einsatz kommen (November oder Dezember), die Peresean-Speerkämpfe im Dezember oder die Büffelrennen von Narmada im April.

Highlights

① Die ultimative Surfwelle in **Gerupuk** (S. 321) oder ein Einführungskurs im Surfen

② Die Besteigung des **Gunung Rinjani** (S. 312) – er ist der heilige Berg der Insel

③ Die Unberührtheit des idyllischen **Mawun-Strandes** (S. 322)

④ Einsame Strandbuchten im **Norden von Senggigi** (S. 305)

⑤ Besuch eines Sasak-Festes, z. B. der Peresean-Speerkämpfe bei **Mataram** (S. 296)

⑥ Pures Inselglück auf **Gili Asahan** (S. 299)

⑦ Die eindrucksvolle Bergwelt des idyllischen **Sembalun-Tales** (S. 309)

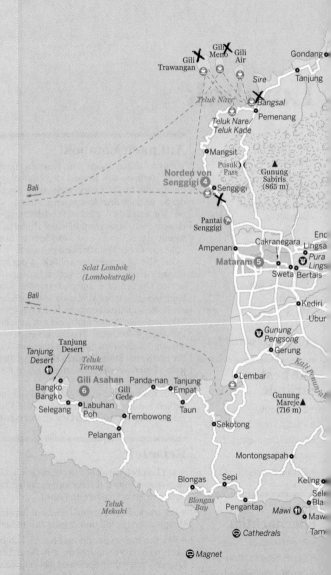

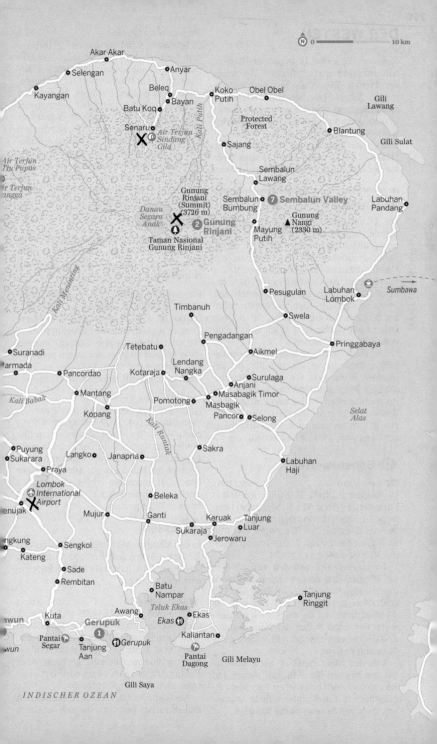

DER WESTEN

♪ 0370

Mataram, die größte Metropole der Region, hält mit dem wirtschaftlichen Wachstum der Provinz West-Nusa Tenggara einigermaßen Schritt. Das berühmte Strandferienziel Senggigi liegt dagegen noch immer in dem Dornröschenschlaf, in den es in den 1990er-Jahren gefallen ist. Im Süden des Hafens von Lembar ragt die südwestliche Halbinsel buchtenreich in ein ruhiges Meer, vor der Küste liegen einige idyllische Inseln.

Mataram

Die Hauptstadt Lomboks hat keine klar definierten Grenzen, inzwischen sind mehrere (einst selbstständige) Orte Teil dieses Ballungsraumes geworden: Ampenan, der Hafen, Mataram, das Verwaltungszentrum, Cakranegara, das Geschäftsviertel (oft abgekürzt „Cakra" genannt), sowie Bertais und Sweta im Osten, wo sich u. a. der Busbahnhof befindet. Auf einer Fläche, die sich von Osten nach Westen über 12 km zieht, leben rund 500 000 Menschen.

Die Stadt besitzt wenige Sehenswürdigkeiten, doch die weiten, von Bäumen gesäumten Boulevards, auf denen es von unzähligen Mopeds dröhnt und knattert, und die traditionellen Märkte und Einkaufsstraßen wimmeln von Menschen. Wer Eindrücke der indonesischen Lebenswirklichkeit gewinnen will, wird sie hier finden.

⊙ Sehenswertes

★ Pura Meru   HINDUTEMPEL

(Jl. Selaparang; Eintritt: 10 000 Rp; ⊙ 8–17 Uhr) Pura Meru ist der größte Hindutempel Lomboks, in seiner Bedeutung nimmt er den zweiten Rang ein. Der Tempelbau von 1720 ist der hinduistischen Götter-Trinität Brahma, Vishnu und Shiva geweiht.

Im inneren Hof befinden sich 33 kleine Schreine und drei strohgedeckte *meru* (mehrstufige Schreine) aus Teakholz. Der zentrale *meru*-Schrein mit elf Stufen ist die Wohnstätte Shivas, der im Norden gelegene *meru* mit neun Stufen das Haus Vishnus und der siebenstufige Schrein im Süden das Haus von Brahma.

Von den *meru* heißt es auch, dass sie die drei heiligen Berge Rinjani, Agung und Bromo sowie den mythischen Berg Meru repräsentieren. Ein Wächter verleiht Tempelschärpen und Sarongs an die Besucher.

Mayura Water Palace   PARK

(Jl. Selaparang; Eintritt: Spende; ⊙ 7–19 Uhr) Auf dem Gelände des Palastgebäudes von 1744 steht der Familientempel der einstigen Königsfamilie, ein Wallfahrtsort für die hinduistischen Gläubigen Lomboks, die sich hier alljährlich am 24. Dezember versammeln. 1894 war das Tempelgelände Schauplatz blutiger Kämpfe zwischen niederländischen Kolonialtruppen und balinesischen Aufständischen. Eine historische Atmosphäre haftet dem Tempelbezirk immer noch an, aus dem leider ein verwahrloster öffentlicher Park mit einem noch dazu verschmutzten künstlichen See geworden ist.

🛏 Schlafen

Ein Aufenthalt im Zentrum Matarams ist eine gute Möglichkeit, abseits der touristischen Wege in das Alltagsleben der Stadt einzutauchen.

Hotel Melati Viktor   GUESTHOUSE $

(♪ 0370-633830; Jl. Abimanyu 1; Zi. 100 000–200 000 Rp; ✱ 🛜) Hohe Decken, 37 gepflegte Zimmer und ein Innenhof in balinesischem Stil (mit hinduistischen Statuen) machen diese Pension zu einer der besten preiswerten Adressen der Stadt. Die billigsten Zimmer sind mit Ventilatoren ausgestattet.

Hotel Lombok Raya   HOTEL $$

(♪ 0370-632305; www.lombokrayahotel.com; Jl. Panca Usaha 11; Zi. 400 000–650 000 Rp; ✱ 🛜 ≋) Nach wie vor eine Lieblingsadresse von Reisenden der alten Schule. Das Hotel in guter Lage besitzt 134 geräumige und komfortable Zimmer mit Balkonen. Die Atmosphäre des Hauses ist angenehm zeitlos, eine kürzlich erfolgte Renovierung hat für den nötigen frischen Wind gesorgt.

🍴 Essen

In der Mataram Mall und den umliegenden Straßen drängen sich Fastfood-Restaurants westlichen Stils, indonesische Nudelsuppenbars und Warungs.

★ Ikan Bakar 99   FISCH $

(♪ 0370-643335, 0370-664 2819; Jl. Subak III 10; Hauptgerichte 20 000–55 000 Rp; ⊙ 11–22 Uhr) Hier bestellt man Tintenfisch, Garnelen, Fisch und Krabben mit feuriger Chilisoße – perfekt gegrillt oder gebraten, nach Padang-Art scharf gewürzt oder mit einer süßsauren Soße angerichtet.

Ausländische Gäste essen in Gesellschaft einheimischer Familien, die sich in einem

Mataram

Mataram

◎ Highlights
1 Pura Meru D2

◎ Sehenswertes
2 Mayura Water Palace D2

◉ Schlafen
3 Hotel Lombok Raya A2
4 Hotel Melati Viktor B2

◉ Essen
5 Ikan Bakar 99 ....B2
6 Mi Rasa................................C2

◉ Shoppen
7 Mataram Mall A2
8 Pasar Cakranegara..............D2

Speiseraum mit Torbögen und Fliesen an langen Tischen versammeln, allein das ist schon ein interessantes Erlebnis.

Mi Rasa BÄCKEREI $
(☏ 0370-633096; Jl. AA Gede Ngurah 88; Gebäck ab 5000 Rp; ⊙ 6–22 Uhr) Die moderne Bäckerei ist eine Lieblingsadresse der neuen Mittelschicht von Cakra. Hier gibt es Kuchen, Gebäck und Doughnuts sowie die landestypischen *wontons* – leckere gedämpfte Teigtaschen, die mit Hühnerfleisch gefüllt sind.

🛍 Shoppen

Kunsthandwerk gibt es in vielen Läden an der Jalan Raya Senggigi, die Straße führt nördlich von Ampenan nach Senggigi. Die Jalan Panca Usaha ist die Haupteinkaufsstraße, mit einer ganzen Reihe an interessanten Geschäften.

★ Pasar Mandalika MARKT
(⊙ 7–17 Uhr) Auf dem Markt in der Nähe des Busbahnhofs Mandalika in Bertais sind keine Touristen anzutreffen, dafür werden alle möglichen Waren zum Kauf angeboten: Obst und Gemüse, Fisch (frisch und getrocknet), Körbe voller farbenprächtiger, aromatischer Gewürze und Getreide, frisches Rindfleisch, Palmzucker und große Pakete mit geradezu penetrant riechender Garnelenpaste.

Kunsthandwerkliche Waren können hier so preiswert wie nirgendwo sonst in Westlombok erstanden werden. Ein ausgezeichneter Ort, um die touristischen Pfade der *bule* (so heißen hier die europäischen Ausländer) zu verlassen und in das indonesische Alltagsleben einzutauchen!

Lombok Handicraft Centre KUNSTHANDWERK
(Jl. Hasanuddin; ⊙ 9–18 Uhr) Das Handwerkszentrum in Sayang Sayang (2 km nördlich

von Cakra) bietet eine große Auswahl an Kunsthandwerk, darunter Masken, Stoffe und Keramik aus der gesamten Region von Nusa Tenggara.

Pasar Cakranegara — MARKT
(Ecke Jl. AA Gede Ngurah & Jl. Selaparang; ⊙ 9 bis 18 Uhr) Eine Ansammlung malerischer Verkaufsstände, von denen einige hochwertige traditionelle Ikat-Stoffe anbieten, sowie ein sehenswerter Lebensmittelmarkt.

Mataram Mall — EINKAUFSZENTRUM
(Jl. Selaparang; ⊙ 7–21 Uhr) Ein Einkaufszentrum über mehrere Etagen mit einem Supermarkt, Kaufhäusern, Elektrogeschäften, Modeläden sowie einigen guten Restaurants.

ⓘ Praktische Informationen

Rumah Sakit Harapan Keluarga (☏ 0370-670000; www.harapankeluarga.co.id; Jl. Ahmad Yani 9; ⊙ 24 Std.) Die beste Privatklinik auf Lombok liegt direkt östlich der Innenstadt von Mataram. Hier stehen für den (hoffentlich nicht eintretenden) Notfall englischsprachige Ärzte und moderne medizinische Einrichtungen bereit.

ⓘ Anreise & Unterwegs vor Ort

Der alte Flughafen von Mataram wurde stillgelegt, nachdem der neue Flughafen bei Praya 2011 eröffnet wurde.

BEMO
Mataram ist ein *extrem* großes Ballungsgebiet. Gelbe Bemos pendeln auf zwei großen Durchgangsstraßen zwischen der Bemo-Haltestelle Kebon Roek in Ampenan und dem Busbahnhof Mandalika in Bertais (10 km entfernt) und fahren dabei durch das Stadtzentrum (4000 Rp).

Vor dem Markt Pasar Cakranegara gibt es eine Bemo-Haltestelle, die für Weiterfahrten nach Bertais, Ampenan, Sweta und Lembar günstig liegt. Von der Haltestelle Kebon Roek fahren Bemos nach Bertais (3000 Rp) und Senggigi (5000 Rp).

BUS
Der chaotische **Busbahnhof Mandalika** liegt 3 km außerhalb des Stadtzentrums; es ist der Hauptbahnhof für alle Busse und Bemos der Insel. Rund um den Bahnhof breitet sich der geschäftige Hauptmarkt der Metropole aus.

Gelbe Bemos fahren ins Stadtzentrum (4000 Rp). Wer Fahrkarten am offiziellen Fahrkartenschalter kauft, kann den Schwarzhändlern aus dem Weg gehen, die ihr Glück bei den Ausländern suchen.

Nachfolgend einige Beispiele für Bus- und Bemo-Verbindungen, die im Stundentakt vom Bahnhof Mandalika abfahren:

REISEZIEL	FAHRPREIS	FAHRZEIT
Kuta (via Praya & Sengkol)	15 000 Rp	90 Min.
Labuhan Lombok	15 000 Rp	2 Std.
Lembar	15 000 Rp	30 Min.
Flughafen	15 000 Rp	45 Min.

TAXI
Ein zuverlässiges Taxi mit Taxameter („Bluebird") ruft man bei **Lombok Taksi** (☏ 627000).

Rund um Mataram

Wie der bedeutendste Tempel Lomboks liegt auch die alte Hafenstadt **Ampenan** nahe bei Mataram. Die meisten Reisenden fahren auf dem Weg von oder nach Senggigi achtlos daran vorüber; doch wer im Ort haltmacht, kann in der von Bäumen gesäumten Hauptstraße und beim Blick auf die Bauwerke aus älterer Zeit die Atmosphäre der niederländischen Kolonialzeit spüren, die immer noch wahrnehmbar ist.

⊙ Sehenswertes

Pura Lingsar — HINDUTEMPEL
(Eintritt: Spende; ⊙ 7–18 Uhr) Die große Tempelanlage ist die heiligste Stätte der Insel. Sie wurde 1714 von König Anak Agung Ngurah erbaut und liegt zauberhaft inmitten grüner Reisfelder. Die Anlage steht vielen Konfessionen offen, einer der Tempel wird von balinesischen Hindus (Pura Gaduh) genutzt, ein anderer von Anhängern der Wetu-Telu-Religion, einer auf Lombok beheimateten mystischen Richtung des Islam.

Die Anlage befindet sich 8 km nordöstlich von Mataram im Dorf Lingsar. Bemos fahren vom Bahnhof Mandalika nach Narmada, dort steigt man in ein anderes Bemo zur Weiterfahrt nach Lingsar um. Fahrgäste können sich auf Wunsch unweit des Eingangs zur Tempelanlage absetzen lassen.

Pura Gaduh besitzt vier Schreine: Einer ist zum Gunung Rinjani (Sitz der Götter auf Lombok), ein zweiter zum Gunung Agung (Sitz der Götter auf Bali) ausgerichtet, ein doppelter Schrein repräsentiert die Einheit beider Inseln.

Der Tempel der Wetu-Telu-Religion besitzt einen berühmten eingefriedeten Teich, der Gott Vishnu und heiligen Aalen geweiht ist. Die Tiere können mit Hilfe von hartgekochten Eiern (die an Ständen vor dem Tempel verkauft werden) aus ihrem Versteck gelockt werden – es soll Glück bringen, sie zu füttern. Aus Respekt vor den Gebräuchen im Tempel sollten Besucher Tempelschärpen und Sarongs anlegen, die sie selbst mitbringen oder leihen können.

Lembar

Lembar ist der Hauptfährhafen der Insel. Hier legen Fähren, Tankschiffe und Pelni-Linienschiffe an, die aus Bali und anderen Teilen Indonesiens kommen. Der Fährhafen selbst wirkt verwahrlost, doch umso bezaubernder ist die Umgebung mit azurblauen kleinen Buchten, die von hochaufragenden grünen Bergen eingerahmt werden. Wer Bargeld benötigt, findet Geldautomaten beim Hafeneingang.

Im Hafen geht es lebhaft zu: Fähren (Kind/Erw./Motorrad/Auto 27 000/40 000/112 000/773 000 Rp, 5–6 Std.) verkehren ununterbrochen zwischen dem Hafen Padangbai auf Bali und Lembar. Die Fahrkarten für die Fußgänger werden am Pier verkauft. Der Fährbetrieb läuft normalerweise rund um die Uhr im 90-Minuten-Takt, wird jedoch manchmal von Unfällen überschattet. So ist es vorgekommen, dass auf einzelnen Fähren Brände ausbrachen, andere auf Grund liefen (weitere Informationen dazu siehe S. 436).

Bemo- und Busverbindungen sind zahlreich, Bemos fahren regelmäßig zum Busbahnhof Mandalika (Bus/Bemo 15 000 Rp), sodass eigentlich kein Grund besteht, länger als nötig im Ort zu bleiben. Taxifahrten kosten etwa 80 000 Rp nach Mataram und 150 000 Rp nach Senggigi.

Südwestliche Halbinsel

Der lang gestreckte Küstenstreifen, der sich westlich von Lembar erstreckt, ist von menschenleeren Stränden, vereinzelten Boutiquehotels und vorgelagerten Inseln geprägt, die am Horizont zu sehen sind. Hier fällt es nicht schwer, mehrere Wochen in der Nachbarschaft von Perlenzuchtbetrieben, verwitterten alten Moscheen, freundlichen Einheimischen und beinahe unberührten Inseln zu verbringen.

Von dem Dutzend vorgelagerter Inseln dieser Gegend ist **Gili Gede** besonders hervorzuheben. Obwohl sie ein beliebtes Ausflugsziel von Tauchern und anderen Wassersportlern aus Lombok ist, herrscht auf der Insel selbst eine tiefe Stille; sie birgt genügend abgelegene Orte für einen ungestörten Aufenthalt.

Auch die Insel **Gili Asahan** ist ein idyllisches Fleckchen Erde: Hier wehen leichte, böige Winde, Vögel lassen sich davon tragen und sammeln sich unmittelbar vor Eintritt der Abenddämmerung im Gras, gedämpfte Rufe zum Gebet sind zu hören, der Nachthimmel wird vom Licht der funkelnden Sterne und des Mondes erhellt.

Der einzige Schandfleck der Landschaft ist die Goldgräberstadt **Sekotong**, die man auf einer Fahrt in westlicher Richtung passieren muss. Die Goldminen graben noch immer tiefe und entstellende Narben in die schroffen Berghänge.

Eine Alternative ist es, die schmale Küstenstraße zu nehmen, die den Konturen der Halbinsel folgt und dabei an einer scheinbar endlosen Reihe weißer Sandstrände vorbeiführt. Die Straße verläuft weiter nach Bangko Bangko und **Tanjung Desert** (Desert Point), dessen Brandungswellen in ganz Asien legendär sind: Besonders berühmt ist ein linksbrechender Wellentunnel, der als einer der längsten der Welt gilt.

🛏 Schlafen & Essen

Einige wenige Hotels und Ferienanlagen finden sich auch an der nördlichen Küste der Halbinsel. Die stimmungsvollsten Strände und Unterkünfte liegen allerdings auf den vorgelagerten Inseln. In den Unterkünften gibt es Restaurants.

🛏 Festland

Bola Bola Paradis GASTHAUS $
(☏ 0817 578 7355; www.bolabolaparadis.com; Jl. Raya Palangan Sekotong, Pelangan; Zi. 350 000 bis 465 000 Rp; ❄) Westlich von Pelangan gelegen, bietet diese Anlage elf Zimmer in gepflegten achtseitigen Bungalows: Sie stehen auf einer Rasenfläche, die von Palmen beschattet wird und in einen Sandstrand übergeht. Außerdem gibt es im Hauptgebäude komfortable klimatisierte Zimmer mit Fliesenböden und eigenen Terrassen.

Cocotino's RESORT $$$
(☏ 0819 0797 2401; www.cocotinos-sekotong.com; Jl. Raya Palangan Sekotong, Tanjung Empat; Zi./Villas ab 100/275 US$; ❄@🛜🏊) Die Ferienanlage liegt direkt am Ozean, besitzt einen Privatstrand und bietet 36 hochwertige Bungalows (teilweise mit schönen Bädern unter freiem Himmel), einige davon haben Meerblick. Es lohnt ein Blick auf die Website des Resorts, auf der man immer wieder Schnäppchenangebote findet.

Senggigi

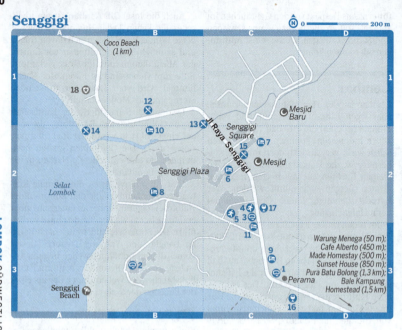

🛏 Inseln

Madak Belo
BUNGALOW $

(☎ 0818 0554 9637, 0878 6471 2981; www.madak-belo.com; Gili Gede; Zi. 200 000–400 000 Rp; @) Eine sensationelle Lodge mit viel Holz und Bambus in einem schicken französischen Hippie-Stil. Drei Zimmer befinden sich im oberen Stock des Haupthauses. Das Bad und ein Loungebereich aus Bambus, in dem Hängematten aufgespannt sind, müssen sich die Gäste allerdings teilen. Schöne Ausblicke aufs Meer gibt es gratis dazu.

Außerdem werden zwei separate Bungalows mit schmalen Doppelbetten und eigenen Bädern vermietet.

★ Pearl Beach
BUNGALOW $$

(☎ 0819 0724 7696; www.pearlbeach-resort.com; Gili Asahan; Cottages/Bungalows ab 39/77 US$; 📶) Pearl Beach ist eine Ferienanlage auf einer Privatinsel. Die Cottages sind einfache Bambushütten mit Bädern im Freien und Veranden mit Hängematten. Die Bungalows sind elegant ausgestattet – mit geschliffenen Betonfußböden, schwindelerregend hohen Decken, hinreißend schönen Bädern unter freiem Himmel und Holzveranden mit wunderbaren Hängebetten. Möglichkeiten für sportliche Aktivitäten wie Tauchen oder Kajakfahren werden außerdem angeboten. Gleich vor dem Resort liegt zudem ein Riff, das sich gut zum Schnorcheln eignet.

🛏 Tanjung Desert

Tanjung Desert ist eine Art Dorfgemeinschaft von Surfern: Mehrere Gasthäuser (ohne Telefon) liegen an den Stränden, in namenlosen Warungs wird billiges indonesisches Essen zubereitet. Falls keine Unterkunft zu bekommen ist (was in der Hauptsaison zwischen Mai und Oktober durchaus vorkommen kann), ist das 6 km entfernt liegende Labuhan Poh eine Alternative.

Desert Point Lodges
BUNGALOW $

(www.desertpointlodges.com; Tanjung Desert; Zi. ab 250 000 Rp) Eine der relativ „gehobenen" Unterkünfte von Tanjung Desert mit sieben strohgedeckten Bungalows aus Bambusgeflecht mit Bambusbetten, Terrassen mit Hängematten und eigenen Bädern. Es ist vor allem eine gute Unterkunft für Surfer, aber auch Tauchsportler sind hier richtig.

ℹ An- & Weiterreise

BEMO

Bemos pendeln alle 30 Min. (bis 17 Uhr) zwischen Lembar und Pelangan (10 000 Rp, 1½ Std.);

Senggigi

Aktivitäten, Kurse & Touren
1. Blue Coral Diving C3
2. Blue Marlin B3
3. Dream Divers C2
4. Rinjani Trekking Club C2
5. Royal Spa C2

Schlafen
6. Central Inn C2
7. Hotel Elen C2
8. Santosa Villas B2
9. Sendok Hotel C3
10. Sonya Homestay B2
11. Wira C3

Essen
12. Asmara B1
13. Cafe Tenda Cak Poer C1
14. Office A2
15. Square C2

Ausgehen & Nachtleben
16. Hotel Lina C3
17. Papaya Café C2

Shoppen
Asmara Collection .... (s. 12)

Information
18. Touristenpolizei A1

sie verkehren über Sekotong und Tembowong. Westlich von Pelangan gibt es nur unregelmäßige Verkehrsverbindungen, die Strecke wird gelegentlich von Bemos bis Selegang befahren. Ein eigenes Fahrzeug ist hier die beste Wahl.

TAXIBOOTE
Taxiboote (pro Pers. 20 000 Rp) fahren ständig von Tembowong auf dem Festland nach Gili Gede; man kann sie von der Pertamina-Tankstelle aus beobachten. Gemietete Boote setzen von Tembowong zu den Inseln Gili Gede und Gili Asahan über (hin & zurück ab 300 000 Rp).

Senggigi

Der einzige altbewährte Touristenferienort der Insel besitzt den Vorzug einer prachtvollen Lage an weit geschwungenen Buchten mit hellen Sandstränden, die sich bildschön vor einem Hintergrund aus dicht bewaldeten Bergen und Kokospalmen ausdehnen.

Täglicher Höhepunkt ist das Naturschauspiel am späten Nachmittag: Dann versinkt eine riesige, blutrote Sonne neben der perfekten Kegelform des gewaltigen Gunung Agung auf Bali im Meer.

Die Zahl der Touristen ist hier relativ überschaubar, sodass genügend hervorragende und gleichzeitig preiswerte Hotels und Restaurants zu finden sind. Trotz alledem ist die Hauptgeschäftsstraße mit ihren leeren Ladenfronten wenig ansprechend, die Zahl der „Bardamen" nimmt in bedauerlicher Weise zu, und die fliegenden Händler der Gegend können am Strand zu einer Plage werden.

Senggigi erstreckt sich über 10 km entlang der Küstenstraße. Der exklusive Nachbarort Mangsit liegt 3 km nördlich der Ortsmitte von Senggigi.

Sehenswertes

Pura Batu Bolong   HINDUTEMPEL
(an der Jl. Raya Senggigi; Eintritt: Spende; ⊙ 7–19 Uhr) Pura Batu Bolong ist nicht der größte, dafür aber der ansprechendste Hindutempel der Insel und am schönsten bei Sonnenuntergang. Besucher sind bei den balinesischen Gläubigen immer willkommen, die an den 14 Altären und Pagoden ihre Opfergaben niederlegen. Diese hängen an einem Felsvorsprung aus vulkanischem Gestein über dem schäumenden Meer.

Der Tempel liegt 2 km südlich von Senggigi-Mitte. Der Felsen unterhalb des Tempels hat eine natürliche Öffnung, das erklärt auch seinen Namen: *Batu bolong* bedeutet wörtlich übersetzt „Fels mit Loch".

Aktivitäten

Schnorcheln, Tauchen & Surfen
Die Bedingungen zum Schnorcheln sind am Ausgangsstrand bei Senggigi, 3 km im Norden des Ortes, ziemlich gut. Am Strand wird Schnorchelausrüstung verliehen (Tag 40 000 Rp). Tauchausflüge, die in Senggigi starten, führen meist zu den Gili-Inseln.

Blue Coral Diving   TAUCHEN
(☏ 0370-693441; www.bluecoraldive.com; Jl. Raya Senggigi; 2 Tauchgänge 800 000 Rp) Die größte Tauchschule in Senggigi bedient dieselben Tauchreviere wie die Tauchschulen auf den Gili-Inseln.

Blue Marlin   TAUCHEN
(☏ 0370-693719; www.bluemarlindive.com; Holiday Resort Lombok, Jl. Raya Senggigi; 2 Tauchgänge 800 000 Rp) Blue Marlin ist die Senggigi-Niederlassung der renommierten Tauchschule auf Gili Trawangan.

FESTE & ZEREMONIEN DER SASAK

Wenig ist über die Ursprünge des Volkes der Sasak auf Lombok bekannt, doch nimmt man an, dass eine ethnische Verwandtschaft mit den Balinesen besteht. Im 17. Jh. begannen die Sasak, sich dem Islam zuzuwenden. In der Folge gerieten viele der alten Rituale und Zeremonien, die sich auf animistische und hinduistische Glaubenstraditionen gründeten, allmählich in Vergessenheit. Dennoch haben sich einige von ihnen erhalten.

Lebaran Topat findet nach dem islamischen Kalender an den sieben Tagen statt, die auf den Fastenmonat Ramadan (Idul Fitri) folgen. Lebaran Topat ist eine Zeremonie der Sasak, von der man annimmt, dass sie nur im Westen Lomboks vollzogen wird. Dabei versammeln sich Familien auf Friedhöfen und bespritzen die Gräber ihrer Angehörigen mit Wasser, dazu legen sie Blumen, Betelblätter und Kalkpuder als Opfergaben nieder. Gäste dürfen die Zeremonien auf dem **Friedhof Bintaro** am Rand von Ampenan mitverfolgen.

Beim **Malean Sampi** („Kuhjagd" in der Sprache der Sasak) werden kämpferische Büffelrennen auf einem 100 m langen Schlammfeld in Narmada im Osten von Mataram ausgetragen. Zwei Büffel werden in ein Joch gespannt und vom Lenker des Gespanns, der drohend eine Peitsche schwingt, über die Rennbahn getrieben. Das Ereignis findet Anfang April statt und kennzeichnet den Beginn der Pflanzsaison.

Aufführungen des **Gendang Beleq** („große Trommel") fanden ursprünglich vor dem Beginn großer Schlachten statt. Heute gibt es in vielen Dörfern im Hinterland Lomboks Auftritte von bis zu 40 Trommlern, die Feste und Zeremonien begleiten. Die Trommeln selbst haben einen riesigen Umfang, sind bis zu 1 m lang und ähneln in ihrer Form einem Ölfass. Die Trommler tragen ihre Instrumente an Stoffbahnen, die sie sich um den Hals legen.

Peresean (Speerkampf) ist eine Kampfkunst, bei der zwei junge Männer gegeneinander antreten. Sie sind bis zur Hüfte unbekleidet und mit Rattanstäben und eckigen Schilden aus Rindsleder bewaffnet. Ein Glaube der Sasak besagt, dass der Regen in der kommenden Regenzeit umso ergiebiger sein werde, je mehr Blut auf die Erde vergossen wird. Ende Juli sind Vorführungen in Senggigi zu sehen, Ende Dezember werden Meisterschaftskämpfe in Mataram ausgetragen.

Dream Divers TAUCHEN
(0370-693738; www.dreamdivers.com; Jl. Raya Senggigi; 2 Tauchgänge ab 800 000 Rp) Dream Divers ist die Senggigi-Niederlassung der Tauchschule auf Gili Air. Die Firma organisiert aber auch Trekkingtouren zum Gunung Rinjani und weitere Aktivitäten.

Wandern
Rinjani Trekking Club ABENTEUERSPORT
(0370-693202; www.info2lombok.com; Jl. Raya Senggigi; 9–20 Uhr) Fachkundige Informationen über Wanderrouten und den Zustand der Aufstiegswege am Gunung Rinjani erhält man bei dieser Wandervereinigung. Dazu gibt es ein abwechslungsreiches Angebot an Wanderungen unter Leitung eines einheimischen Bergführers. Unter den zahlreichen Touranbietern am Ort zählt der Rinjani Trekking Club zu den besten.

Massagen, Spas & Salons
Aufdringliche Masseure werfen sich, mit Matten und Ölen bewaffnet, in Positur und gehen an den Stränden von Senggigi auf Kundenfang. Nach zähen Preisverhandlungen zahlt man in der Regel rund 60 000 Rp für eine einstündige Behandlung. In den meisten Hotels können Masseure aufs Zimmer bestellt werden; die Preise liegen dann bei mindestens 75 000 Rp.

Vorsicht ist bei manchen „Salons" geboten, hinter deren Straßenfronten Dienstleistungen zweifelhafter Art nachgefragt werden.

★ **Qamboja Spa** SPA
(0370-693800; www.quncivillas.com; Qunci Villas, Mangsit; Massage ab 30 US$; 8–22 Uhr) Die Gäste der hoteleigenen Wellness-Oase treffen je nach gewünschter Wirkung und Stimmung (z. B. belebend oder ausgleichend) eine Wahl aus verschiedenen ätherischen Ölen. Zum Angebot gehören Thai-, balinesische und Shiatsu-Massagen.

Royal Spa SPA
(0370-660 8777; bei der Jl. Raya Senggigi, Senggigi Plaza; Massage ab 100 000 Rp; 10–21 Uhr)

Ein professionelles und dennoch preiswertes Spa mit einer verführerischen Vielfalt an Peelings, Massagen und anderen Anwendungen. Etwas Besonderes ist die *Lulur*-Massage, zu der u. a. eine Ganzkörpermaske gehört.

🛏 Schlafen

Die Unterkünfte liegen in Senggigi sehr weit verstreut. Wer einige Kilometer entfernt wohnt (z. B. in Mangsit), ist trotzdem nicht aus der Welt: Viele Restaurants bieten ihren Gästen kostenlose Fahrten an, Taxifahrten sind zudem sehr preiswert.

Deutliche Ermäßigungen von bis zu 50 % sind in Mittel- und Spitzenklassehotels außerhalb der Hochsaison (Juli–Aug.) üblich.

🛏 Senggigi

★ Wira GUESTHOUSE $
(☎ 0370-692153; www.thewira.com; Jl. Raya Senggigi; B ab 75 000 Rp, Zi. 250 000–350 000 Rp; ❄🛜) Das *losmen* (Privatunterkunft) im Boutiquehotelstil liegt an der Strandseite der Hauptgeschäftsstraße von Senggigi. Die elf unterschiedlich großen Zimmer sind einfach und geschmackvoll mit Bambusmöbeln möbliert und haben eigene Verandas. Wer günstig schlafen will, kann alternativ ein Bett im Schlafsaal mit zehn Betten wählen. An der Seitenstraße abseits der Jl. Raya Senggigi führt ein ruhiger Nebeneingang ins Haus.

Hotel Elen HOTEL $
(☎ 0370-693077; Jl. Raya Senggigi; Zi. ab 120 000 Rp; ❄) Das Elen ist seit Langem die erste Wahl aller Backpacker. Die Räume sind sehr schlicht, doch die Zimmer mit Blick auf einen Wasserfallbrunnen und einen Koikarpfenteich haben große gefliese Terrassen, über die eine Brise vom Meer herüberweht.

Sonya Homestay HOMESTAY $
(☎ 0813 3989 9878; Jl. Raya Senggigi; Zi. 100 000–160 000 Rp; ❄🛜) Ein Familienbetrieb mit neun extrem schlichten Zimmern (die billigsten haben Ventilatoren) und hübschen Terrassen. Gastgeber Nathan bietet Fahrten nach Mataram und in die Umgebung an. Das Haus liegt von der Straße zurückversetzt in einem kleinen, schattigen Garten.

Sendok Hotel GASTHAUS $
(☎ 0370-693176; www.sendokhotellombok.com; Jl. Raya Senggigi; Zi. ab 350 000 Rp; ❄🛜🏊) Das Hotel ist ansprechender als die (immerhin freundliche) Gaststätte, hinter der es sich verbirgt. In den 28 Zimmern harmonieren die wunderschönen javanischen Antiquitäten nicht unbedingt mit den schreienden Farben der Bodenfliesen, dafür haben die Zimmer hohe Decken und nette Bäder, wirken hell und luftig und sind mit eigenen Verandas ausgestattet. Einige Zimmer haben Heißwasserduschen.

Made Homestay HOMESTAY $
(☎ 0819 1704 1332; Jl. Raya Senggigi; Zi. 130 000 bis 180 000 Rp; ❄🛜) Eine gute Wahl in der preiswerten Kategorie: Die Privatunterkunft bietet sechs Zimmer mit großen Bambusbetten und eigenen Verandas. Die klimatisierten Zimmer kosten etwas mehr, sind ihren Preis aber bis in die Hochsaison hinein unbedingt wert. Es gibt ausschließlich Kaltwasserduschen.

Bale Kampung Homestay GUESTHOUSE $
(☎ 0818 0360 0001, 0370 660 0001; Jl. Raya Senggigi; Zi. 150 000–250 000 Rp; ❄🛜) Der Ziegelsteinbau mit Strohdach liegt 300 m südlich des Tempels Pura Batu Bolong und birgt in seinen engen Mauern 15 gute und zugleich preiswerte Zimmer (die teuersten verfügen über heißes Wasser und Klimaanlagen).

Das Haus liegt etwas abgelegen, bietet seinen Gästen aber kostenlose Fahrten von und nach Senggigi.

Central Inn HOTEL $
(☎ 0370-692006; Jl. Raya Senggigi; Zi. ab 300 000 Rp; ❄🛜🏊) Das Haus im Stil eines Motels birgt 54 Zimmer mit hohen Decken und neuen Fliesen sowie eine schöne Bambussitzecke im Freien mit Ausblick auf die umgebenden Berge. Man findet es an der Strandseite der Hauptgeschäftsstraße, also vom Straßenlärm abgewandt, wenn auch nicht direkt am Strand. Der Service ist manchmal etwas nachlässig.

Sunset House HOTEL $$
(☎ 0370-667 7196, 0370-692020; www.sunsethouse-lombok.com; Jl. Raya Senggigi 66; Zi. 350 000–700 000 Rp; ❄🛜🏊) Mittlerweile vermietet das Boutiquehotel 35 Zimmer, die in einer geschmackvollen, gut ausgestatteten Einfachheit gehalten und zur ruhigen Meerseite und dem Tempel Pura Batu Bolong ausgerichtet sind. Die Zimmer der oberen Etagen bieten weite Ausblicke übers Meer bis nach Bali. WLAN steht nur in den öffentlichen Hotelbereichen zur Verfügung.

Es gibt einen zum Meer hin ausgerichteten Pool in einer tropischen Gartenanlage, außerdem ein Restaurant und eine Bar.

Santosa Villas
RESORT $$

(📞 0370-693090; www.santosavillasresort.com; Jl. Raya Senggigi; Zi. ab 80 US$; ❄️📶🏊🍴) Die Ferienanlage Santosa Villas bietet komfortable Unterkünfte, die von 187 Standardhotelzimmern bis hin zu teuren Luxusvillen reichen. Das große Gelände grenzt an einen hübschen Strand und befindet sich im Mittelpunkt des lang gestreckten Senggigi. Wohl auch deshalb ist es die meistgewählte Unterkunft unter den Ferienanlagen.

Chandi
RESORT $$$

(📞 0370-692198; www.the-chandi.com; Batu Balong; Zi. ab 150 US$; ❄️📶🏊) Das elegante Boutiquehotel bewahrt einen traditionellen Baustil mit hohen Dächern und offenen Wänden. Jedes der 15 Zimmer hat einen Wohnbereich unter freiem Himmel, die Innenausstattung und die stimmungsvollen Bäder im Freien sind ultramodern.

Von einem Aussichtsplatz, auf dem Gäste leicht ganze Tage verweilen können, öffnet sich ein weiter Blick über den Ozean. Das Hotel liegt nur 1 km südlich des Tempels Pura Batu Balong.

🛏 Mangsit

★ Qunci Villas
RESORT $$$

(📞 0370-693800; www.quncivillas.com; Mangsit; Zi. ab 140 US$; ❄️📶🏊) Ein sensationelles, liebevoll entworfenes Anwesen, dessen Atmosphäre einem Luxushotel ziemlich nahekommt. Die Küche ist so hervorragend wie der wunderschöne Pool- und Wellness-Bereich. Zwei 30 m lange Infinity-Pools liegen direkt am Strand – mit Blick übers Wasser hinüber zum Gunung Agung auf Bali. Der hoteleigene Strand ist insgesamt 160 m lang.

Die Anlage besitzt 78 Zimmer, die gemeinsam mit einem abwechslungsreichen Angebot den Gästen wenig Veranlassung geben, schnell wieder abzureisen.

Jeeva Klui
RESORT $$$

(📞 0370-693035; www.jeevaklui.com; Jl. Raya Klui Beach; Zi. ab 160 US$, Villas ab 330 US$; ❄️📶🏊) Eine der anspruchsvollsten Hotelanlagen in diesem Küstenabschnitt mit einem glitzernden Infinity-Pool und einem wunderschönen, beinahe unberührten Strand im Schutz von Felsen. Die Ferienanlage liegt eine Bucht nördlich von Mangsit.

Die 35 Zimmer haben eigene Verandas mit Bambussäulen und Strohdächern. Die Villas sind luxuriös eingerichtet, liegen separat und besitzen eigene Swimmingpools.

🍴 Essen & Ausgehen

Die Palette der Restaurants von Senggigi reicht von touristisch orientierten Restaurants bis hin zu einfachen Warungs. Viele Restaurants bieten ihren Gästen am Abend kostenlose Hin- und Rückfahrten an – einfach anrufen.

Es ist noch nicht lange her, dass die nächtliche Vergnügungsszene von Senggigi ziemlich harmlos war; die meisten Cafés und Restaurants dienten gleichzeitig der abendlichen Unterhaltung. Doch dann wuchsen wie Bilder aus einem touristischen Fiebertraum an den Randbezirken des Ortes unvermittelt riesige Betonbauten in die Höhe, in denen sich „Karaoke-Bars" und „Massage-Salons" etablierten.

Fast schon ein Muss ist der Sundowner in der angenehm gedämpften Atmosphäre der zahlreichen Strandbars.

🍴 Senggigi

★ Cafe Tenda Cak Poer
INDONESISCH $

(Jl. Raya Senggigi; Hauptgerichte 12 000 bis 15 000 Rp; ⏱ 18 Uhr bis spätabends) Auf offener Straße beglückt das Warung eine auf Hockern sitzende Gästeschar mit indonesischen Klassikern, die heiß aus dem Wok serviert werden. Das *nasi goreng* wird extra scharf und mit extra viel Knoblauch gekocht und lässt Schweiß und Tränen fließen.

Asmara
INTERNATIONAL $

(📞 0370-693619; www.asmara-group.com; Jl. Raya Senggigi; Hauptgerichte 25 000–80 000 Rp; ⏱ 8-23 Uhr; 📶🍴) Das Restaurant ist die richtige Wahl für Familien und bietet eine Speisekarte, die kulinarisch die ganze Welt umspannt: Von Carpaccio mit Thunfisch und Wiener Schnitzel bis hin zu *satay pusut* (mit gehacktem Fleisch oder Fisch), einem typischen Gericht von Lombok, kann hier (fast) alles bestellt werden. Für Kinder gibt es einen Spielplatz und eine eigene Speisekarte. Dem Restaurant angeschlossen ist die Asmara Collection (s. S. 305).

Office
INTERNATIONAL $

(📞 0370-693162; Jl. Raya Senggigi, Pasar Seni; Hauptgerichte 25 000–65 000 Rp; ⏱ 9-22 Uhr) Das Lokal nahe der beschönigend als „Kunstmarkt" bezeichneten Einrichtung bietet eine typisch indonesische und westliche Auswahl, dazu Billardtische, Ballspiele und beharrliche Bargäste. Kulinarisch interessanter ist die Karte mit thailändischen Gerichten, die Eingeweihte kennen und schätzen. Die Tische im Sand bei den Fischerbooten zählen zu den besten Orten in ganz Senggigi für einen entspannten Drink bei Sonnenuntergang.

Square INTERNATIONAL $$
(0370-693688; Jl. Raya Senggigi; Hauptgerichte 40 000–150 000 Rp; 11–23 Uhr;) Ein gehobenes Restaurant mit wunderschön geschnitzten Sitzbänken und einer Speisekarte mit westlichen und indonesischen Gerichten: Die Riesengarnelen mit Worcestershiresoße aus dem Wok sind nur ein Beispiel. Die Küche hebt sich in ihrem Anspruch deutlich vom sonst Üblichen ab, der Service ist allerdings eher durchschnittlich. Die Tische stehen in einiger Entfernung zum Straßenlärm.

Warung Menega FISCH $$
(0370-663 4422; Jl. Raya Senggigi, Batu Layar Beach; Mahlzeiten 80 000–250 000 Rp; 11 bis 23 Uhr) Wer Bali verlassen hat, ohne die Fischspezialitäten aus Jimbaran probiert zu haben, kann das in diesem Fischrestaurant am Strand ausgiebig nachholen. Zur Auswahl stehen fangfrischer Barrakuda, Tintenfisch, Snapper, Zackenbarsch, Hummer, Thunfisch und Garnelen – alles wird über Kokosnussschalen gegrillt und bei romantischem Kerzenlicht an den im Sand stehenden Tischen serviert.

Cafe Alberto ITALIENISCH $$
(0370-693039; Jl. Raya Senggigi; Hauptgerichte ab 50 000 Rp; 8–23 Uhr) Aus der Küche des alteingesessenen und beliebten italienischen Strandrestaurants kommen viele Pastagerichte, besonders berühmt ist das Lokal aber für seine Pizzas. Auch dieses Lokal bietet seinen Gästen kostenlose Fahrten vom/zum Hotel an.

Hotel Lina BAR
(0370-693237; Jl. Raya Senggigi; 8–22 Uhr) Mit seiner Terrasse am Meer ist das kleine, alternde Hotel Lina ein zeitloser Ort für einen Sundowner. Die Happy Hour beginnt um 16 Uhr und endet eine Stunde nach Sonnenuntergang.

Papaya Café BAR
(0370-693136; Jl. Raya Senggigi; 8–23 Uhr) Die Innenausstattung mit rohen Steinwänden, Rattanmöbeln und fantasievollen Kunstwerken der Asmat aus Papua-Neuguinea hat Klasse, die Auswahl der importierten Bargetränke lässt sich sehen. Am Tag macht sich allerdings der Straßenlärm störend bemerkbar, bei Nacht wird es dann merklich ruhiger.

Der Norden von Senggigi

Coco Beach INDOONESISCH $$
(0817 578 0055; Pantai Kerandangan; Hauptgerichte ab 60 000 Rp; 12–22 Uhr;) Etwa 2 km nördlich der Ortsmitte von Senggigi bietet das wunderbare Strandrestaurant mit geschmackvollen, geschützten Sitzplätzen eine Speisekarte mit gesunder Auswahl, darunter viele Salate und vegetarische Gerichte (in denen so viele Bioprodukte wie möglich verarbeitet werden). Das *nasi goreng* wird von den Einheimischen gelobt, die Fischgerichte sind die Besten der ganzen Gegend.

Es gibt eine vollständig ausgestattete Bar, an der auch echte *Jamu*-Getränke mit Heilkräutern zubereitet werden.

Shoppen

Die Einkaufsmöglichkeiten in Senggigi beschränken sich im Wesentlichen auf den Verkauf von Sarongs in verwaschenen Farben. Viel interessanter ist da ein Tagesausflug zu den großen Märkten in Mataram.

Asmara Collection KUNSTHANDWERK
(0370-693619; Jl. Raya Senggigi; 8–23 Uhr) Von den üblichen Läden hebt sich dieses Geschäft durch ein ausgewähltes Angebot an volkstümlichem Kunsthandwerk ab, darunter wunderschöne Schnitzereien und Stoffe aus Sumba und Flores. Die meisten der hier verkauften Artikel – geflochtene Körbe, handgewebte Textilien, Steingut, Holz- und Bambus-Schnitzereien und Palmblattschachteln – werden auf Lombok von einheimischen Handwerkern nach überlieferten Methoden hergestellt, mit einem kleinen zeitgenössischen Touch.

Praktische Informationen

Die nächstgelegenen Krankenhäuser befinden sich in Mataram. Geldautomaten gibt es einige.
Touristenpolizei (0370-632733)

An- & Weiterreise

Perama (0370-693007; www.peramatour.com; Jl. Raya Senggigi; 8–20 Uhr) Betreibt einen Shuttleservice zur öffentlichen Fähre in Lembar, die nach Padangbai auf Bali (125 000 Rp) übersetzt, die Busse fahren abgestimmt auf den Fahrplan. Auf Bali gibt es dann Anschlussverbindungen nach Sanur, Kuta und Ubud (alle Fahrten 150 000 Rp). Die Fahrten können länger als 8 Std. dauern. Dazu kommen Bus- und Schiffsverbindungen zu den Gili-Inseln (150 000 Rp, 2 Std.). Fahrgäste können so der Hektik des Hafens von Bangsal aus dem Weg gehen.

Regelmäßig verkehren Bemos zwischen Senggigi und der Haltestelle Kebon Roek in Ampenan (3000 Rp), wo man nach Mataram umsteigen kann. Bemos lassen sich leicht an der Hauptstraße heranwinken.

Eine Taxifahrt nach Lembar kostet 150 000 Rp. Fahrten in einem Taxi mit Taxameter zum Flughafen in Praya kosten ca. 150 000 Rp (1 Std.).

Es gibt keine öffentlichen Bemo-Verbindungen in nördlicher Richtung zum Hafen Bangsal. Fahrten in einem Taxi mit Uhr 90 000 Rp.

ⓘ Unterwegs vor Ort

Das Ortszentrum von Senggigi lässt sich leicht zu Fuß erkunden. Wer außerhalb wohnt, kann den kostenlosen Fahrservice nutzen, den viele Restaurants ihren Gästen anbieten.

Mopeds können für 60 000 Rp pro Tag gemietet werden. Autovermietungen sind zahlreich; die Preise variieren zwischen 150 000 Rp und 300 000 Rp pro Tag. Ein Leihwagen mit Fahrer kostet mindestens 600 000 Rp pro Tag.

Von Senggigi nach Bangsal

Folgt man der wellenförmigen Küstenlinie von Senggigi aus nordwärts, sind die von weißem Sand gesäumten Gili-Inseln in der Ferne zu sehen – sie scheinen im Sonnenlicht zu strahlen. Die Buchten des Küstenabschnitts sind unberührte, bilderbuchschöne, mondsichelförmige Bögen, die von Palmen eingerahmt werden.

Rund 20 km nördlich von Senggigi liegt die weite Bucht von **Teluk Nare/Teluk Kade**. Hier haben mehrere Schnellbootbetreiber eine Anlegestelle, sie ist eine der Haltepunkte der Fährverbindungen zwischen Bali und den Gili-Inseln. Privatboote, die zu den Ferienanlagen von Gili Trawangan gehören, legen an privaten Stegen an.

Nach weiteren 5 km sind die Abzweigung zum **Hafen Bangsal** mit seiner chaotischen Betriebsamkeit und damit die öffentlichen Boote zu den Gili-Inseln (s. S. 327) erreicht.

DER NORDEN & DAS ZENTRUM

♪ 0370

Grün und fruchtbar ist das landschaftlich reizvolle Landesinnere der Insel. Ein Mosaik aus Reisterrassen, dichten grünen Wäldern, sanft geschwungenen Tabakfeldern und Obst- und Nussbaumgärten wird vom heiligen Berg Gunung Rinjani gekrönt. Mit dieser großartigen Natur eng verbunden sind die traditionellen Siedlungen der Sasak, der auf Lombok ansässigen, indigenen Volksgruppe. Einige Orte haben sich einen Ruf als kunsthandwerkliche Zentren erworben.

Öffentliche Verkehrsmittel fahren nur unregelmäßig und auch nicht immer zuverlässig, die Hauptstraßen sind jedoch in gutem Zustand. Mit einem eigenen Fahrzeug lassen sich die schwarzen Sandstrände der Fischer und die landeinwärts liegenden Dörfer und Wasserfälle bequem erkunden.

Von Bangsal nach Bayan

In den Norden von Bangsal fahren die öffentlichen Verkehrsmittel nur unregelmäßig. Mehrere Minibusse verkehren dafür täglich zwischen dem Bahnhof Mandalika in Bertais (Mataram) und Bayan, doch in Pemenang bzw. Anyar ist man auf Anschlüsse angewiesen, die schwierig zu planen sind. Ein eigenes Auto erleichtert da das Weiterkommen erheblich.

Halbinsel Sire

Die vorspringende Halbinsel Sire (auch: Sira) ist ein verstecktes, exklusives Urlaubsgebiet auf Lombok und scheint die drei Gilis aus ihrer Spitze nahezu hinausgepustet zu haben. Sie besitzt unglaublich schöne, weit geschwungene weiße **Sandstrände**, das klare Wasser eignet sich wunderbar für Schnorchelausflüge.

Drei luxuriöse Hotelanlagen sind in der Nachbarschaft einiger Fischerdörfer und imposanter Privatvillen entstanden, außerdem ein wunderbares Boutiquehotel der

> **LOMBOK IM RAMADAN**
>
> Der Fastenmonat Ramadan ist der neunte Monat des muslimischen Kalenders. In den Tagesstunden sind viele Restaurants in der Hauptstadt und im konservativen Osten und Süden der Insel (mit Ausnahme von Kuta) geschlossen. In diesen Gegenden stoßen Ausländer, die dann in der Öffentlichkeit essen, trinken (vor allem Alkohol) oder rauchen, auf Ablehnung.
>
> In Senggigi, den Urlaubsgebieten und im größten Teil des Nordens ist man dagegen toleranter.

> **WETU TELU**
>
> Wetu Telu ist eine vielschichtige Mischform aus Hinduismus, Islam und Animismus, die mittlerweile offiziell als muslimische Sekte anerkannt ist. Im Vordergrund steht eine sehr gegenständliche Auffassung der Dreifaltigkeit. Sonne, Mond und Sterne repräsentieren Himmel, Erde und Wasser. Kopf, Leib und Gliedmaßen des Menschen stehen für Kreativität, Empfindung und Tatkraft.
>
> Bis 1965 zählte eine überwiegende Mehrheit der Sasak im nördlichen Lombok zu den Anhängern des Wetu Telu, doch unter dem Regime der „neuen Ordnung" des Diktators Suharto wurden die Religionen indigener Volksgruppen unterdrückt; unter dem enormen Druck wandelte sich die Wetu-Telu-Religion in Wetu Lima (eine orthodoxere Form des Islam). Im Kernland des Wetu Telu, der Region um Bayan, ist es jedoch den Einheimischen gelungen, ihren ursprünglichen Glauben zu bewahren, indem sie ihre kulturellen Traditionen (Wetu Telu) unabhängig von ihrer Religion (Islam) weiterführten. Die meisten halten nicht die gesamte Fastenzeit des Ramadan ein und besuchen die Moschee nur zu bestimmten Anlässen, der Konsum eines alkoholhaltigen Reisweins (*brem*) ist weit verbreitet.

mittleren Kategorie. Beachtenswert ist ein kleiner **Hindutempel,** der direkt hinter dem Luxushotel Oberoi liegt. Seine Schreine wurden in die rohen Felsen der Küste gehauen, vom Tempel bieten sich schöne Ausblicke auf den Ozean.

🛏 Schlafen & Essen

⭐ Rinjani Beach Eco Resort
BOUTIQUEHOTEL $$
(☎ 0878 6515 2619, 0878 6450 9148; www.lombok-adventures.com; Karang Atas; Bungalows 350 000–900 000 Rp; ❄☲) Ein Juwel der mittleren Preiskategorie mit fünf großen Bambusbungalows, die nach jeweils unterschiedlichen Themen gestaltet wurden. Sie haben eigene Terrassen, auf denen Hängematten aufgespannt sind, und Zugang zu einem Pool an einem schwarzen Sandstrand. Zu alledem gibt es zwei preiswertere, kleine Bungalows mit Kaltwasser für Reisende mit kleinem Budget. Zum Hotel gehören eine Tauchschule und ein Restaurant, außerdem werden Seekajaks und Mountainbikes verliehen.

⭐ Tugu Lombok
RESORT $$$
(☎ 0370-612 0111; www.tuguhotels.com; Bungalows ab 250 US$, Villas ab 280 US$; ❄🌐☲) Das Tugu Lombok ist die erstaunliche Verwirklichung eines Architektentraumes: Das Hotel ist eine gewagte Verschmelzung von Luxusunterkünften, skurrilem Design und dem spirituellen Erbe Indonesiens.

Die Ferienanlage liegt an einem wunderschönen weißen Sandstrand. Die Innenausstattung spiegelt indonesische Traditionen wider, das exquisite Spa ist dem buddhistischen Borobudur-Tempel auf Java nachempfunden, das Hauptrestaurant gleicht einem überdimensionalen Reisspeicher.

Oberoi Lombok
RESORT $$$
(☎ 0370-638444; www.oberoihotels.com; Zi. ab 300 US$, Villas ab 450 US$; ❄🌐☲) Ein Höchstmaß an Weltabgeschiedenheit wurde mit diesem Hotel des Oberoi-Imperiums erreicht. Das Herzstück des Hotels ist ein Pool mit drei Ebenen, der einen Blick auf einen schönen Privatstrand freigibt. Stilprägend ist die indonesische Raja-Kultur in Form von luxuriösen abgesenkten Marmorbadewannen, Teakholzböden, antikem Mobiliar und Orientteppichen. Der Service ist untadelig. Häufig werden Zimmer zu Preisen angeboten, die erstaunlich erschwinglich sind.

Gondang & Umgebung

Im Nordosten des Dorfes Gondang führt ein 6 km langer Wanderweg landeinwärts zum **Air Terjun Tiu Pupas,** einem 30 m hohen Wasserfall, der nur in der Regenzeit einen Besuch lohnt (pro Pers. 30 000 Rp). Von dort führen Wanderwege zu weiteren Wasserfällen, der schönste von ihnen ist der **Air Terjun Gangga**. Ein ortskundiger Führer (rund 80 000 Rp) ist zur Orientierung auf den verwirrenden Pfaden hilfreich.

Bayan

Die Wetu-Telu-Religion, eine vom Animismus beeinflusste Form des Islam auf Lombok, trat erstmals in bescheidenen strohgedeckten Moscheen an den Ausläufern des Rinjani in Erscheinung. Das beste Beispiel ist die Moschee **Masjid Kuno Bayan Beleq** beim Dorf Beleq. Ihr tief herabhängendes Dach, die Lehmböden und Bambuswände stammen angeblich von 1634, sie wäre damit die älteste Moschee von Lombok. Im Innern befindet sich eine riesige alte Trommel, mit der man die Gläubigen – in den seligen Zeiten vor der Erfindung des Lautsprechers – zum Gebet rief.

Senaru

Die beiden malerischen Dörfer, aus denen Senaru entstanden ist, verschmelzen entlang einer steilen Straße mit weiten Ausblicken auf den Rinjani und das Meer zu einem einzigen Ort. Die meisten Reisenden fahren hier auf dem Weg zum Vulkan nur vorbei, die wunderschönen Wanderwege und spektakulären Wasserfälle dieser Gegend sind es jedoch wert, die Fahrt für eine Weile zu unterbrechen.

Senaru leitet seinen Namen von *sinaru* her, was „leicht" bedeutet. Wer auf der steilen Fahrt bergauf dem Wolkenhimmel näher kommt, wird es nachempfinden können.

⊙ Sehenswertes & Aktivitäten

Air Terjun Sindang Gila (10 000 Rp) besteht aus mehreren spektakulären Wasserfällen, die von Senaru aus in 20 Minuten auf einem reizvollen Berg- und Waldwanderweg erreichbar sind. Wer sich allerdings zu nah heranwagt, muss schon sehr hartgesotten sein: Die schäumenden Wassermassen stürzen mit großer Wucht in die Tiefe, prallen auf schwarze Vulkanfelsen, um dann in 40 m hohen Fontänen wieder in die Höhe zu schießen.

Ein ansteigender Weg führt nach weiteren 50 Minuten zum **Air Terjun Tiu Kelep,** auch dieser Wasserfall hat ein natürliches Badebecken. Der Weg ist sehr steil und macht eine ortskundige Begleitung (60 000 Rp) zwingend notwendig. Manchmal lassen sich Langschwanzmakaken (die Einheimischen nennen sie *kera*) und die viel selteneren Silbernen Haubenlanguren sehen.

In **Dusun Senaru,** einem traditionellen Dorf der Sasak am oberen Ende der Straße, laden die Dorfbewohner Gäste gern zu einer Portion Betelnuss (oder Kautabak) ein und führen sie gegen eine Spende herum.

Geführte Wanderungen und dörfliche Tourismusveranstaltungen werden in den meisten Pensionen arrangiert – z. B. eine **Reisterrassen- und Wasserfallwande-** **rung** (pro Pers. 150 000 Rp), mit einem Zwischenstopp am Wasserfall Sindang Gila, bei schönen Reisfeldern und einer alten Bambusmoschee.

Lohnenswert ist auch der **Senaru Panorama Walk** (pro Pers. 150 000 Rp) mit eindrucksvollen Aussichten und Einblicken in die regionalen Traditionen.

Auf einer Wanderung zum Air Terjun Sindang Gila ist kein Führer nötig, da der Weg gut markiert ist. Auf dem Weg zum zweiten Wasserfall ist ein Führer empfehlenswert. Leider sind all jene, die beim Eintritt zum Wasserfall warten und ihre Dienste anbieten, sehr wahrscheinlich keine autorisierten Führer und sollten gemieden werden.

Im Ort dagegen sind Führer mit Genehmigungen leicht zu finden, insbesondere in der kleinen Gruppe von Läden am Zugang zum Air Terjun Sindang Gila.

🛏 Schlafen & Essen

Alle Unterkünfte und Restaurants von Senaru reihen sich an einer 6,5 km langen Straße auf, die in Bayan beginnt und bergauf über Batu Koq zum Hauptparkbüro des Nationalparks Gunung Rinjani und zum Rinjani Trekking Centre führt.

Die meisten Unterkünfte, insgesamt etwa ein Dutzend, sind schlichte Berghütten, das kühlere Klima macht hier Ventilatoren überflüssig. Alle aufgeführten Unterkünfte liegen verstreut an der Straße von Bayan nach Senaru und sind hier in der Reihenfolge ihrer Lage (vom oberen bis zum unteren Ende der Straße) aufgelistet.

★**Rinjani Lighthouse** GUESTHOUSE $
(📞 0818 0548 5480; www.rinjanilighthouse.mm.st; Zi. 350 000–800 000 Rp) Auf einer weiten Hochebene, nur 200 m vom Rinjani-Nationalparkbüro entfernt, befindet sich diese imposante Pension mit Strohdachbungalows, die in der Größe für zwei Personen oder sogar für Familien geeignet sind. Die Betreiber sind zudem eine sprudelnde Informationsquelle über den Rinjani.

Gunung Baru Senaru COTTAGE $
(📞 0819 0741 1211; rinjaniadventure@gmail.com; Zi. 150 000 Rp; 📶) Ein kleiner Familienbetrieb mit nur fünf einfachen, gefliesten Hütten mit Toiletten nach westlicher Art und Bädern (*mandi*) in einem Blumengarten.

Pondok Senaru & Restaurant LODGE $
(📞 0818 0362 4129; pondoksenaru@yahoo.com; Zi. 250 000–600 000 Rp, Hauptgerichte 20 000

bis 50 000 Rp; ⊙ Restaurant 7–21 Uhr; 🛜) Die Lodge besteht aus 14 zauberhaften kleinen Hütten mit Ziegeldächern sowie mehreren gut ausgestatteten Superior-Zimmern mit heißem Wasser und einer Reihe anderer Annehmlichkeiten.

Das Restaurant, dessen Tische am Rand steil abfallender Reisterrassen stehen, ist ein wahrhaft erhabener Ort für eine Mahlzeit. Das Haus befindet sich am Zugang zum Wasserfall.

Rinjani Lodge GUESTHOUSE $$
(📞0819 0738 4944; www.rinjanilodge.com; Zi. 500 000–1 000 000 Rp; ❄🛜🏊) Eine neue, komfortable Pension mit fünf Bungalows, von denen sich traumhafte Ausblicke über den ganzen Norden der Insel bis zum Ozean eröffnen. Die Zimmer sind gut ausgestattet, Restaurant und Pool bieten den gleichen schönen Weitblick. Auch eine hier heimische Horde von Silbernen Haubenlanguren erfreut sich an der weiten Sicht. Die Lodge liegt direkt unterhalb des Zugangs zum Wasserfall.

Sinar Rinjani LODGE $
(📞0818 540 673; www.senarutrekking.com; Zi. 150 000–350 000 Rp; 🛜) Die acht Zimmer des Hauses sind riesengroß und mit Regenduschen (teilweise mit Heißwasser) und breiten Doppelbetten ausgestattet, das Dachterrassenrestaurant bietet überwältigende Ausblicke ins Umland. Das Lodge liegt 2,1 km vom oberen Ende der Straße entfernt.

ⓘ Praktische Informationen

Das hoch gelegene Rinjani Trek Centre (S. 310) ist die offizielle Einrichtung am Ort für Bergführer und Bergwanderungen. Alle Touren zum Rinjani, die in Senaru starten, werden ausschließlich mit Führern und Genehmigungen durch dieses Zentrum durchgeführt.

ⓘ An- & Weiterreise

Vom Busbahnhof Mandalika in Bertais (Mataram) fahren Busse nach Anyar (25 000–30 000 Rp, 2½ Std.). Bemos fahren nicht mehr von Anyar nach Senaru, stattdessen kann eine Fahrt im *ojek* (Motorradtaxi; pro Pers. ab 20 000 Rp, je nach Gepäck) organisiert werden.

Sembalun-Tal

📞0376
Auf östlicher Seite des Gunung Rinjani liegt das wunderschöne, hoch gelegene Sembalun-Tal. Das Hochtal wird von Vulkanen und Berggipfeln eingerahmt und ist eine fruchtbare landwirtschaftliche Region. Die goldbraunen Ausläufer der Berge verfärben sich in der Regenzeit leuchtend grün. Wenn sich die hohen Wolken teilen, tritt der Rinjani in seiner ganzen Schönheit hervor.

Im Tal gibt es hauptsächlich zwei Siedlungen, Sembalun Lawang und Sembalun Bumbung – stille Dörfer, in denen man in erster Linie vom Anbau von Kohl, Kartoffeln, Erdbeeren und Knoblauch lebt. Der Trekking-Tourismus bringt zusätzlich geringe Einnahmen. Die beiden Orte sind die besten Ausgangspunkte für den Aufstieg zum Gipfel des Rinjani.

🏃 Aktivitäten

Rinjani Information Centre WANDERN
(RIC; 📞0818-0572 5754; Sembalun Lawang; ⊙6–18 Uhr) Das Besucherzentrum ist die erste Anlaufstelle für Informationen über Bergtouren auf den Rinjani. Es beschäftigt nicht nur fachkundige, englischsprachige Mitarbeiter, sondern bietet auch zahlreiche faszinierende Informationstafeln zu Flora, Fauna, Geologie und Geschichte der Region.

Lohnenswert sind auch der vom Zentrum organisierten vierstündige **Village Walk** (pro Pers. 150 000 Rp, mind. 2 Pers.) und der zweitägige **Wildflower Walk** (pro Pers. 550 000 Rp inkl. Führer, Träger, Mahlzeiten und Campingausrüstung), der in weitem Bo-

---

NICHT VERSÄUMEN

FAHRTEN DURCH DAS SEMBALUN-TAL

Ausnahmslos jede Straße, die innerhalb und rund um das Sembalun-Tal verläuft, bietet überwältigende landschaftliche Ausblicke. Eine Fahrt nordwärts nach Koko Putih führt z. B. durch ausgedehnte Cashewbaumbestände.

Eine noch spektakulärere Landschaft ist auf einer 60 km langen Fahrt zwischen Aikmel und Sembalun Lawang zu erleben. Die höheren Lagen der Talhänge, durch die diese Straße führt, sind mit dichtem tropischem Regenwald bewachsen. An jedem beliebigen Haltepunkt kann man neben einer Fülle von tropischen Blüten zahlreiche Schwarze und Silberne Haubenlanguren sehen.

Auch am südlichen Rand des Tales sind die weiten Ausblicke einzigartig.

gen durch blühendes Weideland führt. Camping- und Trekkingausrüstung werden auf Wunsch verliehen. Das Zentrum liegt direkt an der Hauptstraße.

Schlafen

Das Dorf Sembalun Lawang ist ländlich und schlicht; die meisten Pensionen stellen gegen eine Gebühr heißes Wasser für ein *mandi* (Bad) bereit. Das Rinjani Information Centre (RIC) gibt Auskunft über kleine Homestays, deren Zimmerpreise zwischen 150 000 Rp und 500 000 Rp liegen.

Lembah Rinjani   LODGE $
(0818 0365 2511, 0852 3954 3279; Sembalun Lawang; Zi. 300 000–400 000 Rp) Die Lodge bietet 15 schlichte, aber gepflegte Zimmer mit eigenen Veranden. Die Ausblicke auf die Berge und den morgendlichen Sonnenaufgang sind atemberaubend.

Maria Guesthouse   GUESTHOUSE $
(0852 3956 1340; Sembalun Lawang; Zi. 250 000 Rp) Auf der Rückseite eines Familiengehöfts stehen drei große Bungalows mit Blechdächern. Die Unterkünfte sind hell, die Fußböden mit bunten Fliesen bedeckt. Die familiäre Atmosphäre macht viel Spaß, die Lage inmitten eines Gartens ist hübsch.

Rinjani Information Centre   LODGE $
(RIC; 0817 571 3041; Sembalun Lawang; Zi. ab 200 000 Rp) Das RIC vermietet auf der Rückseite seines Büros fünf einfache Gästezimmer mit großen Betten, eigenen Bädern und winzigen Terrassen.

An- & Weiterreise

Vom Busbahnhof Mandalika in Bertais (Mataram) fahren Busse nach Aikmel (20 000 Rp), dort steigt man in ein Bemo nach Sembalun Lawang um (15 000 Rp).

Es gibt keine öffentlichen Verkehrsmittel zwischen Sembalun Lawang und Senaru; die einzige Möglichkeit ist ein *ojek*, das für eine (wahrscheinlich unbequeme) Fahrt zum Preis von 200 000 Rp gemietet werden kann.

Gunung Rinjani

Er beherrscht die Landschaft im Norden Lomboks: Mit seinen stolzen 3726 m ist der Gunung Rinjani der zweithöchste Vulkan Indonesiens. Der imposante Vulkankegel gilt den Hindus und Sasak als heiliger Berg, sie unternehmen Wallfahrten zu seinem Gipfel und Kratersee, um Göttern und Geistern Opfergaben darzubringen. Für die Balinesen ist der Rinjani neben dem balinesischen Agung und dem Bromo auf Java einer der drei heiligen Berge des Landes. Bei den Sasak ist es gebräuchlich, immer zur Zeit des Vollmondes zum Gipfel zu wandern.

Der Berg ist auch klimatisch bedeutend: An seinem Gipfel sammeln sich ständig Regenwolken. Sein Ascheausstoß bringt den Reis- und Tabakpflanzen der Insel Fruchtbarkeit und lässt einen Flickenteppich von Reis- und Tabakfeldern, Cashewnuss- und Mangobäumen entstehen.

Im Innern des gewaltigen Kraters, 600 m unterhalb des Kraterrandes, verbirgt sich ein erstaunlicher kobaltblauer See in Sichelform. Der **Danau Segara Anak** („Kind des Meeres") hat eine Länge von 6 km, die Balinesen werfen Gold- und Schmuckstücke in den See (eine Zeremonie namens *pekelan*), bevor sie sich an den mühsamen Aufstieg zum heiligen Gipfel machen.

Der jüngste Kegel, der Gunung Baru, entstand erst vor einigen Jahrhunderten, sein narbiges Profil erhebt sich schwelend über dem See und erinnert mahnend an die apokalyptische Gewalt, die von Vulkanen ausgehen kann. In den vergangenen zehn Jahren zeigte der Vulkan Anzeichen erneuter eruptiver Tätigkeit, regelmäßig stieß er Rauch- und Aschewolken über das gesamte Kratergebiet des Rinjani aus.

Im Krater befinden sich natürliche Thermalquellen, die **Aiq Kalak**. Einheimische kommen mit Säckchen voller Heilkräuter im Gepäck zur Linderung von Hautleiden dorthin und baden im sprudelnden mineralreichen Wasser.

Organisierte Trekkingtouren

Die Aufstiege zum Kraterrand, See oder Gipfel sind nicht zu unterschätzen, einheimische Führer sind dabei zwingend vorgeschrieben. Der Aufstieg zum Rinjani ist in der Regenzeit (Nov. bis März) grundsätzlich untersagt, da in dieser Zeit immer mit Erdrutschen zu rechnen ist. Nur von Juni bis August ist die Wahrscheinlichkeit groß, von Regen oder Wolken (weitgehend) verschont zu bleiben. Im Gepäck sollte man Isomatten und Schlafsäcke oder Decken haben, denn am Kraterrand kann es zu jeder Jahreszeit kalt (und am Gipfel auch frostig) werden.

Am einfachsten lässt sich eine Wanderung über das **Rinjani Trek Centre** (RTC; 0817 572 4863 6334 4119; 6–16 Uhr); in Senaru oder über das **Rinjani Information**

Gunung Rinjani

Andreas Expedition

(Map of Gunung Rinjani area showing: Bayan (4 km), Senaru, Batu Koq, Air Terjun Sindang Gila, Laloan (4 km), Torean, Koko Putih (4 km), Waldschutzzone, Gunung Rinjani Reserve, Waldschutzzone, Gunung Rinjani Nationalparkzentrum, Pos. I (601 m), Pos. II (1500 m), Gunung Sampurarung (2037 m), Gunung Malang (2251 m), Pos. III (2000 m), Gunung Senkereang (2919 m), Sajang, Pemantuan Schutzhütte (1300 m), Sembalun Lawang, Gunung Marungmeriris (1892 m), Pelawangan I (2641 m), Campsite, Aiq Kalak, Tengengean Schutzhütte (1500 m), Pada Balong Schutzhütte (1800 m), Sembalun Bumbung, Gunung Tanaklayur (2664 m), Shelter Campsite, Danau Segara Anak, Pelawangan II (2700 m), Campsite, Gunung Rinjani National Park, Mayung Putih, Gunung Buanmangge (1916 m), Gunung Baru (2351 m), Gunung Rinjani (Gipfel) (3726 m), Gunung Adas (1893 m), Bukit Ketimunan (1602 m), Crater Rim, Tetebatu (12 km), Sesaot (20 km), Sungai Putih, Sapit (6 km), Aikmel (50 km), Gunung Bukitbau (1668 m))

Centre (RIC; 0878 6334 4119; 6–18 Uhr) in Sembalun Lawang organisieren. Beide Zentren arbeiten nach einem Rotationssystem, sodass alle ortsansässigen Bergführer von den Einkünften durch die Trekkingtouren profitieren.

Alle Veranstalter, die Wanderungen organisieren, bieten annähernd gleiche Trekkingprogramme zu vergleichbaren Preisen an (die Bezahlung für Bergführer und Träger sind durch das RTC und RIC festgelegt, einige Veranstalter haben auch „Luxus"-Varianten im Programm. Trekkingtouren von Senaru nach Sembalun Lawang und zum Kratersee sind sehr beliebt, ebenso die Route von Sembalun Lawang zum Gipfel.

Die Preise für Trekkingtouren reduzieren sich bei größerer Teilnehmerzahl. Eine dreitägige Wanderung zum Gipfel und zum See kostet bei einer Gruppe von zwei bis vier Teilnehmern ab 300 US$ pro Person (einschließlich Verpflegung, Ausrüstung, Bergführer, Träger, Parkgebühr und Rücktransport nach Senaru). Eine Wanderung zum Kraterrand mit einer Übernachtung kostet zwischen 150 und 200 US$.

VERANSTALTER

Reisebüros in Mataram, Senggigi und auf den Gili-Inseln organisieren ebenfalls Trekkingtouren zum Rinjani (inkl. Rückfahrt zum Ausgangsort).

John's Adventures TREKKING
(0817 578 8018; www.rinjanimaster.com; Senaru)
John's Adventures ist ein Veranstalter mit großer Erfahrung (zur Ausstattung gehören Toilettenzelte und dicke Schlafmatten). Die Wanderungen beginnen entweder in Senaru oder Sembalun Lawang.

Das Büro des Veranstalters in Senaru liegt 2 km unterhalb des Parkbüros.

Rudy Trekker TREKKING
(0818 0365 2874; www.rudytrekker.com; Senaru)
Dieser zuverlässige Veranstalter hat seinen Sitz in Senaru und bietet ganz unterschiedliche Wanderrouten an. Die meisten Trekking-Wanderer entscheiden sich jedoch für eine dreitägige Pauschaltour mit zwei Übernachtungen, die in Sembalun Lawang startet. Das Büro des Veranstalters befindet sich nahe beim Zugang zum Air Terjun Sindang Gila. An der Wand ist eine nützliche Liste aller nötigen Ausrüstungsgegenstände aufgehängt.

Bergführer & Träger

Eine Bergwanderung im Alleingang zu unternehmen ist schlichtweg verboten und

DIE BESTEIGUNG DES GUNUNG RINJANI

Die beliebteste Art, den Gunung Rinjani zu besteigen, ist eine fünftägige Trekkingtour, die in Senaru beginnt und in Sembalun Lawang endet. Eine von mehreren anderen Möglichkeiten ist die Besteigung vom höher gelegenen Sembalun aus – eine extrem anstrengende Wanderung, die mit Hin- und Rückweg zwei Tage beansprucht.

Erster Tag: Senaru Pos. I bis Pos. III (5–6 Std.)

Am südlichen Rand von Senaru befindet sich das **Rinjani Trek Centre** (Pos. I, 601 m), wo Wanderer sich registrieren lassen, Führer und Träger engagieren und die Parkgebühren bezahlen. Direkt dahinter gabelt sich der Wanderweg – der nach rechts führende Weg ist der richtige. Der Weg führt stetig bergauf durch von Büschen bestandenes Ackerland. Nach 30 Minuten ist der Eingang zum **Taman Nasional Gunung Rinjani** (Nationalpark Gunung Rinjani) erreicht. Der breite Wanderweg steigt weiter an und führt nach 2½ Std. zur Pos. II (1500 m), dort gibt es einen Unterstand. Noch weitere 1½ Std. geht es stetig bergan, bis schließlich Pos. III (2000 m) erreicht ist, wo man zwei Unterstände in verwahrlostem Zustand vorfindet. Pos. III bietet sich dennoch am Ende des ersten Tages als Zeltplatz für die Nacht an.

Zweiter Tag: Pos. III bis Danau Segara Anak & Aiq Kalak (4 Std.)

Von Pos. III sind es etwa 1½ Std. bis zum Kraterrand – **Pelawangan I** (2641 m). Wer früh am Morgen aufbricht, kann in der Höhe einen überwältigenden Sonnenaufgang erleben. Es ist möglich, bei Pelawangan I zu zelten, doch gibt es wenige Zeltplätze auf ebenem Boden, es fehlt frisches Wasser, und häufig treten sehr starke Windböen auf.

Der Abstieg zum Kratersee **Danau Segara Anak** und zu den heißen Quellen von **Aiq Kalak** dauert etwa 2 Std. In der ersten Stunde ist der Abstieg sehr steil und erfordert zum Teil bergsteigerisches Können. Vom Grund der Kraterwand führt eine leichte Wanderung in 30 Minuten auf einem Gelände mit sanften Unebenheiten um den See herum. Es gibt mehrere Plätze zum Zelten, die meisten Einheimischen halten sich in der Nähe der heißen Quellen auf, um dort ihre müden Glieder auszuruhen.

Dritter Tag: Aiq Kalak bis Pelawangan II (3–4 Std.)

Der Wanderweg beginnt beim letzten Unterstand an den heißen Quellen, führt etwa 100 m vom See weg und biegt nach rechts ab. Er traversiert dann den Nordhang des

---

überdies äußerst unklug. Am Rinjani sind schon einige Wanderer, ob mit oder ohne Bergführer, ums Leben gekommen. Nur die erfahrensten Bergsteiger dürften sich für qualifiziert genug halten, eine solche Wanderung im Alleingang zu unternehmen (Hinweise zur Sicherheit siehe S. 39).

Bergführer und Träger arbeiten zu festgesetzten Gebühren, die in allen buchbaren Trekking-Pauschaltouren enthalten sind. Trinkgelder für die Führer zwischen 20 000 bis 50 000 Rp pro Tag sind angemessen und können am Ende der Tour gezahlt werden.

Eintrittsgebühr & Ausrüstung

Die Eintrittsgebühr zum Nationalpark Gunung Rinjani beträgt 150 000 Rp *pro Tag* – die Besucher lassen sich beim RTC in Senaru oder beim RIC in Sembalun Lawang vor Antritt der Wanderung registrieren und bezahlen dort auch die fälligen Gebühren. Es wurden bereits Forderungen laut, die Nationalparkgebühren noch weiter anzuheben.

Schlafsäcke und Zelte sind unverzichtbar; wer nichts dergleichen dabeihat, kann sie im Bedarfsfall beim RTC oder RIC ausleihen. Vernünftige Wanderschuhe, warme Kleidung, Regenzeug, Handschuhe, Kochgeräte und eine Taschenlampe sind ebenfalls wichtig, auch sie können notfalls ausgeliehen werden. Eine vollständige Ausstattung kostet mindestens 100 000 Rp pro Kopf und Tag. Jeder Wanderer sollte selbst an die Mitnahme von Medikamenten (z. B. Sportsalben) und Badekleidung (zum Schwimmen im See und in den heißen Quellen) denken.

Alle Abfälle (auch Toilettenpapier) nimmt man wieder mit zurück. Leider ersticken etliche Zeltplätze am Rinjani dennoch in Müll.

Kraters, nach einer leichten, einstündigen Wanderung an den grasbewachsenen Hängen entlang endet der Weg vor einer unbarmherzig steil aufragenden Wand. Vom See dauert der Aufstieg zum Kraterrand (2639 m) drei Stunden. Am Kraterrand markiert ein Wegweiser den Weg zurück zum Danau Segara Anak. Beim Wegweiser teilt sich der Wanderweg: Geradeaus führt er nach Sembalun Lawang, ein zweiter Weg verläuft am Kraterrand entlang zum Zeltplatz von **Pelawangan II** (2700 m).

Vierter Tag: Pelawangan II bis zum Gipfel (hin & zurück 5–6 Std.)

Der Gipfel des Gunung Rinjani erhebt sich über einer ebenen Fläche und wirkt täuschend nah. Der Aufstieg sollte in aller Frühe (etwa 3 Uhr) beginnen, damit der Gipfel rechtzeitig zum Sonnenaufgang erreicht wird. Bei ungünstigen Windbedingungen ist der Gipfel nicht zugänglich, da der Weg an einem sehr exponierten Bergkamm entlangführt.

Der Aufstieg zum Bergkamm, der zum Rinjani leitet, führt über einen steilen, rutschigen und undeutlichen Weg und dauert rund 45 Minuten. Ist der Bergkamm erst einmal erreicht, geht es anschließend gleichmäßig bergauf. Nach einer Stunde meint man am (vermeintlichen) Gipfel zu stehen, doch das täuscht: Der eigentliche **Gipfel des Rinjani** (3726 m) ragt drohend dahinter auf. Dann wird der Weg immer steiler, 350 m vor dem Gipfel besteht das Geröll aus lockeren, faustgroßen Felsbrocken. Für diesen letzten Wegabschnitt sollte man eine Stunde kalkulieren. Überwältigend ist dann der Ausblick vom Gipfel. Insgesamt dauert der Aufstieg zum Gipfel drei Stunden, der Rückweg zwei Stunden.

Vierter/fünfter Tag: Pelawangan II bis Sembalun Lawang (6–7 Std.)

Nach dem Gipfel ist es theoretisch möglich, noch am selben Tag nach Sembalun Lawang abzusteigen. Vom Zeltplatz führt ein steil abfallender Weg ins Dorf hinunter – eine Strapaze für die Kniegelenke!

Vom Zeltplatz geht es zunächst am Kraterrand entlang. Kurz hinter der Abzweigung zum Danau Segara Anak führt eine beschilderte Wegabzweigung rechts nach **Pada Balong** (auch Pos. 3 genannt, 1800 m). Auf dem Wanderweg kommt man leicht voran; in zwei Stunden ist der Unterstand Pada Balong erreicht.

Der Wanderweg führt auf dem Weg nach **Sembalun Lawang** zum Unterstand Tengengean (auch: Pos. 2, 1500 m) und durchquert dabei welliges und flaches Weideland, das sich in einem Flusstal hinzieht. In weiteren 30 Minuten geht es dann durch hoch wachsendes Gras zum entlegenen Unterstand **Pemantuan** (auch: Pos. 1, 1300 m), von dort sind es weitere zwei Stunden auf einem unbefestigten Weg bis zur Ortschaft Sembalun Lawang.

Lebensmittel & Verpflegung

Die Trekking-Veranstalter des RTC und RIC sorgen für die Verpflegung der Teilnehmer. In Mataram sind Lebensmittel am preiswertesten zu bekommen, vieles lässt sich aber auch in Senaru und Sembalun Lawang kaufen. Wasservorräte sollten unbedingt reichlich bemessen sein – eine Dehydrierung kann zu Höhenkrankheit führen. Man sollte auch an Ersatzbatterien (die durch die Höhe ebenfalls Schaden nehmen können) sowie an Ersatzfeuerzeuge denken.

❶ Praktische Informationen

Nationalpark Gunung Rinjani (Taman Nasional Gunung Rinjani; ☏ 0370-660 8874; www.rinjaninationalpark.com) Auf der offiziellen Website des Nationalparks sind gutes Karten- und Informationsmaterial sowie ein sehr hilfreicher Abschnitt über erlebte Betrügereien durch zwielichtige Tourveranstalter zu finden.

Rinjani Trekking Club (☏ 0370-693202; www.info2lombok.com; Jl. Raya Senggigi) Dieser Veranstalter von Bergwanderungen betreibt ebenfalls eine sehr nützliche Website und organisiert Programme, bei denen die Nachhaltigkeit eine wichtige Rolle spielt.

Tetebatu

☏ 0376

Tetebatu ist die Kornkammer der Sasak. Durch die Region fließen die am Rinjani entspringenden Flüsse, der vulkanische Boden ist sehr fruchtbar. Die Landschaft ist ein bunter Flickenteppich aus Tabak- und Reisfeldern, Obstgärten und Weideland, das in die verbliebenen Flächen des „Affenwaldes" übergeht, der vom Rauschen verborgener

Wasserfälle widerhallt. Das gemäßigte Klima von Tetebatu ist ideal für lange Wanderungen durch das Umland (dank einer Höhenlage von 400 m ist es nicht so heiß und stickig wie an der Küste). Die tiefschwarzen Nächte sind von Froschkonzerten und dem begleitenden Murmeln zahlreicher Bäche erfüllt. Die sanften Naturklänge lullen auch nervöse Stadtmenschen in den Schlaf.

Der Ort ist weitläufig und zieht sich an Straßen entlang, die nördlich und östlich von der zentralen *Ojek*-Haltestelle abgehen und als sogenannte „Wasserfallstraße" bekannt sind. Zugleich befindet sich hier die in alle Himmelsrichtungen weiterführende Hauptkreuzung des Ortes.

◉ Sehenswertes & Aktivitäten

Ein schattiger, 4 km langer Wanderweg, der direkt im Norden der Moschee von der Hauptstraße abzweigt, führt in den **Taman Wisata Tetebatu** (Monkey Forest – „Affenwald") zu Schwarzlanguren und Wasserfällen. Wer dorthin wandern will, braucht jedoch einen Führer.

An den südlichen Hängen des Rinjani gibt es zwei **Wasserfälle**. Beide sind mit einem eigenen Auto oder auf einer spektakulären Wanderung (einfach zwei Stunden) durch Reisfelder von Tetebatu aus zu erreichen. Für diese Wanderung kann im Hotel oder in der Pension ein Führer (150 000 Rp) engagiert werden.

Eine steile, etwa 2 km lange Wanderung vom Parkplatz am Ende der Zufahrtsstraße zum Nationalpark Gunung Rinjani führt zum wunderschönen **Air Terjun Jukut**, der aus einer beeindruckenden Höhe von 20 m in ein tiefes Felsenbecken stürzt, das von dichtem Wald umgeben ist.

🛏 Schlafen & Essen

★ **Tetebatu Mountain Resort** LODGE $
(📞0812 372 4040, 0819 1771 6440; www.tetebatumountainresort.com; Zi. 350 000–400 000 Rp; ❄) Die zweistöckigen Bungalows in der Bauweise der Sasak sind die besten Unterkünfte im Ort, es gibt 23 Zimmer. Auf jeder Etage liegen separate Schlafzimmer – perfekt für gemeinsam reisende Freunde. In der oberen Etage bieten sich von einem Balkon aus zauberhafte Ausblicke auf Reisfelder.

Cendrawasih Cottages COTTAGE $
(📞0878 6418 7063; Zi. ab 200 000 Rp, Hauptgerichte 20 000–45 000 Rp; ⏱ Restaurant 8–21 Uhr) Anmutige kleine Ziegelsteinhütten in einer Art Reisspeicher (*lumbung*) stehen inmitten von Reisfeldern – sie sind mit Bambusbetten und eigenen Veranden ausgestattet. In einem tollen Restaurant auf Pfählen sitzen die Gäste auf Bodenkissen und genießen einen Panoramablick über die Reisfelder. Die Küche zeigt Einflüsse der Sasak, Indonesiens und der westlichen Welt. Die Hütten liegen etwa 500 m östlich der Kreuzung.

Hakiki Inn BUNGALOW $
(📞0818 0373 7407; www.hakiki-inn.com; Zi. 150 000–400 000 Rp; ❄) Sieben Bungalows stehen inmitten eines Blumengartens am Rand von Reisfeldern. Man findet sie oberhalb des Reisanbaugebietes, das der Inhaberfamilie gehört, etwa 600 m von der Kreuzung entfernt.

Pondok Tetebatu LODGE $
(📞0370-632572, 0818 0576 7153; Zi. 150 000 bis 250 000 Rp) 500 m im Norden der Kreuzung sind zwölf einzeln stehende, bungalowartige Unterkünfte um einen Blumengarten herum angeordnet. Die Räume sind schlicht möbliert. Die Lodge bietet Wanderungen mit Führer durch Bauerndörfer zu den Wasserfällen an.

ℹ Anreise & Unterwegs vor Ort

Alle inselweiten Busverbindungen passieren Pomotong (15 000 Rp vom Bahnhof Mandalika) auf der in Ost-West-Richtung verlaufenden Hauptstraße. Dort kann die Fahrt mit einem *ojek* (ab 20 000 Rp) nach Tetebatu fortgesetzt werden.

DER SÜDEN

📞 0370

Schöner können Strände nicht sein: Das Wasser ist warm, leuchtet in zahllosen Türkistönen und läuft in imposanten Wellentunneln aus. Der Sand ist seidenweich und schneeweiß, die Strände oft von felsigen Landspitzen und schroffen Klippen eingefasst. So ähnlich hat es auf der balinesischen Halbinsel Bukit vor 30 Jahren ausgesehen!

Das dörfliche Leben im südlichen Lombok ist in seiner Ursprünglichkeit noch sehr lebendig, regional einzigartige Feste werden hier gefeiert, die wichtigsten Wirtschaftszweige sind die Seetang- und Tabakernte.

Der Süden ist deutlich trockener als die übrigen Inselregionen und außerdem spärlicher besiedelt, Straßen und öffentliche Verkehrsmittel sind nur eingeschränkt vorhanden. Der neue internationale Flughafen der Insel, der hier in modernstem Stil entstanden ist, ist mittlerweile in Betrieb. Die Zahl der Flüge hat bereits zugenommen, und er wird zweifellos schon sehr bald gravierende Veränderungen für die Region mit sich bringen.

Die einzigartige Küstenlinie im Süden der Insel mit ihren weiten, tief eingeschnittenen Buchten ist schlichtweg überwältigend, ihre Schönheit eindringlich und fesselnd. Und doch galt diese Region lange Zeit als die ärmste der Insel, ihre sonnenverbrannten Böden als ausgedörrt und unfruchtbar. Heute werden die Berghänge von illegalen Goldminen zerfurcht, deren kaum verheimlichtes Zerstörungswerk von jedem zu hören und zu sehen ist, der in westlicher Richtung zu den Surfstränden unterwegs ist.

Praya

Praya ist der ausgedehnte Hauptort der südlichen Region; von Bäumen gesäumte Straßen und einzelne verfallende Bauten erinnern an die holländische Kolonialzeit. Eine Bemo-Haltestelle befindet sich am nordwestlichen Ortsrand.

Lombok International Airport

Von Reisfeldern umgeben und 5 km südlich vom Ortszentrum Prayas gelegen, ist der kürzlich fertiggestellte **Lombok International Airport** (LOP; www.lombok-airport.co.id) zu einem Anziehungspunkt eigener Art geworden: An Wochenenden sind große Gruppen von Einheimischen zu beobachten, die dasitzen, vielleicht etwas essen und das Geschehen beobachten. Es sind nicht etwa Besucher, die auf die Ankunft ihrer Angehörigen warten, vielmehr genießen sie auf einem Tagesausflug einfach das hektische Getriebe der ankommenden und abreisenden Fluggäste.

Der Flughafen selbst ist nicht groß, jedoch sehr modern und mit einem vollständigen Serviceangebot ausgestattet; so gibt es Geldautomaten (und Läden mit haarsträubenden Preisen).

Dank neu gebauter Straßen fährt man vom Flughafen nur 30 Autominuten nach Mataram und Kuta, auch die übrigen Inselorte sind gut angebunden. Die Busgesellschaft **Bus Damri** betreibt Touristenbusse. Im Ankunftsbereich sind Karten erhältlich. Ziele sind der Bahnhof Mandalika in Mataram (20 000 Rp) und Senggigi (30 000 Rp). **Taxi** Das Flughafen-Taxikartell garantiert Fahrten zu festen Preisen; Fahrziele sind u. a.: Kuta (84 000 Rp, 30 Min.), Mataram (150 000 Rp, 30 Min.), Senggigi (190 000 Rp, 1 Std.) und Bangsal (250 000 Rp, 90 Min.), von dort ist die Weiterreise zu den Gili-Inseln möglich.

Rund um Praya

Sukarara

Die Hauptstraße von Sukarara ist die Domäne der Stoffhändler, hier kann man Webern bei ihrer Arbeit an alten Webstühlen zuschauen. Bei **Dharma Setya** (660 5204; 8–17 Uhr) gibt es eine unglaublich große Auswahl an handgewebten Stoffen der Sasak, darunter Ikat und *songket* (mit Silber- und Goldfäden durchwirkte Stoffe). Von Praya ist Sukarara mit einem Bemo nach Puyung über die Hauptstraße zu erreichen. Von dort geht es in einem zweirädrigen Pferdewagen (*cidomo*) oder zu Fuß weiter in das 2 km entfernte Sukarara.

Penujak

Penujak hat eine berühmte Keramiktradition (*gerabah*). Die Töpferwaren werden aus einem lokalen roten Ton mit schokoladenartiger Konsistenz hergestellt, von Hand brüniert und mit geflochtenem Bambus verziert. Eine große Bodenvase bekommt man für etwa 6 US$. In den bescheidenen heimischen Töpferwerkstätten wird auch Geschirr zum Kauf angeboten, die meisten von ihnen liegen geduckt beim gespenstischen Dorffriedhof.

Alle Bemos, die von Praya nach Kuta fahren, halten in Penujak.

Rembitan & Sade

Die Region zwischen Sengkol und Kuta ist ein Kernland der Sasak-Kultur – in traditionellen Dörfern drängen sich hoch aufragende Reisspeicher (*lumbung*) und Wohnhäuser (*bale tani*), die aus Bambus und Schlamm, Kuh- und Büffeldung gebaut wurden. Bemos verkehren auf dieser Strecke regelmäßig.

Das **Sasak-Dorf** Sade wurde umfangreich restauriert und besitzt faszinierende traditionelle Wohnhäuser.

Weiter südlich liegt **Rembitan** mit besonders authentischer Atmosphäre. Neben traditionellen Wohnhäusern und Reisspeichern besitzt das Dorf eine 100 Jahre alte Moschee, die **Masjid Kuno**. Das alte strohgedeckte Bauwerk ist eine Wallfahrtsstätte für die Muslime von Lombok. Beide Dörfer sind sehenswert, ein Rundgang ohne Führung ist allerdings nicht möglich (ca. 30 000 Rp).

Kuta

Man muss sich eine mondsichelförmige Bucht vorstellen – das seichte Wasser in Strandnähe türkisfarben und in der Ferne tiefblau. Die Wellen schlagen gleichförmig an einen weißen Sandstrand von der Größe eines Fußballfeldes, der von Felsenspitzen eingerahmt wird. Mit Ausnahme einiger Fischer, Seetangsammler und ihrer Kindern ist er menschenleer. Stellt man sich dann einen Küstenstreifen mit einem Dutzend solcher Buchten vor, die von einer Bergkette rauer Küstenfelsen begrenzt werden, an denen Bananenstauden und Tabakpflanzen wachsen, hat man eine ungefähre Vorstellung von der Schönheit Kutas.

Kuta selbst besteht nur aus wenigen hundert Häusern – ein sympathischer, aber etwas verfallener Ort mit einem chaotischen Marktbezirk und einem Strand, an dem sich ausgesprochen schlichte Cafés und Hotel dicht aneinanderdrängen.

Die eigentliche Anziehungskraft Kutas geht seit jeher von den scheinbar endlosen, weltberühmten Brandungswellen des nahen Strandes aus. Bislang scheinen Grundbesitzer an ihrem Land festzuhalten, doch die Immobilienspekulanten der Gegend – die den Bau von Ferienvillen bereits massiv vorantreiben –, gehen jede Wette ein, dass bald mit Veränderungen zu rechnen ist. Ein Bauboom hat noch nicht eingesetzt, doch eine zunehmende Spannung ist deutlich zu spüren.

Die Hauptkreuzung des Ortes – Jalan Pantai Kuta und Jalan ke Mawan – ist als „die Kreuzung" bekannt und ist der wichtigste Bezugspunkt bei der Orientierung. Etwa 2 km nördlich des Strandes, an der Jalan Pantai Kuta, liegt eine weitere wichtige Kreuzung, dort befinden sich ein großer Kreisverkehr und die optimistisch geplanten vier Spuren des Jalan Raya Bypass.

🏖 Strände

Der Hauptstrand von Kuta kann so fesselnd wirken, dass man leicht darauf verzichtet, sich nach anderen Stränden umzusehen. Sein weißer Sand ist von idealer Beschaffenheit, Gleiches gilt für die umgebende Szenerie. Für Schwimmer ist die Brandung genau richtig. Doch auch hier drohen Veränderungen: Die Bambuscafés, die den Strand säumten, wurden abgerissen, die örtlichen Behörden haben vage Pläne für einen Vergnügungspark. Selbst die Ziegen, die in früheren Zeiten frei umherzogen und sich scheinbar einen Spaß daraus machten, im Vorübergehen die Reisehandbücher menschlicher Gäste zu zerrupfen, sind zum größten Teil verschwunden. Übrig geblieben ist eine weite offene Ebene mit grasbewachsenem Geröll und Parkplätzen.

🏃 Aktivitäten

Eine Reihe von Veranstaltungsagenturen säumt die Straße, an der das Lamancha Homestay liegt. Die Angebote reichen von Surftouren bis hin zu Schnorchelausflügen in unbekannte Gewässer. Über Preise sollte man hart verhandeln.

Surfen

Gute links- und rechtsbrechende Wellen entstehen an den Riffs vor der Kuta Bay (Telek Kuta) und östlich von Tanjung Aan. Bootsführer nehmen Gäste für rund 120 000 Rp mit aufs Meer.

7 km östlich von Kuta liegt das Fischerdorf **Gerupuk**, dort bilden sich mehrere Riffbrandungswellen in näherer oder weiterer Entfernung von der Küste – in jedem Fall sind sie nur per Boot erreichbar, die Preise für Bootsfahrten (Tag etwa 300 000 Rp) können ausgehandelt werden.

Kluge Surfer lassen Gerupuk hinter sich und folgen der Straße nach **Ekas**, wo es kein Gedränge, dafür aber unerschöpfliche Brandungswellen gibt.

Westlich von Kuta liegen **Mawun (Mawan)**, ein hinreißender Strand zum Schwimmen (die erste Abzweigung links hinter Astari), und **Mawi**, ein beliebtes Surfparadies mit Wellen von Weltruf, aber auch einer starken Brandungsrückströmung.

Kimen Surf   SURFEN
(☎0370-655064; www.kuta-lombok.net; Jl. ke Mawan; Boardverleih Tag 100 000 Rp, Unterrichtsstunde pro Pers. ab 500 000 Rp; ⊗9–20 Uhr) Bietet Vorhersagen zum Wellengang, viele Tipps, Kitesurfen, Verleih von Boards, Reparaturen und Unterricht. Außerdem werden begleitete Ausflüge zu Brandungsstränden angeboten, z. B. nach Gerupuk (400 000 Rp).

Kuta

Kuta

✪ Aktivitäten, Kurse & Touren
1	Discovery Divers Lombok	B1
2	Kimen Surf	B1
3	Kuta Horses	C1
4	Scuba Froggy	B1

🛏 Schlafen
5	Bombara Bungalows	B1
6	Kuta Baru	B1
7	Lamancha Homestay	B1
8	Mimpi Manis	B1
9	Seger Reef Homestay	D2
10	Sekar Kuning	C2
11	Spot	B1
12	Yuli's Homestay	A1

✖ Essen
13	Cafe 7	B1
14	DJ Coffee Corner	B1
15	Dwiki's	A2
16	Full Moon Cafe	D2
17	Warung Bamboo	D2
18	Warung Bule	B2
19	Warung Jawa 1	B1

✪ Ausgehen & Nachtleben
20	Warung Rasta	D2

Tauchen

Scuba Froggy TAUCHEN
(☏ 0877 6510 6945; www.scubafroggy.com; Jl. ke Mawan; pro Tauchgang ab 400 000 Rp; ⊙ 9–20 Uhr) Veranstaltet regionale Ausflüge zu zwölf Tauchrevieren, die meisten sind über 18 m tief. Von Juni bis November werden außerdem Ausflüge zu spektakulären unterseeischen Berggipfeln an der Blongas Bay angeboten: Das für Taucher anspruchsvolle Gebiet ist für große Gruppen von Hammerhaien und Adlerrochen berühmt. Schnorchelausflüge kosten 150 000 Rp.

Discovery Divers Lombok TAUCHEN
(☏ 0812 3629 4178; www.discoverydiverslombok.com; Jl. ke Mawan; 2 Tauchgänge vor Ort ab 750 000 Rp; ⊙ 8–21 Uhr) Ein Hochglanzunternehmen ist diese große Tauchschule mit einem sehr netten und einladenden Café. Zum Angebot gehören ein vollständiges Kursprogramm und Tauchfahrten in der Region.

Reiten

Kuta Horses REITEN
(☏ 0819 1599 9436; www.horseridinglombok.com; Jl. Raya Bypass; einstündiger Ausritt 440 000 Rp; ⊙ Ausritte 8 & 16 Uhr) Kuta Horses veranstaltet Ausritte durch die Dörfer der Sasak, auf den Feldwegen von Kuta und – in der Morgen- oder Abenddämmerung – am Strand entlang. Außerdem werden recht hübsche Häuser vermietet. Das Anwesen liegt etwas zurückversetzt von der Hauptstraße.

🛏 Schlafen

Die Übernachtungspreise steigen in der kurzen Hochsaison (Juli–Aug.) deutlich an. Um die veralteten, abgewirtschafteten Hotels entlang der Jalan Pariwisata sollte man einen Bogen machen.

★ **Bombara Bungalows** GUESTHOUSE $
(☏ 0370-615 8056; bomborabungalows@yahoo.com; Jl. Pantai Kuta; Zi. ab 350 000 Rp; 🛜 ❄) Eine

der besten Adressen für einen preiswerten Aufenthalt in Kuta: Sechs von Ventilatoren gekühlte Bungalows liegen um einen wunderschönen Poolbereich. Ruhesessel stehen im Schatten von Kokospalmen, das ganze Anwesen wirkt wie ein friedlicher Gegenpol zum Getriebe des Ortes.

Das Personal hat viel Verständnis für die Wünsche der Surfer und selbstverständlich die aller anderen Gäste.

★ Kuta Baru HOMESTAY $
(0818 548 357; Jl. ke Mawan; Zi. mit Ventilator 200 000–250 000 Rp, mit Klimaanlage 400 000 Rp; 🛜🏊) Eines der besten Homestays von Kuta. Auf einer reizenden Terrasse ist (selbstverständlich) eine Hängematte aufgespannt, täglich wird Kaffee serviert, die Fliesen glänzen, die gesamte Atmosphäre des Hauses ist angenehm. Die Unterkunft befindet sich 110 m östlich der Hauptkreuzung. WLAN steht nur im Garten zur Verfügung.

Lamancha Homestay HOMESTAY $
(0370-615 5186, 0819 3313 0156; Zi. 150 000 bis 250 000 Rp; ❄🛜) Ein zauberhaftes – und expandierendes – Homestay mit zehn Zimmern, die sich aus etwas in die Jahre gekommenen Bambuszimmern mit Betonfußböden und hübscheren Zimmern ohne Bambus, dafür aber mit Klimaanlagen und Ventilatoren, farbenfrohen Wandbehängen und Betten mit Baldachinen zusammensetzen. Das Haus ist gepflegt, die Gastgeber sind liebenswürdig.

Seger Reef Homestay GASTHAUS $
(0370-655528; www.segerreef.com; Jl. Pariwisata; Zi. 150 000–200 000 Rp; 🛜) Zwölf helle und makellose Bungalows werden durch eine Straße vom Strand getrennt. Die neuesten Zimmer des Familienunternehmens sind mit großen Kleiderschränken und farbenprächtig gestalteten Betthäuptern ausgestattet. WLAN steht in einigen Zimmern zur Verfügung.

Bule Homestay GUESTHOUSE $
(0819 1799 6256; www.bulehomestay.com; Jl. Raya Bypass; Zi. ab 200 000 Rp; 🛜) Obwohl die acht Bungalows in einiger Entfernung vom Strand (2 km), dafür aber nahe bei der Kreuzung der Jalan Pantai Kuta mit dem Jalan Raya Bypass liegen, sollten sie allein wegen der schwungvollen Betriebsführung in die engere Wahl kommen. Nicht der geringste Schmutz wirkt auf dem kleinen Anwesen geduldet, die Zimmer erstrahlen in reinem Krankenhausweiß. Das Ganze ist von einer Mauer umgeben, die aus der Steinzeit zu stammen scheint.

Sekar Kuning GASTHAUS $
(0370-615 4856; Jl. Pariwisata; Zi. 150 000 bis 200 000 Rp; ❄🛜) Eine bezaubernde Strandunterkunft: Die gefliesten Zimmer haben hohe Decken, pastellfarbene Wände, Deckenventilatoren und Terrassen mit Bambusmöbeln. Von den teureren Zimmern der oberen Etage öffnet sich ein schöner Blick aufs Meer.

Spot GUESTHOUSE $
(0370-702 2100; www.thespotbungalows.com; Jl. Pariwisata Kuta 1; Zi. ab 24 US$, Hauptgerichte 30 000–60 000 Rp; ⊙Café 7–22 Uhr; 🛜) Der ländliche Strohdachstil dieser neun Bambusbungalows, die um eine Rasenfläche angeordnet stehen (zugänglich über die Jalan ke Mawan), ist ansprechend. Das Café ist wegen seiner ausgezeichnet zubereiteten Gerichte beliebt, die an gut beleuchteten Tischen serviert werden, die Bar ist nicht nur zur Happy Hour, sondern auch an Tagen wichtiger internationaler Fußballübertragungen ein beliebter Treffpunkt.

Mimpi Manis B&B $
(0818 369 950; www.mimpimanis.com; bei Jl. Pantai Kuta; Zi. 200 000–350 000 Rp; ❄) Ein einladendes B&B unter englisch-balinesischer Leitung in einem Haus mit zwei Etagen. Zwei makellose Zimmer sind mit eigenen Bädern und TV-/DVD-Geräten ausgestattet. Das Essen ist hausgemacht, es gibt eine Fülle guter Bücher zum Schmökern und DVDs zum Ausleihen.

Das Haus liegt 1 km landeinwärts vom Strand entfernt, die Gastgeber bringen ihre Gäste kostenlos zum Strand und in den Ort und sorgen für Leihfahrräder und -mopeds.

★ Yuli's Homestay HOMESTAY $$
(0819 1710 0983; www.yulishomestay.com; bei Jl. Pantai Kuta; Zi. ab 400 000 Rp; ❄🛜🏊) Ein sehr beliebtes Haus, dessen 13 Zimmer makellos gepflegt, geräumig und mit riesengroßen Betten und Kleiderschränken hübsch eingerichtet sind. Es gibt große Terrassen und Bäder mit kaltem Wasser). Zur freien Verfügung der Gäste gibt es eine Küche und einen Garten mit Swimmingpool. WLAN ist nur in Gemeinschaftsräumen verfügbar.

Novotel Lombok Resort & Villas RESORT $$$
(0370-615 3333; www.novotel.com; Zi. ab 120 US$, Villas ab 250 US$; ❄🛜🏊🐾) Die ansprechende 4-Sterne-Hotelanlage ist an die

Bauweise der Sasak angelehnt und liegt an einem herrlichen Strand, kaum 3 km östlich der Kreuzung. Die 102 Zimmer haben hohe, schräge Decken und eine moderne Inneneinrichtung. Es gibt zwei Swimmingpools, ein Spa, mehrere Restaurants, eine prunkvolle Bar und eine Vielfalt von Sportangeboten, darunter Katamaransegeln, Fischen und Tauchen. So ist es fast verwunderlich, dass in den Zimmern kein WLAN zur Verfügung steht.

✗ Essen & Ausgehen

Die Restaurantszene von Kuta hat mit zunehmender Vielfalt auch an Qualität gewonnen, doch die regionale Indo-Küche und die frischen Fischgerichte der meisten einheimischen Restaurants sind immer noch die beste Wahl.

Auf einem **Wochenmarkt** (So & Mi) wird eine sich stetig wandelnde Fülle von Lebensmitteln und Dingen des täglichen Bedarfs verkauft.

Cafe 7 CAFÉ $
(Jl. Pariswata Kuta; Hauptgerichte ab 40 000 Rp; 11–1 Uhr; 🛜) Ein Café im Stil einer Loungebar. Häufig ist Livemusik zu hören, die Stimmung ist freundlich. Die Cocktails sind ihre hohen Preise wert; die Zutaten sind authentisch (in einem Gin-Cocktail ist hier auch wirklich echter Gin drin!). Die Küche ist überwiegend westlich geprägt, es gibt u. a. köstliche Burger. Das Café liegt an der Jalan ke Mawan.

DJ Coffee Corner CAFÉ $
(Jl. ke Mawan; Gebäck ab 15 000 Rp; 8–20 Uhr; ❄) Eine Abweichung vom üblichen Stroh- und Bambus-Schema, das den regionalen Baustil beherrscht: eine schicke Kaffeebar mit Klimaanlage und einem hübschen Garten hinter dem Haus. Neben einem echten Espresso bekommen die Gäste hier frische Säfte, leichte Speisen und gutes Gebäck.

Warung Jawa 1 INDONESISCH $
(Jl. ke Mawan; Mahlzeiten 15 000–20 000 Rp; 11–22 Uhr) In diesem großen Restaurant mit viel Bambus und Blech unter freiem Himmel wird ein gutes und preiswertes *nasi campur* serviert. Außerdem gibt es alle Indo-Klassiker, die Getränkeliste zählt viele Säfte auf; das Bintang (für nur 18 000 Rp) wird lebhaft angepriesen.

Warung Bamboo INDONESISCH $
(Jl. Pariwisata; Hauptgerichte 25 000–35 000 Rp; 8–22 Uhr) Mehrere der früheren Warungs

DAS NYALE-FEST

Am 19. Tag des zehnten Monats im Kalender der Sasak (d. h. im Februar oder März) versammeln sich die Sasak zu Hunderten am Strand von Kuta. Wenn die Nacht hereinbricht, werden Feuer entfacht, die Jugendlichen sitzen im Kreis und wetteifern in einem poetischen Schlagabtausch ihres Volkes, indem sie sich wechselseitig Reimpaare (*pantun*) zurufen.

In der Morgendämmerung des folgenden Tages werden die ersten von Millionen von *nyale* (Meerwürmer, die jedes Jahr an dieser Stelle auftauchen) gefangen, die Mädchen und Jungen fahren dabei nach Geschlechtern getrennt in geschmückten Booten aufs Meer hinaus und jagen einander mit viel Lärm und Gelächter.

Die Nyale werden roh oder gegrillt gegessen, sie gelten als Aphrodisiakum. Ein guter Fang gilt als günstiges Vorzeichen, dass auch die kommende Reisernte ertragreich sein wird.

am Strand wurden an einem kleinen Abschnitt der Strandstraße neu belebt. Dieses – es ist nach seinem vorherrschenden Baumaterial benannt – könnte nicht schlichter sein, und doch werden hier feine Fischspezialitäten und eine Vielfalt von Reis- und Nudelsuppenklassikern zubereitet. Die Gäste sollten ihrer Bestellung den Zusatz *Lombok spicy* hinzufügen. Der Wunsch wird mit besonderer Freude ausgeführt.

Full Moon Cafe CAFÉ $
(Jl. Pariwisata; Hauptgerichte ab 30 000 Rp; 8 Uhr bis frühmorgens) Noch eine einstige Strandbar, die beim Verlegen ihres Standortes auf die landeinwärts gelegene Straßenseite nichts eingebüßt hat. Das Café auf zwei Etagen ähnelt einem Baumhaus und bietet überwältigende Ausblicke auf den Ozean. Die Speisekarte zählt von Bananenpfannkuchen bis zu Indo-Reiskreationen alle Klassiker auf. Ein schöner Ort bei untergehender Sonne, aber auch am späteren Abend.

★ Warung Bule FISCH $$
(☎ 0819 1799 6256; Jl. Pariwisata; Hauptgerichte 40 000–250 000 Rp; 8–22 Uhr; 🛜) Das Warung Bule ist das beste Restaurant in Kuta, gegründet vom langjährigen Geschäftsfüh-

rer des Novotel. Köstliche tropische Fischgerichte kommen hier zu erschwinglichen Preisen auf den Tisch. Besonders gut sind die Tempura-Vorspeisen und die tahitianische Variante einer *ceviche* (marinierter roher Fisch oder Meerestiere), aber auch das traumhafte Trio aus Hummer, Garnelen und Mahi-Mahi kann empfohlen werden.

In der Hochsaison wird es sehr voll; Gäste sollten sich auf Wartezeiten einstellen.

Ashtari VEGETARISCH $$

(0877 6549 7625; www.ashtarilombok.com; Jl. ke Mawan; Mahlzeiten 20 000–80 000 Rp; 7–22 Uhr;) 2 km westlich des Ortes an der Straße nach Mawan findet man das Haus in luftiger Höhe auf einem Berggipfel. Das Restaurant in marokkanischem Stil besitzt eine Loungebar und bietet atemberaubende Ausblicke über die Baumwipfel auf stille Buchten und felsige Halbinseln, die abwechselnd ins Meer hinausragen. Bei seiner Eröffnung nicht so geplant, ist es inzwischen jedoch zu einer Art luxuriösem Yoga-Refugium geworden.

Dwiki's PIZZA $$

(0859 3503 4489; Jl. ke Mawan; Hauptgerichte 35 000–70 000 Rp; 8–23 Uhr;) Die beste Adresse für köstliche Pizzas mit dünnem, knusprigem Boden aus dem Holzofen – im entspannten Ambiente einer Tropenbar. Die Küche hält, was sie verspricht! Es gibt eine Vielfalt an Indo-Klassikern und eine Auswahl überdurchschnittlich guter vegetarischer Gerichte.

★ Warung Rasta CAFÉ

(0882 1907 1744; Jl. Pariwisata; 8 Uhr bis spätabends) Auf der Speisekarte des unscheinbaren, kaum als Café erkennbaren Warung sind typische Indo-Gerichte aufgeführt – die eigentliche Anziehungskraft geht jedoch von den jungen einheimischen Betreibern aus: Sie verbreiten eine lässige Partystimmung, die jede Nacht eine große Gästeschar anlockt. Man hört Musiker auf Gitarren spielen, Surfer wetteifern miteinander in Biergelagen und konsumieren ihre Getränke mit Hilfe von Strohhalmen.

❶ Praktische Informationen

Geldautomaten sind, ebenso wie WLAN-Zugang, weit verbreitet.

GEFAHREN & ÄRGERNISSE

Wer plant, ein Fahrrad oder Motorrad zu leihen, muss genau hinsehen – Vereinbarungen werden formlos getroffen, es gibt keine schriftlichen Leihverträge. Es hat verschiedentlich Berichte von Touristen gegeben, denen ein Motorrad gestohlen wurde, in der Folge mussten beträchtliche Geldsummen als Entschädigung an die Eigentümer gezahlt werden. Teilweise stand die Vermutung im Raum, dass diese einen solchen „Diebstahl" selbst arrangiert haben könnten. Am sichersten ist es, ein Motorrad von der eigenen Unterkunft zu leihen.

Beim Befahren der Küstenstraße westlich und östlich von Kuta sollte man sehr aufmerksam sein – vor allem nach Einbruch der Dunkelheit. Es hat Berichte von Straßenraub in der Gegend gegeben. Vor den Scharen der Straßenhändler gibt es kein Entkommen.

❶ An- & Weiterreise

Mindestens drei Bemos sind nötig, um von Mataram nach Kuta zu gelangen. Eine erste Fahrt führt vom Busbahnhof Mandalika in Mataram nach Praya (10 000 Rp), eine weitere nach Sengkol (5000 Rp) und eine dritte nach Kuta (5000 Rp).

Einfacher sind Fahrten in den täglich verkehrenden Touristenbussen; sie steuern Mataram (125 000 Rp) sowie Senggigi und Lembar (beide jeweils 150 000 Rp) an.

Eine Taxifahrt mit Festpreis vom Flughafen kostet 85 000 Rp. Für Sammeltaxis wird überall im Ort geworben. Zu den angefahrenen Zielen gehören u. a. Bangsal als Hafen für die öffentlichen Fähren zu den Gili-Inseln (160 000 Rp), Seminyak auf Bali mit der öffentlichen Fähre (200 000 Rp) und Senaru (400 000 Rp).

❶ Unterwegs vor Ort

Unregelmäßig fahren Bemos östlich von Kuta nach Awang und Tanjung Aan (5000 Rp) und westlich nach Selong Blanak (10 000 Rp), sie können auch für Fahrten zu nahe gelegenen Stränden gemietet werden.

In Pensionen werden Mopeds für rund 50 000 Rp pro Tag verliehen.

Ojek sammeln sich rund um die Kreuzung.

Östlich von Kuta

Eine gut befestigte Straße windet sich an der Küste entlang nach Osten bis Ekas und führt an einer endlosen Reihe schöner Buchten vorbei, die von Felsvorsprüngen unterbrochen wird. Eine wunderbare Motorradroute!

Pantai Segar & Tanjung Aan

Pantai Segar ist ein schöner Strand, der 2 km östlich von Kuta hinter der ersten Landspitze auftaucht. Das Wasser der Bucht ist von einem außerirdischen Türkisblau und zum Schwimmen gut geeignet (schattige Plätze gibt es allerdings nicht), Wellen brechen sich 200 m vor dem Strand.

Ein spektakulärer Anblick bietet sich 3 km weiter östlich (die Straße wird zunehmend unwegsam): **Tanjung Aan** ist eine gigantische hufeisenförmige Bucht mit zwei weiten Bögen aus feinem Sand, sie wird von Felsen begrenzt, gegen die die Brandung schlägt. Auch hier kann man gut schwimmen, Bäume und Unterstände geben etwas Schatten, sichere Parkplätze sind (gegen eine kleine Gebühr) ebenfalls vorhanden.

Ein riesiges internationales Bauprojekt, das in dieser Region geplant war, nimmt möglicherweise schon bald konkrete Formen an. Falls es tatsächlich umgesetzt wird, wird es bleibende Auswirkungen auf die gesamte Region haben.

Gerupuk

Nur 1,6 km hinter Tanjung Aan liegt Gerupuk, ein faszinierendes kleines, halb verfallenes Küstendorf. Die etwa 1000 Einwohner verdienen ihren Lebensunterhalt mit Fischerei, Seetangernte und der Ausfuhr von Hummern. Ein interessanter Nebenverdienst der Dorfbewohner sind Führungen und Bootsüberfahrten, auf denen sie Surfer zu den fünf außergewöhnlichen **Brandungswellen** in der weiten Bucht bringen.

Die Bootsfahrten starten beim Fischerhafen und führen an den mit Netzen abgesperrten Hummerfarmen vorüber zur Brandungszone (200 000 Rp). Die Bootsführer sind dabei behilflich, die richtige Welle zu finden, und warten geduldig. Es treten vier Wellen innerhalb der Brandungszone und eine linksbrechende Welle hinter der Brandungslinie auf. Alle Wellen können mannshoch oder noch höher werden, wenn sie gegen die Felsen schlagen.

Schlafen & Essen

Es gibt in Gerupuk eine zunehmende Zahl von Hotels und Warungs, die gerne von Surfern aufgesucht werden.

Surf Camp Lombok GUESTHOUSE $
(0819 1608 6876; www.surfcampindonesia.com; Gerupuk; 1 Woche ab 650 €) Am östlichen Rand des Dorfes Gerupuk kommen die Gäste in einem Bambushaus nach Art der Langhäuser auf Borneo unter, das noch dazu viele Hightech-Annehmlichkeiten bietet.

Die Umgebung am Strand vermittelt ein Gefühl von tropischer Fülle und Abgeschiedenheit. Alle Mahlzeiten sowie Surfunterricht, Yoga und andere Angebote sind inklusive. Die Zimmer bieten Platz für jeweils vier Gäste, außerdem gibt es ein Doppelzimmer.

Edo Homestay GASTHAUS $
(0818 0371 0521; Gerupuk; Zi. 150 000 bis 600 000 Rp;) Direkt im Dorf bietet dieses Gasthaus 18 saubere, einfache Zimmer (einige mit Ventilatoren) mit farbenfrohen Vorhängen und Doppelbetten an.

Außerdem betreibt das Edo Homestay ein recht gutes Restaurant und eine Surfschule (Surfboards pro Tag 100 000 Rp).

Spear Villa GUESTHOUSE $
(0818 0371 0521; www.s-pear.com; Zi. ab 400 000 Rp;) Die schönsten Unterkünfte im Dorf Gerupuk: Hier finden Gäste saubere, moderne Zimmer, die mit Klimaanlagen und Satellitenfernsehern ausgestattet sind und einen Ausblick auf ein öffentliches Schwimmbad haben. Das Haus empfängt überwiegend (aber nicht ausschließlich) Surfer aus Japan.

★**Bumbangku** BUNGALOW $$
(0370-620833, 0852 3717 6168; www.bumbangkulombok.com; Zi. 375 000–750 000 Rp;) Die Ferienanlage Bumbangku liegt am anderen Ende der Bucht gegenüber von Gerupuk in wunderbarer Ferne – fast wie eine Insel. Es gibt insgesamt 28 Zimmer, wahlweise in einfachen Bambushütten auf Pfählen mit Bädern im Freien oder – deutlich schöner – in Steinhäusern. Diese sind mit schmalen Doppelbetten, Bädern im Freien, kuscheliger Bettwäsche und Fernsehern ausgestattet.

Überfahrten von Gerupuk kosten 100 000 Rp, vom Flughafen aus 250 000 Rp. Passagiere sollten sich darauf einstellen, dass sie und ihr Gepäck ziemlich durchnässt ankommen.

Ekas & Umgebung

Ekas ist eine fast menschenleere Entdeckung, wo Brandungswellen und hoch aufragende Klippen an den Ulu Watu auf Bali erinnern. Sowohl aus westlicher als auch nördlicher Richtung führen gute Straßen dorthin. Eine Fahrt mit dem Motorroller von Kuta dauert nicht einmal 90 Minuten.

Ekas selbst ist ein stilles, kleines Dorf. Wer jedoch in südlicher Richtung in das Innere der Halbinsel weiterfährt, wird bald Entdeckungen machen, die überwältigend sind. Auf einer ungeteerten, aber passablen Straße erreicht man zunächst – 6,5 km südlich von Ekas – **Pantai Dagong**. Dort stößt man auf einen vollkommen verlassenen und scheinbar endlosen weißen Strand, an den azurblaue Wellen schlagen. Wer sich nach dem Weg zum Heaven Beach erkundigt, wird noch ein sandiges Wunder entdecken: Einen hinreißenden kleinen, weißen Streifen Sandstrand mit Brandungswellen, etwa 4 km von Ekas entfernt.

Trotz der Ferienanlage steht es jedem Besucher frei, den Strand zu betreten, denn alle Strände Indonesiens sind öffentlich.

Schlafen & Essen

Elegante Ferienanlagen im Boutiquehotelstil liegen versteckt an wunderschönen Buchten südlich von Ekas. Es lohnt sich auch, nach neu entstandenen einfachen Pensionen entlang der Landstraßen Ausschau zu halten.

Ocean Heaven   BOUTIQUE-RESORT $$
(☏ 0812 375 1103; www.sanctuaryinlombok.com; Zi. alles inkl. pro Pers. 130-175 US$; ❄☎☐) Heaven Beach ist noch nicht der Himmel auf Erden. Die Ferienanlage nimmt einen großen Teil des Geländes hinter dem Strand ein; sie gehört demselben Betreiber wie Heaven on the Planet oben auf der Klippe. Die insgesamt sechs Zimmer sind von einem lässigen Luxus geprägt, außerdem gibt es ein neues Spa. Die meisten Gäste erreichen ihre Unterkunft durch die vom Resort arrangierten Fahrten vom Flughafen.

Heaven on the Planet   BOUTIQUEHOTEL $$$
(☏ 0812 375 1103; www.sanctuaryinlombok.com; alles inkl. pro Pers. 160–225 U$; ❄☎☐) Das Hotel bietet fünf unterschiedliche Ferienhäuser, die am Rand der Klippe liegen. Von dort öffnen sich atemberaubende Ausblicke fast aus der Vogelperspektive über Meer und Brandungslinien.

Das Hotel ist vorrangig eine Surferdestination (dank Scheinwerfern können diese ihrem Sport auch nachts frönen), doch auch andere Sportarten wie Kitesurfen, Tauchen und Schnorcheln sind von hier aus möglich.

Westlich von Kuta

Westlich von Kuta liegen weitere eindrucksvolle Strände und Brandungswellen, die zum Surfen einfach ideal sind. Investoren strecken auch in dieser Region ihre Fühler aus, Grundstücke haben bereits den Eigentümer gewechselt, doch bisher ist die Gegend fast unberührt geblieben und präsentiert sich (noch) in ihrer herben, ursprünglichen Schönheit.

In Erwartung zukünftiger Bauprojekte wurde die Straße schon einmal befestigt. Sie schlängelt sich landeinwärts und führt an Tabakplantagen, Süßkartoffeläckern und Reisfeldern vorüber, einzelne Abzweigungen führen auf Sandstrände zu und eröffnen Ausblicke auf die traumhafte Küste.

Mawun (Mawan)

Wie wäre es mit dieser Verwirklichung eines Tropentraumes? Nur 600 m abseits der Hauptstraße liegt die halbmondförmige, azurblaue Bucht, umrahmt von hoch aufragenden Felsvorsprüngen, weit und menschenleer (mit Ausnahme eines Fischerdorfes mit einem Dutzend Strohdachhäusern) dehnt sich die Sandfläche. Der Strand ist ideal zum Schwimmen. Es gibt Parkplätze (Auto/Motorrad 10 000/5000 Rp) und mehrere bescheidene Cafés.

Mawi

16 km westlich von Kuta sollte man nach einer schmalen Straße Ausschau halten, die nach Mawi hinunterführt. Dort liegt ein Surferparadies in eindrucksvoller Landschaft (legendäre Wellentunnel), mehrere Strände reihen sich entlang einer weiten Bucht. Vorsicht vor den starken Ripptiden (Brandungsrückströmungen)! Es gibt Parkplätze (Auto/Motorrad 10 000/5000 Rp), auch an Straßenhändlern fehlt es nicht.

Selong Blanak

Westlich von Mawi liegt Selong Blanak, das unvermittelt auftaucht, wenn man glaubt, die schönsten Strände von Kuta schon zu kennen. Der Blick trifft auf einen weiten, schneeweißen Strand, das Wasser ist von unzähligen Streifen unterschiedlichster Blautöne durchzogen – und ideal zum Schwimmen geeignet. Surfboards können geliehen werden (Tag 100 000 Rp), Boote bringen Surfer zur Brandungszone hinaus (3 Std. ab 500 000 Rp). Ein Parkplatz (Auto/Motorrad 10 000/5000 Rp) liegt nur 400 m abseits der Hauptstraße und ist auf einer guten Straße erreichbar.

Ein fantastisches Boutiquehotel mit Villen und einem Café liegt, in den Klippen verborgen, landeinwärts vom Strand: Die **Sempiak Villas** (☏ 0821 4430 3337; www.sempiakvillas.com; Solong Blanak; Villa ab 1 100 000 Rp; ❄☎) gehören zu den luxuriösesten Anlagen in der Region Kuta. Achtseitige Villen wurden oberhalb des Strandes in den Hang gebaut, unter Verwendung von Naturmaterialien wie Kokospalmholz und lokal vorkommenden Steinen. Für die Gäste gibt es eine Bibliothek, einen DVD-Verleih, einen Pool und eine Spielesammlung.

Auf Strandhöhe befindet sich das **Laut Biru Cafe** (Solong Blanak; Hauptgerichte 40 000–80 000 Rp; 8-20 Uhr;), das allen Gästen offensteht. Die Speisekarte ist einfach gehalten: Müsli, Joghurt, Eier und Toast können zum Frühstück bestellt werden, indonesische Klassiker zum Mittag- und Abendessen. Das Haus ist ein Strohdachbau, durch den Raum und Innenhof schweben Klänge von Weltmusik.

Blongas & Umgebung

Von **Pengantap** steigt die Straße ziemlich steil an, durchquert eine Landspitze und führt dann abfallend zu einer ungewöhnlich schönen Bucht hinunter. Auf dieser Straße erreicht man nach 1 km eine Abzweigung, die in westlicher Richtung nach **Blongas** führt – die Straße verläuft steil und kurvenreich durch eine überwältigende Szenerie.

Blongas liegt an einer einsamen, atemberaubend schönen Bucht gleichen Namens. Neben einigen ebenbürtigen Konkurrenten vermietet die **Blongas Bay Lodge** (0370-645974; www.thelodge-lombok.com; Bungalows 850 000–950 000 Rp, Mahlzeiten 75 000 Rp) in einem wunderschönen Kokospalmenhain geräumige Holzbungalows im Stil australischer Queenslander.

Dive Zone (0813 3954 4998; www.divezone-lombok.com; Blongas Bay; 2 Tauchgänge ab 75 US$) kümmert sich um Tauchsportler, deren Ziel die berühmten, nahe gelegenen Tauchreviere **Magnet** und **Cathedrals** sind. Die Bedingungen für Tierbeobachtungen sind Mitte September besonders gut: Dann sind große Gruppen Adlerrochen und Hammerhaie zu sehen, die sich zwischen Juni und November um die unterseeische Bergspitze sammeln. Das Tauchen ist hier nicht einfach, Taucher sollten erfahren sein und sich auf starke Strömungen einstellen.

DER OSTEN

0376

Der Hafen Labuhan Lombok, von dem die Fähren hinüber nach Sumbawa ablegen, ist meist der einzige Ort, den Reisende von der Ostküste Lomboks sehen. Die Straße entlang der Nordostküste ist jedoch in einem guten Zustand und für eine Rundfahrt gut geeignet.

Labuhan Lombok

FÄHRHAFEN

Labuhan Lombok (auch bekannt als Labuhan Kayangan bzw. Tanjung Kayangan) ist der Hafen für den Fähr- und Bootsverkehr nach Sumbawa. Das Ortszentrum von Labuhan Lombok, 3 km westlich vom Fähranleger, ist unansehnlich, bietet aber gute Ausblicke auf den Gunung Rinjani.

An- & Weiterreise

BUS & BEMO

Im Takt sausen Busse und Bemos zwischen dem Bahnhof Mandalika in Mataram und Labuhan Lombok hin und her; eine Fahrt dauert zwei Stunden (25 000 Rp). Einige Busse beenden ihre Fahrt bereits an der Zufahrtsstraße zum Hafen – von dort geht es dann im Bemo weiter zum Fähranleger (Achtung: zu Fuß ist die Wegstrecke zu weit).

FÄHRE

Fähren fahren zwischen Lombok und Sumbawa, Busse zwischen Mataram und Sumbawa.

Südlich von Labuhan Lombok

Selong, die Hauptstadt des Verwaltungsbezirks Ost-Lombok, besitzt einige verstaubte holländische Kolonialbauten. Die Verkehrskreuzung der Region liegt westlich von Selong bei der Ortschaft **Pancor**, von wo aus Bemos zu den meisten Reisezielen im Süden fahren.

Tanjung Luar ist der größte Fischereihafen Lomboks. Leider zählt er auch zu den Häfen in Indonesien, in denen das entsetzliche *shark finning* eine große Rolle spielt – die Haie werden dabei vor allem gefangen, damit man ihnen ihre Flossen abschneiden kann.

In den Hallen des Fischmarktes, in denen die Fische gelagert und verkauft werden, bietet sich ein interessantes, wenn auch für Tierschützer nicht erfreuliches Bild. Hier liegen viele Fische, die man eigentlich lieber beim Tauchgang unter Wasser beobachten würde.

Das Ortsbild ist von Häusern auf Stelzen nach Art der Bugis geprägt.

EIN BLUTIGES GESCHÄFT

Jeden Tag legen vollbeladene Fischerboote bei Tanjung Luar an und brechen von dort zu neuen Fischzügen auf. Der alteingesessene Fischmarkt im Südosten Lomboks hat einen schlechten Ruf bei Naturschutzgruppen, denn hier werden große Meerestiere wie Haie, Mantarochen und Delfine zum Kauf angeboten.

An einträglichen Tagen sind es nicht weniger als 100 Haie und Mantarochen, denen die Rückenflossen abgeschnitten (das sog. *Finning*) bzw. die Kiemenreusen abgetrennt werden. Auf den Markt kommen dann die Überreste der Tiere, ihr Fleisch wird vor Ort verkauft. Die Rückenflossen der Haie und die Kiemenreusen der Mantarochen werden auf Auktionen an Händler weiterverkauft, die ihre Ausbeute nach Hongkong ausführen, wo diese Erzeugnisse als Delikatessen gelten.

Händler von Haiflossen in Tanjung Luar bestätigen, dass es nur noch wenige Haie im Meer vor Lombok gibt. Noch in den 1990er-Jahren mussten Fischer nicht weit vor die Küste fahren, um ihren Anteil aus dem Meer zu fischen. Heute fahren sie bis zur Sumbastraße: Die Meerenge zwischen Australien und Indonesien ist eine wichtige Wanderroute der Haie.

Eine kürzlich von der gemeinnützigen Stiftung „Project Aware" (www.projectaware.org), einer Naturschutzorganisation der Tauchindustrie, durchgeführte Studie ergab, dass bindende gesetzliche Vorschriften, nach denen die Jagd auf Delfine sowie auf verschiedene Haiarten und Meeresschildkröten verboten ist, nicht eingehalten werden.

Welchen Nutzen das Abkommen haben wird, das 2014 von Indonesien 2014 unterzeichnet wurde – und in dem die indonesischen Gewässer zur Schutzzone für Riesenmantas erklärt wurden – bleibt abzuwarten.

Von Tanjung Luar schwenkt die Straße westlich nach **Keruak** ab, wo Holzboote gebaut werden, und führt vorbei an der Abzweigung nach **Sukaraja**, einem traditionellen Dorf der Sasak, wo es Holzschnitzereien zu kaufen gibt. Westlich von Keruak führt eine Straße südwärts nach **Jerowaru** und zur spektakulären südöstlichen Halbinsel. Für die Fahrt dorthin ist ein eigenes Auto notwendig. Eine Warnung: In dieser Gegend ist die Orientierung schwierig und die Straßen sind oft in schlechtem Zustand.

Gili-Inseln

➡ Inhalt
Gili Trawangan...... 328
Gili Meno 340
Gili Air............. 344

Gut essen
- ➡ Adeng Adeng (S. 342)
- ➡ Scallywags (S. 347)
- ➡ Kayu Café (S. 335)
- ➡ Pasar Malam (S. 335)

Schön übernachten
- ➡ Kai's Beachouse (S. 346)
- ➡ Adeng Adeng (S. 342)
- ➡ Woodstock (S. 332)
- ➡ Eden Cottages (S. 334)
- ➡ Pondok Santi (S. 334)

Auf zu den Gili-Inseln!

Drei winzig kleine tropische Inseln, die von weißen Sandstränden und Kokospalmen umrandet in einem türkisfarbenen Meer liegen: eine geradezu paradiesische Vorstellung! Die Gilis sind in den letzten Jahren enorm in der Gunst der Reisenden gestiegen und boomen wie kein anderer Ort in Indonesien. Heute flitzen Schnellboote mit Besuchern direkt von Bali oder Lombok dorthin; jeden Monat eröffnet praktisch ein neues hippes Hotel.

Die Anziehungskraft der Gilis zu verstehen fällt nicht schwer. Die Inseln haben sich ihre Ruhe bewahrt (weder Motorräder noch Hunde sind erlaubt!) und entwickeln ein stetig wachsendes Bewusstsein für die Umwelt. Die baulichen Veränderungen waren eher geschmackvoll als hässlich, nur selten wurden unschöne Betongebäude errichtet.

Jede der Inseln hat ihren eigenen Charme. Trawangan (meist Gili T genannt) ist mit Abstand die kosmopolitischste der drei Inseln mit einer lebhaften Bar- und Partyszene, Restaurants und Hotels, die einer Idealvorstellung von tropischem Schick schon sehr nahe kommen. Gili Air hat sich am stärksten ihren regionalen Charakter bewahrt und bietet eine ideale Mischung – hier ist etwas los, aber man kann auch wunderbar die Seele baumeln lassen. Gili Meno ist einfach ein Inselparadies zum Abtauchen.

Reisezeit

➡ Die Regenzeit dauert in etwa von Ende Oktober bis Ende März. Aber selbst mitten in der Regenzeit, wenn es in Mataram oder Bali in Strömen gießt, kann es auf den Gilis trocken und sonnig sein.

➡ Hochsaison ist von Juni bis Ende August, dann wird es schwer, ein Zimmer zu mieten, und die Preise steigen schon mal auf das Doppelte. Dafür hat man aber (fast) garantiert schönes Wetter.

➡ Die ideale Reisezeit sind der Mai und der September.

➡ Tropenstürme sind keine zu befürchten.

ℹ An- & Weiterreise

VON BALI

Schnellboote bewerben die schnelle Verbindung (ca. 2 Std.) zwischen Bali und Gili Trawangan. Auf Bali gibt es mehrere Fähranleger, u. a. im Hafen von Benoa, Sanur, Padangbai und Amed. Ein paar Schiffe fahren zuerst nach Nusa Lembongan, viele legen auf dem Weg nach Air und Trawangan in Teluk Nare/Teluk Kade auf Lombok nördlich von Senggigi an (wer nach Meno möchte, muss hier umsteigen).

Die Webseite **Gili Bookings** (www.gilibookings.com) nennt bei einer Buchungsanfrage eine Reihe von Schnellbootbetreibern und Preisen. Um einen Überblick zu bekommen, welche Verbindungen es gibt, ist die Seite ganz nützlich. Es werden jedoch nicht alle Anbieter aufgeführt. Wer die Fahrkarten direkt beim Bootsbetreiber kauft, kommt wahrscheinlich günstiger weg.

Gut zu wissen:

➜ Die Fahrpreise sind nicht festgeschrieben, vor allem nicht in der Nebensaison, wenn Rabatte auf die offiziellen Preise sehr wohl verhandelbar sind.

➜ Außerdem gibt es Rabatte für Passagiere, die vor/nach der Fahrt keinen Transfer benötigen.

➜ Die genannten Abfahrtszeiten sind illusorisch: Manchmal fällt eine Fahrt aus, manchmal hält ein Boot außerplanmäßig irgendwo oder hat einfach eine totale Verspätung.

➜ Im Juli und August sollte man unbedingt vorab reservieren.

➜ Die See zwischen Bali und Lombok kann ganz schön rau werden (vor allem während der Regenzeit).

➜ Die Schnellboote werden in Bezug auf die Einhaltung von Betriebs- und Sicherheitsstandards nicht behördlich überwacht, diese fallen sehr unterschiedlich aus. Es hat schon mehrere ernsthafte Unfälle gegeben, Schiffe sind sogar schon gesunken (s. S. 436).

Amed Sea Express (📞 0878 6306 4799; www.gili-sea-express.com; pro Pers. ab 300 000 Rp) Bietet 75-minütige Überfahrten nach Amed auf einem großen Schnellboot. So sind viele interessante Tagesausflüge möglich.

Blue Water Express (📞 0361-895 1111; www.bluewater-express.com; einfach ab 500 000 Rp) Fährt von Serangan und Padangbai auf Bali nach Teluk Kade, Gili T und Gili Air.

Bali Brio (www.balibrio.com; Erw./Kind 550 000/450 000 Rp) Boote fahren von Sanur nach Nusa Lembongan und weiter nach Bangsal und zu den Gilis.

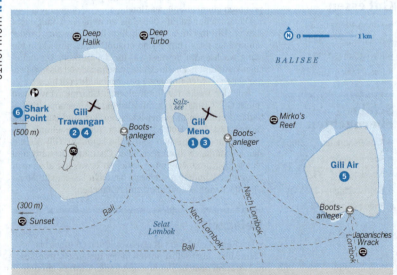

Highlights

❶ Mit Karettschildkröten vor **Gili Meno** (S. 340) schnorcheln

❷ Eine Nacht lang Party auf **Gili Trawangan** (S. 337)

❸ Die Ruhe an der Westküste von **Gili Meno** genießen (S. 340)

❹ Ein Apnoetauchkurs auf **Gili T** (S. 333)

❺ Eine Tageswanderung über **Gili Air** (S. 344)

❻ Ein Tauchabenteuer mit den Riffhaien am **Shark Point** (S. 331)

Gili Cat (☏ 0361-271680; www.gilicat.com; Erw./Kind 700 000/550 000 Rp) Eine etablierte Firma, deren Katamarane Padangbai, Gili T und Teluk Kade verbinden.

Perama (☏ 0361-750808; www.peramatour.com; pro Pers. 275 000 Rp) Verbindet Padangbai, die Gilis und Senggigi mit einem nicht ganz so schnellen Boot.

Scoot (Karte S. 336; www.scootcruise.com; ⊙ 9–21 Uhr) Die Boote fahren zwischen Sanur, Padangbai, Nusa Lembongan und den Gilis.

Semaya One (☏ 0361-877 8166; www.semayacruise.com; Erw./Kind 650 000/550 000 Rp) Ein Netzwerk an Routen, die Sanur, Nusa Penida, Padangbai, Teluk Kade, Gili Air und Gili T verbinden.

VON LOMBOK

Wer bereits auf Lombok ist, kann von Teluk Nare/Teluk Kade nördlich von Senggigi eines der Schnellboote nehmen. Die meisten Reisenden entscheiden sich allerdings für die öffentlichen Boote, die im Hafen von **Bangsal** abfahren.

Dort kauft man die Tickets im großen Fahrkartenbüro, wo auch die Preise aushängen. Wer lieber individuell unterwegs sein will, kann hier auch ein Boot chartern. Und noch ein guter Tipp: Wer woanders als im Hafen die Fahrkarte kauft, wird garantiert über den Tisch gezogen.

Die öffentlichen Boote fahren vor 11 Uhr alle drei Inseln an, danach gibt es meist nur noch eine Verbindung nach Gili T oder Gili Air. In beiden Richtungen fahren die Boote erst ab, wenn sie voll sind – also sich ca. 30 Passagiere eingefunden haben. Fährt kein öffentliches Boot zu der Gili-Insel, zu der man möchte, muss man vielleicht ein eigenes Boot chartern (280 000 bis 375 000 Rp für bis zu 20 Pers.).

Fahrkarten für eine Strecke kosten 10 000 Rp nach Gili Air, 12 000 Rp nach Gili Meno und 13 000 Rp nach Gili Trawangan. Die Boote legen oft einfach am Strand an, die Passagiere müssen dann durchs Wasser an Land waten.

Öffentliche Schnellboote verkehren mehrmals am Tag zwischen Gili T und Bangsal; eine Fahrt kostet 75 000 Rp.

Jahrelang hatte der Hafen von Bangsal einen extrem schlechten Ruf, inzwischen geht es deutlich stressfreier zu. Trotzdem empfiehlt es sich, Kundenfängern aus dem Weg zu gehen. Personen, die einem beim Tragen der Taschen helfen, sollten ein entsprechendes Trinkgeld bekommen (10 000 Rp pro Tasche ist angemessen). Im Hafengelände gibt es auch Geldautomaten.

Wer mit öffentlichen Verkehrsmitteln über Mataram und Senggigi anreist, fährt mit dem Bus oder dem Bemo nach Pemenang. Von dort sind es zum Hafen noch 1,2 km zu Fuß (5000 Rp mit dem *ojek*, Motorrad).

Taxen (mit Taxameter) bringen Fahrgäste bis zur Ablegestelle. Von Senggigi aus bietet Betreiber Perama eine Bus-Boot-Verbindung zu den Gilis für günstige 150 000 Rp (2 Std.) an.

Wer in Bangsal ankommt, kann sich nach einer Mitfahrgelegenheit vom Hafen aus umsehen: 100 000 Rp ist ein fairer Preis nach Senggigi.

Oder man geht die Zufahrtsstraße entlang zum Bluebird-Taxistand, von wo aus Taxen mit Taxameter Fahrgäste z. B. nach Senggigi (90 000 Rp), zum Flughafen (200 000 Rp) oder nach Kuta (300 000 Rp) bringen.

Unterwegs vor Ort

Auf den Gilis gibt es keine motorisierten Transportmittel. Das einzige Motorrad auf Gili T befindet sich unter Wasser – auf dem Biorock-Riff vor dem Café Gili in 5 m Tiefe.

CIDOMO

Cidomos (Pferdekutschen) ersetzen auf den Inseln die Taxis, die verlangten Preise für eine Kutschfahrt haben in den letzten Jahren allerdings massiv angezogen. Selbst für eine kurze Fahrt werden schon 50 000 Rp verlangt. Für eine Stunde gemütliche Fahrt um die Insel sind mindestens 100 000 Rp zu berappen.

Lonely Planet empfiehlt die *cidomos* nicht, da es von Tierschutzseite aus erhebliche Bedenken gibt hinsichtlich der artgerechten Haltung der Pferde.

INSEL-HOPPING

Ein Boot pendelt zwei Mal am Tag zwischen den drei Inseln hin und her (20 000–25 000 Rp), also sind Tagestouren zu einer anderen Gili-Insel möglich. Was allerdings nicht geht, ist mit dem öffentlichen Boot alle drei Inseln an einem Tag zu besuchen.

Der aktuelle Fahrplan hängt an den Ablegestellen aus.

Außerdem gibt es die Möglichkeit, Boote für Privatfahrten zwischen den Inseln zu chartern (350 000–400 000 Rp).

WANDERN & RADFAHREN

Die Gilis sind flach und lassen sich daher gut zu Fuß erkunden. Fahrräder können auf allen drei Inseln gemietet werden (40 000–60 000 Rp), das Radfahren kann hier richtig Spaß machen.

HOTELTRANSPORT

Viele Hotels und Pensionen helfen ihren Gästen als Teil der Reservierung dabei, die An- und Abreise zu den Gilis zu planen. Wer über eine Webseite reserviert, sollte direkt im Anschluss das Hotel kontaktieren. Manche Highend-Anlagen unterhalten eigene Boote, um ihre Gäste zu befördern.

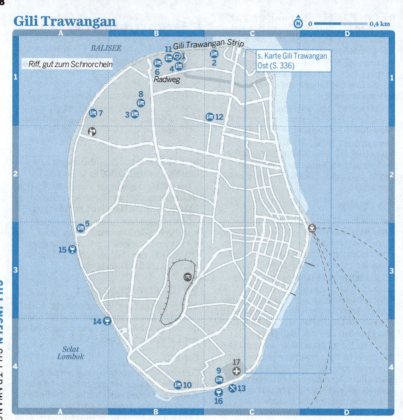

Was sich bei den vielen sandigen Pfaden allerdings nicht vermeiden lässt, ist, dass man auch unter sengender Sonne hin und wieder das Rad schieben muss.

Gili Trawangan
0370

Gili Trawangan ist ein Paradies von internationalem Ruf, vor allem unter Tauchern. Die Insel gilt neben Bali und Borobudur als eines der wichtigsten Reiseziele Indonesiens. Trawangans proppenvolle Hauptstraße mit ihren Fahrrädern, Pferdekutschen und ganzen Meuten spärlich bekleideter Touristen kommt für all jene Besucher überraschend, die hier ein beschauliches tropisches Refugium erwarten. Stattdessen reihen sich hier Lounge-Bars, schicke Unterkünfte, ambitionierte Restaurants, Mini-Supermärkte und Tauchschulen aneinander und buhlen um die Gunst (und das Geld) der Touristen.

Und doch lebt hinter dieser Glitzerfassade das ursprüngliche Hippieambiente weiter, mit baufälligen Warungs und Reggaeschuppen zwischen den Cocktailtischen und ruhigen Refugien entlang der deutlich geruhsameren Nordküste.

Obwohl bereits riesige Hotelbauten mit über 200 Zimmern an der wild zerklüfteten Westküste errichtet werden, stößt man nur ein kleines Stückchen landeinwärts noch auf ganz ursprüngliche Dörfer – mit Sandwegen, auf denen das Federvieh frei herumläuft, plaudernden *ibu* (Müttern) und Kindern mit Wuschelmähne, die Himmel und Hölle spielen. Hier bestimmt der Ruf des Muezzin und nicht die Happy Hour den Tagesablauf.

Besiedelt wurde die Insel vor über 50 Jahren durch Fischer vom Stamm der Bugi aus Sulawesi. Die ersten Urlauber entdeckten Gili T in den 1980er-Jahren, angelockt durch weiße Sandstrände und die berühm-

Gili Trawangan

Aktivitäten, Kurse & Touren
1. Lutwala Dive B1

Schlafen
2. Alam Gili C1
3. Coconut Garden B1
4. Eden Cottages B1
5. Five Elements A3
6. Gili Eco Villas B1
7. Hotel Ombak Sunset A1
8. Kelapa Villas B1
9. Kokomo C4
10. Pondok Santi B4
11. Wilson's Retreat B1
12. Woodstock C1

Essen
Kokomo .... (s. 9)
13. Pearl Beach Lounge C4

Ausgehen & Nachtleben
14. Exile A4
15. Serene Sunset A3
16. Surf Bar C4

Information
17. Klinik C4

ten Korallenriffe. In den 1990er-Jahren hatte sich Trawangan bereits in eine Art tropisches Ibiza verwandelt, eine steinige Idylle, in der sich Partys in großer Entfernung zur indonesischen Polizei feiern ließen. Dann aber begann die Insel erwachsen zu werden – die westlichen Hedonisten, die sich hier niedergelassen hatten, verwandelten sich in Geschäftsleute, Tauchen wurde für die Inselwirtschaft genauso wichtig wie die Partys und Investoren aus aller Welt steckten viel Geld in neue Ferienanlagen.

🏖 Strände

Rund um Gili T zieht sich die Art von feinem weißen Sand, den Besucher vergeblich auf Bali suchen. In der Nähe der ganzen Bars kann der Strand schon mal recht voll werden, aber wer nur ein bisschen in nördliche, südliche und östliche Richtung weiterwandert, stößt auf ein paar von Gili Ts schönste Bade- und Schnorchelstränden. An der West- und Nordküste hat man die Strände dann fast für sich allein – auch wenn die Wasser- und Bierverkäufer nie ganz weit weg sind.

Bei Ebbe liegen an der West- und Nordküste Felsen und Korallen nahe unter der Wasseroberfläche, es ist dann sehr unangenehm, ins tiefere Wasser zu waten. Am nordöstlichen Zipfel ist der Strand der Erosion nahezu vollständig zum Opfer gefallen.

Viele Besucher gehen auch einfach gerne zum Strand, um den sensationellen Ausblick auf Lombok und Gunung Rinjani sowie Bali und Gunung Agung zu genießen.

🏃 Aktivitäten

Auf Gili T haben früher oder später fast alle Aktivitäten mit dem Wasser zu tun.

Tauchen & Schnorcheln

Trawangan ist ein Tauchparadies, was sich in über einem Dutzend professioneller Tauchschulen und einer der ganz wenigen Apnoetauchschulen Asiens spiegelt. Die meisten Tauchschulen und -läden bieten ihren Kunden parallel zum Tauchen gute Unterkünfte an, z. T. auch attraktive Tauch-Unterkunfts-Pakete.

Vom Strand nördlich der Bootsanlegestelle aus macht das Schnorcheln richtig Spaß. Zwar sind die Korallen hier nicht ganz so gut in Schuss wie anderswo, dafür gibt es aber jede Menge Fische zu sehen. Das Riff vor der nordwestlichen Küste ist viel schöner, bei Ebbe führt der Weg zum tieferen Wasser aber zunächst über scharfe, abgestorbene Korallen (unbedingt Gummischuhe mitbringen). Eine Schnorchelausrüstung lässt sich für ca. 40 000 Rp pro Tag leihen.

⭐ Lutwala Dive TAUCHEN
(Karte S. 328; ☏ 0370-619 4835; www.lutwala.com; Open-water-Tauchkurse 400 US$) Ein Nitrox- und 5-Sterne-PADI-Zentrum. Die Firmenbesitzerin Fern Perry hat lange den Frauen-Weltrekord für den tiefsten Drucklufttauchgang (190 m) gehalten. Die Firma ist GIDA-Mitglied und verleiht hochwertige Schnorchelausrüstung.

Big Bubble TAUCHEN
(Karte S. 336; ☏ 0370-612 5020; www.bigbubblediving.com; Spaßtauchgänge Tag/Nacht 35/45 US$) Big Bubble ist der ursprüngliche Motor des Gili Eco Trust und eine lang etablierte Tauchschule. Auch Big Bubble ist Mitglied der Gili Island Dive Association (GIDA; siehe S. 331).

Blue Marlin Dive Centre TAUCHEN
(Karte S. 336; ☏ 0370-613 2424; www.bluemarlindive.com; Nitrox-Paket für 10 Tauchgänge 395 US$) Gili T's ältester Tauchladen und eine der besten Tech-Tauchschulen der Welt. Unter technischem Tauchen versteht man verschiedene Formen des Sporttauchens für

erfahrene Taucher, meistens mit einer speziellen Tauchausrüstung.

Die Firma ist ebenfalls Mitglied bei GIDA und betreibt eine der typischen Bars.

Manta Dive TAUCHEN

(Karte S. 336; ☏ 0370-614 3649; www.manta-dive.com; Kurse für Nachttaucher ab 250 US$) Die größte und noch immer eine der besten Tauchschulen der Insel. Das große Areal mit kürzlich vergrößertem Pool verläuft entlang der Hauptstraße. Die Tauchschule bietet Kurse zum Apnoetauchen (Freitauchen) an und ist GIDA-Mitglied.

Trawangan Dive TAUCHEN

(Karte S. 336; ☏ 0370-614 9220; www.trawangandive.com; 5 geführte Nitrox-Tauchgänge vom Boot aus ab 225 US$) Eine ausgezeichnete, lang etablierte Tauchschule, in der meistens eine Stimmung wie bei einer (großen) Poolparty herrscht. Das GIDA-Mitglied organisiert regelmäßig Strandreinigungsaktionen, an denen Urlauber sich beteiligen können.

Bootsausflüge

South Sea Nomads BOOTSTOUR

(Karte S. 336; ☏ 0821 4778 9559; www.southseanomads.com; pro Pers. 300 000 Rp; ⊙ Fr 13–19 Uhr) Das Partyboot bietet Schnorcheln, Rundfahrten und Biertrinken an, den Sonnenuntergang gibt es gratis dazu. Karten werden bei Manta Dive verkauft.

Surfen

Trawangan hat einen schnellen Right Reef Break, auf dem das ganze Jahr gesurft werden kann, auch wenn der Break etwas temperamentvoll ist und die Dünung schon mal recht hoch sein kann.

Die Surf Bar (S. 339) am Strand gegenüber vom Break vermietet Surfbretter (Std./Tag 30 000/100 000 Rp).

Wandern & Radfahren

Trawangan bietet sich für eine Erkundung zu Fuß oder mit dem Rad an. Man braucht ein paar Stunden, um die ganze Insel zu Fuß einmal zu umrunden. Wer am Hügel an der südwestlichen Inselseite seine Wanderung beendet (wo sich die Überreste einer alten japanischen Geschützstellung aus dem Zweiten Weltkrieg befinden), dem bietet sich bei Sonnenuntergang ein besonders schöner Blick auf Balis heiligen Vulkan Gunung Agung.

Das Radfahren (Tag ab 50 000 Rp) ist hier eine ideale Fortbewegungsart, auf der Hauptstraße sind daher auch viele Fahrradverleiher zu finden. Während die Nordküste nicht so radfreundlich ist, bieten sich die meisten Wege durch die Inselmitte geradezu zum Radeln an.

Yoga

Gili Yoga YOGA

(Karte S. 336; ☏ 0370-614 0503; www.giliyoga.com; pro Pers. 100 000 Rp; ⊙ tgl. Kurse) Bietet täglich Vinyasa-Sitzungen und gehört zu Freedive Gili.

Wellness

Exqisit Spa SPA

(Karte S. 336; ☏ 0370-612 9405; www.exqisit.com; einstündige Massage ab 180 000 Rp; ⊙ 10–22 Uhr) Ein Tages-Spa am Wasser mit Massageräumen, die durch Vorhänge voneinander getrennt sind, und Ledersitzen für Mani- bzw. Pediküre oder Reflexologie.

Zur langen Liste der angebotenen Anwendungen gehören Shiatsu und eine spezielle Massage für Kunden mit einem Kater nach durchzechter Nacht (220 000 Rp). Das nennt man den Markt bedienen!

Zum Spa gehört auch ein Café.

🎓 Kurse

Gili Cooking Classes KOCHKURS

(Karte S. 336; ☏ 0877 6324 1215; www.gilicookingclasses.com; Kurse ab 250 000 Rp; ⊙ 11.30, 16 & 20 Uhr) Die große Küche dieses Anbieters von Kochkursen liegt direkt an der Hauptstraße. Gekocht werden können die verschiedensten Gerichte – die Wahl sollte man sich aber gut überlegen, denn nachher wird gegessen, was man selbst gekocht hat.

> **ⓘ ETIKETTE**
>
> Fast alle Inselbewohner der Gilis sind Muslime, Inselbesucher sollten diese kulturellen Gegebenheiten beachten:
>
> ➜ Es ist absolut inakzeptabel, im Bikini auf den Wegen des Dorfes entlangzuschlendern, egal, wie viele andere das ebenfalls tun. Außer am Strand und am Hotelpool daher unbedingt immer auf angemessene Bekleidung achten.
>
> ➜ Nackt oder oben ohne in der Sonne zu baden erregt überall Anstoß.
>
> ➜ Während des Ramadan fasten viele Einheimische während der Tageslichtstunden, auf Gili Trawangan finden dann keine Partys statt.

TAUCHEN AUF DEN GILIS

Die Gili-Inseln sind ein ausgezeichnetes Tauchrevier, da die Meeresflora und -fauna vielfältig ist. Meeresschildkröten und Schwarz- bzw. Weißspitzenriffhaie bekommt man oft zu sehen, zudem Seepferdchen, Seenadeln oder Krustentiere. Rund um die Zeit des Vollmonds erscheinen große Schwärme von Büffelkopfpapageienfischen, um sich am Korallenlaich satt zu essen; zu anderen Jahreszeiten schweben Mantarochen an den Tauchplätzen vorbei.

Durch jahrelanges Dynamitfischen und einem vom El-Niño-Phänomen verursachten Ausbleichen wurden viele Korallen oberhalb von 18 m beschädigt. Inzwischen erholen sich die Korallen jedoch richtig gut und sehen so fantastisch aus wie schon seit vielen Jahren nicht mehr. Die Gilis haben darüber hinaus auch noch ein paar gänzlich unberührte Riffe zu bieten.

Die Sicherheitsstandards auf den Gilis sind relativ hoch. Als Reaktion auf die starke Zunahme an Tauchschulen haben sich mehrere von ihnen zur Gili Island Dive Association (GIDA) zusammengeschlossen. Die Verbandsmitglieder treffen sich monatlich, um Themen rund um den Umweltschutz und die Auswirkungen der Tauchgänge zu besprechen. Alle Mitglieder halten sich an einen schriftlichen Standardkodex, dessen Fokus auf der Sicherheit der Taucher, der Begrenzung der Anzahl an Tauchern pro Tag und dem Schutz des Tauchreviers liegt.

Deshalb werden hier ausdrücklich die Tauchschulen vorgestellt, die Mitglied bei GIDA sind (am Logo zu erkennen). Alle GIDA-Boote führen Sauerstoff sowie funktionierende Funkgeräte an Bord. Außerdem haben sie sich auf eine gemeinsame Preisliste für Spaßtauchgänge, Tauchkurse und Tauchzertifikate geeinigt.

Nachfolgend einige Kostenbeispiele:

Schnuppertauchgänge 65 US$

Open-water-Kurse 370 US$

Rettungstaucherkurs 390 US$

Und hier einige der besten Tauchreviere rund um die Inseln:

Deep Halik Der canyonähnliche Tauchplatz eignet sich ideal zum Strömungstauchen. Schwarz- und Weißspitzenhaie lassen sich in 28 bis 30 m Tiefe häufig blicken.

Deep Turbo In einer Tiefe von rund 30 m ist dieser Tauchplatz bestens für Nitroxtauchgänge geeignet. Zu sehen sind beeindruckende Seefächer und Leopardenhaie, die sich in Felsspalten verstecken.

Mirko's Reef Das Riff ist nach einem beliebten, aber verstorbenen Tauchlehrer benannt. In diesem Canyon wurde nie mit Dynamit gefischt, daher gibt es hier noch unberührte leuchtende Weich- und Tischkorallen.

Japanese Wreck Das japanische Schiffswrack ist nur etwas für erfahrene Taucher. Das japanische Patrouillenboot aus dem Zweiten Weltkrieg liegt in etwa 45 m Tiefe und ist ein weiterer idealer Platz für Tech-Taucher.

Shark Point Vielleicht der aufregendste Gili-Tauchplatz: Riffhaie und Meeresschildkröten geben sich hier oft die Ehre, außerdem Schwärme von Büffelkopfpapageienfischen und Mantas.

Sunset (Manta Point) Ein paar beeindruckende Tischkorallen; auch auf Haie und andere große pelagische Fische trifft man hier häufig.

Schlafen

Auf Gili Trawangan gibt es über 5000 Zimmer in fast 200 Unterkünften. Sie reichen von mit Palmstroh gedeckten Hütten bis zu schicken Ferienvillen mit eigenem Pool. Zu Spitzenzeiten ist die Insel trotzdem manchmal komplett ausgebucht. Daher besser weit im Voraus ein Zimmer reservieren und dann mit einer entspannten Einstellung anreisen.

Viele Unterkünfte gehören einheimischen Familien mit wenig oder gar keiner Erfahrung im Hotelgewerbe. Fast alle

GEFAHREN & ÄRGERNISSE AUF DEN GILIS

➜ Es kommt zwar selten vor, aber einige ausländische Frauen sind auf den Gilis sexuell belästigt oder sogar angegriffen worden. Es ist daher empfehlenswert, den Heimweg zu den ruhigeren Teilen der Inseln nicht alleine anzutreten.

➜ So ruhig wie das Meer hier wirkt, ist es doch trügerisch. So gibt es beispielsweise starke Strömungen zwischen den Inseln. Also auf keinen Fall versuchen, von einer Insel zur anderen zu schwimmen, denn das kann tödlich ausgehen!

➜ Drogenhandel bleibt auf Trawangan weit verbreitet. Hauptsächlich handelt es sich um Mushrooms, Crystal Meth, es sind aber auch andere Drogen im Umlauf.

➜ Touristen sind auf den Gilis nach dem Genuss von verunreinigtem *arak* (farbloser, destillierter Palmwein) erkrankt und sogar gestorben; unbedingt die Finger davon lassen.

Polizei ist auf den Gilis selten anzutreffen (wobei sich dies derzeit ändert). Diebstähle sollten sofort dem *kepala desa*, dem Dorfoberhaupt der Insel, gemeldet werden. Er kümmert sich dann um die Angelegenheit. Die Mitarbeiter der Tauchschulen wissen, wo er zu finden ist.

Auf Gili Trawangan sollten Besucher sich bei Problemen über das Hotel oder die Tauchschule an **Satgas** wenden, die Organisation der Gemeinde, die sich um alle Inselangelegenheiten kümmert. Satgas bemüht sich, eine Lösung für das aufgetretene Problem zu finden und Gestohlenes wiederzubeschaffen.

Tauchschulen bieten sehr gute Unterkünfte im mittleren Preissegment an, manchmal gibt es Rabatte in Kombination mit der Buchung eines Tauchkurses oder einer Tauchfahrt. Die billigsten Unterkünfte liegen im Dorf, wo die Moschee morgens für alle den Wecker ersetzt.

Wer den Menschenmassen entfliehen und seine Ruhe haben möchte, quartiert sich lieber an der Nord- oder Westküste ein.

In allen Budget- und in den meisten Mittelklasseunterkünften ist das Leitungswasser ungenießbar, Trinkwasser steht nur in manchen exklusiven Bungalows zur Verfügung, ansonsten muss abgefülltes Wasser getrunken werden.

Die Preise der Hochsaison fallen in der Nebensaison schon mal um die Hälfte. Wenn nicht anders angegeben, ist das Frühstück im Preis inbegriffen.

🛏 Dorf

Oceane Paradise COTTAGE $
(Karte S. 336; ☏ 0812 3779 3533; Zi. ab 300 000 Rp; ❄🛜) Eine tolle Anlage mit vier Holzhütten mit schicken Außenbädern.

Pondok Gili Gecko GUESTHOUSE $
(Karte S. 336; ☏ 0818 0573 2814; Zi. ab 350 000 Rp; 🛜) Eine einladende Pension mit bezauberndem Gecko-Motiv. Die vier Zimmer sind supersauber, haben Deckenventilatoren und eigene gefliese Terrassen zum Garten hin.

Rumah Hantu GUESTHOUSE $
(Karte S. 336; ☏ 0819 1710 2444; Zi. ab 300 000 Rp; 🛜) Eine gepflegte, wenn auch schlichte Ansammlung von fünf Zimmern aus Bambusgeflecht mit hohen Decken und frischer Farbe in einem schlichten Gartengrundstück. Die Betreiber sind gastfreundlich und arbeiten gewissenhaft.

★Woodstock BUNGALOW $$
(Karte S. 328; ☏ 0821 4765 5877; www.woodstockgili.com; Zi. 350 000–700 000 Rp; ❄🛜🏊) Der flippigste Ort auf Trawangan. In den elf superadretten Zimmern mit regionalem Flair können Gäste im Geiste von Joan Baez und Jimi Hendrix wohnen. Die Zimmer haben eine private Veranda und ein Außenbad und liegen um einen entspannten Poolbereich herum. WLAN gibt es nur an der Rezeption.

Alexyane Paradise BUNGALOW $$
(Karte S. 336; ☏ 0878 6599 9645; Zi. 600 000–750 000 Rp; ❄) Tolles Preis-Leistungs-Verhältnis: Fünf Hütten in dunklem Holz mit hohen Decken, Bambusbetten und wunderschönen Außenbädern mit viel Grün.

Lumbung Cottages 2 BUNGALOW $$
(Karte S. 336; ☏ 0878 6589 0233; www.lumbungcottage.com; Bungalows ab 600 000 Rp; ❄🛜🏊) Elf Hütten im *Lumbung*-Stil im Dorf und

direkt am Hang gelegen. Sie gruppieren sich um einen Pool mit schwarzem Boden.

Gili Joglo
FERIENVILLA $$$

(Karte S. 336; ☎ 0813 5678 4741; www.gilijoglo. com; Ferienhaus ab 160 €; ❄︎🛜) Gili Joglo vermietet drei tolle Ferienvillen. Eine ist ein umgestalteter antiker *joglo* mit polierten Betonböden, zwei Schlafzimmern und einem riesigen Wohnraum, der von innen nahtlos ins Freie übergeht. Noch schöner fast ist die zweite, etwas kleinere Villa, die aus zwei umgebauten *gladaks* (Wohnhaus der Mittelklasse) aus den 1950er-Jahren besteht. Zu den Zimmern gehört ein Butlerservice. *Joglos* und *gladaks* sind für Zentral-Java typische Baustile.

🛏 Hauptstraße

★ Gili Hostel
HOSTEL $

(Karte S. 336; ☎ 0877 6526 7037; www.gilihostel. com; B ab 155 000 Rp; ❄︎🛜🏊) Das einzige richtige Hostel der Insel ist ein gemischter Schlafsaalkomplex mit einem struppigen Dach im Torajan-Stil. Die sieben Zimmer haben jeweils sieben Betten, Betonböden, hohe Decken und einen Schlafloft.

Eine Dachbar mit Sitzsäcken, Liegestühlen und Hängematten mit Blick auf Baumwipfel, die Berge und den neuen großen Partypool rundet das Angebot ab.

Sama Sama Bungalows
BUNGALOW $$

(Karte S. 336; ☎ 0370-612 1106; Zi. 400 000 bis 700 000 Rp; ❄︎🛜) Wer mitten im Geschehen wohnen möchte, ist in diesen Häuschen im *Lumbung*-Stil gerade richtig. Sie liegen nur ein paar Meter von der Stelle, wo die Schnellboote anlanden, und sind somit perfekt für alle, die mitten im Geschehen wohnen wollen.

Kokomo
LUXUSFERIENHÄUSER $$$

(Karte S. 328; ☎ 0370-613 4920; www.kokomogilit. com; Ferienhaus 225–600 US$; ❄︎🛜🏊) Kokomo bietet wunderschön ausgestattete und schön eingerichtete moderne Unterkünfte. Diese elf Mini-Villen liegen in einem kleinen Komplex am ruhigeren, südlichen Ende der Hauptstraße. Alle haben einen eigenen Pool, eine moderne Einrichtung und wunderschöne Wohnbereiche im Haus und im Freien.

🛏 Am Strand

Blu da Mare
BUNGALOW $$

(Karte S. 336; ☎ 0858 8866 2490; www.bludama re.it; Zi. ab 1 200 000 Rp; ❄︎🛜) Zeichnet sich vor allem durch seine exquisite Küche aus. Zur Ruhe bettet man sich hier in einem von fünf schönen antiken *joglos* aus Java (sie stammen aus den 1920er-Jahren). Sie haben wunderschöne alte Holzböden, Queensize-Betten und Süßwasserduschen in Wannen, die in den Boden eingelassen sind.

Balé Sampan
HOTEL $$

(Karte S. 336; ☎ 0812 3702 4048; www.balesam panbungalows.com; Zi. mit Blick auf Garten/Pool 82/88 US$; ❄︎🛜🏊) Liegt an einem schönen breiten Strandabschnitt. Die 13 schönen, ultramodernen Zimmer haben Bäder aus Stein und edles Bettzeug. Es gibt einen Frischwasserpool, das Café der Anlage serviert richtiges englisches Frühstück.

Tanah Qita
BUNGALOW $$

(Karte S. 336; ☎ 0370-613 9159; Bungalows 500 000–900 000 Rp; ❄︎🛜) Tanah Qita („Heimatland") bietet große, tadellose *lumbungs* mit Himmelbetten sowie kleinere Unterkünfte mit Ventilatoren. Sauberkeit steht hier an erster Stelle. Und den Garten kann man nur mit „einfach schön" beschreiben.

Soundwaves
BUNGALOW $$

(Karte S. 336; ☎ 0819 3673 2404; www.sound wavesresort.com; Zi. 250 000–850 000 Rp; 🛜) Die zwölf Zimmer mit gefliesten Böden sind schlicht eingerichtet, aber sauber. Manche

---

APNOETAUCHEN AUF DEN GILIS

Freedive Gili (Karte S. 336; ☎ 0370-614 0503; www.freedivegili.com; Anfänger-/ Fortgeschrittenen-Kurs 275/375 US$) Apnoetauchen ist eine anspruchsvolle Technik des Luftanhaltens, die es Tauchern ermöglicht, viel größere Tiefen zu erkunden als beim Schnorcheln möglich ist, sie schaffen Tiefen von bis zu 30 m und mehr. Trawangans professionelle Tauchschule Freedive Gili gehört einem erfahrenen Taucher, der persönlich mit einem Atemzug schon 90 m geschafft hat.

Die Schule bietet zweitägige Anfänger- und dreitägige Fortgeschrittenenkurse an, die aus einem Theorieteil, dem Erlernen der Atemtechnik und Tiefentraining bestehen.

Nach einem zweitägigen Kurs schaffen es viele Tauchschüler, mit einem Atemzug bis in 20 m Tiefe zu kommen.

befinden sich in Spitzdachhäusern aus tropischem Holz, andere in zweigeschossigen Betongebäuden mit versetzten und eingelassenen Terrassen, die aus jedem Zimmer Strandblick bieten.

Trawangan Dive HOSTEL $$
(Karte S. 336; ☎0813 3770 2332, 0370-614 9220; www.trawangandive.com; B 12 US$; Zi. ab 88 US$; ❄☎☀) Das Hostel zeichnet sich durch seinen Schlafsaal mit drei Betten aus, in denen jeweils bis zu zwei Personen schlafen können. Wie im ganzen Gili Trawangan, stehen auch hier demnächst Verbesserungen an: Inzwischen gibt es elf klimatisierte Zimmer, weitere 28 sind in Planung.

Das Hostel liegt strategisch günstig unweit der lebhaftesten Bars der Insel.

🛏 Nord-, Süd- & Westküste

★ Eden Cottages COTTAGE $$
(Karte S. 328; ☎0819 1799 6151; www.edencottages.com; Cottage 550 000 Rp; ❄☀) Sechs saubere, mit Palmstroh gedeckte Bungalows liegen in einer Gartenanlage rund um einen Pool. Die Zimmer sind mit geschmackvollen Rattanmöbeln, Steinbädern, Fernsehern und DVD-Geräten sowie Süßwasserduschen ausgestattet.

Der Betreiber verzichtet bewusst auf WLAN, was den Erholungswert noch erhöht.

★ Wilson's Retreat FERIENANLAGE $$
(Karte S. 328; ☎0370-612 0060; www.wilsonsretreat.com; Zi. ab 120 US$; ❄☎☀) Ein stattlicher Neuzugang an der Nordküste! Das Wilson's bietet 18 Zimmer sowie vier Ferienhäuser mit eigenen Pools. Und obwohl die Anlage weitläufig und schick ist, hat sie sich die für Gili typische Verträumtheit bewahrt.

Vom ausgezeichneten Café schaut man auf einen besonders schönen Strandabschnitt der Insel.

Coconut Garden BUNGALOW $$
(Karte S. 328; ☎0812 3782 6482; www.coconutgardenresort.com; Zi. ab 850 000 Rp; ❄☎) Ein stimmungsvolles Fleckchen mit vier hellen und luftigen *joglos* im javanischen Stil mit Ziegeldach, das jeweils in ein Außenbad aus Terrazzo übergeht. Hier können sich die Gäste auf edles Bettzeug, Queensize-Betten und eine Rasenfläche mit vereinzelt stehenden Kokospalmen freuen.

Die Hotelbetreiber legen großen Wert auf Nachhaltigkeit und haben das Baumaterial für ihre *joglos* aus anderen Teilen Indonesiens importiert. Das Bauholz ist meist zwischen 40 und 60 Jahre alt und zeigt viele traditionelle Schnitzereien, teilweise kann man sogar noch erkennen, für was das Holz einst verwendet wurde.

Die Anlage befindet sich in ruhiger Lage im Landesinneren und ist nicht ganz einfach zu finden. Am besten ruft man vorher an.

Alam Gili HOTEL $$
(Karte S. 328; ☎0370-613 0466; www.alamgili.com; Zi. 65–95 US$; ☎☀) Ein üppig grüner alter Garten und eine ruhige Strandlage zeichnen diese Unterkunft aus. Die neuen Zimmer und Ferienhäuser in der kleinen Anlage überzeugen mit elegantem traditionellem balinesischen Stil. Es gibt außerdem einen kleinen Pool und ein Strandcafé.

Danima GUESTHOUSE $$
(Karte S. 336; ☎0878 6087 2506; www.giliresortdanima.com; Zi. 900 000–1 400 000 Rp; ❄☎☀) Eine kleine, aber feine Boutiqueunterkunft mit vier Zimmern. Diese haben gute Betten, gewölbte Decken, eine geschmackvolle Beleuchtung und Regenduschen. Zur Anlage gehört ein romantischer Pool- und Strandbereich.

Hotel Ombak Sunset FERIENANLAGE $$
(Karte S. 328; ☎0370-644333; www.ombaksunset.com; Zi. 100–250 US$; ❄@☎) Die schicke Ferienanlage an der ehemals recht ruhigen Westküste hat 100 Zimmer und eine Superlage zum Genießen der Sonnenuntergänge. Es gibt verschiedene Arten von Zimmern: Besonders zu empfehlen sind diejenigen mit der nach Westen ausgerichteten Terrasse, von der man über das Meer bis nach Bali schaut. Die Anlage verfügt sogar über einen eigenen Geldautomaten.

★ Pondok Santi FERIENANLAGE $$$
(Karte S. 328; ☎0370-714 0711; www.pondoksanti.com; Zi. ab 300 US$; ❄☎) Sechs wunderbare Bungalows stehen großzügig verteilt in einer ehemaligen Kokosplantage.

Das Pondok Sani ist eindeutig die eleganteste Ferienanlage auf Gili T. Die Wohneinheiten haben Außenduschen und eine opulente, traditionelle Holzeinrichtung. Die Anlage liegt an einem tollen Strand und nah genug an der Hauptstraße.

Gili Eco Villas VILLA $$$
(Karte S. 328; ☎0361-847 6419; www.giliecovillas.com; Ferienhaus 120–260 US$; ❄☎☀) Diese sieben schicken Ferienhäuser aus recyceltem Teakholz, das aus alten javani-

schen Kolonialhäusern stammt, liegen an Trawangans idyllischer Nordküste. In der kleinen Anlage werden Komfort und Stil mit ökologischen Prinzipien unter einen Hut gebracht: So wird das Wasser wiederaufbereitet, es gibt einen Bio-Gemüsegarten und ein Großteil des Stroms wird aus Sonnen- und Windenergie erzeugt). WLAN gibt es nur in den Gemeinschaftsbereichen.

Kelapa Villas FERIENHAUS $$$
(Karte S. 328; 0812 3756 6003; www.kelapavillas. com; Ferienhaus 200–900 US$; ✱ ☎ ⚐ ⚑) Eine Luxusanlage mit Inselinnerem mit 20 geräumigen Ferienhäusern (alle mit eigenem Pool), die Stil und Platz im Überfluss bieten. Für die Sportlichen stehen ein Tennisplatz und ein Fitnessraum bereit.

Five Elements FERIENHAUS $$$
(Karte S. 328; 0828 9799 5545; www.gili. fiveelementsresorts.com; Ferienhaus ab 250 US$; ✱ ☎ ⚐) Die Ferienhäuser mit viel Abstand voneinander liegen rund um einen 40 m langen Pool an einem (derzeit noch) einsamen Strandabschnitt der Westküste. Die Wohneinheiten bieten viel Komfort, sodass das Abschalten nicht schwer fällt. Wie bei allen Unterkünften an der Westküste läuft man allerdings ein gutes Stück zu Fuß, wenn man abends auf der Hauptstraße Essen gehen möchte.

Essen

Abends grillen zahlreiche Lokale auf der Hauptstraße leckeren Fisch. Großartig unterscheiden tun sie sich nicht – also einfach danach aussuchen, welches einem zusagt und wie viel Chili und Knoblauch die Marinade enthalten soll.

Zeitlose Strandbars der Hauptstraße bieten die Klassiker der indonesischen Küche an, die man mit einem kühlen Bintang in der Hand und den Füßen im Sand genießt.

Die Anzahl an Designercafés nimmt ebenfalls immer mehr zu.

★ Pasar Malam MARKT $
(Karte S. 336; Hauptgerichte 15 000–30 000 Rp; ⊙ 18–24 Uhr) Der Nachtmarkt erblüht jeden Abend vor Gili Ts Markt und ist der ideale Platz, um eine große Bandbreite an regionalen Speisen zu probieren, darunter würzige Nudelsuppen, gebratene Köstlichkeiten, leckeres *ayam goreng* (gebratenes Hühnchen) und gegrillter Fisch frisch aus dem Meer. Schon der bloße Anblick der ganzen Speisen lässt einem beim Bummel entlang der Stände das Wasser im Munde zusammenlaufen. Gespeist wird an langen Tischen.

Green Cafe INDONESISCH $
(Karte S. 336; 0878 6335 4272; Hauptgerichte ab 20 000 Rp; ⊙ 18–23 Uhr) Dieser sehr gute Stand auf dem Pasar Malam (Nachtmarkt) liegt weiter hinten, ist aber einfach zu finden: einfach dorthin gehen, wo eine Menschenmenge versucht, sich zwischen gegrillten Hauptgerichten, Salaten und einer ganzen Palette an leckeren Nachtischen (die sie einem gerne auch einpacken) zu entscheiden. Tagsüber betreiben die Besitzer ein Café ganz hinten auf dem Platz.

Ecco Cafe CAFÉ $
(Karte S. 336; 0878 6027 0200; Hauptgerichte 33 000–60 000 Rp; ⊙ 8–22 Uhr; ☎) Auf beiden Seiten der Hauptstraße gelegen, präsentiert sich auch dieses ausgezeichnete Café im derzeit angesagten Look mit verwittertem Bootsholz. Auf der anderen Straßenseite betreiben die Besitzer eine elegante Boutique, die Kleidung verkauft.

Warung Kiki Novi INDONESISCH $
(Karte S. 336; Hauptgerichte ab 15 000 Rp; ⊙ 8 bis 22 Uhr) Alle, die schon länger auf der Insel leben, sind sich einig: Hier gibt es das beste *nasi campur* der Gilis – und sie haben recht. Der gemütliche Speiseraum bietet ein Paradies an kostengünstigem Essen. Neben ordentlichen indonesischen Hauptgerichten serviert es auch ein paar westliche Sandwiches und Salate. Die Suppen sind ebenfalls zu empfehlen.

Cafe Gili INTERNATIONAL $$
(Karte S. 336; Hauptgerichte ab 35 000–70 000 Rp; ⊙ 8–22 Uhr; ☎) Man stelle sich vor: bequeme Sitzmöglichkeiten am Strand, Kerzenlicht und jede Menge Jack Johnson. Der Laden zieht sich vom weiß getünchten, schäbig-schlichten Speiseraum über die Straße bis zum Strand. Die Speisekarte umfasst alles Mögliche von Eiern auf Florentiner Art und Frühstücksbaguettes über schicke Sandwiches und Salate bis hin zu ordentlichen Pasta- und Fischgerichten.

★ Kayu Café CAFÉ $$
(Karte S. 336; 0878 6239 1308; Hauptgerichte 40 000–80 000 Rp; ⊙ 8–22 Uhr; ✱ ☎) Hier gibt es zwei Optionen: Das Hauptcafé auf der Inlandseite der Straße bietet in klimatisiertem Komfort eine wunderbare Palette an gesunden Backwaren, Salaten, Sandwiches und die besten Säfte der Insel.

Im Strandcafé auf der anderen Straßenseite speist man in verwittertem Holzambiente im Freien. Am Strand kann der Service schon mal langsam sein – daher lieber drinnen bestellen.

★ **Scallywags** INTERNATIONAL $$
(Karte rechts; ☏ 0370-614 5301; www.scallywagsresort.com; Menüs 40 000–180 000 Rp; ⊙ 8–22 Uhr; ☏) Scallywags bietet gemütliche, aber doch elegante Stranddekoration, polierte Gläser, eine aufmerksame Bedienung und dazu noch ausgezeichnete Cocktails. Auf der Abendkarte finden sich viele Köstlichkeiten aus dem Meer, zum Beispiel frischer Hummer, Thunfischsteaks, Schnapper und Schwertfisch. Nicht zu verachten ist auch die tolle Salatbar. Besonders zu empfehlen sind aber die Meeresfrüchte vom Grill.

Kokomo INTERNATIONAL $$
(Karte S. 328; ☏ 0370-613 4920; www.kokomogilit.com; Hauptgerichte 60 000–200 000 Rp; ⊙ 8–23 Uhr; ✻☏) Kokomo ist das einzige richtige Spitzenrestaurant der Stadt und verwendet superfrische Meeresprodukte und erlesenes importiertes Fleisch. Auf der Karte stehen jede Menge gesunder Salate, wunderbare Steaks und Pastagerichte, aber für den ultimativen Gaumengenuss sollte man unbedingt einen Meeresfrüchte- oder Sashimi-Teller (mit Atlantiklachs und Gelbflossenthunfisch) bestellen. Die Lage am Wasser ist umwerfend.

Il Pirata PIZZA $$
(Karte rechts; ☏ 0813 3842 0848; Hauptgerichte 70 000–100 000 Rp; ⊙ 11–23 Uhr) Der Holzofen dieser erstaunlich guten Pizzeria, die etwas zurückversetzt vom Strand liegt, ist quasi im Dauerbetrieb. Zu den Hauptzeiten bildet sich eine lange Schlange für eine Take-away-Pizza. Die bessere Wahl ist es, sich im Garten einen Tisch zu suchen und dort die Pizza mit dünner Kruste kalt zu essen. Die *Pizza Romana* ist eine authentische und leckere Wahl.

Pearl Beach Lounge INTERNATIONAL $$
(Karte S. 328; ☏ 0370-613 7788; www.pearlbeachlounge.com; Hauptgerichte 60 000–180 000 Rp; ⊙ 8–23 Uhr; ☏) Der Bambus fließt in diesem gehobenen Lounge-Restaurant am Strand nur unmerklich weniger flüssig als das Bier. Gibt man hier tagsüber 100 000 Rp für Essen und Getränke aus, dann sind Poolbenutzung, bequeme Strandliegen und eine Speisekarte mit jeder Menge Burger im Preis inbegriffen. Abends erwacht der ein-

Gili Trawangan Ost

Gili Trawangan Ost

◉ Sehenswertes
1 Moschee..A1

⊕ Aktivitäten, Kurse & Touren
2 Big Bubble..A3
3 Blue Marlin Dive Centre....................B5
4 Exqisit Spa..B6
5 Freedive Gili.......................................B4
6 Gili Cooking Classes.........................B5
7 Gili Yoga..B4
8 Manta Dive...B5
9 South Sea Nomads............................B5
10 Trawangan Dive.................................A3

🛏 Schlafen
11 Alexyane Paradise.............................A6
12 Balé Sampan......................................A2
13 Blu da Mare..A2
14 Danima..A2
15 Gili Hostel...B4
16 Gili Joglo...A2
17 Lumbung Cottages 2.........................A4
18 Oceane Paradise................................A6
19 Pondok Gili Gecko.............................A4
20 Rumah Hantu.....................................A6
21 Sama Sama Bungalows....................B5
22 Soundwaves.......................................A3
23 Tanah Qita..A2
Trawangan Dive............................(s. 10)

🍴 Essen
24 Beach House......................................A6
25 Cafe Gili..A3
26 Ecco Cafe..B5
27 Green Cafe...B5
28 Il Pirata...B4
29 Kayu Café...B5
30 Pasar Malam......................................B5
31 Scallywags..A6
32 Warung Kiki Novi...............................B5

🍷 Ausgehen & Nachtleben
Blue Marlin.....................................(s. 3)
33 La Moomba...A1
Sama Sama....................................(s. 21)
34 Tir na Nog..A7

🛍 Shoppen
Casa Vintage.................................(s. 19)
35 Innuendo...B6

ℹ Information
36 Flash Internet....................................B4
37 Pasar Seni..B5

🚐 Verkehr
38 Bali Brio..B5
39 Blue Water Express..........................B4
40 Bootsanleger......................................B4
41 Gili Cat..B4
42 Perama..B5
43 Scoot...B4

---

drucksvolle Hauptpavillon aus Bambus zum Leben, die Gäste bestellen dann aufwendiger zubereitete Steak- und Meeresfrüchtegerichte von der Karte.

Beach House INTERNATIONAL $$
(Karte S. 336; ☏ 0370-614 2352; www.beachhousegilit.com; Hauptgerichte 45 000–180 000 Rp; ⊙ 11–22 Uhr; 🛜) Das Beach House verfügt über eine elegante Terrasse am Jachthafen und ist auf der Insel für sein wunderbares Barbecue mit Salatbar und guten Weinen am Abend bekannt. Es ist eines der besten Lokale für gegrillte Meeresfrüchte und immer gut besucht. Das erklärt auch, warum man hier besser einen Tisch reserviert.

🍸 Ausgehen & Nachtleben

Die Insel bietet tolle Strandlokale im Überfluss – von schicken Lounge Bars bis hin zu einfachen Hütten. Partys finden an mehreren Abenden der Woche statt, abwechselnd in etablierten Lokalen wie dem Tir na Nog und dem Rudy's Pub oder in Neuzugängen. Auf der Straße südlich von Pasar Malam liegt der Mittelpunkt der lauten Nachtszene. In den meisten Strandrestaurants sind auch all jene Gäste willkommen, die nur ein oder zwei Cocktails bestellen wollen.

★ La Moomba BAR
(Karte S. 336; ⊙ 10–24 Uhr) Wer eine zauberhafte Strandlage mit weißem Sand, Bambusliegestühlen und eine Tiki Bar, aus der der Reggae pulsiert, sucht, ist in Trawangans bester Strandbar genau richtig.

Tir na Nog PUB
(Karte S. 336; ☏ 0370-613 9463; ⊙ Do–Di 7–2 Uhr, Mi bis 4 Uhr; 🛜) Diese scheunenartige Kneipe wird von allen einfach „The Irish" genannt. Im Inneren ist sie als Sportbar eingerichtet, mit großen Bildschirmen, die sich ideal zum Fußballschauen eignen.

Außerdem gibt es leckeres Pubessen (Hauptgerichte 35 000–80 000 Rp). Die Bar zur Strandseite hin ist wahrscheinlich der vollste Treffpunkt der ganzen Insel. Ein gut-

GRÜNE GILIS

Nachdem man Hotel oder Tauchschule bezahlt hat, kommt da noch die „Eco Tax" (50 000 Rp pro Pers.) ins Spiel. Die freiwillige Spende wurde vom wegweisenden **Gili Eco Trust** (www.giliecotrust.com) eingeführt, um mit den Einkünften die Umweltbedingungen auf der Insel zu verbessern.

Es ist eine lohnenswerte „Steuer". Der Druck auf die Umwelt hat auf den Gilis parallel zu ihrer steigenden Beliebtheit enorm zugenommen. Zu den Problemen gehören u. a. die zunehmende Bebauung, der Müll und die Beschädigungen der Korallenriffe durch Zyanid- und Dynamitfischerei. „In der Hochsaison befinden sich 5000 Besucher auf den Gilis sowie weitere 5000 Arbeitskräfte, von denen die meisten aus Lombok übersetzen", stellt Delphine Robbe, die Eco-Trust-Koordinatorin, fest.

In jüngerer Zeit wurden die einst breiten weißen Sandstrände auf Trawangan markant erodiert, an manchen Stellen sind sie sogar ganz verschwunden. Mehrere Initiativen bemühen sich inzwischen, das Riff zu retten und etwas gegen denzunehmenden Anstieg des Meeresspiegels zu tun.

Dank **Biorock**, einem Korallen-Regenerationsprojekt, das vom Gili Eco Trust und mehreren Tauchschulen vorangetrieben wird, konnte bereits die Stranderosion reduziert und das Wachstum von Meeresflora und -fauna gefördert werden. Lose Teile lebender Korallen, die vielleicht durch einen Anker oder eine ungeschickte Taucherflosse abgetrennt wurden, werden aufgesammelt und auf Metallgestelle im Meer gepflanzt. Elektroden, durch die Strom mit geringer Stärke fließt, erzeugen elektrolytische Reaktionen und beschleunigen so das Korallenwachstum. So entsteht ein künstliches Riff, vergleichbar mit den Bemühungen bei Pemuteran auf Bali.

Inzwischen gibt es über 100 Biorock-Installationen rund um die Gili-Inseln. Beim Schnorcheln oder Tauchen sind sie gut zu erkennen, denn ihre Formen wirken im Wasser recht aufsehenerregend – Blume, Flugzeug, Schildkröte, Stern, Mantarochen und sogar ein Herz – und alle sind mit jungen Korallen und Schwämmen bedeckt.

Hier noch einige weitere Eco-Trust-Initiativen:

➡ Kostenlose Mehrfach-Einkaufstaschen werden verteilt, um die Verwendung von Plastiktüten einzudämmen. Die Mitarbeiter versuchen die Restaurants zu überzeugen, keine Plastikstrohhalme mehr zu verwenden.

➡ Eine aggressive Bildungskampagne, um Einheimische und Geschäftsleute dazu zu bewegen, ihren Müll zu recyceln. Inzwischen wurden über 1000 Recyclingtonnen auf den Inseln aufgestellt.

➡ Schutz der Inselpferde. Es gibt inzwischen eine Betreuung durch einen Tierarzt sowie Bildungsprogramme für die Kutscher. Hier gibt es noch viel zu tun, denn laut Robbe arbeiten viele Kutscher drei Jahre intensiv mit den Pferden, verkaufen sie dann auf Lombok an einen Schlächter und kaufen sich anschließend ein neues Tier.

Neben der Eco Tax können sich Touristen auf den Gilis auf vielerlei Weise engagieren:

Strände säubern Eco Trust und Trawangan Dive (S. 330) organisieren wöchentliche Strandsäuberungen, Hilfe wird dabei immer gebraucht. Und wann immer man den weißen Sand und das türkise Wasser bewundert, kann man ein bisschen private Strandsäuberung betreiben und alles, was man an Müll so findet, in eine der Recyclingtonnen werfen.

Pferdemisshandlung melden Wer sieht, dass ein *Cidomo*-Fahrer ein Pferd misshandelt, kann die Kutschennummer Eco Trust (📞 0370-625020 oder 📞 0813 3960 0553) melden. Die Mitarbeiter kontaktieren dann den Kutscher und konfrontieren ihn mit den Vorwürfen. Leider haben die vielen Transportkutschen, die schwer mit Baumaterial oder Bier beladen sind, keine Kutschennummer, was eine Meldung erschwert.

Ein Korallenriff bauen Für US$ 600 können Taucher zwei Wochen lang im Rahmen von täglich zwei Tauchgängen dabei helfen, eine neue Biorock-Installation zu bauen. Informationen dazu gibt es beim Eco Trust.

gelauntes Publikum trifft sich hier am Mittwochabend, wenn der DJ auflegt.

Blue Marlin BAR
(Karte S. 336; 8 Uhr bis spätnachts) Das gehobene Partylokal hat die größte Tanzfläche und die beste Anlage. Montags wird hier Trance und Tribal Music aufgelegt.

Surf Bar BAR
(Karte S. 328; 8 Uhr bis spätnachts) Direkt gegenüber dem Surfbreak gelegen, bietet diese Tiki Bar ein hübsches Stück Strand, einen Schwung Surfbretter zum Mieten, eine pulsierende Anlage und ein junges Publikum. Regelmäßig finden hier Vollmond- und Neumondpartys statt.

Sama Sama BAR
(Karte S. 336; variiert) Eine Mischung aus Reggae-Bar und Roadhouse – mit super Soundanlage und einem Biergarten am Strand. Fast jeden Abend spielt eine tolle Liveband (mit der immer gleichen Playlist).

Serene Sunset BAR
(Karte S. 328; 13–19 Uhr) Ein Schwung Liegestühle und eine Bambustheke sind die wesentlichen Merkmale dieser kleinen Bar, die von ein paar gut gelaunten jungen Männern betrieben wird. Nomen ist hier omen: An diesem ruhig-entspannten Stück Westküste lässt sich der Drink wunderbar beim Sonnenuntergang genießen.

Exile BAR
(Karte S. 328; 0819 0772 1858; 12 Uhr bis spätnachts; @) Bei dieser coolen Strandbar steppt den ganzen Tag der Bär. Von der Hauptstraße läuft man 20 Minuten zu Fuß, mit dem Rad ist man noch schneller da. Eine kleine Anlage mit zehn Bungalows aus geflochtenem Bambus bietet Zimmer ab 450 000 Rp, falls der Weg doch einmal zu weit erscheinen.

Shoppen

Einst Hochburg billiger Souvenirstände, ist das Niveau der Läden auf Gili Trawangan inzwischen deutlich und sehr schnell gestiegen. Auf der Hauptstraße südlich des Pasar Malam sind die schicken Boutiquen zu finden.

★ Casa Vintage BEKLEIDUNG
(Karte S. 336; 9–21 Uhr) Die beste Boutique auf Gili T liegt etwas versteckt auf einer hinteren Straße unweit von Il Pirata und ist geradezu eine Schatztruhe für Vintagemode aus aller Welt, die hier elegant präsentiert wird. Die Palette reicht von großen Ohrringen und hochwertigen Hand- und Schultertaschen aus Leder bis hin zu Babydoll-Kleidern und John-Lennon-Sonnenbrillen.

Innuendo MODE
(Karte S. 336, www.innuendostyle.com; 0828 370 9648; 10–21 Uhr) Eine neue elegante Boutique auf der Insel. Besitzer ist ein französischer Modedesigner mit Sitz auf Bali. Kleider und Schuhe stammen vom eigenen Label, die Handtaschen und Accessoires allerdings von anderen Indie-Designern.

ⓘ Praktische Informationen

GELD
Gili T bietet jede Menge Geldautomaten auf der Hauptstraße, einige weitere stehen an der Westküste.

INTERNET & TELEFON
WLAN hat sich auf Trawangan merklich ausgebreitet und ist, wenn auch nicht schnell, in Hotels und Cafés meist vorhanden.

Flash Internet (Karte S. 336; Std. 18 000 Rp; 8–23 Uhr; 🛜) an der Hauptstraße bietet schnelle Verbindungen und die Möglichkeit zum Ausdrucken.

NOTFALL
Eine **medizinische Einrichtung** (Karte S. 328; 9–17 Uhr) befindet sich unmittelbar südlich des Hotels Vila Ombak.

Wenn es um Sicherheitsprobleme geht, bitte über das Hotel oder die Tauchschule **Satgas** informieren, eine Organisation der örtlichen Gemeinde.

ⓘ An- & Weiterreise

An der **Bootsanlegestelle** (Karte S. 336) fahren die öffentlichen Boote und Insel-Shuttleboote ab, hier werden auch die Fahrkarten verkauft. Während man auf das Ablegen wartet, kann man bestaunen, in welch beeindruckender Anzahl volle Bierflaschen angeliefert und leere wieder abgeholt werden.

Folgende Schnellbootanbieter unterhalten auf Gili T eigene Büros:
Bali Brio (Karte S. 336; 0828 9710 2336; Sama Sama Bungalows; 9–21 Uhr)
Blue Water Express (Karte S. 336; 9–21 Uhr)
Gili Cat (Karte S. 336; 0361-271680; www.gilicat.com; 9–21 Uhr)
Perama (Karte S. 336; 0370 638 514; www.peramatour.com; 9–20 Uhr)
Scoot (Karte S. 336; www.scootcruise.com; 9 bis 21 Uhr) Bootsverbindungen zwischen Sanur, Padangbai, Nusa Lembongan und den Gilis.

Gili Meno

Gili Meno

📞 0370

Gili Meno ist die kleinste der drei Inseln und bietet eine Kulisse wie in einem Robinson-Crusoe-Film. Selbst in der Hochsaison ist Meno immer noch fantastisch ruhig. Die meisten Unterkünfte liegen entlang der Ostküste, in der Nähe des allerschönsten Strandes. Im Inselinneren befinden sich verstreut kleine Gehöfte, Kokosplantagen und ein Salzsee. Manche der einsam gelegenen Abschnitte der Westküste wirken etwas verwildert oder sogar trostlos, verbreiten aber dennoch eine ganz faszinierende Stimmung.

🏖 Strände

Das von Sand umgebene Gili Meno besitzt in seiner südöstlichen Ecke einen der schönsten Strandabschnitte des Archipels. Der breite Strand mit seinem feinen weißen Sand ist ein ausgezeichneter Badestrand.

Die Westküste mit zerriebener Koralle ist felsiger, bei Ebbe scheinen viele Felsen und Korallen direkt unter der Wasseroberfläche auf.

Die Nordostseite von Meno bietet ebenfalls schönen Sand, allerdings ist die Erosion hier zum Teil ein unübersehbares Problem.

👁 Sehenswertes

Der große Salzsee im Inneren der Insel ist der Lebensraum von imposanten weißen Fischreihern – ein faszinierender Naturschauplatz und einzigartig auf den Gilis.

Turtle Sanctuary

SCHILDKRÖTENAUFZUCHTSTATION (www.gilimenoturtles.com; Spenden willkommen; ⏰ Büro 9–18 Uhr;) Menos Aufzuchtstation für Schildkröten besteht aus einer Ansammlung gluckernder kleiner Tanks und Wannen am Strand, in denen es vor jungen Meeres- und Unechten Karettschildkröten nur so wimmelt. Die Tiere werden hier aufgepäppelt, bis sie im Alter von acht Monaten ins Meer entlassen werden.

Die Auswirkung der Aufzuchtstation auf die regionale Schildkrötenpopulation ist bereits deutlich zu spüren. Auf nahezu jedem Schnorchelgang lässt sich eine Schildkröte sehen. Spenden sind sehr willkommen.

🏃 Aktivitäten

Wie auf den anderen Gilis hat man auch auf Meno den meisten Spaß, wenn man dabei nass wird. Ein Spaziergang um die Insel bietet schöne Ausblicke und dauert weniger als zwei Stunden.

Gili Meno

Sehenswertes
1 Turtle Sanctuary C3

Aktivitäten, Kurse & Touren
2 Blue Marlin Dive Centre C2
3 Divine Divers.. B1
4 Gili Meno Divers C3
5 Mao Meno C3

Schlafen
6 Adeng Adeng B1
7 Ana Bungalow C1
Diana Café .... (s. 20)
8 Jepun Bungalows..................................... C2
9 Kebun Kupu Kupu B2
10 Mahamaya B1
11 Mallias Bungalows C3
12 Paul's Last Resort C1
13 Tao Kombo C3
14 Tropicana Hideaway C2
15 Villa Nautilus C3

Essen
Adeng Adeng................................. (s. 6)
16 Rust Warung C2
17 Webe Café B1
18 Ya Ya Warung...C2
19 Zoraya Cafe..C2

Ausgehen & Nachtleben
20 Diana Café B2

Shoppen
21 Art Shop Botol C3

Fahrräder können zwar für 50 000 Rp pro Tag gemietet werden, aber weit kommt man damit nicht. Der Strandweg, der von der südlichen Spitze bis zum oberen Ufer des Salzsees führt, ist ein trockener sandiger Pfad ohne Schatten, der zum Schieben zwingt. Auf dem guten Weg entlang der Nordseite des Sees lässt sich ein kleiner Ausflug zur nordwestlichen Küste unternehmen, aber weicher Sand ganz im Norden verhindert wiederum das Fortkommen.

Tauchen & Schnorcheln

Ein Spaziergang einmal um die Insel dauert etwa zwei Stunden. Der beste Strand ist der hellsandige Abschnitt, der sich südlich des Haupthafens, vor dem ausgeschilderten Abzweig nach Tao Kombo, erstreckt.

An der Nordostküste liegt ein gutes Schnorchelrevier, ebenso an der Westküste gen Norden sowie am ehemaligen Bootsanleger des (geschlossenen) Bounty Resort.

Die nötige Ausrüstung kann ab 40 000 Rp pro Tag gemietet werden.

Blue Marlin Dive Centre   TAUCHEN
(0370-639980; www.bluemarlindive.com) Die Firma ist die Filiale des Originals auf Trawangan und vermietet auch Zimmer.

Divine Divers   TAUICHEN
(0852 4057 0777; www.divinedivers.com) Die Tauchschule hat ihren Sitz an der Westküste an einem hübschen Stück Strand. Der Laden betreibt ein eigenes Restaurant mit Bar.

Gili Meno Divers   TAUCHEN
(0878 6536 7551; www.giliairdivers.com; Kontiki Cottages; 9–17 Uhr) Ein Tauchladen in französisch-indonesischem Besitz.

Yoga

Mao Meno   YOGA
(0819 9937 8359; www.mao-meno.com; Sitzung ab 9 US$; tgl. Kurse.) Bietet u. a. Ashtanga- und Vinyasa-Kurse an. Zu der Anlage im Inselinneren gehören einfache Hütten ab 45 US$ pro Nacht.

Schlafen

Auch Meno bleibt nicht von der steigenden Beliebtheit der Gilis verschont. Eine Reihe neuer Gebäude entsteht im Norden der Insel – teilweise ziemlich schicke Anlagen. Aber für Besucher, die so etwas wie eine Robinson-Crusoe-Erfahrung suchen (allerdings ohne Kannibalen), ist Meno immer noch die beste Wahl unter den drei Inseln. Seit die Besucherzahlen zugenommen haben, haben aber auch die Preise scharf angezogen.

Tao Kombo   BUNGALOW $
(0878 6033 1373; www.tao-kombo.com; Zi. 30–40 €;) Diese innovativ entworfene Unterkunft vermietet sieben *Lumbung*-Hütten mit Strohdächern, Steinböden und Freiluftbädern. In der Anlage, die 200 m landeinwärts von der Hauptstraße liegt, befindet sich auch die Jungle Bar.

Die Betreiber engagieren sich sehr stark in örtlichen Gemeinschaftsprojekten.

Diana Café   BUNGALOW $
(0809 3317 1943; Zi. 250 000–400 000 Rp) Eine klassische Meno-Oase, in der man sich wie auf einer einsamen Insel fühlt. Vier Palmdach-Bungalows liegen am Salzsee. Von dort sind es drei Minuten zu Fuß zum Strand, wo vier weitere Bungalows stehen.

Tropicana Hideaway
BUNGALOW $$

(☎ 0878 6431 3828; Zi. 200 000–700 000 Rp; ❄) Eine bescheidene Ansammlung von fünf Bungalows in einem sonnigen Kokospalmengarten. Die Häuser sind sauber und schlicht möbliert. Drumherum gibt es mehrere ähnliche Anlagen.

★ Adeng Adeng
BUNGALOW $$

(☎ 0818 0534 1019; www.adeng-adeng.com; Zi. 80–220 €; ❄ ☎) ⌘ Die fünf Wohneinheiten stehen unter schattenspendenden Bäumen unweit eines sehr schönen Sandstrands. Die schlichten Holzbungalows bieten alle Annehmlichkeiten und haben schicke Terrazzo-Außenbäder.

Jepun Bungalows
BUNGALOW $$

(☎ 0819 1739 4736; www.jepunbungalows.com; Bungalow 250 000–500 000 Rp; ❄ ☎) Nur 100 m vom Hauptstrandweg entfernt, mit attraktiven Unterkünften rund um einen Garten. Die Gäste haben die Wahl zwischen schönen *lumbungs* mit Palmdach oder dem Familienhaus. Alle haben Bäder mit (heißem) Süßwasser und ordentlichen Betten, drei sind klimatisiert.

Kebun Kupu Kupu
GUESTHOUSE $$

(☎ 0819 0742 8165; www.facebook.com/kupu kupuresort; Zi. ab 500 000 Rp; ☎ ≋) Die sechs Bungalows liegen 300 m vom Strand entfernt an einem ruhigen Flecken unweit des Salzsees. Der Pool ist toll und Palmen spenden ausreichend Schatten. Die französischen Betreiber machen ihrem Heimatland mit ausgezeichneter Küche alle Ehre (besonders zu empfehlen ist die Crème brûlée).

Ana Bungalow
BUNGALOW $$

(☎ 0878 6169 6315; www.anawarung.com; Zi. 400 000–600 000 Rp; ❄ ☎) Vier hübsche Bungalows mit Palmenspitzdach, Bambus und Panoramafenstern sowie Kieselböden in den Außenbädern.

Die Unterkunft in Familienbesitz betreibt am Strand einen kleinen Buchtausch direkt neben ihren vier wunderschönen *berugas*. In den offenen Pavillons des Warung, die mit Papierlaternen beleuchtet werden, kann man sehr gut essen, z. B. am Abend ein Gericht mit wirklich frischen Meeresfrüchten. Hut ab für die ehrliche Information „das WLAN ist schwach".

Paul's Last Resort
BUNGALOW $$

(☎ 0878 6569 2272; Zi. ab 500 000 Rp; ☎ ≋) Dank einer Renovierung ist aus den einst dreiwändigen Bambushütten eine ordentliche Ansammlung solider Bungalows geworden. Sie sind bequem und liegen an einem schönen weißen Sandstrand.

Mallias Bungalows
GUESTHOUSE $$

(☎ 0878 6413 0719; www.malliaschild.com; Zi. 350 000–1 000 000 Rp; ❄ ☎) Die Lage direkt an Menos bestem Strand ist unschlagbar. Die Bungalows sind sehr schlicht – auch wenn manche klimatisiert sind – und bestehen eigentlich nur aus Bambus und Palmendach.

Villa Nautilus
FERIENHAUS $$

(☎ 0370-642143; www.villanautilus.com; Zi. ab 105 US$; ❄ ☎ ≋) Eine komfortable Option. Diese fünf gelungen entworfenen, freistehenden Ferienhäuser befinden sich auf einem Rasengrundstück unweit vom Strand. Ausgeführt sind sie in modernem Stil mit Holz, Marmor und Kalkstein; die schicken Badezimmer verfügen über Frischwasser.

BiBi's Cafe serviert indonesische und westliche Gerichte.

Mahamaya
BOUTIQUEHOTEL $$$

(☎ 0888 715 5828; www.mahamaya.co; DZ ab US$200; ❄ ☎ ≋) Ein strahlend weiß gekalktes, modernes Juwel mit 4-Sterne-Service und 14 Zimmern. Jedes hat Steinfußboden, eine Terrasse aus grob behauenem Marmor sowie weiß getünchte Möbel. Das Restaurant ist gut; die Gäste können an einem Tisch am Wasserrand speisen.

✶ Essen & Ausgehen

Praktisch alle Restaurants auf Meno verfügen über einen bezaubernden Meerblick – was nicht schlecht ist, da der Service durchweg eher langsam ist.

Webe Café
INDONESISCH $

(☎ 0821 4776 3187; Hauptgerichte ab 20 000 Rp; ◷ 8–22 Uhr; ☎) Einfach ein wunderbarer Ort, um zu speisen. Das Webe Café hat niedrige Tische, die im Sand versinken, nur etwa 1 m vom türkisfarbenen Wasser entfernt. Es punktet mit Gerichten der Sasak und indonesischen Gerichten wie *kelak kuning* (Schnapper in gelber Gewürzmischung). An den meisten Abenden werden auf dem Grill Meeresfrüchte zubereitet.

Das Café vermietet außerdem drei schlichte Bungalows (ab 350 000 Rp).

Zoraya Cafe
CAFÉ $

(Hauptgerichte ab 25 000 Rp; ◷ 8–22 Uhr) In diesem entspannten Café können Gäste auf kleinen Plattformen mit Palmendach

SCHNORCHELN AUF DEN GILIS

Umringt von Korallenriffen sind die Gilis für Schnorchler ein hervorragendes Revier. Masken, Schnorchel und Flossen gibt es überall zu kaufen oder sie können für 40 000 Rp pro Tag geliehen werden. Es ist wichtig zu überprüfen, ob die Maske richtig sitzt. Einfach sanft ins Gesicht drücken und loslassen – wenn die Maske gut passt, müsste die Saugwirkung sie festhalten.

Schnorchelausflüge – häufig auf Booten mit Glasboden – sind äußerst beliebt. Zumeist kosten sie 150 000 Rp pro Person oder etwa 650 000 Rp für das ganze Boot. In der Regel geht es um 10 Uhr zu drei oder mehr Stellen los, manchmal auch mit einem Mittagshalt auf einer anderen Insel. Auf Gili T befinden sich entlang der Hauptstraße viele Anbieter solcher Ausflüge; der Preis ist Verhandlungssache.

Auf Trawangan und Meno erscheinen häufig Meeresschildkröten an den Korallenriffen direkt vor dem Strand. Die Strömung zieht Schnorchler meist ein Stück weit den Strand entlang, was anschließend einen Fußmarsch zurück erfordert. Es ist nicht sonderlich schwer, den Touristenmassen zu entfliehen. Jede Insel hat auch eine weniger erschlossene Seite, wo man zumeist nur über ein flaches Korallenriff zum Wasser gelangt. Gummischuhe sind da eindeutig zu empfehlen. Aber bitte nicht auf den Korallen herumtrampeln, sondern vorsichtig ins Wasser gehen und dann mit möglichst horizontaler Körperhaltung schwimmen. Einer der vielen Gründe, um auf den Gilis zu schnorcheln, ist die hohe Wahrscheinlichkeit, auf Echte Karettschildkröten und Grüne Wasserschildkröten zu treffen. Zu den besten Schnorchelrevieren gehören:

➡ Gili Meno Wall

➡ Das Nordende des Strands von Gili T

➡ Gili Air Wall

---

am Wasserrand ein billiges Bintang und eine schlichte Mahlzeit zu sich nehmen, während die Bootsführer der Charterboote vorbeischlendern und das Leben um einen herum so seinen Lauf nimmt.

Rust Warung
INDONESISCH $

(☏ 0370-642324; Hauptgerichte 15 000 bis 75 000 Rp; ⊗ 8–22 Uhr) Der bekannteste Teil des Rust Imperiums (das den einzigen Lebensmittelladen der Insel betreibt) hat eine tolle Lage mit Blick auf Hafen und Strand. Bekannt ist es für seinen gegrillten Fisch (mit Knoblauch oder süß-sauer). Auf der Karte stehen aber auch Pizzas und leckere Bananenpfannkuchen. Sehr zu empfehlen ist das hauseigene *sambal*.

Ya Ya Warung
INDONESISCH $

(Gerichte 15 000–30 000 Rp; ⊗ 8–22 Uhr) Der etwas klapprige Warung am Strand serviert indonesische Spezialitäten, Currygerichte, Pfannkuchen und Pasta, die die Gäste zusammen mit der schönen Aussicht genießen.

★ Adeng Adeng
THAI $$

(Hauptgerichte 30 000–80 000 Rp; ⊗ 8–22 Uhr) Wer eine aromatische Abwechslung zur indonesischen Küche sucht, sollte die von der thailändischen Küche inspirierte Eleganz des Adeng Adeng ausprobieren. Das Lokal ist in schwedischem Besitz und serviert daher auch ein paar Gerichte aus der Heimat. Die Küche ist ausgezeichnet, mit genau dem richtigen Maß an Schärfe. Zum Abschluss kann man dann noch einen guten Cognac oder Whisky genießen.

Diana Café
BAR

(⊗ 8–21 Uhr) Diese berauschende kleine Tiki-Bar ist genau das Richtige für alle Besucher, die das Leben auf Meno immer noch zu hektisch finden. Schlichter als das Diana geht es nicht: eine wackelig aussehende Bambusbar mit Palmendach, ein paar Tische im Sand, ein oder zwei Hängematten, Reggae aus der Stereoanlage und eine Chill-Out-Zone, die aus dem Traumblick ordentlich Kapital schlägt.

🛍 Shoppen

Art Shop Botol
KUNSTHANDWERK

(⊗ variiert) Art Shop Botol ist ein großer Kunsthandwerksstand, der etwas südlich des Kontiki Meno Hotel liegt. Hier findet man Masken, Wasserkörbe im Stil der Sasak, schöne Holzschnitzereien und Kalebassen. Betrieben wird der Stand von einem älteren Besitzer, seinen elf Kindern und zahllosen Enkelkindern.

Gili Air

❶ Praktische Informationen

Auf Meno gibt es keine Geldautomaten, Kreditkarten werden nur selten akzeptiert. Also Bargeld mitbringen.

❶ An- & Weiterreise

Die **Bootsanlegestelle** ist ein verschlafener Knotenpunkt. Es ist empfehlenswert, die Fahrpläne der öffentlichen Boote gut zu studieren. Da die Insel klein ist, kann es lange dauern, bis sich ein Boot gefüllt hat. Keines der Schnellboote fährt Meno direkt an, manche ermöglichen aber Anschlussverbindungen.

Ansonsten nach Trawangan oder Air reisen und das öffentliche Insel-Hopping-Boot nehmen, das am späten Nachmittag losfährt.

Gili Air
☏ 0370

Gili Air liegt Lombok am nächsten. Die Insel nimmt eine Mittelstellung zwischen Gili Trawangans Kultiviertheit und dem Weniger-ist-Mehr von Meno ein und ist daher für viele Gäste genau die richtige Insel. Die weißen Sandstrände hier sind zweifellos die schönsten der Gilis, und es ist genug los, um zumindest ein bisschen Nachtleben zu haben. Zum Schnorcheln startet man einfach von der Hauptstraße aus – ein wunderschöner sandiger Weg, an dem hier und da Bambusbungalows und kleine Restaurants stehen, in denen man direkt am türkisgrünen Wasser speisen kann.

Der Tourismus dominiert die Inselwirtschaft zwar, aber Kokosnüsse und Fischerei sowie die Herstellung des verwittert aussehenden Fischerbootholzes, ohne das keine schicke Pension auf Gili auskommt, sind wichtige Einkommensquellen. Eine lebhafte kleine Straße hat sich im Südosten entlang des Strands entwickelt, auch wenn sie mehr Sand als Asphalt ist.

🌂 Strände

An der gesamten Ostseite der Insel befinden sich großartige Strände mit feinem weißen Sand. Ein leichtes Gefälle führt ins wunderschöne türkise Wasser mit fußfreundlichem sandigem Untergrund. Um Air herum gibt es überall schöne, einsame Flecken, aber Felsen und Korallen sind bei Ebbe ein Problem.

🏃 Aktivitäten

Wassersport

Der gesamten Ostküste vorgelagert liegt ein Riff, das von zahllosen bunten Tropenfischen bevölkert wird. Rund 100 bis 200 m vor der

Gili Air

⊕ Aktivitäten, Kurse & Touren
1 7 Seas	C3
2 Blue Marine Dive Centre	C1
3 Gili Air Divers	C3
4 Gili Kite Surf	C3
5 H2O Yoga	C2
6 Harmony Spa	C1
7 Oceans 5	B3

😴 Schlafen
8 7 Seas	C3
9 Biba Beach Village	C2
10 Bintang Beach 2	B1
11 Casa Mio	B3
12 Damai	C1
13 Gili Air Hostel	C3
14 Kai's Beachouse	A2
15 Pelangi Cottages	C1
16 Segar Village	C2
17 Sejuk Cottages	C1
18 Youpy Bungalows	C1

🍴 Essen
Biba	(s. 9)
19 Chill Out	C3
20 Eazy Gili Waroeng	C3
21 Le Cirque	C3
22 Scallywags	C3
23 Vista Mare	C1
24 Warung Sasak II	C3

🍸 Ausgehen & Nachtleben
Legend Bar	(s. 15)
25 Mirage	C1
26 Zipp Bar	C3

🛍 Shoppen
27 Siti Shop	C2

ℹ Information
28 Royal Medical	C3

Küste fällt der Meeresboden ab. Schnorchelausrüstung wird für ca. 40 000 Rp pro Tag verliehen. Die Insel hat mehrere ausgezeichnete Tauchschulen zu bieten, die die üblichen Gili-Preise nehmen.

Blue Marine Dive Centre
TAUCHEN
(☏ 0812 377 0288; www.bluemarlindive.com) Mit schöner Lage in der wunderschönen nordöstlichen Ecke der Insel. Hier werden auch Apnoe-Tauchkurse angeboten.

Gili Air Divers
TAUCHEN
(☏ 0878 6536 7551; www.giliairdivers.com; Sunrise Hotel; ⊙ 8–20 Uhr) Dieser Tauchladen in französisch-indonesischer Hand punktet mit Charme und Fachkenntnis.

Oceans 5
TAUCHEN
(☏ 0813 3877 7144; www.oceans5dive.com) Die Tauchfirma bietet PADI-Kurse für Anfänger, Divemaster und Profitaucher an. Die Gruppen sind klein (maximal vier Personen), es gibt drei Tauchgänge pro Tag (8.30, 11.30 und 14 Uhr) sowie die Möglichkeit zum Nachttauchen. Für Anfänger bzw. alle, die ihre Tauchkenntnisse auffrischen wollen, ist der 25 m lange Übungspool ideal. Ein hauseigener Meeresbiologen steht für fachliche Informationen bereit. Darüber hinaus vermietet Oceans 5 insgesamt zehn schöne Pool-Bungalows und Gartenzimmer.

7 Seas
TAUCHEN
(☏ 0370-663 2150; www.7seas-international.com) Ein riesiger Tauchladen mit einer Palette an Unterkunftsmöglichkeiten und einem schönen Pool zum Trainieren oder einfach nur Planschen.

Gili Kite Surf
KITESURFEN
(☏ 0819 0746 6201; www.gilikitesurf.com; Kurs 1 600 000 Rp, Miete Std. ab 650 000 Rp) Die recht enthusiastischen Mitarbeiter des Surfladens vermieten auch Stehpaddelbretter, Wakeboards und Kajaks und sind oft am südwestlichen Strand anzutreffen. Hier können Interessierte auch Unterrichtsstunden nehmen.

Radfahren
Fahrräder können für 50 000 Rp pro Tag gemietet werden. Fraglich, ob das wirklich zu empfehlen ist: Große Teile des Küstenwegs im Norden und Westen sind recht nervig, da der Weg für längere Strecken im tiefen Sand verschwindet. Die Wege im Inselinneren sind größtenteils betoniert und daher gut befahrbar. Manche Verleiher haben Fahrräder mit riesigen Reifen, die im Sand von Vorteil sind.

Spa & Yoga

H2O Yoga & Meditation Center
YOGA
(☏ 0877 6103 8836; www.h2oyogaandmeditation.com; Std. 100 000 Rp; ⊙ tgl. Kurse) Dieses wunderbare Yoga- und Meditationsrefugium liegt etwas hinter dem Strand an einem gut ausgeschilderten Weg ins Dorf. Erstklassige Kurse (zwei Mal täglich) finden in einer wunderschönen runden *beruga* statt. Massagen sind ebenfalls möglich. Vermietet werden schlichte, aber schöne Bungalows.

Harmony Spa
WELLNESS

(☏ 0812 386 5883; Massage ab 120 000 Rp; ⊙ 10–19 Uhr) Bereits die wunderschöne Lage im Nordosten der Insel sorgt für Entspannung bei den Gästen. Zur Auswahl stehen Anwendungen für Gesicht und Körper. Vorher wegen eines Termins anrufen.

🛏 Schlafen

Die rund 40 Unterkünfte auf Gili Air befinden sich mehrheitlich an der Ostküste. Abgeschiedenheit findet man eher im Westen.

★ Bintang Beach 2
BUNGALOW $

(☏ 0877 6522 2554; Zi. 200 000–350 000 Rp; ❄) Diese sandige, aber adrette Anlage liegt an Gili Airs ruhiger Nordwestküste. Die 14 Zimmer und Bungalows rangieren von geldbeutelfreundlich (mit Ventilator) bis hin zu „ein bisschen schick". Der Bar-Bereich ist sehr nett. Der gleiche Clan betreibt auch die benachbarten Bollata Bungalows und Nusa Indah, mit ähnlichen Zimmern.

★ Gili Air Hostel
HOSTEL $

(www.giliairhostel.com; B ab 160 000 Rp; ⊙ Rezeption 7.30–19 Uhr; ❄ 🛜) Ein toller Neuzugang auf der Insel mit Zwei- und Sieben-Bett-Zimmern. Die Einrichtung ist einfach nur als fröhlich zu bezeichnen, die Bar ist cool, dazu kommen ein riesiger Frangipanibaum und sogar eine Kletterwand.

Damai
GUESTHOUSE $

(☏ 0878 6142 0416; damaihomestay.giliair@gmail.com; Zi. 350 000–450 000 Rp; 🛜) Es lohnt sich, diese von Palmen beschattete Enklave aufzusuchen. Die Zimmer sind schlicht, aber geschmackvoll eingerichtet und führen in einen Garten. Die gemütliche Terrasse, auf der gegessen wird, bietet gepolsterte Sitzmöglichkeiten und wird abends stilvoll mit Papierlaternen beleuchtet.

Biba Beach Village
BUNGALOW $$

(☏ 0819 1727 4648; www.bibabeach.com; Bungalows 600 000–1 000 000 Rp; ❄ 🛜) Biba bietet neun schöne, geräumige Bungalows (mit Klimaanlage) mit großen Veranden und grottenähnlichen Badezimmern, in deren Wände Muscheln und Korallen eingearbeitet sind. Im tollen Garten gibt es kleine Ecken zum Entspannen. Das Hotel betreibt ein gutes italienisches Restaurant.

Sejuk Cottages
BUNGALOW $$

(☏ 0370-636461; www.sejukcottages.com; Bungalows 380 000–900 000 Rp; ❄ 🛜 🏊) Elf ordentlich gebaute, geschmackvoll entworfene *Lumbung*-Hütten mit Palmstrohdach sowie hübsche zwei- und dreigeschossige Hütten (manche verfügen über Wohnbereiche auf dem Dach), die verstreut in einem schönen tropischen Garten mit Salzwasserpool liegen. WLAN gibt es nur in den Gemeinschaftsbereichen.

Segar Village
BUNGALOW $$

(☏ 0818 0526 2218; www.segarvillages.blogspot.com; Bungalows 500 000–1 200 000 Rp; ❄ 🛜) Elf ziemlich nette Fels- und Korallenbungalows mit witzigen Details und Atmosphäre. Rundum-Terrassen und hohe palmendeckte Decken zeichnen die Bungalows aus. Die Anlage liegt am Rand eines Kokoshains direkt vor einem Korallenriff, das regelmäßig Meeresschildkröten aufsuchen.

Pelangi Cottages
BUNGALOW $$

(☏ 0819 3316 8648; Zi. ab 600 000 Rp; ❄) Liegt an der Nordseite der Insel und hat ein Korallenriff direkt vor der Tür. Vermietet werden acht geräumige, wenn auch schlichte Bungalows aus Beton und Holz. Die Betreiber sind freundlich und verleihen u. a. gute Mountainbikes.

7 Seas
HOSTEL $$

(☏ 0370-660 4485; www.7seas-cottages.com; B ab 80 000 Rp, Zi. ab 800 000 Rp; ❄ 🛜 🏊) Dieser attraktive Bungalowkomplex in Top-Lage gehört zum 7-Seas-Imperium. Außerdem gibt es loftähnliche Hostelzimmer mit Ventilatoren. Ein ganzes Hostelzimmer kostet 300 000 Rp. Das Hostel hat einen Infinitypool und betreibt das Garden Cafe/Beach Restaurant, das traditionelle indonesische Gerichte sowie einige westliche Gerichte bietet. Hier kann man abends entspannt den Sonnenuntergang genießen.

Youpy Bungalows
BUNGALOW $$

(☏ 0819 1706 8153; Zi. 350 000–650 000 Rp; ❄ 🛜) Zwischen den Strandcafés mit ihrer Strandgut-Dekoration und den Pensionen, die entlang der Küste nördlich vom Blue Marine zu finden sind, bietet Youpy einige der besten Bungalows der Insel. Die Bäder haben bunte Sandwände, die Betten sind groß und die Zimmerdecken angenehm hoch.

★ Kai's Beachhouse
FERIENHAUS $$$

(☏ 0819 1723 2536; www.kaisbeachhouse.com; Zi. 105–265 US$; ❄ 🛜 🏊) Hier gibt es nur drei luftige Zimmer, zwei im Haupthaus und ein weiteres in einer javanischen *Gladak*-Hütte. Der große Gemeinschaftsraum unten ist bequem und die Küche riesig. Strandliegen stehen rund um ein winziges Tauchbecken, direkt davor liegt ein jungfräulicher Strand. Für eine Gruppe von Freunden ideal.

Casa Mio
BUNGALOW $$$

(📞0370-646160; www.villacasamio.com; Cottage 900 000–1 500 000 Rp; ❄🌐🏊) Die Casa Mio hat schöne Hütten mit allem erdenklichen modernen Komfort. Die Anlage punktet mit einem wirklich schönen Strandbereich und guten Anfahrtswegen von der Bootsanlegestelle über einen asphaltierten Teil des Strandwegs.

Essen

Die meisten Restaurants auf Gili Air gehören Einheimischen und bieten beim Essen eine unschlagbare Kulisse – die Tische stehen direkt am Wasser.

★Eazy Gili Waroeng
INDONESISCH $

(Hauptgerichte 25 000–40 000 Rp; ⊙8–22 Uhr) Im zunehmend geschäftigen Dorf serviert dieses blitzsaubere Café am Eck lokale Gerichte für Touristen. Es ist die leicht verwestlichte Variante der beliebten Warung Muslim direkt östlich davon. Hier lassen sich auch ein Frühstück, Sandwiches und ein hervorragendes *pisang goreng* (frittierte Banane) bestellen.

Warung Sasak II
INDONESISCH $

(Hauptgerichte ab 15 000 Rp; ⊙8–22 Uhr) Eine schöne Entdeckung im Dorf. Dieser einfache Warung serviert ausgezeichnete Versionen aller Standardgerichte wie *chicken sate* und Fischcurry. Außerdem im Angebot viele Varianten von *parapek*, einer Spezialität der Sasak, in der das Essen in einer scharfen Sauce zubereitet wird. Im Fernsehen laufen Seifenopern aus Jakarta.

★Scallywags
INTERNATIONAL $$

(📞0370-645301; www.scallywagsresort.com; Hauptgerichte 45 000–120 000 Rp; ⊙8–22 Uhr; 🌐) Das Scallywags liegt am weichsten und breitesten Strand von Gili Air und bietet eine elegante Einrichtung, eine sehr gute Küche, tolle Grillgerichte, selbst gemachtes Eis und hervorragende Cocktails. Aber Achtung: Der *sambal* ist quasi eine Geheimwaffe. Am allerbesten ist allerdings der traumhafte Strand, auf den hier und da Strandliegen gestellt wurden.

★Vista Mare
ITALIENISCH $$

(📞0812 386 5883; Hauptgerichte 30 000 bis 90 000 Rp; ⊙8–22 Uhr) Das weiß getünchte italienische Café wirkt, als sei es direkt aus Neapel an den Strand von Air gespült worden. Jeden Abend werden Fischspezialitäten auf den Grill geworfen (Thunfisch, Zackenbarsch etc.); dazu gibt es jede Menge Pasta und zur Abwechslung noch ein paar westliche und asiatische Gerichte. Tagsüber werden ausgezeichnete Säfte gepresst und leichte Snacks angeboten. Das Café liegt an einem schönen Strandabschnitt.

Biba
ITALIENISCH $$

(📞0819 1727 4648; www.bibabeach.com; Hauptgerichte 30 000–90 000 Rp; ⊙11.30–22 Uhr) Wer eine unvergessliche, romantische Kulisse erleben möchte, sollte hier einen Tisch am Strand buchen. Das Biba serviert die beste Holzofenpizza und die beste Foccacia der Inseln. Im Angebot sind authentische Ravioli, Gnocchi und Tagliatelle. Der Pizzaofen wird täglich um 19 Uhr angeworfen.

Le Cirque
FRANZÖSISCH, BÄCKEREI $$

(📞0370-623432; www.lecirque-giliair.com; Hauptgerichte 35 000–110 000 Rp; ⊙7–23 Uhr; 🌐🍴) Ein cleveres Lokal mit französischen Akzenten sowie leckeren Backwaren und Tischen am Strand. Die Abendkarte ist ambitioniert, mit wechselnden Tagesgerichten mit Fisch bzw. Meeresfrüchten. Die Kinderkarte enthält lustige Gerichte wie „Clownwürstchen".

Chill Out
CAFÉ $$

(www.chilloutbungalows.com; Hauptgerichte 40 000–100 000 Rp; ⊙8–23 Uhr) Warum nicht zum Schwimmen hierher kommen, danach etwas trinken – und dann einfach zum Abendessen an einem der Tische am Strand bleiben? Jeden Abend gibt es ein komplettes Meeresfrüchte-Grillgericht sowie ordentliche Pizzen aus dem Holzofen.

🍷 Ausgehen & Nachtleben

Gili Air ist eigentlich ein ruhiger Fleck, aber es gibt trotzdem die obligatorischen Vollmondpartys. Auch in der Hauptstraße im Südosten schlagen die Wellen in der Hochsaison manchmal deutlich höher. Aber trotz allem: Wenn sich auf Gili T am späten Abend alles um Ravepartys dreht, trifft man sich auf Gili Air stattdessen am Eisstand.

Mirage
CAFÉ

(⊙9 Uhr bis spätnachts) Liegt an einem umwerfenden Stück Strand und ist aufgrund der täglichen spektakulären Sonnenuntergänge der ideale Ort für einen Sundowner. Auf der Karte stehen Snacks und einige Gerichte für Vegetarier.

Zipp Bar
BAR

(⊙ 9 Uhr bis spätnachts) In dieser großen Bar ist die Auswahl an alkoholischen Getränken ausgezeichnet (zu empfehlen: die Cocktails mit frischem Obst), die Tische stehen verstreut an einem tollen Strand. Bei Vollmond steigt hier immer eine Beachparty.

Legend Bar
BAR

(⊙ 7 Uhr bis spätnachts) In dieser flotten Reggaebar, in den obligatorischen Rastafarben Rot, Grün und Gold gehalten, steigt in jeder Vollmondnacht eine große Tanzparty.

❶ Praktische Informationen

Es gibt **Geldautomaten** entlang der südöstlichen Straße. **Royal Medical** (🕿 0878 6442 1212; ⊙ telefonisch 24 Std. erreichbar) betreibt eine einfache Klinik. Im Dorf gibt es einen guten Gemischtwarenladen, **Siti Shop** (⊙ 8–20 Uhr).

❶ An- & Weiterreise

An der **Bootsanlegestelle** ist meist viel los. Gili Airs Beliebtheit hat zur Folge, dass sich die öffentlichen Boote für die 15-minütige Fahrt nach Bangsal recht schnell füllen. Das Fahrkartenbüro hat einen schönen, schattigen Wartebereich.

Bali & Lombok verstehen

BALI & LOMBOK AKTUELL 350
Pro Jahr reisen mehr als vier Millionen Gäste an: Was bedeutet das für die Inseln?

GESCHICHTE 352
Alte Tempel, eine außergewöhnliche Religion, Invasionen, Ausländer, die hier sesshaft werden: Wie ist das alles einzuordnen, und wo gibt es etwas davon zu sehen?

SO LEBT MAN AUF BALI & LOMBOK 363
Kleine Opfergaben darbringen, Reis anbauen, gigantische rituelle Feste feiern und Transportmöglichkeiten organisieren: Um all dies kreist das dörfliche Leben.

ESSEN & TRINKEN 376
Alles beginnt mit Reis und endet mit Sambal (Chilipaste). Und was gibt es außerdem noch? Wo findet man die Restaurants mit internationaler Küche?

KUNST & KULTUR 386
Ausgefeilte Tanzdarbietungen, Puppen, Affen, Dämonen und Kunstwerke, die das Herz höher schlagen lassen.

ARCHITEKTUR 400
Warum hat ein traditionelles Haus sogar ein Hinterteil, und was bedeuten die kunstvoll gestalteten Elemente eines Tempels?

NATUR & UMWELT 409
Wie schufen die Balinesen nur ihre wunderbar harmonische Umwelt, die sich ihren Bedürfnissen perfekt anpasst, und wie sieht die Perspektive für die Zukunft aus?

Bali & Lombok aktuell

Bali ist absolut „heiß" – und damit sind nicht nur die Temperaturen gemeint. Die Insel wird förmlich von Besuchern überschwemmt (rund vier Millionen Ausländer landen hier pro Jahr, dazu kommen noch einmal acht Millionen indonesische Urlauber): Kein Wunder, dass man den Scharen von Gästen praktisch gar nicht mehr ausweichen kann. Viele Balinesen und echte Bali-Liebhaber wünschen sich inzwischen manchmal, die Insel könne sich einfach einmal eine Auszeit nehmen.

Die besten Filme

The Act of Killing (Regie Joshua Oppenheimer, 2013) Ein Dokumentarfilm über den Massenmord an vermeintlichen Sympathisanten der Kommunisten in Indonesien im Jahr 1965 (auch auf Bali wurden Zehntausende getötet).

Cowboys in Paradise (Regie Amit Virmani, 2011) Eine höchst unterhaltsame Dokumentation über die vielen Gigolos im Süden von Bali.

Die besten Bücher

Die vergessenen Träume (Ellen Sussman, 2013) Die Kritik lobte diesen Roman über die Reise einer Frau nach Bali, die dort so etwas wie eine Heimat sucht.

Island of Bali (Miguel Covarrubias, 1937) Der Klassiker über Bali und seine Kultur ist bis heute aktuell.

Bali Daze: Freefall Off the Tourist Trail (Cat Wheeler, 2011) Unterhaltsames und Informatives über den Alltag in Ubud.

Secrets of Bali: Fresh Light on the Morning of the World (Jonathan Copeland und Ni Wayan Murni, 2010) Eines der besten Bücher über Bali, die Menschen dort und ihre Traditionen.

Eat, Pray, Love (Elizabeth Gilbert, 2007) Der Bestseller lockt alljährlich zahllose Menschen nach Bali, die dort etwas von der Atmosphäre des Buches spüren wollen.

Unkontrollierte Erschließung

Die Sidemen Road in Ostbali führt durch einen der landschaftlich schönsten Teile der gesamten Insel. Hier befindet man sich mitten in einem üppig grünen Paradies. Allerdings weniger schön ist die Straße selbst; das einst glatte Pflaster ist inzwischen vollständig zerbröselt, weil ununterbrochen große Trucks darüber fahren, die Sand und Steine zu den vielen Bauprojekten im Süden schaffen. Auf Bali sieht man überall das gleiche Bild: Fahrzeugkonvois befördern Baumaterial in den boomenden Süden.

Neben dem Tempo der Erschließung erstaunt vor allem, dass offenbar niemand so recht weiß, was gerade gebaut wird. Balis Zentralverwaltung ist schwach, die Entscheidungshoheit liegt in den einzelnen Bezirken. Einen zentralen Landschaftsplan gibt es nicht, auch keine zentrale Genehmigungsbehörde. Genau deshalb haben sich die Mittelklassehotels der großen Ketten geradezu explosionsartig vermehrt. Fast über Nacht sind im Süden Dutzende dieser Anlagen aus dem Boden gewachsen, viele weitab von Stränden, Restaurants oder irgendwelchem Nachtleben, manche sogar an stark befahrenen Straßen. Auch die Zahl der sogenannten Condotels ist stark angestiegen – Hotels, deren Zimmer quasi wie Apartments an Investoren verkauft werden, denen eine bestimmte Rendite zugesagt wird. Im Jahr 2014 gab es auf Bali schon 5000 solcher Hotelzimmer (allesamt im Süden), und weitere 8000 werden bereits angeboten.

Selbst der Leiter der balinesischen Tourismusbehörde warnte inzwischen: „Wir lieben Bali zu Tode." Doch die Baumaßnahmen schreiten voran. Geradezu zynisch klang die Ankündigung, man wolle 50 % der ausgedehnten Mangrovenflächen rund um Benoa Harbour und den Flughafen erhalten. Die andere Hälfte soll nämlich zugeschüttet werden, um Platz zu schaffen für neue Hotels, Touristenattraktionen und sogar eine Formel-Eins-Rennstrecke. Immerhin scheinen diese Überlegungen das Maß dann doch voll gemacht zu haben, denn viele Balinesen sind mittlerweile voller Zorn den Umweltgruppen beigetreten, um gegen die Zerstörung der Mangroven zu protestieren. Da hier aber mächtige Interessengruppen im Spiel sind, ist der Ausgang noch völlig offen.

Sorgen ums Wasser

Die Zahlen sind atemberaubend – und niederschmetternd: Untersuchungen haben ergeben, dass mittlerweile 260 der 400 balinesischen Flüsse alljährlich mehrfach austrocknen und dass Brackwasser bis in die Quellen vordringt, von denen die Wasserversorgung des Südens abhängt – einfach weil der Verbrauch den Grundwasserspiegel absenkt. Hinzu kommt, dass neue Straßen auf der Halbinsel Bukit die Erschließung dieser semi-ariden Region noch weiter vorantreiben – wobei das Wasser aus anderen Teilen Balis herangeschafft wird.

Wie Ironie wirkt es da, dass Balis einzigartiges System zur Bewässerung der Reisfelder im Jahr 2012 als Unesco-Weltkulturerbe anerkannt wurde. Denn der Entzug von Wasser ist mittlerweile so gravierend, dass die Reisbauern vor ernsten Problemen stehen. Was wir unterwegs erfuhren: „Schauen Sie sich nur all das Getreide in den Reisfeldern an. Das bauen wir nur an, wenn wir nicht genug Wasser für den Reis bekommen. Es bringt aber ökonomisch sehr viel weniger ein." Aktuelle Zahlen dazu sind kaum erhältlich, doch auf den legendären Reisfeldern der Insel sieht man heute sehr viel mehr Getreideflächen als noch vor fünf Jahren.

Hoffnung

Man hat ihn schon „den indonesischen Obama" genannt, und das ist womöglich die schwerste Bürde für den neuen Präsidenten Joko Widodo. Jokowi, wie er überall genannt wird, ist der erste demokratisch gewählte Präsident Indonesiens, der nichts mit dem Diktator Suharto oder dem Militär zu tun hatte. Viele erhoffen sich gerade deshalb von ihm eine bessere Zukunft. Die Erwartungen in den ehemaligen Bürgermeister von Jakarta, der als bodenständig gilt, sind gewaltig. Auf Bali entfielen zwei Drittel der Stimmen auf ihn und nur ein Drittel auf seinen Gegner, den ehemaligen General Prabowo Subianto. (Das konservative Lombok wählte genau umgekehrt.) Balinesische Hindus, die das militante Auftreten muslimischer Hardliner mit Argwohn verfolgen, hoffen sehr, dass der neue Präsident die Menschen versöhnt und nicht spaltet.

BEVÖLKERUNG: **BALI 4,2 MIO.; LOMBOK 3,3 MIO.**

FLÄCHE: **BALI 5620 KM²; LOMBOK 5435 KM²**

ANTEIL DER LANDFLÄCHE FÜR DIE REISPRODUKTION: **28 %**

MONATLICHES DURCHSCHNITTSEINKOMMEN IN DER TOURISMUSBRANCHE: **100–200 US$**

Wenn auf Bali 100 Menschen lebten, wären ...

89 Balinesen
7 sonstige Indonesier
3 von anderer Nationalität
1 Tourist

Religion
(% der Bevölkerung)

92 Hindus
6 Muslime
2 Sonstige

Bevölkerung pro km²

BALI   DEUTSCHLAND   USA

≈ 30 Personen

Geschichte

Als der Islam sich im 12. Jh. flächendeckend auf Java ausbreitete, flohen die Könige des hinduistischen Königreichs Majapahit auf die Nachbarinsel Bali. Die Priester errichteten dort ihre Tempel, darunter Rambut Siwi, Tanah Lot und Ulu Watu. Im 19. Jh. verbündeten sich die Holländer mit indonesischen Adligen und eroberten schließlich Bali und Lombok. Im Westen wurde man dann in den 1930er-Jahren auf die balinesische Kunst aufmerksam; Surfer entdeckten Bali bereits in den 1960er-Jahren. Auch in den Zeiten des heutigen Massentourismus hat sich die einzigartige Kultur von Bali als bemerkenswert widerstandsfähig erwiesen.

Die ersten Balinesen

Aus der Steinzeit gibt es nur relativ wenige Spuren menschlicher Besiedlung auf Bali. Allerdings besteht auch kein Zweifel, dass die Insel schon sehr früh in der Prähistorie besiedelt war, denn die aufgefundenen versteinerten Überreste von Menschen auf der Nachbarinsel Java sind schätzungsweise 250 000 Jahre alt. Als älteste menschliche Artefakte auf Bali sind Steinwerkzeuge und Steingutgefäße zu nennen, die in der Nähe von Cekik im Westen der Insel geborgen wurden und gut 3000 Jahre alt sein dürften – und bei weiteren Ausgrabungen kommen immer neue Objekte zutage. Etwa 4000 Jahre alte Knochenfunde sind im Museum Situs Purbakala Gilimanuk (S. 291) zu besichtigen. Nach den bisher entdeckten Artefakten zu urteilen, begann das Bronzezeitalter auf Bali bereits vor dem Jahr 300 v. Chr.

Zwar ist wenig aus jener Zeit bekannt, als indische Händler den Hinduismus auf den indonesischen Archipel brachten, doch vermutlich fasste dieser um das 7. Jh. n. Chr. auf der Insel Bali Fuß. Die ältesten schriftlichen Zeugnisse finden sich auf einer Steinsäule in der Nähe von Sanur, die ungefähr aus dem 9. Jh. stammen soll. Zu dieser Zeit hatten sich auf Bali bereits viele der Wesenszüge ausgeprägt, die auch heute noch charakteristisch für die Insel sind: So wurde Reisanbau mit Hilfe eines komplexen Bewässerungssystems betrieben, das sich vermutlich nicht wesentlich vom heutigen unterschieden haben dürfte, und die Balinesen

Vom Epos Sutasoma aus dem 14. Jh. gibt es eine gelungene Neuübersetzung ins Englische von Kate O'Brien. Es geht darin um einen javanischen Prinzen, der zum König wird und den gefährlichsten Dämon besiegt – mittels mystischen Wissens, das die balinesische Religion bis heute prägt.

ZEITACHSE

50 Mio. v. Chr.	2000 v. Chr.	7. Jh.
Ein Graben in der Erdkruste trennt Asien von Australien. Die „Wallace-Linie" stellt für die asiatische bzw. australische Flora und Fauna eine unüberwindliche Hürde dar.	Die Gebeine eines frühen Bewohners der Insel ruhen solange ungestört, bis sie entdeckt und in der Hafenstadt Gilimanuk ausgestellt werden.	Indische Händler bringen den Hinduismus nach Bali. Als Handelswaren dienten vermutlich hölzerne Schnitzereien in Form von Penissen und *Lontar*-Bücher.

hatten auch bereits die Anfänge ihrer reichen kulturellen und künstlerischen Traditionen entwickelt.

Ist schon wenig über die frühesten Bewohner Balis bekannt, so gilt dies in noch größerem Maße bis ungefähr ins 17. Jh. für Lombok. Lomboks früheste Einwohner sollen die Sasak gewesen sein, die aus einer Region einwanderten, die heute im Umkreis der Staaten Indien und Myanmar zu suchen ist.

Hinduistische Einflüsse

Java begann während der Regierungszeit von König Airlangga (1019 bis 1042) oder vielleicht auch schon früher, seinen Einfluss auf Bali auszudehnen. Der spätere König war 16, als sein Onkel vom Thron gestürzt wurde, sodass Airlangga in den Wäldern Westjavas Zuflucht suchte. Nach und nach sammelte er eine Anhängerschar um sich, eroberte das einst von seinem Onkel regierte Königreich zurück und wurde schließlich einer der bedeutendsten Könige des Landes. Airlanggas Mutter war kurz nach der Geburt ihres Sohnes nach Bali gegangen und hatte sich dort wieder verheiratet. Als der Sohn den Thron zurückerobert hatte, gab es also gleich eine natürliche Verbindung zwischen den beiden Inseln Java und Bali. Zu dieser Zeit kam die am Hof gesprochene Sprache Javas, Kawi, in der Königsfamilie von Bali ebenfalls in Gebrauch. Auch die aus dem Fels gehauenen Grabmonumente in Gunung Kawi (S. 196), in der Nähe von Tampaksiring, zeugen klar von einer architektonischen Verwandtschaft zwischen Bali und Java im 11. Jh.

Nach Airlanggas Tod blieb Bali 200 Jahre lang halb autonom, bis König Kertanagara den Thron der Singasari-Dynastie bestieg. Der König eroberte Bali 1284, doch die Zeit seiner größten Machtfülle währte nur acht Jahre: Er fiel einem Mordanschlag zum Opfer, und sein Reich zerfiel. Immerhin begründete sein Sohn Vijaya (oder Wijaya) die bedeutende Majapahit-Dynastie. Als Java später von Aufständen erschüttert wurde, gelang es Bali, seine Unabhängigkeit zurückzugewinnen, und die balinesische Pejeng-Dynastie erlangte eine ungeahnte Machtfülle. Tempel und sonstige architektonische Relikte aus jener Zeit in Pejeng, nahe dem Dorf Ubud, zeugen bis heute davon.

Zerfall der Pejeng-Dynastie

Der legendäre Premierminister Gajah Mada aus der Majapahit-Dynastie besiegte 1343 König Dalem Bedaulu, einen Vertreter der Pejeng-Dynastie. Damit fiel Bali wieder unter die Herrschaft Javas.

Obwohl Gajah Mada einen Großteil des indonesischen Archipels unter die Herrschaft der Majapahit gebracht hatte, erlangte diese Dynastie doch erst nach der Eroberung Balis den Höhepunkt ihrer Macht. Die „Hauptstadt" des Königreichs wurde gegen Ende des 14. Jhs. nach Gelgel

---

Die ältesten Stätten

Goa Gajah

Gunung Kawi

Tirta Empul

Steinsäule

A Short History of Bali: Indonesia's Hindu Realm von Robert Pringle ist eine kluge Übersicht über die balinesische Geschichte von der Bronzezeit bis zur Gegenwart. Im Buch gibt es ausgezeichnete Kapitel über das Bombenattentat von 2002 und über die Umweltprobleme im Gefolge des Tourismus.

---

9. Jh.	1019	12. Jh.	1292
Ein Steinmetz meißelt einen Sanskrit-Bericht über heute längst vergessene militärische Siege in Stein. Balis ältestes Steinartefakt befindet sich heute in Sanur.	Der künftige König Airlangga wird auf Bali geboren. Er lebt im Dschungel Javas, bis er die Macht auf beiden Inseln erobert und beide Kulturen miteinander vereint.	In den Klippen bei Gunung Kawi nördlich von Ubud entstehen zehn 7 m hohe Statuen. In anderen Tälern entstehen weitere Monumente.	Nach dem Tod Kertanagaras, der beide Inseln beherrscht hatte, wird Bali unabhängig von Java. Das politische Machtzentrum wechselt häufig zwischen beiden Inseln.

> **KÜNSTLER AM WERK**
>
> Der bis heute wirksame radikale Wandel des Lebensstils, der im 16. Jh. durch die Massenabwanderung der hinduistischen Elite aus Java nach Bali in Gang kam, kann nicht hoch genug eingeschätzt werden. Was geschähe wohl in einer deutschen Großstadt, wenn sämtliche regelmäßigen Theater- und Opernbesucher auf einen Schlag den Stadtrat übernähmen – stände die Kultur nicht plötzlich sehr viel besser da? Die Balinesen hatten damals bereits bewiesen, dass ihnen Kreativität quasi im Blut liegt: Als dann die kultivierten Flüchtlinge aus Java ihren Einfluss auf Bali geltend machten, erblühten Musik, Tanz und alle anderen Künste wie nie zuvor. Die Dörfer, die sich künstlerisch besonders auszeichneten, besaßen höchstes Ansehen – und so ist es bis auf den heutigen Tag.
>
> Der Sinn für die Künste verband sich auf vorzügliche Weise mit dem Hinduismus, der zur damaligen Zeit fest auf Bali Fuß fasste. Der vielschichtige und reiche Legendenschatz über gute und böse Geister fand reichen Nährboden für seine volle Entfaltung, so etwa die Legende über Jero Gede Macaling, den bösen Geist der Insel Nusa Penida.

In Pura Rambit Siwi, einem eindrucksvollen Küstentempel in Westbali, wurden angeblich Locken von Nirartha beigesetzt, einem bedeutenden Priester, der dem balinesischen Hinduismus im 16. Jh. seine Gestalt gab.

auf Bali verlegt, unweit des heutigen Semarapura. Diesen Regierungssitz behielten die Dewa Agung („große Götter"), die Regenten Balis, für die nächsten 200 Jahre bei. Die sogenannte Gelgel-Dynastie auf Bali dehnte unter Dalem Batur Enggong ihren Machtbereich weiter nach Osten auf die Nachbarinsel Lombok und in westliche Richtung aus.

Das Auseinanderfallen der Majapahit-Dynastie in schwächliche kleine Königreiche ermöglichte dem in den Handelsstaaten an der Nordküste vorherrschenden Islam das Vordringen ins Zentrum von Java. Als die hinduistischen Kleinstaaten untergingen, flohen viele Gebildete nach Bali. Unter ihnen war auch der Hindupriester Nirartha. Ihm wird die Einführung des reformierten Hinduismus auf Bali zugeschrieben, aber auch die Gründung einer Reihe von Meerestempeln, darunter Pura Luhur Ulu Watu und Pura Tanah Lot. Die vom Hof geförderte Elite aus Kunsthandwerkern, Künstlern, Tänzern, Musikern und Schauspielern floh damals ebenfalls nach Bali, was die künstlerische Kreativität auf Bali erheblich befördert hat – bis auf den heutigen Tag.

Das Wirtschaftsimperium der Holländer

Holländische Seeleute gehörten 1597 zu den ersten Europäern, die nach Bali kamen. Sie waren auch die ersten, die sich regelrecht in diese schöne Insel verliebten. Als Schiffskapitän Cornelius de Houtman die Segel zur Abreise setzte, weigerten sich zwei seiner Besatzungsmitglieder, wieder an Bord zu gehen. Damals hatten der balinesische Wohlstand und die Blütezeit der Künste – zumindest in Herrschaftskreisen – ihren Höhepunkt erreicht: Der König, den De Houtman zum Freund gewonnen

1343	1520	1546	1579
Der Majapahit-Premierminister Gajah Mada zwingt Bali wieder unter javanische Herrschaft. Zwei Jahrhunderte lang befindet sich der Königshof südlich des heutigen Semarapura (Klungkung).	Java wird muslimisch. Fortan ist Bali die einzige hinduistische Insel des Archipels. Priester und Künstler fliehen nach Bali, die dort gebündelte hinduistische Kultur erstarkt.	Der Hindupriester Nirartha trifft auf Bali ein. Er formuliert religiöse Lehren und baut unzählige Tempel, darunter die Anlagen Pura Rambut Siwi, Pura Tanah Lot und Pura Luhur Ulu Watu.	Möglicherweise ist Sir Francis Drake, der die Region auf der Suche nach Gewürzen erkundet, der erste Europäer auf Bali.

hatte, besaß 200 Frauen und einen von zwei weißen Büffeln gezogenen Streitwagen, ganz zu schweigen von seiner aus 50 Zwergen bestehenden Entourage. Die Körper der Kleinwüchsigen hatte man derart gekrümmt, dass sie dem Griff eines traditionellen Dolchs, Kris genannt, ähnelten. Zu Beginn des 17. Jhs. war es den Holländern gelungen, Handelsverträge mit javanischen Prinzen zu schließen, und so kontrollierten sie einen Großteil des Gewürzhandels. Doch waren sie nur am Profit interessiert, nicht an Kultur, deswegen beachteten sie Bali kaum.

Die Residenz des Gelgel-Königreichs wurde im Jahr 1710 ins nahe Klungkung (heute Semarapura) verlegt, doch die Unruhe im Lande wuchs: Einige Radschas kleinerer Königreiche machten sich selbstständig, und die Holländer nutzten dies, um sich weiter auf der Insel festzusetzen. Sie bedienten sich der alten Strategie „Teile und herrsche". 1846 nahmen sie balinesische Ansprüche auf Schiffswracks zum Anlass, Streitkräfte im Norden Balis in Stellung zu bringen und die lokalen Königreiche Buleleng und Jembrana zu unterwerfen. Einige balinesische Prinzen machten ihnen die Sache leicht, da sie ihrerseits begehrlich nach Lombok schauten, statt sich um ihre heimischen Angelegenheiten zu kümmern. Auch merkten sie nicht, dass die gerissenen Holländer Lombok gegen Bali ausspielen würden.

1894 kam es zu kriegerischen Auseinandersetzungen zwischen Holländern, Balinesen und der Bevölkerung Lomboks, die den Lauf der Geschichte in den nächsten Jahrzehnten bestimmen sollte.

Da sich der Norden von Bali längst den Holländern ergeben hatte und den Niederländern auch die Eroberung Lomboks gelang, konnte Südbali sich nicht sehr viel länger widersetzen. Erneut lieferte eine Debatte über die Plünderung gekenterter Schiffe den Holländern einen Vorwand zum Einmarsch. Nachdem ein chinesisches Schiff vor Sanur auf Grund gelaufen war, forderten die Holländer vom Rajah von Badung 1904 einen beträchtlich stolzen Schadensersatz in Höhe von 3000 Silbertalern. Dieser weigerte sich, und so erschienen zwei Jahre später niederländische Kriegsschiffe vor Sanur.

Balinesischer Suizid

Die Holländer landeten trotz balinesischen Widerstands auf der Insel und standen vier Jahre später 5 km vor Denpasar. Am 20. September 1906 richteten sie ihre schweren Kanonen auf die Hauptstadt und begannen mit der Beschießung. Die drei Badung-Prinzen erkannten sehr schnell, dass die Holländer ihnen in Mannschaftsstärke und Bewaffnung vollständig überlegen waren und ihre Niederlage unausweichlich folgen würde. Kapitulation und Exil kamen jedoch für sie nicht in Frage, und so entschieden sie sich für den ehrenvollen Tod durch die althergebrachte Form des Selbstmords, den Kampf des Soldaten bis zum Tod, den *pu-*

OPIUM

Im 19. Jh. verdienten die Holländer ausgezeichnet am balinesischen Opiumhandel. Ein großer Teil des Kolonialhaushalts diente der Förderung der Opiumindustrie, die bis in die 1930er-Jahre hinein vollkommen legal war.

1580	1597	1795–1815	1830
Auch die Portugiesen sind in Sachen Gewürzhandel unterwegs, doch sie erleiden Schiffbruch an den Felsen bei Ulu Watu und geben auf.	Ein holländisches Expeditionsschiff taucht vor Kuta auf. Ein Zeitgenosse beschreibt den Kapitän Cornelius de Houtman als „Prahlhans und Gauner".	Die europäischen Kolonialmächte bekriegen einander, sodass die Herrschaft über Indonesien von den Holländern auf Franzosen und später Briten übergeht und wieder an die Holländer zurückfällt.	Der Handel mit Balinesinnen endet. Die zerstrittenen Königsfamilien hatten ihre Kriege finanziert, indem sie attraktive weibliche Untertanen verkauften.

putan: Zunächst brannten sie ihre Paläste nieder, und dann führte der Radscha die Mitglieder des Königshauses, die Priester und Höflinge zum letzten Gefecht gegen die modern bewaffneten Holländer; sie alle hatten ihren schönsten Schmuck angelegt und schwenkten ihren goldenen Zeremonialdolch, den Kris.

Die Holländer beschworen die Balinesen, den aussichtslosen Kampf aufzugeben. Doch ihr Appell verhallte ungehört: Die gesamte Aristokratie zog geschlossen in den Tod, einige töteten sich auch mit den eigenen Dolchen. Insgesamt starben auf diese Weise etwa 4000 Balinesen. Anschließend marschierten die Holländer nach Nordwesten auf Tabanan und nahmen den dortigen Radscha gefangen. Dieser beging ebenfalls Selbstmord, statt das ehrlose Exil auf sich zu nehmen.

Die Königreiche Karangasem (wo die Königsfamilie noch heute im Palastbezirk Amlapura wohnt) und Gianyar hatten bereits vor den Hol-

DER KAMPF UM LOMBOK

1894 entsandten die Holländer eine Armee, um den im Osten Lomboks lebenden Sasak bei ihrem Aufstand gegen den balinesischen Radscha beizustehen. Der Prinz, der Lombok mit Hilfe der westlichen Sasak beherrschte, kapitulierte alsbald, doch der balinesische Kronprinz wollte nicht klein beigeben.

Mit einer aus Balinesen und West-Sasak bestehenden Truppe griff er eines Nachts das holländische Lager im Wasserpalast Mayura an, sodass die Holländer auf einem Tempelareal Schutz suchen mussten. Gleichzeitig überfielen die Balinesen ein weiter östlich gelegenes Lager in Mataram und zwangen so die gesamte holländische Armee zum Rückzug nach Ampenan. Dort angekommen, waren die Soldaten nach Aussage eines Augenzeugen „so verängstigt, dass sie wild um sich schossen, sobald auch nur ein Blatt zu Boden fiel". In diesen Auseinandersetzungen hatten die Holländer äußerst hohe Verluste an Menschenleben und Material zu beklagen.

Obwohl die Balinesen diese ersten Schlachten für sich entscheiden konnten, waren diese Siege doch der Beginn ihrer späteren Niederlage: Sie sahen sich nun der permanenten Bedrohung durch die Ost-Sasak gegenüber, und zudem bekamen die Kolonialherren alsbald Truppenverstärkung aus Java.

Einen Monat später holten die Holländer zum Gegenschlag auf Mataram aus. Es kam zu Straßenkämpfen, an denen sich balinesische Soldaten, West-Sasak und Zivilisten beteiligten. Statt sich zu ergeben, entschieden sich die balinesischen Männer, Frauen und Kinder für den rituellen Selbstmordangriff *puputan* und wurden durch Gewehrsalven und Artilleriefeuer niedergestreckt.

Ende November 1894 griffen die Holländer Sasari an, und erneut wählten die Balinesen den traditionellen Freitod. Nachdem die komplette Dynastie untergegangen war, gab die Bevölkerung den Kampf gegen die Holländer auf.

1856	1891–1894	1908	1912
Mads Lange, ein dänischer Händler, stirbt auf ungeklärte Weise in Kuta. Er war durch Handel zu großem Wohlstand gekommen und wurde möglicherweise von eifersüchtigen Rivalen vergiftetet.	Nach einem Palastbrand haben die Sasak-Aufstände im Osten Lomboks Erfolg. Mit Hilfe der Holländer werden die balinesischen Herrscher von der Insel vertrieben.	Die balinesische Aristokratie begeht Selbstmord, indem sie in Klungkung in das heftige Gewehrfeuer der Holländer marschiert – in den ehrenvollen „Heldentod".	Der Deutsche Gregor Krause fotografiert schöne barbusige Balinesinnen. Nach dem Ersten Weltkrieg werden die Fotos veröffentlicht. Kurze Zeit später kommen die ersten Touristen nach Singaraja.

ländern kapituliert, deshalb beließ man ihnen einige ihrer Machtbefugnisse. Andere Reiche wurden jedoch unterworfen, die Herrscher schickte man ins Exil. Der Radscha von Semarapura folgte 1908 dem Beispiel von Badung, und die Holländer erlebten abermals den althergebrachten Suizid. Was sich in Cakranegara auf Lombok ereignet hatte, wiederholte sich hier: Der wundervolle Palast Taman Kertha Gosa in Semarapura wurde fast bis auf die Grundfesten zerstört.

Nachdem dieser letzte Widerstand gebrochen war, stand die gesamte Insel Bali unter holländischer Herrschaft und wurde Teil des Kolonialreichs Niederländisch-Ostindien. Allerdings kam auf Bali eine ausbeuterische Plantagenwirtschaft nicht über Ansätze hinaus, sodass das einfache Volk die Unterschiede zwischen der Kolonialregierung und der Radscha-Herrschaft kaum bemerkt haben dürfte. Auf Lombok herrschten härtere Bedingungen, da ein neues holländisches Steuersystem auch die Bevölkerung drangsalierte.

> Balis Flughafen ist nach I Gusti Ngurah Rai benannt, dem Nationalhelden, der den Widerstand gegen die Holländer bei Marga im Jahr 1946 anführte und dabei ums Leben kam. Seine briefliche Antwort auf holländische Forderungen lautete damals: „Freiheit oder Tod!"

Zweiter Weltkrieg

1942 landeten die Japaner, ohne auf Widerstand zu stoßen, in Sanur auf Bali – die meisten Balinesen sahen in den Japanern zunächst nur Befreier von der Kolonialherrschaft. Die neue Besatzungsmacht richtete ihre Stabsquartiere in Denpasar und Singaraja ein; im Laufe der Zeit wurde ihr Regiment für die Balinesen zunehmend härter. Als die Japaner dann nach ihrer Kapitulation im August 1945 abgezogen waren, herrschte bittere Armut auf der Insel. Die Fremdherrschaft hatte das Entstehen paramilitärischer nationalistischer und antikolonialistischer Gruppierungen begünstigt, die allesamt bereit waren, sich gegen die zurückkehrenden Holländer zur Wehr zu setzen.

Unabhängigkeit

Sukarno, prominentester Vertreter der nationalistischen Freiheitsaktivisten, rief nur wenige Tage nach der japanischen Kapitulation im August 1945 die Unabhängigkeit des Landes aus. Aber es sollte noch weitere vier Jahre dauern, bis die Holländer einsahen, dass die Tage ihrer Kolonialherrschaft auf Bali gezählt waren. Am 20. November 1946 wurden die balinesischen Freiheitskämpfer unter ihrem charismatischen Anführer I Gusti Ngurah Rai (nach ihm ist der Flughafen von Bali benannt) in der Schlacht von Marga im Westen Balis nämlich zunächst vernichtend geschlagen – wieder starb eine Elite des Landes im Kugelhagel der Besatzungsmacht, die Geschichte schien sich zu wiederholen. Erst 1949 akzeptierten die Niederlande die Unabhängigkeit Indonesiens. Als eigentlicher Unabhängigkeitstag gilt in Indonesien aber der 17. August 1945.

Anfangs wurden Bali, Lombok und die restlichen Inseln im Osten zur Provinz Nusa Tenggara zusammengefasst. Doch 1958 erkannte die Zen-

> Kuta war stets etwas anderes als der Rest von Bali. Während der Zeit der Könige wurden Abweichler und Störenfriede hierher verbannt. Für Reisfelder war die Region zu trocken, die Erträge der Fischerei waren gering, und die Küste war bedeckt mit kilometerlangen nutzlosen Sandflächen …

1925	1936	1945	1946
Der bedeutendste balinesische Tänzer der Neuzeit, Mario, führt erstmals den Kebyar Dudukn auf, einen neuartigen Tanz. Sitzend bewegt er sich wie in Trance zu eindrucksvollen Gamelan-Klängen.	Die Amerikaner Robert und Louise Koke bauen Bungalows am Strand von Kuta. Vorbei sind die Zeiten des spießig-steifen Tourismus. An seine Stelle tritt Spaßurlaub mit Drinks in der Sonne.	Nach der japanischen Kapitulation am Ende des Zweiten Weltkriegs proklamieren indonesische Nationalisten, unter ihnen Sukarno, die Unabhängigkeit von Holland. Es beginnt eine Zeit revolutionärer Unruhen.	Der Freiheitskämpfer Ngurah Rai und seine Männer sterben bei Marga. Dieser Quasi-Selbstmord läutet das Ende des Kolonialismus ein; es dauert nicht lange, und Indonesien ist unabhängig.

K'tut Tantri, eine Frau mit vielen Namen, kam im Jahr 1932 aus Hollywood nach Bali. Nach dem Krieg unterstützte sie die Indonesische Republik bei ihrem Kampf gegen die Holländer, etwa als Surabaya Sue – unter diesem Künstlernamen war sie direkt aus Surabaya im Rundfunk zu hören. Ihr Buch *Revolt in Paradise* wurde 1960 veröffentlicht.

Im Bajra Sandhi Monument in Denpasar wird die balinesische Geschichte in winzige Dramen zerlegt. Das Museum mit dem Namen „Kampf des Volkes" zeigt viele Episoden aus der Historie des Landes in comicartigen 3D-Ansichten.

tralregierung, dass diese Aufteilung nicht sinnvoll war, und änderte die Verwaltungsstruktur: Bali ist heute eine eigene Provinz und Lombok Teil der Provinz Nusa Tenggara Barat.

Putsch & Reaktion

Nach Erlangen der Unabhängigkeit hatte Indonesien keineswegs einen leichten Weg vor sich. Sukarno zog 1959 nach mehreren Aufständen zunehmend alle Entscheidungen an sich; der charismatische Revolutionsführer erwies sich damit als weniger geeignet für die Organisation eines Staates in Friedenszeiten. Als Anfang der 1960er-Jahre die Herrschaft Sukarnos ins Wanken geriet, kämpften die Armee, die Kommunisten und andere Gruppierungen um die Macht. Am 30. September 1965 führten Hinweise auf einen geplanten Staatsstreich – er wurde der PKI, der Partai Komunis Indonesia, angelastet – zum Sturz Sukarnos. General Suharto tat sich als Führungsfigur der Armee hervor und schlug den Putsch mit großem militärischem und politischem Geschick nieder. Die Kommunistische Partei PKI wurde verboten, und eine Welle antikommunistischer Massaker erschütterte das Land.

Für Bali hatten die letzten Ereignisse eine zusätzliche lokale Dimension: Auch innerhalb der wichtigsten politischen Organisationen, der Partai Nasional Indonesia (PNI, Nationalistische Partei) und der PKI, spiegelten sich die großen Differenzen zwischen Traditionalisten und Radikalen. Erstere wollten das alte Kastensystem beibehalten, während die Radikalen diese Struktur für repressiv hielten und für Bodenreformen eintraten. Nach dem fehlgeschlagenen Putsch eröffneten die religiösen Traditionalisten die Hexenjagd auf die „gottlosen Kommunisten". Schließlich griff das Militär ein, um den antikommunistischen Säuberungen Einhalt zu gebieten. Aber keine Familie auf Bali blieb von diesem Pogrom verschont: Schätzungsweise zwischen 50 000 und 100 000 Menschen der etwa zwei Millionen zählenden Gesamtbevölkerung fielen ihm zum Opfer – im Verhältnis zu den Einwohnern ein Vielfaches an Opfern im Vergleich zu Java. Auch auf Lombok kamen Zehntausende ums Leben.

Der Vulkanausbruch von 1963

Mitten in diese unruhigen Zeiten des politischen Aufruhrs fiel 1963 die verheerendste Naturkatastrophe, die Bali seit 100 Jahren heimgesucht hatte: Der Vulkan Gunung Agung brach aus, wobei er die Spitze seines Kegels wegsprengte.

Eka Dasa Rudra (eine Reinigungszeremonie), das bedeutendste aller balinesischen Opferfeste und ein im balinesischen Kalender nur alle 100 Jahre stattfindendes Ereignis, sollte seinen Höhepunkt am 8. März 1963 erreichen. Das letzte Eka Dasa Rudra war schon gut 100 Jahre her, doch

1949	1960er-Jahre	1963	1965
Das Musical *South Pacific* wird am Broadway aufgeführt, und der Song „Bali Hai" prägt das Klischee vom tropischen Bali, obwohl das Lied auf die Fidschi-Inseln gemünzt ist.	Die Verlängerung der Start- und Landebahn, erschwingliche Flugtickets und die Eröffnung des Bali Beach Hotel in Sanur läuten 1963 die Zeit des Massentourismus ein.	Der heilige Vulkan Gunung Agung bricht aus; ein beträchtlicher Teil Ostbalis wird zerstört, über 1000 Menschen sterben, 100 000 werden obdachlos.	Der Konflikt zwischen Kommunisten und Konservativen bricht offen aus. Die Konservativen setzen sich durch, und in den nachfolgenden Säuberungen finden Zehntausende auf Bali den Tod.

DIE BOMBENATTENTATE AUF BALI

Am Samstag, dem 12. Oktober 2002 explodierten zwei Bomben auf der belebten Straße Jalan Legian in Kuta. Die erste zerriss die Fassade von Paddy's Bar. Einige Sekunden später zerstörte eine noch deutlich stärkere Bombe den kompletten Sari Club.

Die Zahl der Toten, die Vermissten mitgezählt, überstieg 200 – allerdings wird man die genaue Zahl wohl niemals ermitteln können. Viele verletzte Balinesen kehrten in ihre Dörfer zurück, wo sie dann später mangels ausreichender medizinischer Versorgung starben. Die indonesischen Behörden machten schließlich die islamistische Terrorgruppe Jemaah Islamiyah für die Attentate verantwortlich. Dutzende ihrer Mitglieder wurden verhaftet, und viele wanderten ins Gefängnis. Drei von ihnen wurden zum Tode verurteilt. Die meisten erhielten jedoch mildere Strafen, unter ihnen auch Abu Bakar Bashir, ein radikaler Geistlicher, der vielen als Verantwortlicher für die Bombenanschläge galt. Die Anklage gegen ihn wurde vom Obersten Gerichtshof Indonesiens allerdings verworfen, was viele auf Bali und in Australien empörte. (Im Jahr 2011 wurde er wegen einer anderen Terror-Anklage dann aber doch noch zu 15 Jahren Haft verurteilt.)

Am 1. Oktober 2005 sprengten sich drei Selbstmordattentäter in die Luft: einer in einem Restaurant auf dem Kuta-Platz, zwei weitere in Fischrestaurants direkt am Strand von Jimbaran. Wieder steckte offenbar Jemaah Islamiyah dahinter. Obwohl aus später aufgefundenen Dokumenten hervorging, dass die Anschläge eigentlich Touristen treffen sollten, waren 15 der 20 Todesopfer balinesische und javanische Angestellte der betroffenen Restaurants.

2008 gründete Bashir eine neue Gruppe, die möglicherweise auch am Bombenanschlag von Jakarta im folgenden Jahr beteiligt war. 2011 wurde er wegen Unterstützung eines Terrorcamps in Aceh zu 15 Jahren Haft verurteilt.

2012 erhielt Umar Patek wegen Beihilfe zum Bombenattentat von 2002 eine 20-jährige Gefängnisstrafe. Die Gefahr ist damit freilich nicht gebannt: Noch im Jahr 2012 hat die Polizei von Bali fünf Menschen erschossen, die als Terroristen verdächtigt wurden.

---

die Priester konnten sich nicht einigen, welches dieses Mal der richtige und günstigste Termin wäre.

Natürlich stand der direkt am Vulkan gelegene Haupttempel Pura Besakih im Mittelpunkt der Feierlichkeiten, und schon während der letzten Vorbereitungen Ende Februar sandte der Gunung Agung merkwürdige Zeichen aus. Doch trotz einiger Bedenken verlangte es die politische Lage, mit den Festlichkeiten fortzufahren – Unheil verkündendes Gepolter aus dem Krater hin oder her.

Am 17. März explodierte der Gunung Agung. Der Katastrophe fielen mehr als 1000 Menschen zum Opfer (manche Schätzungen nennen sogar 2000), ganze Dörfer wurden vernichtet, und 100 000 Balinesen wurden obdachlos. Lavaströme und heißer Vulkanschlamm ergossen sich

---

1970
Ein Mädchen verdient sich mühevoll durch das Verkaufen von Süßigkeiten in Kuta ihren Lebensunterhalt. Surfer beraten sie: Daraufhin eröffnet sie Made's Warung – mit großem Erfolg.

1972
Der Filmemacher Alby Falzon dreht seine Surfer-Dokumentation Morning on Earth auf Bali. Der Film beeindruckt eine ganze Generation von Australiern, die bald in Scharen nach Kuta reisen.

1979
Der Australier Kim Bradley ist beeindruckt vom Surfstil der Einheimischen und ermutigt sie, einen Club zu eröffnen. 60 Balinesen folgen seinem Rat.

1998
Suharto tritt nach 32 Jahren als Präsident zurück. Seine Familie hat nach wie vor großen Einfluss in einigen Ferienresorts, zu denen auch das Golfgelände Pecatu Indah zählt.

an einigen Stellen direkt ins Meer und überfluteten Straßen, sodass der Ostteil Balis einige Zeit vom Rest der Insel abgeschnitten war. An der Hauptstraße, die an Tulamben vorbeiführt, sieht man noch heute einige erkaltete Lavaströme.

Suhartos Amtsantritt & Abgang

Nach dem fehlgeschlagenen Staatsstreich von 1965 konnte Suharto das Präsidentenamt für sich erobern, der General kontrollierte nun die Regierungsgeschäfte. Nach Proklamation einer „Neuen Ordnung" wandte sich Indonesien sowohl in seiner Außen- als auch in der Wirtschaftspolitik dem Westen zu.

Mit kräftiger Unterstützung durch das Militär sorgte Suharto dafür, dass seine Partei, Golkar, zur führenden politischen Kraft des Landes aufstieg, denn andere Parteien wurden entweder verboten oder bis zur Unkenntlichkeit zerschlagen. Durch die regelmäßige Abhaltung von Wahlen gab sich das Land zwar einen demokratischen Anstrich, doch bis zum Jahr 1999 entschied die führende Golkar-Partei mühelos alle Wahlen für sich.

Diese Zeit war allerdings auch von einem großen wirtschaftlichen Aufschwung Balis und später auch Lomboks gekennzeichnet: Gesellschaftliche Stabilität und die Schaffung eines günstigen Investitionsklimas hatten Vorrang vor wirklich demokratischen Verhältnissen. Ausgedehnte Ferienkolonien entstanden damals in Sanur, Kuta und Nusa Dua; oftmals waren die Investoren auch in Politikerkreisen zu finden.

Anfang 1997 waren die goldenen Zeiten vorbei, da Südostasien von einer schweren Wirtschaftskrise erfasst wurde: Binnen eines Jahres brach der Wert der indonesischen Währung (Rupiah) fast vollständig ein, und die Wirtschaft stand unmittelbar vor einem Kollaps.

Suharto war nicht in der Lage, der eskalierenden Krise Herr zu werden, und trat 1998 nach 32 Jahren im Regierungsamt von seinen Aufgaben zurück. Sein Protégé Dr. Bacharuddin Jusuf Habibie trat die Nachfolge an. Obwohl er anfangs als Intimus von Suharto bei der Bevölkerung auf Skepsis stieß, unternahm er erste bemerkenswerte Schritte in Richtung echter Demokratie; so sorgte er beispielsweise für die Aufhebung der Pressezensur.

Der Frieden bekommt Risse

Im Jahr 1999 trat das indonesische Parlament zur Wahl eines neuen Präsidenten zusammen. Spitzenkandidatin war Megawati Sukarnoputri, die auf Bali außerordentlich populär war. Einerseits war sie beliebt wegen ihrer Abstammung, denn ihre Großmutter väterlicherseits war Balinesin. Andererseits kam ihr die säkulare Grundausrichtung ihrer Partei zugute – der größte Teil der hinduistischen Bevölkerung Balis verfolgt jeg-

---

BÜCHER

Der beste Buchladen für seltene und schwer auffindbare Titel ist Ganesha Books in Ubud. Auf der Website (www.ganeshabooks bali.com) ist die Auswahl groß, und der Laden liefert auch per Post aus.

2000	2002	2005	2013
Die indonesischen Unruhen greifen auf Lombok über. Diese entzünden sich an einer muslimischen Kundgebung gegen Gewalt und schlagen ins Gegenteil um.	Mehr als 200 Menschen verlieren durch Bombenattentate ihr Leben, viele im Sari Club. Balis Wirtschaft bricht beinahe zusammmen, da die Besucher ausbleiben.	Drei Selbstmordattentäter sprengen sich in Kuta und Jimbaran in die Luft und töten 20 Menschen, vor allem Balinesen und Javaner.	Bali verzeichnet mehr als 3 Mio. ausländische Touristen pro Jahr – ein neuer Rekord als Ergebnis jahrelangen Wachstums.

liche Zunahme von muslimischem Fundamentalismus mit großer Sorge. Allerdings ging dann überraschend Abdurrahman Wahid, der moderate intellektuelle Führer der größten Muslim-Vereinigung Indonesiens, siegreich aus der Wahl hervor.

Anders verlief die Entwicklung auf Lombok: Anfang 2000 weiteten sich die religiösen und politischen Spannungen aus, und nach ersten heftigen Unruhen in Mataram gingen auf der ganzen Insel chinesische und christliche Läden und Wohnhäuser in Flammen auf. Der Tourismus erlitt sofort einen schweren Rückschlag, und es dauerte ein Jahrzehnt, bis die Insel sich von den Folgen dieser Gewalttaten erholt hatte.

Nach 21 Monaten wachsender ethnischer, religiöser und regionaler Konflikte gab es für das Parlament immerhin ausreichend Gründe, Wahid abzuberufen und das Präsidentenamt auf Megawati zu übertragen. Im Jahr 2004 machte sie Indonesiens erstem demokratisch gewählten Präsidenten Platz, Susilo Bambang Yudhoyono. Bei der Aufklärung der

TOURISMUS

Anfang der 1920er-Jahre erkannte man in den Niederlanden, dass sich Balis einzigartige Kultur durchaus international für die aufstrebende Tourismusindustrie vermarkten ließ. Die damalige Werbung setzte überwiegend auf die Bilder schöner balinesischer Frauen, die sich nach alter Gewohnheit barbusig in ihren Dörfern bewegten. Die holländischen Marketingstrategen beförderten wohlhabende westliche Abenteurer in den Norden Balis zum heutigen Singaraja, von wo aus die Gäste die Insel dann in einem straffen Drei-Tages-Programm kennenlernten. Zu sehen gab es vor allem touristisch aufbereitete Kulturdarbietungen, übernachtet wurde im staatlichen Touristenhotel in Denpasar. Aus jener Zeit sind zahllose Berichte über vermeintlich kulturhungrige Europäer erhalten; in Wahrheit ging es vielen Touristen wohl eher darum, den einen oder anderen unbedeckten Busen zu betrachten. Die balinesischen Frauen waren allerdings vorsichtig geworden und verhüllten ihren Oberkörper unmittelbar, sobald die holländischen Herren und die Touristen in ihrem Gefolge sich näherten.

Einige unerschrockene Ausländer reisten aber auch auf eigene Faust auf die Insel, häufig auf Bitten aus der kleinen Kolonie westlicher Künstler, zu denen auch der Deutsche Walter Spies in Ubud gehörte. Zu nennen sind hier auch Robert Koke und Louise Garret, ein unverheiratetes amerikanisches Paar, das in Hollywood gearbeitet hatte, bevor beide im Jahr 1936 im Rahmen einer längeren Ferienreise auf Bali landeten. Entsetzt über die spießigen Vorschriften der holländischen Tourismusbehörde, baute das später verheiratete Paar am einsamen Strand von Kuta einige einfache Bungalows aus Palmblättern und anderen landesüblichen Materialien. Dort lebten seinerzeit nur einige verarmte Fischerfamilien.

Die neuen Urlaubsunterkünfte wurden bald recht bekannt, und die Kokes waren durchgehend ausgebucht. Die Gäste kamen zunächst für einige Tage und blieben später Wochen, außerdem berichteten sie ihren Freunden in der Heimat davon. Anfangs taten die Holländer das Kuta Beach Hotel der Kokes als „schmutzige einheimische Hütten" ab, doch recht bald wurde ihnen klar, dass eine Steigerung der Besucherzahl auch in ihrem Interesse lag. Andere westliche Unternehmer kamen ins Land und bauten ihre eigenen rustikalen Hotelanlagen aus Bungalows, die in den kommenden Jahrzehnten zum Markenzeichen Balis wurden.

Im Zweiten Weltkrieg lag der Tourismus total darnieder, die Hotels waren weitgehend verwüstet (und die Kokes konnten noch knapp vor dem Einmarsch der Japaner entkommen). Als dann aber die Reisewelle nach dem Krieg wieder einsetzte, war rasch klar, dass Bali sich zukünftig wegen seiner natürlichen Schönheit keine Sorgen um Besucher machen musste.

1987 erschien Louise Kokes längst vergessene Geschichte des Kuta Beach Hotels unter dem Titel *Our Hotel in Bali*, illustriert mit ihren gestochen scharfen Skizzen und Fotografien ihres Mannes.

Bombenattentate von 2002 hatte dieser sich bereits internationale Anerkennung erworben.

Inzwischen sind die Bombenanschläge Geschichte, und die Besucherzahlen steigen auf Bali und den Gilis wieder deutlich an. Pro Jahr wächst der Zustrom internationaler Touristen um zehn bis 15 %. Vor ein paar Jahren war die Zwei-Millionen-Grenze noch ein Großereignis. Mittlerweile liegt die Zahl der Besucher aber bereits bei vier Millionen. Der Tourismus prägt bereits viele Bereiche des balinesischen Alltags, vor allem aber die Wirtschaft.

So lebt man auf Bali & Lombok

Auf Bali und Lombok wirken die Menschen ganz entspannt. Hinter den freundlichen Umgangsformen verbirgt sich freilich ein tief verwurzeltes kulturelles Erbe und eine feste religiöse Bindung. Die Hindus auf Bali und die Muslime auf Lombok stehen treu zu ihren religiösen Überzeugungen. Speziell auf Bali ist all das, was Besucher so bezaubert, religiös fundiert: die Kunst, die Musik, die Opfergaben, die Architektur, die Tempel und vieles andere mehr.

Bali

Was lieben Reisende an Bali? Die Antwort lautet in vielen Fällen: „seine Menschen". Seit den 1920er-Jahren, als die Holländer mit Abbildungen barbusiger Balinesinnen Touristen anlockten, verkörpert Bali Glanz und Zauber des exotischen Paradieses schlechthin. Doch es gibt auch eine rauere Realität – aller Romantik zum Trotz. Die meisten Balinesen leben beinahe von der Hand in den Mund, obwohl die Insel vom Tourismus profitiert und die Mittelschicht stärker wird. Der Begriff „Kultur" scheint dann manchmal nicht recht zu passen: Hin und wieder strapaziert die allzu aufdringliche Kundenwerbung eines Einheimischen die Geduld der Gäste, die ganz vergessen, dass der Mann damit nur sein Brot verdienen will.

Aber dennoch hat die Paradiesvorstellung ihren wahren Kern. Bali ist etwas ganz und gar Einmaliges in der Welt, selbst mit dem übrigen Indonesien nicht zu vergleichen. Die einzigartige Kultur Balis – die Insel ist ein Sonderfall im größten muslimischen Land der Welt, denn nur hier hat der Hinduismus in Indonesien überlebt – wird von diesem stolzen

> Intimitäten gehören auf Bali nicht in die Öffentlichkeit. Paare halten sich nicht an den Händen; diese Geste ist dem Umgang mit kleinen Kindern vorbehalten. Erwachsene können sich jedoch beim anderen mit den Armen unterhaken.

SMALLTALK

„Wo wohnen Sie?" „Woher kommen Sie?" „Wohin fahren Sie?" Diese und ähnliche Fragen stellen die freundlichen balinesischen Gastgeber ständig. Manche Gäste mögen das als aufdringlich empfinden, es handelt sich aber nur um den landesüblichen Smalltalk und ist als Ausdruck eines Gemeinschaftsgeistes zu verstehen: Die Balinesen möchten wissen, wo der Fremde einzuordnen ist, damit er zum Freund und Bekannten wird.

Eine Antwort wie „ich wohne dort drüben" oder eine sonstige allgemeine Auskunft sind okay, aber anschließend sollte man sich auf immer persönlichere Fragen gefasst machen: „Sind Sie verheiratet?" zum Beispiel. Und selbst wenn nicht, ist es am einfachsten, das zu bejahen. Die nächste Frage lautet dann: „Haben Sie Kinder?" Und auch hier ist es am besten, ja zu sagen, und auf gar keinen Fall, dass man sich keine Kinder wünscht. „Belum" (noch nicht) wäre eine weitere probate Antwort, die möglicherweise Kichern hervorruft, und dann kommt: „Ah, Sie üben noch!"

In der Sasak-Sprache auf Lombok gibt es keine Grußformeln wie „Guten Morgen" oder „Guten Tag". Stattdessen wird mit „Wie geht es Ihrer Familie?" begrüßt. Man sollte also nicht erstaunt sein, wenn ein völlig Fremder sich nach der eigenen Familie erkundigt.

Volk wie ein Ehrenzeichen hochgehalten. Immerhin geschah es noch im vergangenen Jahrhundert, dass 4000 Mitglieder des Königshauses in herrschaftlicher Kleidung direkt in das Artilleriefeuer der Niederländer marschierten, da sie sich den Kolonialherren nicht ergeben wollten.

Unbestritten ist, dass die moderne Entwicklung die Landschaft verändert; immer wieder kommt es zu Debatten über die Verdrängung der Agrargesellschaft durch eine Tourismus-Dienstleistungsgesellschaft. Die luxuriösen Badeorte, Clubs, Boutiquen und Restaurants in Seminyak und Kerobokan könnten missverstanden werden – gerade so, als ob die Vergnügungssucht an die Stelle des Hinduismus als Lokalreligion getreten sei. Unter der Oberfläche erkennt man jedoch, dass sich die Seele Balis nicht verändert hat.

WAS STECKT HINTER DEN NAMEN?

Balinesische Namen sind alles andere als eindeutig, sie sind eher fließend wie der Wechsel der Gezeiten. Jede Person besitzt einen traditionellen Namen, dazu aber noch weitere Namen, die oftmals an bestimmte Ereignisse in ihrem Leben erinnern. Zudem helfen Zusatznamen, Menschen gleichen Namens zu unterscheiden, was möglicherweise nirgendwo so dringend geboten ist wie auf Bali.

Die traditionellen Regeln der Namensgebung erscheinen zunächst einmal wegen des nicht geschlechtsspezifischen Systems einfach. Die Anordnung der Namen folgt – mit kleinen regionalen oder kastenbezogenen Unterschieden – dem folgenden Schema:

→ **Erstgeborene** Wayan (Gede, Putu)
→ **Zweitgeborene** Made (Kadek, Nengah, Ngurah)
→ **Drittgeborene** Nyoman (Komang)
→ **Viertgeborene** Ketut (oder einfach Tut, wie in *toot*)

Für die nachfolgenden Kinder beginnt es wieder von vorn. Aber da die meisten Familien heute nur zwei Kinder haben, gibt es viele Wayans und Mades.

Auch die Kastenzugehörigkeit spielt bei der Namensgebung eine große Rolle; weitere Namen, die der Anzeige der Geburtsreihenfolge nachgeordnet sind, verraten den sozialen Rang des Trägers. Balis System ist dabei aber deutlich unkomplizierter als das strenge indische Kastenwesen.

→ **Sudra** Rund 90 % der Balinesen gehören dieser Kaste der Landbevölkerung an. Dem Namen wird der Titel „I" (bei einem Jungen) bzw. „Ni" (bei einem Mädchen) vorangestellt.
→ **Wesia** Die Kaste der Staatsdiener und Kaufleute. Gusti Bagus (männlich) und Gusti Ayu (weiblich).
→ **Satria** Eine Oberkaste, Mitglieder sind Angehörige des Königshauses und Krieger. I Gusti Ngurah (männlich) und I Gusti Ayu (weiblich), hinzu kommen weitere Titel wie Anak Agung oder Dewa.
→ **Brahmana** Die Gruppe mit dem höchsten Rang: Lehrer und Priester. Ida Bagus (männlich) und Ida Ayu (weiblich).

Dem traditionellen folgt ein persönlicher Name – und hier können die Eltern kreativ werden: Einige Namen geben zu erkennen, was man sich für das Kind wünscht, so etwa „I Nyoman Darma Putra": Möge es „pflichtbewusst" oder „gut" (*dharma*) sein. In anderen Namen spiegeln sich moderne Einflüsse, so etwa in „I Wayan Radio": der in den 1970er-Jahren Geborene. „Ni Made Atom" würde heißen, dass ihre Eltern einfach nur den Klang dieses Fachbegriffs (Atom) mochten, nach dem auch eine Bombe benannt wurde.

Viele Kinder werden aber auch nach ihrem Aussehen benannt. „Nyoman Darma" wird oft auch „Nyoman Kopi" (Kaffee) wegen seiner dunklen Hautfarbe im Vergleich zu der seiner Geschwister genannt. „I Wayan Rama", wofür das Ramayana-Epos Pate stand, wird „Wayan Gemuk" (dick) genannt, um ihn körperlich von seinem kleineren Freund „Wayan Kecil" (dünn) zu unterscheiden.

Das ideenreiche Erbe Balis ist allgegenwärtig: Die allgemeine religiöse Hingabe ist in jedem Winkel der Gesellschaft zu spüren und unterstreicht ihren großen Gemeinschaftssinn. Kultstätten finden sich in jedem Haus, Büro und Dorf, auf Bergen und an Stränden, in Reisfeldern, auf Bäumen, in Höhlen, auf Friedhöfen, in Seen und Flüssen. Doch die Religiosität ist nicht auf die Kultstätten allein beschränkt, sie ist überall gegenwärtig, und zuweilen kann man Kulthandlungen sogar mitten im Verkehrsstrom der Rushhour beobachten.

Balinesische Toleranz

Die Balinesen sind für ihre Toleranz und Gastfreundschaft gegenüber Menschen anderer Kulturen berühmt, obwohl sie selbst nur selten reisen. Das unterstreicht, wie wichtig ihnen das eigene Dorf und die Familienbande sind – und natürlich steht dahinter auch die Frage der Reisekosten. Sie sind berauscht angesichts all der ihnen entgegengebrachten Aufmerksamkeit, was in der allgemeinen Vorstellung mündet: Es kann ja gar nicht so falsch sein, was wir tun, wenn Millionen von Menschen gerne aus ihrem Land zu uns zu kommen.

Balinesen sind ausnahmslos freundlich und lieben den kleinen Plausch, bei dem sie unter Umständen sehr persönlich werden. Englisch wird fast überall gesprochen, aber die einheimischen Gesprächspartner hören gern, wenn Touristen versuchen, Indonesisch zu sprechen oder besser noch eine balinesische Redensart einflechten, so etwa *sing ken ken* (kein Problem!). Wem dies gelingt, der hat einen Freund fürs Leben gewonnen. Balinesen besitzen einen wundervollen Humor, und wegen ihrer Gelassenheit sind sie auch nicht schnell aus der Ruhe zu bringen. Allgemein gelten Wutausbrüche als abstoßend und „emotionale" Ausländer, die sich vergessen, werden belacht.

Unter www.murnis.com bekommt man hervorragende Informationen über Kultur und Alltagsleben auf Bali. Hier erhält man auch Antworten auf viele Fragen: von Themen wie Kindernamen bis zur rituellen Kleidung oder Webtechniken (zu finden in der Rubrik „Kultur").

Lombok

Zwar wird die Kultur und Sprache Lomboks oftmals mit der Balis gleichgesetzt, doch damit wird man keiner der beiden Inseln gerecht. Freilich erinnern die Sprache, die animistischen Rituale, die Musik und der Tanz Lomboks an die hinduistischen und buddhistischen Königreiche, die einst Indonesien beherrschten, und auch an die Zeit der balinesischen Herrschaft des 18. Jhs. auf Lombok. Doch die Mehrzahl der einheimischen Sasak-Stämme sind Muslime – sie besitzen äußerst authentische Traditionen, unterscheiden sich in Kleidung, Essgewohnheiten und Architekturstil von ihren Nachbarn, und sie haben hart für den Erhalt dieser Eigenständigkeit gekämpft. Während die Sasak-Bauern in West-Lombok unter der balinesischen Feudalherrschaft relativ friedlich lebten, blieb die Aristokratie im Osten den fremden Herrschern feindlich gesonnen. Sie führte zusammen mit den Holländern die Revolte an, durch die schließlich Ende des 19. Jhs. die balinesischen Herren vertrieben werden konnten. Bis heute betreiben die Sasak mit großem Vergnügen heroische Kampfspiele, so etwa die Stockkampf-Wettbewerbe, die jedes Jahr im August in der Nähe von Tetebatu stattfinden.

Mopeds gehören zum Alltagsleben einfach dazu. Man transportiert darauf alles, Türme aus Bananen ebenso wie Reissäcke, die auf den Markt geschafft werden müssen. Familien in eleganter Zeremonialkleidung auf dem Weg zum Tempel sitzen ebenso auf Mopeds wie junge Hotelpagen, die in voller Livree unterwegs sind.

Lombok ist viel ärmer und weniger entwickelt als Bali und gilt im Allgemeinen als konservativer. Die Sasak-Kultur wird auch nicht so in den Vordergrund gerückt wie die des hinduistischen Bali. Dennoch ist sie sichtbar, nicht zuletzt in den Moscheen, die man in jeder Stadt vorfindet.

Familienbande

Durch ihren Familientempel halten die Balinesen eine enge spirituelle Verbindung zu ihrem Familienanwesen. Dieses teilen sich bis zu fünf Generationen, angeheiratete Verwandte und alle anderen Familienangehörigen. Großeltern, Vettern und Cousinen, Tanten, Onkel und verschiedenste fernere Verwandte – sie alle leben zusammen. Wenn ein Sohn

Das alte balinesische Hakenkreuz, die Swastika, die einem überall begegnet, gilt als Symbol der Harmonie mit dem Kosmos. Die Variante mit abgewinkelten Armen im Uhrzeigersinn haben dann später die deutschen Nazis für sich entdeckt – aus dem positiven Symbol wurde ein Schreckenszeichen.

heiratet, zieht er nicht aus, denn seine Ehefrau zieht ein. Heiratet dagegen eine Tochter, lebt sie in der Familie ihrer Schwiegereltern, nimmt dort die Pflichten der Haushaltsführung und des Gebärens wahr. Daher besitzt ein Sohn für die Balinesen mehr Wert als eine Tochter: Nicht nur wird er die Alten seiner Familie versorgen, er erbt auch das Anwesen und wird nach dem Tod eines Alten die notwendigen Rituale ausführen, um dessen Seele für die Wiedergeburt aus dem Körper zu befreien und zu verhindern, dass sie als wandernder böser Geist ihr Unwesen treibt.

Nichts als Arbeit für die Frau

Männer spielen eine wichtige Rolle in Dorfangelegenheiten und tragen zum Unterhalt der Kinder bei. Und nur Männer bepflanzen und kümmern sich um die Reisfelder. Doch die eigentlichen „Arbeitstiere" auf Bali sind die Frauen, sie sind für jede Art manuell zu verrichtender Arbeiten zuständig (man sieht sie auch Körbe mit nassem Zement oder Backsteinen auf ihren Köpfen balancieren), aber auch für die Führung eines Marktstandes oder die verschiedensten Jobs in der Tourismusbranche. Das bedeutet, dass Frauen wegen ihrer traditionellen Rolle, zu der die Versorgung anderer Menschen und die Zubereitung von Mahlzeiten zählen, heute auch zahlreiche erfolgreiche Geschäfte und Cafés führen.

Zwischen all diesen Verpflichtungen stellen die Frauen auch noch die täglichen Opfergaben für den Familientempel und den Hausschrein zusammen, darüber hinaus oftmals auch die zusätzlichen Opfergaben für rituelle Feste – ihre Hände sind ständig in Bewegung. All dies und mehr noch lässt sich kennenlernen, wenn man in einer klassischen balinesischen Privatunterkunft wohnt, wo das Zimmer auf einem Familienanwesen liegt und das tägliche Leben sich rundum abspielt. Wer Interesse hat: In Ubud kann man viele solcher Privatunterkünfte buchen.

Religion
Hinduismus

Die offizielle Religion Balis ist der Hinduismus. Die balinesische Version weicht aber wegen ihrer zahlreichen animistischen Elemente von der indischen Spielart des Hinduismus ab. Die Balinesen verehren die Götterdreiheit Brahma, Shiva und Vishnu, die drei Aspekte des höchsten (unsichtbaren) Gottes Sanghyang Widi, und auch die *deva* (die Götter der Vorfahren) und Dorfgründer, außerdem Gottheiten der Erde, des Feuers, des Wassers und der Berge. Schließlich kennen sie auch noch die Gottheiten, die der unterozeanischen Sphäre angehören. Die Balinesen glauben wie die Inder an das Karma und die Wiedergeburt. Allerdings schenken sie anderen indischen Bräuchen weniger Aufmerksamkeit: So gibt es etwa keine „Kaste der Unberührbaren", nur sehr selten arrangierte Hochzeiten und auch keine Kinderhochzeiten.

Balis ungewöhnliche Spielart des Hinduismus bildete sich aus, nachdem das große hinduistische Königreich Majapahit – es herrschte einst über ganz Indonesien – im Zuge der Ausbreitung des Islam auf die Insel Bali verdrängt worden war. Während die Ureinwohner, die Bali Aga, sich in die Berge zurückzogen, etwa in das ostbalinesische Tenganan, um dem neuen Einfluss zu entgehen, integrierte die restliche Bevölkerung den Hinduismus in ihren vorhandenen Glauben: Sie verband ihre ursprünglichen animistischen Glaubensvorstellungen, die buddhistische Elemente enthielten, mit dem Majapahit-Glauben. In West-Lombok gibt es auch noch einen Bergstamm, der dem balinesischen Hinduismus anhängt, ein Erbe der balinesischen Herrschaft über Lombok im 19. Jh.

Der heiligste Ort der Insel ist der Vulkan Gunung Agung, an dessen Flanke der Tempel Pura Besakih liegt, in dem zahlreiche rituelle Feste stattfinden, an denen Hunderte, manchmal sogar Tausende von Gläu-

SCHWARZE MAGIE

Schwarze Magie hat auf Bali immer noch viele Anhänger, und bei Krankheiten konsultiert man gern die Geistheiler oder *balian*. Über die Macht dieser Magie sind allerlei Geschichten im Umlauf. Streitigkeiten unter Verwandten oder Nachbarn führt man ebenso wie plötzliche Todesfälle auf magische Verwünschungen zurück.

bigen teilnehmen. Auf der gesamten Insel werden täglich kleinere Feste gefeiert, um die Gottheiten günstig zu stimmen, die Dämonen zu versöhnen und so für das Gleichgewicht zwischen dem Guten (*dharma*) und dem Bösen (*adharma*) zu sorgen. Es ist daher überhaupt nichts Ungewöhnliches, wenn man gleich am ersten Tag auf Bali Zeuge eines dieser Ritualfeste wird.

Islam

Der Islam ist eine Minderheitenreligion auf Bali. Bei den meisten Moslems handelt es sich um Einwanderer aus Java oder Nachfahren von Seefahrern der Insel Sulawesi.

RESPEKTBEZEUGUNG

Bali besitzt zu Recht den Ruf der Sanftmütigkeit. Umso wichtiger ist es, seine Gastgeber zu respektieren, die sich sehr bemühen, einen Fauxpas zu verzeihen, wenn zu erkennen ist, dass man sich Mühe gegeben hat: Auf die Empfindsamkeiten der Einheimischen sollte entsprechend durch schickliche Kleidung und angemessenes Verhalten Rücksicht genommen werden, insbesondere auf dem Dorf und an religiösen Orten. Im Zweifel kann das, was man als „zurückhaltend" und „einfach" empfindet, eine Richtschnur sein.

Etikette

➜ Shorts und kurze Röcke sieht man auch bei Einheimischen, aber eine Kleidung, die allzu viel enthüllt, gilt als anstößig. Auch wer als Mann „oben ohne" durchs Dorf schlendert und dabei womöglich noch ein Bier in der Hand hält, setzt sich in ein schlechtes Licht.

➜ Viele Touristinnen zeigen sich am Strand gern ohne Oberteil; für die Einheimischen ist das ein Zeichen von Sitten- und Respektlosigkeit.

➜ Auf Lombok ist das Nackt- oder Oben-ohne-Baden überall anstößig.

➜ Niemals sollte ein Einheimischer am Kopf berührt werden: Der Kopf wird als Sitz der Seele betrachtet und ist daher heilig.

➜ Dinge sollte man mit der rechten Hand, besser noch mit beiden Händen, überreichen.

➜ Vorsicht: nicht mit den Händen an den Hüften sprechen. Das gilt als Zeichen der Verachtung, des Ressentiments oder der Aggression (wie es im traditionellen Tanz oder in der Oper gezeigt wird).

➜ Das Heranwinken einer Person sollte mit ausgestreckter Hand und einer nach unten gerichteten Winkbewegung geschehen. Die westliche Art, sich bemerkbar zu machen, gilt als extrem unhöflich.

➜ Niemals Geschenke, Bücher oder Fotos versprechen. Man bedenke, dass der arme Balinese dann Tag für Tag hoffnungsvoll seinen Briefkasten oder seine E-Mails kontrolliert.

Religiöse Etikette

➜ Beim Besuch eines Tempels oder einer Moschee müssen Schultern und Knie bedeckt sein. Überall auf Bali werden gegen eine kleine Spende ein Tempelschal (*selandong*) bzw. eine Schärpe und ein Sarong verliehen, manchmal sind diese Dinge auch bereits im Eintrittspreis enthalten.

➜ Frauen, die ihre Monatsblutung haben, schwanger sind oder gerade eine Geburt hinter sich haben, werden gebeten, auf den Tempelbesuch zu verzichten. Denn sie gelten zu diesem Zeitpunkt als rituell unrein (*sebel*).

➜ Man nehme keinen höheren Platz ein als der Priester (indem man etwa auf eine Mauer klettert, um zu fotografieren), besonders gilt dies für religiöse Feste.

➜ Schuhe müssen vor dem Betreten einer Moschee ausgezogen werden.

Die Mehrzahl der Sasak auf Lombok praktiziert – wie auch die Bevölkerung anderer Teile Indonesiens – eine moderate Form des Islam. Die Religion kam im 13. Jh. durch Gujarati-Kaufleute über Celebes (heute Sulawesi) und Java auf die Insel. Das religiöse Fundament bilden die Fünf Säulen des Islam: Allah ist der alleinige Gott und Mohammed sein Prophet, der Gläubige hat fünfmal am Tag zu beten, Almosen an die Armen zu geben, im Monat Ramadan zu fasten und sich wenigstens einmal im Leben auf Pilgerreise nach Mekka zu begeben. Im Gegensatz

BALI STELLT SICH TOT

Nyepi

Dies ist das größte Reinigungs-Kultfest auf Bali, durch das alle bösen Geister ausgetrieben werden sollen, wenn das Jahr neu beginnt. Es fällt in den März oder April nach dem hinduistischen *caka*-Kalender, welcher dem Mondzyklus folgt und dem westlichen Kalender entspricht, was die Länge des Jahres betrifft. Mit Beginn des Sonnenaufgangs erstirbt jedes Leben auf der Insel für 24 Stunden. Keine Flugzeuge dürfen landen oder starten, keine Autos jedweder Art verkehren und keine Energiequellen benutzt werden. Keiner, das gilt auch für die Touristen, darf sich auf die Straße blicken lassen. Der kulturelle Hintergrund ist, dass die bösen Geister durch Nyepi hinters Licht geführt werden und denken sollen, ganz Bali sei aufgegeben worden, sodass sie enttäuscht anderswo hinziehen.

Für die Balinesen ist Nyepi ein Tag der Meditation und Besinnung. Für Ausländer sind die Regeln nicht so streng, solange der „Tag des Schweigens" beachtet wird und niemand seine Unterkunft oder sein Hotel verlässt. Wer aber trotzdem nach draußen geht, wird alsbald von einem gestrengen *pecalang* (Dorfpolizisten) wieder dorthin zurückgebracht.

So abschreckend dies auch klingen mag, es ist tatsächlich wunderbar, an Nyepi auf Bali zu sein. Erstens ist da das geniale Konzept, einen Tag zum Nichtstun verdammt zu sein. Die Zeit kann verwendet werden, um Schlaf nachzuholen oder wieder einmal in Ruhe ein Buch zu lesen. Man kann den Tag für ein Sonnenbad nutzen, um Postkarten zu schreiben oder für Brettspiele … alles ist möglich, sofern man die bösen Geister nicht reizt! Zweitens: Am Vorabend von Nyepi finden farbenprächtige Feste statt.

Ogoh-Ogoh!

In den Wochen vor Nyepi werden überall auf der Insel riesige kunstvoll gestaltete Monsterfiguren, *ogoh-ogoh* genannt, angefertigt. Da jeder in der Gesellschaft in den Prozess einbezogen ist, herrscht rund um die Uhr ein fieberhaftes Treiben an den jeweiligen Arbeitsorten. Sieht man einen Platz, auf dem ein derartiges Monster zusammengebaut wird, findet sich vor ihm meist auch ein Schild mit der Bitte um finanzielle Unterstützung. Wenn man beispielsweise 50 000 Rp beisteuert, gilt man als ein richtiggehender Sponsor und erwirbt sich große Glaubwürdigkeit.

Am Abend vor Nyepi werden überall auf Bali die bösen Geister mit gigantischen Zeremonien hervorgelockt. Ihr Treffpunkt soll angeblich auf der Hauptstraßenkreuzung des jeweiligen Dorfes sein und daher vollführen die Priester auch eben dort ihre exorzistischen Rituale. Anschließend explodiert die gesamte Insel geradezu in Pseudo-„Anarchie": *Kulkuls* (Trommeln aus ausgehöhlten Baumstämmen) sowie verschiedene andere Schlaginstrumente und Blechbüchsen werden geschlagen und Feuerwerkskörper gezündet. Dabei ruft die Menge: „*megedi megedi!*" („verschwindet!"), um die bösen Geister zu vertreiben. Das große Finale ist gekommen, wenn alle *ogoh-ogoh* in Flammen aufgehen. Sollte irgendeiner der Dämonen dennoch das wilde Treiben überlebt haben, wird er – so heißt es – durch das tödliche Schweigen am nächsten Morgen aus dem Dorf vertrieben.

Aus christlicher Sicht gibt es überraschende Parallelen zur Zeit vor Ostern, insbesondere zum Aschermittwoch und den vorausgehenden ausgelassenen Karnevalstagen.

In den nächsten Jahren sind die Daten für Nyepi: 9. März 2016, 28. März 2017 und 17. März 2018.

zu anderen islamischen Ländern jedoch kennt man keine Geschlechtertrennung, sind Kopfbedeckungen nicht Pflicht und ist auch Polygamie selten anzutreffen. Außerdem gibt es unter den Sasak noch Ahnen- und Geisterverehrung. Eine strengere Version des Islam beginnt sich derzeit im Osten der Insel Lombok zu etablieren.

Wetu Telu

Die vermutlich in Bayan, in Nord-Lombok, entstandene einheimische Religion Wetu Telu ist allein auf Lombok anzutreffen. Heute nur von einer Minderheit der Sasak praktiziert, war sie noch bis 1965 die vorherrschende Glaubensrichtung der Bevölkerung im Norden Lomboks. Dann verfügte der neu gewählte Präsident Suharto, dass alle Indonesier Angehörige einer offiziellen Religionsgemeinschaft zu sein hätten. Einheimische Glaubensrichtungen wie Wetu Telu wurden nicht anerkannt. Die meisten ihrer heutigen Anhänger geben deshalb offiziell vor, Muslime zu sein, während sie in Wahrheit Wetu-Telu-Traditionen folgen und deren Rituale praktizieren. Bayan ist nach wie vor die Wetu-Telu-Hochburg. Dort kann man die Gläubigen an ihrem weißen Stirnband *(sapu puteq)* und ihrem weißen wallenden Gewand erkennen.

Wetu bedeutet „Ergebnis" in Sasak und *telu* heißt „drei" – möglicherweise ein Hinweis auf die Mischung von balinesischem Hinduismus, Islam und Animismus, die diese Religion ausmacht. Sie lehrt, dass eine Trinität alle wichtigen Aspekte des Lebens absichert. Wie die orthodoxen Moslems glauben die Wetu-Telu-Anhänger an Allah und an Mohammed als seinen Propheten. Jedoch beten sie nur dreimal täglich und halten nur drei Fastentage im Ramadan ein. Die Gläubigen beerdigen ihre Toten mit dem Kopf Richtung Mekka, und alle offiziellen Gebäude haben eine nach Mekka ausgerichtete Betnische. Eine Pilgerfahrt dorthin ist jedoch nicht vorgeschrieben. Ähnlich den balinesischen Hinduisten glauben die Wetu-Telu-Anhänger, dass die spirituelle Welt eng mit der materiellen verzahnt ist. Gunung Rinjani gilt als der heiligste Ort für die Gläubigen.

Zeremonien & Rituale

Balinesen nehmen alljährlich an Dutzenden von Zeremonien in Familien-, Dorf- und Distrikttempeln teil – zusätzlich zu den täglich durchzuführenden Ritualen. Die meisten Arbeitgeber erlauben ihren Mitarbeitern, in ihre Dörfer zurückzukehren, um ihren dortigen Verpflichtungen nachzukommen. Diese Feste verschlingen einen beträchtlichen Teil des Verdienstes und viel Zeit. Obwohl viele Chefs dies beklagen, bleibt ihnen nichts anderes übrig, wenn sie keinen Personalstreik riskieren wollen. Für Touristen bedeutet dies einen Glücksfall, auf diese Weise haben sie doch Gelegenheit, diese traditionellen Zeremonien kennenzulernen.

Die Rituale bilden den einheitsstiftenden Mittelpunkt im Leben eines jeden Balinesen, sie sind äußerst unterhaltsam, fördern die Persönlichkeitsentwicklung und den Frohsinn. Jedes Kultfest findet an einem günstigen Datum statt, das ein Priester zuvor bestimmt hat, und wird oftmals begleitet von Banketten, Tanz-, Theater- und Musikdarbietungen. Diese sollen die Götter gnädg stimmen, damit sie auch weiterhin die bösen Kräfte abwehren. Die wichtigsten Kultfeste sind Nyepi, es ist verbunden mit einem der seltenen Tage völliger Ruhepause, und Galungan, ein zehntägiges Zusammensein mit den Ahnengeistern, bei dem der Sieg des Guten über das Böse gefeiert wird.

Wegen ihres Glaubens an das Karma ist nach Vorstellung der Balinesen jeder selbst für sein Unglück verantwortlich, da dies auf ein Zuviel an *adharma* (das Böse) zurückzuführen ist. Dieser Zustand verlangt nach dem Reinigungsritual *ngulapin*, um Vergebung und erneuten spirituellen Schutz von den Göttern zu erbitten. Bei diesem Ritual muss ein Tier

> Bei der balinesischen Zeremonie des Zähneabschleifens bekommt man am Ende ein köstliches *jamu* (Kräuterelixier) aus frisch gepresser Kurkuma, Betelnusssaft, Limettensaft und Honig.

geopfert werden, auch wird es häufig mit einem Hahnenkampf verbunden, um das Verlangen des bösen Geistes nach Blut zu stillen. Kulthandlungen werden auch zur Überwindung von schwarzer Magie vollzogen sowie zur Reinigung von *sebel* (magische Unreinheit), die sich nach einer Geburt oder einem Todesfall einstellt sowie bei Menstruation und Krankheit. Zusätzlich zu allen genannten Zeremonien gibt es im Leben eines jeden Einzelnen 13 wichtige Übergangsrituale. Das aufwendigste und teuerste ist das letzte Übergangsstadium – die Feuerbestattung.

Geburt & Kindheit

Die Balinesen glauben, dass ein Baby die Wiedergeburt eines Vorfahren ist, und ehren es entsprechend. Während der Geburt werden Opfergaben dargebracht, mit denen für das Wohlergehen der Mini-Gottheit gesorgt werden soll. Nach der Geburt werden die Nachgeburt, die Nabelschnur, das Nabelschnurblut und das Fruchtwasser – sie repräsentieren die vier beschützenden spirituellen Brüder des Säuglings – feierlich im Familienanwesen beerdigt.

Neugeborene werden während der ersten drei Monate buchstäblich überall hingetragen, da sie den „unreinen" Boden bis nach dem Reinigungsritual nicht berühren dürfen. Das Baby wird nach 210 Tagen (das erste Jahr nach balinesischer Zeitrechnung) im Ahnentempel gesegnet, und dann gibt es ein aufwendiges Fest. Später verlieren Geburtstage ihre Bedeutung, und viele Balinesen können daher auch nicht genau sagen, wie alt sie eigentlich sind.

Ein Übergangsritus beim Eintritt ins Erwachsenenalter – und Voraussetzung für eine Heirat – ist die Zahnfeil-Zeremonie, die etwa im Alter zwischen 16 und 18 Jahren stattfindet. Ein Priester feilt einen Teil der Oberkieferzähne, die beiden Eckzähne und die Schneidezähne, um diese abzuflachen. Spitze Eckzähne sind schließlich ein bezeichnendes Merkmal von Hunden und bösen Geistern. Die Balinesen behaupten, die Prozedur tue nicht weh, sie vergleichen sie mit dem Essen von sehr kaltem Eis: ein wenig unangenehm, aber nicht schmerzhaft. Diese Zeremonien finden vor allem im Juli und August statt.

Ein weiteres wichtiges Ereignis im Leben von Mädchen ist der Eintritt der ersten Menstruation; aus diesem Anlass findet eine Reinigungszeremonie statt.

Heirat

Durch die Heirat wird der soziale Status einer Person auf Bali bestimmt. Sie macht den Mann automatisch zum Mitglied des *banjar*, einer Nachbarschaftsorganisation. Die Balinesen glauben, dass sie als Volljährige verpflichtet sind, zu heiraten und Kinder in die Welt zu setzen, darunter zumindest einen Sohn. Scheidung ist selten, da die geschiedene Frau dadurch den Kontakt zu ihren Kindern verliert.

Der ehrenwerte Weg zur Heirat, *mapadik*, vollzieht sich durch den Besuch der Familie des Mannes bei der Familie der Frau, um dieser den Heiratsantrag zu unterbreiten. Doch die Balinesen haben auch Sinn für Spaß, und einige bevorzugen daher die Heirat durch *ngrorod* (Entführung oder „Kidnapping"). Wenn dann das Paar ins Dorf zurückkehrt, wird die Heirat offiziell anerkannt, und jeder freut sich, ein tolles Hochzeitsfest feiern zu können.

Zur Hochzeitszeremonie gehören einige komplexe Symbole, die aus der Reisanbaukultur des Landes hergeleitet sind. So trägt der Bräutigam wie ein Bauer Nahrungsmittel auf den Schultern, während die Braut vorgibt, landwirtschaftliche Produkte anzubieten – beides Zeichen für die wirtschaftliche Unabhängigkeit des Paares. Andere Handlungen erklären sich von selbst: So gräbt der Mann ein Loch in die Erde, und die

---

Bei der Touristeninformation von Ubud kann man sich über Feuerbestattungen und andere Zeremonien informieren, die in unregelmäßigen Abständen stattfinden. Gut ist auch die Website www.ubudnowandthen.com.

Frau legt einen fruchtbaren Samen hinein; zuvor hat der Mann seinen Dolch gezogen und eine unversehrte Matte aus Kokosfasern durchbohrt, die der Frau gehört.

Tod & Feuerbestattung

Der Körper ist nach balinesischem Glauben lediglich eine Hülle für die Seele und wird nach dem Tod in einer aufwendigen Zeremonie verbrannt, damit der Sorge um die Seele des Ahnen Genüge getan wird. An ihr nimmt die gesamte Gemeinschaft teil. War der Verstorbene eine hochstehende Persönlichkeit, beispielsweise ein Angehöriger des Adels, kann es sich um ein spektakuläres Ereignis mit Tausenden von Teilnehmern handeln.

Wegen der finanziellen Belastung selbst einer bescheidenen Feuerbestattung (geschätzt etwa 7 Mio. Rp) und der Notwendigkeit, einen glücklichen Tag dafür abzuwarten, werden die Verstorbenen oft – manchmal für Jahre – zunächst beerdigt und später für eine Massenleichenverbrennung wieder exhumiert.

Der Leichnam wird in einem hohen, unglaublich kunstvoll gefertigten Verbrennungsturm aus mehreren Etagen auf den Schultern einer Gruppe von Männern zur Begräbnisstätte transportiert. Die Turmgröße hängt von der Bedeutung des Verstorbenen ab. Bei der Beerdigung eines Brahmanen oder *radja* werden unter Umständen Hunderte von Männern benötigt, um den aus elf Etagen bestehenden Turm bewegen zu können.

GEHEIMNISVOLLER KALENDER

Welchen Wochentag haben wir heute eigentlich? Unter Umständen ist für die Beantwortung dieser Frage sogar ein Priester zu Rate zu ziehen. Der balinesische Kalender ist ein derart komplexes und schwer durchschaubares Dokument, dass er erst vor etwa 60 Jahren der Allgemeinheit zugänglich gemacht wurde. Selbst heute noch benötigen die meisten Balinesen einen Priester oder *adat*-Kundigen (der Kenntnisse des ungeschriebenen Gewohnheitsrechts hat) –, um den besten Tag für jegliche Art von Vorhaben zu ermitteln.

Der Kalender bestimmt das tägliche Leben. Ob Hausbau, Reispflanzung, Feilen der Zähne, Heirat oder Totenverbrennung – nichts wird gelingen, wenn es nicht zur richtigen Zeit stattfindet.

Drei Systeme sind im balinesischen Kalender scheinbar unvereinbar ineinander gefügt (aber da es sich um Bali handelt, ist das reine Spitzfindigkeit): der 365 Tage umfassende Gregorianische Kalender, der 210 Tage zählende Kalender *wuku* (auch Pawukon genannt) sowie der auf zwölf Monate ausgelegte Mondkalender *caka*, der jeden März oder April mit Nyepi beginnt. Darüber hinaus sind bestimmte Kalenderwochen auf die Menschen zugeschnitten, andere auf Tiere oder Bambus, außerdem wird in bestimmten Wochen von einigen Aktivitäten, z. B. Heiraten oder Holz- und Bambusfällen, abgeraten.

Außer dem Datum sind in jedem Kästchen einer Kalenderseite auch der Mondmonat und die Namen der zehn Wochentage verzeichnet sowie die Eigenschaften einer an diesem Tag geborenen Person, basierend auf der balinesischen Astrologie, und schließlich das Symbol für entweder Voll- oder Neumond. Unten auf der Seite werden Glück verheißende Tage für bestimmte Aktivitäten aufgelistet und die Daten der *odalan*-Feste („Tempelgeburtstagsfeste") – das sind farbenprächtige Veranstaltungen, zu denen Gäste herzlich eingeladen sind.

Früher befragte ein Priester den *tika* – ein bemaltes Stoffstück oder ein geschnitztes Holzstück mit dem *wuku*-Zyklus –, auf dem durch kleine geometrische Symbole die Glück verheißenden Tage gekennzeichnet waren. Heute besitzen viele Balinesen ihren eigenen Kalender, aber es ist nicht erstaunlich, dass die Priester immer noch alle Hände voll zu tun haben!

Unterwegs beginnen die Träger, den Leichnam in die Irre zu führen, damit er nicht mehr nach Hause zurückfindet: Er wird als unreine Verbindung zur materiellen Welt angesehen, und die Seele muss aus ihm befreit werden, damit sie in ein höheres Stadium eintreten kann. Die Männer beginnen, den Turm durchzuschütteln, laufen mit ihm im Kreis herum, simulieren kriegerische Handlungen, gießen Wasser auf ihn und gehen allgemein ziemlich grob mit ihm um – alles andere als eine nach westlichen Vorstellungen würdevolle Begräbnisprozession.

Am Verbrennungsplatz angekommen, wird der Leichnam zu einem Sarkophag getragen, dessen Aussehen erkennen lässt, welcher Kaste der Verstorbene angehört. Schließlich geht alles in Flammen auf, und die Asche wird dem Meer übergeben. Nun ist die Seele befreit und kann in den Himmel aufsteigen, um dort auf ihre Reinkarnation – normalerweise als Enkelkind – zu warten. Üblicherweise dürfen rücksichtsvolle Fremde, die sich dem Ereignis angemessen verhalten, bei Kremationen zugegen sein. Es lohnt sich immer, herumzufragen oder sich im Hotel danach zu erkundigen, ob jemand etwas über ein solches Ereignis weiß. Auch die Touristeninformation Ubud ist eine wertvolle Informationshilfe.

Opfergaben

Wo auch immer man sich gerade aufhält, überall lassen sich Frauen beobachten, die ihre alltäglichen Opfergaben darbringen – am Familien-Opferstock im eigenen Haus, in Hotels, Geschäften und an anderen öffentlichen Orten. Es gibt mit Sicherheit auch mit großem Pomp gefeierte Zeremonien zu sehen, bei denen die Dorfgemeinschaft im Festtagsgewand aufmarschiert und die Polizei die Straße wegen einer spektakulären, nicht selten mehrere Hundert Meter langen Prozession absperrt. Die Männer spielen Gamelan-Instrumente, und die Frauen balancieren kunstvoll aufgestapelte Opfergaben aus Früchten auf ihrem Kopf. Diese Zeremonien haben nichts Artifizielles. Tanz- und Musikdarbietungen in Hotels hingegen zählen zu den wenigen Events, die eigens für Touristen „aufgeführt" werden. Aber auch sie spiegeln die Art und Weise wider, wie Balinesen traditionell ihre Besucher willkommen heißen, die sie *tamu* (Gäste) nennen. Andererseits zeigen sie authentisch, wie die Balinesen ihr tägliches Leben ohne Zuschauer bewältigen würden.

Lombok

Auf Lombok bestimmt *adat* (Traditionen, Brauchtum und Verhaltensweisen) alle Aspekte des täglichen Lebens, besonders die Brautwerbung, die Heirat und die Beschneidung. Zur offiziellen Gebetszeit an Freitagabenden schließen die Büros und viele Geschäfte. Viele Frauen, jedoch nicht alle, tragen Kopftücher und nur sehr wenige Schleier. Ein Großteil der weiblichen Bevölkerung ist in der Tourismusbranche beschäftigt. Junge muslimische Frauen aus der Mittelschicht können oftmals ihren Partner selbst wählen. Die Beschneidung der Sasak-Jungen findet zwischen dem sechsten und elften Lebensjahr statt, und im Anschluss an den Festzug durchs Dorf gibt es ein rauschendes Fest.

Wegen des ziemlich großen balinesischen Bevölkerungsanteils auf Lombok kann man bei einem Aufenthalt dort oft auch eine hinduistische Zeremonie miterleben. Auch die Dörfer der islamischen Wetu-Telu-Minderheit, Chinesen und Bugis (Buginesen) sorgen für zusätzliche kulturelle Vielfalt.

Dorfleben

Dorfleben spielt sich nicht nur in ländlichen Gemeinwesen ab. Eigentlich ist jeder Ort auf Bali auf seine Weise ein Dorf. Selbst Kuta mit seinen Neon-Reklamen, seinem Trubel und Nachtleben ist ein Dorf: Die Einhei-

---

BAMBUSPFOSTEN

Große verzierte *penjor* (Bambuspfosten) stehen mitunter vor Häusern oder säumen anlässlich von Festen ganze Straßenzüge, z. B. an Galungan. Die Gebilde sind so vielfältig wie die Künstler selbst, allen gemeinsam ist aber die gebogene Spitze hoch oben, die an den Schwanz des Barong und an die Form des Gunung Agung erinnern soll. Das *sampian*-Dekor ist wunderschön.

mischen kommen zusammen, organisieren, feiern, planen und treffen Entscheidungen – und das überall auf der Insel. Im Mittelpunkt steht der *banjar*, der Dorfrat als kleinste formelle soziale Einheit der balinesischen Gesellschaft.

Ortsrecht auf Balinesisch

Die über 3500 *banjar* unterhalb der Provinzregierung Balis verfügen über eine ungeheure Macht. Der *banjar*, seine Mitglieder sind die verheirateten Männer einer bestimmten Region (ihre Zahl schwankt zwischen 50 und 500), kontrolliert die meisten dörflichen Aktivitäten, sei es die Planung eines Tempelfestes oder eine wichtige Entscheidung im Zusammenhang mit der Landnutzung. Entschieden wird durch Konsens und wehe dem, der sich vor seiner Verantwortung drückt. Dann wird ein Bußgeld oder Schlimmeres verhängt: Ausschluss aus dem *banjar*. In Balis höchst gemeinschaftlich strukturierter Gesellschaft, in der das eigene Dorf den Lebensmittelpunkt und damit die Identität eines Menschen darstellt – aus diesem Grund lautet eine Standardbegrüßung „Wo bist du her?" –, ist ein Ausschluss gleichbedeutend mit der Todesstrafe.

Obwohl auch Frauen und sogar Kinder dem *banjar* angehören können, nehmen nur Männer an den Versammlungen teil, bei denen wichtige Entscheidungen getroffen werden. Frauen, die nicht selten in Touristenregionen ein Gewerbe betreiben, müssen daher über ihre Männer ihren Einfluss geltend machen, wenn Sie möchten, dass eine Entscheidung in ihrem Sinne getroffen wird. Außenstehende einer Dorfgemeinschaft lernen sehr schnell, dass man sich dem *banjar* nicht entgegenstellt: Ganze Straßenzüge mit Restaurants und Bars sind schon auf seine Weisung geschlossen worden. Die Versammlung hatte entschieden, dass die Sorgen der Dorfgemeinschaft hinsichtlich Lärmbelästigung nicht berücksichtigt worden waren.

Reisanbau

Der Reisanbau bildet das Rückgrat der ganz auf die Dorfgemeinschaft ausgerichteten Gesellschaft im ländlichen Bali. Jede Familie baut so viel Reis an, wie sie für ihren eigenen Bedarf und für die Opfergaben benötigt, eventuell noch einen kleinen Überschuss zum Verkauf auf dem Markt. Die populärste Gottheit der Insel ist Dewi Sri, die Göttin der Landwirtschaft, der Fruchtbarkeit und des Erfolgs.

Subak: balinesische Bewässerung

Wegen des komplexen Arbeitsablaufs bei der Bestellung und Bewässerung der Terrassenfelder in gebirgigem Terrain ist es notwendig, dass alle Mitglieder der Dorfgemeinschaft zusammenarbeiten und Verantwortung übernehmen. Nach einem jahrhundertealten System werden die Felder mittels eines Netzwerks aus Kanälen, Dämmen, Bambusrohren und durch Felsen gebohrte Tunnel bewässert. Gespeist wird das System aus den vier Gebirgsseen und den das Land durchziehenden Flüssen. Über 1200 *subak* (Bewässerungsgemeinschaften) wachen demokratisch über die gerechte Wasserzuteilung. Jeder Bauer muss Mitglied seines örtlichen *subak* sein, der wiederum die Basis jedes mächtigen *banjar* darstellt.

Subak ist ein wirklich faszinierendes demokratisches System; 2012 wurde es in die Weltkulturerbeliste aufgenommen.

Allerdings hat sich die Struktur der Zivilgesellschaft Balis durch den Tourismus gewandelt: Aus einer überwiegend homogenen Agrargesellschaft ist eine heterogene Bevölkerungsstruktur erwachsen mit unterschiedlichsten Aktivitäten und Lebensstilen. Doch immer noch bestimmt der Gemeinschaftssinn, der seinen Ursprung im Reisanbau hat, den Verhaltenskodex des täglichen Lebens, selbst in der Stadt.

Hahnenkämpfe sind wegen der damit verbundenen Wetten zwar illegal, gelten aber trotzdem als Lieblingssport der Balinesen. Wer einen Kampf sehen möchte, findet ihn leicht. Ein Indiz sind immer eine große Anzahl von Autos und Mopeds, die am Straßenrand parken, ohne dass die dazu gehörigen Leute zu sehen wären. In Pantai Masceti im Osten von Bali gibt es sogar eine große Arena nur für Hahnenkämpfe.

1. Ogoh-Ogoh **2.** Opfergaben **3.** *Subak*-Bewässerung, Jatiluwih (S. 256) **4.** Eine Feuerbestattung

Top 5: Unvergessliches

Nicht Strände, Tauchgründe oder das Nachtleben machen Bali zu einem einzigartigen Reiseziel – nein, es ist die reiche Kultur, die jeden Aspekt des täglichen Lebens druchdringt. Sogar Vulkane sind auf Bali und Lombok heilige Stätten.

Feuerbestattung
Balinesische Feuerbestattungen (S. 371) sind komplexe Rituale und für jeden Zuschauer ein unvergessliches Erlebnis. Oft werden Verstorbene zunächst in der Erde beigesetzt, bis die Verwandten genügend Geld für eine Einäscherung in den dekorierten Türmen aufgetrieben haben.

Erfolg dank Subak
Einen Schlüssel zur Mentalität der Balinesen liefert das *subak*-System der Bewässerung von Reisfeldern (S. 373). Dank einer ausgeklügelten Anlage fließt das von den Bergen herabströmende Wasser von einem Feld zum nächsten.

Opfergaben
Den ganzen Tag über bringen Frauen Opfergaben (S. 372) zu den etwas mehr als 10 000 Tempeln auf Bali, die sich in ihrer Größe ebenso unterscheiden wie diese Gaben selbst. Opfer können winzig sein, etwa ein paar Blüten auf einem Bananenblatt, aber auch riesige, kunstvolle Arrangements.

Ogoh-Ogoh!
In den Wochen vor Nyepi, dem Tag der Stille (S. 368), tauchen überall auf Bali große Dämonen auf. Die aus Pappmachée gefertigten Figuren sind bis zu 10 m hoch – für ihre Herstellung braucht man Wochen. An Nyepi werden diese „bösen Geister" angezündet und verbrannt.

Heiliger Berg
Die Balinesen haben ihre heiligen Vulkane, und die Sasak auf Lombok verehren den Gunung Rinjani (S. 312). Dieser Vulkan, Indonesiens zweithöchster Berg, nimmt in ihrer Religion einen wichtigen Platz ein. In dieser Religion findet man sogar Elemente des Islam.

Essen & Trinken

Bali ist ein tolles Reiseland, um lecker zu essen. Die einheimische Küche, ob sie nun original balinesisch ist oder sich vom übrigen Indonesien und Asien beeinflusst zeigt, profitiert von der Fülle an frischen, einheimischen Produkten und ist reich an Gewürzen und Aromen. Diese Köstlichkeiten lassen sich in Warungs (Verkaufsständen) am Straßenrand genießen oder auch in Nobelrestaurants; für die kulinarischen Erlebnisse stehen einige der besten Restaurants zur Auswahl, die diese Region zu bieten hat.

Balinesische Küche

Essen, herrliches Essen! Oder sollte es besser mühevolles Essen heißen? Die balinesische Zubereitungsart ist ein sehr zeitaufwendiges Unterfangen, aber es kostet keinerlei Anstrengung, das Ergebnis zu genießen. Dieser Part ist einfach und gehört zum Besten, was das Reisen auf Bali zu bieten hat: Allein schon die Vielseitigkeit und die Qualität der regionalen Küche verheißt den Geschmacksknospen der Besucher ganz neue, ungeahnte Erfahrungen.

Die köstlichen Aromen der balinesischen Küche begegnen einem fast überall. Selbst in einer durchschnittlichen Dorfunterkunft wird jeden Morgen das Essen frisch zubereitet, nachdem sich die Frauen auf dem örtlichen Markt mit allem versorgt haben, was nachts von umliegenden Farmen angeliefert worden ist. Gekocht wird für den ganzen Tag, sorgfältig werden die Kokosnüsse geröstet, bis ihr Duft in die Nase steigt, dann werden Gewürze beigemischt, bis das Ganze eine perfekte *base* (Paste) ergibt. Eventuell wird das frisch duftende Kokosöl zum Braten verwendet. Die Gerichte werden abgedeckt auf einen Tisch gestellt oder in einer Glasvitrine für die Familienmitglieder bereitgestellt, die sich den Tag über davon bedienen.

Sechs Geschmacksrichtungen

Im Vergleich zur Kochkunst auf den anderen indonesischen Inseln ist die balinesische Küche schärfer und anregender und enthält mehr Gänge im Rahmen eines Menüs. Jeder davon ist geprägt von sechs Geschmacksrichtungen: süß, sauer, würzig, salzig, bitter und scharf. Und zwar, um den Appetit anzuregen und die Gesundheit zu fördern und die Sinne zu stimulieren.

Vorherrschend sind in der balinesischen Küche Ingwer, Chili und Kokos, aber auch die beliebte Lichtnuss oder Kemirinuss, die oft verwechselt wird mit der in Australien beheimateten Macadamia-Nuss. Die scharfe Mischung aus frischem Galgant und Kurkuma, ergänzt durch die Hitze der rohen Chilis, die komplexe Süße von Palmzucker, Tamarinden- und Shrimps-Paste und die klaren frischen Aromen von Zitronengras, Calamondin (Mini-Mandarine), Kaffir-Limettenblättern und Koriandersamen sind kennzeichnend für die Speisen.

Auch Einflüsse aus der südindischen, malaiischen und chinesischen Küche spielen dank der jahrhundertelangen Einwanderungen und dem Handel mit den Wegbereitern der Seefahrt eine Rolle. Viele Zutaten wurden eingeführt: der einfache Chili von furchtlosen Portugiesen, die

---

Kochkurse werden immer beliebter und stellen eine super Möglichkeit dar, mehr über balinesisches Essen und die Märkte zu erfahren. Viele Kurse werden von Küchenchefs gehalten, deren Ruf weit über Bali hinausreicht. Empfehlenswert sind Sate Bali in Seminyak, die Bumbu Bali Cooking School in Tanjung Benoa und die Casa Luna Cooking School in Ubud.

allgegenwärtigen Schlangenbohnen und die Kohlart Pak Choy durch die Chinesen und der Reisersatz Cassava von den Holländern. Auf typisch balinesische Art haben die Dorfhäuptlinge die neuen Lebensmittel ausgewählt und die besten und haltbarsten in die balinesische Küche integriert, wo sie an die regionalen Vorlieben und die Kochgewohnheiten angepasst wurden.

Göttlicher Reis

Reis ist aus der Küche von Bali und Lombok nicht wegzudenken, und er wird als ein göttliches Geschenk verehrt, dessen Wachtumsstadien von zahlreichen Ritualen begleitet werden. Reis wird in großzügigen Portionen zu jedem Gericht serviert – Gerichte ohne Reis gelten nur als *jaja* (Snack). Reis ist ein pefektes Trägermedium für all die wohlriechenden, würzigen Speisen, die meist wie Soßen mit kleingeschnittenen Zutaten in Schalen auf den Tisch kommen. Häufig werden sie mit der Hand gegessen. Im Dampf gegarter Reis mit verschiedenen dünngeschnittenen Leckerbissen nennt sich auf Bali *nasi campur* und wird zu allen Tageszeiten angeboten.

Es gibt so viele Varianten von *nasi campur*, wie es Warungs gibt. Ähnlich wie bei westlichen Sandwiches, die mit unterschiedlichen Belägen zubereitet werden können, bieten die jeweiligen Warungs je nach Geldbeutel, Geschmack und Marktangebot ihre eigene Version. Es gibt vier oder fünf typische Gerichte, die als Standard angesehen werden – entwe-

> Ganz egal welcher Größe, jede Ortschaft auf Bali und Lombok hat einen *pasar malam* (Nachtmarkt), auf dem man nach Einbruch der Dunkelheit in Warungs und an Ständen vielerlei frische Köstlichkeiten probieren kann. Der Nachtmarkt von Gianyar ist jedenfalls spitze.

MARKTTREIBEN

Es gibt keinen besseren Ort, um sich mit der balinesischen Küche vertraut zu machen, als die einheimischen Märkte. Für Langschläfer sind sie allerdings nichts. Die günstigste Zeit für einen Besuch ist nämlich so etwa von 6 Uhr bis 7 Uhr morgens. Nach 10 Uhr sind die besten Schnäppchen schon weg, und was übrig ist, vergammelt in der Tropenhitze.

Die Märkte ermöglichen einen Einblick in die Vielfalt der frischen balinesischen Produkte, die oft ein oder zwei Tage nach der Ernte von den Bergen herangeschafft werden, wenn nicht gar noch schneller. Es herrscht ein lebhaftes, buntes Treiben; in Körben türmen sich frisches Obst, Gemüse, Gewürze sowie roter, schwarzer und weißer Reis in zig Sorten. Und dann wären da noch Behälter mit lebenden Hühnern, toten Hühnern, frisch geschlachteten Schweinen, Sardinen, Eiern, bunten Kuchen, vorgefertigten Opfergaben und *base* (Paste) sowie Stände, an denen zum Frühstück *es cendol* (bunte, geeiste Kokosnussdrinks), *bubur* (Reisporridge) oder *nasi campur* (Reis mit Beilagen) verkauft werden. Kühlung gibt es hier keine, deshalb ist alles in kleinen Mengen verpackt; was man sieht, ist für den sofortigen Verkauf gedacht. Die Händler gehen davon aus, dass gefeilscht wird.

Folgende Märkte bieten sich für einen Besuch besonders an:

➡ In Denpasar gibt es auf dem riesigen Pasar Badung (S. 139) alle Esswaren, die auf Bali angebaut werden.

➡ Jimbaran hat einen Morgenmarkt (S. 106) für Obst und Gemüse sowie einen legendären Fischmarkt (S. 106).

➡ Semarapuras Markt (S. 210) beeindruckt mit seiner Fülle den ganzen Tag über.

➡ In Ubud verlocken ein hochwertiger Lebensmittelmarkt (S. 179), der sich hinter Touristentand versteckt, und zweimal wöchentlich ein Biomarkt (S. 179), auf dem einige der kreativsten Händler Balis ihre Waren feilbieten.

➡ Sukawati kann mit einem Markt (S. 200) aufwarten, auf dem allerlei Esswaren, Tempelgaben und Snacks erhältlich sind.

➡ Kerobokan besitzt einen **Obstmarkt** (Karte S. 78; Ecke Jl. Raya Kerobokan & Jl. Gunung Tangkuban Perahu; ◷7–22 Uhr), der alle Vorzüge eines einheimischen Markts mitten im Touristenland vereint.

Die Küche Balis von Heinz von Holzen und Lothar Arsana macht es möglich, so ziemlich jedes Gericht zu zaubern – von *cram cam* (klare Hühnersuppe mit Schalotten) bis *bubuh injin* (schwarzer Reispudding). Von Holzen will demnächst auch ein Buch über die Märkte auf Bali veröffentlichen.

der mit ein bisschen Schweine- oder Hühnchenfleisch (denn Fleisch ist teuer), mit Fisch, Tofu und/oder *tempeh* (fermentiertem Sojakuchen), Ei, verschiedenem Gemüse und knusprigen *krupuk* (aromatische Reiscracker). Rindfleisch kommt selten vor, weil den Balinesen Kühe heilig sind. Alle Zutaten werden rund um den Reis in der Mitte gruppiert, ergänzt wird das Ganze durch das Warung-spezifische *sambal*, eine Paste, bestehend aus Chilis, Knoblauch oder Schalotten und Salz. Normalerweise werden die Gerichte nicht heiß serviert, weil sie schon im Laufe des Vormittags zubereitet werden.

Eine Prise Asien

Wegen der multikulturellen balinesischen Bevölkerung bietet die balinesische Küche auch eine ganze Reihe von indonesischen und asiatischen Gerichten aus allen Ecken des Inselarchipels. Viele davon werden von den Besuchern irrtümlich für balinesisch gehalten, obwohl sie aus anderen asiatischen Regionen stammen, wie zum Beispiel das beliebte *nasi goreng* (gebratener Reis) oder *mie goreng* (gebratene Nudeln); das allgegenwärtige *gado gado* (Gemüse mit Erdnusssoße) stammt ursprünglich aus Java, *rendang sapi* (Rindfleisch-Curry) aus Sumatra. In vielen Restaurants auf Bali und Sumatra werden Padang-Gerichte angeboten, die ebenfalls von der Insel Sumatra stammen. Auf Lombok gibt es etliche chinesische Gerichte.

DIE FREUDEN DES SAMBALS

Heinz von Holzen, Küchenchef und Besitzer des legendären Restaurants Bumbu Bali in Tanjung Benoa und Autor zahlreicher Bücher zur Küche Balis, sagt, dass viele Leute irrtümlich glauben, balinesisches Essen sei scharf. „Das Essen als solches ist normalerweise nicht scharf, sondern nur das Sambal", erklärt Heinz. Und damit ist klar, dass die Balinesen eine gewisse Schärfe zu schätzen wissen und gern einen Klacks feuriges Sambal zu jedem Gericht mögen. Wer Sambal probieren will, sollte sich vorher aber überzeugen, wie scharf es ist, und erst dann zuschlagen. Hat jemand kein Faible für scharfe Speisen, kann er sich an *tanpa*-Sambal (ohne Chilipaste) halten; die meisten finden allerdings *tamba* (mehr) Sambal spannender!

Und noch ein Hinweis zu Sambal: Falls auf Anfrage ein Fläschchen mit einem süßen, schmierigen Fertigprodukt gereicht wird, sollte man um „balinesisches Sambal" bitten. Diese Bitte öffnet weiterer Essvergnügen dann Tür und Tor, denn jeder Koch auf Bali (und Lombok) besitzt sein ganz besonderes Lieblingsrezept zur Zubereitung von Sambal. Wenn man dann auch noch die vielen Sambals hinzunimmt, die aus anderen Regionen Indonesiens übernommen wurden, stehen die Chancen auf eine der folgenden Varianten jedenfalls gut:

Sambal bajak Dieses Sambal aus Java besteht aus einer cremigen Soße auf der Grundlage von Tomaten, die vor zerstoßenen Chilis nur so strotzt, durch Palmzucker und Schalotten gemildert und dann gebraten wird. Weit verbreitet.

Sambal balado Chilis, Schalotten, Knoblauch und Tomaten werden für dieses wahrlich scharfe Sambal in Öl sautiert. Oft wird es an Ort und Stelle frisch aufgebraten.

Sambal matah Ein rohes balinesisches Sambal aus dünn in Scheiben geschnittenen Schalotten, winzigen Chilis, Garnelenpaste und Zitronengras. Himmlisch.

Sambal plecing Eine weitere Sambalvariante aus Lombok, diesmal mit scharfen Chilis in Tomatenpaste, bei der sich die Schärfe langsam ausbreitet.

Sambal taliwang Ein Sambal aus Lombok aus besonderen Pfefferschoten, Knoblauch und Garnelenpaste. Eines der wenigen echten kulinarischen Highlights von der Nachbarinsel Balis.

> **SCHARFES VON LOMBOK**
>
> Die Volksgruppe der Sasak auf Lombok sind überwiegend Muslime, und deshalb kommen die vielen Gerichte mit Schweinefleisch, wie sie auf Bali üblich sind, in ihrem Speiseplan natürlich nicht vor, sehr wohl aber Fisch, Hühnchen, Gemüse und Reis. Die Tatsache, dass *lombok* auf Indonesisch „Chili" bedeutet, macht Sinn, denn die Sasak schätzen besonders die scharfen Speisen; nur ein Beispiel ist *ayam Taliwang* (in Stücke zerteiltes Hühnchen, das auf Kokosschalen gebraten und dann mit einem Tomaten-Chili-Limetten-Dip serviert wird).
>
> *Ares* ist ein Gericht, das mit Chili, Kokossaft und Bananenpalmmark gekocht wird; manchmal wird es mit Hühnchen oder Fleisch vermengt. *Sate pusut* ist eine köstliche Kombination aus Fisch-, Hühnchen- oder Rinderhack, das mit Kokosmilch, Knoblauch, Chili und anderen Gewürzen zubereitet wird; diese Mixtur wird dann um einen Zitronengrasstängel oder um einen Zuckerrohrspieß gewickelt und gegrillt.

Frühstück

Viele Balinesen frühstücken überhaupt nicht – zumindest nicht im westlichen Sinn –, sondern heben sich ihren Appetit für das Mittagessen auf. Einstieg in den Tag ist meist eine Tasse gesüßter schwarzer Kaffee mit einigen süßen *jaja* vom Markt: farbenfrohe Tempelkuchen, klebrige Reiskuchen, in der Schale gekochte Bananen, gebratene Bananen und *kelopon* (Reisbällchen mit süßer Füllung). Beliebt sind frische Früchte einschließlich der Schlangen(haut)frucht, so benannt nach ihrer schuppigen Haut, und der Jackfrucht, die auch mit geschmortem Gemüse ausgesprochen lecker schmeckt.

Cradle of Flavor von James Oseland, dem Herausgeber der Zeitschrift *Saveur*, ist ein Titel zu indonesischer Küche und Kochkunst, bei dem einem nur so das Wasser im Mund zusammenläuft.

Mittag- & Abendessen

Ob zu Hause oder im Warung – zubereitet wird das Essen für den ganzen Tag stets am späten Vormittag, weshalb etwa um 11 Uhr die Mittagessenszeit beginnt, wenn das Essen noch ganz frisch ist. Es ist die Hauptmahlzeit des Tages. Die Reste werden dann zum Abendessen verzehrt oder von Touristen, die spät aufstehen und es nicht zur Mittagessenszeit schaffen, sondern erst, wenn das meiste schon weg ist. Desserts sind selten im Angebot und bestehen meist aus frischen Früchten oder Kokosmilch-Eiscreme.

Das Geheimnis eines leckeren *nasi campur* besteht oft in der individuellen *base* (Paste) des Kochs, die dem Schweinefleisch, dem Hühnchen oder dem Fisch die Würze verleiht, sowie im Sambal, das dem Gericht genau die richtige Schärfe gibt – oder einem fast den Mund verbrennt. Die Liste an Gerichten ist jedenfalls endlos. Zu den beliebtesten einheimischen Speisen gehören *babi kecap* (Schweinefleisch in süßer Sojasoße gedämpft), *ayam goreng* (gebratenes Hühnchen), *urap* (verschiedene gedämpfte Gemüsesorten mit Kokosnuss), *lawar* (Salat aus gehackter Kokosnuss, Knoblauch und Chili mit Schweinefleisch oder Hühnchen und Blut), gebratener Tofu oder Tempeh in süßer Soja- oder Chilisoße, gebratene Erdnüsse, salziger Fisch oder Eier, *perkedel* (frittierte Cornflakes) und verschiedene Satays, die mit Ziegen-, Schweinefleisch- oder Hühnchenstücken zubereitet werden.

Trotz ihres ähnlichen Namens ist die Mangostane nicht mit der Mango verwandt. Es handelt sich um eine Tropenfrucht, die wegen ihres pfirsichartigen Aromas und des weißen Fruchtfleischs in der Mitte beliebt ist und oft auch als „Königin der Früchte" bezeichnet wird.

Wer in einer Privatunterkunft wohnt, wie es in Ubus viele gibt, kann garantiert dabei zuschauen, wie die Familienmitglieder den ganzen Tag über emsig kochen.

Ein Grund zum Feiern

Essen ist auf Bali mehr als Nahrungsaufnahme und Genuss. Wie fast alles auf Bali ist es ein untrennbarer Teil der Alltagsrituale und der Hauptbestandteil der Zeremonien, um die Götter zu ehren. Die Speisekarte ist je nach Anlass unterschiedlich. Am beliebtesten ist *babi guling* (Spanferkel), das bei Übergangszeremonien wie z. B. der Segnung eines Babys im Alter von drei Monaten, der Zahnbehandlung eines Erwachsenen oder bei einer Hochzeit serviert wird.

Babi guling gehört zu den elementaren Bali-Erlebnissen. Ein komplettes Spanferkel wird gefüllt mit Chili, Kurkuma, Ingwer, Galgant, Schalotten, Knoblauch, Koriandersamen und aromatischen Blättern, bepinselt mit Kurkuma und Kokosöl und dann an einem Holzspieß über offenem Feuer gebraten. Stundenlang wird das Spanferkel gedreht, das Fleisch nimmt den Duft der Gewürze und des offenen Feuers auf und das Fleisch erhält einen typischen rauchigen Geschmack in einer knusprigen Kruste. Einfach köstlich.

Wer auf Bali nicht das Glück hat, zu einem Festessen eingeladen zu werden, kann sich *babi guling* auch an Essständen, in Warungs und Cafés auf der ganzen Insel schmecken lassen. Die folgenden Adressen sind jedenfalls empfehlenswert:

➡ Warung Ibu Oka (S. 181) Ubuds touristischer kulinarischer Tempel für zartes Schweinefleisch.

➡ Warung Babi Guling Sanur (S. 129) Die Sensation am Straßenrand beim Strand.

➡ Bali Re (S. 278) Genau das richtige Essen, das man nach einem anstrengenden Tag beim Tauchen vor Pemuteran braucht.

➡ Sari Kembar (S. 93) Ein für sein *babi* hochgelobtes Lokal auf halber Strecke zwischen Kerobokan und Denpasar.

➡ Gianyar Babi Guleng (S. 207) Wer den tollen Nachtmarkt von Gianyar nicht mehr abwarten kann, sollte hier vorbeischauen.

Bebek oder *ayam betutu* (geräucherte Ente oder Hühnchen) ist bei Zeremonien ebenfalls sehr beliebt. Die Vögel werden mit verschiedenen Gewürzen gefüllt, in Kokosrinde und Bananenblätter eingewickelt und schmoren dann den ganzen Tag über in glimmenden Reis- und Kokosschalen. Am besten schmeckt das Ganze in Ubud im Bebek Bengil (S. 183), wo man allerdings vorbestellen muss, um noch einen der begehrten Tische zu ergattern.

Bei Hochzeitszeremonien wird häufig *jukut ares* zubereitet, eine wohlriechende Brühe aus Bananenstängeln, die meistens mit klein geschnittenem Schweine- oder Hühnerfleisch gefüllt werden. *Sate lilit*, das zu besonderen Anlässen zubereitet wird, ist eine wohlriechende Kombination von hochwertigem, geschnittenem Fisch, Hühner- oder Schweinefleisch mit Zitronengras, Galangal (einer Ingwerart), Schalotten, Chili,

---

BALI ISST

Eine umfassende Zusammenstellung von Essensmöglichkeiten auf Bali bietet die Website www.balieats.com. Die Liste an aufgeführten Lokalen ist endlos und immer topaktuell, und viele Restaurants bekommen begeisterte Kritiken.

FASTFOOD AUF BALINESISCH

Am authentischsten ist balinesisches Essen auf dem Gehsteig (wenngleich es in Denpasar auch einige hervorragende Plätze zum Sitzen gibt). Dort wimmelt es von Einheimischen, die sich um einfache Essensstände auf Märkten oder an Dorfstraßen versammeln, aufgestellt von fliegenden Händler namens *pedagang*, die süße und herzhafte Snacks mit ihren Fahrrädern oder Motorrädern plus Verkaufskarren (*kaki-lima*) befördern. Die Kunden schätzen besonders *sate* oder *bakso* (chinesische Fleischbällchen in einer dünnen Brühe). Der Name *kaki-lima* bedeutet „fünfbeinig" – drei Beine für den Karren und zwei für den Fahrer, normalerweise ein Javaner. Man sieht diese fahrenden Verkaufsstände überall, wie sie sich zwischen den Bussen und Trucks auf den viel befahrenen Straßen hindurchschlängeln.

Was die Gesundheit angeht: Frisch zubereitete Speisen von Karren und Ständen sind normalerweise in Ordnung, aber Snacks, die schon eine Weile liegen, sind im besten Fall zweifelhaft oder mit dubiosen Konservierungsstoffen durchsetzt.

EIN ELDORADO FÜR VEGETARIER

Für Vegetarier werden auf Bali Träume wahr. Tofu und Tempeh zählen zu den Grundnahrungsmitteln, und viele beliebte Gerichte der einheimischen Küche sind vegetarisch. Probieren sollte man *nasi sayur* (Reis mit dem Aroma gerösteter Kokosnuss, zu dem Tofu, Tempeh, allerlei Gemüse und manchmal ein Ei gereicht werden), *urap* (eine köstliche Mischung aus mehreren gedünsteten Gemüsen mit geraspelter Kokosnuss und Gewürzen), *gado gado* (Tofu und Tempeh vermischt mit gedünsteten Gemüsen, gekochtem Ei und Erdnusssoße) sowie *sayur hijau* (grüne Blattgemüse, meist *kangkung* – Wasserspinat –, die mit einer Tomaten-Chili-Soße gewürzt sind).

Außerdem wird *nasi campur* auf eine Weise serviert, die es ermöglicht, ohne Probleme um eine Variante ohne Fleisch zu bitten und stattdessen kurz Angebratenes, Salate, Tofu und Tempeh zu genießen. Bei der Bestellung von Currys und Gerichten aus dem Wok wie *cap cay* können die Gäste auf Bali und Lombok in der Regel zwischen Fleisch, Meeresfrüchten und vegetarisch wählen.

In den meisten Restaurants stehen außerdem eine Fülle von vegetarischer Pasta im westlichen Stil und Salate auf der Speisekarte; viele rein vegetarische Lokale sind auch um das Wohl von Veganern bemüht. Seminyak bietet sich für fleischlose Speisen an, während Ubud sich dank seines Yoga- und Gesundheitsethos' in jeder Hinsicht kulinarisch auszeichnet.

Palmzucker, Kaffirlimetten und Kokosmilch. Das Ganze wird aufgespießt und anschließend gegrillt.

Warungs

Der beliebteste Ort zum Essengehen auf Bali und Lombok ist ein Warung, ein traditionelles Straßenlokal. Man trifft in größeren Städten alle paar Meter auf einen Warung, und selbst in kleineren Orten sind sie zahlreich.

Sie sind preiswert und sehr schlicht, man sitzt in gemütlicher Atmosphäre mit fremden Menschen am Tisch, während das Leben an einem vorüberzieht. Das Essen ist frisch zubereitet und jedes Mal anders, oft wird es in Glasvitrinen am Eingang angeboten, wo man sich dann entweder sein eigenes *nasi campur* zusammenstellen oder die Hausspezialität bestellen kann.

Seminyak wie auch vor allem Kerobokan sind mit zahlreichen Warungs gesegnet, die besucherfreundlich sind.

Die folgende Aufstellung besonders guter Warungs bezeichnet nur die Spitze des Eisbergs. Es gibt natürlich noch Unmengen andere – am besten macht man sich einfach auf die Suche nach seinem ganz persönlichen Lieblingswarung.

➡ Warung Satria (S. 137) Ein Klassiker in Denpasar, in dem himmlische Speisen auf den Tisch kommen.

➡ Nasi Ayam Kedewatan (S. 185) Die Adresse schlechthin für *sate lilit* (Satay aus Fisch-, Hühnchen- oder Schweinehack) in einem einfachen Straßenlokal am Rand von Ubud.

➡ Warung Kolega (S. 93) Hier sind dutzendweise hervorragende balinesische Gerichte im Angebot.

➡ Warung Sulawesi (S. 93) Köstliche Gerichte aus dem gesamten Inselreich, die in einem schattigen, familiären Hof serviert werden.

➡ Warung Teges (S. 183) Ein beliebter Ort für sagenhaftes balinesisches Essen, das sowohl die Einheimischen als auch die Touristen lieben, gleich südlich von Ubud gelegen.

Essen auf Balinesisch – oder anders

Beim Essen ist man auf Bali meistens allein, und die Konversation ist begrenzt. Selten isst die Familie gemeinsam. Jeder isst, wenn er gerade Hunger hat.

Balinesen essen mit der rechten Hand, mit der man üblicherweise alle guten Dinge gibt und entgegennimmt. Die linke Hand ist den unangenehmen Dingen vorbehalten. Vor dem Essen wäscht man sich die Hände, selbst wenn man Löffel und Gabel benutzt. Dafür gibt es in Restaurants ein Waschbecken außerhalb der Toiletten.

Wenn man ortsüblich essen möchte, empfiehlt es sich, nach dem Essen die Hände in der Schüssel mit Wasser zu waschen, die auf den Tisch gestellt wird. Sich nach dem Essen die Finger abzulecken wird nicht gern gesehen.

Balinesen sind sehr pingelig in Sachen Benehmen und Kleidung, weshalb man in einem Restaurant nicht halbnackt sitzen sollte, egal wie durchtrainiert man ist und wie viele Piercings oder Tattoos man zu präsentieren hat.

Wenn man mit Balinesen am Esstisch sitzt, ist es eine Form der Höflichkeit, sie einzuladen, selbst wenn ein „Nein" zu erwarten ist oder es gar nichts mehr anzubieten gibt. Falls man in einer balinesischen Familie eingeladen ist, wird man ständig aufgefordert, noch mehr zu essen. Aber man kann einen Nachschlag oder ein Gericht, das man nicht mag, einfach höflich ablehnen.

> **Angesehene einheimische Erzeuger**
>
> **Big Tree Farms** – *Schokolade, Palmzucker*
>
> **FREAK Coffee** – *Kaffee*
>
> **Kopi Bali** – *Kaffee*
>
> **Sari Organik** – *Säfte, Tees*

Getränke

Bier

Biertrinker haben es gut auf Bali, was dem frischen, reinen Lagerbier aus Indonesien geschuldet ist, dem Bintang. Das Bali-Hai-Bier hört sich zwar vielversprechend an, ist es aber nicht.

Wein

Weinliebhaber brauchen auf Bali einen dicken Geldbeutel. Es gibt zwar Top-Weine aus der ganzen Welt, aber sie sind mit hohen Steuersätzen belegt. Selbst mittelklassige australische Weine sind nicht für unter 50 US$ zu haben.

Von den beiden regionalen Herstellern ist Artisan Estate noch der akzeptabelste. Dort umgeht man die Importzölle, indem man zerstampfte Trauben aus Westaustralien bezieht. Hatten Wine aus Nordbali ist etwas für diejenigen, die einen sehr lieblichen Rosé bevorzugen. Auch Two Islands hat hier seine Anhänger.

Regionale Spirituosen

Beim geselligen Zusammensein frönen balinesische Männer hin und wieder dem Arrak (aus Palmsaft, Reismaische oder auch Zuckerrohr destillierter Schnaps), doch generell schauen sie nicht gern tief ins Glas. Hüten sollte man sich vor gepanschtem Arrak *(s. S. 441)*, der selten ist, dafür aber giftig sein kann. Die überwiegend muslimische Bevölkerung von Lombok findet Alkoholkonsum verwerflich.

> Wer mit einem Balinesen Kaffee trinkt, sollte sich nicht wundern, wenn er die oberste Kaffeeschicht auf den Boden kippt. Es handelt sich dabei um ein uraltes Ritual zum Schutz vor bösen Geistern.

Frische Säfte

Nicht-alkoholische Erfrischungsgetränke sind auf Märkten, bei Straßenhändlern, in einigen Warungs und in vielen Cafés erhältlich. Sie schmecken lecker und haben – zumindest farblich – etwas Psychodelisches an sich, und das garantiert ohne Kater! Zu den beliebtesten Getränken auf Bali zählt *cendol*, eine interessante Mischung aus Palmzucker, frischer Kokosmilch, zerstoßenem Eis und verschiedenen beliebigen Aromen und Zutaten.

Kaffee & Tee

Viele westliche Speiselokale servieren neben einheimischen Marken, die zum Teil sehr gut schmecken, auch importierten Kaffee und Tee.

Am teuersten – und überschätztesten – ist der indonesische *kopi luwak*. Diese Kaffeesorte, die pro Tasse an die 200 000 Rp kostet, ist nach dem Fleckenmusang *(luwak)* benannt, einer endemischen Art, die auf Sulawesi, Sumatra und Java beheimatet ist und sich von reifen Kaffeebohnen ernährt. Die Unternehmer sammelten ursprünglich die intakten Bohnen ein, die sich in den Hinterlassenschaften des Fleckenmusangs fanden, um sie zu einem angeblich besonders aromatischen Gebräu zu verarbeiten. Seit das Interesse an Kaffee-*luwak* jedes vernünftige Maß übersteigt, gibt es immer mehr Ärger – von Betrugsvorwürfen bis hin zu nachweislicher Tierquälerei (s. S. 194).

1. Bintang-Bier 2. *Nasi campur* 3. *Babi guling* am Warung Ibu Oka (S. 181), Ubud 4. *Sate* mit verschiedenen Sambals

Top 5: Balinesische Köstlichkeiten

Farbenfroh, aromatisch und würzig – das Essen (und die Getränke) erwecken den Wunsch, Bali bald wieder zu besuchen.

Babi Guling

Was früher ein Gericht für besondere Anlässe war, ist mittlerweile zu einer der Lieblingsspeisen der Balinesen avanciert: *babi guling* (S. 380) – mit Gewürzen gefülltes Spanferkel gibt es an jeder Ecke.

Nasi Campur

Die beliebte Mittagsmahlzeit (S. 377) ist eine Art balinesisches Nationalgericht. In Hunderten Warungs auf der ganzen Insel schnappt man sich einen Teller und sucht sich dann den Reis aus (gelb? weiß? oder rot?) – dann fängt der Spaß an: Es lockt eine Fülle von Fleisch, Meeresfrüchten und vegetarischen Speisen.

Sambal

Von diesem Gewürz (S. 378) existieren so viele Varianten wie von *nasi campur*, und das ist auch gut so, denn es ist in den meisten balinesischen Gerichten für die würzige Schärfe verantwortlich. Die Küchenchefs hüten ihre Sambal-Rezepte wie ihren Augapfel.

Nachtmärkte

Pasar malam (Nachtmärkte) sind beliebt, um nach Einbruch der Dunkelheit auf Bali und Lombok etwas zu essen. Auf den besten Märkten stehen Dutzende Stände, an denen die Mitarbeiter den Kochlöffel schwingen, um vielerlei beliebte Regionalgerichte zuzubereiten. Hier kann man herumflanieren, sich inspirieren lassen und dann probieren.

Bintang

Davon kann jeder Marketingboss bloß träumen: Auf Bali sagt man nicht „Bier", sondern einfach „Bintang". Das Bier, das dieser Marke, die auf allen Trikots prunkt, zum Durchbruch verholfen hat, ist ein frisches, anständiges Lager, das an heißen Tagen erfrischt. Ob es nun eine heiße Party kühlt oder den Sonnenuntergang grundiert – es passt.

Kunst & Kultur

Dank seiner dynamischen Kunstszene ist Bali weit mehr als nur ein tropisches Reiseziel. In der Malerei, Bildhauerei, der Musik und im Tanz steckt jeweils die künstlerische Begabung, die jedem Balinesen zu Eigen ist, ein Erbe der Majapahit-Zeit. Die balinesischen Kunstformen werden jedem Balibesucher noch lange Zeit im Gedächtnis bleiben.

Eine Insel der Künstler

Bedeutsam und geradezu erstaunlich ist der Umstand, dass es trotzdem kein balinesisches Wort für „Kunst" oder „Künstler" gibt. Bis zu jenem Zeitpunkt, als der Touristenstrom auf die Insel einsetzte, dienten Kunstformen ausschließlich religiösen und rituellen Zwecken und waren den Männern vorbehalten.

Bilder und Skulpturen wurden nur geschaffen, um Tempel und Heiligtümer auszuschmücken. Mit Musik, Tanz und Theateraufführungen sollten die Götter unterhalten werden, wenn sie zu bestimmten Anlässen nach Bali zurückkehrten. Balinesischen Künstlern ging es nicht darum, sich voneinander zu unterscheiden oder ihre Persönlichkeit auszudrücken, ihnen war wichtig, der Tradition treu zu bleiben oder auf der Grundlage der Tradition neue Ideen zu entwickeln.

Das änderte sich erst gegen Ende der 1920er-Jahre, als sich ausländische Künstler in Ubud ansiedelten, um erst von den Balinesen zu lernen – und anschließend Kunst zu einem einträglichen Geschäft zu machen. Heute ist Kunst praktisch ein eigener Wirtschaftszweig. Und Ubud gilt unumstritten als *das* balinesische Künstlerzentrum schlechthin. Aus allen Ecken der Welt zieht es Künstler immer noch hierher – seien es japanische Glasbläser, javanische Maler oder europäische Fotografen.

Auf der gesamten Insel wimmelt es förmlich von Galerien und Kunsthandwerksläden; Steinmetzarbeiten, Holzschnitzereien und Bilder sind dort aufgestapelt und verlocken zum Kauf. Manches davon ist schnell aus der Mode und so manches reichlich kitschig oder sogar peinlich vulgär – wer hängt sich schon gern einen 3 m langen Godzilla-Penis ins heimische Wohnzimmer? Man findet aber mit etwas Gespür durchaus auch künstlerisch herausragende Werke.

Auch auf Lombok wird man schnell fündig, zum Beispiel in Sachen Keramik in Dörfern wie Banyumulek.

> Das Kultbuch von Colin McPhee über Tanz und Kultur Balis, *A House in Bali*, war Vorlage für die gleichnamige Oper. Die Musik stammt von Evan Ziporyn, einem Komponisten, der viel Zeit in Ubud verbracht hat.

Tanz
Bali

Es gibt auf Bali mehr als ein Dutzend verschiedener Tänze, alle mit strenger Choreografie und dem Zwang zu äußerster Disziplin. Die meisten der Tänzer haben sich ihre Kunst durch hartes Training mit einem Lehrmeister angeeignet. Eine Bali-Reise wäre mit Sicherheit unvollständig, wenn man nicht mindestens einmal einen dieser Tänze gesehen hätte. Es gibt dabei unterschiedliche Stilrichtungen, vom eher drolligen Barong bis zum anspruchsvollen Legong. Eines ist der balinesische Tanz gewiss nicht: statisch. Die besten Tanzgruppen, wie zum Beispiel Semara Ratih in Ubud, arbeiten ständig an ihrem Repertoire.

Bei jedem Fest gibt es gute Tanzvorstellungen; außergewöhnliche Aufführungen gibt es in Ubudzu sehen. Sie finden in der Regel abends statt und dauern etwa 90 Minuten. Karten kosten rund 80 000 Rp und es stehen acht oder mehr Programme zur Auswahl.

Mit etwas Nachforschen und gutem Timing gelingt es, eine Vorstellung zu finden, die Teil einer Tempelzeremonie ist. Dabei lässt sich die ganze Schönheit des balinesischen Tanz- und Musikerbes erleben, so wie es ursprünglich gedacht war. Die Aufführungen können mehrere Stunden dauern. Es tut gut, sich in die hypnotische Musik und die anmutigen Bewegungen der Tänzer zu vertiefen; interessant ist auch, wie die Zuschauer während der Aufführung mitgehen. In Ubud gibt es auch Kurse für Musik, Theater und Tanz.

In Anbetracht der geringen Aufmerksamkeitsspanne der Touristen bieten viele Hotels ein Potpourri an Tänzen – ein bisschen Kecak, etwas Barong und zur Abrundung noch eine Kleinigkeit Legong. Das sind Minidarbietungen mit wenigen Musikern und Tänzern.

Balinese Dance, Drama and Music: A Guide to the Performing Arts of Bali von I Wayan Dibia und Rucina Ballinger ist ein prächtig illustrierter, sehr empfehlenswerter Führer zu Balis Theater und Musik.

Kecak

Der wegen seiner wirklich atemberaubenden Atmosphäre wahrscheinlich bekannteste Tanz ist der Kecak, bei dem Männer und Jugendliche in konzentrischen Kreisen sitzen und allmählich in Trance geraten, während sie kontinuierlich ihr „chak-a-chak-a-chak" singen, eine Nachahmung der Affenrufe. Das Ganze wird oft „Stimmen-Gamelan" genannt und dient als einzige Begleitung tänzerischer Darbietungen von Szenen

AFFEN & UNGEHEUER

Die härteste Konkurrenz für den Kecak sind die Barong- und Rangda-Tanzdarbietungen für ausländische Besucher. Auch hier geht es wieder um den Kampf zwischen Gut (Barong) und Böse (Rangda).

Der Barong ist ein guter, aber spitzbübischer und liebenswerter Löwenhund mit riesigen Augen und einem großen Maul, das ständig auf- und zuklappt, was für eine gewisse Dramatik sorgt. Er gilt als Schutzpatron der Dörfer, und die Schauspieler sind in Pelzkostüme gekleidet. Der Barong gilt als heilig, weshalb er auch oft bei Prozessionen und Ritualen erscheint.

Gar nicht heilig sind jedoch die Freunde Barongs. Oft sind es Affen, die ihm mit ihren Späßen die Schau stehlen – die Darsteller nutzen die Freiheiten, die ihnen eingeräumt werden, gern und reichlich aus.

Die Hexenkönigin Rangda hingegen ist durch und durch böse. Ihre Macht wurzelt in der Schwarzen Magie und wirkt zerstörerisch. Sie sieht äußerst furchterregend aus – mit langen Fingernägeln, einer heraushängenden Feuerzunge, einer wilden Haarmähne und riesigen Brüsten.

Immer geht es um den Kampf zwischen Rangda und Barong. Dessen Anhänger zücken ihre Dolche, um ihm zu helfen. Durch einen Zauber versetzt die Hexe allerdings Barongs Helfer in Trance, bis sie ihre Dolche gegen sich selbst richten. Doch Barong bricht schließlich diesen Zauber, sodass ihnen nichts geschieht. Das Ganze ist ein prächtiges Spektakel.

Zur Aufführung gehört auch der Auftritt eines Priesters *(pemangku)*, der die Tänzer aus ihrer Trance zurückholt und dabei ein Huhn opfert, um dadurch alle bösen Geister zu vertreiben.

In Ubud gibt es unterschiedliche Varianten des Tanzes, teils gruselig und teils eher komödiantisch.

Barong-Masken sind begehrte Mitbringsel; besonders schöne Exemplare gibt es im Dorf Mas südlich von Ubud.

aus dem *Ramayana,* der Liebesgeschichte zwischen dem Prinzenpaar Rama und Sita.

Die Kecak-Version für Touristen entstand in den 1960er-Jahren. Präsentiert wird sie in Ubud (beim Krama Desa Ubud Kaja singen bis zu 80 halbnackte Männer auf fast hypnotische Weise) und im Pura Luhur Ulu Watu.

Legong

> Frauen bringen oft Gaben in einen Tempel und tanzen dort den Pendet; Augen, Kopf und Hände bewegen sich dabei in spektakulären kontrollierten und koordinierten Bewegungen. Jede kleinste Bewegung des Handgelenks, der Hand, der Finger hat eine bestimmte Bedeutung.

Der durch leuchtende Augen und ruhelose Handbewegungen geprägte Tanz wird von jungen Mädchen aufgeführt. Ihr Talent wird so sehr geschätzt, dass sie noch in hohem Alter als „große Legong" gelten.

Peliatans berühmte Tanzgruppe Gunung Sari, die oft in Ubud auftritt, zeigt ihren Legong Keraton (Palast-Legong). Die Tänzer sind sorgfältig hergerichtet und treten in Gewändern aus Goldbrokat auf. In ihrem Tanz geht es um die Geschichte eines Königs, der ein junges Mädchen entführt, was zu einem Krieg führt, der den König das Leben kostet.

Sanghyang & Kekac-Feuertanz

Diese Tänze sollen böse Geister vom Dorf fernhalten. Sanghyang ist ein göttlicher Geist, der zeitweise einem Trancetänzer innewohnt. Der Sanghyang wird von zwei jungen Mädchen mit geschlossenen Augen, aber in vollkommener Harmonie und in der Art eines Traums getanzt. Männliche und weibliche Chöre bilden einen Hintergrund dazu, bis die zwei Tänzerinnen erschöpft zu Boden sinken. Dann besprengt sie ein *pemagku* mit geweihtem Wasser und holt sie aus der Trance in die Wirklichkeit zurück.

Beim Sanghyang Jaran reitet ein junger Mann in Trance tanzend auf einer Art Steckenpferd um ein Feuer aus Kokosnussschalen. Eine Abwandlung davon ist der Kecak-Feuertanz, der in Ubud fast täglich aufgeführt wird.

Weitere Tänze

Baris ist die männliche Entsprechung zum Legong, nämlich eine Art Kriegstanz. Ein ausgebildeter Baris-Tänzer muss in der Lage sein, die Gedanken und Gefühle eines Kriegers auszudrücken, der sich auf den Kampf vorbereitet und dann auf seinen Gegner trifft: Ritterlichkeit, Stolz, Zorn, Heldentum und schließlich Bedauern.

Beim Topeng-Tanz agieren die Tänzer entsprechend den Masken, die sie tragen. Das erfordert viel Kunstfertigkeit, weil die Tänzer dabei nichts durch Mimik ausdrücken können, sondern ausschließlich durch den Tanz selbst.

Lombok

> Mekar Bhuana (www.balimu sicanddance.com), eine in Denpasar beheimatete Gruppe, hat sich die Bewahrung und Präsentation seltener alter balinesischer Tänze und Gamelanmusik zur Aufgabe gemacht. Die Gruppe sponsert Aufführungen und bietet Unterricht an.

Auf Lombok gibt es eine Reihe einzigartiger Tänze, allerdings werden sie nicht so stark vermarktet wie auf Bali. Aufführungen kann man in einigen Spitzenhotels erleben, außerdem in dem für seine Tanztradition bekannten Ort Lenek . Im Juli gibt es in Senggigi Tanz und *gendang beleq* (große Trommel). Das ist ein dramatischer Kriegstanz, dargeboten von Männern und Jugendlichen im Osten und in der Mitte von Lombok, die eine Reihe ungewöhnlicher Musikinstrumente spielen.

Musik
Bali

Balinesische Musik basiert auf dem Gamelan-Orchester, kurz auch *gong* genannt. Traditionell heißt es *gong gede* und umfasst bis zu 40 Musiker. Ältere Gamelan-Musik namens *selunding* kann man gelegentlich noch in Aga-Dörfern wie Tenganan hören.

Die moderne und beliebte Form eines *gong gede* ist *gong kebyar* mit bis zu 25 unterschiedlichen Instrumenten. Die melodische Musik untermalt oft traditionelle Tänze.

Die vorherrschende Stimme in der balinesischen Musik liefert das xylophonartige *gangsa*. Tempo und Charakter der Musik sind bestimmt von zwei *kendang*-Trommeln. Weitere Instrumente sind die *trompong*-Trommeln, die kleinen *kempli*-Gongs und *cengceng*, Zimbeln für schnellere Passagen. Nicht alle Instrumente erfordern große Fertigkeiten; das Musizieren selbst ist jedenfalls fest in dörflichen Traditionen verankert.

Viele Läden in Südbali und rund um Ubud verkaufen Gongs, Flöten, Bambus-Xylophone und Bambus-Glocken und natürlich CDs.

Lombok

Beim *genggong* auf Lombok wird nur ein Minimum an Instrumenten eingesetzt, darunter eine Bambusflöte, ein *rebab* (gebogene Laute mit zwei Saiten) und Klopfer. Sieben Musiker begleiten ihre Darbietung mit Tanzbewegungen und stilisierten Gesten.

Wayang Kulit

Diese Theaterform ist weit mehr als bloße Unterhaltung. Seit Jahrhunderten erinnert das Schattenspiel im kerzenbeleuchteten Raum eher an den Geist des antiken griechischen Dramas. (Der Begriff „Drama" ist abgeleitet vom Griechischen *dromenon*, einem religiösen Ritual.) Die Aufführungen sind lang und eindringlich – sie können mehr als sechs Stunden dauern, manchmal bis zum Sonnenaufgang.

Ursprünglich bestand der Zweck dieser Theaterform darin, die Ahnen zurück ins Leben zu holen, wobei den bemalten Lederpuppen große Zauberkraft zugeschrieben wurde. Eine fast mystische Figur ist der *dalang*, der Puppenspieler und Erzähler. Er agiert bemerkenswert geschickt und sehr ausdauernd, während er hinter seinem „Bildschirm" sitzt, die Puppen bewegt und seine Geschichten erzählt, oft in mehreren Mundarten.

Die Geschichten gehen hauptsächlich auf hinduistische Epen wie das *Ramayana* und das *Mahabharata* zurück.

> Ein *arja*-Drama ähnelt in vielem dem *wayang-kulit*-Puppentheater: in der melodramatischen Handlung, den Soundeffekten aus dem Hintergrund und dem Figurenpersonal aus eindeutig Guten (den kultivierten *alus*) und Schlechten (den unkultivierten *kras*). Die Aufführungen finden im Freien statt; manchmal wird auf der Bühne ein kleines Haus errichtet und am Höhepunkt der Show abgebrannt.

EINFLUSSREICHE WESTLICHE KÜNSTLER

Außer Arie Smit haben noch mehrere westliche Künstler Anfang und Mitte des 20. Jhs. großen Einfluss auf die balinesische Kunst ausgeübt, und zwar zu einem Zeitpunkt, als diese bereits auszusterben schien.

Walter Spies (1895–1942) Spies, ein deutscher Künstler, kam 1925 erstmals nach Bali und ließ sich 1927 in Ubud nieder. Von dort aus prägte er das bis heute gültige Bild der balinesischen Kunst im Westen.

Rudolf Bonnet (1895–1978) Bonnet, ein holländischer Künstler, der sich auf die menschliche Gestalt und das balinesische Alltagsleben konzentrierte. Viele klassische Bilder mit Marktszenen und Hahnenkämpfen gehen auf ihn zurück.

Miguel Covarrubias (1904–1957) Von dem mexikanischen Künstler stammt das Buch *Island of Bali*, noch immer ein Klassiker über die Insel und ihre Kultur.

Colin McPhee (1900–1965) Von diesem kanadischen Musiker stammt das Buch *A House in Bali*, eines der besten über die Insel. Die Berichte über balinesische Musik und Architektur darin sind amüsant geschrieben. Sein Einsatz für balinesische Musik und Tanz war von großer Bedeutung.

Adrien Jean Le Mayeur de Merpres (1880–1958) Der belgische Künstler kam 1932 nach Bali und hat viel dazu beigetragen, die sinnenfreudige balinesische Kunst zu fördern, oft mit Unterstützung seiner Frau, der Tänzerin Ni Polok. Beiden ist ein oft unterschätztes Museum in Sanur gewidmet.

Zu sehen bekommt man Aufführungen in Ubud (dort abgekürzt auf besuchergerechte zwei Stunden).

Malerei

Die balinesische Malerei ist wohl am stärksten von westlichen Einflüssen und Bedürfnissen beeinflusst. Die traditionelle Malerei orientierte sich an religiösen und mythologischen Motiven und diente der Tempel- und Palastdekoration. Die Farben wurden aus Ruß, Lehm und Schweineknochen hergestellt. In den 1930er-Jahren führten westliche Künstler einen Malstil ein, mit dem man auch Geld verdienen konnte. Um Touristen als Kunden anzusprechen, traten mehr und mehr Motive aus dem Alltagsleben in den Vordergrund, wobei zunehmend moderne Farben und Maltechniken zum Einsatz kamen. Das Ganze verbreitete sich schnell auf der Insel, und erstmals widmeten sich auch Frauen der Malerei.

Folgende Stilrichtungen sind seither zu unterscheiden: der klassische Stil oder Kamasan, so benannt nach dem Ort nahe Semarapura; der Ubud-Stil, der sich seit 1930 unter dem Einfluss von Pita Maha entwickelte; der Batuan-Stil, der zeitgleich in einem nahe gelegenen Ort entstand; der Stil der Young Artists, die 1960 auf den Plan traten, beeinflusst vom holländischen Künstler Arie Smit. Trotz aller Einflüsse ist diese Malerei immer noch unverkennbar balinesisch geblieben.

Wo man Bilder sehen & kaufen kann

Die Zahl der wirklich kreativen balinesischen Maler ist relativ gering, wesentlich größer ist die Zahl der Imitatoren. Die Läden, vor allem in Südbali, sind voll von Gemälden in allen möglichen Stilrichtungen – einige sind ganz gut, einige wenige sogar hervorragend.

Spitzenmuseen wie das Neka Art Museum, das Agung Rai Museum und das Museum Puri Lukisan zeigen die besten Stücke balinesischer Malerei und dokumentieren die europäischen Einflüsse. Malerinnen kann man in der Semiwati Gallery in Ubud bewundern.

In Ubuds Neka Gallery und der Agang Rai Gallery, zwei Verkaufsgalerien, sieht man hochwertige Ausstellungsstücke. Für diese und andere Galerien sollte man für einen Besuch mindestens einen ganzen Nachmittag einplanen.

Klassische Malerei

Es gibt drei Grundtypen der klassischen Malerei: *langse, iders-iders* und Kalender. *Langse* sind große, dekorative Wandbilder für Paläste oder Tempel mit *wayang*-Figuren (die an die Schattenspiele erinnern), Blumen-, Flammen- und Bergmotiven. *Iders-iders* sind Rollbilder, wie man sie in Tempeln aufhängt. Kalenderbilder haben eine ähnliche Funktion wie im Christentum – sie illustrieren wichtige Daten und Festlichkeiten oder sollen in die Zukunft weisen.

Langse-Gemälde haben dazu beigetragen, dem einfachen Volk *adat* (traditionelle Bräuche) zu vermitteln, ähnlich wie dies auch der althergebrachte Tanz und das Puppenspiel taten. Die stilisierten Figuren zeigen Gut und Böse: So werden romantische Gestalten wie Ramayana und Arjuna stets mit kleinen, schmalen Augen und feinen Gesichtszügen dargestellt, während Teufel und Krieger oft große Augen, grobe Gesichtszüge und Bärte besitzen. Die Gemälde erzählen (comic-artig) ganze Geschichten, die oft ihren Ursprung im *Ramayana* oder *Mahabharata* haben. Andere Motive entstammen den Kakawins-Gedichten, oder es handelt sich um böse Geister aus der balinesischen Folklore – zu sehen etwa an der Decke der Kertha Gosa in Semarapura.

Ein guter Ort, klassische Malerei in einem modernen Kontext zu bewundern, ist das Nyoman-Gunarsa-Museum bei Semarapura, das den klassischen Maltechniken gewidmet ist.

Treasures of Bali von Richard Mann ist ein schön illustrierter Führer zu den Museen Balis, zu den großen und den kleinen. Es stellt die Kostbarkeiten vor, die von geführten Touren oft übersehen werden.

Pita Maha

In den 1930-Jahren starb, von einigen Tempel-Aufträgen abgesehen, die alte balinesische Malerei nahezu aus. Doch dann gründeten die europäischen Künstler Rudolf Bonnet und Walter Spies zusammen mit Cokorda Gede Agung Surapati die Pita Maha, wörtlich übersetzt „die große Lebenskraft", um der religiös fundierten balinesischen Malerei eine wirtschaftliche Perspektive zu vermitteln. Ihre „Genossenschaft" umfasste auf dem Höhepunkt des Schaffens mehr als 100 Mitglieder und führte zur Gründung des Museums Puri Lukisan in Ubud, dem ersten der balinesischen Kunst gewidmeten Museum.

Die von Bonnet und Spies inspirierten Neuerungen wirkten revolutionär. Balinesische Künstler wie der verstorbene I Gusti Nyoman Lempad veränderten ihren bisherigen Malstil. Die komplexen Erzählungen wurden durch Einzelszenen ersetzt und romantische Legenden durch Alltagsbilder: Ernte, Märkte, Hahnenkämpfe, Opfergaben in Tempeln oder bei Leichenverbrennungen. So entwickelte sich der Ubud-Stil.

Maler aus Batuan haben noch viele Elemente der klassischen Malerei beibehalten. Sie beschreiben das Alltagsleben in mehreren Szenen, doch alles integriert in einem einzigen Werk – dazu gehörten Marktszenen, Bilder von der Reisernte, vom Tanz und sogar ein Windsurfer.

Auch die Maltechniken haben sich geändert; jahrhundertealte stilisierte Posen sind realistischen Darstellungen gewichen. Das hat damit zu tun, dass die Malerei nicht mehr nur der Tempel- und Palastgestaltung dienen sollte.

In gewisser Hinsicht ist der ursprüngliche balinesische Stil dennoch erhalten geblieben, nur sind die Bilder jetzt vollgepackt mit Details. In einem gemalten balinesischen Wald z. B. wimmelt es von Ästen, Blättern und Tieren aller Art, um die Fläche auszufüllen.

Dieser neue künstlerische Enthusiasmus wurde leider durch den Zweiten Weltkrieg und den Kampf um die Unabhängigkeit Indonesiens

> Eine sorgfältig zusammengestellte Liste von Büchern über Kunst, Kultur, Schriftsteller, Tänzer und Musiker Balis findet sich unter www.ganeshabooksbali.com, der Website der ausgezeichneten Buchhandlung in Ubud (mit Filialen in Kerobokan und Sanur).

BALIS MALER DER GEGENWART

Zahlreiche balinesische Künstler erhalten international Anerkennung für ihre Werke, die oft durch das Thema soziale Gerechtigkeit und das Hinterfragen moderner Werte bestimmt sind. Doch typisch balinesich besitzen die Werke meist einen schlauen Witz und ein Augenzwinkern. Einige interessante Künstler sind:

Nyoman Masriadi In Gianyar geboren, ist Masriadi der Superstar unter Balis gegenwärtigen Künstlern. Seine Arbeiten erzielen Preise von einer Million Dollar an aufwärts. Er ist berühmt für seine scharfe Beobachtung der heutigen indonesischen Gesellschaft und seine absolut modernen Techniken und Motive.

Made Djirna Djirna, der aus dem reichen Touristenort Ubud stammt, besitzt den perfekten Hintergrund für seine Arbeiten, die das Verhältnis zwischen dem zur Schau gestellten Geld und den modernen religiösen Zeremonien Balis kritisieren.

Agung Mangu Putra Dieser Maler aus den üppig grünen Hügeln westlich von Ubud findet seine Inspiration bei jenen Balinesen, an denen der ungleich verteilte Wirtschaftsboom vorbeigeht. Er prangert dessen Auswirkungen auf seine natürliche Welt an.

Wayan Sudarna Putra Er setzt in seinen Werken Satire und Parodie ein, um die Absurditäten des gegenwärtigen indonesischen Lebens und seiner Werte zu verdeutlichen. Er stammt aus Ubud.

Gede Suanda Sayur Seine Arbeiten sind oft dunkel, denn er hinterfragt die Ausbeutung der balinesischen Umwelt. Gemeinsam mit Putra schuf er eine eindrucksvolle Installation in einem Reisfeld bei Ubud, in deren Zentrum riesige weiße Pfähle standen mit der Aufschrift „Nicht zu verkaufen".

unterbrochen und erst durch die sogenannten Jungen Künstler (Young Artists) wiederbelebt.

Die Jungen Künstler

Im Jahr 1956 hielt sich Arie Smit in Penestanan nahe Ubud auf und beobachtete einen elfjährigen Jungen, der im Straßenstaub zeichnete. Smit fragte sich, was der Junge wohl mit einer richtigen Malausrüstung zustandebringen könnte. Der Überlieferung nach stimmte der Vater Smits Idee, den Jungen zu unterrichten, erst zu, nachdem dieser sich bereiterklärte, Geld für jemanden zu zahlen, der an dessen Stelle die Enten der Familien hüten würde.

Weitere „junge Künstler" schlossen sich dem ersten Schüler I Nyoman Cakra an, aber Smit unterrichtete sie nicht im eigentlichen Sinne. Er sorgte nur für Ausrüstung und Begeisterung und konzentrierte sich darauf, echte Talente zu entdecken. Heute ist daraus eine ganze Malschule geworden; das Ergebnis sind farbenfrohen Szenen aus dem ländlichen Alltagsleben, ein wichtiger Bestandteil der neueren balinesischen Malerei, die sich auch an Besucher wendet.

I Nyoman Cakra lebt noch immer in Penestanan und gesteht freimütig ein, dass er alles Smit zu verdanken hat. Weitere bekannte Namen sind I Ketut Tagen, I Nyoman Tjarka und I Nyoman Mujung.

Andere Stilrichtungen

Es gibt durchaus einige Abweichungen vom dominierenden Stil von Ubud und der „Young Artists". Die Darstellung von Wäldern, Blumen, Schmetterlingen, Vögeln und anderen naturalistischen Motiven, bekannt unter dem Begriff Pengosekan, wurde ab 1960 populär. Wahrscheinlich geht dieser Stil auf Henri Rousseau zurück, von dem Walter Spies stark beeinflusst war. Typisch für diese Stilrichtung ist die Darstellung von Unterwasserwelten mit farbenfrohen Fischen, Korallenbänken und Meeresgetier. Irgendwo zwischen dem Pengosekan- und dem Ubud-Stil liegen die Miniatur-Landschaften, die vorwiegend kommerziell orientiert sind.

Die neuen Techniken haben sogar zu neuen Varianten der balinesischen und Hindu-Mythologie geführt. So tauchen mittlerweile vorher kaum bekannte Nymphen aus Volksmärchen und Erzählungen auf, teilweise mit durchaus erotischen Anklängen.

Kunsthandwerk

Bali wirkt wie ein Schaufenster für das Kunsthandwerk aus ganz Indonesien. In besseren Touristenshops werden Puppen und Batikartikel aus Java, Ikatarbeiten aus Sumba, Sumbawa und Flores, Textilien und Holzschnitzereien aus Bali, Lombok und Kalimantan angeboten. Der in balinesischen Haushalten so wichtige Kris (Dolch) stammt meistens ursprünglich aus Java.

Im eher armen Lombok ist das traditionelle Kunsthandwerk meist praktisch orientiert, die Stücke sind aber trotzdem sorgfältig und schön gearbeitet. Bei Sammlern beliebt sind vor allem Webwaren, Korbwaren und Tonwaren aus Lombok.

Textilien & Webarbeiten

Bali

Textilien werden auf Bali und Lombok von Frauen für den Alltagsgebrauch und für Festlichkeiten, aber auch als Geschenke hergestellt. Oft werden sie ein Teil der Mitgift oder dienen bei Leichenverbrennungen, um den Verstorbenen auf dem Weg ins Jenseits zu begleiten.

Am meisten verbreitet auf Bali ist der Sarong, der als Kleidungsstück, Handtuch, Bettlaken oder sonst etwas dient. Die billigen Baumwollstof-

---

COMIC-MAGAZIN

Das Comic-Magazin *Bog Bog* von balinesischen Cartoonzeichnern bietet einen satirischen und humorvollen Einblick in die Kontraste zwischen der modernen und der traditionellen Welt auf Bali. Es ist in Warungs, Buchhandlungen, Supermärkten oder online unter www.bogbogcartoon.com erhältlich.

fe, einfarbig oder bedruckt, werden überall im Alltag getragen, von Urlaubern auch gern am Strand.

Für besondere Anlässe wie Tempelzeremonien tragen Männer und Frauen ein *kamben*, ein um die Brust geschlungenes Tuch namens *songket*. Es ist mit Silber- oder Goldfäden durchwirkt und handgewebt. Eine Variante davon ist *endek*, ähnlich wie *songket*, aber mit vorgefärbten Webfäden.

Die Männer kombinieren das *kamben* mit einem Hemd, die Frauen mit einer *kebaya* (einer langärmeligen Spitzenbluse). Außerdem wird das Ganze komplettiert durch einen Stoffstreifen namens *kain* (auch bekannt als *prada*, sofern ein goldverziertes Blumenmuster hinzukommt). Getragen wird es rund um die Hüften über dem Sarong und wirkt wie eine Art Gürtel.

Gute Einkaufsplätze

Jeder Markt, vor allem in Denpasar, bietet eine gute Auswahl an Textilien. Oft drängen sich mehrere Textilgeschäfte in einer Straße wie etwa in der Jalan Sulawesi gegenüber dem Hauptmarkt in Denpasar und in der Jalan Arjuna in Legian. Threads of Life in Ubud ist eine Fair-Trade-Textilgalerie, die traditionelle balinesische und indonesische Techniken des Handwebens bewahrt. Die Fabriken um Gianyar in Ostbali und um Blahbatuh südöstlich von Ubud verfügen über große Verkaufsräume.

Ganz ausgezeichnete Arbeiten bietet Gusti Ayu Made Mardiani in seiner Werkstatt Jepun Bali (S. 139) im Süden Denpasars.

Batik

Die traditionellen Batik-Sarongs rangieren irgendwo zwischen Baumwoll-Sarong und *kamben* und werden in Zentraljava von Hand hergestellt. Die Prozedur des Färbens übernehmen Balinesen, die auf diese Weise farbenfrohe und gemusterte Gewebe herstellen. Beim Kauf sollte man sich vor unechtem, einfach bedrucktem Batik hüten: Bei diesem

---

OPFERGABEN: VERGÄNGLICHE SCHÖNHEIT

Ausländische Besucher sind auf Bali stets gern gesehene Gäste, aber noch immer sind die wahren Ehrengäste des Landes die Götter, die Ahnen, Geister und Dämonen. Jeden Tag werden ihnen Opfergaben dargebracht, um Achtung und Dankbarkeit zu bekunden oder um einen Dämon zu besänftigen.

Ein Geschenk an ein höheres Wesen muss natürlich attraktiv wirken, weshalb jede Opfergabe als kleines Kunstwerk gestaltet ist. Am häufigsten ist ein „Tablett" aus Palmblättern, nur wenig größer als eine Untertasse und angefüllt mit Blumen, Speisen (vor allem Reis, manchmal auch Ritz-Cracker oder eingewickelte Lollies), Kleingeld und einer *saiban* (Opfergabe für einen Schrein oder Tempel). Diverse rituelle Anlässe erfordern dagegen aufwendigere Opfergaben, etwa farbenprächtige Türme aus Obst und Kuchen namens *baten tegeh* oder komplett zubereitete Tiere wie *babi guling* (Spanferkel).

Einmal den Göttern geopfert, kann eine Opfergabe nicht noch ein zweites Mal dargebracht werden, weshalb jeden Tag immer wieder neue hergestellt werden, meist von Frauen. Kleine Gaben findet man auch auf Märkten, so wie man in einem westlichen Supermarkt einfache Fertiggerichte kaufen kann.

Opfergaben für die Götter werden an erhöhter Stelle abgelegt, jene für Dämonen unten am Boden. Sie sind allgegenwärtig und man tritt häufig hinein (das zu vermeiden ist praktisch unmöglich). Am Bemo Corner in Kuta werden die Gaben zum Beispiel mitten auf der Straße abgelegt und dann von Autos plattgefahren. Und überall auf der Insel gibt es Hunde, die förmlich auf die Opfergaben mit Crackern warten. Doch da die Götter und Dämonen nach allgemeiner Auffassung den Gehalt des Opfers sofort aufsaugen, verwerten die Tiere dann nur noch die leere „Hülle".

KRIS: HEILIGE KLINGEN

Kris sind balinesische Zeremonialdolche mit gekrümmter Klinge und einem juwelengeschmückten Griff; es gibt sie schon seit der Majapahit-Zeit. Ein Kris wird als wichtigstes Familienerbstück von einer Generation zur nächsten weitergereicht und gilt als Zeichen von Ansehen und Ehre. Einem gut gefertigten Kris werden spirituelle Kräfte zugeschrieben; ein so mächtiges magisches Objekt erfordert natürlich auch eine äußerst rücksichtsvolle Behandlung. Viele Besitzer eines Kris waschen die Klingen nur mit Wasser aus dem Fluss Sungai Pakerisan in Ostbali.

Balinesische Männer beurteilen einander nach dem Prinzip „Zeige mir deinen Kris". Es geht dabei um die Klinge, aber auch um die Anzahl der Dolche, ihre Qualität, die Verarbeitung des Handgriffs und Ähnliches. Die Griffe beurteilt man unabhängig von den Klingen. So weit die finanziellen Möglichkeiten es erlauben, bemüht man sich, die eigene Sammlung von Griffen zu vergrößern. Die Kris selbst bleiben heilig; ihr Aufbewahrungsort ist oft umrahmt von Opfergaben. Die Bögen der Klinge, *lok* genannt, tragen unterschiedliche Bedeutungen, je nachdem, welche ungerade Anzahl vorliegt. Drei Bögen bedeuten beispielsweise Leidenschaft. Eine reichhaltige Kris-Sammlung findet sich im Museum Negeri Propinsi Bali in Denpasar.

---

waschen sich nämlich die Farben schnell aus und das Muster liegt oft nur auf einer Seite des Stoffes, im Gegensatz zu echtem, handbemaltem Batik (nach balinesischer Auffassung soll nämlich auch der Körper spüren, was das Auge sieht).

Ikat
Beim Ikat werden entweder die Kettfäden oder die Schussfäden eingefärbt, bevor der Webvorgang beginnt. Das so entstehende Muster ist geometrisch und leicht gewellt. Das Färben verläuft normalerweise nach dem gleichen Schema: Blau- und Grüntöne, Rot und Brauntöne oder Gelb-, Rot- und Orangetöne. In Gianyar in Ostbali gibt es einige Werkstätten, wo man zusehen kann, wie Ikat-Sarongs auf hand- und fußbetriebenen Webstühlen hergestellt werden. Der Vorgang dauert etwa sechs Stunden.

Lombok
Lombok ist bekannt für seine Webarbeiten an Schlaufenwebstühlen, wobei die Technik von den Müttern an die Töchter weitergegeben wird. Abstrakte Blumen- und Tiermotive wie Büffel, Drachen, Krokodile und Schlangen zieren häufig die Textilien. In Cakranegara und Mataram kann man Werkstätten besichtigen, die Web-Ikats an hand- und fußbetriebenen Webstühlen herstellen.

Sukarara und Pringgasela gelten als Zentren für traditionelle Ikats und *songket*. Sarongs, Sasak-Gürtel und Textilien mit farbenfrohen Stickereien gibt es in kleinen Läden zu kaufen.

Schnitzerei
Die Schnitzerei auf Bali hat sich aus den traditionellen Schnitzarbeiten für Türen und Säulen, religiösen Figuren und Theatermasken weiterentwickelt hin zu modernen Formen in den verschiedensten Stilen.

Tegallalang und Jati an der Straße nördlich von Ubud sind bekannte Zentren der Schnitzerei, ebenso die Orte an der Straße von Mas bis Peliatan, doch es gibt mittlerweile in jedem Souvenirladen schöne Stücke. Wer außergewöhnliche Arbeiten sucht oder sich selbst im Schnitzen versuchen möchte, sucht das Atelier von Ida Bagus Anom Suryawan (S. 170) in Mas auf.

Die typische längliche Form der Schnitzerein geht angeblich auf Walter Spies zurück, der einst einem Holzschnitzer ein langes Stück Holz mit dem Auftrag übergeben haben soll, daraus zwei Figuren zu fertigen. Doch der Handwerker mochte das Stück nicht halbieren und schnitzte stattdessen einen großen, schlanken Tänzer.

Andere typische Erzeugnisse sind klassische religiöse Figuren, Tierkarikaturen, menschliche Skelette, Bilderrahmen und „Totempfähle". In Kuta spekuliert man auf Biertrinker, zum Beispiel mit penisförmigen Flaschenöffnern, angeblich das beliebteste balinesische Souvenir.

Gearbeitet wird fast durchgehend mit einheimischen Hölzern, darunter *belalu*, und mit dem Holz von Obstbäumen. Auch Ebenholz aus Sulawesi wird verwendet. Sandelholz mit seinem betörenden Duft ist teuer. Allerdings sollte man sich vor dem Kauf von Fälschungen hüten.

Auf Lombok dient die Holzschnitzerei vorwiegend funktionalen Dingen wie Behältern für Tabak und Gewürze, Betelnussknackern und Messern. Als Material werden dabei Holz, Hirschhorn und Knochen verwendet. Man findet dieses Material auch beim neuesten Trend, der Herstellung von einfachen, lang gezogenen Masken. Zentren sind Cakranegara, Sindu, Labuapi und Senanti.

Holzschnitzereien verlieren schnell Feuchtigkeit, wenn sie in trockenere Regionen gebracht werden. Um ein Einschrumpfen (etwa des heiß geliebten Penis-Flaschenöffners ...) zu vermeiden, sollte man die Stücke in einer Plastiktüte aufbewahren und pro Monat eine Woche lang Luft hineinlassen, das Ganze etwa vier Monate lang.

Masken, die bei Theater- und Tanzaufführungen verwendet werden, erfordern eine besondere Technik. Der Maskenmeister muss genau wissen, welche Tanzschritte die Tänzer ausführen werden. Diesen Masken werden magische Fähigkeiten zugeschrieben. Andere Masken, wie die von Barong und Rangda, sind bunt bemalt und mit echtem Menschenhaar, übergroßen Zähnen und weit aufgerissenen Augen versehen.

Puaya bei Sukawati, südlich von Ubud, ist ein Zentrum der Maskenschnitzerei. Dort besteht die Möglichkeit, Werkstätten zu besuchen und dem Entstehen von vielerlei zeremonieller Kunst beizuwohnen. Das Negeri Propinsi Bali in Denpasar besitzt eine umfangreiche Maskensammlung, in der Interessenten sich vor einem Kauf mit den verschiedenen Stilen vertraut machen können.

Die gemeinnützige Lontar Foundation (www.lontar.org) setzt sich dafür ein, dass indonesische Bücher ins Englische übersetzt werden, damit Universitäten in aller Welt Seminare zur indonesischen Literatur anbieten können.

Bildhauerei

Traditionellerweise wurden Steinskulpturen als Tempelschmuck angefertigt, heute sind sie beliebte Souvenirs. In Tempeln kann man an bestimmten Plätzen Steinmetzarbeiten bewundern, „Türsteher" wie z. B. Arjuna gehören einfach dazu. Über den Eingang hängt oft ein Bildnis von Kala, der furchterregend blickt und seine Hände ausstreckt, um böse Geister zu fangen. Die Seitenwände von *pura dalem* (Tempel der Toten) schildern die Schrecken, die Sünder im Jenseits erwarten.

Zu Balis ältesten Steinmetzarbeiten zählen Darstellungen von Menschen, die in Goa Gajah, der sogenannten Elefantengrotte aus dem 11. Jh., vor einem riesigen Ungeheuer fliehen. Entlang der Straße durch Muncan in Ostbali erblickt man Straßenwerkstätten, wo im Freien große Tempeldekorstücke aus Stein hergestellt werden.

In Batubulan wird mit einem Vulkangestein namens *paras* gearbeitet. Es ist so weich, dass man es mit dem Fingernagel einritzen kann. (Der Legende nach soll der Riese Kebo Iwa auf diese Weise die Elefantengrotte geschaffen haben.)

Töpferei

In Pejaten in der Nähe von Tabanan gibt es eine Reihe von Werkstätten, die Keramik herstellen, Figuren etwa oder glasierte Dachziegel. Bei

Jenggala Keramik in Jimbaran findet man attraktive moderne glasierte Keramikarbeiten.

Keramiktöpfe werden auf Lombok schon seit Jahrhunderten hergestellt. Die Gefäße werden von Hand geformt, anschließend mit Asche eingerieben und dann in einen einfachen Brennofen gesteckt, der mit trockenen Reiszweigen befeuert wird, und dort gebrannt. Die Töpfe werden dann aus dekorativen Gründen oft mit Schilfrohr umwickelt. Ein neueres Dekor erkennt man beispielsweise an den leuchtenden Farben und raffinierten Ornamenten. Heute kann man im Dorf Penujak im südlichen Lombok in der Nähe des Flughafens sehen, wie diese *gerabah*-Arbeiten geschaffen werden.

Schmuck

Silber- und Goldschmiede gehören traditionell der *pande*-Kaste an, zu der auch Hufschmiede und andere Metallarbeiter zählen. Bali ist ein wichtiger Produzent von Modeschmuck; hier werden Variationen von gegenwärtig modischen Designs hergestellt.

Sehr feine Filigranarbeiten sind eine balinesische Spezialität, ebenso der Gebrauch kleiner Silberstückchen als Muster oder dekorative Struktur – Letzteres gilt als sehr schwierige Technik, den die Temperatur muss genau richtig sein, um den feinen Silberdraht oder die kleinen Silberstückchen mit dem silbernen Untergrund zu verbinden, ohne diesen zu beschädigen. Balinesische Arbeiten sind fast immer handgemacht, nur selten wird etwas gegossen.

Der Expat John Hardy schuf ein Imperium im Wert von Hunderten von Millionen Dollar, indem er die alten balinesischen Silberarbeiten mit seinen eigenen innovativen Kreationen kombinierte. Dann verkaufte er seine Firma und begann Bambushäuser zu bauen. In Ubud, vor allem in der oberen Jalan Hanoman gibt es zahlreiche Läden mit kreativem Silberschmuck.

397

1. In Ikat-Technik doppelt gewebter Stoff 2. Steinerner Drache
3. Kecak-Tanz 4. Barongmaske, Garuda Wisnu Kencana Cultural Park (S. 110)

Top 5: Kunsterfahrungen

Für eine so kleine Insel wie Bali gibt es hier viel Kunst und Kultur. Das Spektrum reicht vom Kunsthandwerk bis zu streng choreographierten Tanzdarbietungen.

Ikat

Wer eine Ikat-Fabrik besucht, wird vom Klappern der hölzernen Webstühle halb wahnsinnig, oder er wird begeistert sein. Das Ergebnis der Arbeiten finden aber alle großartig. Auf traditionelle Weise gefärbte Fäden werden hier von Hand zu schönen Ornamenten verwoben (S. 394).

Legong-Tanz

Die Bewegungsabläufe talentierter Legong-Tänzer (S. 388) wirken roboterhaft und streng kontrolliert. Junge Mädchen und Frauen in dicht bestickter und goldverzierter Kleidung tanzen nach strikten Regeln: mit präzisen Bewegungen der Augen und fast aller Muskeln.

Kecak

Wer einem Kecak (S. 387) beiwohnt, den verlässt der Eindruck so bald nicht mehr. Wenn Dutzende Männer mehr als eine Stunde lang singen, wirkt das geradezu hypnotisch, und die Zuschauer können in die gleiche Trance geraten wie die Ausführenden. Die Klänge sind rhythmisch und wirken auf magische Weise.

Barong & Rangda

Mit ihren Masken in leuchtenden Farben kann man die Barongs (S. 387) in einer Aufführung kaum übersehen – und dann tragen sie ja auch noch eine auffällige zottelige Kostümierung. Barongs repräsentieren das Gute, sie klappern mit ihren hölzernen Mündern und sind eifrig bemüht, ihrem bösen Gegenspieler Rangda die Schau zu stehlen.

Bildhauerei

Bildhauer arbeiten mit dem Vulkangestein ihrer Insel und erschaffen damit Figuren, die schnell altern; so gleicht ein neuer Tempel schon bald einem altehrwürdigen Baudenkmal (S. 395).

Architektur

Design ist ein Teil von Balis geistigem Erbe und bestimmt das Aussehen traditioneller Häuser, Tempel und sogar moderner Bauten wie etwa Resorts. Der Stil Balis ist zeitlos, egal ob jahrhundertealt oder in Form einer hippen neuen Villa. Und auf Bali stehen weltberühmte Beispiele für Bauten aus erneuerbaren Materialien wie Bambus.

Architektur & Leben

Architektur bringt die Lebenden und die Toten zusammen, sie ist auch Ausdruck der Verehrung der Götter und soll zudem vor bösen Geistern schützen, außerdem natürlich auch vor sintflutartigen Regenfällen: Die balinesische Baukunst verbindet das Spirituelle mit dem Funktionalen und das Mystische mit dem Schönen. In ihr steckt eine ganz eigene lebendige Kraft.

Die Menschen auf der Insel sind durch tief verwurzelte religiöse und kulturelle Rituale gebunden und deshalb ist das oberste Gebot für jede Konstruktion, dass die Ahnen und Dorfgötter positiv gestimmt werden müssen. Das bedeutet, dass für den Dorftempel jeweils der heiligste Ort (im Nordosten gelegen) einer Gemeinde gewählt werden muss und in jedem Gehöft der gleiche Platz für den Familientempel. Man muss in dem Bauwerk eine ausgeglichene, angenehme Atmosphäre schaffen, um dadurch zu erreichen, dass die Götter zu den Festen gerne immer wiedernach Bali zurückkehren.

Ein balinesisches Gehöft strahlt Schönheit, Harmonie, uralte Weisheit und Funktionalität aus, doch der Gedanke an Wertsteigerungen spielt dabei überhaupt keine Rolle. Zwar verkauft eine wachsende Zahl von Reisbauern das Land ihrer Vorväter an Ausländer, die dort Villenviertel errichten, aber das Grundstück, auf dem ihr Wohnhaus steht, bleibt stets ihr Eigentum.

> In den verschiedenen Open-Air-*bale* (Pavillons) in Familienanlagen werden Besucher empfangen. In der Regel gibt es zunächst eine Stunde oder länger Getränke, kleine Kuchen und freundliche Gespräche, bevor der eigentliche Zweck des Besuches besprochen wird.

Die Bewahrung der kosmischen Ordnung

Ob es sich um ein Dorf handelt, einen Tempel, ein Familiengehöft, ein Einzelgebäude oder auch nur ein Gebäudeteil, alle müssen der balinesischen Vorstellung von der kosmischen Ordnung entsprechen.

Der gesamte Kosmos ist auf Bali eingeteilt in drei Welten: *swah* (die Welt der Götter), *bhwah* (die Welt der Menschen) und *bhur* (die Welt der Dämonen). Dieser Ordnungsvorstellung entspricht die Dreiteilung des Menschen: *utama* (der Kopf), *madia* (der Körper) und *nista* (die Beine). Die Abmessungen in einem traditionellen balinesischen Bauwerk werden dabei von den Körpermaßen des Familienoberhaupts abgeleitet, um die Harmonie zwischen dem Gebäude und seinen Bewohnern zu gewährleisten.

Für die Planung ist üblicherweise ein *undagi* verantwortlich, eine Mischung aus Architekt und Priester. Die Harmonie zwischen Gott, Mensch und Natur muss entsprechend der Grundidee des *Tri Hita Karana* bewahrt werden. Wenn etwas nicht stimmt, wird die Harmonie des Universums gestört und über die Gemeinschaft werden Unglück und Krankheiten hereinbrechen.

> Das Tor zu einem traditionellen balinesischen Haus ist der Ort, wo die Familie Hinweise auf ihren Reichtum gibt. Das reicht von einem Reetdach auf einem einfachen Stein- oder Lehmtor bis hin zu ziemlich großen Bauwerken aus Backsteinen, die mit verzierten Steinen und einem Ziegeldach geschmückt sind.

EIN TYPISCHES FAMILIENGEHÖFT

Die folgenden Elemente gehören alle zu einem Familiengehöft. Es gibt zwar Varianten, aber die Anlagen sind einander erstaunlich ähnlich, vor allem wenn man bedenkt, dass Tausende davon überall auf Bali stehen.

Sanggah oder Merajan Der Familientempel, der immer in der bergwärts-östlichen *(kaja-kangin)* Ecke des Hofes steht. Dort befinden sich die Schreine für die hinduistische „Trinität", die Götter Brahma, Shiva und Vishnu, und für *taksu*, den Mittler zwischen Menschen und Göttern.

Umah Meten Schlafpavillon des Familienoberhaupts.

Tugu Schrein für den Gott der bösen Geister am äußersten Ende der bergwärts-westlichen *(kaja-kuah)* Ecke. Wenn der mächtigste böse Geist das Haus bewacht, werden die anderen sich fernhalten.

Pengijeng Kleiner Schrein in der Mitte der Freifläche. Er ist dem Geist geweiht, der das Anwesen beschützt.

Bale Tiang Sanga Pavillon für die Gäste, auch *bale duah* genannt. Genau genommen ist dies der Raum für die Familie. Er dient als Ort, wo man zusammenkommt oder als Arbeitsplatz; eventuell wohnen hier vorübergehend die jüngeren Söhne und ihre Familien, bevor sie einen eigenen Hausstand gründen.

Natah Innenhof mit schattigen Frangipani- oder Hibiskusbäumen. Hier picken normalerweise immer ein paar Hühner nach Körnern und ein oder zwei Kampfhähne sitzen in einem Korb.

Bale Sakenam oder Bale Dangin Pavillon zum Arbeiten oder Schlafen, der auch für wichtige Familienzeremonien genutzt wird.

Obstbäume & Kokospalmen Sie haben praktischen und dekorativen Nutzen. Obstbäume und blühende Bäume, z. B. Hibiskus, werden oft gemischt, und an den Ästen hängen Käfige mit Singvögeln.

Gemüsegarten Kleiner Garten, meist für ein paar Gewürze, z. B. Zitronengras, das nicht auf großen Beeten gezogen wird.

Bale Sakepat Schlafpavillon für die Kinder; eher die Ausnahme.

Paon Die Küche liegt immer im Süden, weil die Richtung mit Brahma, dem Gott des Feuers, assoziiert wird.

Lumbung Reisspeicher; auch die Wohnstätte von Dewi Sri, der Reisgöttin. Er steht erhöht, um Ungeziefer vom Reis fernzuhalten.

Dreschplatz für den Reis Wichtig für die Bauern, um den Reis zum Kochen oder zur Lagerung vorzubereiten.

Aling Aling Schutzmauer, die die Besucher zwingt, nach rechts oder links zu gehen. Sie schützt vor Blicken der Passanten und hält Dämonen fern. Die Balinesen glauben, dass diese nicht um Ecken gehen können.

Candi Kurung Tor mit einem Dach, das einem in zwei Hälften geteilten Berg oder Turm ähnelt.

Apit Lawang oder Pelinggah Schreine am Tor, wo regelmäßig Opfergaben abgelegt werden, damit das Tor ständig Schutz vor bösen Geistern bietet.

Schweinestall oder Abfallgrube Liegt immer in der *kangin-kelod*-Ecke (Sonnenaufgang, vom Berg abgewendet). Hier landet der gesamte Abfall.

Bale als Grundform eines Gebäudes

Der *bale* ist die Grundform eines Gebäudes in der balinesischen Architektur. Es ist ein rechteckiger, nach den Seiten hin offener Pavillon mit einem steilen Strohdach. Zu einem Familiengehöft ebenso wie zu einem Tempel gehören mehrere einzelne *bale* für unterschiedliche Zwecke, die zusammen von einer hohen Mauer umgeben sind. Größe und Abmessungen der *bale*, die Zahl der Säulen und die Lage innerhalb des Gehöfts richten sich sowohl nach der Tradition als auch nach der Kastenzugehörigkeit des Besitzers.

Das Zentrum der Gemeinde ist ein großer Pavillon, der *bale banjar*, der für viele Aktivitäten genutzt wird, u. a. für Versammlungen, Beratungen und als Übungsraum des Gamelan-Orchesters. Große, moderne Gebäude, z. B. Restaurants oder Empfangsgebäude einer Ferienanlage, sind häufig einem solchen *bale* nachempfunden. Sie sind luftig, großzügig und sehr harmonisch in den Proportionen.

> Seit der Zeit der Holländer sind strapazierfähige Terrakotta-Ziegel das traditionelle Material zum Dachdecken. Reet oder Bambus wird nur noch für die traditionellsten oder zeremonielle Bauten verwendet.

Das Familiengehöft

Das balinesische Haus ist nach innen ausgerichtet, von außen ist nur eine hohe Mauer zu sehen. Im Innenhof befinden sich ein Garten und jeweils ein Pavillon oder *bale* für verschiedene Zwecke. Einer dient als Küche, einer als Waschraum und Toilette und andere als separate „Schlafzimmer". Bei dem milden tropischen Klima leben die Menschen im Freien. Daher sind „Wohnzimmer" und „Esszimmer" eine Veranda, die auf den Garten hinausgeht. Der ganze Komplex ist entsprechend der *Kaja-kelod*-Achse (bergwärts-meerwärts) ausgerichtet.

Häuser von Kopf bis ...

In Analogie zum menschlichen Körper haben viele Gehöfte einen Kopf (der Familientempel mit dem Schrein der Ahnen), Arme (Wohn- und Schlafbereich), Beine und Füße (Küche und Reisspeicher) und sogar einen Anus (Müllgrube oder Schweinestall). Manchmal gehört noch ein Bereich außerhalb des Gehöfts dazu, wo Obstbäume stehen oder ein Schwein gehalten wird.

Es gibt mehrere typische Varianten eines Familiengehöfts. Zum Beispiel liegt der Eingang meist in Richtung *kuah* (Sonnenuntergang) und seltener in Richtung *kelod* (meerwärts, vom Berg abgekehrt), allerdings nie in Richtung *kangin* (Sonnenaufgang) oder *kaja* (in Bergrichtung).

Traditionelle Häuser stehen überall auf der Insel, aber Ubud ist besonders gut geeignet, um sie sich genauer anzuschauen. Es gibt hier viele solcher Anlagen in nicht allzu großer Entfernung voneinander und oft kann man dort auch wohnen. Außerdem hat man südlich von Ubud die Chance, an einem Rundgang durch das Gehöft Nyoman Suaka in Singapadu teilzunehmen.

Tempel

In jedem Dorf auf Bali stehen mehrere Tempel und zu jedem Gehöft gehört mindestens ein einfacher Haustempel. Das balinesische Wort für Tempel ist *pura;* es stammt aus dem Sanskrit. Übersetzt bedeutet es „ummauerter Raum". Ebenso wie ein balinesisches Gehöft ist auch ein Tempel von einer Mauer umgeben. Die Schreine auf den Reisfeldern oder an magischen Orten, z. B. unter alten Bäumen, sind daher keine richtigen Tempel. An Kreuzungen stehen oft einfache Schreine oder Throne, um die Vorbeigehenden zu schützen.

> Unzählige Open-Air-Schnitzwerkstätten, die Statuen und Schmuck für Tempel und Schreine schaffen, sind ein Highlight an der Straße zwischen Muncan und Sealt in Ostbali.

Alle Tempel sind an der Berg-Meer-Linie ausgerichtet, nicht von Norden nach Süden. In Bergrichtung, *kaja*, am Ende des Tempels befinden sich die heiligsten Schreine. Der Tempeleingang liegt zur Meerseite, *kelod*. Weil *kangin* heiliger ist als *kuah*, stehen weitere Schreine oft auf der *kangin*-Seite. Mit *kaja* kann die Seite zum Gebirge hin gemeint sein, das sich von Osten nach Westen über die Insel zieht, oder aber ein bestimmter Berg. Der Pura Besakih in Ostbali z. B. ist direkt zum Gunung Agung ausgerichtet.

TYPISCHE ELEMENTE EINES TEMPELS

Jeder Tempel auf Bali ist sozusagen ein Unikat. Die Unterschiede in Stil, Größe, Bedeutung, Ausstattung, Zweck und vielen anderen Dingen führen zu einer schier endlosen Vielfalt. Dennoch gibt es übereinstimmende Themen und Elemente.

Mit Hilfe dieser Hinweise kann man bei einem Tempelbesuch prüfen, welche Elemente tatsächlich vorhanden sind.

Candi Bentar Der üppig verzierte Tempeleingang wirkt wie ein in der Mitte gespaltenes und auseinander geschobenes Tor. Es steht symbolisch für den Eintritt in das Allerheiligste und kann sehr prächtig geschmückt sein. Die zusätzlichen Eingänge werden vor allem im Alltag benutzt.

Kulkul-Turm Der Turm, von dem aus wichtige Ereignisse angekündigt werden oder vor drohenden Gefahren gewarnt wird. Dies geschieht mit einer Art Trommel aus gespaltenem Holz (*kulkul*).

Bale Ein meist an den Seiten offener Pavillon zur vorübergehenden Nutzung oder Lagerung von Gegenständen. Dazu zählen möglicherweise ein *bale gong*, wo das Gamelan-Orchester bei Festen aufspielt, die *paon* oder improvisierte Küche, um Opfergaben vorzubereiten, oder die *wantilan* als Bühne für Tänze oder auch für das Abhalten von Hahnenkämpfen.

Kori Agung oder Paduraksa Das Tor zum Innenhof ist ein aufwendig verzierter Steinturm. Der Eingang führt über Stufen durch ein Tor in der Mitte des Turms, das während eines Festes offen steht.

Raksa oder Dwarapala Statuen dieser düsteren Wächterfiguren beschützen den Eingang und halten böse Geister fern. Über der Tür droht das mindestens ebenso schreckliche Antlitz von Bhoma mit einer ausgestreckten Hand zur Abwehr aller unerwünschten Geister.

Aling Aling Die niedrige Mauer hinter dem Eingang dient dazu, böse Geister zurückzuhalten, die nicht um Ecken gehen können. (Auch üblich in Familiengehöften.)

Seitentor (Betelan) Meist betritt man den Innenhof (außer während einer Zeremonie) durch dieses Tor, das immer offen steht.

Kleine Schreine (Gedong) Zu den Schreinen gehören diejenigen für Ngrurah Alit und Ngrurah Gede, die bei der Durchführung eines Festes und der Zusammenstellung der Opfergaben helfen.

Padmasana Der Lotosthron für den Sonnengott Surya, der meist an der günstigsten Stelle – im Osten Richtung Berge und Sonnenaufgang – steht. Er ruht auf *badawang* (der weltentragenden Schildkröte), um die sich zwei *naga* (schlangenartige Kreaturen) winden.

Meru Ein Schrein mit mehreren Dächern. Der höchsten balinesischen Gottheit, Sanghyang Widi, ist meist ein *meru* mit elf Dächern geweiht und ein *meru* mit drei Dächern dem heiligen Berg Gunung Agung. Allerdings kann ein *meru* jede dazwischen liegende Anzahl von Dächern aufweisen, abhängig vom Rang der jeweiligen Gottheit. Das schwarze Dach besteht aus den Wedeln der Zuckerpalme und ist sehr teuer.

Kleine Schreine (Gedong) Auf der *kaja*-Seite des Tempelhofs. Dazu gehören ein Schrein für den heiligen Berg Gunung Batur, ein Maospahit-Schrein zu Ehren der ersten hinduistischen Siedler (Majapahit) und ein Schrein für *taksu*, der als Mittler zu den Göttern fungiert. (Ein Tänzer oder Medium in Trance kann die Wünsche der Götter weitergeben.)

Bale Piasan Offene Pavillons, wo die Opfer für den Tempel ausgelegt werden.

Gedong Pesimpangan Ein Steingebäude zu Ehren des Dorfgründers oder einer lokalen Gottheit.

Paruman oder Pepelik Offener Pavillon im Innenhof, von dem aus die Götter einem Tempelfest zuschauen können.

Tempeltypen

In den meisten Dörfern findet man drei grundlegende Tempeltypen. Der wichtigste, der *pura puseh* (Tempel des Ursprungs), steht an dem zum Berg hin gelegenen Ende und ist dem Begründer des Dorfes geweiht. In der Dorfmitte befindet sich der *pura desa* für die vielen Geister, die die Gemeinde im Alltag schützen sollen. Zum Meer hin liegt der *pura dalem* (Tempel der Toten) und daneben der Friedhof.

Im *pura dalem* gibt es viele unterschiedliche Darstellungen von Durga, der sehr furchteinflößenden Seite von Shivas Frau Parvati. Die

---

BESONDERS SEHENSWERTE TEMPEL

Es gibt mehr als 10 000 Tempel überall auf Bali, auf Klippen, an Stränden oder auf Vulkanen. Oft ist die Lage besonders schön. Für ausländische Gäste lohnt sich besonders der Besuch der folgenden Tempel.

Nationaltempel

Einige Tempel sind so bedeutend, dass man sie als Eigentum der ganzen Insel betrachtet und nicht einer bestimmten Gemeinde zuordnet. Das sind die neun *kahyangan jagat* oder Nationaltempel, darunter auch diese:

Pura Luhur Batukau (S. 257) Einer der bedeutendsten Tempel in wunderschöner Lage auf den nebeligen Hängen des Gunung Batukau.

Pura Luhur Ulu Watu (S. 114) Ein wichtiger und häufig besuchter Tempel mit herrlichem Blick auf den Indischen Ozean. Hier leben viele Affen und bei Sonnenuntergang werden Tänze aufgeführt.

Pura Goa Lawah (S. 217) Der Tempel auf den Klippen ist Balis ganz spezielle Fledermaushöhle. Hier leben Scharen der geflügelten Kleinsäuger.

Meerestempel

Nirartha, der legendäre Priester des 16. Jhs., veranlasste den Bau einer Reihe von Tempeln zu Ehren der Meeresgötter. Jeder sollte in Sichtweite des nächsten stehen und manchmal ist deren Lage an der Südküste spektakulär. Hierzu gehören auch diese beiden Tempel:

Pura Rambut Siwi (S. 289) In einem rauen Landstrich an der Westküste gelegen und nicht weit von der Stelle, wo Nirartha im 16. Jh. das Land betrat. In einem Schrein sollen sich einige Haarlocken von ihm befinden.

Pura Tanah Lot (S. 284) Bei Tagesanbruch ein heiliger und stiller Ort, bei Sonnenuntergang verwandelt er sich in einen Anziehungspunkt für Touristen.

Andere wichtige Tempel

Einige Tempel verdanken ihre besondere Bedeutung der Lage, ihrer religiösen Funktion oder der Architektur. Für Besucher sind diese Tempel sehr interessant:

Pura Maduwe Karang (S. 265) Der Tempel an der Nordküste ist der Landwirtschaft gewidmet. Er ist berühmt für seine lebendigen Flachreliefs, u. a. mit einer Darstellung des vermutlich ersten Fahrradfahrers auf Bali.

Pura Pusering Jagat (S. 192) Einer der berühmtesten Tempel in Pejeng bei Ubud aus dem 14. Jh., als hier ein blühendes Reich bestand. Dazu gehört eine riesige Trommel aus Bronze aus dieser Zeit.

Pura Taman Ayun (S. 284) Der riesige, imposante Tempel war ein Prunkstück des Mengwi-Reiches. Er wurde schon für die Unesco-Liste des Weltkulturerbes nominiert.

Pura Tirta Empul (S. 196) Bei dem schönen Tempel in Tampaksiring wurden schon im Jahr 962 n. Chr. heilige Quellen entdeckt. Hier gibt es Badebecken an der Quelle des Flusses Pakerisan.

Götter Shiva und Parvati haben beide jeweils sowohl eine schöpferische als auch eine zerstörerische Seite, und der *pura dalem* ist ihrer destruktiven Macht geweiht.

Zu den anderen Tempeln gehören auch solche, die den Geistern des Bewässerungsfeldbaus gewidmet sind. Weil der Reisanbau so wichtig ist auf Bali und weil so viel Aufwand und Sorgfalt notwendig sind, um die Bewässerung zu organisieren, können die *pura subak* oder *pura ulun suwi* (Tempel der Reisbauerngenossenschaft) sehr bedeutsam sein. Manche Tempel sind dem Ackerbau und der Reisfeldwirtschaft insgesamt gewidmet.

Neben diesen örtlichen Tempeln gibt es noch einige wenige Tempel von herausragender Bedeutung. Ein Königreich besaß häufig drei solcher Tempel, die in der Rangordnung ganz oben stehen: einen Staatstempel im Zentrum des Reiches (z. B. Pura Taman Ayun in Mengwi, Westbali; S. 284), einen Bergtempel (z. B. Pura Besakih, Ostbali; S. 214) und einen Meerestempel (z. B. Pura Luhur Ulu Watu, Südbali; S. 114).

Jedes Haus auf Bali besitzt seinen eigenen kleinen Tempel mit mindestens fünf Schreinen, der immer im Osten, zum Berg hin, steht.

Tempelschmuck

Der Zweck eines Tempels und seine Ausschmückung sind auf Bali eng miteinander verknüpft. Ein Tempeltor wird nicht einfach errichtet, sondern es ist bis ins Detail als Relief ausgearbeitet und zum Schutz mit einer nach oben abnehmenden Zahl von dämonischen Gesichtern versehen. Dazu kommen noch mehrere steinerne Wächterstatuen, ohne die ein Tor nicht vollständig wäre.

Im Innern ist die Ausschmückung recht unterschiedlich. Manchmal findet man nur wenig Schmuck und man hofft, dass neue Skulpturen hinzugefügt werden können, sobald wieder mehr Geld zur Verfügung steht. Die Skulpturen können aber auch schon nach wenigen Jahren wieder verwittert sein, weil der Stein oft weich ist und dem tropischen Klima nicht lange standhält. (So ist es durchaus möglich, dass man einen jahrhundertealten Tempel bestaunt, an dem jedoch kein Teil älter als zehn Jahre ist!) Die Skulpturen werden dann restauriert oder ersetzt, wenn die Mittel es zulassen. Deshalb findet man häufig Tempel mit alten, kaum noch erkennbaren Figuren und Reliefs neben ganz neuen Steinmetzarbeiten.

Bei Singaraja in Nordbali stehen einige sehr aufwendig geschmückte Tempel. Weil der Sandstein an der Nordküste weich und leicht zu bearbeiten ist, sind die heimischen Bildhauer recht frei in der Umsetzung ihrer Fantasien. Darum wurden hier an manchen Tempeln wunderbar skurrile Szenen in Stein gemeißelt.

Die Skulpturen stehen in balinesischen Tempeln oft an traditionell festgelegten Plätzen. Die Türwächter, Darstellungen sagenhafter Gestalten, z. B. Arjuna oder andere mächtige Schutzgestalten, stehen zu beiden Seiten des Eingangs. Über dem Haupteingang blickt beispielsweise häufig Kalas monströse Fratze herab und oft greifen auch noch beide Hände neben das Gesicht, um böse Geister abzuwehren, die sich hereinschleichen wollen.

Auch an anderen Stellen tauchen immer wieder ganz bestimmte Skulpturen auf. An der Vorderseite eines *pura dalem* sieht man oft die Hexe Rangda, und andere Reliefs illustrieren die Schrecken, die einem Übeltäter nach dem Tode drohen.

Tempelbau

Im Allgemeinen ähneln sich die Tempelbauten in Nord- und Südbali, doch es gibt einige wichtige Unterschiede. Im Innenhof der Tempel im

> Oft findet man einen holzgeschnitzten *garuda*, den Vogel, der den Gott Vishnu trägt, an den überraschendsten Stellen – hoch oben an Dachsparren, am Fuß von Säulen, nahezu überall.

DIE MACHT DES BAMBUS

Auf Bali gab es immer natürliche Kathedralen aus Bambus. In den dichten Tropenwäldern des Ostens und Westens neigen sich die hochaufragenden Stängel aufeinander zu, dass einem das Herz aufgeht. Heute verwendet man Bambus, eines der wichtigsten erneuerbaren Materialien der Welt, um großartige, sehr inspirierte Bauten zu schaffen, deren sanft geschwungene Formen einfach hinreißend sind.

Großen Anteil an der gegenwärtigen Bambus-Revolution hat der berühmte Juwelier John Hardy, der 2007 beim revolutionären Bau der bedeutenden Green School (S. 197) südwestlich von Ubud Bambus verwendete. Die Menschen warfen einen Blick auf die berühmte fantasievolle Brücke und fühlten sich inspiriert. Seither wird in ganz Bali wieder mehr Bambus verwendet und es gibt einige schöne Beispiele für Bambus-Architektur, die weit über die klischeehaften Hütten von *Gilligan's Insel* hinausgehen. Dazu zählen:

Fivelements (S. 197) Ein neues Kurzentrum in der Nähe der Green School.

Power of Now Oasis (S. 126) Ein faszinierendes Yoga-Studio am Strand in Sanur.

Hai Bar & Grill (S. 147) Eine Strandbar auf Nusa Lembongan.

Sardine (S. 94) Das hoch gelobte Restaurant im eigenen Reisfeld in Kerobokan.

Pearl Beach Lounge (S. 336) Eine Luxus-Location am Strand von Gili Trawangan.

Big Tree Farms (S. 196) Ein großer Tempel der Schokolade in der Nähe der Green School.

> **PALMENHÖHE**
>
> Die Vorschrift, dass kein Gebäude höher als eine Kokospalme sein soll, geht auf die 1960er-Jahre zurück, als das zehnstöckige Bali Beach Hotel für große Aufregung sorgte. Doch die rasch steigenden Preise für Land und die nachlässige Kontrolle der Vorschrift führen dazu, dass diese „Regel" immer öfter missachtet wird.

Süden stehen meist eine Reihe von *meru* (Schreine mit mehreren Ebenen) und einige andere Objekte, während im Norden alles auf einem einzigen Podest steht. Dort gibt es „Häuser", die die Götter bei ihrem Besuch benutzen können und wo auch religiöse Objekte aufgehoben werden.

Ursprünglich waren balinesische Skulpturen und Malereien ausschließlich zur Ausschmückung der Tempel gedacht. Mittlerweile ist daraus eine eigene Gestaltungsform geworden, die das Aussehen von Bauten auf der gesamten Insel beeinflusst. Gleichzeitig ist die Kunst, Tempel und Schreine zu errichten, so lebendig wie eh und je. Pro Monat kommen mehr als 500 neue in allen Größen dazu.

Die Tempelgestaltung ist durch traditionelle Regeln festgelegt. In einem Tempelhof stehen mehrere unterschiedlich große *gedong* (Schreine) aus massiven Ziegeln und Stein, die üppig mit gemeißelten Figuren und Reliefs verziert sind.

Die Entstehung des balinesischen Stils

Der Tourismus hat die balinesische Architektur auf unerwartete Weise populär gemacht. Es scheint, als ob jeder Besucher ein Stückchen von der Insel mit nach Hause nehmen möchte.

Die Geschäfte an der Umgehungsstraße Ngurah Rai (der Hauptstraße in Südbali vom Flughafen nach Sanur) produzieren jede Menge vorgefertigter, in Einzelteile zerlegter *bale*, die per Schiff in weit entfernte Länder geschickt werden. Die Möbelwerkstätten in Denpasar und die Kunsthandwerker in den Dörfern bei Ubud arbeiten mit Volldampf an kunsthandwerklichen Gegenständen für den heimischen und ausländischen Markt.

Die Begeisterung begann bereits in den frühen 1970er-Jahren, als der australische Künstler Donald Friend eine Partnerschaft mit Wija Waroruntu aus Manado einging, der ein Jahrzehnt zuvor den Tandjung Sari an der Küste von Sanur erbaut hatte. Die Vorgabe, Alternativen zu mehrstöckigen Hotels im traditionellen dörflichen Stil zu konstruieren, brachte zwei begabte Architekten zusammen, den Australier Peter Muller und den inzwischen verstorbenen Geoffrey Bawa aus Sri Lanka. Beide gingen von der traditionellen Baukunst aus und näherten sie westlichen Vorstellungen von Luxus an.

Schon nach kurzer Zeit war „Bali Style" ein Markenzeichen geworden. Es steht für Mullers und Bawas einfühlsamen, zurückhaltenden architektonischen Ansatz, der der Kultur höheren Wert beimisst als modischen Ideen. Traditionelle Grundsätze und heimische Handwerker, regionale, wiederverwertbare Materialien und uralte Techniken stehen im Mittelpunkt. Die Entstehung eines Massenmarktes hat allerdings zwangsläufig dazu geführt, dass der Stil heute weniger streng und verbindlich aufgefasst wird.

Moderne Hotelarchitektur

Seit Jahrhunderten spielen fremde Eindringlinge, etwa der Priester Nirartha, immer wieder eine bedeutende Rolle in den Mythen und Legenden Balis. Heute sind es eher die ausländischen Gäste, die die heitere Gelassenheit der balinesischen Kosmologie und deren problemlose Umsetzung in traditionelle Architektur beeinflussen. Auch wenn die Besucher mit ihrem vielen Geld das Glaubenssystem nicht grundsätzlich verändern, das Erscheinungsbild des Landes wird ein anderes.

Die meisten Hotels auf Bali und Lombok sind rein funktionale Anlagen oder Imitationen traditioneller Konstruktionen. Einige der feinsten Hotels auf der Insel streben jedoch nach mehr. Hier ein paar Beispiele, grob geordnet nach dem Zeitpunkt der Fertigstellung:

Tandjung Sari (S. 126) In Sanur gelegen, ist es der klassische Prototyp für Wija Waworuntus balinesisches Boutique-Strandhotel.
Amandari (S. 178) Das Hauptwerk des Architekten Peter Muller, der auch die beiden Oberois entwarf. Es liegt bei Ubud. Durch die Einbindung traditioneller balinesischer Materialien, Handwerks- und Bautechniken ebenso wie durch balinesische Design-Prinzipien respektiert er die Kultur der Insel.
Oberoi (S. 83) Das allererste Luxushotel, in Seminyak gelegen, bleibt Mullers noch immer gültige entspannte Vision eines balinesischen Dorfes. Die *bale agung* (Versammlungshalle des Dorfes) und die *bale banjar* bilden die Grundlage für die Gemeinschaftsbereiche.
Oberoi Lombok (S. 307) Sowohl das luxuriöseste als auch das am stärksten traditionell geprägte Hotel auf Lombok.
Amankila (S. 222) In Ostbali präsentiert sich das Amankila inmitten eines sorgfältig gestalteten Gartens mit Lotusteichen und schwimmenden Pavillons, der sich an einen steilen Hang schmiegt.
Hotel Tugu Bali (S. 100) In Canggu wird demonstriert, wie die typischen Materialien Balis rasch altern und einen „hübschen Verfall" erleben.
Four Seasons Resort (S. 178) Ein überwältigendes Beispiel luftiger Architektur bei Ubud mit einem riesigen ellipsenförmigen Lotusteich, dessen Basis wie eine romantische Ruine in einem spektakulären Flusstal wirkt.
Alila Villas Uluwatu (S. 117) Im tiefen Süden Balis präsentiert das Alila einen kunstvollen zeitgenössischen Stil, der so leicht und luftig er ist, doch ein Gefühl von großem Luxus vermittelt. Inmitten hoteleigener Reisfelder hat man hier Prinzipien ökologischen Bauens sehr ernst genommen.

Architektur auf Lombok

Traditionelle Gesetze und Gewohnheiten bestimmen die Architektur von Lombok. Mit dem Bau muss an einem günstigen Tag begonnen werden, das heißt immer an einem ungeraden Tag, und das Gerüst muss am gleichen Tag fertiggestellt werden. Es brächte nämlich Unglück, einen Teil dieser Arbeit einen Tag später fortzusetzen.

Ein traditionelles Sasak-Dorf besitzt eine Ummauerung. Es gibt drei Gebäudetypen: *beruga* (offener Pavillon), *bale tani* (Haus der Familie) und *lumbung* (Reisspeicher). *Beruga* und *bale tani* sind immer recht-

---

Wer in einem Hotel eincheckt, das im Stil einer *lumbung* (Reisscheune) gebaut ist, muss beachten, dass in traditionellen Reisscheunen der oberste Stock trocken und heiß sein soll.

eckig, mit niedrigen Wänden und einem steilen, strohgedeckten Dach, allerdings ist der *beruga* viel größer. Ein *bale tani* besteht aus Bambus und ruht auf einem Fundament aus festgetretenem Lehm. Fenster sind selten und die Anordnung der Zimmer ist weitgehend gleich. Auf der Vorderseite befindet sich eine *serambi* (offene Veranda), und im Innern liegen zwei Zimmer auf zwei verschiedenen Ebenen, eines, wo gekocht wird und Gäste bewirtet werden, und ein zweites als Schlafzimmer und Speicher. Es gibt einige sehr malerische Sasak-Dörfer in Rembitan und Sadebei Kuta.

Natur & Umwelt

Bali und Lombok besitzen reiche und vielfältige Naturräume, ganz im Gegensatz zu ihrer geringen Größe. Vulkane, Strände und Riffe sind nur die auffälligsten Charakteristika. In diesen Naturräumen gibt es eine Vielzahl von Lebewesen, von den Enten im Reisfeld bis hin zu einem der seltensten Vögel der Welt. Mit den Rekordtouristenzahlen kommen natürlich auch zahlreiche Bedrohungen für die einzigartige Umwelt der Inseln, doch die Besucher können viel dazu beitragen, die negativen Auswirkungen zu verringern.

Geografie

Bali ist eine kleine Insel inmitten des indonesischen Archipels. Sie liegt unmittelbar östlich des extrem dicht besiedelten Java und westlich von Nusa Tenggara, einer Gruppe kleinerer Inseln, zu denen auch Lombok gehört.

Die Insel bietet beeindruckende Landschaften, denn eine Kette aktiver Vulkane – mehrere davon sind um die 2000 m hoch – durchzieht die Insel in Längsrichtung. Die landwirtschaftlichen Nutzflächen liegen südlich und nördlich der zentralen Berge. Da im leicht hügeligen Süden mehr Platz ist, wird hier der größte Teil der üppigen Reisernte eingebracht. Der schmale Küstenstreifen im Norden geht schnell in die Ausläufer der zentralen Bergkette über. Zwar fällt hier weniger Regen, das Land wird dennoch intensiv genutzt: zum Anbau von Kaffee, Kokosnüssen und Reis sowie zur Viehzucht.

Zu Bali gehören auch einige trockene, dünn besiedelte Gebiete, darunter die Bergregion im Westen und die östlichen und nordöstlichen Hänge des Gunung Agung.

Die Insel Nusa Penida ist karg – ein intensiver Reisanbau ist hier nicht möglich. Ähnlich karg zeigt sich auch die Halbinsel Bukit, wegen des zunehmenden Tourismus leben hier inzwischen jedoch relativ viele Menschen.

> Das Indonesian Ecotourism Centre (www.indecon.or.id) widmet sich dem verantwortungsvollen Tourismus; Bali Fokus (http://balifokus.asia) wirbt für nachhaltige Gemeindeprogramme auf Bali, für Recycling und Wiedergebrauch.

Vulkane

Bali ist ein vulkanisch aktives Gebiet, seine vulkanischen Böden sind äußerst fruchtbar: Dank der hohen Berge fällt zudem verlässlich viel Niederschlag, der für eine ausreichende Bewässerung des komplexen und wunderschönen Flickenteppichs aus Reisfeldern sorgt.

Unbestritten sind die Vulkane aber auch eine Gefahr: Auf Bali hat es in der Vergangenheit, beispielsweise im Jahr 1963, schwere Eruptionen gegeben, die sich sehr wohl jederzeit wiederholen können. Der 3142 m hohe Gunung Agung, der „Mutterberg", ist auf seiner Südseite dicht bewaldet und kann bestiegen werden. Das gilt auch für den mit 1717 m vergleichsweise kleinen Nachbarvulkan Gunung Batur, der einen spektakulären Anblick bietet: Der aktive, Dampf ausspuckende Vulkan ragt hoch über das Ufer eines Sees, der selbst in einem riesigen Krater liegt.

Der Gunung Rinjani auf Lombok ist mit 3726 m der zweithöchste Vulkan Indonesiens. In seinem riesigen Krater liegt der aquamarinblaue Danau Segara Anak, dessen Anblick jeden in Staunen versetzt.

UMWELTBEWUSST REISEN

Umweltbewusst zu reisen bedeutet auch für Bali und Lombok, dass man dazu beitragen sollte, die Eingriffe in die Natur zu minimieren. Das ist nicht ganz leicht, aber hier ein paar hilfreiche Tipps:

Auf den Wasserverbrauch achten. Wer in den Reisanbaugebieten unterwegs ist, könnte meinen, dass Wasser auf Bali kein Problem sei. Aber der Bedarf ist höher als die vorhandenen Ressourcen. Es ist sinnvoll, das Angebot von Hotels anzunehmen, die viel Geld – nein, natürlich viel Wasser – sparen wollen, indem die Wäsche und die Handtücher nicht täglich gewechselt und gewaschen werden. Ganz im Ernst: Das senkt den Wasserverbrauch erheblich! Auch in einem Spitzenhotel kommt man gut ohne ein privates Planschbecken aus und vielleicht sogar ganz ohne Pool (auf den aber kaum ein Hotel verzichten will).

Nicht zur Flasche greifen. Die Aqua-Flaschen (so heißt die auf Bali gängige Marke, die zum Nahrungsmittelkonzern Danone gehört) sind praktisch, führen aber zu unglaublichen Müllmengen. Jährlich werden Unmengen dieser Flaschen weggeworfen, die zu einem ernsthaften Umweltproblem geworden sind. Trotzdem wäre es natürlich auch nicht klug, Leitungswasser zu trinken. Am besten bittet man im Hotel darum, die Flaschen aus den riesigen hauseigenen Containern mit Trinkwasser auffüllen zu dürfen. Wenn im Hotelzimmer kein Wasser in wiederverwendbaren Glasgefäßen steht, sollte man darauf hinweisen.

Im Pondok Pecak Library & Learning Centre (S. 189) in Ubud füllen Mitarbeiter gerne Wasserflaschen auf und wissen auch, in welchen Geschäften das außerdem noch möglich ist. Am besten fragt man danach, denn dieser Service wird immer häufiger angeboten. Im Restaurant kann man um *air putih* bitten und bekommt dann ein Glas Wasser aus einem großen Aqua-Krug. Und schon wieder wurden durch diese kleinen Maßnahmen ein paar Plastikflaschen gespart ...

Kein Golf spielen. In den Golfresorts wird das niemand gut finden, aber sei's drum. Zwei Golfplätze auf der an sich schon trockenen Halbinsel Bukit sind aus Umweltgründen einfach untragbar.

Umweltbewusste Geschäfte und Hotels unterstützen. Die Zahl der umweltbewussten Betriebe auf Bali und Lombok steigt derzeit recht schnell. In diesem Reiseführer sind Betriebe, die wirklich etwas für die Umwelt tun, mit einem Symbol für umweltbewusstes Reisen versehen (🍃).

Energie sparen. An einem extrem heißen Nachmittag wird sicher jeder von sich aus mit den eigenen Energien haushalten, das Gleiche sollte aber auch für die Kühlung des Zimmers gelten. Klimaanlagen sind ein großer Energiefresser in einem bereits stark überlasteten System. Ein Großteil des Stroms auf Bali kommt aus Java; der Rest wird in einer dröhnenden, qualmenden Anlage unweit des Hafens von Benoa erzeugt. Häufig reicht es, in Ubud nachts die Fenster zu öffnen, die kühle Luft aus den Bergen und dazu noch die Symphonie der Geräusche rund um die Reisfelder ins Zimmer hereinzulassen.

Auf ein Auto verzichten. Der Verkehr auf Bali ist ziemlich schlimm. Da macht es wenig Sinn, noch ein Mietauto beizusteuern. Vielleicht ist das Ziel ebenso gut mit einem Touristenbus zu erreichen? Vielleicht macht ein Ausflug zu Fuß mehr Spaß als eine Autofahrt zu einem überlaufenen Touristenort? In Kuta und Seminyak kommt man am Strand schnell und entspannt voran – oft sogar schneller als mit dem Taxi. Auch das Radfahren wird immer beliebter, ein Mietrad gibt es schon für 3 US$.

Weg mit den Tüten. Der Gouverneur von Bali versucht, die Abschaffung von Plastiktüten durchzusetzen. Unterstützung wäre da sehr hilfreich; bei der Gelegenheit sollte man auch gleich noch auf Plastikstrohhalme verzichten.

Tiere in Ruhe lassen. Boykottieren sollte man das Schwimmen mit Delfinen in Gefangenschaft, Ritte auf Elefanten und Attraktionen, bei denen Wildtiere wie Delfine oder Elefanten Vorführungen vor Publikum geben. Tierschutzgruppen prangern solche Veranstaltungen an.

BALISTAR

Der Balistar, auch Bali-Mynah oder von den Einheimischen *jalak putih* genannt, ist wohl Balis einziger endemischer Vogel. (Die Meinungen bei der Einordnung gehen allerdingsauseinander – andere Orte liegen so nah, doch wer weiß es genau?)

Der Vogel ist auffallend weiß, mit schwarzen Flügel- und Schwanzspitzen und einer typischen blauen Gesichtsfarbe. Wegen dieses guten Aussehens wurde der Vogel so häufig gewildert, dass er fast ausgestorben ist. Man rechnet, dass in freier Wildbahn nur noch weniger als 100 Exemplare leben. In Gefangenschaft gibt es jedoch Hunderte, wenn nicht sogar Tausende.

Bei Ubud, im Bali Bird Park (S. 200) gibt es große Volieren, in denen Besucher Balistare sehen können. Der Park bot wichtige Unterstützung bei den Versuchen, die Vögel wieder auszuwildern. Zu diesen Versuchen zählen ein Programm der NGO Friends of the National Parks Foundation (S. 151) auf Nusa Penida ebenso wie andere Programme westlich von Ubud.

Strände

Bali besitzt Strände in allen Formen und Farben. Von versteckten Buchten bis zu dramatischen Küsten, von einsamen Stränden bis zu wahren Party-Locations, von Perlweiß bis zu glänzendem Schwarz. Mehr über Balis Strände erfährt man ab S. 63.

Tiere & Pflanzen

Bali ist geologisch betrachtet jung. Viele Lebewesen haben hier spät Fuß gefasst, es gibt nur wenige echte heimische Wildtiere. Im dicht besiedelten und üppig grünen Süden von Bali liegt das auf der Hand: Die aufwendig angelegten Reisterrassen zum Beispiel wirken so ordentlich und planmäßig, dass sie eher wie ein Kunstwerk aussehen und nicht wie eine natürliche Landschaft.

Tatsächlich machen die Reisfelder aber nur 20 % der Gesamtfläche der Insel aus. Es gibt auch ganz andere Vegetationszonen: trockenes Buschland im Nordwesten, im äußersten Nordosten und auf der südlichen Halbinsel, hier und da dichten Dschungel in den Flusstälern, Bambuswälder und karge vulkanische Gebiete, die auf größeren Höhen aus unfruchtbarem Fels und vulkanischem Tuffstein bestehen. Die Landschaft auf Lombok gleicht der auf Bali in weiten Teilen.

Tiere

Wildtiere

Auf Bali gibt es massenweise Eidechsen in jeder Art und Größe. Die kleinen Eidechsen (lautmalerisch *Cecak* genannt), die abends um die Lampen sitzen und auf unvorsichtige Insekten warten, sieht man sehr häufig. Geckos sind Eidechsen, die mehr zu hören als zu sehen sind. Ihr lauter, regelmäßig wiederholter zweisilbiger Ruf „geck-oh" ist ein typisches Nachtgeräusch, das vielen Besuchern gefällt.

Auf Bali gibt es mehr als 300 Vogelarten, doch wirklich hier zu Hause ist der Balistar (siehe oben). Wesentlich häufiger sind farbenfrohe Vögel wie die Drosselart *Geokichla peronii,* dazu viele Arten von Reihern, Eisvögeln, Papageien, Eulen und viele andere.

Im einzigen Naturschutzgebiet der Insel, dem Taman Nasional Bali Barat (Nationalpark Westbali), leben verschiedene Wildtiere, u. a. graue und schwarze Affen (die auch in den Bergen, bei Ubud und in Ostbali anzutreffen sind), Muntjaks (Zwerghirsche), Eichhörnchen, Fledermäuse und Leguane.

Balinese Flora & Fauna, herausgegeben von Periplus, ist ein detaillierter und schön illustrierter Führer zu den Tieren und Pflanzen, die Reisende auf Bali sehen.

BALIS HUNDE

Die schlimme Lage der Hunde auf Bali und die Ironie, dass sie im Inselleben eine wichtige Rolle spielen, fangen die Filmemacher Lawrence Blair und Dean Allan Tolhurst in ihrem Film *Bali: Island of the Dogs* ein.

MEERESSCHILDKRÖTEN

Die Grüne Meeresschildkröte (Suppenschildkröte) und die Karettschildkröte sind in den Gewässern um Bali und Lombok verbreitet. Beide Arten sind eigentlich durch internationale Gesetze geschützt, die den Handel mit allem, was aus Meeresschildkröten hergestellt wird, verbieten.

Auf Bali ist Schildkrötenfleisch *(penyu)* allerdings eine traditionelle, sehr beliebte Delikatesse, vor allem bei balinesischen Festessen. Deshalb wird die Suppenschildkröte dort mehr bejagt als irgendwo sonst auf der Welt. Es gibt keine verlässlichen Zahlen, aber 1999 wurde die Zahl der getöteten Tiere auf über 30 000 pro Jahr geschätzt. In den Küstenorten, z. B. in Benoa, sind in den Seitenstraßen leicht Händler zu finden, die das Fleisch verkaufen.

Doch es gibt einen gewissen Fortschritt, vor allem durch Gruppen wie ProFauna (S. 419), denen es gelungen ist das Bewusstsein der Menschen auf Bali für Meeresschildkröten und andere Tiere Indonesiens deutlich zu schärfen.

Ein breites Bündnis von Tauchern und Journalisten unterstützt die **SOS Sea Turtles Campaign** (www.sos-seaturtles.ch), die das Abschlachten der Schildkröten anprangert. Die Initiative hat eine wichtige Rolle dabei gespielt, die illegale Jagd im Wakatobi-Nationalpark auf Sulawesi und den anschließenden Verkauf auf Bali aufzudecken. Der verbotene Handel ist weit verbreitet und, ähnlich wie der Drogenhandel, schwer zu verhindern. Der oberste Rat von Balis Hindu-Dharma-Religion hat inzwischen zudem entschieden, dass Schildkrötenfleisch nur noch für sehr wichtige Rituale notwendig ist.

Es gibt Zuchtstationen, die für Besucher geöffnet sind, z. B. auf Turtle Island – ein sehr passender Name. Hier wird viel dafür getan, den Einheimischen die Notwendigkeit begreiflich zu machen, die Tiere zu schützen und sie als Lebewesen (und nicht als Sate-Zutat) zu betrachten. Viele Umweltschützer sind aber auch gegen solche Stationen, weil die Tiere dort in Gefangenschaft gehalten werden.

Auf Nusa Penida können Freiwillige sich der Arbeit von Green Lion Bali (S. 151) anschließen), einer Organisation, die eine Schildkrötenaufzuchtstation betreibt.

Haustiere

Es gibt auf Bali sehr viele Haustiere – darunter solche, die einen morgens aufwecken, und andere, die nachts bellen. Hühner verbessern den Speisezettel, werden aber auch als reine Haustiere gehalten, vor allem als Kampfhähne.

Hahnenkämpfe Eine beliebte, allerdings rein männliche Aktivität – ein Kampfhahn ist der ganze Stolz seines Besitzers. Wenn sich im ländlichen Bali am Straßenrand Autos und Motorräder drängen, aber keine Menschen zu sehen sind, kann es leicht sein, dass alle „versteckt" hinter einem Gebäude bei einem Hahnenkampf sind. Diese Kämpfe sind wegen ihrer Grausamkeit auf Bali verboten, ausgenommen bei religiösen Zeremonien.

Hunde Wenn sie nicht gerade verwöhnte Haustiere sind, haben Hunde ein sehr hartes Leben auf Bali – sie stehen auf der sozialen Leiter der Tiere ganz unten, sind geplagt von Tollwutepidemien und stehen im Verdacht mit bösen Geistern im Bunde zu sein (deshalb das ständige Bellen). Es gibt eine auf Bali heimische Hunderasse, den mittelgroßen Kintamani, dessen Beliebtheit vor allem international im Steigen ist.

Enten Sie sind als Haustiere ebenfalls sehr verbreitet, ihr Fleisch wird regelmäßig gegessen. Sie werden im Gehöft der Familie gehalten und tagsüber zu einem nahe gelegenen Teich oder einem gefluteten Reisfeld gebracht. Sie folgen dabei einem Stock mit einer kleinen Fahne am Ende. Der Stock wird auf dem Feld in den Boden gesteckt, gegen Abend versammeln sich die Enten um den Stock und warten darauf, nach Hause geführt zu werden. In Zeiten des Tourismus sind Entengerichte wie *bebek betutu* (geräucherte, gefüllte Ente) beliebter denn je; so können Reisbauern den Entenbauern eine Gebühr für den Zugang zu ihren Feldern berechnen.

Eine Echte Karettschildkröte, die Bali aufsuchte wurde im folgenden Jahr beobachtet. Ihre Ziele waren Java, Kalimantan, Australien (Perth und ein großer Teil von Queensland), dann kam sie wieder nach Bali zurück.

Meerestiere

Informationen über die unzähligen Wasserlebewesen um Bali und Lombok, siehe S. 70.

Pflanzen

Bäume

Ein großer Teil der Insel wird landwirtschaftlich genutzt. Wie die meisten Dinge auf Bali haben auch Bäume eine spirituelle und religiöse Bedeutung; häufig sind sie mit Schals und schwarz-weiß karierten Tüchern (*kain poleng*; das Tuch steht für spirituelle Energie) dekoriert, um den Grad ihrer Heiligkeit anzuzeigen.

Der *waringin* (Banyanbaum) ist der heiligste Baum Balis – kein wichtiger Tempel ist vollständig ohne ein stattliches Exemplar im Hof. Der Banyan ist ein breit wachsender, Schatten spendender Baum mit einem ungewöhnlichen Merkmal: Aus seinen Ästen wachsen Ausläufer, die nach unten hängen und dort Wurzeln bilden, sodass ein neuer Stamm neben dem Hauptstamm entsteht. Die *jepun* (Frangipani- oder Plumeria-Bäume) mit ihren schönen, süß duftenden weißen Blüten sieht man überall auf der Insel.

> Trotz Bauprojekten und Verlust von Reisfeldern aus anderen Gründen erreichte Balis Reisproduktion 2013 einen Rekordwert von 822 115 Tonnen. Da auf der Insel etwa 455 000 Tonnen verbraucht werden, kann Bali noch Reis exportieren. Die wichtigste Anbauregion ist Tabanan (27 %), gefolgt von Gianyar (21 %).

REISANBAU

Der Reisanbau prägt bis heute das Zusammenleben auf Bali. Der komplizierte Arbeitsablauf, der notwendig ist, um Reis zu kultivieren, spielt eine große Rolle für den Zusammenhalt der Gemeinschaft.

Der Reisanbau hat aber auch die Landschaft Balis verändert: Die regelmäßig terrassierten Reisfelder ziehen sich die Hügel entlang wie Stufen, die für Riesen angelegt wurden, und schimmern in den unterschiedlichsten Grüntönen. Einige sind bereits mehr als 1000 Jahre alt.

Subak nennt man die dörfliche Genossenschaft, in der die Wasserrechte und die Bewässerung geregelt werden. Sie sorgt dafür, dass das Oberflächenwasser umsichtig genutzt wird. Die Felder bilden ein eigenes Ökosystem, das Lebensraum für sehr viel mehr als Reis ist. Am frühen Morgen führen die Bauern oft ihre Enten auf die Felder. Während des Tages schwimmen und watscheln sie auf den Feldern herum, vernichten Schädlinge und düngen den Boden mit ihrem Mist.

Ein abgeerntetes Reisfeld mit Resten verbrannten Strohs wird unter Wasser gesetzt und mehrmals gepflügt, häufig von zwei Ochsen, die einen hölzernen Pflug ziehen. Ist das Feld schlammig genug, wird ein kleiner Teil abgetrennt und mit Setzlingen bepflanzt. Wenn die Pflanzen eine gewisse Größe erreicht haben, muss jede Pflanze einzeln in das größere Feld umgepflanzt werden. Während der Reis heranreift, finden die Menschen Zeit, um Gamelan zu üben (Musikinstrumente für die traditionelle balinesische Orchestermusik), den Tänzern zuzuschauen oder Schnitzereien anzufertigen. Schließlich macht sich das ganze Dorf auf zur Ernte, eine Zeit intensiver harter Arbeit. Für das Pflanzen sind nur die Männer zuständig, an der Ernte beteiligen sich alle Dorfbewohner.

Seit dem Jahr 1969 wurden neue, ertragreichere Reissorten auf Bali eingeführt. Sie können einen Monat früher geerntet werden als die alten Sorten und sind auch widerstandsfähiger gegenüber Krankheiten, aber sie benötigen dafür auch mehr Dünger und Wasser, was wiederum die Wasserversorgung erschwert. Weil zudem auch mehr Pestizide eingesetzt werden müssen, sind die Bestände an Fröschen und Aalen gefährdet, die sich von Insekten ernähren.

Obwohl alle der Meinung sind, dass die neuen Reissorten nicht so gut schmecken wie die traditionellen, machen sie inzwischen mehr als 90 % der Reisernte auf Bali aus. Kleine Flächen werden immer noch mit den alten Sorten bepflanzt und auf traditionelle Art geerntet, sie werden der Reisgöttin Dewi Sri als Opfer dargebracht. Überall in den Reisfeldern sieht man entsprechende Tempel und Opfergaben.

Etwa 127 000 ha der Insel Bali sind Waldfläche – verbreitet sind unberührte Wälder ebenso wie Nutzwälder oder dichter Bergwald rund um die Dörfer. Die Wälder sind jedoch extrem gefährdet, weil immer mehr Holz gestohlen wird – zur Herstellung von Souvenirs, als Brennmaterial und um Platz für neue Siedlungsflächen zu schaffen.

Für Bali typisch ist nicht der tropische, sondern der Monsunregenwald. Daher fehlen die wertvollen Harthölzer, die das ganze Jahr über Regen brauchen. Fast das gesamte Hartholz für Möbel und Schnitzereien muss deshalb aus Sumatra und Kalimantan importiert werden.

Eine Reihe von Pflanzen besitzt große praktische und wirtschaftliche Bedeutung. *Tiing* (Bambus) wächst in verschiedenen Arten und wird für nahezu alles gebraucht, von Sate-Spießen bis zum Bau von hippen, schicken Resorts.

Blumen & Gärten

Die balinesischen Gärten sind wunderschön, denn Boden und Klima sind günstig für eine große Vielfalt an Pflanzen. Die Begeisterung der Balinesen für Schönes und das große Angebot an billigen Arbeitskräften tragen dazu bei, dass jeder freie Fleck gärtnerisch gestaltet wird. Der Stil der Anlagen ist meist informell, mit geschwungenen Pfaden, vielen Pflanzenarten und meist auch einer Teichanlage.

Fast jede Blumenart ist auf Bali vertreten, manche blühen nur zu bestimmten Zeiten, andere sind auf die kühleren Bergregionen beschränkt. Die Besucher kennen viele der Blumen, denn Hibiskus, Bougainvillea, Weihnachtsstern, Oleander, Jasmin, Seerosen und Astern wachsen überall in den Touristengebieten im Süden.

Zu den weniger bekannten Blumen zählen die javanische *ixora (soka, angsoka)* mit ihren runden Dolden orangefarbener Blüten, der *champak (cempaka)*, eine duftende Pflanze, die zu den Magnoliengewächsen zählt, der Flammenbaum (oder Royal Poinciana), der *manori* (Madar-Strauch), der für verschiedene traditionelle Zwecke genutzt wird, und der Wasserspinat *(kangkung)*, der als Gemüse in der Küche verwendet wird. Zudem gibt es Tausende von Orchideenarten.

Aufgrund des Klimas sehen neu angelegte Gärten in wenigen Jahren sehr eingewachsen aus, die Bäume erreichen schnell stattliche Höhen. Zu den Gärten, in denen die Pflanzenfülle besonders gut zu sehen ist, gehören der Botanische Garten von Bali (S. 251), der Orchideengarten (S. 124) und die Gartenbetriebe nördlich von Sanur und an der Straße nach Denpasar.

Umweltprobleme

Das sehr schnelle Bevölkerungswachstum, die knappen Ressourcen, der zunehmende Druck durch die steigenden Besucherzahlen und lockere bzw. nicht vorhandene Umweltvorschriften stellen für Bali und Lombok eine große Bedrohung dar.

Bali

Manche der Umweltprobleme Balis sind größer als die Insel selbst: Der Klimawandel verursacht einen Anstieg des Meeresspiegels, der die Küsten und Strände schädigt.

Gleichzeitig lässt die schnell wachsende Bevölkerung auf Bali die sehr begrenzten Ressourcen zunehmend knapp werden. Die Tourismusindustrie zieht neue Bewohner an und es findet ein schnelles Wachstum in städtischen Gebieten und eine Ausbreitung von Resort-Hotels und Villen bis in landwirtschaftlich genutzte Gegenden statt.

Daraus resultierende Probleme sind:

Die Wasserversorgung ist ein zentrales Problem. Typische Spitzenklassehotels verbrauchen am Tag pro Zimmer über 1000 bis 1500 l Wasser. Die zunehmende

---

Eine Studie aus jüngster Zeit zeigt, dass im Durchschnitt ein belegtes Hotelzimmer in Südbali 1000 bis 1500 l Wasser für den Gebrauch seiner Bewohner und die Erfüllung ihrer Bedürfnisse verbraucht. Im Gegensatz dazu verwendet der durchschnittliche Einheimische alles in allem weniger als 120 l am Tag.

DIE WALLACE-LINIE

Der englische Naturforscher Sir Alfred Wallace (1822–1913) beobachtete große Unterschiede in der Fauna zwischen Bali und Lombok, er verglich sie mit den faunistischen Unterschieden zwischen Afrika und Südamerika. Vor allem fiel ihm auf, dass es keine großen Säugetiere (Elefanten, Nashörner, Tiger usw.) östlich von Bali gab und nur sehr wenige Fleischfresser. Er stellte die These auf, dass während der Eiszeit, als der Meeresspiegel niedriger lag, die Tiere vom asiatischen Festland aus nach Bali eingewandert sein könnten, von dort aber wegen der tiefen Meerenge bei Lombok nicht weiterziehen konnten. Er zog deshalb eine Linie zwischen Bali und Lombok, die er als biologische Grenze zwischen Asien und Australien festlegte.

Bei den Pflanzen sind die Unterschiede nicht ganz so auffällig, hier vollzieht sich ein allmählicher Übergang von Arten, die typisch für die asiatischen Regenwälder sind, zu Pflanzen des australischen Kontinents, z. B. Eukalyptus und Akazien (die besser an lange Trockenperioden angepasst sind). Das lässt sich mit den abnehmenden Regenmengen begründen, die von Java aus nach Osten immer geringer werden. Unterschiedliche natürliche Bedingungen, beispielsweise in der Vegetation, bieten nach heutiger wissenschaftlicher Auffassung jedoch eine bessere Erklärung für die Verteilung der Tierarten als die Wallace-Theorie über frühe Wanderbewegungen.

Zahl an Golfplätzen, darunter die neu angelegten Plätze auf der trockenen Halbinsel Bukit in der Anlage Pecatu Indah und bei Nusa Dua, verschlimmert die ohnehin schon schwierige Situation.

Die **Wasserverschmutzung** auf Bali und Lombok ist ein weiteres großes Umweltproblem. Zu den Ursachen zählen zum einen eine vermehrte Abholzung – in den Bergen wird sehr viel Holz als Brennmaterial gefällt –, zum anderen die fehlenden Lösungen für eine sinnvolle Abwasserreinigung. Noch immer fließen Bäche in Ferienorten, z. B. am Double Six Beach in Legian, ungeklärt ins Meer, oft noch verschmutzt durch die großen Mengen an Abwässern der Hotels. Die großen Mangrovenwälder an der Südküste bei Benoa verlieren zunehmend ihre Fähigkeit, das Wasser zu filtern, das sich hier, von weiten Teilen der Insel kommend, ansammelt – zumal sie selbst in ihrem Bestand bedroht sind und Baumaßnahmen weichen müssen.

Luftverschmutzung Die Luft in Südbali ist oft versmogt, wie jeder, der schon einmal hinter einem qualmenden Lkw oder Bus auf einer der Hauptstraßen festsaß, es bestimmt bezeugen kann. Von einem Hügel aus ist über Südbali häufig eine dunkelbraune Dunstglocke zu sehen, die Erinnerungen an das Los Angeles der 1960er-Jahre weckt.

Abfall Das Problem sind nicht nur all die Plastiktüten und -flaschen in Hülle und Fülle, sondern schon allein die Menge an Abfall, die von der ständig wachsenden Bevölkerung und den Touristen produziert wird. Was soll man damit anfangen? Die Balinesen sehen mit großer Traurigkeit auf die enormen Mengen an Abfall – vor allem natürlich an Plastikmüll –, der sich in ihren einst unberührten Flüssen sammelt. „Früher bin ich hier im Fluss geschwommen", sagte ein Fahrer zu uns, während er auf all das umherschwimmende bunte Plastik sah, das unweit seiner Kindheitsheimat im Fluss trieb.

Andererseits wird aber auch immer mehr versucht, Reis und andere Nahrungsmittel biologisch anzubauen.

In einigen Gegenden im Süden Balis funktioniert nun endlich die Abwasserentsorgung, doch noch viel zu viele Firmen weigern sich nach wie vor wegen der Kosten, den Anschluss daran zu suchen.

In Pemuteran und Gili Trawangann haben die Programme zur künstlichen Förderung des Riffwachstums großen internationalen Beifall gefunden. Das ist für die Natur sehr wichtig, denn eine Studie des World Wide Fund for Nature hat aktuell herausgefunden, dass weniger als 5 % der Riffe vor Bali ganz gesund sind.

Lombok

Auf Lombok geht das Umweltdesaster in der Goldgräberstadt Sekotong (S. 299) unvermindert weiter. Goldabbau über Tage mit Hilfe von Quecksilber richtet enorme Schäden in vorher unversehrten Gegenden wie Kuta an.

Küstenerosion ist hier ebenso wie auf Bali ein ernsthaftes Umweltproblem. Und die Gili-Inseln sind natürlich auch bedroht. Immerhin haben sich die Riffe um die Gilis herum schnell erholt, nachdem die Bedürfnisse des Tourismus intensive Bemühungen zur Erhaltung geradezu erzwungen haben.

Praktische Informationen

ALLGEMEINE INFORMATIONEN... 418
Botschaften & Konsulate............. 418
Essen 418
Feiertage 418
Frauen unterwegs 419
Freiwilligenarbeit 419
Geld 420
Internetzugang......... 421
Karten & Stadtpläne 421
Klima 421
Lesben & Schwule 421
Öffnungszeiten......... 421
Post.................... 422
Rechtsfragen........... 422
Reisen mit Behinderung. 422
Sicher reisen........... 423
Sprachkurse 424
Strom.................. 424
Telefonieren............ 425
Toiletten............... 425
Touristeninformation.... 425
Unterkunft............. 425
Versicherung........... 428
Visa................... 429
Zeit 429
Zoll 429

VERKEHRSMITTEL & -WEGE.......... 430
AN- & WEITERREISE 430
Einreise 430
Flugzeug 431
Auf dem Landweg 432
Übers Meer 432
UNTERWEGS VOR ORT... 432
Auto & Motorrad 433
Bemo 435
Bus 435
Fähre/Schiff 437
Fahrrad................ 437
Flugzeug 437
Geführte Touren 437
Öffentlicher Nahverkehr. 438

GESUNDHEIT 439

SPRACHE......... 445

GLOSSAR......... 451

Allgemeine Informationen

Botschaften & Konsulate

Ausländische Botschaften befinden sich in der Landeshauptstadt Jakarta. Die meisten Vertretungen anderer Länder auf Bali sind untergeordnete Konsulate (oder Ehrenkonsuln), die nicht die gleichen Befugnisse haben wie ein echter Konsul oder Botschafter. Ein verlorener Pass kann deshalb eine Reise zur Botschaft nach Jakarta zur Folge haben.

Indonesische Botschaften und Konsulate im Ausland sind auf der Website des indonesischen **Außenministeriums** (www.kemlu.go.id) aufgeführt. Es gibt eine Handy-Suchfunktion auf der Menüseite unter dem Item „Mission".

Deutsches Honorarkonsulat (☏0361-28 85 35, Jalan Pantai Karang 17, Batujimbar-Sanur/Bali; ⊙Mo–Fr 8.30–12.30 Uhr)

Konsulat für die Schweiz und Österreich (☏0361-75 17 35, Jalan Patih Jelantik, Blok Valet 2 No 12, Kuta Central Park, Kuta, ⊙Mo–Fr 9.00–13.00 Uhr) Es stellt keine österreichischen Reisepässe aus, sondern fungiert lediglich als Verbindungsstelle zur österreichischen Botschaft in Jakarta.

Essen

Ein Überblick über die balinesische Küche befindet sich auf S. 376.

GEGEN KINDERSEXTOURISMUS

Indonesien ist im Laufe der Zeit ein Ziel für Ausländer geworden, die einheimische Kinder sexuell missbrauchen. Eine ganze Reihe sozioökonomischer Faktoren machen viele Kinder und junge Leute zu leichten Opfern solchen Missbrauchs. Der sexuelle Missbrauch von Kindern hat ernste, oft lebenslange Folgen für die Opfer. In Indonesien gibt es strenge Gesetze gegen solche Verbrechen, und viele Länder haben inzwischen Gesetze, nach denen auch Bürger in ihren Herkunftsländern für diese Verbrechen verfolgt werden.

Urlauber können dabei helfen, Sextourismus einzudämmen, indem sie auffällige Personen melden. Diese Meldung kann bei der **Anti Human Trafficking Unit** (☏021 721 8098) der indonesischen Polizei erfolgen. Wer weiß, aus welchem Land der Verdächtige kommt, kann sich direkt an dessen Botschaft wenden.

Preise

Die folgenden Preise gelten für ein typisches Essen. Steuern und Trinkgeld sind im Preis enthalten.

**$** unter 60 000 Rp (unter 5 US$)

**$$** 60 000–250 000 Rp (5 bis 25 US$)

**$$$** über 250 000 Rp (über 25 US$)

Feiertage

Die folgenden Feiertage werden in ganz Indonesien begangen. Viele Termine ändern sich jedoch je nach den Mondphasen (bleiben aber im angegebenen Monat) oder je nach religiösem Kalender. Deshalb sind die nachfolgenden Daten nur ungefähre Angaben.

Tahun Baru Masehi (Neujahrstag) 1. Januar

Idul Adha (Muslimisches Opferfest) Februar

Muharram (islamisches Neujahrsfest) Februar/März

Nyepi (hinduistisches Neujahrsfest) März/April

Hari Paskah (Karfreitag) April

Christi Himmelfahrt April/Mai

Hari Waisak (Buddhas Geburtstag, Erleuchtung und Todestag) April/Mai

Maulud Nabi Mohammed/Hari Natal (Geburtstag des Propheten Mohammed) Mai

Hari Proklamasi Kemerdekaan (indonesischer Unabhängigkeitstag) 17. August

Isra Miraj Nabi Mohammed (Himmelfahrt des Propheten Mohammed) September

Hari Natal (Weihnachten) 25. Dezember.

Die muslimische Bevölkerung Balis feiert islamische Feste und Feiertage, einschließlich des Ramadan. Auf Lombok werden folgende Feste und Feiertage eingehalten:

Jahrestag von West-Lombok (gesetzlicher Feiertag) 17. April

Ramadan 18. Juni 2015; der Termin rückt jedes Jahr um zehn bis elf Tage nach vorn

Idul Fitri (Ende des Ramadan) 30 Tage nach Beginn des Ramadan

Gründung von West Nusa Tenggara (staatlicher Feiertag) 17. Dezember

Frauen unterwegs

Bali

Frauen, die auf Bali allein unterwegs sind, werden von balinesischen Männern aufmerksam, aber in der Regel wohlwollend wahrgenommen. Im Allgemeinen ist Bali für Frauen weniger unsicher als so manche anderen Gegenden auf der Welt. Mit der üblichen Vorsicht und gesundem Menschenverstand können sich Frauen, die alleine reisen, recht sicher fühlen.

Lombok

Traditionellerweise werden Frauen auf Lombok mit großem Respekt behandelt, doch gerade in den Touristengegenden kommt es gelegentlich zu Belästigungen einzelner Urlauberinnen. Möchtegern-Reiseleiter/Freunde/Gigolos sind oft recht hartnäckig bei ihren Annäherungsversuchen und können durchaus aggressiv werden, wenn sie ignoriert oder abgewiesen werden. Daher ist es gut, wenn man dezente Kleidung trägt – Badekleidung gehört nur an den Strand. Zwei oder mehr Frauen, die gemeinsam reisen, werden höchstwahrscheinlich weniger Probleme bekommen, Frauen in Männerbegleitung werden meist gar nicht belästigt.

Freiwilligenarbeit

Es gibt eine Fülle an Möglichkeiten, seine Arbeitskraft auf Bali und Lombok einzusetzen. Viele Leute sind der Ansicht, dass sie ihre Zuneigung zu diesen Ländern am ehesten zeigen können, wenn sie den Menschen dort helfen. Hier einige Informationsquellen zum Thema Freiwilligenarbeit:

➜ **Bali Advertiser** (www.baliadvertiser.biz) Am besten unter Community Groups nachschauen.

➜ **Bali Spirit** (www.balispirit.com/ngos) Es gibt auch Organisationen in Ubud, die den Hunden auf Bali helfen (siehe S. 188).

Organisationen vor Ort

Die folgenden Organisationen benötigen Spenden, Versorgungsgüter und oft auch freiwillige Helfer. Auf den Websites finden sich Details zum jeweiligen aktuellen Stand.

Bali Children's Project (www.balichildrensproject.org) Finanziert Bildungsprogramme und bietet Englisch- und Computerkurse.

East Bali Poverty Project (0361-410071; www.eastbalipovertyproject.org) Unterstützt die Kinder in den verarmten Bergdörfern im Osten Balis (siehe S. 240). Setzt dabei Englischlehrer ein.

Friends of the National Parks Foundation (0361-977978; www.fnpf.org; Jl. Bisma, Ubud) Hauptbüro in Ubud. Organisiert Freiwilligenprogramme auf Nusa Penida.

Gus Bali (www.gus-bali.org) Versucht das Bewusstsein für die Umwelt auf Bali zu wecken, führt Strandsäuberungsaktionen durch, bei denen jeder mitmachen kann.

IDEP (Indonesian Development of Education & Permaculture; 0361-294993; www.idepfoundation.org) Projekte in ganz Indonesien; führt Umweltprojekte durch und kümmert sich um Katastrophenschutz und die Verbesserung des Gemeinschaftslebens.

JED (Village Ecotourism Network; 0361-366 9951; www.jed.or.id; Touren ab 75 US$) Organisiert Top-Ausflüge in kleine Dörfer, manchmal auch über Nacht. Braucht oft Freiwillige, um ihre Dienstleistungen zu verbessern und mit den Dorfbewohnern zu arbeiten.

ProFauna (www.profauna.net) Eine große gemeinnützige Tierschutzorganisation, die in ganz Indonesien aktiv ist. Das Büro auf Bali war sehr engagiert bei Schutzmaßnahmen für Meeresschildkröten. Freiwillige mussten dabei helfen, die gezüchteten Tiere aus den Zuchtbecken freizulassen und Veröffentlichungen zu betreuen.

ROLE Foundation (www.rolefoundation.org) Will das Wohlergehen und die Selbstständigkeit in den unterprivilegierten Gemeinden Balis verbessern; organisiert auch Umweltprojekte.

Smile Foundation of Bali (Yayasan Senyum; 0361-233758; www.senyumbali.org) Arrangiert Operationen, um Gesichtsmissbildungen zu korrigieren; betreibt den **Smile Shop** (Karte S. 156; 0361-233758; www.senyumbali.org; Jl. Sriwedari; 10–20 Uhr) in Ubud, um Geld für die Operationen zu sammeln.

Yayasan Rama Sesana (0361-247363; www.yrsbali.org) Engagiert sich für die Verbesserung der medizinischen Versorgung von Frauen in ganz Bali.

Yayasan Bumi Sehat (0361-970002; www.bumisehatbali.org) Betreibt eine international anerkannte Klinik und bietet gynäkologische Hilfe für benachteiligte Frauen in Ubud; nimmt gerne Hilfe von professionellen Ärzten an. Der

NEUDENOMINIERUNG DER RUPIAH

Indonesien plant eine Neudenominierung der Rupiah vorzunehmen, bei der drei Stellen aus der Währung herausgenommen werden; allerdings wird der genaue Zeitpunkt dieser Umstellung schon seit Jahren diskutiert. So würde beispielsweise aus dem 20 000-Rp-Schein ein 20-Rp-Schein. Der Wechselkurs dieser neuen Scheine bliebe derselbe wie zuvor. Die nationale Währung derart zu verändern, ist ein komplexer Vorgang mit vielen Auswirkunge. Hier nur einige davon:

→ Es werden neue Scheine eingeführt, die bis auf die letzten drei Nullen völlig identisch sind mit den gegenwärtigen. Langfristig müsste also ein neues Design entworfen werden.

→ Die Regierung betont, dass die aktuellen Scheine ihren Wert behielten (so wird der 10 000-Rp-Schein denselben Wert behalten wie der neue 100-Rp-Schein), allerdings kann man sich die Praxis nur schwer vorstellen. In anderen Ländern, wie etwa Russland, haben sich die Menschen geweigert, die alten Scheine anzunehmen, selbst nach der Versicherung seitens der Regierung, dass sie denselben Wert hätten wie die neuen.

→ Es wird wahrscheinlich Jahre dauern, bis Preislisten und Computersysteme auf den neusten Stand gebracht worden sind. Daher werden die Kunden selbst darauf achten müssen, dass sie den richtigen Preis bezahlen.

→ Die Einführung neuer Nennwerte wird wahrscheinlich zu Turbulenzen am Finanzmarkt führen.

→ Im Jahre 2014 hat die Bank von Indonesien verlauten lassen, dass die alten Scheine noch wenigstens sechs Jahre nach Einführung der neuen gültig blieben.

Gründer, Robin Lim, hatte einen guten internationalen Ruf.

YKIP (Humanitarian Foundation of Mother Earth; ☎0361-761208; www.ykip.org) Nach dem Bombenanschlägen von 2002 gegründet; organisiert und finanziert Gesundheits- und Bildungsprojekte für Kinder auf Bali.

Geld

Die indonesische Währung ist die Rupiah (Rp). Es gibt Münzen zu 50, 100, 500 und 1000 Rp. Scheine gibt es zu 2000, 5000, 10 000, 20 000, 50 000 und 100 000 Rp.

Man sollte immer genügend Kleingeld dabei haben, denn mit einem 50 000er- oder 100 000er-Schein kommt man oft nicht weit, da viele Ladenbesitzer so große Scheine nicht wechseln können.

Geldautomaten

Geldautomaten gibt es überall auf Bali und in eher städtischen Gebieten von Lombok. Bemerkenswerte Ausnahmen sind Nusa Lembongan und Gili Meno. Die meisten nehmen auch nicht-einheimische Geldkarten und die wichtigsten Kreditkarten.

→ Der Wechselkurs für Abhebungen an Geldautomaten ist normalerweise recht gut, aber es lohnt sich trotzdem zu überprüfen, ob die eigene Hausbank später nicht noch übermäßige Gebühren aufschlägt.

→ An den meisten Geldautomaten kann man nicht mehr als eine Millionen Rupiah abheben.

→ Auf den Geldautomaten befinden sich Aufkleber, die darüber Auskunft geben, ob sie 50 000er oder 100 000er Rupiah-Scheine ausgeben (die Ersteren sind natürlich für kleinere Einkäufe besser).

→ Die meisten Geldautomaten geben die Karte erst nach der Geldausgabe wieder heraus. Daher kann man sie leicht vergessen!

Geldwechsel

US-Dollar sind mit Abstand am einfachsten zu wechseln. Am besten geht es mit neuen 100-Dollar-Scheinen.

Man sollte folgende Schritte beachten, damit man beim Geldwechseln nicht hereingelegt wird:

→ Zunächst sollte man den aktuellen Wechselkurs im Internet herausfinden. Jeder, der einen besseren Kurs bietet, wird irgendeinen Trick anwenden, um beim Wechsel doch noch Profit zu machen.

→ Am besten tauscht man sein Geld an Banken, Flughafenschaltern oder großen, renommierten Geldwechselinstituten wie der Central Kuta Money Exchange (www.centralkutabali.com), die überall in Südbali und Ubud Niederlassungen hat.

→ Man sollte einen großen Bogen um solche Wechselmöglichkeiten machen, die mit zu guten Wechselkursen ohne Gebühren oder Kommission werben.

→ Niemals an Ständen in Gassen oder in anderen anrüchigen Gegenden wechseln (das klingt zwar einleuchtend, aber dennoch werden dort täglich etliche Touristen richtig übers Ohr gehauen).

→ Zu den verbreiteten Betrugsmechanismen gehören manipulierte Taschenrechner, Taschenspielertricks, „Fehler" in den ausgewiesenen Kursen und die Aufforderung, das Geld abzugeben, bevor man das angebotene Geld gezählt hat.

→ Am besten Geldautomaten nutzen, um an Rupiah zu kommen!

Kreditkarten

Von den größeren Geschäften, die auf Touristen eingestellt sind, werden Visa, MasterCard und Amex angenommen. Man sollte sich immer vor dem Kauf vergewissern, dass ein Laden auch wirklich Kreditkarten akzeptiert.

Reiseschecks

Reiseschecks werden nicht angenommen.

Trinkgeld

→ Auf Bali erwartet niemand, dass man sich einen gewissen Prozentsatz einer Rechnung als Trinkgeld gibt, aber wenn der Service gut war, gilt es doch als angemessen, wenigstens 5000 Rp, 10 % des Rechnungsbetrages oder mehr zu hinterlassen.

→ Die meisten Mittelklassehotels und Restaurants und alle Spitzenhotels und -restaurants schlagen 21 % Steuern und Service (als „plus plus" bekannt) auf die Rechnung auf. Dieses Servicegeld wird (hoffentlich) unter den Angestellten verteilt.

→ Man kann jedem, von dem man glaubt, er habe es verdient, Geld in die Hand drücken.

→ Trinkgeld ist angemessen für gute Taxifahrer, Führer, Masseure, Botenjungen am Strand etc. 5000 bis 10 000 Rp (bzw. 10 bis 20 % des Rechnungsbetrages) gelten als großzügig.

Internetzugang

Internetzentren sind eher rar, aber man findet einige in Kuta und Gili Trawangan.

WLAN-Zugang in Hotelzimmern ist außer in entlegenen Gegenden aber recht verbreitet. Viele Cafés und Restaurants bieten freie Internetnutzung. Außerhalb von Südbali und Ubud ist die Verbindung jedoch sehr langsam.

In großen Teilen Balis und auch in einigen Teilen Lomboks findet sich ein 3G-Datennetzwerk.

Indonesien fordert von Internetprovidern, pornografische Seiten im Netz zu zensieren, aber in der Praxis wird das kaum konsequent durchgesetzt. Einige Provider zensieren ihre Seiten überhaupt nicht, andere blockieren alle Seiten, wenn dort auch nur Wörter wie „schwul" oder „Brust" vorkommen. Wer diese nicht nutzen möchte, geht am besten über VPN ins Internet.

Karten & Stadtpläne

Periplus Travel Maps hat eine ganz ordentliche Höhenlinienkarte von Bali herausgebracht (im Maßstab 1:250 000). Südbali ist hier sehr detailliert zu sehen, und es gibt auch Stadtpläne der wichtigsten Stadtgebiete. Einziger Nachteil ist jedoch, dass die Beschriftung und die Städtenamen oft unverständlich sind. Periplus hat auch eine sehr gute Karte von Lombok & Sumbawa. Man findet diese in den meisten Buchhandlungen Balis. Sowohl Google- als auch Apple-Karten sind in der Regel recht genau, aber oft fehlt in diesen Karten die Beschriftung komplett.

Klima

Denpasar

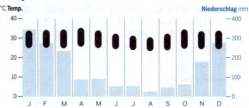

Lesben, Schwule

Schwule haben auf Bali nur wenige Probleme, und viele der einflussreichsten hier lebenden Ausländer bekennen sich mehr oder weniger offen zu ihrer Neigung. Körperkontakt zwischen gleichgeschlechtlichen Paaren ist nicht anstößig; gleichgeschlechtliche Freunde halten oft Händchen, was aber nicht immer auf Homosexualität hinweist.

Es gibt viele Orte, an denen Schwule zusammenkommen, besonders aber in Seminyak. Nirgends gibt es eine ausschließlich schwule oder gar unauffällige Lesbenszene. Schwule werden in Indonesien *homo* oder *gay* genannt, Lesben sind *waria*.

Viele Schwule aus anderen Landesteilen ziehen extra nach Bali, weil man hier toleranter ist und außerdem die Möglichkeit besteht, ausländische Partner zu finden.

Auf Lombok sollten Schwule und Lesben ihre Zuneigung nicht öffentlich zeigen (ein Rat, der aber auch für Paare unterschiedlichen Geschlechts gilt).

Gaya Dewata (www.gayadewata.com) ist Balis Schwulenverband.

Öffnungszeiten

Verbreitet gelten folgende Öffnungszeiten:

→ **Banken** Montag bis Donnerstag 8 bis 14 Uhr, Freitag

PRAKTISCH & KONKRET

➡ Beim Radio auf Bali ist Gema Merdeka 97,7 FM der bei den Einheimischen beliebteste Sender mit viel balinesischer Musik.

➡ In Indonesien gilt, so wie in den meisten europäischen Ländern auch, das PAL-Sendeverfahren.

➡ In Indonesien gilt das metrische System.

8 bis 12 Uhr, Samstag 8 bis 11 Uhr

➡ **Geschäfte und Einrichtungen für Touristen** Täglich 9 bis 20 Uhr

➡ **Postämter** Montag bis Freitag 8 bis 14 Uhr, in Touristenzentren länger

➡ **Restaurants und Cafés** Täglich 8 bis 22 Uhr

➡ **Verwaltungsbüros** Montag bis Donnerstag 8 bis 15 Uhr, Freitag 8 bis 12 Uhr (können aber von Ort zu Ort wechseln)

Post

Jede wichtige Stadt hat ihren *kantor pos*. In Touristenzentren gibt es ebenfalls Postämter, die oft lange geöffnet haben. Postkarten und Standardbriefe (unter 20 g), die als Luftpost verschickt werden, sind preiswert, aber nicht wirklich schnell. Postauslieferungszeiten gelten von Bali aus:

➡ **Europa** Drei Wochen. Internationale Expressdienste wie DHL, Fedex und UPS arbeiten auf Bali und bieten verlässliche, schnelle aber recht teure Versandmöglichkeiten an.

Rechtsfragen

Die indonesische Regierung nimmt Drogenschmuggel, -handel und -konsum sehr ernst, und die Drogengesetze sind ganz unmissverständlich. Wer mit Drogen erwischt wird, muss unter Umständen bis zu sechs Monate bis zur Verhandlung einsitzen. Wie man schon in juristischen Fällen von großem öffentlichen Interesse, in die Ausländer verwickelt waren, gesehen hat, sind mehrjährige Haftstrafen für Leute, die mit Drogen, darunter auch Marihuana, erwischt wurden, durchaus normal. Wer des Drogenhandels überführt wird, muss sogar mit der Todesstrafe rechnen.

Glücksspiel und Pornografie sind illegal (dennoch sind besonders Hahnenkämpfe verbreitet).

Normalerweise kommt man nur selten mit der Polizei in Berührung, es sei denn, man fährt einen Leihwagen oder ein Leihmotorrad.

Sowohl auf Bali als auch auf Lombok gibt es in allen Bezirkshauptstädten Polizeireviere. Wer dort ein Verbrechen anzeigen will oder sonst etwas zu regeln hat, muss mit einem langwierigen bürokratischen Prozedere rechnen. Man sollte anständig gekleidet sein, einen Dolmetscher mitbringen, früh am Tag erscheinen und höflich auftreten. Alternativ kann man sich auch an die **Bali Tourist Police** (✆ 0361-224111) wenden.

Einige Polizeibeamte erwarten ein Bestechungsgeld, ansonsten sehen sie nicht so großzügig über so manches Vergehen oder Verkehrsdelikt hinweg oder verweigern auch eine Dienstleistung, für die sie eigentlich zuständig sind. Am besten, man bezahlt sofort – denn je eher man das tut, desto weniger kostet es am Ende. Reisenden wird oft erzählt, sie müssten sofort ein „Bußgeld" bezahlen, andere Urlauber bieten gleich ihrerseits ein „Bußgeld" an, damit sich die Polizei der Sache annimmt. Wie viel? Im Allgemeinen können 50 000 Rp Wunder wirken. Wenn der geforderte Betrag allerdings unverhältnismäßig hoch erscheint, sollte man sich den Namen des Beamten notieren.

Reisen mit Behinderungen

Bali ist ein ganz ungünstiges Land für Leute mit eingeschränkter Bewegungsfähigkeit.

Die öffentlichen Verkehrsmittel sind nicht zugänglich; Gleiches gilt für die Minibusse, die als Shuttle- und Tourenbusse der Reiseveranstalter dienen. Rampen und andere Einrichtungen für Behinderte sind in Hotels und Gasthäusern meist nicht vorhanden. Am besten ist man in den internationalen Hotelketten aufgehoben, aber selbst dort sollte man

AMTLICHE REISEHINWEISE

Reisehinweise der Regierungen sind oft sehr allgemein, aber immer nützlich und aktuell. Die folgenden Websites bieten wertvolle Informationen:

Deutschland (www.auswaertiges-amt.de.)

Österreich (www.bmeia.gv.at)

Schweiz (www.eda.admin.ch)

USA (www.travel.state.gov)

das, was man fürs eigene Wohlergehen benötigt, vor Antritt der Reise mit den Betreibern absprechen. Draußen auf den Straßen sind die Fußwege, falls überhaupt vorhanden, eher schmal, uneben, mit Schlaglöchern übersät und oft blockiert.

Sicher reisen

Es ist wichtig, festzuhalten, dass Bali und Lombok im Vergleich zu anderen Orten in der Welt recht sichere Länder sind. Manchmal gibt es gewisse Unannehmlichkeiten durch habsüchtige Einheimische, aber vielen Besuchern drohen zu Hause erheblich mehr Gefahren als hier. Es hat einige juristische Fälle von großem öffentlichen Interesse gegeben, bei denen Besucher auf Bali verletzt oder gar getötet wurden, aber bei diesen Fällen wurden die tragischen Vorkommnisse von den Medien erheblich aufgebauscht.

Schiffs- oder Bootsreisen bergen so manches Risiko in sich (s. S. 436).

Alkoholvergiftung

Es gibt immer wieder Berichte über Verletzungen und Todesfälle unter Touristen und Einheimischen, die auf *arak* (einheimischer Schnaps, der aus Palmen oder Zuckerrohr destilliert wird) zurückzuführen sind, das mit Methanol, einer giftigen Form des Alkohols, gepanscht worden ist. *Arak* ist ein zugelassenes und sehr beliebtes Getränk. Am sichersten ist es, *arak* ganz zu meiden oder zumindest niemals außerhalb von lizenzierten Cafés und Restaurants zu trinken.

Diebstahl

Gewalttaten sind nicht verbreitet, aber es werden Handtaschen von vorbeifahrenden Mopedfahrern geklaut; Taschendiebe und Diebe, die in Hotelzimmer eindringen, treiben ihr Unwesen und Autos werden geknackt und ausgeräumt. Es empfiehlt sich daher, dieselben Vorsichtsmaßnahmen zu treffen wie in jeder anderen Stadt auch. Nach gesundem Menschenverstands gilt:

➡ An Geldautomaten das Geld immer sicher verstauen (und die Karte nicht vergessen!)

➡ Keine Wertsachen am Strand liegen lassen, wenn man ins Wasser geht!

➡ Wertsachen an der Rezeption oder im Zimmersafe ablegen

Drogen

Die zahlreichen, im Fokus der Öffentlichkeit stehenden Drogenfälle auf Bali und Lombok sollten eigentlich jeden vom Umgang mit illegalen Drogen abhalten. Nur zwei Ecstasy-Tabletten oder ein wenig Gras führen zu hohen Geldstrafen und mehrjährigen Gefängnisaufenthalten in Balis berühmt-berüchtigter Haftanstalt Kerobokan. Drogenhandel kann die Todesstrafe nach sich ziehen. Kuta ist voller Polizisten, die als Dealer verdeckt ermitteln.

Straßen- & Schwarzhändler

Für viele Touristen gehören Straßenhändler und Drogendealer zu den Hauptärgernissen auf Bali (und in den Touristengegenden von Lombok). Reisende werden von Straßenhändlern oft regelrecht belagert. Am schlimmsten ist es auf der Jalan Legian in Kuta, am Kuta Beach, in der Gegend am Gunung Batur und vor den Tempeln von Besakih und Tanah

DIE KUNST DES HANDELNS

Viele Einkäufe im Alltag gehen auf Bali und Lombok nur mit Handeln über die Bühne. Unterkünfte haben einen festen Preis, aber in der Nebensaison oder bei mehrtägigem Aufenthalt lohnt sich der Versuch, den Preis runterzuhandeln. In Kaufhäusern, Supermärkten und Mini-Märkten haben die Artikel feste Preise, aber ansonsten kann man ruhig handeln.

Das Feilschen kann ein ganz vergnüglicher Teil beim Einkaufen sein. Deshalb sollte man immer gute Laune behalten und die Dinge nüchtern betrachten. Folgende Schritte sind empfehlenswert:

➡ Man sollte sich selbst ein Bild davon machen, wie viel ein Artikel wert ist.

➡ Einen Anfangspreis festsetzen lassen – dazu immer den Verkäufer nach seinem Angebot fragen, nie selbst den ersten Schritt bei der Festsetzung des Preises tun.

➡ Das erste Angebot des Käufers kann in der Regel zwischen einem und zwei Dritteln des geforderten Preises liegen – allerdings nur unter der Voraussetzung, dass der Preis des Verkäufers nicht völlig überzogen ist.

➡ Mit Gebot und Gegengebot bewegt man sich dann langsam in Richtung eines annehmbaren Preises.

➡ Wenn man sich nicht einig wird, kann der Kunde einfach weggehen – dann könnte es passieren, dass der Verkäufer den Kunden mit einem noch niedrigeren Preis zurückhalten wird.

➡ Wenn der Kunde sich auf einen Preis eingelassen hat, ist er zum Kauf verpflichtet, es sei denn der Verkäufer ist noch nicht einverstanden.

Lot. Der Ruf „Transport?!?" gellt einem von beinahe überall her in die Ohren.

Wer die nachfolgenden Hinweise befolgt, sollte eigentlich von Schwarzhändlern und Betrügern unbehelligt bleiben:

➡ Bitte Schwarzhändler/Straßenhändler vollständig ignorieren

➡ Keinen Augenkontakt aufnehmen

➡ Ein höfliches *tidak* (nein) ermutigt diese Leute nur noch

➡ Bitte niemals nach dem Preis fragen oder einen Kommentar zur Qualität der Waren abgeben, es sei denn, man ist wirklich am Kauf interessiert.

Man sollte trotz allem bedenken, dass es sich um Menschen handelt, die auf diese Weise ihren Lebensunterhalt verdienen und deren Zeit man nur vergeudet, wenn man höflich bleibt und eigentlich gar nicht an einem Kauf interessiert ist.

Schwimmen

Am Kuta Beach und an den Stränden nördlich und südlich davon herrschen eine starke Brandung und auch starke Strömungen – also immer im mit Fahnen abgesteckten Areal schwimmen. Ausgebildete Rettungsschwimmer sind vor Ort, aber nur in Kuta, Legian, Seminyak, Nusa Dua, Sanur und (manchmal) in Senggigi. Auch an anderen Stränden können starke Strömungen herrschen, selbst wenn sie von Riffen geschützt werden.

Vorsicht ist über Korallen geboten; diese sollte man niemals in irgendeiner Form berühren. Sie können sehr scharf sein; zudem heilen Korallenschnitte sehr schlecht, da sie sich schnell infizieren können. Außerdem zerstört man damit empfindliche Strukturen der Natur.

Wasserverschmutzung ist ein Problem, insbesondere nach einem Regenguss. Man sollte sich immer weit von offenen Bächen und Flüssen fernhalten, die einfach so ins Meer fließen, besonders die oft modrig riechenden am Double-Six- und Seminyak Beach. Das Meerwasser bei Kuta ist in der Regel von den Abwässern der besiedelten Gebiete verseucht.

Verkehr & Fußwege

Mal abgesehen von den Gefahren des Autofahrens auf Bali, ist der Verkehr in den meisten Touristengegenden sehr ärgerlich und sogar für Fußgänger gefährlich. Fußwege können holprig sein, manchmal sogar unbenutzbar; löchrige und rissige Beläge sind die Hauptursache für Verletzungen. Abends und nachts sollte man eine Taschenlampe dabei haben.

Waisenhäuser

Auf Bali gibt es einige „falsche" Waisenhäuser, die nur dazu da sind, hilfsbereite Touristen auszunehmen. Wer etwas an ein Waisenhaus spenden möchte, sollte dessen Ruf sorgfältig im Internet recherchieren. Waisenhäuser, die Taxifahrer als Schlepper einsetzen, sind besonders suspekt.

Sprachkurse

Viele Besucher möchten wenigstens einige Brocken Indonesisch (Bahasa Indonesia) lernen. In Südbali und Ubud gibt es viele Sprachlehrer, die genau in den Orten, in denen Touristen absteigen, ihre Kurse annoncieren .

Indonesia Australia Language Foundation (IALF; ☎0361-225243; www.ialf.edu; Jl. Raya Sesetan 190, Denpasar) Die beste Sprachschule für Indonesisch (Bahasa Indonesia).

Seminyak Language School (Karte S. 78; ☎0361-733342; www.learnindonesianinbali.com; Jl. Raya Seminyak 7, Seminyak) Bei Touristen sehr beliebt, weil sie in einer Gasse unweit des Bintang-Supermarkts liegt und daher auch gut erreichbar ist.

Strom

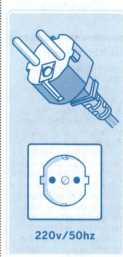

220v/50hz

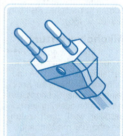

220v/50hz

Telefonieren

Internet-Telefonate

Die meisten Hotels im Süden Balis und in Ubud erlauben im Rahmen ihres WLAN-Angebots Skype-Telefonate. Internet-Zentren erheben unter Umständen zur normalen Internetzeit einen Aufpreis fürs Telefonieren.

Mobiltelefone

➜ SIM-Karten für Mobiltelefone kosten nur 5000 Rp. Es gibt sie mit niedrigen Tarifen ab 0,20 US$ pro Minute für Auslandsgespräche.

➜ SIM-Karten sind leicht zu kaufen und können ebenso leicht mit Guthaben aufgeladen werden.

➜ Vorsicht vor Händlern, die SIM-Karten für 50 000 Rp anpreisen. Wenn die dann nicht ein Guthaben von wenigstens 45 000 Rp haben, ist das Betrug. Dann sollte man woanders kaufen.

➜ Datentarife liegen bei durchschnittlich rund 200 000 Rp für einen Datenumfang von 3,5 GB.

➜ Telkomsel, ein wichtiger Betreiber, hat oft Außendienstmitarbeiter, die SIM-Karten in den Ankunftshallen der Flughäfen, direkt vor den Duty-Free-Shops anbieten. Sie kosten 50 000 Rp und haben ein Guthaben plus gute Datenübertragungsangebote. Das ist schon einmal ein ganz guter und einfacher Anfang. Man muss aber immer sichergehen, dass es sich nicht um einen falschen Verkäufer handelt, der haarsträubende Gebühren verlangt.

➜ Handynummern beginnen mit einer vierstelligen Vorwahl, die mit einer 08 anfangen und dann insgesamt 10 bis 12 Stellen haben.

Telefonnummern

Telefonnummern, die mit einer 08 beginnen, sind Handynummern. Wichtige Nummern sind:

Auskunft	📞108
Landesvorwahl von Indonesien (bei Anrufen aus Europa)	📞0062
Internationale Vermittlung	📞102

Toiletten

Toiletten im westlichen Stil gibt es fast überall in touristischen Gegenden.

Tagsüber sollte man nach den Toiletten eines Cafés oder Hotels Ausschau halten, nett lächeln und hineingehen (öffentliche Toiletten gibt es nur an einigen größeren Sehenswürdigkeiten).

Touristeninformation

Das Touristenbüro in Ubud gibt hervorragende Informationen zu kulturellen Veranstaltungen heraus. Ansonsten sind die Touristenbüros auf Bali nicht besonders hilfreich.

Die besten Informationsquellen sind die vielen kostenlosen Veröffentlichungen und Websites für Touristen und auf Bali lebende Ausländer. Außerdem gibt es zahlreiche Facebook-Gruppen, von denen allerdings einige sehr bedenkliche Foren der Intoleranz sind.

➜ **Bali Advertiser** (www.baliadvertiser.biz) Bietet exzellente Kolumnen mit Informationen für Besucher, darunter etwa Greenspeak vom Journalisten Cat Wheeler und Bali Explorer von dem legendären Reiseautor Bill Dalton.

➜ **Bali Discovery** (www.balidiscovery.com) Den wöchentlich online erscheinenden Nachrichtenbericht von Jack Daniels muss man einfach lesen, wenn man etwas über Veranstaltungen auf Bali erfahren möchte.

➜ **Hello Bali** (www.hellobalimagazine.com) Ein fesselndes Magazin mit Artikeln über die Insel und ihre Kultur.

➜ **The Beat** (www.beatmag.com) Hilfreiche Website, die alle zwei Wochen ausführliche Hinweise zu Unterhaltungs- und Kultur-Events aufführt.

➜ **The Yak** (www.theyakmag.com) Kesses Magazin über das Leben der hohen Tiere unter den in Seminyak und Ubud lebenden Ausländern.

Unterkunft

Auf Bali finden sich viele verschiedene Unterkünfte, insgesamt gibt es rund 30 000 Hotelzimmer und weitere Zehntausende Zimmer in Guesthouses, Villen etc. Der Wohnstandard ist in der Regel hoch, ganz unabhängig vom verfügbaren Reisebudget. In den Touristengegenden von Lombok und den Gilis finden sich die gleichen Unterkünfte wie auf

---

DIE FALSCHE NUMMER?

Die Festnetznummern werden auf Bali ständig geändert (einschließlich solcher mit der Vorwahlnummer 0361 im gesamten Süden und in Ubud). Um mehr Verbindungen einrichten zu können, wird zu den sechs oder gar sieben vorhandenen Stellen eine Stelle hinzugefügt. So wird aus 0361-761 xxxx unter Umständen 0361-4761 xxxx. Am Telefon wird erst in Indonesisch (Bahasa Indonesia) und dann auf Englisch durchgesagt, welche Stelle bei der geänderten Nummer hinzugefügt werden muss.

> ### UNTERKÜNFTE ONLINE BUCHEN
>
> Weitere Unterkunftsempfehlungen von Lonely Planet Autoren finden sich unter http://lonelyplanet.com/hotels/ Hier stehen sowohl sachliche Beschreibungen als auch Hinweise auf geeignete Übernachtungsmöglichkeiten. Und das Beste daran: Man kann gleich online buchen.

Bali; anderswo sind sie dort aber etwas einfacher und weniger zahlreich.

Auf den Übernachtungspreis wird eine Kombination aus Steuer und Bedienungsgeld („plus plus" genannt) von 21 % aufgeschlagen. Bei preiswerteren Hotels sind diese Anteile meist im ausgewiesenen Preis inbegriffen. Besser ist es jedoch, vorher nachzufragen. Viele Mittel- und Spitzenklassehotels rechnen diese 21 % erst nachher hinzu, sodass die Rechnung eine echte Überraschung bereithält.

In diesem Buch sind die Preise der Hochsaison inklusive Steuer angegeben. Es ist jedoch schwierig, ganz verbindliche Preise zu nennen, da manche Unterkünfte den Preis angeben, den sie hinterher auch wirklich fordern, andere aber reine Fantasiepreise in die Welt setzen, von denen sie am Ende bis zu 50 % ablassen.

Meist lassen sich die Preise herunterhandeln, besonders in der Nebensaison. In dieser Zeit sind Preisnachlässe zwischen 30 % und 50 % in Mittelklasse- und Spitzenklassehotels nicht selten. Da Bali jedoch als Reiseziel immer beliebter wird, klettern die Preise insgesamt stark in die Höhe.

Hotels

Fast jede Unterkunft auf Bali und Lombok kann Touren, Autovermietung und andere Serviceleistungen organisieren. Ein Waschservice gehört immer dazu, und er ist meist sehr preiswert oder sogar kostenlos.

BUDGETUNTERKÜNFTE

Die preiswertesten Unterkünfte auf Bali und Lombok sind eher klein und schlicht, aber sauber und gemütlich. Man erkennt sie an den Namensbestandteilen *losmen, homestay, inn* oder *pondok*. Viele sind im Stil balinesischer Wohnhäuser gebaut.

In ganz Bali gibt es diese Budgethotels (auf Lombok weniger) und sie variieren stark in Ausstattung und Preis. Meist findet man als Ausstattung dort vor:

➡ Eventuell Klimaanlage

➡ Eventuell auch warmes Wasser

➡ Eigenes Bad mit Dusche und WC im westlichen Stil

➡ Oft auch einen Pool

➡ Einfaches Frühstück

➡ Heiteres, freundliches Personal

➡ Internationale Budget-Ketten dringen mittlerweile rasch nach Südbali vor, aber man sollte bedenken, dass ein winziges Zimmer für 9 US$ schnell auf 40 US$ steigt, wenn die diversen Extras wie Steuern und Gebühren für Dinge wie Internet und Handtücher dazu kommen.

MITTELKLASSEHOTELS

Mittelklassehotels sind oft im Stil balinesischer Bungalows oder in zweigeschossigen Blocks auf einem geräumigen Grundstück mit Pool erbaut. Viele haben so viel Sinn fürs Schöne, dass man gar nicht mehr weg will. Zusätzlich zur Ausstattung in einem Budgethotel findet man hier oft:

➡ Balkon/Veranda/Terrasse

➡ Satelliten-TV

➡ Einen kleinen Kühlschrank

➡ Häufig WLAN

SPITZENKLASSEHOTELS

Spitzenklassehotels auf Bali haben einen Weltklasse-Standard. Der Service ist großartig, die Ausstattung erlesen, dazu kommen:

➡ Aussicht auf den Ozean, grüne Täler und Reisfelder oder Privatgärten

➡ Spa

➡ Unter Umständen auch der eigene Pool

➡ Der Wunsch, den Urlaub zu verlängern

Villen

Villen sind überall im Süden Balis und in der Gegend von Ubud zu finden, allmählich aber auch im Osten. Oft schießen sie mitten in einem Reisfeld quasi über Nacht aus dem Boden. Über diesen Bauboom streiten sich Umweltschützer, Ästheten und Wirtschaftsfachleute. Viele Villenbesitzer verzichten übrigens darauf, ihren Gästen die Steuern zu berechnen, was den Zorn der Luxushotelbesitzer erregte und sogar zu behördlichen Abrissdrohungen führte.

> ### PREISE
>
> Die folgenden Preisangaben beziehen sich auf ein Doppelzimmer mit Bad. Wenn nicht anders angegeben, sind alle Steuern im Preis inbegriffen.
>
> **$** unter 500 000 Rp (unter 50 US$)
>
> **$$** 500 000–1 500 000 Rp (50 bis 150 US$)
>
> **$$$** über 1 500 000 Rp (über 150 US$)

Richtig große Villen sind mitunter Treffpunkte für Saufgelage ganzer Gruppen und finden sich häufig in der Gegend um Canggu. Andere sind kleiner, heimeliger und gehören zu größeren Anlagen oder, wie in Seminyak und Kerobokan üblich, zu Luxushotels. Der Gast findet hier:

➡ Einen eigenen Garten
➡ Einen eigenen Pool
➡ Küche
➡ Schlafzimmer mit Klimaanlage
➡ Gelände unter freiem Himmel

Möglicherweise gibt es auch:

➡ Eigenes Personal (Koch, Fahrer, Putzfrau)
➡ Ein üppig bewachsenes Grundstück
➡ Einen Privatstrand
➡ Einsame Lage (kann sowohl Vorteil als auch Nachteil sein)

Die Preise reichen von weniger als 200 US$ pro Nacht für eine bescheidene Villa bis zu 2000 US$ und mehr pro Woche für ein eigenes Stückchen Tropenparadies.

Sonderkonditionen, besonders in der Nebensaison, sind gar nicht selten, und wenn man sich ein Haus mit anderen teilt, ist es doppelt lohnend.

Wer „Last Minute" bucht, kann oft viel sparen, allerdings sollte man in der Hochsaison die besten Häuser weit im Voraus reservieren.

VERMITTLUNGSAGENTUREN FÜR VILLEN

Die Websites homeaway.com und airbnb.com sind sehr hilfreich, aber viele der dort aufgeführten Häuser sind amtlich nicht zugelassen und tragen so zu einem unkontrollierten Markt mit all den damit verbundenen Vor- und Nachteilen bei. Hier einige

ABGELEGENE HOTELS

Wer in Südbali ein Hotelzimmer reservieren will, sollte aufpassen, wo genau er bucht.

Weil die Touristenzahlen auf Bali in den letzten Jahren so rasant gestiegen sind, sind immer mehr Hotelketten aus dem Boden geschossen. Allein im Jahre 2003 ist die Anzahl der Hotelzimmer auf Bali von 24 000 auf 30 000 angewachsen. Der Hotelbauboom in Kuta, Legian, Seminyak und mittlerweile auch Kerobokan greift fundamental in das Landschaftsbild der Region ein, besonders weil viele familiengeführte, preiswerte und einladende kleine Gasthäuser verdrängt werden.

Während einige dieser neuen großen Hotels in den traditionellerweise bevorzugten Gegenden von Südbali liegen, nicht weit von Stränden und Nachtleben entfernt, eröffnen auch ganz viele weitab von solchen Gebieten, die auf Touristen anziehend wirken. Viele Ketten führen Hotels sowohl in guten als auch in unattraktiven Gegenden, und man kann oft nicht erkennen, besonders wenn man über Websites bucht, wo genau das gewünschte Hotel liegt. Wie auch bei Immobilienmaklern üblich, ist „Seminyak" mittlerweile die Adresse auch von weit abgelegenen Hotels bis nach Denpasar.

Deshalb sollte man bei Angeboten im Netz, die ein mittelklassiges Zimmer für 30 US$ anpreisen, die folgenden Punkte beachten:

➡ Alles westlich der Achse Jl. Legian–Jl. Seminyak–Jl. Kerobokan befindet sich in der Nähe von Stränden und Nachtleben.

➡ Östlich dieser Achse wird es schnell ganz unbequem. Zu Fuß kann man von hier nur wenig Interessantes erreichen, Strände sind oft weit entfernt und zufällig vorbeikommende Taxis sehr selten.

➡ Jl. Ngurah Rai Bypass und Jl. Sunset sind beide sehr laute Hauptstraßen ohne Charme und schwer zu überqueren. Viele neue Hotelketten befinden sich aber genau an diesen überfüllten Durchgangsstraßen.

➡ Östlich der Jl. Ngurah Rai Bypass und Jl. Sunset ist man direkt tief in der Vorstadt Denpasar, wo man weder Taxis noch andere interessante Dinge findet.

➡ In Sanur, wo mittlerweile auch immer mehr Hotelketten ansässig werden, sollte Jl. Ngurah Rai Bypass die bei der Hotelsuche absolut westlichste Grenze sein.

➡ Wer sorgfältig und genau nach Hotelzimmern sucht, kann in der Regel in den schönsten Gegenden Südbalis tolle Zimmer finden, vielleicht sogar in einem kleinen oder auch familiengeführten Gästehaus mit viel mehr Charme und Atmosphäre als in einem aus dem Boden gestampften billigen Hotel.

heimische Vermittlungsagenturen:

Bali Discovery (☎0361-286 283; www.balidiscovery.com) Villen- und Hotelangebote

Bali Private Villas (☎0361-316 6455; www.baliprivatevillas.com)

Bali Tropical Villas (☎0361-732083; www.bali-tropical-villas.com)

EINE VILLA BUCHEN

Wer eine Villa buchen will, könnte meinen, da draußen tobt der Wilde Westen! Es gibt Abertausende Vermittlungsagenturen, einige davon sind hervorragend, andere nicht. Wichtig ist, genaue Vorstellungen von dem zu haben, was man mieten möchte. Hier einige Fragen, die man unbedingt stellen sollte, bevor man sich für eine Villa entscheidet:

➡ Wie weit ist die Villa vom Strand und von den Geschäften entfernt?

➡ Ist ein Fahrer oder Fahrservice mit im Preis enthalten?

➡ Wenn es einen Koch gibt, ist der Preis für die Lebensmittel inbegriffen?

➡ Muss der Strom extra bezahlt werden?

➡ Entstehen Extrakosten für die Reinigung des Hauses?

➡ Ist ein Wäscheservice inbegriffen?

➡ Wie viel bekommt man von der Standardkaution in Höhe von 50 % wieder zurück?

➡ Gibt es WLAN?

Langzeitunterkünfte

Wer länger bleiben will, kann auch Wohnungen für 300 bis 1200 US$ und mehr im Monat mieten. Solche Angebote finden sich auf folgenden Seiten:

➡ Facebook-Gruppen. Auf Bali gib es viele Mietobjekte; Bali Rooms for Rent ist eine der größeren Plattformen. Man kann auch unter Gruppen mit dem Namen der Stadt plus „Housing" suchen.

➡ Bali Advertiser (www.baliadvertiser.biz)

➡ Die einheimische Website www.banjartamu.org

➡ Ein Schwarzes Brett in beliebten Cafés wie dem Bali Buda in Ubud und Umalas, sowie den vielen Cafe-Moka-Niederlassungen. Die Bintang-Supermärkte in Seminyak und Ubud sind ebenfalls gute Informationsquellen.

➡ Mundpropaganda. Immer mit den neugewonnenen Freunden darüber sprechen: Jeder kennt jemanden mit einer Wohnung, die er zu vermieten hat.

Dorfunterkünfte

Einen Aufenthalt in einem Dorf kann man gut durch das Village Ecotourism Network **JED** (Village Ecotourism Network; ☎0361-366 9951; www.jed.or.id; Touren ab 75 US$) arrangieren. Eine weitere gute Möglichkeit ist das **Bali Homestay Program** (☎0817 067 1788; www.bali-homestay.com; Jegu; Zi. ab 20 US$ pro Nacht) nördlich von Tabanan.

Versicherung

Wer nicht ganz sicher ist, ob die eigene Krankenversicherung im Krankheitsfall auch auf Bali oder Lombok zahlt, sollte eine Reisekrankenversicherung abschließen und als Beweis für den nötigen Versicherungsschutz eine Ausfertigung der Police auf der Reise mitführen. Die Police sollte auch Krankentransporte abdecken.

Einige Verträge schließen ausdrücklich gefährliche Aktivitäten wie Sporttauchen, Motorradfahren oder

---

VISUMSVERLÄNGERUNG

Man kann sein 30-Tage-Visum, das bei der Ankunft ausgestellt wurde, ein Mal verlängern lassen. Der bürokratische Aufwand ist dabei recht hoch:

➡ Mindest sieben Tage, bevor ein Visum erlischt, geht man zum **Kuta Immigration Office** (Karte S. 61; Jl. Ngurah Rai Bypass, Tuban; ⊗Mo–Fr 8–16 Uhr), das in einer Nebenstraße bei der Tankstelle Pertimina auf der Westseite der Umgehungsstraße von Tuban liegt (also nicht richtig in Kuta).

➡ Den Ausweis mitbringen sowie eine Kopie davon und eine vom Rückflugticket in die Heimat (das für einen Tag innerhalb des Erneuerungszeitraums ausgestellt sein sollte).

➡ Eine Gebühr von 250 000 Rp wird dabei fällig.

➡ Man gibt am besten eine Adresse in Kuta an (wer sagt „Ich wohne auf den Gilis", wird nach Lombok weitergeschickt; wer Ubud angibt, wird nach Denpasar weitergeleitet).

➡ Unter Umständen muss man ein zweites Mal im Büro erscheinen.

Es gibt eine Möglichkeit, sich die Umstände bei der Visumserneuerung zu sparen: Man sucht sich einen Visumsvermittler wie etwa **ChannelOne** (Karte S. 78; ☎0361-780 4047; www.channel1.biz; Jl. Sunset Road 100X, Kerobokan), der gegen eine Gebühr alle Visumsformalitäten für die Kunden erledigt.

manchmal sogar Trekking aus. Eine vor Ort erworbene Fahrerlaubnis für Motorräder wird von manchen Versicherungen nicht akzeptiert.

Unter www.lonelyplanet.com/bookings findet sich eine weltweit gültige Reiseversicherung. Man kann sie jederzeit online abschließen, erweitern oder Schadensansprüche stellen – sogar von unterwegs aus.

Visa

Die Visumsbestimmungen ändern sich in Indonesien ständig. Urlauber sollten sich also unbedingt vor der Abreise nach den gerade geltenden Formalitäten erkundigen. Ansonsten kann es durchaus passieren, dass man sofort den Rückflug antreten muss.

Egal, welche Art Visum erforderlich ist, der Reisepass muss noch wenigstens sechs Monate nach Ankunft gültig sein.

Die wichtigsten Visumsarten für Indonesien sind:

→ **Visum im Voraus** Die betreffenden Urlauber müssen vor ihrer Ankunft in Indonesien ein Visum beantragen. Dies ist typischerweise ein Besuchervisum, das es in zweierlei Ausführung gibt: für 30 oder 60 Tage.

Die Einzelheiten sind je nach Herkunftsland verschieden. Über die Gebühren und Laufzeiten informiert die nächstgelegene indonesische Botschaft oder jedes entsprechende Konsulat. Ein 60-Tage-Besuchervisum ist nur auf diesem Wege erhältlich.

→ **Visum bei der Ankunft** Die Bürger von über 60 Ländern können bei ihrer Ankunft an den Flughäfen von Bali und Lombok ein 30-Tage-Visum beantragen. Die Kosten dafür belaufen sich auf 35 US$; am besten, man hat die passende Dollarsumme gleich parat. Zu diesen 60 Ländern gehören recht viele – aber nicht alle – EU-Länder, darunter Frankreich, Deutschland, Österreich, Irland, die Niederlande und Großbritannien, außerdem die Schweiz. 30-Tage-Visa, die bei der Ankunft ausgestellt werden (VOA), können verlängert werden. Wer nicht aus einem der 60 Länder kommt, muss sich sein Visum im Voraus besorgen.

→ Welche Art von Visum man auch für die Einreise nach Bali oder Lombok benötigt, immer wird eine Touristenkarte für den Aufenthalt ausgestellt (wer direkt eines der begehrten 60-Tage-Visa bekommen hat, sollte darauf achten, dass die Einwanderungsbehörde am Flughafen auch eine 60 Tage gültige Touristenkarte ausstellt). Man sollte die Touristenkarte zusammen mit dem Ausweis aufbewahren, weil man sie beim Verlassen des Landes wieder abgeben muss.

Bußgelder beim Überziehen der Visumszeit belaufen sich auf 300 000 Rp pro Tag und ziehen noch zusätzliche Scherereien nach sich.

Zeit

Bali und Lombok unterliegen der Waktu Indonesian Tengah oder WIT (Zentralindonesische Standardzeit), die sieben Stunden vor der MEZ liegt. Java rangiert eine Stunde hinter Bali und Lombok.

Wenn es also auf Bali und Lombok 12 Uhr mittags ist, ist es in New York noch 23 Uhr des vorherigen Tages, 4 Uhr morgens in London, 5 Uhr morgens in Berlin, Wien und Bern und 13 Uhr in Tokio (Uhrzeiten jeweils ohne Berücksichtigung der Sommerzeit).

Zoll

Auf der Liste der verbotenen Einfuhrgüter stehen unter anderem Drogen, Waffen, frisches Obst und alles, was auch nur im entferntesten mit Pornografie zu tun hat.

Erlaubt sind unter anderem folgende Güter:

→ 200 Zigaretten (oder 50 Zigarren oder 100 g Tabak)

→ Eine „akzeptable Menge" Parfüm

→ 1 l Alkohol

Surfer mit mehr als zwei oder drei Brettern im Gepäck müssen unter Umständen eine Gebühr bezahlen. Das kann auch für andere Gegenstände gelten, von denen die Beamten mutmaßen, dass man sie in Indonesien verkaufen möchte.

Für fremde Währungen gibt es keinerlei Beschränkungen, aber die Einfuhr oder Ausfuhr von Rupiah ist auf 5 Mio. Rp begrenzt. Größere Summen müssen deklariert werden.

Verkehrsmittel & -wege

AN- & WEITERREISE

Die meisten Besucher kommen mit dem Flugzeug nach Bali. Insel-Hopper können eine der häufig verkehrenden Fähren zwischen dem Osten Javas und Bali, zwischen Bali und Lombok und zwischen Lombok und Sumbawa nehmen. Die meisten Leute fahren von Bali aus nach Lombok.

Flüge, Touren und Bahntickets können online über www.lonelyplanet.com/bookings gebucht werden.

Einreise

Die Ankunft am Ngurah Rai International Airport von Bali ist ganz einfach, allerdings kann es etwas dauern, bis die vielen Passagiere aus den vollen Flugzeugen beim Einreiseschalter abgefertigt sind; nachmittags ist es meist am schlimmsten.

Am Gepäckband helfen Gepäckträger gerne, das Gepäck zu den Zolltischen und noch weiter zu tragen. Sie nehmen in der Regel 20 US$ für diesen Service – wer diese Hilfe in Anspruch nehmen will, sollte den Preis vorher aushandeln. Der offizielle Preis liegt bei 10 000 Rp pro Gepäckstück. Gepäckwagen sind immer kostenlos.

KLIMAWANDEL & REISEN

Der Klimawandel stellt eine ernste Bedrohung für unsere Ökosysteme dar. Zu diesem Problem tragen Flugreisen immer stärker bei. Lonely Planet sieht im Reisen grundsätzlich einen Gewinn, ist sich aber der Tatsache bewusst, dass jeder seinen Teil dazu beitragen muss, um die globale Erwärmung zu verringern.

Fliegen & Klimawandel

Fast jede Art der motorisierten Fortbewegung erzeugt CO_2 (die Hauptursache für die globale Erwärmung), doch Flugzeuge sind mit Abstand die schlimmsten Klimakiller – nicht nur wegen der großen Entfernungen und der entsprechend großen CO_2-Mengen, sondern auch weil sie diese Treibhausgase direkt in hohen Schichten der Atmosphäre freisetzen. Die Zahlen sind erschreckend: Zwei Personen, die von Europa in die USA und wieder zurück fliegen, erhöhen den Treibhauseffekt in demselben Maße wie ein durchschnittlicher Haushalt in einem ganzen Jahr.

Emissionsausgleich

Die englische Website www.climatecare.org und die deutsche Internetseite www.atmosfair.de bieten sogenannte CO_2-Rechner. Damit kann jeder ermitteln, wie viel Treibhausgase seine Reise produziert. Das Programm errechnet den zum Ausgleich erforderlichen Betrag, mit dem Reisende nachhaltige Projekte zur Reduzierung der globalen Erwärmung unterstützen können, beispielsweise Projekte in Indien, Honduras, Kasachstan und Uganda.

Lonely Planet unterstützt gemeinsam mit Rough Guides und anderen Partnern aus der Reisebranche das CO_2-Ausgleichs-Programm von climatecare.org

Alle Reisen von Mitarbeitern und Autoren von Lonely Planet werden ausgeglichen. Weitere Informationen gibt es auf www.lonelyplanet.com

Wer dann durch den Zoll ist, trifft auf Reisebegleiter, irgendwelche Betrüger oder Taxifahrer. Die Betrüger sollte man links liegen lassen, da ihre Serviceangebote wertlos und sie nur auf ihren eigenen Vorteil aus sind.

Der Pass der Reisenden *muss* noch sechs Monate nach Ankunft in Indonesien gültig sein. Die Ausstellung des Visums nimmt die meiste Zeit bei der Einreise in Anspruch (s. S. 429).

Flugzeug

Eigentlich ist die Hauptstadt Jakarta der wichtigste Zielflughafen für Indonesienreisende, aber es gibt auch viele internationale Direktflüge nach Bali und einige wenige nach Lombok.

Flughäfen & Fluglinien
BALI AIRPORT

Der einzige Flughafen von Bali ist der **Ngurah Rai International Airport** (DPS), er liegt direkt südlich von Kuta. Im internationalen Sprachgebrauch wird er oft Denpasar, auf Buchungsplattformen im Internet auch einfach Bali genannt.

Hier wurde 2013 ein neuer Terminal eröffnet, er war aber ein Jahr später noch immer im Bau. Leider gibt es dort einige Probleme:

➡ Wucherpreise für Essen und Trinken, auch gemessen an anderen Flughafenpreisen.

➡ Es ist hier oft schmutzig.

AUSREISESTEUER

Die Ausreisegebühr von Bali und Lombok beträgt für Inlandsflüge 75 000 Rp und 200 000 Rp für internationale Flüge. Es empfiehlt sich, die exakte Summe bar dabei zu haben.

➡ Lange Schlangen an den Einreise- und Zollschaltern. Die Einreisebeamten lassen Passagiere schneller durch, wenn diese eine inoffizielle Gebühr von 750 000 Rp zahlen.

➡ Nicht funktionierende Rolltreppen.

➡ Einige Betrüger, die im Ankunftsbereich sehr zweifelhafte Unterkünfte und Verkehrsmittel anbieten.

Die gegenwärtigen Start- und Landebahnen sind zu kurz für die vielen Flieger nach/von Europa, Australien und Asien.

Die Inlandsflüge aus anderen Teilen Indonesiens nach Bali werden immer wieder von wechselnden Fluglinien angeboten. Alle haben ihre Ticketschalter im Terminal für Inlandsflüge, den man direkt aufsuchen muss, weil Internetbuchungen bei diesen Fluglinien oft schwierig sind.

Air Asia (www.airasia.com) Fliegt Jakarta, Bangkok, Kuala Lumpur, Singapur und australische Ziele an.

Cathay Pacific Airways (www.cathaypacific.com) Fliegt von/nach Hongkong.

China Airlines (www.china-airlines.com) Fliegt von/nach Taipeh.

Eva Air (www.evaair.com) Fliegt von/nach Taipeh.

Garuda Indonesia (www.garuda-indonesia.com) Fliegt von/nach Australien, Japan, Korea und Singapur und in indonesische Städte.

Jetstar (www.jetstar.com) Fliegt von/nachAustralien.

KLM (www.klm.com) Fliegt via Singapur von/nach Amsterdam.

Korean Air (www.koreanair.com) Fliegt von/nach Seoul.

Lion Air (www.lionair.co.id) Fliegt in Städte Indonesiens und nach Kuala Lumpur.

Malaysia Airlines (www.mas.com.my) Fliegt von/nach Kuala Lumpur.

Qatar Airways (www.qatarairways.com) Fliegt nonstop von/nach Doha mit guten Anschlussverbindungen nach Europa.

Singapore Airlines (www.singaporeair.com) Täglich mehrere Flüge nach/von Singapur.

Thai Airways International (www.thaiair.com) Fliegt von/nach Bangkok.

Virgin Australia (www.virginaustralia.com) Fliegt von/nach Australien.

LOMBOK AIRPORT

Lombok International Airport (Bandara Internasional Lombok; LOP) liegt im Süden der Insel bei Praya. Außer einigen Inlandsflügen in einige größere Städte Indonesiens gibt es nur wenige internationale Ziele.

Garuda Indonesia (Karte S. 297; ☎0804 180 7807; www.garuda-indonesia.com; Jl. Pejanggik 42, Mataram) Fliegt von/nach Bali und Jakarta.

Lion Air/Wings Air (www.lionair.co.id) Fliegt Bali, Jakarta und Surabaya an.

Silk Air (www.silkair.com) Flüge von/nach Singapur.

Trans Nusa (☎0361-847 7395; www.transnusa.co.id) Ziele auf Nusa Tenggara und Bali.

Tickets

Von Europa aus ist es am preiswertesten, wenn man ein billiges Ticket nach Jakarta, Kuala Lumpur oder Singapur kauft und dann einen Anschlussflug nach Bali bei einer Budget-Airline wie Air Asia oder Lion Air nimmt.

Asien

Bali ist gut an die wichtigsten Verkehrsknotenpunkte Asiens angebunden. Lombok ist mit Kuala Lumpur und Singapur verbunden.

Australien

Die Flugverbindungen nach Australien sind mittlerweile auf Rekordlevel.

Europa

Ideal sind Nonstop-KLM-Flüge von Amsterdam oder mit Zwischenstopp in Bangkok, Kuala Lumpur oder Singapur.

BUSTERMINAL MENGWI

Der Busterminal von Mengwi liegt 12 km nordwestlich von Denpasar, direkt an der Hauptstraße, die in den Westen Balis führt. Hier halten viele Fernbusse zum/vom Busterminal Ubung in Denpasar.

Wenn man nach/von Südbali reisen möchte, kann man Zeit sparen, wenn man statt von Denpasar von hier aus losfährt. Taxis mit Taxameter sind vorhanden und kosten 150 000 bis 200 000 Rp.

Neuseeland
Air New Zealand bietet einige Nonstop-Flüge an.

Nordamerika
Die besten Verbindungen sind über einen der größeren Verkehrsknotenpunkte in Asien, von wo es nonstop nach Bali weitergeht. Es gibt keine US-Airline, die nach Bali fliegt.

Andere indonesische Inseln
Von Bali aus kann man oft schon für unter 50 US$ in die größeren indonesischen Städte fliegen – Tickets gibt es bei den örtlichen Reisebüros oder direkt am Flughafen. Besondere Angebote nach Jakarta sind schon genauso preiswert wie eine Busfahrt und dazu noch mit einer guten Zeitersparnis von 22 Stunden verbunden.

Von Lombok aus gibt es nur wenige Direktflüge, meist nur nach Bali, Surabaya und Jakarta.

Auf dem Landweg

Bus
Bei zahlreichen Busunternehmen, die oft über Nacht nach Java fahren, ist bereits die Fährüberfahrt von Bali im Preis inbegriffen. Es empfiehlt sich, die Fahrkarte wenigstens einen Tag vor der Fahrt beim Reiseunternehmen oder an den Terminals in Denpasar (Ubang) oder Mengwi zu besorgen.

Hinweis: Fliegen kann genauso preiswert sein wie die Busfahrt.

Die Fahrpreise können je nach Busunternehmen stark variieren; es lohnt sich, einen Aufpreis für einen anständigen Sitzplatz zu zahlen (eine Klimaanlage ist überall vorhanden). Die übliche Fahrt vom neuen Terminal kostet nach Yogyakarta 350 000 Rp und dauert 16 Stunden und nach Jakarta 470 000 Rp bei 24 Stunden Fahrzeit. Es fahren auch Busse von Singaraja im Norden Balis.

Auf Lombok fahren die öffentlichen Busse täglich vom Terminal Mandalika in Mataram über Bali in die größeren Städte von Java.

Zug
Auf Bali fahren keine Züge, aber die **Staatliche Eisenbahngesellschaft** (Kerata API; Karte S. 136; ☎0361-227131; www.kereta-api.co.id; Jl. Diponegoro 150/B4; ⊙Mo–Fr 8–15, Sa & So 9–14 Uhr) hat ein Büro in Denpasar. Von hier aus fahren Busse in den Osten Javas, wo sie dann in Banyuwangi Anschluss an Züge nach Surabaya, Yogyakarta und Jakarta, um nur einige Ziele zu nennen, haben. Fahrpreis und Fahrtzeiten sind Bussen vergleichbar, aber die klimatisierten Züge bieten selbst in der preiswertesten Klasse mehr Komfort.

Hinweis: Google Translate funktioniert auf der Website gut.

Übers Meer

Java
Java, direkt westlich von Bali gelegen, erreicht man mit Fähren, die zwischen Gilimanuk im Westen Balis und Ketapang (Java) verkehren. Man kann dann einen Bus bis Jakarta nehmen. Sumbawa, östlich von Lombok ist ebenfalls durch eine Fähre angebunden.

Sumbawa
Den ganzen Tag über fahren häufig Fähren von Labuhan Lombok auf Lombok und Poto Tano auf Sumbawa hin und her.

Andere indonesische Inseln
Die Staatliche Schiffsgesellschaft Pelni (www.pelni.co.id) setzt für lange Strecken in ganz Indonesien große Schiffe ein.

Auf Bali legen die Schiffe von Pelni am Hafen Benoa an. Fahrpläne und -preise finden sich auf der Website. Infos und Buchungen im **Pelni-Kartenbüro** (Karte S. 61; ☎0361-763 963; www.pelni.co.id; Jl. Raya Kuta 299; ⊙Mo–Fr 8–12 & 13–16, Sa 8–13 Uhr) in Tuban.

Die Schiffe von Pelni verbinden Lembar auf Lombok mit anderen Teilen Indonesiens. Fahrpläne und Kartenverkauf im **Pelni-Büro** (☎0370-637212; Jl. Industri 1; ⊙Mo–Do 8–12 & 13–15.30, Fr & Sa 8–11 Uhr).

UNTERWEGS VOR ORT

Das beste Verkehrsmittel, um die Inseln zu erkunden ist ein Leihwagen mit/ohne Fahrer oder auch ein Fahrrad. Nur so hat man die nötige Flexibilität und die Möglichkeit, auch in Orte zu kommen, die mit öffentlichen Verkehrsmitteln nicht erreichbar sind.

Die öffentlichen Verkehrsmittel sind recht billig, der Preis dafür ist die lange Fahrzeit, vor allem abseits der Hauptrouten. Und einige Orte sind auf diese Weise schlichtweg gar nicht erreichbar.

Recht preisgünstig und zudem auch bequem ist die Benutzung der Touristen-Shuttlebusse.

Auto & Motorrad

Mit einem gemieteten Auto oder Motorrad bzw. Moped eröffnen sich einem ganz andere Möglichkeiten auf Bali und Lombok – das führt allerdings auch dazu, dass man die Minuten bis zur Rückgabe zählt. Zu bestimmten Zeiten ist die Verkehrssituation auf den Inseln grauenvoll, besonders in Südbali. Dagegen gibt ein Mietfahrzeug einem die Freiheit, Unmengen an Nebenstraßen zu erkunden und ganz nach eigenem Zeitplan zu reisen.

Die meisten Leute mieten das Auto nicht für die gesamte Zeit ihres Aufenthalts, sondern nur für einen oder mehrere Tage.

Führerscheine

FÜHRERSCHEIN FÜRS AUTO

Für das Mieten eines Fahrzeugs wird ein internationaler Führerschein verlangt, den man im Heimatland unter Vorlage des nationalen Führerscheins bei der Zulassungsstelle erhält. Den nationalen Führerschein sollte man dennoch mit nach Bali nehmen. Wer diesen internationalen Führerschein nicht dabei hat, muss mit einem Bußgeld in Höhe von 50 000 Rp rechnen, wenn er von der Polizei angehalten wird (diese Summe wird jedes Mal verlangt, also auch wenn man mal wieder angehalten wird).

MOTORRAD-FÜHRERSCHEIN

Wer einen Motorradführerschein seines Heimatlandes hat, braucht ebenfalls das internationale Äquivalent – so vermeidet man jeglichen Ärger. Wer diesen Führerschein nicht besitzt, kann einen indonesischen Motorradführerschein erwerben – die Beschaffung eines solchen Papiers ist aber ein Abenteuer für sich.

Offiziell wird ein Bußgeld von 2 Mio. Rp gefordert, wenn man ohne Führerschein unterwegs ist, und das Motorrad kann sogar konfisziert werden. Inoffiziell wird vor Ort meist nur ein Bußgeld von etwa 50 000 Rp eingefordert, in der Regel darf man dann auch weiterfahren. Allerdings greift die abgeschlossene Versicherung nicht im Falle eines Unfalls, bei dem man nicht die notwendigen Papiere vorweisen kann.

Um einen balinesischen Motorradführerschein zu bekommen (ein Jahr gültig), geht man zu **Poltabes Denpasar** (Karte S. 198; ☎0361-142 7352; Jl. Gunung Sanhyang; ⊙Mo–Sa 8–13 Uhr) nordwestlich von Kerobokan an der Straße nach Denpasar. Nötig sind der Ausweis, eine Kopie des Ausweises (die Seite mit dem Foto genügt) und ein Passfoto. Dann sollte man diese Hinweise beachten:

➡ Das Gedränge in der überfüllte Halle ignorieren.

➡ Hilflos erscheinen und einen uniformierten Beamten nach einer *motorcycle license* fragen.

➡ Sich zu einem freundlichen englischsprechenden Beamten geleiten lassen und 250 000 Rp bezahlen.

➡ Einen schriftlichen Test bestehen (auf Englisch mit den Antworten auf einer Mustertestseite).

➡ Den Führerschein mitnehmen.

Benzin

Bensin (Benzin) wird von der regierungseigenen Ölfima Pertamina verkauft und kostet nur 6500 Rp pro Liter (es wird subventioniert). Bali hat eine ganze Menge Tankstellen. Auf Lombok befinden sie sich jedoch nur in größeren Städten. Benzin für Motorräder wird oft am Straßenrand aus Wodkaflaschen angeboten.

Mieten

Nur wenige Verleihfirmen auf Bali erlauben es, die Mietfahrzeuge nach Lombok mitzunehmen.

AUTO

Der beliebteste Mietwagen ist ein kleiner Geländewagen; er ist kompakt und gut für Fahrten auf Nebenstraßen geeignet. Automatikgetriebe ist hier unbekannt.

Verleihfirmen und Reisebüros in den Touristenzentren verleihen ihre Fahrzeuge recht preiswert. Ein kleiner Jeep kostet auf Verhandlungsbasis 50 000 Rp pro Tag. Inbegriffen sind unbegrenzte Kilometerzahl und eine sehr eingeschränkte Versicherung. Ein Zusatztag kostet oft viel weniger als der erste Tag.

Mietwagen im Voraus oder mit einem Reisepaket zu buchen ist sinnlos, da das mit Sicherheit teurer ist als die Fahrzeuge vor Ort zu mieten.

BALIS MAUTSTRASSE

Die Bali-Madara-Toll-Road verhindert das schlimmste Verkehrschaos in und um Kuta herum. Mit ihren 12,7 km Länge verläuft sie von der Umgehungsstraße bei Denpasar über die Mangrovengebiete hinweg bis zu einer Stelle bei Nusa Dua mit einer Abzweigemöglichkeit zum Ngurah Rai International Airport. Unterwegs hat man eine gute Aussicht auf die bedrohten Mangroven und den Hafen von Benoa.

Die Maut beträgt 10 000 Rp. Die Strecke bringt wirklich eine Zeitersparnis, wenn man Richtung Süden, besonders nach Nusa Dua, möchte. Richtung Norden jedoch kommt man in die überfüllte Anschlussstelle mit der Umgehung Jl. Ngurah Rai.

Egal in welcher Unterkunft man bleibt, alle, auch die allgegenwärtigen Straßenhändler, können einen Mietwagen beschaffen.

MOTORRAD

Motorräder sind auf Bali und Lombok ein sehr beliebtes Fortbewegungsmittel – Einheimische fahren fast schon von der Geburt an im Sozius mit. Eine fünfköpfige Familie, die allesamt fröhlich auf nur einem Motorrad sitzen, nennt man im Sprachgebrauch einen Bali-Minivan.

Der Mietpreis beträgt um die 50 000 Rp pro Tag, bei einer Wochenmiete kommt man bei den Mietkosten günstiger weg. Im Preis sollte zumindest eine Minimalversicherung für das Fahrzeug enthalten sein, die aber weder den Mitfahrer noch den Verlust einschließt. Viele Maschinen verfügen sogar über Halterungen für Surfboards.

Vor der Unterschrift auf dem Vertrag sollte man sicher sein, dass man sowohl die Maschine als auch die Straßen- bzw. Verkehrsverhältnisse beherrscht. Das Fahren auf Bali und Lombok ist nicht ungefährlich – jährlich verlassen viele Besucher die Insel mit schweren Verletzungen. Lombok ist kein Ort, um das Motorradfahren erst zu lernen! Der Gebrauch eines Helms ist übrigens Pflicht.

Trampen

Man sieht fast keine Tramper auf Bali und Lombok. Stattdessen sollte man für die günstige Fortbewegung ein *ojek* in Betracht ziehen.

Straßenverhältnisse

Vor allem rund um Ubud kann der Verkehr ein echter Horror sein, auch im fernen Padangbai im Osten oder in Tabanan im Westen Balis geht es auf den Straßen ziemlich wild zu. Selbst die Fahrt zu den touristischen Hauptsehenswürdigkeiten kann eine Herausforderung darstellen: Die Straßen sind oft nur unzureichend ausgeschildert, die vorhandenen Straßenkarten sind meistens unzuverlässig. Abseits der Hauptrouten sind die Straßen schwer zu befahren, fast alle haben aber zumindest einen Belag.

Auf Lombok sind die Straßen in deutlich schlechterem

AUTO MIT CHAUFFEUR

Wer sich nicht mit öffentlichen Verkehrsmitteln herumschlagen will, aber auch nicht selbst fahren möchte, für den ist diese Form eine hervorragende Möglichkeit, Bali auf eigene Faust zu entdecken. Und wer zudem in einer Gruppe unterwegs ist, kommt auch noch vergleichsweise billig weg. Auch auf Lombok lassen sich Autos mit Fahrer mieten, es gibt allerdings nicht sehr viele, die diesen Service anbieten.

Einen Fahrer findet man schnell – man muss nur auf die immer wieder gestellte Frage „transport?" in den Straßen der Tourismushochburgen reagieren. Doch am besten spricht man einen Fahrer persönlich an oder bittet das Hotel um Vermittlung. Das ist generell am ratsamsten, denn so übernimmt auch das Hotel ein Stück Verantwortung. Weitere Punkte, die beachtet werden sollten:

→ Auch wenn überall hervorragende Fahrer herumlaufen, empfiehlt es sich, mit mehreren zu verhandeln.

→ Hilfreich sind immer Empfehlungen anderer Reisender.

→ Es muss eine gewisse Sympathie zwischen Fahrer und Gast bestehen, auch sollte der Fahrer genügend Englisch beherrschen, um die Wünsche und Vorstellungen seiner Passagiere zu verstehen und mit ihnen darüber diskutieren zu können.

→ Die Kosten pro Tag sollten sich zwischen 400 000 und 600 000 Rp bewegen.

→ Das Fahrzeug – meist ist es ein älterer Toyota Kijang mit sieben Sitzen – sollte sauber sein.

→ Die Fahrtroute sollte vorab besprochen werden.

→ Dem Fahrer muss klar signalisiert werden, dass man weder zum Essen noch zum Shoppen in Touristenfallen gefahren werden will. (Gute Fahrer wissen, dass ihr Trinkgeld davon abhängt, ob sie sich an diese Vorgaben halten.)

→ Die Fahrer bekommen ihr Mittagessen bezahlt; da viele gern anderswo essen, drückt man ihnen dafür 20 000 Rp in die Hand. Auch über Snacks und Getränke freut sich der Fahrer.

Viele Fahrer bemühen sich sehr, ihren Kunden auf ganz überraschende Weise einen schönen Tag zu bereiten. Diese Dienstleistung sollte man mit einem entsprechenden Trinkgeld honorieren.

Zustand, dafür herrscht nicht so viel Verkehr.

Unbedingt Fahrten in der Nacht oder in der Dämmerung vermeiden: Viele Räder, Kutschen und sonstige Fahrzeuge haben kein Licht, und nur wenige Straßen sind ausreichend beleuchtet.

Verkehrsregeln

Viele Reisende berichten übereinstimmend von nahezu wahnsinnigen balinesischen Autofahrern, was jedoch meist daran liegt, dass sie als Ausländer die lokalen Konventionen nicht verstehen. So bedeutet ein penetrantes Dauerhupen nicht: „Mach endlich Platz", sondern ist die typisch balinesische Version von: „Hi, hier bin ich."

➜ Immer nach vorne schauen – für alles, was einem vorn vor die Räder läuft oder fährt, ist man als Fahrer verantwortlich. Autos, Motorräder und alle anderen Verkehrsteilnehmer vor einem haben Vorfahrt.

➜ Viele einheimische Fahrer schauen sich an einer Kreuzung überhaupt nicht um, wenn sie links abbiegen wollen – sie achten nur darauf, ob jemand hupt.

➜ Unbedingt jeden, der sich vor dem eigenen Fahrzeug befindet, durch mehrfaches Hupen auf sich aufmerksam machen – vor allem dann, wenn man überholen will.

➜ Immer links fahren.

Versicherung

Verleihfirmen und Privatbesitzer von Autos bestehen meist auf einer Versicherung für das Fahrzeug selbst; eine Minimalversicherung sollte jeder Mietvertrag enthalten – oft mit einer Eigenbeteiligung von wenigstens 100 US$ für ein Motorrad und 500 US$ für ein Auto (d. h. der Kunde zahlt die ersten 100/500 US$ eines jeden Schadens selbst).

Sinnvoll ist es, den Deckungsumfang der eigenen Fahrzeug-, Kranken- und Reiseversicherung zu überprüfen, besonders beim Mieten eines Motorrads.

TRANS-SARBAGITA-BUSSE

Trans-Sarbagita betreibt große, klimatisierte Busse, wie man sie in großen Städten der ganzen Welt finden kann. Jede Fahrt kostet 3500 Rp. An den gut sichtbaren Bushaltestellen am Straßenrand finden sich Karten, auf denen die Strecken eingezeichnet sind, darunter die Linie von Batubulan über die Umgehungsstraße bei Sanur nach Nusa Dua, und Denpasar nach Jimbaran. Diese Routen laufen an einer Haltestelle mit großem Parkplatz südlich des Einkaufszentrums Istana Kuta Galleria direkt östlich von Kuta zusammen.

Bemo

Bemos sind normalerweise Minibusse oder Kleintransporter mit je einer Reihe niedriger Sitze auf jeder Seite. Man kann mit etwa zwölf Personen eng gedrängt darin sitzen. Früher gehörten die Bemos zu den Hauptverkehrsmitteln. Seit immer mehr Menschen ein eigenes Moped oder Motorrad besitzen (was preiswerter sein kann als täglich Bemo zu fahren), haben die Bemos mehr und mehr an Bedeutung verloren. Die Fahrt ist auf jeden Fall recht langwierig und auch wenig bequem. Daher ist es schon fast ungewöhnlich, dass Touristen die Bemos auf Bali nutzen, aber auf Lombok sind sie noch immer ein wichtiges Verkehrsmittel, sowohl für Einheimische als auch für Besucher.

Fahrpreise

Bemos fahren eine feste Route und die Preise sind ebenfalls festgesetzt (allerdings nicht schriftlich verankert). Das Minimum beträgt ungefähr 5000 Rp. Wer in einen noch unbesetzten Bemo einsteigt, sollte dem Fahrer klar machen, dass er ihn nicht für sich allein mieten möchte.

Terminals & Routen

Jede Stadt hat mindestens einen Terminal (terminal bis) für alle Arten öffentlicher Verkehrsmittel. Oft gibt es in größeren Städten mehrere Endstationen. Die Terminals können manchmal etwas verwirrend sein, aber die meisten Bemos und Busse haben Schilder, und die Einheimischen helfen in der Regel gerne.

Wer von einem Ende Balis zum anderen reisen will, muss oft über einen dieser zentralen Knotenpunkte fahren. Ein Beispiel: Wer von Sanur nach Ubud mit dem Bemo reist, muss zum Terminal Kereneng in Denpasar, dort in ein Bemo zum Terminal Batubulan umsteigen, um schließlich in Batubulan in ein drittes Bemo nach Ubud zu wechseln. Das ist nervötend und zeitaufwendig – zwei der Gründe, warum so wenig Urlauber mit Bemos unterwegs sind.

Bus

Öffentliche Busse

BALI

Größere Minibusse und normale Busse versorgen die längeren Strecken, insbesondere zur Anbindung von Denpasar, Singaraja und Gilimanuk. Sie fahren von denselben Bus-Terminals ab wie die Bemos. Da jedoch viele Moped fahren, dauert es oft lange bis die Busse voll sind und abfahren können.

LOMBOK

Busse und Bemos verschiedener Größen sind am billigsten und verbreitetsten, um sich auf Lombok fortzubewegen. Mandalika in Bertais

SICHER REISEN MIT DEM SCHIFF

Schnellboote, die Bali, Nusa Lembongan, Lombok und die Gili Islands verbinden, werden mittlerweile immer zahlreicher, besonders weil die letztgenannten Ziele beliebter geworden sind. Sicherheitsbestimmungen existieren jedoch immer noch nicht, und Unfälle sind gar nicht so selten.

Die Mannschaften auf diesen Schiffen sind wenig oder gar nicht ausgebildet. Bei einem der Unfälle gab ein Kapitän freimütig zu, dass er in Panik geraten war und nicht mehr wusste, was mit seinen Passagieren passierte. Eine Rettung ist meist nicht in Sicht: Eine freiwillige Rettungstruppe in Ostbali berichtete, dass es noch nicht einmal ein Funkgerät an Bord des Schiffes gab.

Die Gewässer vor Bali sind oft rau, das heißt es gibt hohen Wellengang. Obwohl die Inseln nicht weit auseinander oder gar in Sichtweite voneinander liegen, kann das Meer dazwischen oft so turbulent werden, dass es für die kleinen Schnellboote nicht mehr sicher ist.

Mit diesen Informationen im Hinterkopf ist es wichtig, dass jeder Reisende an seine eigene Sicherheit denkt, denn sonst tut es niemand. Dazu sollten Reisende Folgendes bedenken:

Größer ist besser Auch wenn die Reise vielleicht 30 Minuten länger dauert, ein großes Schiff kommt einfach besser mit dem offenen Meer zurecht als die kleinen Schnellboote. Zudem sind die Überfahrten mit den kleinen Schiffen wegen des ständigen heftigen Aufplatschens auf die Wellen für die Mitfahrer nicht sehr angenehm, und die Abgase, die einem aus den knatternden Außenbordmotoren oft reichlich ins Gesicht wehen, sind auch nicht viel besser.

Sicherheitsausrüstung prüfen Hat das Boot Schwimmwesten an Bord? Hauptsache, man weiß dann auch, wo sie untergebracht sind und wie man sie anlegt. Im Notfall wird sie niemand aushändigen. Auch sollte man nach den Rettungsbooten schauen. In manchen Werbeunterlagen werden Boote gezeigt mit automatisch aufblasbaren Rettungsbooten, die später wieder entfernt wurden, damit mehr Platz für Passagiere zur Verfügung steht.

Nicht überladen Einige Boote verlassen den Hafen mit mehr Passagieren an Bord als Sitzplätze vorhanden sind, und die Gänge sind mit reichlich Gepäck zugestellt. Manche Passagiere sitzen dann unter sehr unsicheren Bedingungen auf dem Dach der Kabine. Wenn sich die Situation so darstellt, sollte man besser nicht in dieses Boot einsteigen und auf ein anderes Boot warten.

Nach Ausgängen suchen Die Kabinen haben oft nur einen schmalen Eingang, sodass sie im Unglücksfall zu Todesfallen werden. An Deck scheint es daher sicherer zu sein, aber 2013 gab es eine Treibstoffexplosion, bei der die Passagiere, die in der Nähe saßen, starke Verbrennungen erlitten.

Windige Geschäfte vermeiden Mit einem Fischerboot zu fahren, das zu viele Motoren ans Heck angebracht hat, um am boomenden Tourismus zu verdienen, ist der sichere Weg in die Katastrophe.

Nicht auf dem Dach reisen Es sieht wie ein sorgloser Spaß aus, aber immer wieder werden Reisende vom Dach geschleudert, wenn die Boote bei rauer See auf die Wellen aufklatschen. Die Mannschaft wird niemanden retten können. Es reicht auch schon, wenn diese Passagiere von der rauen See durchnässt werden und ihr Hab und Gut ruiniert ist.

Die Fähre ist nicht sicherer Eine der großen Autofähren Padangbai–Bangsal fing im Jahr 2014 Feuer und sank.

Mit gesundem Menschenverstand Es gibt natürlich auch Boote guter Reedereien in den Gewässern vor Bali, aber die Mannschaften wechseln ständig. Wem etwas beim Service unzulänglich vorkommt, bevor er an Bord geht, sollte eine andere Reederei wählen. In dem Fall sollte man sich die Fahrkarte erstatten lassen: Niemals das Leben wegen einer schon gekauften Karte riskieren!

ist der wichtigste Bus-Terminal für alle öffentlichen Verkehrsmittel auf Lombok. Regionale Terminals befinden sich zusätzlich noch in Praya und Pancor (bei Selong). Man muss mehrere dieser Verkehrsknotenpunkte passieren, um von einem Ende der Insel zum anderen zu gelangen.

Die Fahrpreise sind von der jeweiligen Provinzregierung festgesetzt. Wer ein großes Gepäckstück oder ein Surfbrett dabei hat, muss unter Umständen mehr bezahlen.

Touristenbusse

Touristenbusse sind ein preiswertes und recht bequemes Fortbewegungsmittel. In größeren Touristengegenden sieht man viele Schilder, die einen solchen Service anpreisen. Der typische Touristenbus ist ein Fahrzeug für acht bis 20 Personen. Er fährt nicht so schnell wie ein Auto, ist aber besser als die öffentlichen Bemos und Busse.

Eine viel genutzte Strecke ist von Kuta und Senggigi auf Lombok nach Kuta und Südbali einschließlich Fähre. Diese Fahrten kosten 100 000 Rp und dauern bis zu zehn Stunden.

Perama (0361-751170; www.peramatour.com) ist die Hauptbusgesellschaft. Sie hat Niederlassungen oder Vertretungen in Kuta, Sanur, Ubud, Lovina, Padangbai und Candidasa sowie in Gili Trawangan und Senggigi auf Lombok.

Die Vorteile der Touristenbusse sind:

➡ Die Fahrpreise sind erschwinglich (z. B. von Kuta nach Lovina 100 000 Rp).

➡ Sie sind klimatisiert.

➡ Man trifft andere Reisende. Die Nachteile der Touristenbusse sind:

➡ Die Haltestellen befinden sich oft außerhalb der Stadtzentren, sodass man eine weitere Fahrgelegenheit/ein Taxi braucht.

➡ Die Busse fahren nicht nonstop – so legen sie beispielsweise in Ubud zwischen Kuta und Padangbai einen Zwischenstopp ein.

➡ Beliebte Orte wie Bingen and Seminyak werden nicht angefahren.

➡ Drei oder mehr Leute können sich besser ein Auto mit Fahrer mieten.

Fähre & Schiff

Die Überfahrt mit der Fähre ist weitaus entspannender als der Flug zwischen Bali und Lombok. Schnelle Schiffe können sogar zeitlich mit dem Flugzeug konkurrieren, allerdings sollte man immer auch einige wichtige Sicherheitsfragen mit in Betracht ziehen.

Die öffentlichen Fähren zwischen Padangbai und Lembar auf Lombok fahren recht langsam. Es gibt zwischen Bali und den Gilis von Lombok viele Schnellboote.

Fahrrad

Mehr und mehr Menschen erkunden die Insel per *sepeda* (Fahrrad). Viele Touristen nutzen das Fahrrad in den Städten und für Tagesausflüge auf Bali und auf Lombok.

In den Touristengegenden kann man ganz leicht Fahrräder leihen, aber viele sind in schlechtem Zustand. Auf Lombok findet man gute Fahrräder in Senggigi.

Man sollte zuerst in der Unterkunft nach Fahrradverleihmöglichkeiten fragen. Die Preise bewegen sich um die 30 000 Rp pro Tag.

Flugzeug

Täglich verkehren mehrere Fluglinien zwischen Bali und Lombok. Auf der Route ist die Konkurrenz groß.

Balis **Ngurah Rai International Airport** liegt direkt südlich von Tuban und Kuta. Die Taxis am Terminal haben ein Monopol und nehmen für Fahrten einen festen Preis. Man zahlt vor der Fahrt (mehr als ein Taxameter anzeigen würde) und los geht's. Taxis mit Taxametern findet man nur außerhalb des Flughafengeländes.

Mit Surfbrett im Gepäck zahlt man je nach Größe mehr. Betrüger, die nicht zum offiziellen Flughafentaxiverkehr gehören, sollte man ignorieren.

Viele Hotels holen ihre Gäste am Flughafen ab, aber diese Angebote sind nutzlos, wenn sie mehr als die offiziellen Fahrpreise kosten.

Wer richtig wenig Gepäck dabei hat, kann auch in weniger als 30 Minuten in nördlicher Richtung zum Kuta Beach laufen.

Geführte Touren

Organisierte Standard-Besichtigungstouren sind ein bequemer und beliebter Weg, einige der Sehenswürdigkeiten Balis kennenzulernen. Es gibt unzählige Anbieter, die im Prinzip alle das gleiche Produkt und die gleiche Leistung verkaufen.

Viel interessanter sind aber die spezialisierten Tourveranstalter, die ihre Kunden zu Orten abseits der Touristenpfade führen, ihnen unvergessliche Erlebnisse bescheren und ihnen eine ganz andere Seite der beiden Inseln zeigen.

Die dritte Möglichkeit besteht darin, sich ganz einfach seine eigene, individuelle Tour zusammenstellen zu lassen.

Tourenveranstalter auf Lombok haben ihren Sitz in Senggigi. Hier kann man Marktbesuche nach Mataram buchen, eine Spritztour zu den Gilis oder einen etwas längeren Ausflug auf den Gunung Rinjani.

Standard-Tagestouren

Die Touren beginnen meist mit der Abholung vom Hotel in weißen klimatisierten Minibussen. Die Preise reichen von 100 000 bis 500 000 Rp für im Wesentlichen immer gleiche Touren, sodass ein Preisvergleich durchaus lohnend ist.

Dabei sollte man auf Folgendes achten:

➡ Gibt es das Mittagessen an einem riesigen Touristenbüfett oder an einem interessanteren Ort?

➡ Wie viel Zeit hat man in Touristenläden?

➡ Gibt es einen gut Englisch sprechenden Reiseleiter?

➡ Wird man morgens zwar abgeholt, muss man dann aber an einem zentralen Ort auf einen anderen Bus und weitere abgeholte Fahrgäste warten zu müssen?

Spezialtouren

Viele Bali-Tourveranstalter bieten aber auch Erlebnisse, die von denen der Standardtouren abweichen. Wer sich für das Land und seine Kultur interessiert, kann in diesem Rahmen an einer Beerdigungszeremonie teilnehmen oder entlegene Dörfer besuchen, in denen sich der Alltag seit Jahrzehnten kaum verändert hat.

Oft wird bei diesen Angeboten auf die typischen Klischee-Touri-Busse verzichtet, man ist in gewöhnlichen Autos (oder wahlweise soagr auch in Luxuskarossen) unterwegs.

Bali Discovery Tours
(📞0361-286283; www.balidiscovery.com) Persönliche, auf die Bedürfnisse der Kunden ausgerichtete Touren in ganz Bali.

JED (Village Ecotourism Network;📞0361-366 9951; www.jed.or.id; Touren ab 75 US$) Organisiert gute Touren in kleine Dörfer; manchmal auch mit Übernachtung.

Suta Tours (📞0361-741 6665, 0361-788 8865; www.sutatour.com) Standard-Touren aber auch Ausflüge zu Feuerbestattungen und besonderen Tempelfesten, zu Märkten und anderen Zielen, je nach Wunsch der Kunden.

Öffentlicher Nahverkehr

Dokar & Cidomo

In Teilen von Denpasar und Kuta sieht man immer noch *dokar* (Pferdekarren), aber nicht mehr so viele. Die Behandlung der Pferde ist ein großes Problem und es gibt keinen guten Grund für Touristen, diese teure Art der Fortbewegung zu wählen.

Die Pferdekarren, die auf Lombok eingesetzt werden, heißen *cidomo* – eine Kombination aus *cika* (ein traditioneller Handkarren), *dokar* und *mobil* (weil er auf Autoreifen rollt). Ein typischer *cidomo* hat eine schmale Sitzbank auf beiden Seiten. Auch hier ist die Behandlung der Pferde ein Problem, insbesondere auf den autofreien Gili Islands, wo diese Karren das Hauptverkehrsmittel darstellen. Am besten keine *cidomos* benutzen!

Ojek

In Städten und an Straßen kann man sich immer von einem *ojek* (Motorrad oder Mofa, das Passagiere gegen Bezahlung befördert) mitnehmen lassen. Offizielle *ojeks* sind heute selten geworden, da jede Privatperson mit einem Mofa diesen Service anbieten kann (man stellt sich einfach an den Straßenrand und schaut ratlos wie jemand, der nach einer Mitfahrgelegenheit sucht, und schon halten die Leute an). Auf ruhigen Landstraßen ist das ganz in Ordnung, aber in großen Städten ist es ein waghalsiges Unterfangen. *Ojeks* sind auf Lombok gebräuchlicher.

Über die Fahrpreise lässt sich verhandeln, aber rund 20 000 Rp sind für 5 km normal.

Taxi
BALI
Taxis mit Taxametern sind in Südbali und Denpasar (aber nicht in Ubud) verbreitet. Sie sind ein wichtiges Fortbewegungsmittel, und man kann sie normalerweise in belebten Gegenden einfach heranwinken. Mit ihnen hat man meist weniger Scherereien als mit Fahrern, die einfach nur „Transport" rufen und dann um den Preis feilschen.

➡ Taxis sind recht preiswert: Von Kuta nach Seminyak kostet die Fahrt meist nur 50 000 Rp.

➡ Das weitaus beste Taxi-Unternehmen ist das **Blue Bird Taxi** (📞701 111), das blaue Fahrzeuge mit einem beleuchteten blauen Vogel auf dem Dach hat. Vorsicht vor den vielen Betrügern. Sie machen die Marke nach. An der Windschutzscheibe müssen das „Blue Bird" und die Telefonnummer kleben. Die Fahrer sprechen recht gutes Englisch und haben das Taxameter immer eingeschaltet. Viele hier lebende Ausländer würden niemals mit einem anderen Unternehmen fahren. Blue Bird hat eine gekonnte Telefon-App, mit der ein Taxi direkt zum aktuellen Standort des Fahrgastes beordert werden kann.

➡ Am besten nie in ein Taxi ohne Taxameter steigen, selbst nach Einbruch der Dunkelheit, wenn der Fahrer behauptet, es würden nur Festpreise gelten.

➡ Andere Betrugsversuche sind: mangelndes Wechselgeld, kaputtes Taxameter, nötige Umwege, die den Preis eben hochgetrieben hätten, sowie Angebote für spezielle Touren, Massagen und Prostituierte etc.

LOMBOK
Es gibt in Mataram und Senggigi viele Bemos und Taxis. Die Fahrer von **Lombok Taksi** (📞627 000), das auch zur Blue-Bird-Gruppe gehört, nutzen immer unaufgefordert das Taxameter; das ist am besten so.

Gesundheit

Auf Bali ist es für Urlauber kein Problem, leichtere Verletzungen oder einfachere Erkrankungen medizinisch behandeln zu lassen; auf Lombok ist das schon etwas schwieriger. Bei schwerwiegenden Krankheitsbildern sollte man die Insel besser verlassen.

Reisende fürchten sich oftmals vor ansteckenden Tropenkrankheiten, doch Infektionen sind seltener der Grund für ernste Krankheiten oder gar für Todesfälle. Lebensbedrohlicher sind eher Vorerkrankungen wie Herzprobleme, aber auch Unfallverletzungen (besonders im Straßenverkehr). Grundsätzlich sind leichtere Beeinträchtigungen der Gesundheit, besonders Magen-Darm-Störungen, Sonnenbrandverletzungen und andere typische Reisebeschwerden, auf Bali durchaus keine Seltenheit.

Wichtig ist es deshalb, einige Vorsichtsmaßnahmen zu beachten, besonders angesichts von Tollwut, Moskitostichen und tropischer Sonneneinstrahlung.

Die folgenden Hinweise sind nur allgemein gehalten und ersetzen in keinem Fall den fachkundigen ärztlichen Rat im Einzelfall.

VOR DER REISE

Alle Medikamente, die man unterwegs benötigt, sollten sich in ihrer klar beschrifteten Originalverpackung befinden. Ein beigefügter Arztbericht über vorhandene Erkrankungen und die übliche Medikation (inklusive lateinischen Namen) ist ebenfalls zu empfehlen. Wer Spritzen oder Nadeln mit sich führen muss, sollte auf jeden Fall eine ärztliche Bescheinigung dabei haben, die die medizinische Notwendigkeit bestätigt. Bei Herzproblemen ist ein kurz vor der Reise geschriebenes EKG von Nutzen.

Wer regelmäßig Medikamente einnehmen muss, sollte für den Fall des Verlusts oder Diebstahls am besten das Doppelte der erforderlichen Menge auf die Reise mitbringen. Viele Medikamente kann man auf Bali rezeptfrei kaufen, aber mit neueren Medikamenten wie zum Beispiel Antidepressiva, Blutdruckmitteln oder mit der Pille könnte es schwierig werden.

Empfohlene Impfungen

Spezielle Reisemedizinzentren sind oft die beste Informationsquelle; dort gibt es alle nur erdenklichen Impfstoffe; zudem wird man dort individuell je nach Reiseziel beraten.

Der Impfschutz beginnt bei den meisten Impfungen erst nach Ablauf von mindestens zwei Wochen. Man sollte alle Impfungen in den Internationalen Impfausweis (normalerweise ist das ein gelbes Heftchen) eintragen lassen.

Die Empfehlungen der Weltgesundheitsorganisation für Südostasien lauten:

Hepatitis A Eine Impfung bietet fast ein Jahr lang nahezu hundertprozentigen Schutz; eine Auffrischung nach zwölf Monaten verlängert den Impfschutz um mindestens 20 weitere Jahre. Schwache Nebenwirkungen wie Kopfschmerzen und Schmerzen im Arm kommen bei 5 bis 10 % der behandelten Personen vor.

Hepatitis B Ist mittlerweile für die meisten Reisenden selbstverständlich. Die Impfung wird auf drei Injektionen innerhalb von

---

GESUNDHEITS-TIPPS

Es ist empfehlenswert, sich vor Reisebeginn bei den zuständigen amtlichen Stellen im eigenen Land über Gesundheitsrisiken im Reiseland zu informieren:

➡ **Deutschland** (www.bmg.bund.de, Bundesministerium für Gesundheit)

➡ **Österreich** (www.bmg.gv.at, Bundesministerium für Gesundheit)

➡ **Schweiz** (www.bag.admin.ch, Bundesamt für Gesundheit)

sechs Monaten verteilt. 95 % der Menschen sind dann nach der Impfung ihr ganzes Leben lang geschützt.

Masern, Mumps und Röteln
Wer die Krankheiten noch nicht hatte, benötigt zwei Dosen von MMR. Viele junge Erwachsene benötigen noch eine Auffrischung.

Typhus Empfohlen, es sei denn, der Aufenthalt dauert weniger als eine Woche und man hält sich nur in Touristenstädten auf. Der Impfstoff bietet etwa 70 % Schutz, hält zwei oder drei Jahre lang und wird mit einer einzigen Injektion verabreicht

Vorgeschriebene Impfungen

Die einzige international geforderte Impfung ist die gegen Gelbfieber. Der Nachweis darüber wird eingefordert, wenn man sich sechs Tage vor der Einreise nach Südostasien in einer Gelbfieber-Region aufgehalten hat (zu diesen Regionen zählen besonders einige Teile Afrikas und Südamerikas).

Reiseapotheke

Empfohlene Ausstattung für die persönliche Reiseapotheke (speziellere Artikel kann man bei Bedarf auch leicht auf Bali bekommen):

➡ antibakterielle Salbe (z. B. Muciprocin)

➡ Antihistamine – es gibt viele zur Auswahl (z. B. Cetirizin für tagsüber und Promethazin für die Nacht)

➡ Antiseptikum (z. B. Betadine)

➡ Verhütungsmittel

➡ auf DEET basierendes Insektenschutzmittel

➡ Erste-Hilfe-Artikel wie Schere, Bandagen, digitales Fieberthermometer (auf keinen Fall mit Quecksilber) und Pinzette

➡ Ibuprofen oder andere entzündungshemmende Mittel

➡ Steroidsalbe gegen allergischen/juckenden Hautausschlag (z. B. 1 % bis 2 % Hydrocortison)

➡ Sonnenschutzmittel und -hut

➡ Lutschtabletten gegen Halsschmerzen

➡ Mittel gegen Soor (vaginale Pilzinfektion) – z. B. Clotrimazol-Zäpfchen oder Diflucan-Tabletten

Versicherung

Selbst wer sich fit und gesund fühlt, sollte eine Auslandskrankenversicherung abschließen – Unfälle passieren nun einmal. Ohne Versicherung wird ein Notarzteinsatz oder ein Krankentransport recht teuer – Rechnungen von mehr als 100 000 US$ sind nicht ungewöhnlich.

Man sollte im Vorfeld prüfen, ob die Versicherung direkt mit dem Arzt oder Krankenhaus abrechnet oder ob das Behandlungshonorar später erstattet wird.

AUF BALI & LOMBOK

Verfügbarkeit medizinischer Einrichtungen & Behandlungskosten

In Südbali und Ubud gibt es Kliniken, die Touristen behandeln, und fast jedes Hotel kann einen englischsprachigen Arzt vermitteln.

Apotheken

Viele Arzneimittel, für die man im Westen ein Rezept benötigt, sind in Indonesien frei verkäuflich, darunter sogar starke Antibiotika.

Die Kette **Kimia Farma** ist zu empfehlen. Sie hat viele Filialen, faire Preise und hilfsbereites Personal. Die Apothekenkette **Guardian** findet man ebenfalls in Touristengegenden, aber die Auswahl ist nur begrenzt und die Preise sind oft schockierend hoch, selbst für Besucher aus reicheren Ländern. Anderswo muss man vorsichtiger sein, da gefälschte und falsch gelagerte oder abgelaufene Medikamente durchaus häufig sind.

Internationale Kliniken

In ernsten Fällen sind ausländische Besucher am besten in der teuren Privatklinik BIMC aufgehoben, denn die kümmert sich vornehmlich um Touristen und auf Bali lebende Ausländer. Immer prüfen, ob die Kranken- oder Reiseversicherung die Kosten trägt. In ganz schweren Fällen können Patienten auch nach Singapur oder noch weiter weg ausgeflogen werden; dann wird eine richtige Versicherung lebensnotwendig, weil diese Flüge über 20 000 US$ kosten können.

BIMC (Karte S. 54; ☏0361-761263; www.bimcbali.com; Jl Ngurah Rai 100X; ⏱24 Std.) An der Umgehungsstraße östlich von Kuta unweit der Bali Galleria. Es ist eine moderne, von Australiern geführte Klinik, die Untersuchungen und Haus- und Hotelbesuche durchführen und den Weitertransport arrangieren kann. Ein Besuch kann 100 US$ oder mehr kosten. BIMC hat eine Zweigniederlassung in Nusa Dua.

Krankenhäuser

Es gibt in Denpasar zwei Häuser, die einen guten Behandlungsstandard bieten. Beide sind erschwinglicher als die internationalen Kliniken.

BaliMed Hospital (☏0361-484748; www.balimedhospital.co.id; Jl.Mahendradatta 57) Dieses Privatkrankenhaus liegt in Denpasar auf der Seite von Kerobokan und bietet eine ganze Reihe ärztlicher Leistungen. Für 220 000 Rp bekommt man eine Grundberatung.

Rumah Sakit Umum Propinsi Sanglah (Sanglah

Hospital; Karte S. 136; ☏227 911; Denpasar; ⊙24 Std.) Das Krankenhaus der Stadt hat englischsprachiges Personal und eine Notaufnahme. Es ist das beste Krankenhaus der Insel, wobei der Standard nicht derselbe ist wie in den Ländern der Ersten Welt. Es hat eine eigene Abteilung für gut versicherte Ausländer, den **Paviliun Amerta Wing International** (☏257 477, 740 5474).

Versorgung in entlegenen Gegenden

In abgelegeneren Gegenden sind die Einrichtungen naturgemäß nur sehr schlicht – im Allgemeinen ein kleines öffentliches Krankenhaus, eine Arztpraxis oder ein *puskesmas* (städtisches Gesundheitszentrum). In staatlich betriebenen Kliniken und Krankenhäusern muss die Familie des Patienten selbst für Dinge wie Essen, Waschen und saubere Kleidung sorgen.

Das beste Krankenhaus auf Lombok ist das **Rumah Sakit Harapan Keluarga** (☏0370-670000; www.harapankeluarga.co.id; Jl.Ahmad Yani 9; ⊙24 Std.) in Mataram.

Infektionskrankheiten

AIDS/HIV

HIV ist ein großes Problem in vielen asiatischen Ländern, und Bali hat eine der höchsten Raten von HIV-Infektionen in ganz Indonesien. Das Hauptrisiko für die meisten Reisenden ist sexueller Kontakt mit Einheimischen, Prostituierten und anderen Urlaubern.

Das Ansteckungsrisiko durch Sexualkontakte kann durch die Benutzung eines Kondoms (*kondom*) erheblich gemindert werden. Man bekommt Kondome leicht in fast allen Supermärkten, an Straßenständen und in Drogerien in Touristengegenden, aber auch in der *apotik* fast jeder Stadt (die teureren Kondommarken sind besser).

Dengue-Fieber

Diese von Moskitos übertragene Krankheit stellt ein schwerwiegendes Problem dar. Da es keinen Impfstoff dagegen gibt, kann man nur vorbeugen, indem man Moskitostiche vermeidet. Die Moskitoart, die Dengue überträgt, sticht tagsüber wie nachts; also sollte man ständig Insektenschutzmittel verwenden. Symptome sind hohes Fieber und starke Kopf-, Muskel- und Gliederschmerzen (Dengue war früher als „Knochenbrecherfieber" bekannt). Manche Patienten bekommen auch Hautausschlag und Durchfall. Man sollte zur Diagnose und Überwachung einen Arzt aufsuchen.

Hepatitis A

Dieses Virus, das durch Nahrungsmittel und Wasser übertragen wird, kommt in der gesamten Region vor. Es befällt die Leber und verursacht eine Gelbsucht (gelbe Haut und Augen), begleitet von Übelkeit und Teilnahmslosigkeit. Bei Hepatitis A hilft keine spezielle Behandlung; es dauert einfach eine gewisse Zeit, bis die Leber sich wieder erholt hat. Alle Urlauber mit dem Ziel Südostasien sollten sich dagegen impfen lassen.

Hepatitis B

Hepatitis B ist die einzige durch sexuellen Kontakt übertragbare Krankheit, gegen die man sich impfen lassen kann.

Malaria

Das Risiko, sich Malaria zuzuziehen, ist in den ländlichen Gegenden Indonesiens am größten. Im Allgemeinen braucht man sich auf Bali oder in den touristischen Gegenden auf Lombok keine Sorgen wegen Malaria zu machen. Vorsichtsmaßnahmen sind aber angeraten, wenn man sich in abgelegenen Gegenden aufhält oder Ausflüge unternimmt, die über die beiden Inseln hinausgehen.

Am besten, man kombiniert zwei Maßnahmen gegen Malaria: eine Vermeidung von Moskitostichen und Medikamente gegen Malaria. Die meisten Menschen, die sich mit Malaria anstecken, haben falsche oder keine Malariamedikamente genommen.

Reisende sollten folgende Maßnahmen zur Vorbeugung von Moskitostichen ergreifen:

➤ Ein wirksames Insektenschutzmittel auf die nackten Hautstellen auftragen. Dieses dann nachts abwaschen, wenn man unter einem schützenden Moskitonetz schläft. Wirksam sind DEET-haltige Schutzmittel oder Mittel mit dem Wirkstoff Icaridin. Biologische Schutzmittel wie Zitronell-Öl können ebenfalls helfen, müssen aber häufiger angewendet werden als die synthetischen Produkte. Nicht alle Mittel sind nebenwirkungsfrei; am besten lässt man sich vor der Abreise in der Apotheke beraten.

ALKOHOLVERGIFTUNG

Es gibt immer wieder Berichte über Verletzungen und Todesfälle unter Touristen und Einheimischen im Zusammenhang mit *arak* (dem einheimischen Schnaps, der aus Palm- oder Rohrzucker destilliert wird), wenn dieser mit Methanol, einer giftigen Form des Alkohols, verpanscht wurde. Obwohl *arak* ein sehr beliebtes Getränk ist, sollte man es außerhalb von richtigen Restaurants und Cafés niemals annehmen.

→ Unter einem Moskitonetz schlafen, das mit Permethrin behandelt wurde.

→ Unterkünfte wählen, die Fliegengitter am Fenster und Ventilatoren haben (falls es keine Klimaanlage gibt).

→ In Hochrisikogebieten die Kleidung mit Permethrin einreiben.

→ Lange Ärmel und Hosen in hellen Farben tragen.

→ Moskitospiralen benutzen.

→ Das Zimmer mit Insektenspray einsprühen bevor man zum Abendessen ausgeht.

Tollwut

Tollwut ist eine Krankheit, die von infizierten Tieren durch Bisse oder Ablecken übertragen wird, meistens durch Hunde oder Affen. Hat man sich angesteckt, verläuft die Krankheit immer tödlich, wenn man den Impfstoff nicht unverzüglich bekommt. Auf Bali gab es 2008 einen großen Tollwutausbruch, und immer noch sterben deswegen jedes Jahr Menschen.

Um das Risiko zu senken, sollte man sich vor der Reise impfen lassen (drei Injektionen). Eine Auffrischung nach einem Jahr bietet dann einen zehnjährigen Schutz. Die Impfung ist auf Bali selbst praktisch nicht möglich, sodass man sie unbedingt vor Reiseantritt durchführen lassen sollte.

Natürlich sollte man Tierbisse vermeiden. Dies gilt ganz besonders für Kinder! Wurde man infiziert, ist die Behandlung im Falle einer vorherigen Impfung deutlich einfacher. Nach einem Biss oder Kratzer sollte man zunächst die Wunde leicht mit Wasser und Seife auswaschen und ein jodhaltiges Antiseptikum auftragen. Ein Arztbesuch ist trotzdem ratsam.

Wer nicht geimpft ist, sollte die Wunde reinigen und sofort medizinische Hilfe aufsuchen, um sich ein Gegenmittel gegen Tollwut verabreichen zu lassen. Achtung: Auf Bali sind diese Gegenmittel meist vergriffen, sodass man sich am besten sofort auf den Weg nach Singapur macht.

Typhus

Diese ernste bakterielle Infektion wird durch Nahrungsmittel und Wasser verbreitet. Zu den Symptomen gehören ein schleichend steigendes, hohes Fieber, Kopfschmerzen und gegebenenfalls ein trockener Husten und Bauchschmerzen. Die Erkrankung wird beim Bluttest nachgewiesen und mit Antibiotika behandelt.

Vogelgrippe

Mehr als 100 Opfer soll das H5N1-Virus, auch bekannt als Geflügelpest, bereits in Indonesien gefordert haben. Die meisten Fälle gab es in Java.

Durchfallerkrankungen

Durchfallerkrankungen (der sogenannte „Bali belly") sind das bei Weitem häufigste Problem, mit dem Urlauber zu kämpfen haben – zwischen 30 % und 50 % der Ankömmlinge dürften innerhalb der ersten zwei Wochen daran erkranken. In über 80 % der Fälle wird dieser Durchfall von Bakterien verursacht, er lässt sich daher in der Regel mit Antibiotika bekämpfen.

Eine echte Reisediarrhoe liegt erst dann vor, wenn der Patient mehr als dreimal innerhalb von 24 Stunden wässrigen Stuhl hat und wenigstens an einem der anderen Symptome wie Fieber, Krämpfen, Übelkeit, Erbrechen oder allgemeinem Unwohlsein leidet.

Behandlung

Loperamid stoppt den Durchfall zwar, packt das Problem aber nicht an der Wurzel an. Der Wirkstoff kann jedoch helfen, wenn man zum Beispiel eine lange Busreise vor sich hat. Aber bitte kein Loperamid bei Fieber oder Blut im Stuhl einnehmen! Man sollte rasch ärztlichen Rat einholen, wenn sich der Durchfall nicht mit den üblichen Antibiotika stoppen lässt.

→ Viel trinken; Elektrolytlösungen sind am besten.

→ Antibiotika wie z. B. Norfloxacin, Ciprofloxacin oder Azithromycin töten die Bakterien schnell ab.

Giardiasis

Giardia lamblia ist ein Parasit, der unter Urlaubern recht verbreitet ist. Die Symptome sind Übelkeit, übermäßige

---

TRINKWASSER

In ganz Indonesien sollte man niemals Leitungswasser trinken.

Wasser in Flaschen ist normalerweise unbedenklich und zudem überall erhältlich und günstig; man sollte beim Kauf dennoch darauf achten, dass der Dichtring noch intakt ist. Es ist sinnvoll, nach sicheren Auffüllstellen für Wasserflaschen Ausschau zu halten, um weniger Müll zu produzieren.

Eiswürfel in Restaurants sind meistens in Ordnung, wenn sie eine einheitliche Größe aufweisen und von einer zentralen Stelle hergestellt wurden (Standard in großen Städten und touristischen Gegenden). Eis, das von größeren Blöcken abgeschlagen wurde, sollte man meiden (häufiger in ländlichen Regionen).

Frische Säfte sollte man außerhalb von Restaurants und Touristencafés ebenfalls nicht zu sich nehmen.

Blähungen, Abgeschlagenheit und zeitweise Durchfall. Der Parasit verschwindet auch wieder, dies kann jedoch Monate dauern. Zur Behandlung stehen Tinidazol oder Metronidazol zur Verfügung.

Umweltrisiken

Bisse & Stiche
Während eines Aufenthaltes in Indonesien kann man schnell ein paar unliebsame Freunde finden.

Bettwanzen Sie verbreiten keine Krankheiten, aber ihre Bisse jucken. Sie leben in kleinen Spalten in Möbeln und Wänden und wandern nachts in die Betten, um sich vom Blut der Schlafenden zu ernähren. Man kann den Juckreiz mit einem Antihistamin behandeln.

Quallen Die meisten sind nicht gefährlich, sondern nur lästig. Quallenberührungen können extrem schmerzhaft sein, sind aber selten tödlich. Eine Erste-Hilfe-Maßnahme gegen Quallen besteht darin, die betroffene Stelle mit Essig einzureiben, um das Gift zu neutralisieren. Man sollte auf keinen Fall Sand oder Wasser auf die betroffene Stelle reiben. Schmerzmittel sind angebracht, und wer sich einer schmerzhaften Berührung in irgendeiner Form krank fühlt, sollte medizinischen Rat einholen.

Zecken Sind nach Wanderungen in ländlichen Gebieten häufig am Körper zu entdecken, besonders hinter den Ohren, unter dem Bauch und in den Achselhöhlen. Wenn sich nach einem Zeckenbiss ein Ausschlag rund um die Bissstelle bildet, und wenn sogar Muskelschmerzen oder Fieber hinzukommen, sollte man einen Arzt aufsuchen.

Hautprobleme

Pilzbefall Es gibt zwei verbreitete Pilze, von denen Reisende befallen werden können. Der erste breitet sich besonders auf feuchten Hautpartien wie Leiste, Achselhöhlen und zwischen den Zehen aus. Es beginnt mit einem roten Fleck, der sich langsam ausdehnt und normalerweise auch juckt. Als Gegenmaßnahme sollte man die Haut trocken halten, nicht kratzen und eine fungizide Salbe wie z. B. Clotrimazol oder Lamisil auftragen. *Tinea versicolor* ist ebenfalls verbreitet – dieser Pilz verursacht kleine helle Flecken, besonders auf Rücken, Brust und Schultern. Ein Arztbesuch ist auch hier empfohlen.

Schnitt- & Schürfwunden Da sich Schnitt- und Schürfwunden im tropischen Klima schnell entzünden, sollte man sie sorgfältig versorgen. Alle Wunden sofort mit sauberem Wasser auswaschen und antiseptisch behandeln. Bei ersten Anzeichen einer Entzündung den Arzt konsultieren! Taucher und Surfer sollten sich vor Schnittwunden durch Korallen hüten, denn diese können sich besonders leicht entzünden.

Hitze
In vielen Teilen Indonesiens ist es das ganze Jahr über heiß und feucht. Die meisten Menschen brauchen wenigstens zwei Wochen, um sich an das heiße Klima zu gewöhnen. Angeschwollene Füße oder Fußgelenke sind ganz normal, aber es kommt auch zu Muskelkrämpfen nach heftigem Schwitzen. Das kann man gut dadurch verhindern, dass man viel trinkt und sich in der Hitze körperlich nicht zu viel betätigt. Meiden sollte man vor allem die nachfolgend aufgeführten Phänomene:

➡ **Hitzeerschöpfung**
Zu den Symptomen gehören Schwächegefühl, Kopfschmerz, Reizbarkeit, Übelkeit oder Erbrechen, schweißnasse Haut, schneller, schwacher Puls und eine normale oder leicht erhöhte Körpertemperatur. In solchen Fällen unbedingt sofort aus der Hitze herausgehen, Luft zufächeln, kühle, feuchte Tücher auf die Haut legen, mit erhöhten Beinen flach hinlegen, Flüssigkeit mit einem Viertel Teelöffel Salz pro Liter zuführen. Die Erholung tritt meist rasch ein, aber man fühlt sich in der Regel noch einige Tage schwach.

➡ **Hitzschlag** Ein ernster medizinischer Notfall. Die Symptome treten ganz plötzlich auf. Zu ihnen zählen Schwäche, Übelkeit, ein heißer, trockener Körper mit einer Körpertemperatur von über 41 °C, Schwindel, Verwirrtheitszustände, Koordinationsverlust, Anfälle und schließlich Kollaps und Bewusstlosigkeit. Ganz dringend ärztliche Hilfe in Anspruch nehmen! Abkühlung verschaffen, die Person aus der Hitze holen, Kleidung ausziehen, Luft zufächeln, kühle, feuchte Tücher oder Eis auf den Körper legen, besonders auf heiße Stellen wie Leistenbeuge und Achselhöhle.

➡ **Hitzepöckchen** Ein in den Tropen weit verbreiteter Hautausschlag, der durch Schweiß verursacht wird, welcher unter der Haut eingeschlossen ist. Daraus ergibt sich ein juckender Hautausschlag mit winzigen Pöckchen. Die Behandlung besteht darin, dass man sich einige Stunden aus der Hitze in einen kühlen Raum begibt oder kalt duscht.

Sonnenbrand
Selbst an bedeckten Tagen kann man leicht einen Sonnenbrand bekommen, besonders in der Nähe des Äquators. Und man will ja nicht wie die verrückten Touristen am Strand von Kuta enden, die von einem gegrillten Kotelett fast gar nicht mehr zu unterscheiden sind! Stattdessen sollte man:

➡ Ein Sonnenschutzmittel mit hohem Lichtschutzfaktor benutzen (mindestens Faktor 30).

➡ Sich nach dem Schwimmen erneut eincremen.

➡ Einen Hut mit großer Krempe und Sonnenbrille tragen.

→ Nicht zur heißesten Zeit des Tages in der Sonne braten (zwischen 10 und 14 Uhr).

Tauchen

Taucher und Surfer sollten vor ihrer Reise spezielle Ratschläge zur medizinischen Notfallausstattung bei Korallenschnittwunden und tropischen Ohrenentzündungen sowie bei den ganz normalen Risiken dieser Sportarten speziell auf Bali einholen.

Die Krankenversicherung von Tauchern sollte Überdruckkrankheiten einschließen – es gibt spezielle Krankenversicherungen für Taucher, über die auch das Internet informiert.

Es gibt eine **Dekompressionskammer** für Taucher in Sanur, das mit dem Schnellboot von Nusa Lembongan aus erreichbar ist. Von Nordbali braucht man drei bis vier Stunden dorthin.

Frauen & Gesundheit

In Touristengegenden und großen Städten sind Binden und Tampons leicht erhältlich. Dies wird allerdings umso schwieriger, je ländlicher die Gegend ist.

Die vorhandenen Möglichkeiten der Empfängnisverhütung sind eventuell nur begrenzt, daher ist es ratsam, selbst genügend von dem bevorzugten Verhütungsmittel mitzubringen.

Sprache

Indonesisch oder Bahasa Indonesia, wie die Sprache vor Ort heißt, ist die Amtssprache Indonesiens. 220 Mio. Menschen sprechen sie, davon allerdings nur ca. 20 Mio. Muttersprachler. Die meisten Menschen auf Bali und Lombok sprechen neben Bahasa Indonesia noch einen Dialekt bzw. eine regionale Sprache, darunter vor allem Balinesisch und Sasak. Der Durchschnittsreisende braucht sich allerdings um Balinesisch und Sasak keine Gedanken zu machen, es kann aber trotzdem vergnüglich sein, einige Brocken davon zu lernen. Darum werden in diesem Kapitel einige Wörter der Regionalsprache mit aufgeführt. Aus praktischen Gründen sollte man sich aber zunächst aufs Erlernen von Bahasa Indonesia konzentrieren.

Die Aussprache des Indonesischen bereitet kaum Probleme. Jeder Buchstabe steht für einen Laut, und die meisten Buchstaben werden ähnlich wie im Deutschen ausgesprochen. Das c spricht sich allerdings „tsch" und das j klingt wie „dsch". Das kh ist ein Kehlkopflaut (wie das deutsche „ch" in „Bach"), und die Kombination ng, die im Deutschen im oder am Ende von Wörtern steht („singen", „Ring"), kann im Indonesischen auch am Anfang von Wörtern erscheinen.

Die Silben sind im Allgemeinen gleich stark betont – eine wesentliche Ausnahme bildet das unbetonte e in Wörtern wie besar (groß); als Faustregel gilt jedoch, dass die zweitletzte Silbe betont wird.

In der Schriftsprache gibt es einige inkonsequente Schreibweisen von Ortsnamen. Zusammengesetzte Namen werden entweder in einem oder zwei Wörtern geschrieben, z.B. Airsanih oder Air Sanih, Padangbai oder Padang Bai. Wörter, die mit „Ker" beginnen, verlieren manchmal das e, z.B. Kerobokan/Krobokan. Einige niederländische Varianten sind ebenfalls noch gebräuchlich, z.B. das tj statt des modernen c (z.B. Tjampuhan/Campuan) und oe statt u (z.B. Soekarno/Sukarno).

Unterschiedliche Anredepronomen, wie etwa das „Sie" oder „Du", werden sehr selten benutzt. Stattdessen wird das einheitliche anda verwendet.

KONVERSATION & NÜTZLICHES

Hallo.	Salam.
Auf Wiedersehen.	(Für den, der geht) Selamat tinggal.
Auf Wiedersehen.	(Für den, der bleibt) Selamat jalan.
Wie geht es Ihnen/Dir?	Apa kabar?
Gut, und Ihnen/Dir?	Kabar baik, Anda bagaimana?
Entschuldigen Sie.	Permisi.
Pardon/Verzeihung/ Entschuldigung.	Maaf.
Bitte.	Silahkan.
Danke.	Terima kasih.
Keine Ursache.	Kembali.
Ja/Nein.	Ya/ Tidak.
Herr/mein Herr	Bapak
Frl./Frau/meine Dame	Ibu
Fräulein	Nona
Wie heißen Sie?	Siapa nama Anda?
Ich heiße …	Nama saya …
Sprechen Sie Englisch?	Bisa berbicara Bahasa Inggris?
Ich verstehe nicht.	Saya tidak mengerti.

NOCH MEHR INDONESISCH

Ausführliche Informationen zur Sprache und nützliche Wendungen finden sich im *Indonesian Phrasebook* von Lonely Planet. Man findet es unter **http://shop.lonelyplanet.com** oder man besorgt sich das entsprechende Lonely Planet iPhone-Reisewörterbuch im Apple App Store.

VERSTÄNDIGUNG

Wer sich im Indonesischen zurechtfinden will, kombiniert diese einfachen Wendungen mit eigenen Wörtern:

Wann fährt (der nächste Bus)?
Jam berapa (bis yang berikutnya)?

Wo ist (der Bahnhof)?
Di mana (stasiun)?

Wie viel kostet es (pro Nacht)?
Berapa (satu malam)?

Ich suche nach (einem Hotel).
Saya cari (hotel).

Haben Sie (eine Karte/einen Stadtplan)?
Ada (peta daerah)?

Gibt es hier (eine Toilette)?
Ada (kamar kecil)?

Darf ich (reinkommen)?
Boleh saya (masuk)?

Brauche ich (ein Visum)?
Saya harus pakai (visa)?

Ich habe (reserviert).
Saya (sudah punya booking).

Ich brauche (Hilfe).
Saya perlu (dibantu).

Ich hätte gern (die Speisekarte).
Saya minta (daftar makanan).

Ich möchte gern (ein Auto mieten).
Saya mau (sewa mobil).

Könnten Sie (mir helfen)?
Bisa Anda (bantu) saya?

UNTERKUNFT

Haben Sie ein Zimmer frei?	*Ada kamar kosong?*
Wie viel kostet es pro Nacht/Person?	*Berapa satu malam/orang?*
Ist das mit Frühstück?	*Apakah harganya ter masuk makan pagi?*
Ich schlafe auch gern in einem Schlafsaal.	*Saya mau satu tempat tidur di asrama.*
Campingplatz	*tempat kemah*
Guesthouse	*losmen*
Hotel	*hotel*
Jugendherberge	*pemuda*
ein ... Zimmer	*kamar ...*
Einzel-	*untuk satu orang*
Doppel-	*untuk dua orang*
mit Klimaanlage	*dengan AC*
Bad	*kamar mandi*
Gitterbett (Kinder)	*velbet*
Fenster	*jendela*

WEGWEISER

Wo ist ...?	*Di mana ...?*
Welche Adresse hat...?	*Alamatnya di mana?*
Könnten Sie das bitte aufschreiben?	*Anda bisa tolong tuliskan?*
Könnten Sie mir das zeigen (auf der Karte)?	*Anda bisa tolong tunjukkan pada saya (di peta)?*
an der Ecke	*di sudut*
an der Ampel	*di lampu merah*
hinter	*di belakang*
vor	*di depan*
weit entfernt (von)	*jauh (dari)*
links	*kiri*
nahe (bei)	*dekat (dengan)*
neben	*di samping*
gegenüber	*di seberang*
rechts	*kanan*
geradeaus	*lurus*

ESSEN & TRINKEN

Was was können Sie empfehlen?	*Apa yang Anda rekomendasikan?*
Welche Zutaten sind in diesem Gericht?	
Hidangan ituisinya apa?	
Das war lecker.	*Ini enak sekali.*
Prost!	*Bersulang!*
Die Rechnung, bitte	*Tolong bawa kuitansi..*
Ich esse kein/e/en ...	*Saya tidak mau makan ...*
Milchprodukte	*susu dan keju*
Fisch	*ikan*
(rotes) Fleisch	*daging (merah)*
Erdnüsse	*kacang tanah*
Meeresfrüchte	*makanan laut*
Ein Tisch ...	*meja ...*

um (acht) Uhr	*pada jam (delapan)*
für (zwei) Personen	*untuk (dua) orang*

Essen allgemein

Abendessen	*makan malam*
Bar	*bar*
Café	*kafe*
Essen	*makanan*
Flasche	*botol*
Frühstück	*sarapan*
Gabel	*garpu*
Gericht	*piring*
Getränkekarte	*daftar minuman*
Glas	*gelas*
heiß	*panas*
Hochstuhl	*kursi tinggi*
Imbissstand	*warung*
kalt	*dingin*
Kinderspeisekarte	*menu untuk anak-anak*
Löffel	*sendok*
Markt	*pasar*
Messer	*pisau*
mit	*dengan*
Mittagessen	*makan siang*
ohne	*tanpa*
Restaurant	*rumah makan*
Salat	*selada*
Säuglingsnahrung (Muttermilchersatz)	*susu kaleng*
scharf/würzig	*pedas*
Schüssel	*mangkuk*
Serviette	*tisu*
Speisekarte	*daftar makanan*
Suppe	*sop*
Teller	*piring*
vegetarisches Essen	*makanan tanpa daging*

Fleisch & Fisch

Ente	*bebek*
Fisch	*ikan*

HINWEISSCHILDER

Buka	Geöffnet
Dilarang	Verboten
Kamar Kecil	Toiletten
Keluar	Ausgang
Masuk	Eingang
Pria	Männer/Herren
Tutup	Geschlossen
Wanitai	Frauen/Damen

Fleisch	*daging*
Hühnchen	*ayam*
Karpfen	*ikan mas*
Krabbe/Garnele	*udang*
Lamm	*daging anak domba*
Makrele	*tenggiri*
Pute	*kalkun*
Rind	*daging sapi*
Schwein	*daging babi*
Thunfisch	*cakalang*

Obst & Gemüse

Ananas	*nenas*
Apfel	*apel*
Aubergine	*terung*
Banane	*pisang*
Blumenkohl	*blumkol*
Bohnen	*kacang*
Datteln	*kurma*
Gemüse	*sayur-mayur*
Gurke	*timun*
Karotte/Möhre	*wortel*
Kartoffel	*kentang*
Kohl	*kol*
Obst	*buah*
Orange	*jeruk manis*
Rosinen	*kismis*
Spinat	*bayam*
Wassermelone	*semangka*

Weintrauben	buah anggur
Zitrone	jeruk asam

Sonstige Nahrungsmittel

Brot	roti
Butter	mentega
Chili	cabai
Chilipaste	sambal
Ei	telur
Essig	cuka
Honig	madu
Käse	keju
Marmelade	selai
Nudeln	mie
Öl	minyak
Pfeffer	lada
Reis	nasi
Salz	garam
Sojasoße	kecap
Zucker	gula

Getränke

Bier	bir
Joghurt	susu masam kental
Kaffee	kopi
Kokosmilch	santan
Milch	susu
Palmwein	tuak
Rotwein	anggur merah
Saft	jus
Softdrink	minuman ringan

FRAGEWÖRTER

Wann?	Kapan?
Warum?	Kenapa?
Was?	Apa?
Welches?	Yang mana?
Wer?	Siapa?
Wie?	Bagaimana?
Wo?	Di mana?

Tee	teh
Wasser	air
Weißwein	anggur putih

NOTFÄLLE

Hilfe!	Tolong saya!
Ich hab mich verirrt.	Saya tersesat.
Lassen Sie mich in Ruhe!	Jangan ganggu saya!
Es hat einen Unfall gegeben.	Ada kecelakaan.
Darf ich Ihr Telefon benutzen?	Boleh saya pakai telpon genggamnya?
Rufen Sie einen Arzt!	Panggil dokter!
Rufen Sie die Polizei!	Panggil polisi!
Ich bin krank.	Saya sakit.
Hier tut es weh.	Sakitnya di sini.
Ich bin allergisch gegen (Antibiotika).	Saya alergi (antibiotik).

SHOPPEN & SERVICE

Ich möchte gerne ... kaufen	Saya mau beli ...
Ich schau mich nur um.	Saya lihat-lihat saja.
Darf ich das mal sehen?	Boleh saya lihat?
Das gefällt mir nicht.	Saya tidak suka.
Wie viel kostet das?	Berapa harganya?
Das ist mir zu teuer.	Itu terlalu mahal.
Können Sie den Preis nicht etwas nachlassen?	Boleh kurang?
Hier ist ein Fehler in der Rechnung.	Ada kesalaha dalam kuitansi ini.
Handy	hanpon
Internetcafé	warnet
Kreditkarte	kartu kredit
Post	kantor pos
Touristeninformation	kantor pariwisata
Unterschrift	tanda tangan
Wechselstube	kantor penukaran mata uang asing

UHRZEIT & DATUM

Wie spät ist es?	Jam berapa sekarang?

Deutsch	Indonesisch
Es ist (zehn) Uhr.	Jam (sepuluh).
Es ist halb (sieben).	Setengah (tujuh).
morgens	pagi
nachmittags	siang
abends	malam
heute	hari ini
morgen	besok
gestern	kemarin
Montag	hari Senin
Dienstag	hari Selasa
Mittwoch	hari Rabu
Donnerstag	hari Kamis
Freitag	hari Jumat
Samstag	hari Sabtu
Sonntag	hari Minggu
Januar	Januari
Februar	Februari
März	Maret
April	April
Mai	Mei
Juni	Juni
Juli	Juli
August	Agustus
September	September
Oktober	Oktober
November	Nopember
Dezember	Desember

VERKEHR

Öffentliche Verkehrsmittel

Deutsch	Indonesisch
Boot (regional)	perahu
Bus	bis
Fahrradriksha	becak
Flugzeug	pesawat
Minibus	bemo
Motorradriksha	bajaj

ZAHLEN

1	satu
2	dua
3	tiga
4	empat
5	lima
6	enam
7	tujuh
8	delapan
9	sembilan
10	sepuluh
20	duapuluh
30	tigapuluh
40	empatpuluh
50	limapuluh
60	enampuluh
70	tujuhpuluh
80	delapanpuluh
90	sembilanpuluh
100	seratus
1000	seribu

Deutsch	Indonesisch
Motorradtaxi	ojek
Schiff (allgemein)	kapal
Taxi	taksi
Zug	kereta api
Ich möchte nach ...	Saya mau ke ...
Wie viel kostet es nach...?	Ongkos ke ... berapa?
Wann geht der Zug/Bus ...?	Jam berapa berangkat?
Wann kommt er in ... an?	Jam berapa sampai di ...?
Hält er in ...?	Di ... berhenti?
Wie heißt die nächste Haltestelle?	Apa nama halte berikutnya?
Sagen Sie mir bitte, wann wir in ... ankommen	Tolong, beritahu waktu kita sampai di ...
Bitte halten Sie hier.	Tolong, berhenti di sini.
der erste	pertama
der letzte	terakhir

der nächste	yang berikutnya
ein ... Ticket/Fahrkarte	tiket ...
1. Klasse	kelas satu
2. Klasse	kelas dua
einfach	sekali jalan
hin & zurück	pulang pergi
Bahnhof	stasiun kereta api
Fahrplan	jadwal
Fensterplatz	tempat duduk dekat jendela
Gleis	peron
Platz am Gang	tempat duduk dekat gang
storniert	dibatalkan
Ticketschalter	loket tiket
verspätet	terlambat

Autofahren & Radfahren

Ich möchte bitte mieten ...	Saya mau sewa ...
Allradwagen	gardan ganda
Auto	mobil
Fahrrad	sepeda
Motorrad	sepeda motor
Benzin	bensin
Diesel	solar
Helm	helem
Kindersitz	kursi anak untuk di mobil
Monteur	montir
Pumpe (Fahrrad)	pompa sepeda
Tankstelle	pompa bensin
Ist dies die Straße nach ...?	Apakah jalan ini ke ...?
(Wie lange) Kann ich hier parken?	(Berapa lama) Saya boleh parkir di sini?
Das Auto/Motorrad ist kaputt.	Mobil/Motor mogok.
Ich habe eine Reifenpanne.	Ban saya kempes.
Ich habe kein Benzin mehr.	Saya kehabisan bensin.

REGIONALSPRACHEN

Balinesisch

Wie geht es Ihnen?	Kenken kabare?
Wie heißen Sie?	Sire wastene?
Ich heiße ...	Adan tiange ...
Ich verstehe nicht.	Tiang sing ngerti.
Wie viel kostet das?	Ji kude niki?
Danke.	Matur suksma.
Wie heißt das auf Balinesisch?	Ne ape adane di Bali?
Wo geht es nach ...?	Kije jalan lakar kel ...

Sasak

Wie heißen Sie?	Saik aranm side?
Ich heiße ...	Arankah aku ...
Ich verstehe nicht.	Endek ngerti.
Wie viel kostet das?	Pire ajin sak iyak?
Danke.	Tampak asih.
Wie heißt das auf Sasak?	Ape aran sak iyak elek bahase Sasek?
Wo geht es nach ...?	Lamun lek ..., embe eak langantah?

GLOSSAR

(m) bedeutet Maskulinum, (f) Femininum, (pl) bezeichnet den Plural

adat – Tradition, Bräuche und Verhaltensregeln

adharma – Übel, Unglück

aling aling – Tor in einer kleinen Mauer

alus – die Guten in einem *arja*-Drama

anak-anak – Kinder

angker – böse Macht

angklung – kleinere Form des *gamelan*

anjing – Hunde

apotik – Apotheke

arja – feine, opernähnliche Form des balinesischen Theaters; auch ein Bühnenstück mit Tanzeinlagen, vergleichbar bestimmten Formen der westlichen Oper

Arjuna – ein Held im Epos *Mahabharata* und ein häufig dargestellter Tempelwächter

bahasa – Sprache; Bahasa Indonesia ist die Staatssprache Indonesiens

bale – ein Pavillon mit offenen Seiten und steilem Strohdach

bale banjar – Versammlungsplatz eines Dorfes; ein Haus für Versammlungen und für Gamelan-Proben

bale tani – Wohnhaus einer Familie auf Lombok; siehe auch *serambi*

balian – Geistheiler und Kräuterdoktor

banjar – ämtliche verheiratete erwachsene Männereiner Dorfgemeinschaft

banyan – Banyan- oder Bengalische Feige, eine Art Ficusbaum, der oft als heilig angesehen wird; siehe auch *waringin*

bapak – Vater; ebenso eine höfliche Form, alte Männer anzureden; auch *pak*

Barong – mythische Löwen-Hund-Kreatur

Barong Tengkok – tragbare Gamelan-Instrumente für Hochzeiten und Beschneidungszeremonien auf Lombok

baten tegeh – verzierte Obst-, Reiswaffel- und Blumenpyramiden

batik – Batiktechnik beim Einfärben von Textilien: ein Teil des Stoffes wird mit Wachs bedeckt, dann wird gefärbt und anschließend das Wachs herausgeschmolzen. Die gewachsten Stellen bleiben ungefärbt. Dieser Vorgang wird wiederholt, sodass ein schönes Muster entsteht.

batu bolong – Stein mit Loch

belalu – schnell wachsender lichter Wald

bemo – beliebtes Verkehrsmittel auf Bali und Lombok; für gewöhnlich ein kleiner Minibus oder in ländlichen Gegenden auch ein kleiner Pick-up

bensin – Benzin

beruga – kommunales Versammlungshaus auf Bali; seitlich offener Pavillon auf Lombok

bhur – Welt der Dämonen

bhwah – Welt der Menschen

bioskop – Kino

Brahma – der Schöpfer; einer der drei Hindu-Götter

Brahmana – die Priesterkaste, die höchste Kaste der Balinesen; alle Priester sind Brahmanen, aber nicht alle Brahmanen sind Priester

bu – Mutter; Kurzform von *ibu*

bukit – Hügel; so heißt auch die südliche Halbinsel Balis

bulau – Monat

candi – Schrein, ursprünglich im Stil Javas verziert; auch bekannt als *prasada*

candi bentar – Eingangstor zu einem Tempel

cendrawasih – Paradiesvögel

cengceng – Zimbeln

cidomo – Ponykarren mit Autoreifen (Lombo)

cili – Darstellungen von Dewi Sri, der Reisgöttin

dalang – Puppenspieler und Geschichtenerzähler in einer *wayang-kulit*-Aufführung

Dalem Bedaulu – legendärer letzter Herrscher der Peng-Dynastie

danau – See

dangdut – Popmusik

desa – Dorf

dewa – Gottheit oder Geist

dewi – Göttin

Dewi Sri – Reisgöttin

dharma – gut

dokar – Ponykarren; auf Lombok bekannt als *cidomo*

Durga – Göttin des Todes und der Zerstörung und Gemahlin von *Shiva*

dusun – kleines Dorf

endek – eleganter Stoff, wie *songket*, mit vorgefärbten Durchschussfäden

Gajah Mada – berühmter *Majapahit*-Premierminister, der den letzten großen König Balis besiegte und die Macht der *Majapahit* über die ganze Insel ausdehnte

Galungan – großes balinesisches Fest; ein jährlich stattfindendes Ereignis im 210 Tage währenden balinesischen Kalender *wuku*

gamelan – traditionelles balinesisches Orchester, vorwiegend mit Schlaginstrumenten wie großen Xylophonen und Gongen; kann aus einem bis zu mehr als zwei Dutzend Musikern bestehen; bezeichnet auch einzelne Instrumente wie Trommeln; auch *gong* genannt

Ganesha – *Shivas* elefantenköpfiger Sohn

gang – Gasse oder Fußweg

Garuda – mythisches Mensch-Vogel-Wesen, Transportmittel des *Vishnu*; modernes Symbol für Indonesien und die staatliche Fluglinie

gedong – Schrein

genggong – Musikaufführung auf Lombok

gili – kleine Insel (Lombok)

goa – Höhle; auch *gua* geschrieben

gong – siehe *gamelan*

gong gede – großes Orchester; traditionelle Form des

gamelan mit 35 bis 40 Musikern

gong kebyar – moderne, volkstümliche Form eines *gong gede* mit bis zu 25 Instrumenten

gua – Höhle; auch *goa* geschrieben

gunung – Berg

gunung api – Vulkan

gusti – höflicher Titel für Mitglieder der *Wesia*-Kaste

Hanuman – Affengott, der eine wesentliche Rolle im *Ramayana* spielt

harga biasa – Standardpreis

harga turis – überhöhter Preis (für Touristen)

homestay – kleine, familiengeführte Unterkunft; siehe auch *losmen*

ibu – Mutter; auch höfliche Anrede für ältere Frauen

Ida Bagus – Ehrentitel für einen männlichen *Brahmana*

ikat – Stoff, bei dem ein Muster entsteht, indem die einzelnen Fäden vor dem Weben eingefärbt werden

Indra – Oberste Gottheit

jalak putih – Name der Einheimischen für den Balistar (Vogel)

jalan – Straße; abgekürzt zu Jl.

jepun – Wachsblumenbäume

jidur – große, zylinderförmige Trommeln, die in ganz Lombok gespielt werden

Jl. – *jalan;* Straße

kahyangan jagat – speziell ausgerichtete Tempel

kain – eine Stoffbahn, die über einem Sarong um die Hüfte gewickelt wird

kain poleng – schwarz-weiß karierter Stoff

kaja – Richtung Berge; siehe auch *kelod*

kaja-kangin – Ecke eines Innenhofes

kaki lima – Essenskarren

kala – Dämonengesicht, das man oft über den Eingangstoren von Tempeln sieht

Kalendar Cetakan – balinesischer Kalender, nach dem zahlreiche Aktivitäten geplant werden

kamben – eine Stoffbahn von *songket*, die bei offiziellen Anlässen um die Brust gewickelt wird

kampung – Dorf oder Nachbarschaft

kangin – Sonnenaufgang

kantor – Büro

kantor imigrasi – Einwanderungsbüro

kantor pos – Post (Gebäude)

Kawi – die klassische Sprache Javas; die Sprache der Dichtung

kebyar – eine Tanzart

Kecak – traditioneller balinesischer Tanz; der Tanz erzählt eine Geschichte aus dem *Ramayana* über Prinz Rama und Prinzessin Sita

kedais – Kaffeehaus

kelod – Richtungsangabe: von den Bergen zum Meer hin; siehe auch *kaja*

kelurahan – Gebiet im Zuständigkeitsbereich einer Gemeindeverwaltung

kemben – Oberbekleidung (für die Brust) für Frauen

kempli – Gong

kendang – Trommeln

kepala desa – Oberhaupt eines Dorfes

kori agung – Tor zum zweiten Innenhof eines Tempels

kota – Stadt

kras – die offensichtlich Bösen in einem *arja*-Drama

kris – traditioneller Dolch

Ksatriyasa – zweite balinesische Kaste

kuah – Himmelsrichtung des Sonnenuntergangs

kulkul – hohle Baumstammtrommel, die zum Künden von Gefahr oder zur Einberufung einer Versammlung benutzt wird

labuhan – Hafen; auch *pelabuhan* genannt

laki-laki – Junge

lamak – lange, gewebte Palmblattstreifen, die als Dekorationsmaterial bei Festivitäten und Feierlichkeiten benutzt werden

lambung – lange schwarze Saronge, die von Sasak-Frauen getragen werden; siehe auch *sabuk*

langse – rechteckige Schmuckgehänge in Palästen oder Tempeln

Legong – klassischer balinesischer Tanz

legong – junge Mädchen, die den *Legong* aufführen

leyak – böser Geist, der durch die Anwendung schwarzer Magie die unglaublichsten Formen annehmen kann

lontar – speziell bearbeitete Palmblätter (als Schreibmaterial)

losmen – kleines balinesisches Hotel, oft in Familienbesitz

lukisan antic – antike Gemälde

lulur – Körpermaske

lumbung – Reisscheune mit rundem Dach; ein Architekturmerkmal auf Lombok

Mahabharata – eines der wichtigsten Heiligen Bücher der Hindus; das Epos erzählt vom Kampf zwischen den Pandavas und Korawas

Majapahit – die letzte große Hindu-Dynastie auf Java

mata air panas – natürliche heiße Quellen

meditasi – Schwimmen und Sonnenbaden

mekepung – traditionelle Wasserbüffel-Wettkämpfes

meru – Tempelschreine mit mehreren Dächern; der Name rührt von hinduistischen Heiligen Berg Mahameru her

mobil – Auto

moksa – Freisein von irdischem Verlangen

muncak – Hirschferkel

naga – mythische Schlange

nusa – Insel; auch *pulau* genannt

Nusa Tenggara Barat (NTB) – West Nusa Tenggara; indonesische Provinz, die die Inseln Lombok und Sumbawa umfasst

nyale – aalartiger Fisch, der vor Kuta auf Lombok gefangen wird

Nyepi – jährliches Hauptfest

im Hindu-Kalender *saka*; ein Tag der völligen Stille nach einer Nacht, in der böse Geister vertrieben wurden

ogoh-ogoh – riesige, monsterhafte Puppen beim *Nyepi*-Fest

ojek – Motorrad, mit dem zahlende Passagiere transportiert werden

open – großes rotes Backsteingebäude

padi – die wachsende Reispflanze

padmasana –Tempelschrein, der einem leeren Stuhl ähnelt

pak –Vater; Kurzform von *bapak*

palinggihs – Tempelschreine, die aus einem einfachen kleinen Thron bestehen

panca dewata – Mittelpunkt und vier Himmelsrichtungen in einem Tempel

pantai – Strand

paras –ein weicher grauer Stein, der in der Bildhauerkunst verwendet wird

pasar – Markt

pasar malam – Nachtmarkt

pecalang – fliegende Händler

pedagang – fliegende Händler

pedanda – Hoher Priester

pelabuhan – Hafen; auch *labuhan* genannt

pemangku – Tempelwächter und Priester für Tempelrituale

perempuan – Mädchen

plus plus – eine Mischung aus Steuer und Bedienungsgeld in Höhe von 21 % in Unterkünften und Restaurants der Mittel- und Spitzenklasse

pondok – einfache Unterkunft oder Hütte

prada – Stoff, verschönert mit goldenem Blatt, goldener oder silberner Farbe oder Gold- bzw. Silberfaden

prahu – traditionelles indonesisches Boot mit Auslegern

prasada – Schrein; siehe auch *candi*

prasasti – gravierte Kupferplatten

pria – Mann; männlich

propinsi – Provinz; Indonesien hat 27 *propinsi* - Bali ist eine *propinsi*, Lombok und die Nachbarinsel Sumbawa bilden die *propinsi Nusa Tenggara Barat* (NTB)

puasa – Fasten oder Fastenzeit

pulau – Insel; auch *nusa* genannt

puputan – Kampf des Kriegers bis zum Tode; eine ehrenvolle, aber selbstmörderische Todesart, wenn man auf einen unbesiegbaren Feind stößt

pura – Tempel

pura dalem – Tempel der Toten

pura desa – Dorftempel für alltägliche Zwecke

pura puseh –Tempel der Dorfgründer oder Dorfväter, der an die Gründung eines Dorfes erinnern soll

pura subak – Tempel der Gesellschaft der Reisbauernn

puri – Palast

pusit kota – auf Straßenschildern, um das Stadtzentrum anzuzeigen

rajah – Herr oder Prinz

Ramadan –Fastenmonat der Moslems

Ramayana – eines der großen Heiligen Bücher der Hindus; die Geschichten bilden die Grundlage vieler balinesischer Tänze und Erzählungen

Rangda – verwitwete Hexe, die im balinesischen Theater und Tanz das Böse verkörpert

raya – Hauptstraße; z.B. bezeichnet Jl. Raya Ubud die Hauptstraße von Ubud'

RRI – Radio Republik Indonesia; Indonesiens staatlicher Rundfunksender

rumah makan – Restaurant; wörtlich „Ort fürs Essen"

sabuk – 4 m langer Schal, der den *lambung* fixiert

sadkahyangan – „Weltheiligtümer"; die allerheiligsten Tempel

saiban –Opfergabe für einen Tempel oder Schrein

saka – balinesischer Kalender, der auf dem Mondzyklus basiert; siehe auch *wuku*

Sasak – Einheimischer von Lombok; auch dessen Sprache

sate – Satay (Grillgericht)

sawah –Reisfeld; siehe auch *subak*

selat – Meerenge

sepeda – Fahrrad

sepeda motor – Motorrad

Shiva –der Schöpfer und Zerstörer; eine der drei großen Hindu-Gottheiten

songket – Stoff mit Silber- oder Goldfäden, mit einer speziellen Durchschuss-Technik handgewebt

stupas – Kuppelbauten für Buddha-Reliquien

subak – Dorfgenossenschaften, die Reisterrassen anlegen und unterhalten sowie gemeinsam das Wasser zur Bewässerung organisieren

Sudra – weit verbreitete Kaste, zu der die Mehrheit der Balinesen gehört

sungai – Fluss

swah – Welt der Götter

tahun – Jahr

taksu – gottgeweihter Übermittler des göttlichen Willens

tambulilingan – Hummeln

tanjung – Kap oder Landzunge

teluk – Golf oder Bucht

tika – ein Stück bedruckter Stoff oder geschnitztes Holz mit dem Bild des Pawukon-Zyklus

tirta – Wasser

toya – Wasser

trimurti – die Dreiheit der Hindu-Gottheiten

triwangsa – dreiteilige Kaste (*Brahmana, Ksatriyasa* und *Wesia*); *triwangsa* bedeutet „drei Leute"

TU – Telepon Umum; ein öffentliches Telefon

undagi – im Allgemeinen Priester-Architekten, die Gebäude entwerfen

Vishnu – der Erhalter; eine der drei großen Hindu-Gottheiten

wanita – Frau; weiblich

wantilan – großer *bale*-Pavillon für Versammlungen, Aufführungen und Hahnenkämpfe; oft in der Stadt- oder Dorfhalle

waria – weibliche Transvestitendarstellerin; Kombination der Wörter *wanita* und *pria*

waringin – Birkenfeige, eine Art Ficusbaum; siehe *banyan*

warnet – *warung* mit Internet-Zugang

wartel – öffentliches Telefonzentrum; Abkürzung aus *warung telekomunika*

warung – Imbissstand

wayang kulit – Lederpuppe, die als Schattenspielfigur verwendet wird; siehe auch *dalang*

Wetu Telu – typische Religion auf Lombok; ursprünglich aus Bayan, verbindet viele Ziele des Islam mit Aspekten anderer Glaubensrichtungen

Wesia – Militärkaste, hat die meisten Mitglieder unter den balinesischen Hochkasten

wuku – balinesischer Kalender, bestehend aus zehn verschiedenen Wochen, die ein bis zehn Tage lang sind; siehe auch *saka*

yeh – Wasser; auch Fluss

yoni – weibliches Symbol für den Hindu-Gott *Shiva*

455

Hinter den Kulissen

WIR FREUEN UNS ÜBER EIN FEEDBACK

Post von Travellern zu bekommen ist für uns ungemein hilfreich – Kritik und Anregungen halten uns auf dem Laufenden und helfen, unsere Bücher zu verbessern. Unser reiseerfahrenes Team liest alle Zuschriften genau durch, um zu erfahren, was an unseren Reiseführern gut und was schlecht ist. Wir können solche Post zwar nicht individuell beantworten, aber jedes Feedback wird garantiert schnurstracks an die jeweiligen Autoren weitergeleitet, rechtzeitig vor der nächsten Nachauflage.

Wer uns schreiben will, erreicht uns über www.lonelyplanet.de/kontakt

Hinweis: Da wir Beiträge möglicherweise in Lonely Planet Produkten (Reiseführer, Websites, digitale Medien) veröffentlichen, ggf. auch in gekürzter Form, bitten wir um Mitteilung, falls ein Kommentar nicht veröffentlicht oder ein Name nicht genannt werden soll. Wer Näheres über unsere Datenschutzpolitik wissen will, erfährt das unter www.lonelyplanet.com/privacy

DANK VON LONELY PLANET

Wir danken den Reisenden, die mit der letzten Ausgabe unterwegs waren und uns nützliche Hinweise, gute Ratschläge und interessante Begebenheiten übermittelt haben:

Francesca Accornero, Josephine Anderson, Sophie Baldwin, Maarten Baltussen, Alex Boladeras, Matt Burgess, Roxanne Capaldi, Sung Choi, Claudio Cuccu, Alix Degrez, Douglas Ferris, Catherine Georgarakis, Shaline Geske, Aly Hendriks, Adloff Hortense, Michelle Jansen, Wayan Karja, Dika Kartika, Chris Keithley, Hiroshi Kubo, Nicolas Kuster, Jessica Laan, Jing Bo Li, Adrian Gonzalez Lopez, Wendy Mackay, Johanny Mascunan, Alan Matis, Julie McLennan, Eline Morsch, Maja Olip, Simon Pridmore, Michelle Read, Rinjani Trek Club, Tari Ritchie, Bradey Rykers, Lisette Sørensen, Putu Sridiniari, Martin Stanek, Richard Teunissen, Gerard Vissers, Jan Wijbenga, John Young und Bahri Zul

DANK DES AUTORS

Ryan Ver Berkmoes

Dies war mein 100. Reiseführer für Lonely Planet. Dankbar für ihre Unterstützung bin ich Freunden wie Patticakes, Ibu Cat, Hanafi, Stuart, Suzanne, dem unermüdlichen Ketut, Rucina, Nicoline, Eliot Cohen, Jamie James, Kerry und Milt Turner, Pascal & Pika vielen anderen, darunter auch Samuel L. Bronkowitz. Bei Lonely Planet danke ich vor allem denen, deren Begeisterung für dieses Projekt auch diese Ausgabe wieder möglich gemacht haben: Marg Toohey, Virginia Maxwell, Tashi Wheeler, Ilaria Walker und anderen. Ohne das Talent dieser kreativen Kollegen ginge gar nichts. Ein Dank auch an Sarah Reid, die dieser Auflage die Richtung gewiesen hat. Ein herzlicher Dank auch an Alexis Averbuck: Bali wird uns immer bleiben, ob nun die Schwäne singen oder nicht.

QUELLENNACHWEIS

Die Daten in den Klimatabellen stammen von Peel MC, Finlayson BL & McMahon TA (2007), Aktualisierte Weltkarte der Köppen-Geiger-Klimaklassifikation, „Hydrology and Earth System Sciences", 11, 1633-44.

Abbildung auf dem Umschlag: Tempel Pura Ulun Danu Bratan, Candikuning, Martin Puddy/Getty

HINTER DEN KULISSEN

ÜBER DIESES BUCH

Dies ist die 3. deutsche Auflage von *Bali & Lombok*, basierend auf der mittlerweile 15. englischen Auflage. Alleiniger Autor dieses Bandes ist Ryan Ver Berkmoes. Die beiden vorhergehenden Auflagen stammten von Ryan Ver Berkmoes, Adam Skolnick und Iain Stewart. Dieser Band wurde von folgenden Mitarbeitern betreut:

Verantwortung für das Zielgebiet Sarah Reid
Projektleitung Glenn van der Knijff
Redaktion Luna Soo
Leitung der Kartografie Julie Sheridan
Kartografie Gabriel Lindquist
Layout Wibowo Rusli
Redaktionsassistenz Nigel Chin, Katie Connolly, Kate Evans, Justin Flynn, Carly Hall, Jodie Martire, Jenna Myers, Rosie Nicholson, Kirsten Rawlings, Sally Schafer, Amanda Williamson
Bildredaktion für den Umschlag Naomi Parker
Ein besonderer Dank gilt Sasha Baskett, Ryan Evans, Larissa Frost, Jouve India, Andi Jones, Claire Naylor, Karyn Noble, Jessica Rose, Saralinda Turner, Samantha Tyson, Lauren Wellicome, Tracy Whitmey

Register

A
Aas 234
Abang 248
Affen 115, 161, 227, 314
Agung Mangu Putra 391
AIDS 441
Air Panas Banjar 272
Air Terjun Singsing 272
Alkoholvergiftung 441
Amed 18, 232, **233**
Amlapura 228
Ampenan 298
Antosari 258, 287
Antosari-Straße 258
Apnoetauchen
   Gili-Inseln 333
Apotheken 440
Aquatic Alliance 145
Arak 332, 423, 441
Architektur 400
   Bambus 196
   Green School 197
Ashram Gandhi Chandi 225
Ausreisesteuer 431
Auto fahren 433
   Straßenverhältnisse 434
   Verkehrsregeln 435

B
Bahasa Indonesia 445
Bajera 287
Balangan Beach 110, **110**
Bale 401
Bali **6**
Bali Aga 222
Balian Beach 287
Bali Bird Park 200
Bali Kite Festival 128
Bali, Kunst- und Kulturfestival 23
Balinesisch 450

Karten **000**
Abbildungen **000**

Balinesischer Stil 406
Balinesischer Suizid 355
Bali Orchid Garden 124
Bali Safari & Marine Park 203
Balistar 411
Bali Treetop Adventure Park 251
Bamboo Centre 240
Bambus 406
Bangli 208
Bangsal 306
Banutan 232
Banyuning 236
Banyuwedang 278
Barong 399
Barong Landung 149
Barongmasken **399**
Batik 393
Batu Aba 152
Batuan 199
Batubulan 201
Batukandik 152
Batur 247
Bäume 413
Bebandem 217
Bedrohte Arten 324
Bedugul 251
Bedulu 190
Behinderungen, Reisen mit 422
Belega 199
Belimbingsari 290
Bemo 435
Benoa 120
Benoa Harbour 132
Bergsteigen 215
Bier 382, 385
Big Tree Farms 196
Bildhauerei 395, 399
Bingin 112
Bintang 385
Bio Rock 276
Birdwatching *siehe* Vogelbeobachtung
Blahbatuh 198

Blongas 323
Blumen 414
Bodong 18
Bombenattentate 359
Bona 199
Bonnet, Rudolf 389
Booth, David 240
Bootsfahrten 248; *siehe auch* Fähren, Schiffsreisen
   Gili Trawangan 330
   Nusa Lembongan 144
   Teluk Gilimanuk 280
Botschaften 418
Buahan 248
Bücher 350
Budakeling 230
Bukit, Halbinsel 106
Bukit Mundi 152
Bunut Bolong 258
Bus 435
Busreisen 432, 435

C
Cakra, I Nyoman 392
Candidasa 224, **225**
Candikuning 251
Canggu 18, 97, **99**
Carrageen 150
Cekik 290
Celuk 200
Chauffeur 434
cidomo 438
Clubs
   Kuta 74
Covarrubias, Miguel 130, 389
Crystal Bay Beach 151

D
Dalem Bedaulu 191
Danau Bratan 250, **250**
Danau Buyan 253
Danau Segara Anak 310
Danau Tamblingan 253

de Houtman, Cornelius 354
Dekompressionskammer 444
Delfine 70
Dengue-Fieber 441
Denkmäler 124
   Bajra Sandhi Monument 135
   Delfin-Denkmal 266
   Gunung Kawi 195
   Margarana 285
   Pandawa Beach 117
   Relief eines Radfahrers 265
   Tanah Aron 230
   Tirta Empul 196
   Yudha Mandala Tama Monument 263
Denpasar 132, **136–137**
   Aktivitäten 135
   Ausgehen 137
   Essen 137
   Feste & Events 135
   Geschichte 132
   Medizinische Versorgung 140
   Post 140
   Sehenswertes 132
   Shoppen 139
   Stadtspaziergang 134
   Touristeninformation 140
   Unterwegs vor Ort 140, 141
Diebstahl 423
Djirna, Made 391
dokar 438
Dorfkünstler 193
Drachen 128
Drachenfest 23, **24**
Drogen 423
Drogenhändler 423
Duda 216
Dukuh 132
Durchfall 442
Dusun Senaru 308

E

East Bali Poverty Project 240
Eat, Pray, Love 180
Echo Beach **99**, 102
Ekas 321
Elefanten 197
Elephant Safari Park 197
Essen 20, 20, 376, **384, 385**, 385, 418
   Etikette 382
   Schokolade 196
   Warungs 93
Etikette 330, 367, 382

F

Fähren 432; siehe auch Bootsfahrten, Schiffsreisen
Fahrrad fahren 39, 97, 265, 437
   Ausrüstung 40
   Bali 40
   Gili-Inseln 40, 345
   Gili Trawangan 330
   Lombok 40
   Nusa Lembongan 145
   Nusa Penida 149
   Ostbali 216, 230
   Touren 40, 248
   Ubud 166
Familientempel 365
Fastfood 380
Feiertage 418
Feilschen 423
Fels in Penisform 229
Feste & Events **8**, 368
   Bali Arts Festival 135
   Bali Spirit Festival 173
   Bupati Cup 291
   Drachenfest 23
   Gendang Beleq 302
   Kuta Karnival 57
   Lebaran Topat 302
   Nyale-Fest 319
   Peresean 302
   Ramadan 306
   Ubud 171
   Ubud Writers & Readers Festival 173
Feuerbestattung 371, **375**
Film 350
Film-Locations 180
Fischreiher 340
Fledermaushöhlen-Tempel 217
Fliegen
   Auf Bali & Lombok 437
   Nach/von Bali & Lombok 431
Fluglinien 431
Flüsse
   Sungai Balian 31
   Sungai Telagawaja 216
Frauen unterwegs 419, 444
Freizeitparks
   Waterbom Park 53

G

Galerien
   Neka Gallery 159
Galungan 23
Gamelan 211, 264, 290
Gärten siehe Parks & Gärten
Gebräuche 369
   Lombok 372
Gede Suanda Sayur 391
Gefahren
   Gili-Inseln 332
   Südbali 120
Gefallener Mond von Pejeng 192
Gefängnis in Kerobokan 91
Geführte Touren 437
   kulturell 171, 223
   Kuta 57
   Radfahren 40
   Tenganan 223
   Ubud 170
   Wandern 38, 225, 268
Gehöft 402
Geld 16, 420
Geldautomaten 420
Geldwechsel 420
Gelgel 212
Geografie 409
Gerupuk 321
Geschäftszeiten 421
Geschichte 352
   Bangli 208
   Bombenattentat 359
   Denpasar 132
   Erste Balinesen 352
   Kampf um Lombok 356
   Semarapura 209
   Suharto 360
   Tourismus 361
   Unabhängigkeit 357
   Vulkanausbruch von 1963 358
   Zweiter Weltkrieg 357
Gesundheit 439
   Impfungen 439
   Krankenversicherung 440
Getränke 382
Gewichte 422
Gianyar 207
Gilbert, Elizabeth 180
Gili Air 344, **344**
Gili Asahan 299
Gili Gede 299
Gili-Inseln 12, 48, 325, **326**, 331
   An- & Weiterreise 326
   Etikette 330
   Klima 325
   Reisezeit 325
   Schnorcheln 343
   Strände 329
   Umweltprobleme 338
   Unterwegs vor Ort 327
Gilimanuk 291
Gili Meno 340, **340**
Gili Trawangan 14, **14**, 28, 314, **328, 336**
   Aktivitäten 329
   An- & Weiterreise 339
   Internetzugang 339
   Notfälle 339
   Shoppen 339
   Strände 329
   Unterkunft 331
Gitgit 265
Gold 200
Goldschmiede 396
Golfplätze 112
   Bali National Golf Resort 118
Gondang 307
Green School 197
Gunung Agung 215
Gunung Batukau 256, 257
Gunung Batur 244, **244**
Gunung Kawi 195
Gunung Kelatakan 280
Gunung Lempuyang 229
Gunung Rinjani **15**, 310, **311**, 375
Gunung Seraya 229, 233

H

Habibie, Dr. Bacharuddin Jusuf 360
Hahnenkämpfe 373
Haie 144
Halbinsel Bukit 9, 106
   Umweltprobleme 112
Halbinsel Sire 306
Handeln 423
Heiler 171
Hepatitis A 441
Hepatitis B 441
Hinduismus 353, 366
Hirsche 281
Hitzschlag 443
HIV 441
Höhlen
   Goa Karangsari 152
Holländische Kolonialzeit 354
Holzschnitzerei **28**, 192
Hotelarchitektur 407
Hotels 426, 427
Hunde 188

I

Ikat 394, 399
Impfungen 439, 440
Impossibles Beach 113
Indonesisch 445
Indonesischer Unabhängigkeitstag 23
Infos im Internet 17
Internetzugang 421
Intimitäten 363
Islam 367

J

Jagaraga 264
Jatiluwih
   Reisfelder **13**
Jembrana, Küste von 288
Jemeluk 232, 234
Jero Gede Macaling 149
Jerowaru 324
Jetski 122
Jimbaran 106, **107**
Jungutan 216
Jungutbatu 145

K

Kaffee 383
Kalender 23, 371
Kapal 284
Karten 421
Kecak (Tanz) **11**, 115, 388, 399
Kedisan 248
Kerambitan 286
Keramik siehe Töpferwaren
Kerobokan **78–79**, 91
   Strände 91
Kertanagara, König 353
Keruak 324
Kinder, Reisen mit 42, 53
   Essen 45
   Sicherheit 44
   Übernachten 44
Kino 350
Kintamani 247

Kitesurfen 345
  Sanur 125
Klima 16, 429
Kochkurse 82, 268
Konsulate 418
Kopi Luwak 194
Korbflechterei 199
Krankenhäuser 440
Krankenversicherung 440
Kreditkarten 421
Kris 394
Krotok 230
Kuban 249
Kultur 20, 363
Kulturelle Touren 223
Kuningan 23
Kunsthandwerk 392
Kunst & Kultur 386
Kunst- und Kulturfestival Bali 23
Kurse
  Kochen 120, 170
  Kultur 170
  Kunst 169
  Kunsthandwerk 170
  Musik 170
  Sprache 170
  Textilien 169
  Töpfern 109
Kusamba 203, 217
Küstenstraße nach Kusamba 203
Kuta 11, 46, 50, 52, **51**, **54–55**, 72
  Aktivitäten 53, 57
  An- & Weiterreise 77
  Ausgehen 73
  Clubs 74
  Essen 50, 62
  Gefahren 76
  Geführte Touren 57
  Geldwechsel 77
  Highlights 51
  Internetzugang 77
  Kinder, Reisen mit 53
  Klima 50
  Medizinische Versorgung 77
  Notfälle 77
  Postdienste 77
  Reisezeit 50
  Sehenswertes 53
  Shoppen 75
  Strände 52

Karten **000**
Abbildungen **000**

Kuta Beach 13, **63**
Kuta-Cowboys 53, 72
Kuta-Karneval 24
Kuta (Lombok) 316, **317**
Kutri 198

L

Labuhan Lalang 279
Labuhan Lombok 323
Lange, Mads 58
La Plancha **14**
Legian 52, **54–55**, 72
  Aktivitäten 53, 57
  An- & Weiterreise 77
  Ausgehen 73
  Essen 62, 72
  Internetzugang 77
  Sehenswertes 53
  Shoppen 75
  Unterkunft 59
Legong 388
Lehan 236
Le Mayeur de Merpres, Adrien Jean 130, 389
Lembar 299
Lembongan 143
Lempads Haus 160
Lesben 421
Lipah 232
Literatur 350
Literaturfestival von Ubud 23
Liyer, Ketut 180
Loloan Timur 289
Lombok **6**, 12, 48, 293, **294**
  Architektur 407
  Gebräuche 372
  Geschichte 353
  Highlights 294
  Klima 293
  Kultur 365
  Kunsthandwerk 394, 395, 396
  Reisezeit 293
  Schnorcheln 301
  Strände 293
  Surfen 301
  Tauchen 301
  Trekkingtouren 310
  Unterkunft 293
Lombok International Airport 315, 431
Lontar 263
Lovina 265, **266–267**
  Aktivitäten 266
  An- & Weiterreise 271
  Ausgehen 271

Essen 269
Geführte Touren 268
Kurse 268
Nachtleben 271
Sehenswertes 266
Strände 266
Unterkunft 268

M

Mada, Gajah 353
Majapahit 352
Makaken 281
Malaria 441
Malean Sampi 22
Malerei 390
Manggis 222
Manggis-Putung, Straße 222
Mantarochen 144
Marga 285
Märkte 377, 385
  Amlapura 229
  Bangli 208
  Candikuning 252
  Denpasar 139
  Fischmarkt in Jimbaran 106
  Gianyar 207
  Jimbaran 106
  Kubu 239
  Lembongan 143
  Pancasari 252
  Pasar Mandalika 297
  Pasar Seni (Kunstmarkt), Ubud 187
  Pejaten 286
  Semarapura 210
  Seraya 234
  Sukawati 200
  Ubud 179
Mas 192
Masken 193, 200, 395
Masriadi, Nyoman 391
Massage siehe auch Spas
  Ubud 165
Maße 422
Mataram 296, **297**
Mautstraße 433
Mawi 322
Mawun (Mawan) 322
McPhee, Colin 160, 389
Medewi 288
Meeresschildkröten 70, **70**, 412
Meerestiere 145
Mendira 223
Mengwi
  Busterminal 432

Mobiltelefone 16
Monumente 124; *siehe auch* Denkmäler
  Bajra Sandhi Monument 135
  Delfin-Denkmal 266
  Gunung Kawi 195
  Margarana 285
  Pandawa Beach 117
  Tirta Empul 196
  Yudha Mandala Tama Monument 263
Mopeds 365
Moscheen
  Masjid Kuno 316
  Masjid Kuno Bayan Beleq 307
Motorräder 433
Muncan 216
Munduk 254
Museen 90
  Agung Rai Gallery 164
  Agung Rai Museum of Art 161
  Art Zoo 262
  Blanco Renaissance Museum 161
  Ketut Rudi Gallery 164
  Komaneka Art Gallery 159
  Mandala Mathika Subak 285
  Museum Le Mayeur 124
  Museum Manusia Purbakala Gilimanuk 291
  Museum Negeri Propinsi Bali 133
  Museum Purbakala 192
  Museum Puri Lukisan 158
  Museum Rudana 164
  Museum Semarajaya 211
  Neka Art Museum 160
  Neka Gallery 159
  Nyoman Gunarsa Museum 211
  Pasifika Museum 118
  Pranoto's Art Gallery 161
  Rio Helmi Gallery & Cafe 159
  Setia Darma House of Masks & Puppets 193
  Taman Wedhi Budaya 135
  Threads of Life Indonesian Textile Arts Center 159
  Tonyraka Art Gallery 193
Musik 388

N

Nachtleben 19
Nachtmärkte 207, 377, 385
Namen 364
Nationalparks & Schutzgebiete
  Bali Safari & Marine Park 203
  Batur Caldera Geopark 243
  Nationalpark Taman Nasional Bali Barat 279
Negara 289
Ngurah Rai 357
Ngurah Rai International Airport 431, 437
Niederländischer Kolonialismus 207, 254
Nordbali 47, 260, **261**
  Essen 260
  Highlights 261
  Klima 260
  Reisezeit 260
  Unterkunft 260
Notfall 77
  Sprache 448
Nuriasih, Wayan 180
Nusa Ceningan 148
Nusa Dua **116**, 117
Nusa Lembongan 141, **142**
  Essen 145
  Medizinische Versorgung 148
  Sehenswertes 141
  Unterkunft 145
Nusa Penida 149
Nyale-Fest 22, 319
Nyepi 22, 368

O

Obst
  Salak 216
Öffnungszeiten 17, 421
Ogoh-Ogoh-Figuren 368
Ojek 438
Opfergaben **20**, 372, **374**, 375, 393
Ortsrecht 373
Ostbali 47, 202, **204**
  Essen 202
  Geführte Touren 223
  Highlights 204
  Klima 202
  Reisezeit 202
  Strände 203
Outdoor-Aktivitäten 30

P

Padangbai 217, **218**
Padang Padang 113
Palasari 290
Paläste
  Puri Anyar Kerambitan 286
  Puri Gede 228
  Puri Gianyar 207
  Taman Kertha Gosa 210
  Taman Tirta Gangga 230
  Ubud Palace 157
Pancasari 252
Pancor 323
Pandawa Beach 118
Pantai Segar 320
Parasailing 122
Parks & Gärten
  Bali Orchid Garden 124
  Botanischer Garten von Bali 251
  Mayura Water Palace 296
  Puputan Square 133
Pasir Putih 227
Pass 429, 431
Pecatu Indah 112
Ped 150
Pejaten 286
Pejeng 192
Pejeng-Dynastie 353
Pelaga 253
Pemuteran 273
Penelokan 246
Penujak 315
Penulisan 247
Perancak 290
Perang Topat 24
Pererenan Beach 102
Peresean 24
Petulu 165
Pflanzen 413
Pita Maha 391
Ponjok 132
Post 422
Praya 315
Puaya 199
Pulaki 273
Pulau Menjangan 273, 274
Pulau Serangan 131
Puppen 193, 200
Pupuan 258
Puputan 209
Pura Besakih **214**, 215
Pura Candidasa 224
Pura Dalem Penunggekan 208
Pura Erjeruk 206
Pura Gede Perancak 290
Pura Goa Lawah 217, 404
Pura Kehen 208
Pura Lempuyang 229
Pura Lingsar 298
Pura Luhur Batukau 257, 404
Pura Luhur Ulu Watu 404
Pura Maduwe Karang 265
Pura Masceti 80
Pura Pancering Jagat 249
Pura Penataran Agung 214
Pura Petitenget 80
Pura Ponjok Batu 262
Pura Pusering Jagat 192
Pura Rambut Siwi 289, 404
Pura Silayukti 225
Pura Taman Ayun **20**, 284
Pura Taman Saraswati 157
Pura Tanah Lot 284, 404
Puri Agung Karangasem 228
Puri Gede 228
Puri Gianyar 207
Putung 216

Q

Quallen 443

R

Radfahren 39, 97, 265, 437
  Ausrüstung 40
  Bali 40
  Gili-Inseln 40, 345
  Gili Trawangan 330
  Lombok 40
  Nusa Lembongan 145
  Nusa Penida 149
  Ostbali 216, 230
  Touren 40, 248
  Ubud 166
Radio 422
Rafting 41
  Sungai Telagawaja, 216
  Ubud 169
Ramadan 306
Rangda 399
Rechtsfragen 422
Regionalsprachen 450
Region Kubu 238
Reiher 165
Reis 377
Reisanbau 373, 413
Reiseapotheke 440
Reiserouten 25, 159
Reisezeit 16
Reisfelder **5, 13**, 13
  Jatiluwih 13, 256
Reisterrassen **5**, 212
Reiten
  Yeh Gangga 286
Religion 366
  Wetu Telu 307
Rembitan 316
Rendang 216
Resorts 18
Respektbezeugungen 367
Riese von Pejeng 192
Rinjani 15
Rituale 369
  Kaffeetrinken 382

S

Sacred Monkey Forest Sanctuary 161
Sade 315
Säfte 382
Salz 235
Salzgewinnung 235
Salzsee 340
Sambal 378
Sampalan 149
Sanda 258
Sanghyang 388
Sangsit 264
Sanur 123, **124**, 130
  Aktivitäten 125
  Ausgehen 128
  Essen 128
  Sehenswertes 123
  Shoppen 131
  Unterkunft 126
  Unterwegs vor Ort 131
Sasak 302, 365, 450
Sasak-Dorf 315
Sawan 264
Schattentheater 186
Schiffsreisen 437; *siehe auch* Bootsfahrten, Fähren
Schiffswracks 232
  Liberty 238
Schildkröten 144, 228, 274
Schnitzerei 394
Schnitzwerkstätten 402
Schnorcheln 30, 35, 122
  Amed 232
  Ausrüstung 35
  Blue Lagoon Beach 219
  Gili Gede 299
  Gili-Inseln 343
  Gili Meno 341
  Gili Trawangan 329
  Lovina 267
  Nusa Lembongan 144
  Pasir Putih 227

Pemuteran Bay 275
Pulau Menjangan 274
Senggigi 301
Teluk Jepun 219
Tulamben 238
Schokoladenfabrik 196
Schwarze Magie 366
Schwarzlanguren 281
Schwule 421
Seetang 150
Sekotong 299
Selang 236
Selat 216
Selong 323
Selong Blanak **12**, 12
Semarapura (Klungkung) 209, **209**
Semaya 152
Sembalun-Tal 309
Sembiran 240
Seminyak 14, 46, 50, **51, 76–77, 78–79**, 79
- Ausgehen 87
- Essen 83
- Gefahren 91
- Highlights 51
- Klima 50
- Postdienste 91
- Reisezeit 50
- Sehenswertes 80
- Shoppen 88
- Strände 79
- Unterkunft 82
- Unterwegs vor Ort 91
Seminyak Beach 79
Senaru 308
Senggigi **300**, 301
Seraya 234
Seririt 272
Setia Darma House of Masks & Puppets 193
Shoppen 21, 96
- Kerobokan 96
- Sprache 448
Sibetan 216
Sicherheit 44, 215, 45, 423, 436
- Gili-Inseln 332
- Kuta (Lombok) 320
- Schiffe 148
- Südbali 120
- Tauchen 36
- Wandern 39
Sidan 208

Karten 000
Abbildungen 000

Sidemen 212
Silber 200
Silberschmuck 396
Singapadu 200
Singaraja 262
Sire, Halbinsel 306
Smalltalk 363
Smit, Arie 160, 392
Snel, Han 160
Songan 249
Songket 393
Sonnenbrand 443
Spas
- Candidasa 224
- Kerobokan 91, 92
- Kuta (Bali) 57
- Lovina 268
- Sanur 126
- Seminyak 81
- Senggigi 302
- Tanjung Benoa 121
- Ubud 165
Spaziergänge 98
Spies-Haus 160
Spies, Walter 130, 160, 389
Sporttaucher **34**
Sprache 16, 445
- Kurse 170, 424
Stadtspaziergänge 134
Steinmetzarbeiten 201
Stoffe 139, 223
- Pelangi Weaving 212
Strände 19, 19, 63, 65, 52
- Balangan Beach **9**, **110**
- Balian Beach 287
- Batubelig Beach 91
- Batu Bolong Beach 98
- Berawa Beach 98
- Bias Tugal 218
- Bingin Beach 112
- Blue Lagoon Beach 218
- Canggu 98
- Crystal Bay Beach 151
- Double Six Beach 52
- Dream Beach 227
- Echo Beach **64**, 102
- Gegar Beach 118
- Gili Air 344
- Gili Meno 340
- Gili Trawangan 329
- Halbinsel Bukit 9
- Halfway Kuta 53
- Impossibles Beach 113
- Jungutbatu Beach 141
- Kerobokan 91
- Kerobokan Beach 91
- Kuta 52
- Kuta Beach 13, **13**

Kuta (Lombok) 316
Kuta Reef Beach 52
Lebih Beach 206
Lovina 266
Mawun Beach 18
Mawun (Mawan) 322
Nelayan Beach 98
Nusa Dua 118
Ostbali 203
Padangbai 218
Padang Galak Beach 128
Padang Padang Beach **64**, 113
Pandawa Beach 118
Pantai Dagong 321
Pantai Keramas 206
Pantai Ketewel 206
Pantai Lepang 206
Pantai Masceti 206
Pantai Medewi 288
Pantai Saba 206
Pantai Segar 320
Pantai Siyut 206
Pantai Ujung 229
Pemuteran Bay 275
Pererenan Beach 102
Prancak Beach 98
Sanur 125
Seminyak 79
Seminyak Beach 79
Sire 306
Tanjung Aan 321
Tanjung Sanghyang 143
Tegalwangi 109
Tuban Beach 53
Ulu Watu 114
Ungasan 116
Virgin Beach 227
Straße nach Sidemen 212
Straßennamen 84
Straße von Manggis nach Putung 222
Strom 424
Suana 152
Subak 286, 286, **374**, 375
Südbali 46, 104, **105**
- Essen 104
- Reisezeit 104
- Tauchen 144
Suharto 358, 360
Sukaraja 324
Sukarara 315
Sukarno 357, 358
Sukarnoputri, Megawati 360
Sukawati 199
Sungai Telagawaja 216

Surfen **12**, **15**, 18, 30, **31**, 66
- Antai Suluban 115
- Ausrüstung 34
- Balangan 30
- Bali 12, 30
- Bingin 31
- Ekas 321
- Gerupuk 33, 321
- Gili Trawangan 330
- Halfway Kuta 32
- Hyatt Reef 125
- Impossibles 31
- Ketewel 31
- Kuta (Bali) 53
- Kuta (Lombok) 316
- Kuta Reef 32
- Legian 32
- Lombok 15, 33
- Mawi 33, 322
- Medewi 32
- Nusa Dua Surf Break 118
- Nusa Lembongan 32, 143
- Nyang-Nyang 33
- Padang Padang 32
- Sanur 32
- Senggigi 301
- Legian 32
- Tanjung Desert 299
- Ulu Watu 33, 115
- Unterricht 35, 56
Swastika 366

T

Tabanan 285
Taman Kertha Gosa 210
Taman Nasional Bali Barat **279**
Taman Tirta Gangga 230
Taman Ujung 229
Tampaksiring 195
Tanglad 152
Tanjung Aan 321
Tanjung Benoa 120, **121**
Tanjung Luar 323
Tanjung Sanghyang 147
Tanz 115, 386
- Baris 388
- Kecak **11**, 387
- Legong 399
- Sanghyang 388
- Ubud 185
Tanzensembles 186
Taro 197
Tauchen 11, 35, 30, 35, 69, **69**
- Amed 232
- Batu Aba 152

Gili Air 345
Gili Gede 299
Gili-Inseln 12, 331
Gili Meno 341
Gili Trawangan 329
Lovina 267
Nusa Lembongan 144
Padangbai 218
Pemuteran Bay 275
Pulau Menjangan 273, 274
Sanur 125
Senggigi 301
Sicherheit 36, 444
Südbali 144
Tauchschulen 36
Tulamben 238
Tauchschulen 36
Taxis 438
TEDx Ubud 197
Tee 383
Tegallalang 195
Tejakula 240
Telefondienste 425
Teluk Penyu 228
Tembuku 212
Tempel 19, 402, 403
Pura Batu Bolong 301
Pura Batumejan 98
Pura Batur 247
Pura Beji 264
Pura Besakih 214, 215
Pura Bukit Tageh 212
Pura Candidasa 224
Pura Dalem 264
Pura Dalem Agung 161
Pura Dalem Penetaran Ped 150
Pura Dalem Penunggekan 208
Pura Dalem Prancak 98
Pura Dasar 199
Pura Desa Ubud 159
Pura Goa Lawah 217
Pura Gunung Lebah 160
Pura Jagatnatha 133
Pura Kebo Edan 192
Pura Kehen 208
Pura Krobokan 197
Pura Lempuyang 229
Pura Lingsar 298
Pura Luhur Batukau 257
Pura Luhur Ulu Watu 114
Pura Maduwe Karang 265
Pura Marajan Agung 157
Pura Mas Suka 117
Pura Melanting 272
Pura Mengening 197

Pura Pasar Agung 216
Pura Penataran Agung 214
Pura Petitenget 80
Pura Pulaki 273
Pura Puncak Penulisan 247
Pura Puseh 199
Pura Puseh Batubulan 201
Pura Pusering Jagat 192
Pura Rambut Siwi 289
Pura Sakenan 132
Pura Segara Tegalwangi 109
Pura Taman Ayun **20**, 284
Pura Taman Pule 192
Pura Taman Saraswati 157
Pura Tanah Lot 284
Pura Tirta Empul 196
Pura Ulun Danu Batur 249
Pura Ulun Danu Bratan 252
Vihara Dharmayana 53
Tempelschmuck 405
Tenganan 222
Tetebatu 313
Textilien 139, 198, 207, 392, 399
Threads of Life Indonesian Textile Arts Center 159
Thermalquellen 249
Air Panas Banjar 272
Tibubiyu 286
Tiere 411; *siehe* einzelne Arten
Tihingan 211
Tirta Empul 196
Tirta Gangga 229
Toiletten 425
Toleranz 365
Tollwut 44, 442
Töpferwaren 109, 286, 315, 395
Touren *siehe* Geführte Touren
Tourismus 361
Touristeninformation 425
Toya Bungkah 249
Toyapakeh 151
Trampen 434
Trekking 38
Gunung Seraya 233
Trekkingtour
Gunung Rinjani 310
Trinkgeld 421

Trinkwasser 166, 442
Trunyan 248
Tuban 57, **61**, 62, 74
Tukad-Bangkung-Brücke 253
Tulamben 238
Typhus 442

U

Ubud 11, 47, 154, 155, **156–157, 162–163, 194, 198**
Aktivitäten 166
Essen 154, 179
Feste & Events 171
Geführte Touren 170
Geldwechsel 189
Geschichte 155
Infos im Internet 189
Internetzugang 189
Klima 154
Kochkurse 170
Kurse 169
Literaturfestival 23
Medizinische Versorgung 189
Nachtleben 18, 185
Reiserouten 159
Reisezeit 154
Sehenswertes 157
Shoppen 187
Tanz 185
Touristeninformation 189
Unterhaltung 185
Unterkunft 154, 173
Unterwegs vor Ort 190
Wandern 167, 168
Ulu Watu 114
Umalas 97
Umwelt 409
Umweltprobleme 166, 350, 413, 414
Umweltbewusst reisen 410
Wasser 410
Umweltschutz 37
Unabhängigkeit 357
Ungasan 116
Unterkunft 10, 18, 425
Sprache 446
Unterricht
Sprachen 424
Unterwegs vor Ort 432

V

Veganer 381
Vegetarier 381
Verkehr 424

Versicherung 428
Villen
Unterkunft 426
Visa 429
Vogelbeobachtung
Petulu 165
Taman Nasional Bali Barat 280
Ubud 170
Vogelgrippe 442
Vorwahlnummern 17, 425
Vulkanausbruch 358
Vulkane 409
Gunung Batukau 256
Gunung Rinjani 310

W

Währung 16, 420
Wallace, Alfred 415
Wallace-Linie 415
Wandern 30, 37, 38, 167, 168, 302
Air Terjun Sindang Gila 308
Air Terjun Tiu Kelep 308
Ausrüstung 38
Candidasa 225
Geführte Touren 38
Gunung Agung 215
Gunung Rinjani 15
Lombok 38
Munduk 254
Nusa Lembongan 145
Ostbali 230
Putung 216
Sembalun-Tal 309
Senaru 308
Sicherheit 39
Sidemen 212
Tirta Gangga 230
Ubud 167, 168, 170
Wanzen 443
Warungs 381
Kerobokan 93
Wasserbüffelrennen 291
Wasserfälle 258
Air Terjun Gangga 307
Air Terjun Gitgit 265
Air Terjun Jukut 314
Air Terjun Tiu Pupas 307
Air Terjun Yeh Mampeh 239
Batukandik 152
Munduk 255
Singsing Dua 272
Wassersport 122, 233
Sanur 126
Wayang Kulit 389

Wayan Sudarna Putra 391
Webarbeiten 392
Wechselkurse 17
Wein 382
Wellness
 Gili Air 345
 Gili Trawangan 330
Weltkulturerbe 286
Westbali 48, 282, **283**
 Strände 282
 Unterkunft 282
Wetter 16, 429
Wetu Telu 307, 369
Widodo, Joko 351

Windsurfen
 Sanur 125
WLAN 421

Y
Yeh Gangga 286
Yeh Pulu 191
Yeh Sanih 262
Yoga 98, 100, 330, 341, 345
 Amed 233
 Sanur 126

Z
Zähne feilen 369, 370
Zecken 443
Zeit 429
Zentrales Bergland 47, 242, **243**
 Essen 242
 Klima 242
 Reisezeit 242
 Unterkunft 242
Zeremonien 302
Zoll 429
Zoos
 Bali Bird Park 200

 Bali Safari & Marine Park 203
 Elephant Safari Park 197
 Proyek Penyu Turtle Hatchery 274
 Sacred Monkey Forest Sanctuary 161
Zugreise 432
Zweiter Weltkrieg 357

NOTIZEN

Kartenlegende

Sehenswertes
- Strand
- Vogelschutzgebiet
- Buddhistisch
- Burg/Schloss/Palast
- Christlich
- Konfuzianisch
- Hinduistisch
- Islamisch
- Jainistisch
- Jüdisch
- Denkmal
- Museum/Galerie/Hist. Gebäude
- Ruine
- Sento-Bad/Onsen
- Shintoistisch
- Sikh-Religion
- Taoistisch
- Weingut/Weinberg
- Zoo/Naturschutzgebiet
- andere Sehenswürdigkeit

Aktivitäten, Kurse & Touren
- Bodysurfing
- Tauchen/Schnorcheln
- Kanu/Kajak
- Kurse/Touren
- Ski fahren
- Schnorcheln
- Surfen
- Schwimbad/Pool
- Wandern
- Windsurfen
- andere Aktivität

Schlafen
- Schlafen
- Camping

Essen
- Essen

Ausgehen & Nachtleben
- Ausgehen & Nachtleben
- Café

Unterhaltung
- Unterhaltung

Shoppen
- Shoppen

Praktische Information
- Bank
- Botschaft/Konsulat
- Krankenhaus/Arzt
- Internet
- Polizei
- Post
- Telefon
- Toilette
- Touristeninformation
- andere Information

Landschaft
- Strand
- Hütte
- Leuchtturm
- Aussichtsturm
- Berg/Vulkan
- Oase
- Park
- Pass
- Picknickmöglichkeit
- Wasserfall

Bevölkerung
- Hauptstadt (National)
- Hauptstadt (Staat/Provinz)
- Stadt/Großstadt
- Ort/Dorf

Verkehrsmittel
- Flughafen
- Grenzübergang
- Bus
- Seilbahn
- Radfahren
- Fähre
- Metrohaltestelle
- Monorail
- Parkplatz
- Tankstelle
- S-Bahn-Haltestelle
- Taxi
- Bahnhof/Zugstrecke
- Tram
- U-Bahn-Station
- anderes Verkehrsmittel

Hinweis: Nicht alle hier aufgeführten Symbole sind in den Karten zu finden

Verkehrswege
- Mautstraße
- Autobahn
- Hauptstraße
- Landstraße
- Verbindungsstraße
- Piste
- unbefestigte Straße
- Straße in Bau
- Platz/Fußgängerzone
- Treppen
- Tunnel
- Fußgängerbrücke
- Wanderung
- Wanderung mit Abstecher
- Wanderpfad

Grenzen
- internationale Grenze
- Bundesstaat/Provinz
- umstrittene Grenze
- Regional/Vorort
- Gewässergrenze
- Klippen
- Mauer

Gewässer
- Fluss, Bach
- periodischer Fluss
- Kanal
- Wasser
- Trocken-/Salz-/periodischer See
- Riff

Fläche
- Flughafen/Landebahn
- Strand/Wüste
- Friedhof (christlich)
- Friedhof (anderer)
- Gletscher
- Watt
- Park/Wald
- Sehenswertes (Gebäude)
- Sportanlage
- Sumpf/Mangroven

DIE LONELY PLANET STORY

Ein uraltes Auto, ein paar Dollar in den Hosentaschen und Abenteuerlust, mehr brauchten Tony und Maureen Wheeler nicht, als sie 1972 zu der Reise ihres Lebens aufbrachen. Diese führte sie quer durch Europa und Asien bis nach Australien. Nach mehreren Monaten kehrten sie zurück – pleite, aber glücklich –, setzten sich an ihren Küchentisch und verfassten ihren ersten Reiseführer *Across Asia on the Cheap*. Binnen einer Woche verkauften sie 1500 Bücher und Lonely Planet war geboren. Heute unterhält der Verlag Büros in Melbourne (Australien), London und Oakland (USA) mit über 600 Mitarbeitern und Autoren. Sie alle teilen Tonys Überzeugung, dass ein guter Reiseführer drei Dinge tun sollte: informieren, bilden und unterhalten.

DER AUTOR

Ryan Ver Berkmoes

Erstmals hat Ryan sich schon 1993 von den Klängen der Gamelan-Orchester nach Bali locken lassen. Seither hat er fast jeden Winkel auf Bali erkundet (und Abstecher nach Nusas Lembongan, Penida, auf die Gilis und nach Lombok unternommen). Manchmal glaubt er beinahe, nun halte Bali wirklich keine Überraschungen mehr für ihn auf Lager – und schon entdeckt er zum Beispiel einen Tempel am Meer, der auf keiner Karte verzeichnet ist. Langweilig wird es Ryan auf Bali deshalb nie; manchmal hat er dort mehr Verabredungen als sonstwo auf der Welt. Wenn er nicht auf Bali den Gamelan-Klängen lauscht, schreibt er über Reisen und anderes unter www.ryanverberkmoes.com und auf Twitter (@ryanvb).

Lonely Planet Publications,
Locked Bag 1, Footscray,
Melbourne, Victoria 3011,
Australia

Obwohl die Autoren und Lonely Planet alle Anstrengungen bei der Recherche und bei der Produktion dieses Reiseführers unternommen haben, können wir keine Garantie für die Richtigkeit und Vollständigkeit dieses Inhalts geben. Deswegen können wir auch keine Haftung für eventuell entstandenen Schaden übernehmen.

Verlag der deutschen Ausgabe:
MAIRDUMONT, Marco-Polo-Str. 1, 73760 Ostfildern,
www.lonelyplanet.de, www.mairdumont.com
info@lonelyplanet.de
Chefredakteurin deutsche Ausgabe: Birgit Borowski
Übersetzung:
Brigitte Beier, Dr. Birgit Beile-Meister, Beatrix Gehlhoff, Christiane Gsänger, Dr. Annegret Pago, Dr. Thomas Pago, Christiane Radünz, Jutta Ressel M.A., Beatrix Thunich, Linde Wiesner
An früheren Auflagen haben außerdem mitgewirkt:
Dr. Dagmar Ahrens, Petra Frese, Marion Gieseke, Raphaela Moczynski, Ingrid Reuter, Dr. Heinz Vestner, Sigrid Weber-Krafft
Redaktion und technischer Support: CLP Carlo Lauer & Partner, Riemerling

MIX
Paper from responsible sources
FSC® C124385

Bali & Lombok
3. deutsche Auflage August 2015, übersetzt von *Bali & Lombok 15th edition*, April 2015 Lonely Planet Publications Pty
Deutsche Ausgabe © Lonely Planet Publications Pty, August 2015
Fotos © wie angegeben 2015
Printed in China

Die meisten Fotos in diesem Reiseführer können bei Lonely Planet Images, www.lonelyplanetimages.com, auch lizenziert werden.

Alle Rechte vorbehalten. Das Werk einschließlich all seiner Teile ist urheberrechtlich geschützt und darf weder kopiert, vervielfältigt, nachgeahmt oder in anderen Medien gespeichert werden, noch darf es in irgendeiner Form oder mit irgendwelchen Mitteln – elektronisch, mechanisch oder in irgendeiner anderen Weise – weiterverarbeitet werden. Es ist nicht gestattet, auch nur Teile dieser Publikation zu verkaufen oder zu vermitteln, ohne schriftliche Genehmigung des Herausgebers.

Lonely Planet und das Lonely Planet Logo sind eingetragene Marken von Lonely Planet und sind im US-Patentamt sowie in Markenbüros in anderen Ländern registriert.

Lonely Planet gestattet den Gebrauch seines Namens oder seines Logos durch kommerzielle Unternehmen wie Einzelhändler, Restaurants oder Hotels nicht. Bitte informieren Sie uns im Fall von Missbrauch: www.lonelyplanet.com/ip